Management-Reihe Corporate Social Responsibility

Reihenherausgeber
René Schmidpeter
Dr. Jürgen Meyer Stiftungsprofessur für Internationale Wirtschaftsethik
CSR Cologne Business School (CBS)
Köln, Deutschland

Lizenz zum Wissen.

Sichern Sie sich umfassendes Wirtschaftswissen mit Sofortzugriff auf tausende Fachbücher und Fachzeitschriften aus den Bereichen: Management, Finance & Controlling, Business IT, Marketing, Public Relations, Vertrieb und Banking.

Exklusiv für Leser von Springer-Fachbüchern: Testen Sie Springer für Professionals 30 Tage unverbindlich. Nutzen Sie dazu im Bestellverlauf Ihren persönlichen Aktionscode C0005407 auf www.springerprofessional.de/buchkunden/

Springer für Professionals.
Digitale Fachbibliothek. Themen-Scout. Knowledge-Manager.

- Zugriff auf tausende von Fachbüchern und Fachzeitschriften
- Selektion, Komprimierung und Verknüpfung relevanter Themen durch Fachredaktionen
- Tools zur persönlichen Wissensorganisation und Vernetzung

www.entschieden-intelligenter.de

Springer für Professionals

Christoph Willers
(Hrsg.)

CSR und Lebensmittelwirtschaft

Nachhaltiges Wirtschaften entlang der Food Value Chain

Herausgeber
Prof. Dr. Christoph Willers
Cologne Business School (CBS)
Köln
Deutschland

ISSN 2197-4322 ISSN 2197-4330 (electronic)
Management-Reihe Corporate Social Responsibility
ISBN 978-3-662-47015-2 ISBN 978-3-662-47016-9 (eBook)
DOI 10.1007/978-3-662-47016-9

Die Deutsche Nationalbibliothek verzeichnet diese Publikation in der Deutschen Nationalbibliografie; detaillierte bibliografische Daten sind im Internet über http://dnb.d-nb.de abrufbar.

Springer Gabler
© Springer-Verlag Berlin Heidelberg 2016
Das Werk einschließlich aller seiner Teile ist urheberrechtlich geschützt. Jede Verwertung, die nicht ausdrücklich vom Urheberrechtsgesetz zugelassen ist, bedarf der vorherigen Zustimmung des Verlags. Das gilt insbesondere für Vervielfältigungen, Bearbeitungen, Übersetzungen, Mikroverfilmungen und die Einspeicherung und Verarbeitung in elektronischen Systemen.
Die Wiedergabe von Gebrauchsnamen, Handelsnamen, Warenbezeichnungen usw. in diesem Werk berechtigt auch ohne besondere Kennzeichnung nicht zu der Annahme, dass solche Namen im Sinne der Warenzeichen- und Markenschutz-Gesetzgebung als frei zu betrachten wären und daher von jedermann benutzt werden dürften.
Der Verlag, die Autoren und die Herausgeber gehen davon aus, dass die Angaben und Informationen in diesem Werk zum Zeitpunkt der Veröffentlichung vollständig und korrekt sind. Weder der Verlag noch die Autoren oder die Herausgeber übernehmen, ausdrücklich oder implizit, Gewähr für den Inhalt des Werkes, etwaige Fehler oder Äußerungen.

Coverfoto: Michael Bursik

Gedruckt auf säurefreiem und chlorfrei gebleichtem Papier

Springer Berlin Heidelberg ist Teil der Fachverlagsgruppe Springer Science + Business Media
(www.springer.com)

Vorwort des Reihenherausgebers: Nachhaltige Lebensmittel – Mehrwert für Kunden und Gesellschaft

Die Lebensmittelbranche steht unter ganz besonderer Beobachtung, denn die Nahrung, die wir tagtäglich aufnehmen, ist zentral für unsere Lebensqualität und die Gesundheit aller Menschen. Die nachhaltige Entwicklung unserer Gesellschaft hängt somit maßgeblich von den zukünftigen Entwicklungen in der Lebensmittelbranche ab. Es geht in dieser Perspektive jedoch nicht nur darum, Skandale (wie zum Beispiel Gammelfleisch, gepanschte Weine, überhöhte Grenzwerte) zu vermeiden, sondern darum, eine nachhaltige Basis für die gesunde und effiziente Ernährung von heute sieben Milliarden und bald zehn Milliarden Menschen zu schaffen.

Nachhaltigkeit ist – das zeigen die Beispiele der Vergangenheit – mit rein moralischen Appellen nicht erreichbar. Vielmehr gilt es, ökonomische und betriebswirtschaftliche Modelle zu entwickeln, die den vermeintlichen Gegensatz zwischen Profitabilität und Ethik konstruktiv durch innovative Produkte, Services und Managementansätze auflösen. In Zukunft werden Unternehmen vermehrt über die ökologische, soziale und ethische Dimension ihres wirtschaftlichen Handelns berichten und die Konsumenten davon überzeugen, dass ihre Produkte und Services einen positiven Impact auf die Kunden und die Gesellschaft haben. Dieses neue Mehrwertdenken entlang der gesellschaftlichen Bedürfnisse hat nicht zum Ziel – wie von vielen Ideologen gefordert –, die unternehmerischen Aktivitäten zu begrenzen. Ganz im Gegenteil: Es gilt durch eine progressive auf Innovation ausgerichtete CSR-Sichtweise neue unternehmerische Potenziale zu entfalten.

In der aktuellen CSR-Diskussion werden Unternehmen daher nicht mehr nur als „Ressourcenverbraucher", sondern als „Mehrwerterzeuger" für die Gesellschaft gesehen. Für die Lebensmittelbranche heißt das, nicht nur die negativen Externalitäten (CO_2-Reduktion, Senkung des Wasserverbrauchs) zu adressieren, sondern insbesondere auch den eigenen positiven Impact auf die Gesellschaft zu erhöhen. Dies kann nur durch neue Produkte und Services gelingen, die z. B. die Gesundheit der Kunden fördern bzw. in regionalen Kreisläufen die Ernährung in Schwellenländern sicherstellen. Insbesondere

Lebensmittelunternehmen, die einen hohen Markenwert und Reputation besitzen, werden zu wichtigen Vorreitern in Sachen CSR. So entstehen derzeit innovative Geschäftsmodelle (z. B. Whole Foods Market oder bereits früher Hipp-Babynahrung), die auf Nachhaltigkeit ausgerichtete Produkte anbieten und so erfolgreich neue Märkte schaffen.

Somit werden Unternehmen zu Partnern der Gesellschaft, wenn es darum geht, die großen Herausforderungen (Wasserknappheit, Ernährungssicherheit, gesunde Lebensmittel, Tier- und Pflanzenschutz, Artenvielfalt, Energieverbrauch etc.) unserer Zeit zu lösen. Die Lebensmittelbranche mit ihrem zentralen Stellenwert für uns alle ist hier besonders gefordert, das Verzichtsparadigma der traditionellen Nachhaltigkeitsdiskussion in das Mehrwertparadigma der modernen CSR-Diskussion zu überführen. Es geht nicht mehr um Profitabilität „oder" Nachhaltigkeit, sondern um „sowohl als auch". Es ist daher nicht verwunderlich, dass das Interesse an CSR-orientierten Lebensmittelunternehmen sowohl bei den Kunden, den Mitarbeitern/-innen und insbesondere den Investoren zunimmt. Denn strategische CSR-Ansätze fördern die Innovationskraft, die Mitarbeiteridentifikation, die Unternehmensreputation, die unternehmerische Wertschöpfung und somit den nachhaltigen Geschäftserfolg. Corporate Social Responsibility als betriebswirtschaftlicher und strategischer Ansatz wird zum Treiber der zukünftigen Entwicklungen in der Lebensmittelbranche!

Alle Leser/-innen sind nun herzlich eingeladen, diese in der Reihe ausgeführten Gedanken aufzugreifen und für die eigenen beruflichen Herausforderungen zu nutzen sowie mit den Herausgebern, Autoren und Unterstützern dieser Reihe intensiv zu diskutieren. Ich möchte mich last, but not least sehr herzlich bei meinem Kollegen und Herausgeber Prof. Dr. Christoph Willers für sein großes Engagement, bei Michael Bursik und Janina Tschech vom Springer Gabler Verlag für die gute Zusammenarbeit sowie bei allen Unterstützern der Reihe aufrichtig bedanken und wünsche Ihnen, werte Leserinnen und werte Leser, nun eine interessante Lektüre.

Prof. Dr. René Schmidpeter

Vorwort

Die Nachfrage nach nachhaltigen Produkten und Dienstleistungen nimmt stetig zu. Mit der zunehmenden Bedeutung der Nachhaltigkeit wächst das Interesse von Unternehmen, über bestehende Vorgaben hinaus, gesellschaftliche Verantwortung zu übernehmen.

Dies gilt selbstverständlich auch für die Ernährungsindustrie. Als viertgrößter Industriezweig Deutschlands leistet die Branche einen wichtigen Beitrag zu Wohlstand und Stabilität. Ihre originäre Hauptaufgabe besteht darin, den Konsumenten qualitativ hochwertige und sichere Lebensmittel zur Verfügung zu stellen.

Lebensmittel und Nachhaltigkeit stehen in der politischen Diskussion häufig in einem engen Zusammenhang. Lebensmittelkonsum wird als wichtiger Einflussfaktor für eine nachhaltige Lebensweise gewertet. „Vom Acker bis zum Teller" umfasst eine Vielzahl von Akteuren und Faktoren. Die Ernährungsindustrie ist dabei ein Glied in der Lebensmittelkette.

Nachhaltigkeit von Produktion und letztlich auch Konsum setzt voraus, dass alle Glieder dieser Kette, das heißt von der landwirtschaftlichen Urproduktion über die industrielle Verarbeitung bzw. Veredelung bis hin zum Absatz über den Handel und die Nutzung durch den Konsumenten, nachhaltig agieren.

Die Ernährungsindustrie ist eine komplexe und durch kleine und mittlere Unternehmen geprägte Branche. Ebenso vielfältig sind die bestehenden Aktivitäten und Initiativen für nachhaltiges Wirtschaften. Diese reichen von Lieferketten- und Rohstoffmanagement über Energieeffizienz und Abfallvermeidung in der Produktion bis hin zu gemeinsamem sozialen Engagement mit den Kunden.

Das Geschäftsumfeld der Lebensmittelhersteller wird bestimmt durch steigende Anforderungen an ihre Produkte, stetig zunehmende Produktionskosten und einen harten Wettbewerb am Lebensmittelmarkt. Vor diesem Hintergrund bieten Kommunikation und Aufklärung zur Nachhaltigkeit des eigenen Produkts beziehungsweise Unternehmens die

Möglichkeit, sich am Markt zu differenzieren und von Wettbewerbern abzusetzen. Darüber hinaus wird ermöglicht, Vertrauen sowie einen direkten Bezug zwischen Konsument, Produkt und Hersteller herbeizuführen.

Eine wesentliche Herausforderung besteht darin, die Kommunikationsstrategie individuell auf das gegenseitige Nachhaltigkeitsverständnis und somit auf das Produkt, die Zielgruppe und das Unternehmen selbst abzustimmen. Dauerhaft am Markt bestehen kann dabei nur, wer Nachhaltigkeit als langfristige Grundlage des Gewinns erkennt und die Anforderungen des Marktes stetig hinterfragt.

Mit dem vorliegenden Buch vermittelt der Herausgeber einerseits einen weitreichenden Überblick über wichtige Teilaspekte, aktuelle Entwicklungen und konkrete Beispiele der Nachhaltigkeit in der Lebensmittelkette, andererseits aber auch Anregungen für die Umsetzung dieser Thematik in der unternehmerischen Praxis.

Peter Feller
Geschäftsführer,
Bundesvereinigung der
Deutschen Ernährungsindustrie e. V.

Inhaltsverzeichnis

Teil I Übergreifende Themen

CSR in der Lebensmittelwirtschaft – eine Einleitung 3
Christoph Willers

Globale Ernährungssicherheit als Herausforderung für
Politik und Unternehmen 23
Ingo Pies

Herausforderungen der Ernährungssicherheit und die Rolle der
Lebensmittelindustrie 41
Fabienne Babinsky und Nils Grede

Die Tafeln – eine der größten sozialökologischen Bewegungen unserer Zeit ... 57
Jochen Brühl

Klimabilanzen von Produkten – ein Controllinginstrument zur
Unterstützung der Analyse der Wertschöpfungskette in der
Lebensmittelwirtschaft 69
Christoph Deinert und Jens Pape

Erwerbstätigkeit in der Liefer- und Wertschöpfungskette im Kontext von
CSR am Beispiel der Lebensmittelwirtschaft 87
Stefanie Deinert

Nachhaltigkeitskommunikation in der Ernährungswirtschaft 119
Ines Rottwilm und Ludwig Theuvsen

Wider die Mär vom selbstlosen Unternehmen: Was Journalisten an
Nachhaltigkeit interessiert 139
Jens Holst

Teil II   Agrar

Zur wirtschaftlichen Einbindung und sozialen Verantwortung des landwirtschaftlichen Acker- und Pflanzenbaus 149
Andreas Frangenberg, Anton Kraus und Christian Noell

Nachhaltigkeit bei Südzucker 165
Peter Risser und Susanne Langguth

Teil III   Tierische Erzeugnisse

Umsetzung des Tierwohlkonzeptes 179
Alexander Hinrichs

Micarnas gelebte Verantwortung gegenüber der Gesellschaft 187
Manfred Bötsch

Nachhaltigkeit im Milchsektor als strategischer Ansatz bei DMK 203
Philipp G. Inderhees

Caring for Life: CSR bei der Genuss-Molkerei Zott 213
Christian Schramm

Teil IV   Back-, Süßwaren und Getränke

Kommunikation von Nachhaltigkeit – Eine vergleichende Analyse des Schokoladen- und Fruchtsaftsektors 225
Jeanette Klink, Nina Langen und Monika Hartmann

Es gibt immer einen Anfang für das Bessere – Nachhaltigkeitsmanagement bei MÄRKISCHES LANDBROT 241
Christoph Deinert und Jens Pape

Nachhaltigkeit bei Bionade – CSR und Verantwortlichkeit in der Rohstoffbeschaffung 269
Michael Garvs

Die Kultur der gesellschaftlichen Verantwortung bei Jacques' Wein-Depot ... 279
Kathy Féron

Gelebte Verantwortung: Das CSR-Engagement von Pernod Ricard 287
Nicole Lichius und Anke Erdt

Teil V Convenience

Knorr: Nachhaltige Beschaffung von Zutaten als zentraler Bestandteil der Geschäfts- und Markenstrategie 303
Katja Wagner

Nachhaltigkeitsmanagement bei McDonald's Deutschland 315
Diana Wicht

Teil VI Handel

Der Lebensmittelhandel im Spannungsfeld zwischen gesellschaftlicher Verantwortung und „Geiz ist geil" 331
Bettina Lorentschitsch

Sozialmärkte als innovatives Beispiel für gelebte CSR im Lebensmittelhandel 345
Eva Lienbacher, Alexandra Metzler und Christina Holweg

Fairer Handel und CSR 359
Dieter Overath

Von Herzen. Natürlich. Konsequent 373
Michael Radau

Der Herausgeber

Prof. Dr. Christoph Willers ist Professor für Strategisches Management und Unternehmensentwicklung sowie Vizepräsident für Programmentwicklung, Qualitätssicherung und Lehre an der Cologne Business School (CBS). Er gehört zudem dem Competence Center Food & Retail an der CBS an. Nach dem Studium der Betriebswirtschaftslehre an der Universität zu Köln und der Aarhus School of Business promovierte er anschließend im Fachbereich Beschaffung und Produktpolitik zum Marketing in Widerstandsmärkten – untersucht am Beispiel gentechnisch veränderter Lebensmittel. Seit 2007 ist er für verschiedene Unternehmensberatungen tätig; zudem war er Geschäftsführer des Instituts für Nachhaltiges Management. Er hält regelmäßig Vorträge und publiziert insbesondere zu Themenfeldern der Food Value Chain. Seine Forschungsschwerpunkte liegen im strategischen Management und in der Unternehmensentwicklung, im Sustainable Supply Chain Management sowie im Marketing und in der Produktpolitik.

# Teil I
Übergreifende Themen

CSR in der Lebensmittelwirtschaft – eine Einleitung

Christoph Willers

1 Einleitung

Nachhaltigkeit hat im Alltag aktuell eine Omnipräsenz erreicht wie kaum eine andere Begrifflichkeit. Teilweise hat der Hype dazu geführt, dass diese zum Modewort verkommen ist. Gleichwohl beschreibt das Konzept im Kern ein generationenübergreifendes Handeln und weist damit ein hohes Maß an Kontinuität auf – eigentlich ein deutlicher Gegenpol zu den Charakteristika eines Modewortes. Daher liegt die Vermutung nahe, dass bei den diskutierten Inhalten der Nachhaltigkeit durchaus eine große Schnittmenge bei den verschiedenen Stakeholdern existiert und diese eigentlich gar nicht infrage gestellt werden. Vielmehr sind es die Schnelligkeit und Schnelllebigkeit der begrifflichen Inhalte, die keinesfalls „nachhaltig" sind und bisweilen zu einem wahrgenommenen Abnutzungsgrad der „Nachhaltigkeit" führen. Ulrich (2008, S. 94) beschreibt die gegenwärtige Situation folgendermaßen: „Wir leben in einer Zeit, in der die Strategen der ‚Öffentlichkeitsarbeit' Begriffe fast nach Belieben verwenden … Wie die Farben in der Mode werden dann die Worthülsen ausgetauscht, … was das Unternehmen mit oder neben seinem geschäftlichen Erfolgsstreben für die Gesellschaft an Gutem tut. War da vorletztes Jahr vielleicht von Sustainability und letztes Jahr von Corporate Social Responsibility (CSR) die Rede, so diesmal für mehr oder weniger dieselben Inhalte eben von Corporate Citizenship oder umgekehrt."

Trotz aller semantischen Unschärfen und Verwirrungen ist nachhaltiges Wirtschaften mittlerweile zu einem Leitwert für die Gesellschaft geworden und wird daher langfris-

---

C. Willers (✉)
Cologne Business School (CBS), European University of Applied Sciences,
Hardefuststraße 1, 50677 Köln, Nordrhein-Westfalen, Deutschland
E-Mail: c.willers@cbs.de

tig von Bedeutung bleiben. Die Nachhaltigkeitsaktivitäten eines Unternehmens spielen mittlerweile eine wichtige Rolle bei der Kaufentscheidung (vgl. Webb und Mohr 1999, S 230 f.). Rund 80 % der Verbraucher geben an, dass soziale und ökologische Kriterien bei der Produktauswahl „sehr wichtig" oder „eher wichtig" seien. Nachhaltigkeit nimmt als Entscheidungskriterium für einen Produktkauf hinter Qualität den zweiten Rangplatz ein, noch vor dem Aspekt Preis (vgl. Unterbusch 2011, S. 211).

Nachhaltigkeit ist nicht „nur" als neue moralische Instanz aufzufassen, sondern aufgrund eines geänderten Anspruchskonstruktes unserer Gesellschaft ist auch ein Wandel im Denken zu beobachten. Von einer ursprünglich „grünen Idee" hat sich das Konzept zu einem klaren Managementthema entwickelt. Nachhaltiges Handeln ist damit zu einem Wettbewerbsfaktor geworden – der „social case" wird dabei Teil des „business case".

Für die Lebensmittelwirtschaft hat Nachhaltigkeit eine ganz besondere Relevanz. Angesichts der noch nie da gewesenen Vielfalt an unterschiedlichen Lebensmitteln aus aller Welt bietet dieser Ansatz grundsätzlich einen hilfreichen Orientierungsanker, der für den Einzelnen (subjektive) Sicherheit gewährleistet. Hinzu kommt das gute Gewissen, nachhaltig eingekauft zu haben. Durch ein nachhaltiges Konsumverhalten befriedigen Verbraucher eine Vielzahl an Anmutungsansprüchen, d. h. die emotionale Komponente an ein Lebensmittel. Beim Lebensmittelkonsum dominieren v. a. Ansprüche an Wert, Besonderheit, Vertrauen, Überlegenheit oder Gesundheit (vgl. Willers 2007, S. 243).

Das vorliegende Buch erläutert vor diesem Hintergrund die Bedeutung des CSR-Ansatzes für den Agrar- und Lebensmittelsektor als Differenzierungskriterium. Diese neue Perspektive unternehmerischen Handelns wird anhand einer Vielzahl verschiedener Beispiele erläutert und im Detail beschrieben. Hierzu dienen sowohl ganzheitliche Themen für die Lebensmittelwirtschaft als auch die Berücksichtigung einzelner Teilbranchen (Agrar, tierische Erzeugnisse, Süß-/Backwaren, Getränke, Convenience, Handel). Die Autoren zeigen durch Einblicke in Best Practice und innovative Ansätze sowohl Optionen zur Verankerung in der Unternehmensstrategie als auch die Umsetzung von Erfolgspotenzialen in der Food Value Chain auf.

Um Wiederholungen und Redundanzen in diesem Buch zu vermeiden, wurde bei den Autorenbeiträgen jeweils auf Definitionen von Nachhaltigkeit und CSR verzichtet. Der Blick richtet sich somit direkt auf einzelne Themenstellungen in ihrer konkreten Ausprägung. Um die Basis für ein einheitliches Verständnis zu legen, wird daher im Folgenden einleitend eine grundsätzliche Abgrenzung relevanter Begrifflichkeiten vorgenommen, insbesondere Nachhaltigkeit, Corporate Social Responsibility (CSR) und Corporate Citizenship (CS). Nach einem Blick auf das Untersuchungsfeld der Lebensmittelwirtschaft und die Charakteristika eines nachhaltigen Konsumverhaltens erfolgt abschließend eine Einordnung und Verknüpfung der verschiedenen seitens der Autoren aufgeworfenen Themenfelder.

2 Begriffsabgrenzung

Mühlböck (2011, S. 60) weist darauf hin, dass hinsichtlich einer zeitlichen Definition der „Geburtsstunde" von gesellschaftlicher Unternehmensverantwortung kein akademischer Konsens erzielt werden kann. Dennoch lassen sich gewisse inhaltliche Entwicklungen bzw. Meilensteine beschreiben, die entscheidend zur Entwicklung und Weiterentwicklung des Themas geführt haben (Abb. 1).

Eine auf Wirtschaftlichkeit ausgerichtete Verhaltensweise, die über das Eigeninteresse des unternehmerischen Bürgers hinausgeht, lieferte ab dem Mittelalter der „Ehrbare Kaufmann" (vgl. Klink 2008, S. 63). Seit der Industrialisierung im 18. Jahrhundert finden sich zudem Beispiele von Unternehmerpersönlichkeiten für Mäzenaten- und Stiftertum. Howard R. Bowens „Social Responsibilities of the Businessman" (Bowen 1953) gilt schließlich als Startpunkt der wissenschaftlichen Auseinandersetzung mit gesellschaftlicher Unternehmensverantwortung. In den späten 1960er-Jahren erfolgte ein Perspektivenwechsel, indem die Auseinandersetzung mit dem Unternehmer als aktiven Akteur in der Gesellschaft an Relevanz gewann. In den 1970er-Jahren setzte schließlich auch erste empirische Forschung ein (vgl. Loew et al. 2004, S. 20). Der Begriff Corporate Social Responsibility (CSR) etablierte sich von nun an zunehmend (vgl. Carroll 1999, S. 270 ff.).

Die seit Beginn der 1970er-Jahre entstehenden Umweltbewegungen führten zu einem veränderten Bewusstsein in der Gesellschaft und intensivierten die Diskussion. Die Debatte „Kernkraft – ja oder nein" wurde zu einer der Kontroversen in Deutschland. Durch die Gründung der Partei Bündnis 90/Die Grünen Anfang der 1980er-Jahre wuchs der politische Einfluss der Umweltbewegung. Im Jahr 1987 wurde zudem der sogenannte „Brundtland-Bericht" der Weltkommission für Umwelt und Entwicklung veröffentlicht (vgl. WCED 1987). Auf begrifflicher Ebene rückte Corporate Citizenship (CC) immer häufiger in den Fokus der Diskussion (Crane et al. 2010, S. 7). Auf EU-Ebene erfolgte

Abb. 1 Gesellschaftliche Unternehmensverantwortung im historischen Kontext. (eigene Darstellung in Anlehnung an Mühlböck 2011, S. 64)

im Jahr 2001 „schließlich zum ersten Mal die konkrete Nennung des CSR-Begriffs in einem offiziellen EU-Papier, in einem Grünbuch, das erstmals europäische Rahmenbedingungen für die soziale Verantwortung der Unternehmen festmachte" (Mühlböck 2011, S. 62).

2.1 Nachhaltigkeit

Der Begriff der Nachhaltigkeit geht zurück auf die deutsche Forstwirtschaft – auch wenn er in dieser Form nicht erwähnt wurde. Bereits 1713 forderte Hans Carl von Carlowitz (1713, S. 105 f.), dass dem Wald nur so viel Holz entnommen werden dürfe, wie nachwachsen kann. Diese zuerst forstwirtschaftlich geprägte Ansicht bewies eine beeindruckende Weitsicht und bildet bis heute die zentrale Basis für das Begriffsverständnis von Nachhaltigkeit.

Die heute wahrscheinlich bekannteste Definition von „Nachhaltigkeit" geht auf den „Brundtland-Report" zurück. Hierin wird nachhaltiges Management als verantwortungsvoller Umgang mit Ressourcen beschrieben, die gegenwärtig gebraucht werden, ohne durch deren Nutzung jedoch die Lebensqualität zukünftiger Generationen zu beeinträchtigen: „Sustainable development is development that meets the needs of the present without compromising the ability of future generations to meet their own needs" (WCED 1987, S. I, 1). Die Brundtland-Kommission ist die Kurzform für die Weltkommission für Umwelt und Entwicklung der Vereinten Nationen, deren Vorsitz Gro Harlem Brundtland hatte. Die Definition wirft für das Management nachhaltiger Unternehmensprozesse jedoch wiederum eine Vielzahl von Fragen auf (vgl. Linton et al. 2007, S. 1076):

- Welche Ressourcen benötigen zukünftige Generationen?
- In welchem Umfang finden sich neue Quellen für zukünftig begrenzte Ressourcen?
- Inwieweit lassen sich erneuerbare Energien nutzen, ohne deren erneuerbaren Charakter für die Zukunft zu gefährden?
- Inwieweit kann technologischer Fortschritt den Einsatz nachhaltiger Materialien fördern?
- Inwiefern können Marktkräfte nachhaltiges Management erzwingen?
- Welche politischen Rahmenbedingungen werden benötigt, um nachhaltiges Management zu etablieren?

In der Folge wurde „Nachhaltigkeit" häufig nur auf die ökologische Dimension bezogen, während die wirtschaftlichen und sozialen Aspekte tendenziell eher ausgeklammert wurden. Erst durch den Begriff der Triple Bottom Line wurde dieser Aspekt vertiefend betrachtet (vgl. Elkington 1999). Die Bottom Line ist im Englischen der Schlussstrich unter der Gewinn- und Verlust-Rechnung, dort steht das Ergebnis. Die Ergänzung um die Dimensionen Umwelt und Gesellschaft führt daher zu einer dreifachen Bilanz. Diese soll Auskunft über die wirtschaftlichen, ökologischen und sozialen Ergebnisse der Geschäftstätigkeit geben. Auf diese Weise soll der Beitrag beziffert werden, den ein Unternehmen ökonomisch, ökologisch und sozial erzielt.

Die ökonomische Nachhaltigkeit bildet die Grundlage und gibt die Möglichkeiten eines Unternehmens an, Wertschöpfungspotenziale in Wettbewerbsvorteile umzusetzen und hieraus eine langfristige Unternehmenssicherung zu erlangen (vgl. v. Hauff 2014, S. 32). Für ein Unternehmen bedeutet dies ein wirtschaftliches Handeln mit Gewinnerzielungsabsicht, zumindest aber kostendeckend, um das Bestehen am Markt zu sichern.

Die ökologische Dimension beleuchtet den unternehmerischen Einfluss auf den Schutz und die Erhaltung der Umwelt. Hierzu ist eine systematische Verminderung ökologischer Belastungen und Risiken durch die Unternehmen erforderlich (vgl. v. Hauff 2014, S. 32). Grundsätzlich umfasst die ökologische Komponente die Forderung nach einer Lebens- oder Wirtschaftsweise, die natürliche Ressourcen nur in dem Maß beansprucht, wie auch eine Regeneration dieser möglich ist.

Die soziale Dimension beschreibt die Sozialverträglichkeit der unternehmerischen Tätigkeit. Hierbei werden die Beziehungen zu allen Stakeholdern erfasst (Mitarbeiter, Lieferanten, Dienstleister etc.) (vgl. v. Hauff 2014, S. 32). Dieser Aspekt bezieht sich maßgeblich auf eine höhere Verteilungsgerechtigkeit und wird bei globaler Betrachtung oft auf Dritte-Welt-Länder bezogen (vgl. Crane und Matten 2010, S. 36).

Zur Erreichung eines angestrebten Zielzustandes einer nachhaltigen Entwicklung ist in Politik, Wirtschaft und Gesellschaft die Balance zwischen ökonomischen, ökologischen und sozialen Zielsetzungen entscheidend (vgl. Grunewald und Kopfmüller 2006, S. 7 f.). Um nachhaltiges Handeln von einer grundsätzlichen Philosophie auf die Ebene eines implementierbaren Konzeptes zu heben, ist somit die Integration des Sozial- und Umweltmanagements in das strategische Management eines Unternehmens notwendig. Dabei stellt sich aber unweigerlich die Frage, welche der drei Dimensionen in welchem Maße verfolgt werden sollte und wie eine Balance zwischen ihnen auszusehen hat bzw. wann diese erreicht ist: „Die Idee der Verteilungsgerechtigkeit bleibt ebenso schwierig zu operationalisieren, weil Maßstäbe fehlen oder der individuellen Einschätzung unterliegen. Verzichtet ein Unternehmen bspw. auf Dividendenzahlungen, um mehr Sozialleistungen für Mitarbeiter zur Verfügung stellen zu können, so findet eine Redistribution von den Aktionären hin zu den Mitarbeitern statt. Wer aber will oder sollte beurteilen, ob diese gerecht ist bzw. wann eine gerechte Verteilung erreicht ist? Betrachtet man solche Szenarien auf globaler Ebene, so wird eine kaum zu lösende Komplexität erreicht" (Fifka 2011, S. 35 f.).

2.2 Corporate Social Responsibility

Die gegenwärtig existierende Vielzahl an Definitionen und Versuchen zu Corporate Social Responsibility (CSR) unterstreicht den eingangs angesprochenen Komplexitätsgrad dieses Konstrukts. Verschiedene Autoren weisen darauf hin, dass dabei aber nicht die allgemeine Auffassung angezweifelt wird, dass Unternehmen zu gesellschaftlich verant-

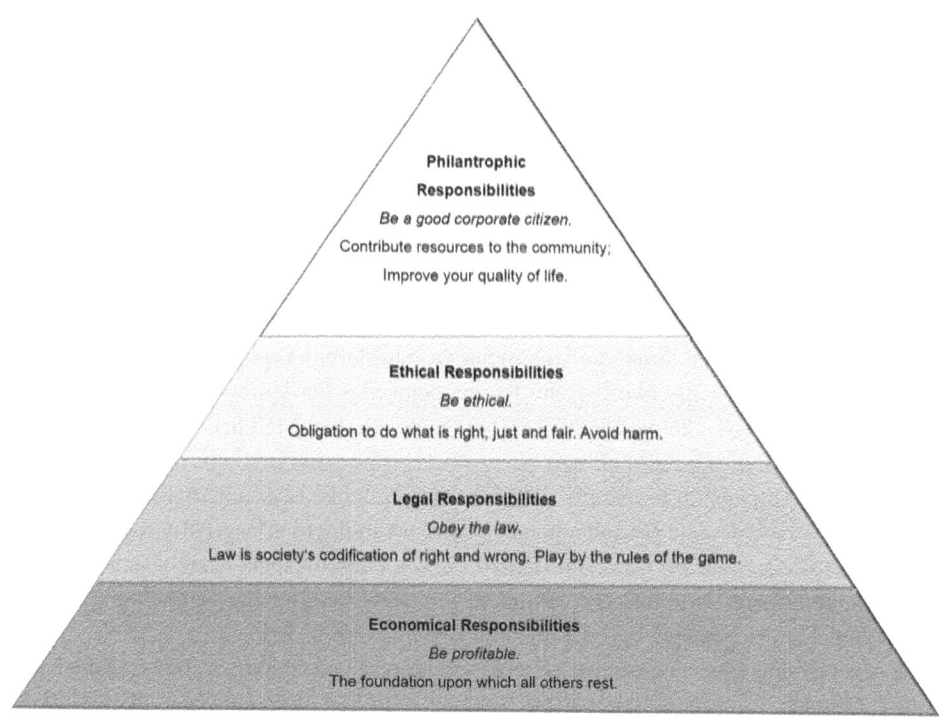

Abb. 2 CSR-Pyramide. (eigene Darstellung in Anlehnung an Carroll 1991, S. 42)

wortlichem Handeln angehalten sind, sondern lediglich keine einheitliche Definition des Begriffs existiert (vgl. Dahlsrud 2006, S. 1).

Bowen zufolge definiert sich gesellschaftliche Verantwortung vorrangig über die Ziele und Werte der Gesellschaft: „It refers to the obligations of businessmen to pursue those policies, to make those decisions, or to follow those lines of action which are desirable in terms of the objectives and values of our society" (Bowen 1953, S. 6).

McWilliams und Siegel verstehen Corporate Social Responsibility (CSR) als „actions that appear to further some social good, beyond the interests of the firm and that which is required by law" (McWilliams und Siegel 2001, S. 117) und interpretieren CSR-Aktivitäten als solche, die außerhalb rechtlicher Regularien und außerhalb der Kernaktivitäten eines Unternehmens liegen, um gesellschaftlich Gutes zu tun. Whetten et al. gehen einen Schritt weiter und rücken gesellschaftliche und moralische Erwartungen von Stakeholdern gegenüber Unternehmen mit in den Fokus. Sie verstehen unter CSR „… societal expectations of corporate behavior; a behavior that is alleged by a stakeholder to be expected by society or morally required and is therefore justifiably demanded of a business" (Whetten et al. 2002, S. 374). Carroll erweitert diese Definition und integriert zudem die ökonomische Perspektive: „The CSR firm should strive to make a profit, obey the law, be ethical, and be a good corporate citizen" (Carroll 1991, S. 43) (Abb. 2).

Eine umfassende – und auch für die Beiträge dieses Buches grundlegende und nutzbare – Definition, die diese verschiedenen Aspekte berücksichtigt, entstammt dem Grünbuch der Europäischen Kommission. Soziale Verantwortung von Unternehmen wird hier als Konzept angeführt, „das den Unternehmen als Grundlage dient, auf freiwilliger Basis soziale Belange und Umweltbelange in ihre Unternehmenstätigkeit und in die Wechselbeziehung mit den Stakeholdern zu integrieren" (Kommission der Europäischen Gemeinschaften 2001, S. 7). Im Jahr 2011 erneuerte die Kommission die Definition. Nicht zuletzt vor dem Hintergrund der Finanzkrise sah man einen Bedarf für ein überarbeitetes CSR-Verständnis sowie einen neuen Aktionsplan für die Jahre 2011–2014. Deutlich kürzer als bisher definiert die Kommission CSR künftig als „die Verantwortung von Unternehmen für ihre Auswirkungen auf die Gesellschaft" (Kommission der Europäischen Gemeinschaften 2011, S. 7).

Strittig ist innerhalb der wissenschaftlichen Diskussion, „ob die entsprechenden Handlungen freiwilliger oder gesetzlicher Natur sein sollten, denn gesellschaftliche Verantwortung kann sowohl freiwillig als auch aufgrund von Gesetzen übernommen werden" (Fifka 2011, S. 38). Seit der Definition des Grünbuchs der Europäischen Kommission hat sich die Sichtweise jedoch dahingehend gewandelt, dass CSR zunehmend als rein freiwilliges Konzept verstanden wird.

Als weiterer Diskussionspunkt wird oftmals angeführt, dass CSR lediglich die soziale Dimension innerhalb des Nachhaltigkeitsverständnisses verkörpern würde. Dieser Punkt ist jedoch nicht zulässig, da der englische Terminus „social" an dieser Stelle mit „gesellschaftlich" übersetzt werden muss und nicht mit „sozial" im engeren Sinne. Somit umfasst er auch eine ökologische Dimension (vgl. Fifka 2011, S. 43).

2.3 Corporate Citizenship

Als weitere Begrifflichkeit innerhalb der Diskussion um nachhaltiges Wirtschaften hat sich das Konzept des Corporate Citizenship etabliert. Hierbei besteht die Annahme, dass Unternehmen Gutes für ihre Umwelt tun und selbst davon profitieren – im Gegensatz zur eher moralischen Sichtweise von CSR. Der zentrale Unterschied von Corporate Citizenship liegt somit darin, dass Maßnahmen (z. B. Spenden, freiwilliges Arbeitnehmerengagement, Stiftungsgründung) im Mittelpunkt stehen, die keinen Bezug zur unmittelbaren Geschäftstätigkeit aufweisen (vgl. Fifka 2011, S. 43).

Corporate Citizenship kann daher als „practitioner-based movement" (Windsor 2001, S. 51) beschrieben werden, das auch den unternehmerischen Selbstzweck („self-serving") unterstützt. Dies kann z. B. eine Imageverbesserung als Ziel haben. Wood und Logsdon (2001, S. 85) sprechen bei Corporate Citizenship von einem „tit-for tat grounding", während CSR ein „moral grounding" habe.

Der Ansatz einer „Win-win-Situation" – d. h. unternehmerische und gesellschaftliche Interessen gleichzeitig zu verfolgen – hat letztlich die Erreichung von Wettbewerbsvorteilen zum Ziel. Zusammenfassend kann diese Perspektive wie folgt beschrieben werden:

„Als unternehmerisches Bürgerengagement (Corporate Citizenship) bezeichnet man Aktivitäten, mit deren Hilfe Unternehmen selbst in ihr gesellschaftliches Umfeld investieren und ordnungspolitische Mitverantwortung übernehmen. Sie helfen mit, Strukturen bereichsübergreifender Zusammenarbeit (Soziales Kapital) aufzubauen, um zusammen mit Partnern aus anderen gesellschaftlichen Bereichen … konkrete Probleme ihres Gemeinwesens zu lösen. In diesen Prozess bringen sie nicht nur Geld, sondern alle ihre Ressourcen – also Mitarbeiterengagement, fachliches Know-how und Organisationskompetenz, Informationen etc. – ein" (Habisch und Wegener 2004, S. 15).

2.4 Abgrenzungsversuch von CSR und Nachhaltigkeit

Gerade die intergenerationelle Komponente von Nachhaltigkeit beschreibt eine länger anhaltende Wirkung und damit einen langfristigen Zeithorizont. Die grundlegende Zielsetzung ist dabei die Erhaltung eines heute funktionierenden Systems. Die Omnipräsenz des Begriffes impliziert zugleich, dass dieser keineswegs auf Unternehmen beschränkt ist. Curbach spricht hierbei vielmehr von einer „weltgesellschaftlichen politischen und normativen Leitidee" (Curbach 2009, S. 27). Nachhaltigkeit umfasst eher die „Verantwortung gegenüber der gesamten Menschheit und zukünftigen Generationen" (Bassen et al. 2005, S. 234). Unternehmen in ihrer Rolle als Systemteilnehmer sind gefordert zum Ziel einer nachhaltigen Entwicklung beizutragen (vgl. Loew et al. 2004, S. 13).

Corporate Social Responsibility weist dagegen durch die Terminologie (corporate) einen direkten Unternehmensbezug auf. CSR kann demzufolge auf einer unternehmensoperativen Ebene angesiedelt werden (Mikroperspektive), während Nachhaltigkeit eine Vielzahl übergeordneter Aspekte inkludiert (Makroperspektive). Der Gebrauch des CSR-Konzepts bietet sich somit an, um eine Nachhaltigkeitsstrategie zu operationalisieren. Unterdessen tragen die Ergebnisse zum gesamtgesellschaftlichen Nachhaltigkeitsziel bei. CSR kann daher als Beitrag zur Umsetzung einer nachhaltigen Entwicklung verstanden werden.

CSR kommt somit mit Nachhaltigkeit „in Berührung", vermischt sich mit ihr aber nicht zwangsläufig. Gleichzeitig muss konstatiert werden, dass die Begriffe oftmals synonym verwendet werden (vgl. Bassen et al. 2005, S. 233; Curbach 2009, S. 26 f.).

Das vorliegende Buch setzt seinen Schwerpunkt auf die Umsetzung des CSR-Konzepts in der Lebensmittelwirtschaft. Die weiteren vorab dargestellten Konzepte sind für ein ganzheitliches Verständnis und die Einordnung der Thematik von großer Bedeutung, werden aber im Detail nicht weiter verfolgt.

3 CSR und Lebensmittelwirtschaft

3.1 Lebensmittelwirtschaft

Die Lebensmittel- bzw. Ernährungswirtschaft umfasst die Wirtschaftssektoren, die sich mit Produktion, Verarbeitung und Handel von Lebensmitteln befassen. Es handelt sich dabei um die gesamte Wertschöpfungskette mit ihren vor- und nachgelagerten Aktivitäten vom Acker bis zum Verbraucher („from farm to fork"). Diese wird auch als Food Supply Chain oder Food Value Chain bezeichnet. Eine Unterscheidung zwischen diesen Begrifflichkeiten hinsichtlich einer interorganisationalen (Supply) und intraorganisationalen (Value) Sichtweise erscheint hierbei jedoch wenig zielführend (vgl. Strecker et al. 2010, S. 27).

Ausgehend von der landwirtschaftlichen Primärproduktion wird das Gesamtsystem auch als „Agribusiness" bezeichnet (aus dem englischen „agriculture" und „business"). Im Deutschen wäre hierzu synonym die Begrifflichkeit „Agrar- und Ernährungswirtschaft". Agribusiness geht auf die 1957 veröffentlichte Publikation *Concept of Agribusiness* von Davis und Goldberg zurück. Sie definierten Agribusiness als „the sum total of all operations involved in the manufacture and distribution of farm supplies; production operations on the farm; and the storage, processing and distribution of farm commodities and items made from them" (Davis und Goldberg 1957, S. 2). Die zentrale Aussage war dabei, dass die Lebensmittelproduktion insgesamt als ein integratives System betrachtet werden muss. Bei einer Fokussierung nur auf Teilsegmente, quasi im Sinne eines Tunnelblicks, besteht sonst das Risiko, dass sowohl Management- als auch politische Strategien zum Scheitern verurteilt sind. Dieser Aspekt ist auch bei der CSR-Diskussion nicht zu unterschätzen, da auch hier nur eine ganzheitliche Betrachtung langfristig Erfolg verspricht und Einzelaktivitäten teilweise schnell verpuffen und keine nachhaltige Wirkung zeigen.

Somit sind alle Akteure entlang der Food Value Chain und diejenigen, die Einfluss auf diese ausüben, als Teil des Agribusiness zu sehen. Grundsätzlich umfasst diese integrative Perspektive demnach alle direkt und indirekt an der Wertschöpfung beteiligten Akteure, d. h. die Landwirtschaft, Unternehmen der Erstverarbeitung landwirtschaftlicher Rohstoffe, das Lebensmittelhandwerk, Weiterverarbeiter (Lebensmittelindustrie im eigentlichen Sinne), Lebensmittelgroßhandel, Lebensmitteleinzelhandel, Großverbraucher, Zulieferunternehmen, Dienstleistungsunternehmen (z. B. Logistiker) und öffentlich-rechtliche Einrichtungen (Abb. 3).

Nicht zuletzt durch den intensiven Wettbewerb im deutschen Lebensmittelhandel, der sich in teils geringen Renditen und Margen sowohl auf Handels- als auch auf Produzentenseite widerspiegelt, suchen Unternehmen der Food Value Chain nach Differenzierungsmöglichkeiten. Das sich stetig weiterentwickelnde Anspruchsraster an Lebensmittel und deren Akteure bietet hierzu einen passenden Ansatzpunkt. Neben den Grundbedürfnissen Essen und Trinken stellen Regionalität und Nachhaltigkeit dabei gegenwärtig die bedeutendsten Konsumthemen im Lebensmittelsektor dar. Weitere Trends sind „Convenience", „Gesundheit, Fitness & Wellness" sowie „Premium & Genuss". Die Werterenaissance des

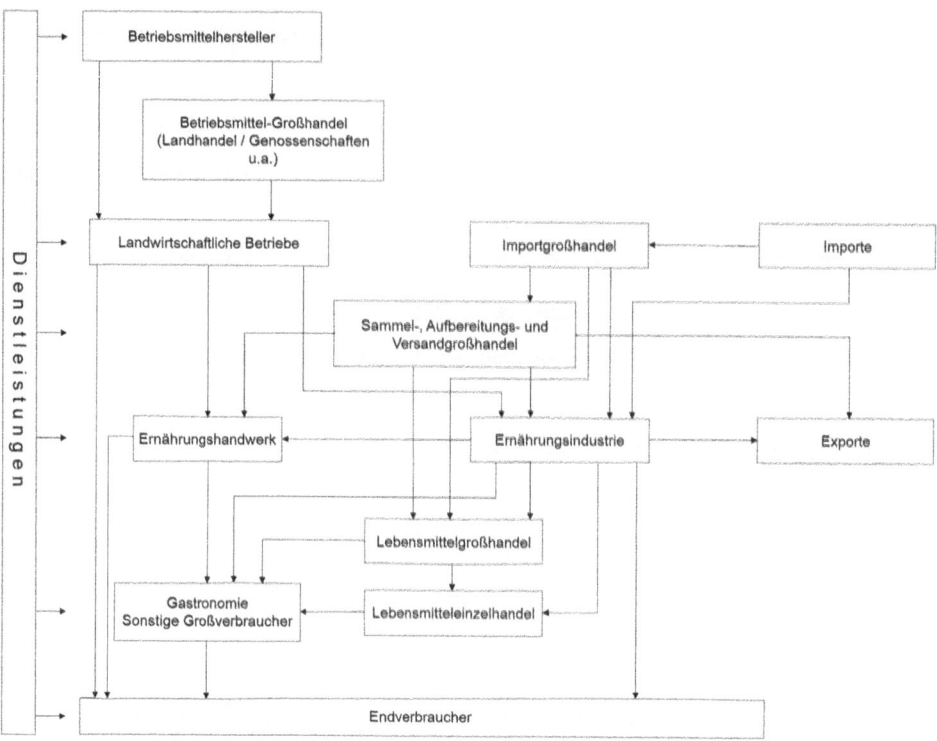

Abb. 3 Gesamtsystem Lebensmittelwirtschaft. (eigene Darstellung in Anlehnung an Strecker et al. 2010, S. 28)

Authentischen und Heimatlichen ist dabei ursprünglich die Basis für die Entwicklung des Biosektors. Mittlerweile wird dieser Rahmen zunehmend durch das Thema Nachhaltigkeit bzw. CSR ergänzt, teilweise sogar ersetzt – nicht zuletzt durch die Erwartungshaltung seitens verschiedener Stakeholder zur Übernahme sozial-ökologischer Verantwortung auf Unternehmensseite.

3.2 Nachhaltiger Konsum

Nicht nur das Begriffspaar Nachhaltigkeit und CSR, sondern auch der Begriff nachhaltiger Lebensmittelkonsum ist in weiten Teilen immer noch ein sehr vager Begriff (die folgenden Ausführungen basieren auf Willers 2015). Bisweilen wird dieser inflationär verwendet und erscheint dem Einzelnen oftmals „inhaltsleer" (vgl. Willers und Weber 2011, S. 22). Reisch kommt zu einer umfassenden Definition: „… sustainable food consumption as a choice for food which is beneficial and life enhancing for individuals, society and the planet" (Reisch 2010, S. 1). Diese ganzheitliche Sichtweise wird in der Praxis bislang jedoch nur selten umgesetzt (vgl. von Meyer-Höfer und Spiller 2013, S. 1). Scheinbar haben „deutsche Unternehmen ... den Nutzen sozialen und ökologischen Engagements noch nicht hinreichend erkannt" (Fabisch 2004, S. VII).

Zwar ist Nachhaltigkeit nicht das erste Entscheidungskriterium für den Verbraucher, aber das Thema fungiert als „Hygienefaktor": „Mit dem Kauf nachhaltiger Produkte kann er wenigstens einen kleinen Beitrag für eine bessere Welt leisten ..." (Willmann 2013, S. 35). Die öffentliche Erwartungshaltung äußert sich insofern, dass von Unternehmen ein „Mindestmaß an nachhaltiger Unternehmensführung" (Willmann 2013, S. 36) erwartet wird. Nicht nur Nachhaltigkeit als Thema, sondern auch der in weiten Teilen der Gesellschaft verkörperte oder zumindest propagierte Lebensstil, „nachhaltig zu sein", ist scheinbar „normal" geworden. Normale, als selbstverständlich wahrgenommene Angebote oder Verhaltensweisen haben jedoch das Problem der selektiven Wahrnehmung. Das Besondere, das Faszinierende, schlichtweg der Neuigkeitswert fehlt.

Als Differenzierungsmerkmal in der Lebensmittelwirtschaft eignet sich das Thema per se somit nicht mehr. Vielmehr stehen die Akteure mittlerweile vor der Herausforderung, die Mindestanforderungen problemlos zu erfüllen und sich gleichwohl über weitergehende Maßnahmen im Wettbewerb zu differenzieren und letztlich zu profilieren. Das gegenwärtige Entwicklungsstadium lässt sich mit dem Bereich der Lebensmittelsicherheit vergleichen. Eine Auslobung bzw. Kommunikation, dass man als Hersteller einwandfreie bzw. verzehrfähige Lebensmittel auf den Markt bringt, ist aus Verbrauchersicht eine Selbstverständlichkeit, nicht zuletzt, da hierzu auch rechtliche Rahmenbedingungen existieren. Eine (positive) Abhebung vom Wettbewerb zwingt Unternehmen zu zunehmend aufwendigeren Maßnahmen, wie dem Aufbau von lückenlosen Rückverfolgbarkeitssystemen, einem Ausbau des Supplier-Relationship-Managements oder die Umsetzung von „gläsernen" Produktionen.

Wiswede (2000, S. 313) verweist darauf, dass die Nachteile des Einstellungskonzepts darin bestehen, dass die Beziehung von Einstellung zu faktischem Verhalten durch verschiedene Faktoren beeinflusst werden kann. Dies können z. B. Konsumnormen, Kaufsituationen oder die persönliche Kaufkraft sein. Hinzu kommt, dass das Konzept nur zum Tragen komme, wenn Individuen ein starkes Involvement in der Konsumhandlung haben. Empirische Studien zeigen, „dass Einstellungen manchmal gute, manchmal schwache und manchmal überhaupt untaugliche Prädiktoren für faktisches (Kauf-) Verhalten sind" (Wiswede 2000, S. 314). Insbesondere Untersuchungen zur Zahlungsbereitschaft sind vor diesem Hintergrund zu betrachten, „da es bei Befragungen in hypothetischen Situationen des Öfteren zu einer Übertreibung der angegebenen Zahlungsbereitschaft kommt, die nicht der wahren Zahlungsbereitschaft entspricht" (Sterzing 2014, S. 16). Cowe und Williams (2000, S. 5) bezeichnen dies als „30:3-Syndrom". Zwar findet sich bei 30 % der Konsumenten eine positive Einstellung zum Kauf, dies führt jedoch nur zu einem Marktanteil von 3 %.

Unternehmen interpretieren Umfrageergebnisse vor dem Hintergrund des wahrgenommenen Megatrends Nachhaltigkeit oftmals dahingehend, dass Akzeptanz mit Kauf oder im negativen Fall mit Nichtkauf gleichgesetzt wird. Eine Differenzierung zwischen einer „sozialen Akzeptanz" und einer „Bereitschaft zum Kauf" wird hingegen vernachlässigt.

Eine solche Planungsaussage kann jedoch bei Nichteintreten die ökonomische Nachhaltigkeit eines Unternehmens erheblich beeinträchtigen. Zwar zeigen Untersuchungen ein positives Einstellungsmuster hinsichtlich der Relevanz von Nachhaltigkeit aus Verbrauchersicht (vgl. Unterbusch 2011, S. 211), jedoch ist der Markt für nachhaltige Produkte noch keineswegs angebotsgetrieben, d. h., wo nachhaltig produzierte Waren vorhanden sind, werden sie nicht zwangsläufig auch gekauft (Einstellungs-Verhaltens-Bias).

Zwischen den Kosten ökologischen Verhaltens und den Auswirkungen von Umweltbewusstsein auf das persönlichen Handeln besteht dabei eine negative Korrelation: „Je geringer der Kostendruck in einer Situation, umso leichter fällt es den Akteuren, ihre Umwelteinstellungen auch in ein entsprechendes Verhalten umzusetzen" (Diekmann und Preisendörfer 1998, S. 439). Recycling (Papier, Glas, Plastik) ist beispielsweise dem Low-Cost-Bereich zuzurechnen, der Verzicht auf das Auto (zum Einkauf oder komplett) dagegen dem High-Cost-Bereich.

Unter einem „nachhaltigen" Produkt kann die Konzentration auf eine sozial-ökologische Produktqualität verstanden werden. Diese „erstreckt sich auf alle Eigenschaften bzw. Merkmale eines Produkts und seines Herstellungsprozesses, die geeignet sind, Gefahren und Schäden für Menschen, soziale Gemeinschaften und für die natürliche Umwelt zu vermeiden bzw. zu reduzieren" (Balderjahn 2003, S. 178). Das Prinzip einer ökonomischen Nachhaltigkeit wird dabei als notwendige Bedingung für sozial-ökologische Nachhaltigkeitsaktivitäten auf Unternehmensseite gesehen. Nachhaltige Produkte (und Dienstleistungen) befinden sich somit im Spannungsfeld zwischen Wirtschafts-, Umwelt- und Sozialverträglichkeit.

3.3 Herausforderungen von CSR entlang der Supply Chain

Fröhlich weist darauf hin, dass der Rückgriff auf das CSR-Konzept und die damit einhergehende neue Perspektive unternehmerischen Handelns die Unternehmen teils vor völlig neue Herausforderungen stellen. Dies gelte gerade für den Bereich Supply Chain Management, der nach Konzepten und Maßnahmen suche, „diese Sichtweise in der unternehmensexternen wie -internen Supply Chain zu leben und zu verankern" (Fröhlich 2011, S. 9). Insbesondere der Aspekt, dass sich CSR-Maßnahmen entlang der Supply Chain positiv auf die Wertentwicklung eines Unternehmens auswirken (vgl. Lee 2010), unterstreicht diesen Anspruch. Ökonomisch sinnvolles Handeln entlang der Wertschöpfung führt zudem zu einem für die Gesellschaft insgesamt entstehenden Wert (vgl. Linton et al. 2007, S. 1079). Hockerts unterteilt mögliche Wettbewerbsvorteile in vier Bereiche (Tab. 1): Reduktion von Geschäftsrisiken, erhöhte betriebliche Effizienz, Markenpolitik und Schaffung neuer Märkte (vgl. Hockerts 2007, S. 11 ff.).

Die Autorenbeiträge in diesem Buch befassen sich mit genau diesen Herausforderungen. Dabei folgt nach der Betrachtung ganzheitlicher Themen für die Lebensmittelwirtschaft, die grundsätzlich für alle Akteure von Bedeutung sind, eine Berücksichtigung der

Tab. 1 Kategorien von Wettbewerbsvorteilen. (eigene Darstellung in Anlehnung an Hockerts 2007; Quelle: Hockerts 2007, S. 11–22)

Wettbewerbsvorteil	Beispiele
Reduktion von Geschäftsrisiken *(reducing business risks)*	Prozessrisiko, Risiken durch aufkommende strengere Vorschriften und Gesetze, Risiken durch NGO-Kampagnen oder durch Einschränkung/Verlust der „licence to operate" (Betriebslizenz)
Erhöhte betriebliche Effizienz *(increased operational efficiency)*	„*Eco-efficiency*" (Kostenreduzierung durch Umweltinitiativen) „*Employee productivity*" (erhöhte Mitarbeiterproduktivität durch bspw. Personalentwicklung)
Markenpolitik *(branding)*	Erhöhte Zahlungsbereitschaft für umweltfreundliche Premiumprodukte, Kundenakquise, „cross selling" (Angebot und Verkauf von Zusatzprodukten), Kundenbindung
Schaffung neuer Märkte *(creating new market space)*	Soziale Innovation: Schaffung neuer nachhaltiger Optionen für die Zukunft, Kommerzialisierung des Umweltmanagementsystems

CSR-Thematik entlang der Food Value Chain bzw. anhand einzelner Teilbranchen (Agrar, tierische Erzeugnisse, Süß-/Backwaren, Getränke, Convenience, Handel).

Während die Lebensmittelwirtschaft per Definition die Produktion und Verarbeitung von Lebensmitteln zur Aufgabe hat, sind damit gleichzeitig Fragestellungen nach einer globalen **Ernährungssicherung** verbunden. Unternehmen können dabei als wirtschaftliche Akteure mit ihrer Produktions- und Innovationsleistung signifikante Beiträge leisten. Hinzu kommt die Herausforderung, ein gewisses Maß an „Ordnungsverantwortung" zu übernehmen und für eine funktionale Ausgestaltung institutioneller Rahmenbedingungen entlang der Wertschöpfung einzutreten (vgl. Beitrag Pies). Eng damit verknüpft sind Ansätze von Multi-Stakeholder-Kooperationen. Insbesondere mithilfe von Public-private-Partnerships soll der Kreislauf aus Fehlernährung und intergenerationaler Weitergabe von Armut durchbrochen werden (vgl. Beitrag Babinsky/Grede). Aufbauend auf der grundsätzlichen Debatte der Ernährungssicherung ergibt sich die Diskussion um **Lebensmittelverschwendung** bzw. der positive Ansatz der Lebensmittelspenden. Die Tafeln als eine der größten sozial-ökologischen Bewegungen unserer Zeit spielen daher beim CSR-Engagement der Lebensmittelwirtschaft mittlerweile eine zentrale Rolle und sind teilweise als Partner in die strategischen Aktivitäten der Unternehmen integriert (vgl. Beitrag Brühl).

Lenkt man den Blick hin zu ökologischen Querschnittsthemen in der Food Value Chain nimmt die **Klimathematik bzw. der -wandel** eine zentrale Rolle ein. Um die klimawirksamen Emissionen zu reduzieren und das 2°C-Ziel zu erreichen, müssen alle Akteure der Wertschöpfungskette – einschließlich der Verbraucher – ihren Beitrag leisten. Als Grundlage einer effizienten und effektiven Steuerung bedarf es der Erfassung aller klimawirksamen Emissionen im Rahmen des Produktlebensweges. Hierzu dient das Instrument des Product Carbon Footprint (PCF oder CO_{2e}-Fußabdruck von Produkten) (vgl. Beitrag Deinert/Pape).

Neben ökologischen Themen sind in den letzten Jahren die **Arbeits- und Beschäftigungsbedingungen** in der Liefer- und Wertschöpfungskette immer mehr in den Mittelpunkt der gesellschaftspolitischen Debatte gerückt. Je weniger die Mindeststandards der Erwerbstätigkeit durch verbindliche Regelungen gesichert sind, desto mehr gewinnt die Wahrnehmung von unternehmerischer Verantwortung an Bedeutung. CSR ist damit als Chance und Herausforderung zugleich zu verstehen, die Bedingungen aller Erwerbstätigen in der Food Value Chain zu verbessern (vgl. Beitrag Deinert).

Bei allen Tätigkeiten spielt die **Kommunikation** unternehmerischer Nachhaltigkeit eine besondere Rolle. Dies gilt insbesondere für die Ernährungsindustrie, die seit einigen Jahren mit erheblichen Reputationsproblemen zu kämpfen hat. Letztlich konzentriert sich die gegenwärtige CSR-Berichterstattung jedoch auf ein relativ enges Themenspektrum bzw. etablierte Inhalte. In der Öffentlichkeit kritisch diskutierte Sachverhalte werden dagegen vielfach ausgeblendet (vgl. Beitrag Rottwilm/Theuvsen). Gleichzeitig werden aber selbst offen und proaktiv kommunizierende Unternehmen in der medialen Öffentlichkeit nicht immer belohnt. Vielmehr provoziert die Flut von Verlautbarungen zu ökologischer und sozialer Verantwortung einen permanenten „Greenwashing"-Verdacht. Um diesen Aspekt entgegenzutreten müssen Unternehmen den prozessualen Charakter ihrer Bemühungen stärker betonen, Ziele kommunizieren und die stete Entwicklung transparent dokumentieren (vgl. Beitrag Holst).

Lenkt man den Blick von diesen übergreifenden Themen auf detaillierte Aspekte einzelner Teilbranchen, zeigen sich auf den einzelnen Wertschöpfungsstufen sowohl Unterschiede als auch inhaltliche Verbindungen. Beginnend bei der **landwirtschaftlichen Primärproduktion** ergibt sich die Frage nach einer wirtschaftlichen Einbindung und sozialen Verantwortung des Acker- und Pflanzenbaus. Will die Landwirtschaft ihre führende Stellung als Akteur nachhaltiger Entwicklung erhalten, dann wird ein proaktives und verantwortungsvolles Handeln der Branche und ihrer Vertreter zunehmend an Bedeutung gewinnen. Insbesondere angesichts der zunehmenden Diskrepanz zwischen Landwirtschaft und der übrigen Gesellschaft zeigt sich die wachsende Relevanz direkter Stakeholder-Dialoge (vgl. Beitrag Frangenberg et al.).

An diese Kommunikationsaufgabe schließt sich mit der Dokumentation eines nachhaltigen Wirtschaftens in der Landwirtschaft eine weitere Herausforderung an. So zeigt das Beispiel von Südzucker wie z. B. die Leitlinien der Sustainable-agriculture-Initiative (SAI) zusammen mit den Landwirten umgesetzt werden. Damit werden Bemühungen zur Weiterentwicklung der guten landwirtschaftlichen Praxis im nachhaltigen Zuckerrübenanbau weitergeführt und besser dokumentiert (vgl. Beitrag Risser/Langguth).

In der **Fleischwirtschaft** dominiert gegenwärtig das Themenfeld einer tiergerechteren und nachhaltigeren Erzeugung. Unter dem Motto „Gemeinsam verantwortlich handeln" haben sich in der Initiative Tierwohl Partner der gesamten Wertschöpfungskette in der Schweine- und Geflügelfleischbranche in einem freiwilligen Bündnis zusammengeschlossen. Tierwohl soll stärker als bisher in der landwirtschaftlichen Produktion, in der Fleischwirtschaft und im Lebensmitteleinzelhandel verankert werden. Zudem soll der gesamtgesellschaftliche Dialog zum Thema proaktiv mitgestaltet werden (vgl. Beitrag Hinrichs). Dennoch ist dieses Grundsatzthema nur ein Teil eines Themenkanons. Wie auf unternehmerischer Ebene konkrete Verantwortung gegenüber der Gesellschaft erfüllt werden kann, zeigt das Beispiel von Micarna. Der schweizerische Fleischkonzern setzt CSR in einem dreiteiligen Ansatz um („genetischer Code"): Corporate Governance, Ausrichtung der Strategie an ökologischen, sozialen und wirtschaftlichen Dimensionen der Nachhaltigkeit sowie gesellschaftliches Engagement (vgl. Beitrag Bötsch).

In der **Milchwirtschaft** liegt ein starker Fokus auf der Lieferseite. Für genossenschaftlich organisierte Unternehmen wie DMK gilt es, den wirtschaftlichen Erfolg des Unternehmens mit den Bedürfnissen seiner Genossenschaftsmitglieder und Mitarbeiter sowie mit den Anforderungen von Gesellschaft, Natur und Umwelt dauerhaft zu vereinen. Die Milcherzeuger, gleichzeitig Anteilseigner und Lieferanten, aber eigenständige Landwirte, sind entscheidend für den Erfolg der Ziele. Um diese einzubeziehen und mit Milcherzeugern die Umsetzung der Nachhaltigkeitsstrategie zu erreichen, dient ein Umsetzungsprogramm, das sogenannte „Milkmaster-Programm" (vgl. Beitrag Inderhees). Auch bei Zott werden die Aktivitäten für Mitarbeiter, Natur, Gesellschaft und Tier in speziellen Nachhaltigkeitsprogrammen gebündelt. Auf der Beschaffungsseite versucht man durch eine Einbindung der Milchlieferanten die Themen Tierwohl und Wirtschaftlichkeit in Einklang zu bringen (vgl. Beitrag Schramm).

Bei weiterverarbeiteten Produkten der **Back- und Süßwaren sowie Getränkebranche** rücken wiederum die Einbindung des Verbrauchers und die Kommunikation zu ihm bzw. mit ihm in den Mittelpunkt. Um CSR als Differenzierungsmerkmal nutzen zu können, müssen Unternehmen ihr verantwortungsvolles Verhalten an relevante Stakeholder in adäquater Weise kommunizieren. Eine vergleichende Analyse des Schokoladen- und Fruchtsaftsektors zeigt, dass sowohl der Anteil der Produkte mit Nachhaltigkeitslabel erheblich variiert als auch Unterschiede im Ausmaß der Nachhaltigkeitskommunikation zwischen Hersteller- und Handelsmarken existieren (vgl. Beitrag Klink et al.). Neben der Auslobung am PoS bieten sich zur Implementierung von Nachhaltigkeit und zur Gewährleistung von Transparenz und Vergleichbarkeit verschiedene Instrumentarien an (z. B. EMAS, Berichterstattung nach DNK sowie die Gemeinwohl-Bilanz) (vgl. Beitrag Deinert/Pape).

Dass gleichwohl ein Produkt selbst Synonym für den Nachhaltigkeitstrend und nachhaltiges Wirtschaften werden kann, zeigt das Beispiel Bionade. Die Produktidee ist gleichzeitig die Basis für das verantwortliche Handeln und wurde in einem Leitsatz zusammengefasst: „Wir wollen mit Anstand gegenüber Gesellschaft und Natur wirtschaften. Für uns bedeutet Anstand: Verantwortung, Respekt, Ehrlichkeit, Fairness, Transparenz" (vgl. Beitrag Garvs). Eine solche Kultur der gesellschaftlichen Verantwortung findet sich auch bei anderen Unternehmen wieder. So versucht Jacques' Wein-Depot durch seine Markenwerte nachhaltig, authentisch und passioniert die CSR-Vision des Unternehmens auszudrücken. Auch hier zeigt sich, dass sich eine in der Unternehmens-DNA verankerte Positionierung ständig weiter entwickelt und allen Stakeholdern transparent zugänglich gemacht werden muss (vgl. Beitrag Féron). Für einen Hersteller von Premium- und Prestigespirituosen wie Pernod Ricard sind dabei Aufklärung und Verantwortung elementare Bestandteile der Unternehmens-DNA. Sie unterstreichen die besondere soziale Verantwortung. Die weltweit 18.500 Mitarbeiter sind integraler Bestandteil dieser Philosophie: Als Botschafter für verantwortungsvollen Alkoholkonsum sind sie ein wichtiger Multiplikator und unterstützen das CSR-Engagement (vgl. Beitrag Lichius/Erdt).

Welche Möglichkeiten sich für nachhaltiges Wachstum in international agierenden Unternehmen des **Convenience-Sektors** ergeben, zeigt das Beispiel Unilever. Hier ist die nachhaltige Beschaffung von Zutaten zentraler Bestandteil der Geschäfts- und Markenstrategie von Knorr. Der Unilever Sustainable Living Plan umfasst dabei die gesamte Lieferkette – von der Beschaffung der Rohwaren über die Verwendung der Produkte durch die Verbraucher bis hin zur Abfallentsorgung. Bis 2020 strebt der Konsumgüterhersteller eine 100 % nachhaltige Beschaffung aller landwirtschaftlichen Rohwaren an (vgl. Beitrag Wagner). Demgegenüber stehen Unternehmen aus einer kontrovers diskutierten Branche wie dem Fast-Food-Sektor vor der kommunikativen Herausforderung, ein Nachhaltigkeitsengagement zuallererst gegenüber einer kritischen Öffentlichkeit zu „verteidigen". Bei sowohl bekannten als auch polarisierenden Marken wie McDonald's ist dies kein einfaches Unterfangen, da man kaum auf einen Vertrauensvorschuss seiner Stakeholder setzen kann (vgl. Beitrag Wicht).

Der **Lebensmittelhandel** gilt letztlich als die Wertschöpfungsstufe, die dem Endkunden am nächsten ist. Im CSR-Kontext stehen die Akteure jedoch im Spannungsfeld zwischen gesellschaftlicher Verantwortung und einer „Geiz ist geil"-Mentalität. Einerseits wird ein gesellschaftlich orientiertes Agieren des Handels gefordert, gleichzeitig aber auch höchste Qualität sowie niedrige Preise. Die Handelsunternehmen stehen täglich vor der Herausforderung, hierfür Lösungsansätze zu finden (vgl. Beitrag Lorentschitsch).

Sozialmärkte können dabei als innovatives Beispiel für gelebte CSR im Lebensmittelhandel gelten. Diese bieten finanziell schwachen Personen ein begrenztes Lebensmittelsortiment zu stark reduzierten Preisen an. Bereitgestellt wird dies überwiegend von Industrie- und Handelsunternehmen. Seit dem Aufkommen der ersten Sozialmärkte vor über 25 Jahren gibt es mittlerweile über 1.000 Märkte in sechs Ländern (v. a. Frankreich, Österreich und Belgien) (vgl. Beitrag Lienbacher et al.).

Blickt man auf das konkrete Produktangebot im Lebensmittelhandel wird die CSR-Debatte maßgeblich von den Aspekten Fair Trade und Bio begleitet. Seit fast 40 Jahren hat sich Fair Trade dabei mit seinen international gültigen und konsistenten Standards immer mehr zum anerkannten und glaubwürdigen Partner für viele Unternehmen entwickelt. Gleichwohl ist dieser konzeptionelle Ansatz nur dann wirksam, wenn er in eine umfassende, glaubwürdige und nachprüfbare CSR-Strategie eingebunden ist (vgl. Beitrag Overath). Auch am Beispiel der SuperBioMarkt AG zeigt sich, dass eine wirklich beständige Entwicklung zu einer nachhaltig agierenden Gesellschaft nur dann stattfinden kann, wenn die verschiedenen Komponenten der Nachhaltigkeit ganzheitlich betrachtet und umgesetzt werden. Andernfalls besteht das Risiko, dass eine Kehrtwende stattfindet, sobald sich Rahmenbedingungen ändern und der Vorteil nicht mehr so präsent ist (vgl. Beitrag Radau).

4 Ausblick

Die inflationäre und oftmals inhaltsleere Verwendung der Begriffe „Nachhaltigkeit" oder „CSR" in der öffentlichen Kommunikation erschwert den Beteiligten den Umgang mit diesen Konzepten. Für den Einzelnen bedeutet dies, sich ständig auf einem Grat zwischen Hype und Hoffnung zu bewegen. Nicht nur Mitarbeiter hinterfragen die Sinnhaftigkeit der entsprechenden Maßnahmen, sondern insgesamt wird die Umsetzung erschwert. Wie soll ein Konzept umgesetzt werden, ja sogar Teil der strategischen Ausrichtung werden, wenn den Beteiligten nicht klar ist, was überhaupt darunter verstanden wird? Sowohl die Wissenschaft als auch die betriebliche Praxis stehen hier in der Pflicht, ein einheitliches Verständnis herbeizuführen.

Aber nicht zuletzt die Aktivitäten der Akteure entlang der Food Value Chain zeigen, dass es falsch wäre, dem CSR-Konzept deshalb eine Wertlosigkeit zuzuschreiben. Auf der einen Seite fördert dieser konzeptuelle Rahmen das Bewusstsein von Unternehmen für soziale und ökologische Probleme. Dies wiederum stellt die Basis für die proaktive Suche nach Lösungsmöglichkeiten dar. Hieran zeigt sich die direkte Verbindung zwischen einem nachhaltigen Wirtschaften und Innovationen. Der Druck, auf Unternehmensseite offen mit den Ergebnissen des eigenen Handelns umzugehen, diese zu messen und zu veröffentlichen, führt zwangsläufig zu einem höheren Maß an Transparenz entlang der Wertschöpfungskette.

Fakt ist aber auch, dass der alte Dualismus zwischen Ethik und Ökonomik nur dann überwunden werden kann, wenn der „social case" Teil des „business case" wird. Hierzu muss die betriebswirtschaftliche Komponente „Ertrag" genauso Berücksichtigung im unternehmerischen Handeln finden wie eine gesellschaftlich orientierte Funktion wie „gesellschaftlicher Mehrwert".

Bestehende Themen entlang der Wertschöpfungskette können dabei innerhalb eines integrierten Managementansatzes zu einem wertschöpfenden Ansatz genutzt werden. Entscheidend ist, welche Produkt-Markt-Matrix für nachhaltiges Handeln stehen soll und inwiefern diese mit dem Kerngeschäft verknüpft ist. Denn CSR als Differenzierungsmerkmal und damit als USP wird nur dann erfolgreich sein, wenn dies Teil der Produktphilosophie und -strategie ist. Insbesondere die Herausforderung für das (Produkt-)Management, die Stakeholder von der Glaubwürdigkeit des sozial-ökologischen Engagements zu überzeugen, ist dabei essenziell. So kann neben der Erfüllung von Verbraucheransprüchen auch die langfristige Erreichung eines strategischen Geschäftswertbeitrags erzielt werden.

Literatur

Balderjahn I (2003) Nachhaltiges Marketing-Management: Möglichkeiten einer umwelt- und sozialverträglichen Unternehmenspolitik. Lucius & Lucius, Stuttgart

Bassen A, Jastram S, Meyer K (2005) Corporate social responsibility. Eine Begriffserläuterung. zfwu 6(2):231–236

Bowen HR (1953) Social responsibilities of the businessman. Harper, New York
von Carlowitz HC (1713) Sylvicultura oeconomica, oder haußwirthliche Nachricht und Naturmäßige Anweisung zur wilden Baum-Zucht. Braun, Leipzig
Carroll AB (1991) The pyramid of corporate social responsibility: toward the moral management of organizational stakeholders. Bus Horiz 34(4):39–48
Carroll AB (1999) Corporate social responsibility. Bus Soc 38:268–293
Cowe R, Williams S (2000) Who are the ethical consumers. Co-operative Bank, Manchester
Crane A, Matten D (2010) Business ethics. Managing corporate citizenship and sustainability in the age of globalization, 3rd Aufl. Oxford University Press, New York
Crane A, Matten D, Moon J (2010) Der Aufstieg von Corporate Citizenship. Historische Entwicklungen und neue Perspektiven. Centrum für Corporate Citizenship Deutschland e. V., Berlin. http://www.cccdeutschland.org/sites/default/files/CCCDebatte06_Der%20Aufstieg%20von%20Corporate%20Citizenship_2010.pdf. Zugegriffen: 8. Feb. 2015
Curbach J (2009) Die Corporate-Social-Responsibility-Bewegung. VS Verlag für Sozialwissenschaften, Wiesbaden
Dahlsrud A (2006) How corporate social responsibility is defined: an analysis of 37 definitions. Corp Soc Responsib Environ Manage 15(1):1–14
Davis JH, Goldberg RA (1957) A concept of agribusiness. Division of Research, Graduate School of Business Administration, Harvard University, Boston
Diekmann A, Preisendörfer P (1998) Umweltbewußtsein und Umweltverhalten in Low- und High-Cost-Situationen. Eine empirische Überprüfung der Low-Cost-Hypothese. Z Soziol 27(6):438–453
Elkington J (1999) Cannibals with forks: triple bottom line of 21st century business. Wiley, Hoboken
Fabisch N (2004) Soziales Engagement von Banken. Entwicklung eines adaptiven und innovativen Konzeptansatzes im Sinne des Corporate Citizenship von Banken in Deutschland. Dissertation, Hamburg
Fifka MS (2011) Sustainability, Corporate Social Responsibility und Corporate Citizenship – ein Abgrenzungsversuch im Begriffswirrwarr. In: Haunhorst E, Willers C (Hrsg) Nachhaltiges Management. Sustainability, Supply Chain, Stakeholder. Books on Demand, Norderstedt, S 29–49
Fröhlich E (2011) Nachhaltigkeit und Corporate Social Responsibility in der Supply Chain – Eine Einführung. In: Fröhlich E, Weber T, Willers C (Hrsg) Nachhaltigkeit in der unternehmerischen Supply Chain. Fördergesellschaft Produktmarketing, Köln, S 9–21
Grunewald A, Kopfmüller J (2006) Nachhaltigkeit. Campus Verlag, Frankfurt a. M.
Habisch A, Wegener M (2004) Gesetze und Anreizstrukturen für CSR in Deutschland. http://www.corporatecitizen.de/documents/GesetzeAnreizstrukturen.pdf. Zugegriffen: 7. Feb. 2015
von Hauff M (2014) Nachhaltige Entwicklung – Grundlagen und Umsetzung. Oldenbourg, München
Hockerts K (2007) Managerial perceptions of the business case for corporate social responsibility. CBS Center for Corporate Social Responsibility, Frederiksberg
Klink D (2008) Der Ehrbare Kaufmann – Das ursprüngliche Leitbild der Betriebswirtschaftslehre und individuelle Grundlage für die CSR-Forschung. Z Betriebswirtschaft 3:57–79
Kommission der Europäischen Gemeinschaften (2001) Grünbuch – Europäische Rahmenbedingungen für die soziale Verantwortung der Unternehmen. Brüssel. http://www.europarl.europa.eu/meetdocs/committees/deve/20020122/com(2001)366_de.pdf. Zugegriffen: 14. Feb. 2015
Kommission der Europäischen Gemeinschaften (2011) Eine neue EU-Strategie (2011–14) für die soziale Verantwortung der Unternehmen (CSR). Brüssel. http://eur-lex.europa.eu/LexUriServ/LexUriServ.do?uri=COM:2011:0681:FIN:DE:PDF. Zugegriffen: 14. Feb. 2015
Lee H (2010) Don't tweak your supply chain – rethink it end to end. Harv Bus Rev 88:1–8
Linton J, Klassen R, Jayaraman V (2007) Sustainable supply chains: an introduction. J Oper Manage 25:1075–1082
Loew T, Ankele K, Braun S, Clausen J (2004) Bedeutung der internationalen CSR-Diskussion für Nachhaltigkeit und die sich daraus ergebenden Anforderungen an Unternehmen mit Fokus Be-

richterstattung. abgerufen am 03.02.2014. http://www.upj.de/fileadmin/user_upload/MAIN-dateien/Themen/Einfuehrung/ioew_csr_diskussion_2004.pdf. Zugegriffen: 15. Feb. 2015

McWilliams A, Siegel D (2001) Corporate social responsibility: a theory of the firm perspective. Acad Manage Rev 26:117–127

von Meyer-Höfer M, Spiller A (2013) Anforderungen an eine nachhaltige Land- und Ernährungswirtschaft: Die Rolle des Konsumenten. In: KTBL-Schrift 500 Steuerungsinstrumente für eine nachhaltige Land- und Ernährungswirtschaft – Stand und Perspektiven, KTBL-Tagung vom 10.-11.04.2013 in Neu-Ulm. Kuratorium für Technik und Bauwesen in der Landwirtschaft e. V. (Hrsg.). Darmstadt

Mühlböck M (2011) Wirtschaftspolitik und Corporate Citizenship in Österreich. Das Potenzial von gesellschaftlichem Unternehmensengagement für mehr soziale Gerechtigkeit. Dissertation, Klagenfurt

Reisch LA (2010) A definition of „Sustainable Food Consumption". http://www.scp-knowledge.eu/sites/default/files/knowledge/attach-attachments/KU_Definition_Sustainable_Food.pdf. Zugegriffen: 15. Juni 2014

Sterzing A (2014) Verteilungspräferenzen beim Kauf fair gehandelter Produkte – Eine empirische Untersuchung. Dissertation, Kaiserslautern

Strecker O, Strecker OA, Elles A, Weschke H-D, Kliebisch C (2010) Marketing für Lebensmittel und Agrarprodukte, 4. Aufl. DLG-Verlag, Frankfurt a. M.

Ulrich P (2008) Corporate Citizenship oder: Das politische Moment guter Unternehmensführung in der Bürgergesellschaft. In: Backhaus-Maul H, Biedermann C, Nährlich S, Polterauer J (Hrsg) Corporate Citizenship in Deutschland – Bilanz und Perspektiven. VS Verlag für Sozialwissenschaften, Wiesbaden, S 94–100

Unterbusch B (2011) Nachhaltigkeit in der Markenführung: Implikationen für National Brand, Private Label und Retail Brand. In: Fröhlich E, Weber T, Willers C (Hrsg) Nachhaltigkeit in der unternehmerischen Supply Chain. Fördergesellschaft Produktmarketing, Köln, S 206–223

WCED – World Commission on Environment and Development (1987) Report of the world commission on environment and development: our common future. http://www.un-documents.net/wced-ocf.htm. Zugegriffen: 1. Feb. 2015

Webb DJ, Mohr LA (1999) A typology of consumer responses to cause-related marketing: from sceptics to socially concerned. J Public Policy Mark 17(2):226–238

Whetten DA, Rands G, Godfrey P (2002) What are the responsibilities of business to society? In: Pettigrew A, Thomas H, Whittington R (Hrsg) Handbook of strategy & management. SAGE Publications, London, S 373–408

Willers C (2007) Marketing in Widerstandsmärkten – untersucht am Beispiel gentechnisch veränderter Lebensmittel. Beiträge zum Produktmarketing, Bd. 40. Köln

Willers C (2015) Nachhaltige Produkte als Teil der Sortimentspolitik – Auswirkungen für den Lebensmittelhandel. In: Knoppe M (Hrsg) CSR & Retail Management. Gesellschaftliche Verantwortung als zukünftiger Erfolgsfaktor im Handel. Gabler, Wiesbaden, S 225–242

Willers C, Weber T (2011) Issues der Nachhaltigkeit – Unternehmen der Milchwirtschaft in der öffentlichen Wahrnehmung. Deutsche Molkerei Zeitung 23/2011, 32–34

Willmann B (2013) Boom des guten Gewissens. In: Kurtz A (Hrsg) Factbook Einzelhandel 2012: Daten, Fakten, Trends, Perspektiven, Wirtschaftsfaktor Einzelhandel. LPV Media, Neuwied, S 35–36

Windsor D (2001) Corporate Citizenship – Evolution and Interpretation. In: Andriof J, McIntosh M (Hrsg) Perspectives on corporate citizenship. Greenleaf, Sheffield, S 39–52

Wiswede G (2000) Einführung in die Wirtschaftspsychologie. 3., überarb. u. erw. Aufl. Reinhardt, München

Wood DJ, Logsdon JM (2001) Theorizing Business Citizenship. In: Andriof J, McIntosh M (Hrsg) Perspectives on corporate citizenship. Greenleaf, Sheffield, S 83–103

Prof. Dr. Christoph Willers ist Professor für Strategisches Management und Unternehmensentwicklung sowie Vizepräsident für Programmentwicklung, Qualitätssicherung und Lehre an der Cologne Business School (CBS). Er gehört zudem dem Competence Center Food & Retail an der CBS an. Nach dem Studium der Betriebswirtschaftslehre an der Universität zu Köln und der Aarhus School of Business promovierte er anschließend im Fachbereich Beschaffung und Produktpolitik zum „Marketing in Widerstandsmärkten – untersucht am Beispiel gentechnisch veränderter Lebensmittel". Seit 2007 ist er für verschiedene Unternehmensberatungen tätig; zudem war er Geschäftsführer des Instituts für Nachhaltiges Management. Er hält regelmäßig Vorträge und publiziert insbesondere zu Themenfeldern der Food Value Chain. Seine Forschungsschwerpunkte liegen im strategischen Management und in der Unternehmensentwicklung, im Sustainable Supply Chain Management sowie im Marketing und in der Produktpolitik.

Globale Ernährungssicherheit als Herausforderung für Politik und Unternehmen

Ingo Pies

1 Einleitung

Hunger gehört seit historischen Zeiten zu den Geißeln der Menschheit: In malthusianischen Gesellschaften war es stets so, dass wirtschaftliche Erfolge ein Bevölkerungswachstum ausgelöst haben, das den durchschnittlichen Lebensstandard in die Nähe des physischen Existenzminimums gerückt hat (Clark 2007; Galor 2011). Deshalb waren diese Gesellschaften notorisch anfällig für periodisch auftretende Minderungen der landwirtschaftlichen Produktion, wie sie bspw. durch Dürren und Überschwemmungen oder durch den Krankheitsbefall von Tieren und Pflanzen verursacht werden.

Mittlerweile aber leben immer mehr Menschen in postmalthusianischen Gesellschaften. Hier ist der Automatismus zwischen höheren Einkommen und höheren Geburtenzahlen durchbrochen. Dadurch kommt es zu menschheitsgeschichtlich noch nie dagewesenen Steigerungen des Lebensstandards (und der Lebenserwartung) breiter Bevölkerungsschichten (Persson 2010; Deaton 2013). Diese Steigerungen werden maßgeblich angetrieben durch eine Wissensrevolution, die zu technologischen und organisatorischen Innovationen führt, welche die Produktivität des Wirtschaftens kontinuierlich anheben. So wurde es möglich, dass nur noch ein geringer Bruchteil der Bevölkerung damit beschäftigt ist, Lebensmittel herzustellen, während sich die überwiegende Mehrheit der Erwerbspersonen darauf konzentrieren kann, Industriegüter und Dienstleistungen zu produzieren.

Postmalthusianische Gesellschaften sind reich. In ihnen herrscht Ernährungssicherheit. Und dies gleich aus mehreren Gründen: Erstens werden aufgrund hoher und systematisch

---

I. Pies (✉)
Lehrstuhl für Wirtschaftsethik, Martin-Luther-Universität Halle-Wittenberg,
Große Steinstraße 73, 06099 Halle (Saale), Sachsen-Anhalt, Deutschland
E-Mail: ingo.pies@wiwi.uni-halle.de

steigender Produktivität genügend Agrarrohstoffe geerntet, um Lebensmittel in der gewünschten Menge und Qualität herzustellen. Zweitens sind nicht nur die Gütermärkte, sondern auch schon die Agrarmärkte international so hochgradig integriert, dass lokale Missernten durch Importe leicht ausgeglichen werden können. Drittens sind die Einkommen der Bevölkerung – nicht zuletzt aufgrund dicht geknüpfter Netze sozialer Sicherheit – so hoch, dass sich jeder Bürger genügend Lebensmittel leisten kann: Auch wenn die Preise knappheitsbedingt vorübergehend steigen, muss niemand Hunger leiden. Eine ausreichende Nahrungsversorgung ist stets sichergestellt.

Dies gilt freilich (noch) nicht für jene Gesellschaften, die sich gegenwärtig am Anfang oder in der Mitte eines Transformationsprozesses zum Postmalthusianismus befinden. Hier ist vieles anders. Diese Gesellschaften sind vergleichsweise arm. In ihnen mangelt es an Ernährungssicherheit. Teile der Bevölkerung sind unterernährt. Auch hier ist es ein Zusammenspiel mehrerer Gründe, das den Status der (fehlenden) Ernährungssicherheit erklärt: Erstens ist der landwirtschaftliche Sektor produktivitätsbedingt sehr viel größer und sehr viel anfälliger für größere Angebotsschwankungen als in reichen Gesellschaften. Zweitens gibt es – aufgrund eines Governance-Versagens infolge von Korruption und politischer Privilegiensuche (Rent Seeking) – zahlreiche Marktbarrieren, die in großem Stil verhindern, dass wechselseitig vorteilhafte Tauschakte zustande kommen. Das macht sich besonders in Krisensituationen bemerkbar, wenn es aufgrund von – nicht nur internationalen, sondern oft sogar intranationalen – Handelsbarrieren nicht gelingt, lokale Missernten regional auszugleichen, sodass Versorgungsengpässe unnötigerweise zu existenziell bedrohlichen Hungersnöten eskalieren.[1] Drittens fehlt es an institutionalisierter Solidarität. Systeme sozialer Sicherung stecken häufig noch in den Kinderschuhen. Deshalb ist wirtschaftliche Not immer noch eine existenzielle Bedrohung: Armut und Hunger sind hoch korreliert.

Vor diesem Hintergrund richten sich viele Hoffnungen nicht nur auf die Politik, sondern auch auf die Unternehmen als Akteure mit gesellschaftlicher Verantwortung. Sie stehen unter einem (zunehmend) hohen Erwartungsdruck, signifikante Beiträge zur Verbesserung der globalen Ernährungssicherheit zu leisten.

Im Folgenden soll gezeigt werden, dass Unternehmen auf zwei unterschiedliche Arten zur wirksamen Bekämpfung des Hungers beitragen können:

a. Unternehmen tragen – als genuin wirtschaftliche Akteure – wirksam zur Bekämpfung von Hunger und Armut bei, wenn sie die Produktivität des landwirtschaftlichen Sektors anheben und insgesamt mehr Lebensmittel produzieren. Allerdings sollte nicht übersehen werden, dass es ebenfalls hilfreich ist, wenn Unternehmen die Produktivität in den Industrie- und Dienstleistungssektoren steigern, sodass generell höhere Einkommen verfügbar werden, mit denen sich Systeme sozialer Sicherung aufbauen lassen. Deshalb kommt nicht nur dem effizienzorientierten Wertschöpfungsverhalten der Unter-

---

[1] Das wusste schon Adam Smith (1776, 1983; Buch 4, Kap. 5, „Exkurs über den Getreidehandel und die Getreidegesetze"). Vgl. hierzu ausführlich Pies und Will (2014).

nehmen, sondern insbesondere ihrem effizienzsteigernden Innovationsverhalten eine überragende Bedeutung zu – und zwar nicht nur im landwirtschaftlichen Bereich, sondern quer über alle Sektoren der (wachsenden!) Wirtschaft (Baumol 2002, 2010).[2]

b. Unternehmen können aber auch – als politische Akteure, als Corporate Citizens (Pies et al. 2014) – wichtige Beiträge zur Bekämpfung von Hunger und Armut leisten, indem sie sich öffentlich für die erforderlichen politischen Weichenstellungen einsetzen, und zwar gerade auch dann, wenn diese unpopulär sein sollten. Dies betrifft zum einen die Innovationen, die v. a. in alternden Gesellschaften des postmalthusianischen Typs auf eine zunehmende Risikoaversion stoßen. Zum anderen ist gerade in den derzeit noch armen Ländern damit zu rechnen – und ordnungspolitisch dafür zu sorgen –, dass ein sektoraler Strukturwandel stattfinden wird, in dessen Folge zahlreiche Menschen den landwirtschaftlichen Sektor verlassen und vom Land in die Stadt ziehen. Gerade diese Verbindung von sektoralem und regionalem Strukturwandel erzeugt politische Widerstände, die freilich überwunden werden müssen, wenn die von Hunger und Armut betroffenen Menschen eine Chance erhalten sollen, in den Genuss einer sicheren Ernährung (und anderer zivilisatorischer Errungenschaften) zu gelangen (Pies 2013a).

In diesem Beitrag werden drei Thesen zur Diskussion gestellt. Sie lauten:

- Es ist möglich, bis zum Jahr 2050 globale Ernährungssicherheit herzustellen.
- Allerdings besteht die Gefahr, dass das wirtschaftliche Potenzial zur Bekämpfung von Hunger und Armut aufgrund politischer Blockaden nicht voll ausgeschöpft wird.
- Deshalb sind Unternehmen nicht nur als wirtschaftliche, sondern auch als politische Akteure gefordert. Sie stehen vor der Herausforderung, – gemeinsam mit staatlichen und zivilgesellschaftlichen Akteuren – als Corporate Citizens eine Mitverantwortung für die Gestaltung der institutionellen Rahmenbedingungen zu übernehmen, unter denen sie Wertschöpfung und Innovation betreiben.

2 Globale Ernährungssicherheit bis zum Jahr 2050 – Ein realistisches Ziel?

Nach aktuellen Schätzungen der Vereinten Nationen belief sich die Weltbevölkerung im Jahr 2013 auf 7,2 Mrd. Menschen. Es wird prognostiziert, dass sie in den nächsten Jahren (mit freilich sinkenden Wachstumsraten) weiter steigen wird. Für das Jahr 2025 wird mit 8,1 Mrd., für das Jahr 2050 mit 9,6 Mrd. und für das Jahr 2100 mit 10,9 Mrd. Menschen gerechnet (UN 2013, S. XV).

Bis zur Mitte des Jahrhunderts sind also zusätzlich rund 2,5 Mrd. Menschen zu ernähren. Hinzu kommt, dass gegenwärtig rund 800 Mio. Menschen als unterernährt gelten

---

[2] Für einen historischen Überblick über die Rolle der Unternehmen vgl. Sheshinski et al. (2007) sowie Landes et al. (2010).

(FAO 2014a, Tab. 1, S. 8). Auch für sie muss zusätzliche Nahrung produziert werden. Ferner ist in Rechnung zu stellen, dass auch die rund 6,5 Mrd. Menschen, die gegenwärtig nicht unter Hunger leiden, höhere Anforderungen an ihre Nahrung stellen werden. Der Konsum von Fleisch und Milchprodukten dürfte zunehmen. Ebenfalls zunehmen dürfte die Inanspruchnahme von Agrarrohstoffen für eine bioenergetische Verwendung. Vor diesem Hintergrund rechnet die Bundesregierung damit, dass zur Bekämpfung des globalen Hungers eine weltweite Steigerung der Weltagrarproduktion um rund zwei Drittel bis zum Jahr 2050 erforderlich sein wird (BMEL 2015, S. 2). Dies entspräche einer jährlichen Wachstumsrate der Weltagrarproduktion von durchschnittlich etwa 1,5 %. Eine einfache Überschlagsrechnung zeigt: Setzt man die rund 3,3 Mrd. Menschen, für die im Jahr 2050 zusätzliche Nahrung produziert werden muss, ins Verhältnis zur gegenwärtigen Weltbevölkerung von etwa 7,2 Mrd. Menschen, so erhält man als groben Anhaltspunkt für die nötige Zusatzproduktion den Wert von 46 %. Schlägt man ferner eine Sicherheitsmarge von zusätzlichen 22 % auf, um der steigenden Nachfrage nach Tierprodukten und Bioenergie Rechnung zu tragen, so kommt man auf 68 %, also auf genau jenen Wert, der einer jährlichen Wachstumsrate von 1,5 % entspricht.

Das ist zweifellos eine Herausforderung. Aber ist sie groß oder klein? Ist die Hoffnung, bis zur Jahrhundertmitte im globalen Maßstab für alle Menschen Ernährungssicherheit herzustellen, realistisch oder unrealistisch?

Bei der Beantwortung dieser Frage hilft Abb. 1: Sie weist aus, dass seit 1960 in allen fünf Dekaden die durchschnittliche Wachstumsrate jeweils über der Marke von 2 % lag. Würde die Weltagrarproduktion in den nächsten 35 Jahren jeweils um 2 % anwachsen, so wäre der landwirtschaftliche Ertrag im Jahr 2050 doppelt so hoch wie heute. Vor diesem Hintergrund ist die Erwartung gerechtfertigt, dass es durchaus gelingen kann, den Hunger – als historische Geißel der Menschheit – bis zur Jahrhundertmitte endgültig überwunden zu haben.

Abbildung 1 ist aber auch noch aus einem anderen Grund interessant. Sie zeigt nicht nur die *Höhe* der faktisch erreichten Wachstumsraten, sondern auch *wie stark* unterschiedliche Wachstumsquellen zur Steigerung der weltweiten Agrarproduktion beigetragen haben.

Agrarökonomen unterscheiden generell vier Quellen des Wachstums: Eine höhere Agrarproduktion kann erzielt werden a) durch eine Ausdehnung der Anbaufläche, b) durch den verstärkten Einsatz von Wasser mithilfe von Anlagen zur künstlichen Bewässerung, c) durch verstärkten Einsatz von Arbeitskraft, Maschinen und Düngemitteln sowie d) durch besseres Wissen technologischer oder organisatorischer Art, gemessen als Erhöhung der totalen Faktorproduktivität. In diese letzte Kategorie fallen auch die bei diversen Tier- und Pflanzenarten erzielten Züchtungserfolge. Abbildung 1 zeigt, wie sich die Steigerungen der Agrarproduktion, die in den letzten Jahrzehnten zu verzeichnen waren, aus diesen vier Quellen gespeist haben.

Hervorzuheben ist, dass in den Jahrzehnten vor 1990 das Wachstum der Agrarproduktion primär auf den vermehrten Einsatz von Inputfaktoren, wie z. B. Düngemitteln, zurückzuführen ist. Nach 1990 hingegen – mit dem Wegfall des Eisernen Vorhangs – wurde es möglich, bedeutende Flächen in Ostdeutschland, in Osteuropa und noch weiter östlich

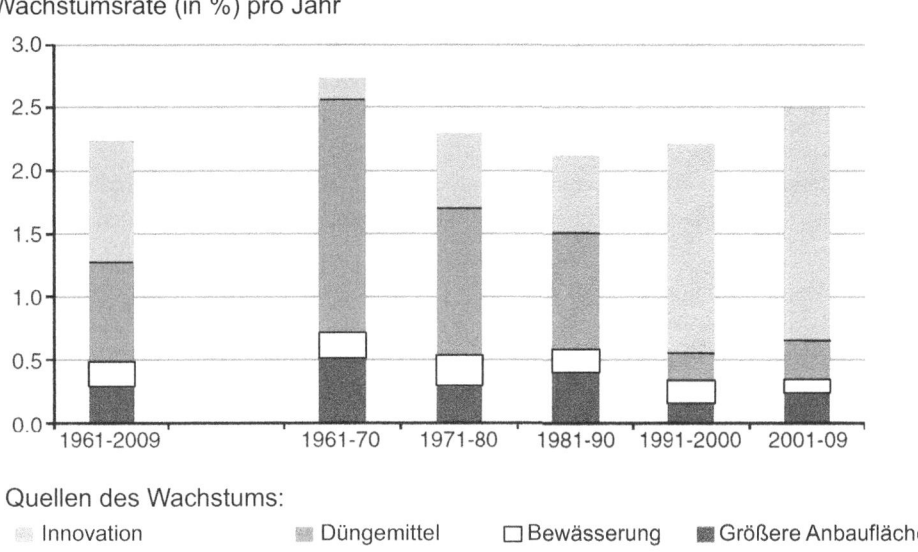

Abb. 1 Quellen des Wachstums der Weltagrarproduktion, 1960–2009. (Fuglie und Wang 2012, Abb. 3, S. 4).

in der Ukraine und Russland bis nach Kasachstan mit westlichem Know-how zu bewirtschaften. Mit Ausnahme der afrikanischen Staaten südlich der Sahara waren auch zahlreiche Entwicklungsländer sehr erfolgreich darin, im landwirtschaftlichen Sektor verbesserte Technologien und Managementmethoden einzusetzen. Deshalb war in den letzten 20 Jahren die Erhöhung der totalen Faktorproduktivität, also letztlich die Verwendung neuen Wissens, die mit Abstand größte Quelle des Wachstums der globalen Agrarproduktion. Wenn es gelingt, diesen globalen Trend auch in den kommenden Jahrzehnten fortzuschreiben, dann besteht in der Tat die Aussicht, den weltweiten Hunger nachhaltig – im Sinne von sozialverträglich und umweltverträglich – bekämpfen zu können.

Allerdings ist davon auszugehen, dass sich dieses dringend erwünschte Ergebnis nicht automatisch einstellen wird, sondern allenfalls dann, wenn die ordnungspolitischen Weichen dafür richtig gestellt werden. Die Politik steht folglich vor der Herausforderung, den marktlichen Rahmen für unternehmerisches Wertschöpfungs- und Innovationsverhalten so auszugestalten, dass die erforderlichen Produktionssteigerungen aktiv gefördert und nicht be- oder gar verhindert werden. Hier kommt viel darauf an, das Richtige zu tun und das Falsche zu unterlassen.

Einerseits wäre es wünschenswert, das Zusammenspiel staatlich finanzierter Grundlagenforschung und unternehmerischer Anwendungsforschung nicht nur auf die eigenen nationalen Bedürfnisse landwirtschaftlicher Produktion auszurichten, sondern stärker als bisher den Fokus der Forschung(-sförderung) ganz gezielt auf die Verbesserung der globalen Ernährungssicherung zu richten. Hierbei könnten zivilgesellschaftliche Organisationen und Stiftungen übrigens eine wichtige Rolle spielen, ganz analog zu Versuchen, die Entwicklung neuer Medikamente für bislang vernachlässigte Krankheiten zu fördern.

Andererseits ist es von überragender Bedeutung, durch wissenschaftlich fundierte Aufklärung der Einsicht Beachtung und Geltung zu verschaffen, dass man Hunger am besten nicht durch eine Außerkraftsetzung, sondern gerade umgekehrt durch eine bessere Inkraftsetzung von Märkten bekämpfen kann. Ansonsten laufen Politikprozesse immer wieder Gefahr, genau jene wirtschaftlichen Handlungen – v. a. jene Produktions- und Innovationsentscheidungen – zu blockieren, die unabdingbar sind, wenn man die Ernährungsunsicherheit global und nachhaltig überwinden will. Dies wird durch die folgenden Beispiele belegt.

3 Beispiele für Diskursversagen und Politikversagen

Um gut funktionieren zu können, benötigen Märkte eine geeignete Rahmenordnung, die für Erwartungssicherheit sorgt und gesellschaftlich erwünschte Handlungen – wie z. B. Investitionen in neue Produkte und Verfahren – stabilisiert und ermutigt, während sie gleichzeitig gesellschaftlich unerwünschte Handlungen – wie z. B. Kartellabsprachen zulasten von Kunden oder Lieferanten – destabilisiert und entmutigt. Eine funktionale Rahmenordnung kanalisiert das individuell eigennützige Verhalten der Marktteilnehmer mithilfe des Wettbewerbs, um es für das Gemeinwohl in Dienst zu nehmen.

Die Ausgestaltung einer funktionalen Rahmenordnung und ihrer institutionell verankerten Anreize erfordert gesellschaftliche Lernprozesse in Politik und Öffentlichkeit. Solche Lernprozesse werden jedoch gelegentlich in die Irre geführt, wie die folgenden Beispiele zeigen.

3.1 Beispiel 1

Anlässlich der starken Preissteigerungen für Agrarrohstoffe in den Jahren 2007/2008 und 2010/2011 kam international der Verdacht auf, dass neue Akteure auf den Terminmärkten – sog. Indexfonds – hierfür verantwortlich seien. Sie wurden in einer zivilgesellschaftlichen Kampagne als „Hungermacher" sowie als „Spekulanten des Todes" an den Pranger gestellt.[3] Im Zuge der globalen Finanzkrise und eines erschütterten Vertrauens in das Finanzsystem und die Finanzakteure stieß diese Diagnose auf ein erhebliches mediales Interesse und erzeugte in weiten Teilen der Bevölkerung ein enormes Maß an moralischer Empörung.

Zahlreiche zivilgesellschaftliche Organisationen erhoben im politischen Raum die Forderung, mittels einer scharfen Regulierung das Geschäftsgebaren der Indexfonds auf den Terminmärkten für Agrarrohstoffe stark einzuschränken oder mittels eines gesetzlichen Verbotes gleich ganz zu untersagen. Zeitweilig sah es so aus, als würde dieses Anliegen

---

[3] Für einen ausführlichen Überblick über diese Kampagne inklusive detaillierter Quellennachweise vgl. Pies (2013b).

auch in Regierungskreisen Unterstützung finden. Beispielsweise ließ sich die damals amtierende Bundeslandwirtschaftsministerin Ilse Aigner wie folgt zitieren: „Investitionen in Agrarrohstoffe sind als Terminfinanzierung vernünftig. Agrarrohstoffe als reine Finanzanlageprodukte lehne ich ab. Zocker müssen die Finger von Nahrungsmitteln lassen. Reis und Weizen gehören nicht ins Casino. Mit der Existenzgrundlage von Mrd. Menschen spekuliert man nicht!" (Aigner 2013).

In den Kreisen der Wissenschaft stieß diese Sicht der Dinge auf starke Vorbehalte. Widersprochen wurde der insbesondere gegen Indexfonds gerichteten Spekulationskritik. Zum einen wurde geltend gemacht, dass die beiden starken Preissteigerungen der Jahre 2007/2008 und 2010/2011 nicht durch die finanzwirtschaftliche Spekulation von Indexfonds ausgelöst wurden, sondern durch das Zusammenspiel mehrerer realwirtschaftlicher Faktoren. Globale Nachfrageüberschüsse hatten die internationale Lagerhaltung abschmelzen lassen, sodass negative Angebotsschocks auf den unelastischen Teil der Nachfrage durchschlugen und enorm starke Preiswirkungen entfalten konnten, welche dann durch politisches Fehlverhalten nochmals verstärkt wurden (Pies et al. 2013a). Zum anderen wurde die Bedeutung funktionierender Terminmärkte für die Agrarproduktion betont und herausgearbeitet, dass Indexfonds die Funktionsweise der Terminmärkte nicht schwächen, sondern stärken. Gestützt auf zahlreiche empirische Untersuchungen wurde der zivilgesellschaftliche Alarm öffentlichkeitswirksam als Fehlalarm eingestuft.[4]

Nimmt man das jüngste Regierungsdokument als Maßstab, wird man darauf schließen dürfen, dass sich nicht die regulatorische Radikalforderung, sondern die wissenschaftliche Kritik an dieser Forderung durchgesetzt hat: Zum einen wird ausdrücklich anerkannt, dass es hauptsächlich realwirtschaftliche Faktoren sind, die Niveau und Volatilität der Agrarpreise bestimmen (BMEL 2015, S. 23). Zum anderen wird formuliert: „Warenterminmärkte müssen vor exzessiver Spekulation und Marktmissbrauch geschützt werden. In diesem Sinne unterstützt die Bundesregierung die aktuellen Finanzmarktreformen auf EU-Ebene im Hinblick auf Agrarterminmärkte. Ihr Fokus sind die Schaffung von Transparenz an den Warenterminmärkten für Agrarrohstoffe sowie eine angemessene Regulierung, die die positiven Eigenschaften der Warenterminmärkte nicht abwürgt" (BMEL 2015, S. 12). Ob es in den letzten Jahren überhaupt eine exzessive Spekulation gegeben hat, wird bei dieser Formulierung bewusst offen gelassen. Hingegen wird zweifelsfrei ersichtlich, dass die Bundesregierung es nicht (mehr) für erstrebenswert hält, Indexfonds vom Terminmarkt auszuschließen.

---

[4] Vgl. hierzu bspw. den offenen Brief an Bundespräsident Gauck von Althammer et al. (2012). Zur empirischen Erkenntnislage vgl. die Literaturauswertung von Will et al. (2013). Zur Funktionsweise von Indexfonds und ihren Wirkungen auf die Agrarterminmärkte vgl. Prehn et al. (2013a, b). Für eine umfassende wirtschaftsethische Betrachtung vgl. Pies et al. (2013b).

3.2 Beispiel 2

In den letzten Jahren ist ein weiteres Thema auf die Agenda der Politik gehievt worden und genießt dort seitdem hohe Priorität: das Doppelproblem der sog. Lebensmittelverluste und der Lebensmittelverschwendung (Food Loss and Waste, FLW). Hiermit sind zum einen die Ernte- und Nacherntemengen von Agrarrohstoffen gemeint, die auf den verschiedenen Wertschöpfungsstufen bis zur Herstellung der verbrauchsfertigen Lebensmittel verlorengehen. Zum anderen werden ergänzend hierzu auch die im Handel und bei den Endverbrauchern anfallenden Abfallmengen nicht genutzter Lebensmittel gezählt.

Zu den maßgeblichen Agenda-Settern, die die Aufmerksamkeit von Politik und Öffentlichkeit auf dieses Thema gelenkt haben, gehört die UN-Organisation FAO (2011, 2013). Sie hat dramatische Zahlen über das geschätzte Ausmaß des Verlusts sowie der Verschwendung von Lebensmitteln vorgelegt und damit die Erwartung aufkommen lassen, dass ein erheblicher Beitrag zur Ernährungssicherheit geleistet werden könnte, wenn es gelänge, die Ausfall- und Abfallmengen auf dem Weg „from farm to fork" zu reduzieren.

Vor diesem Hintergrund hat das Europaparlament am 23. November 2011 die Europäische Kommission aufgefordert, geeignete Maßnahmen zu ergreifen, um die FLW-Mengen in der Europäischen Union bis zum Jahr 2025 um mindestens 50 % zu reduzieren (EurActiv 2012). In Ihrer Mitteilung vom 2. Juli 2014 schlägt die Europäische Kommission im Rahmen ihres Konzepts einer europäischen Kreislaufwirtschaft vor, „dass die Mitgliedstaaten nationale Programme zur Vermeidung der Verschwendung von Lebensmitteln ausarbeiten und versuchen sicherzustellen, dass Lebensmittelabfälle in den Herstellungsbetrieben, im Einzelhandel/Vertrieb, im Hotel- und Gaststättengewerbe und in den privaten Haushalten bis 2025 um mindestens 30 % verringert werden" (Europäische Kommission 2014, S. 15 f.).

Die Bundesregierung macht sich diese Sicht der Dinge zu eigen. Das Landwirtschaftsministerium äußert sich hierzu wie folgt: „Weltweit geht rund ein Drittel aller Lebensmittel zwischen Feld und Teller verloren. Pro Jahr summieren sich diese Verluste auf etwa 1,3 Mrd. t. Schätzungen bei Getreide belaufen sich auf bis zu 30 % Nachernteverluste, bei Obst und Gemüse, Fisch und Meeresfrüchten sogar bis zu 50 %. Ursache sind Schädlingsbefall, Schimmel und Fäulnis bei fehlerhafter Trocknung und Lagerung. Hinzu kommen Verluste bei der Ernte, während des Transports und bei der Verarbeitung. Der Wert der Getreideverluste in Afrika südlich der Sahara wird auf jährlich vier Mrd. $ geschätzt – sie würden ausreichen, um 48 Mio. Menschen zu ernähren. Insgesamt werden nach Berechnungen der FAO jedoch von den Verbraucherinnen und Verbrauchern in den Industrieländern mehr als zehnmal soviel Lebensmittel weggeworfen wie in Entwicklungsländern" (BMEL 2015, S. 6). Allein diese als Lebensmittelverschwendung bezeichneten Abfallmengen, die von den Endverbrauchern zu verantworten sind, belaufen sich Schätzungen zufolge auf 95–115 kg pro Kopf und Jahr für Europa und Nordamerika, während dieser Wert für Deutschland auf 82 kg und für Subsahara-Afrika sowie für Süd- und Südostasien auf 6–11 kg veranschlagt wird (BMEL 2015, S. 6).

Betrachtet man das Doppelproblem von „food loss" und „food waste" aus einer wissenschaftlichen Perspektive, so sind drei Argumente geltend zu machen, die die Hoffnung dämpfen, eine Reduktion der Verlust- und Abfallmengen könne signifikante Beiträge zur globalen Ernährungssicherung leisten (vgl. hierzu grundlegend Koester et al. 2013 sowie Koester 2014).

Erstens sind die statistischen Angaben der FAO über die weltweiten Lebensmittelverluste und Lebensmittelverschwendungen mit allergrößter Vorsicht zu genießen. Zum einen werden hier einfach Kilogramm zusammengezählt, also buchstäblich Äpfel und Birnen addiert. Anstatt Weizen und Gemüse, Früchte und Milch sowie Fleisch und Fisch auf Gewichtsbasis zu aggregieren, wäre es sehr viel aussagefähiger, die nötige Aggregation auf der Basis von Kalorien vorzunehmen. Zum anderen werden die FLW-Mengen deutlich zu hoch ausgewiesen. Die aufsehenerregend hohen Zahlenwerte kommen bspw. dadurch zustande, dass Verlustmengen errechnet werden, indem man für Entwicklungsländer die Differenz zwischen der möglichen und der tatsächlichen Flächenproduktivität in Anschlag bringt oder dadurch, dass man für entwickelte Länder jene Lebensmittelmengen, die – bspw. im Rahmen der „Tafel"-Initiativen – für Schenkungen an Arme verwendet werden, als Lebensmittelverschwendung ausweist, weil die Produkte nicht wie vorgesehen beim kaufenden Endverbraucher landen.

Zweitens sind die rein rechnerischen Zahlenspiele trügerisch. In ihnen wird implizit angenommen, eine Reduktion der Verlust- oder Abfallmengen komme im Maßstab 1:1 den Hungernden auf dieser Welt zugute. Die Weltagrarproduktion ist aber nun einmal kein Nullsummenspiel, bei dem es darum ginge, eine vorgegeben fixe Menge zu verteilen, sodass ein Kilogramm Fleisch, das in Deutschland nicht weggeworfen wird, deshalb an anderer Stelle auf dem Globus verfügbar wäre. Die ökonomische Logik der Agrarmärkte lässt vielmehr erwarten, dass eine deutliche Reduktion der Nachfrage vermittelt über den Preis auf die Produktionsanreize wirkt und so das Angebot zurückgehen lässt. Im Klartext: Wer den Hunger global bekämpfen will, muss an der Kaufkraft der Armen ansetzen und dafür Sorge tragen, dass sie das nötige Einkommen haben, um ihre Bedürfnisse auch tatsächlich als Nachfrager auf dem Lebensmittelmarkt artikulieren zu können. Eine Reduktion der Nachfrage in reichen Ländern hingegen kommt den Armen keineswegs automatisch zugute.

Drittens lassen die FLW-Statistiken und die auf ihnen beruhenden Hoffnungen völlig außer Acht, dass eine Reduktion der Verlust- und Abfallmengen nicht kostenlos zu haben ist. Zugrunde liegt die Illusion einer Abwesenheit von Opportunitätskosten. Implizit wird unterstellt, dass die enormen FLW-Mengen Ausdruck privatwirtschaftlicher Ineffizienzen sind. Dabei dürfte das Gegenteil der Fall sein. Da die Agrarrohstoffe und Lebensmittel zu Marktpreisen gehandelt werden, ist eine Verlustmenge mit Umsatzeinbußen verbunden, während eine Abfallmenge Kosten verursacht. Deshalb darf man getrost davon ausgehen, dass Anbieter in ihrem eigenen Interesse Verlustmengen und analog Nachfrager in ihrem eigenen Interesse Abfallmengen nicht minimieren, sondern optimieren. Am Beispiel: Die statistisch erfassten Ernteverluste treten bspw. deshalb auf, weil es sich für die Bauern wirtschaftlich nicht lohnt, auch noch die letzte kleine Kartoffel aus dem Feld zu holen oder die letzte kleine Frucht vom Baum zu pflücken. Und die statistisch erfassten Abfallmengen, die in den reichen Ländern besonders groß sind, haben ihre Ursache v. a. in den – einkommensbedingt – hohen Qualitätsansprüchen an die Lebensmittelsicherheit, aber auch an die Frische und Ästhetik der Nahrungsmittel.

3.3 Beispiel 3

Zum Standardrepertoire der Bekundungen zur internationalen Entwicklungszusammenarbeit gehört das Bekenntnis, besonders die Kleinbauern fördern zu wollen. Das gilt nicht nur für die Verlautbarungen zivilgesellschaftlicher Organisationen, die mit dieser Ausrichtung gezielt um Spenden und Mitgliedsbeiträge werben. Es gilt auch für die staatliche Entwicklungszusammenarbeit, was durch das jüngste Dokument der Bundesregierung zu diesem Thema nochmals eindrücklich belegt wird. Nichtsdestotrotz verdient dieses Dokument ein besonderes Interesse, weil es mit unfreiwilliger Deutlichkeit belegt, dass diese an Kleinbauern gerichtete Hilfsbereitschaft nicht nur in sich widersprüchlich, sondern sogar gefährlich ist – und zwar ausgerechnet für jene Menschen, denen man offiziell helfen will.

Einerseits weist das Bundeslandwirtschaftsministerium in diesem Dokument völlig zu Recht darauf hin, dass viele Kleinbauern mit ihren Familienangehörigen selbst unter Hunger leiden, weil sie (mit geringem Kapitaleinsatz) sehr arbeitsintensiv extrem kleine Flächen bewirtschaften und hierbei nur geringe Produktionsleistungen erreichen. Man liest: „Der Großteil der Landwirtschaft der Welt liegt nicht in der Hand leistungsstarker, moderner Landwirtschaftsbetriebe, wie wir sie aus Deutschland kennen, sondern in den Händen kleinbäuerlicher Familienbetriebe. Während ein durchschnittlicher Familienbetrieb in Deutschland über 43 Hektar hat, sind 85 % der Bauernhöfe weltweit kleiner als zwei Hektar, bewirtschaften aber zusammen rund 60 % der globalen Anbauflächen. Die meisten dieser Betriebe befinden sich in Asien und Afrika. Sie sichern die lokale und regionale Versorgung und produzieren den größten Teil der Lebensmittel. Allerdings arbeiten viele von ihnen bislang nicht sehr produktiv: Pro Hektar erzeugen sie deutlich weniger als Betriebe in Europa oder Nordamerika. So liegt in Afrika südlich der Sahara der durchschnittliche Getreideertrag bei 0,5 bis 1,5 t pro Hektar, in Deutschland bei bis zu acht Tonnen. Kleinbäuerliche Betriebe in Entwicklungsländern wirtschaften unter schwierigeren Bedingungen als ein Landwirt bei uns. Zumeist haben sie schlechteren Zugang zu Land, Wasser, Saatgut, Dünger, Pflanzenschutzmitteln und Energie und produzieren mit einfachen Werkzeugen und Geräten und ohne moderne Methoden. Oft reichen ihre Erträge daher kaum zum Überleben" (BMEL 2015, S. 3).[5]

---

[5] Laut FAO (2014b, Abb. 1, S. 11) bewirtschaften 72 % der weltweit tätigen landwirtschaftlichen Betriebe eine Fläche von weniger als 1 ha, und nochmals 12 % eine Fläche von weniger als 2 ha. In reichen Ländern wächst die durchschnittliche Betriebsgröße, in armen Ländern hingegen nimmt sie tendenziell weiter ab. Vgl. FAO (2014b, Tab. 2, S. 14).

Folgerichtig wird hieraus folgender Schluss gezogen: „Große Potenziale für Ertragssteigerungen liegen bei den kleinbäuerlichen Familienbetrieben in Schwellen- und Entwicklungsländern, gerade wegen ihrer bislang niedrigen Produktivität. Mit ihrer Förderung von reiner Selbstversorgung hin zu einer zusätzlichen Erzeugung für den Markt sowie organisatorischen Änderungen wie Kooperationen in Genossenschaften lässt sich viel bewegen: Wenn sie mehr ernten, besser vermarkten und verkaufen können, verringert das die Armut in ländlichen Regionen" (BMEL 2015, S. 4 f.).

Andererseits aber verbindet das Bundeslandwirtschaftsministerium mit dieser Analyse die Erwartung, dass produktivitätsbedingt höhere Einkommen für Kleinbauern die gegenwärtige Tendenz zur Landflucht reduzieren werden (BMEL 2015, S. 9, 12).

Hier liegt ganz offenkundig ein Denkfehler vor: Wenn es tatsächlich in nennenswertem Umfang gelänge, kleine Flächen zusammenzulegen, um sie mit höherem Kapitaleinsatz sowie deutlich verbessertem Know-how zu bewirtschaften, dann würde dies unweigerlich zur Freisetzung von Arbeitskräften führen, von denen viele ihre Zukunft nicht auf dem Land, sondern in der Stadt suchen (und auch finden) werden – wenn man sie denn ließe.

Blickt man aus einer ökonomisch informierten Perspektive auf den zu erwartenden Strukturwandel in Entwicklungsländern, so wird sofort deutlich, wie illusionär die Erwartung ist, der Landflucht ließe sich Einhalt gebieten, indem man die Produktivität der Landwirtschaft erhöht. Das genaue Gegenteil dürfte der Fall sein.

Würden Entwicklungsländer bspw. verbriefte Eigentumsrechte an Grund und Boden einführen, so wäre dies nicht nur von immenser Bedeutung für die Bevölkerung der städtischen Armenviertel, die ihre Häuser endlich als Kapital nutzen könnten (de Soto 2000). Auch die Landbevölkerung würde enorm profitieren: Heute ist es in vielen Ländern immer noch so, dass ein Bauer sein tradiertes Nutzungsrecht nur dadurch aufrechterhalten kann, dass er die von ihm beanspruchte Ackerfläche auch tatsächlich selbst bewirtschaftet. Mangels Eigentumsrechts kann er den Boden nicht verkaufen. Aber er kann ihn auch nicht verpachten, weil er sonst Gefahr läuft, dass die Pächter ihm seinen Anspruch auf Pachtzahlung streitig machen, sobald sie es sind, die den Boden bewirtschaften. Deshalb fällt es Kleinbauern extrem schwer, ihre Flächen zusammenzulegen. Würde man sie hingegen hierin rechtlich unterstützen, so müssten sie nicht länger befürchten, den Wert ihres Nutzungsrechts zu verlieren, wenn sie sich darauf einlassen, ihre Flächen für eine weitaus produktivere Fremdbewirtschaftung freizugeben. Ihr Vermögenstitel am Land wäre unabhängig davon, wer das Land bewirtschaftet, und könnte folglich als Startkapital für eine neue wirtschaftliche Existenz verwendet werden.

Die normative Schlussfolgerung hieraus lautet: Kleinbauern verdienen zweifellos Hilfe und Solidarität. Aber nicht deshalb, weil sie Kleinbauern sind, auf dem Dorf wohnen und Subsistenzwirtschaft betreiben. Vielmehr verdienen sie Hilfe und Solidarität, weil sie Menschen sind, deren Menschenrecht und deren Menschenwürde durch Hunger und Armut verletzt wird. Deshalb muss die Hilfe so beschaffen sein, dass sie die Lebensbedingungen dieser Menschen nachhaltig verbessert, und zwar unabhängig davon, ob sie auf dem Land oder in der Stadt leben wollen. Werden hingegen die Hilfsmaßnahmen so ausgerichtet, dass sie den sektoralen – und damit eng verbunden: den regionalen – Strukturwandel behindern, dann droht die Gefahr, dass ausgerechnet die Ärmsten der Armen in sich perpetuierende Armutsfallen hineinsubventioniert werden, aus denen sie mit eigener Kraft nicht mehr entkommen können.[6]

4 Unternehmen müssen als Corporate Citizens Ordnungsverantwortung übernehmen

Die Liste von Beispielen, in denen der öffentliche Diskurs irreführenden Modethemen folgt und gerade dadurch von den wirklich relevanten Politikoptionen zur Bekämpfung von Hunger und Armut abgelenkt wird, ließe sich leicht verlängern, wie die beiden folgenden Punkte belegen:

- Die in den letzten Jahren durch schnell steigende Agrarpreise ausgelösten Hungerkrisen wurden maßgeblich verstärkt durch ein gravierendes Politikversagen großer Export- und Importländer: Bedeutende Erzeugerstaaten reduzierten ihre Exporte und verringerten dadurch das weltweite Angebot an Agrarrohstoffen. Bedeutende Einfuhrstaaten weiteten daraufhin ihre Importe aus und gaben so dem Weltmarkt zusätzliche Nachfrageimpulse. Dieses unnötig krisenverschärfende Verhalten durch politische Instanzen spielte über Jahre hinweg in der öffentlichen Diskussion praktisch keine Rolle, u. a. wohl auch deshalb, weil diese auf die vermeintlich hungermachende Wirkung der Agrarspekulation fixiert war. Besonders beunruhigend ist, dass dieses Verhaltensmuster wechselseitig aufschaukelnder Verknappungsmaßnahmen nicht nur 2007/2008 zu beobachten war, sondern sich 2010/1011 wiederholte, so als seien die Staaten gegen Lernprozesse resistent und wüssten nicht, wie einer Eskalationsspirale wechselseitiger Schädigungen zu entkommen sei (vgl. hierzu ausführlich Pies 2013a, S. 33–36). Zudem waren die Effekte quantitativ außerordentlich bedeutend: Anderson (2013, Tab. 1, S. 169) schätzt für den Zeitraum von 2006 bis 2008, dass allein das Politikversagen für 40 % der Preissteigerungen bei Reis, für 19 % der Preissteigerungen bei Weizen und für 10 % der Preissteigerungen bei Mais verantwortlich war.
- In den letzten Dekaden hatten zivilgesellschaftliche Organisationen immer wieder die *niedrigen* Preise auf den Weltagrarmärkten für die Zwillingsprobleme von Hunger und

---

[6] Hierzu liest man – mit einem langfristigen Blick auf Afrikas Zukunft – bei Collier und Dercon (2009, S. 1): „For economic development to succeed in Africa in the next 50 years, African agriculture will have to change beyond recognition. Production will have to have increased massively, but also labour productivity, requiring a vast reduction in the proportion of the population engaged in agriculture and a large move out of rural areas. … [W]e ask how this can be squared with a continuing commitment to smallholder agriculture as the main route for growth in African agriculture and for poverty reduction. … Indeed, much of the focus on smallholders may actually hinder large scale poverty reduction. Fast labour productivity growth is what is needed for large scale [poverty] reduction but smallholders and the institutions to support and sustain them are weak agents for labour productivity growth in Africa."

Armut verantwortlich gemacht. Hier stand im Vordergrund, dass die Kleinbauern nicht genügend Geld verdienen können. Im letzten Jahrzehnt hat sich das geändert. Seit 2007 wurde die Kommunikation umgestellt. Seitdem beklagen zivilgesellschaftliche Organisationen die *hohen* Preise auf den Weltagrarmärkten. Jetzt steht im Vordergrund, dass sich große Teile der Stadtbevölkerung in Entwicklungsländern die Lebensmittel nicht mehr leisten können. Beide Wehklagen sind irreführend, weil sie die Preise als Problem adressieren, wo deren Höhe doch in Wirklichkeit dazu beiträgt, das jeweils zugrunde liegende Knappheitsproblem zu entschärfen (vgl. hierzu umfassend Swinnen 2011 sowie Swinnen et al. 2011). So werden Politikmaßnahmen nahegelegt, die – z. B. durch staatliche Lagerhaltungsprogramme – auf die Preisbildung direkt Einfluss nehmen wollen. Von der Leitidee, Märkte nachhaltig in Kraft zu setzen, um sie für die Bekämpfung des Hungers bestmöglich in Dienst zu nehmen, sind solche Diskussionen weit entfernt.

Doch anstatt weitere Beispiele aufzuzählen, soll nun eine programmatische Schlussfolgerung formuliert und erläutert werden. Sie lautet: Angesichts des verbreiteten Phänomens, dass Diskursversagen zu Politikversagen führt, wächst den Unternehmen die Aufgabe zu, Verantwortung nicht nur für ihr Wertschöpfungsverhalten zu übernehmen, sondern auch für die Rahmenbedingungen ihres Wirtschaftens. Unternehmen stehen vor der Herausforderung, sich nicht nur als wirtschaftliche Akteure im Bereich der Produktion und Innovation zu betätigen, sondern sich auch als politische Akteure – als Corporate Citizens – zu engagieren. Das bedeutet, Beiträge zur gesellschaftlichen Selbstaufklärung und Selbststeuerung zu leisten und in diesem Sinne „Ordnungsverantwortung" (Beckmann und Pies 2008; Beckmann 2010) zu übernehmen.

Abbildung 2 hilft, sich diese Herausforderung vor Augen zu führen: Zu unterscheiden sind drei gesellschaftliche Arenen: a) die Sphäre der wirtschaftlichen Wertschöpfung (Basisspiel (BS), Ebene 1), b) die Sphäre der politischen Regelsetzung (Metaspiel (MS), Ebene 2) und c) die Sphäre der öffentlichen Regelfindungsdiskurse (Meta-Metaspiel (MMS), Ebene 3).

Die Arena des Basisspiels ist das angestammte Aktionsfeld für Unternehmen und steht deshalb traditionell im Mittelpunkt der Ausbildung von Führungskräften: Hier betätigen sich Unternehmen auf wettbewerblich verfassten Märkten als Wertschöpfungsagenten im gesellschaftlichen Auftrag, indem sie gemeinsam mit ihren Wertschöpfungspartnern, den Stakeholdern, Güter und Dienstleistungen hervorbringen, die bei den Kunden eine möglichst hohe Zahlungsbereitschaft aktivieren sollen. Auf dieser ersten Ebene geht es um wirtschaftliche Produktions- und Innovationsaktivitäten.

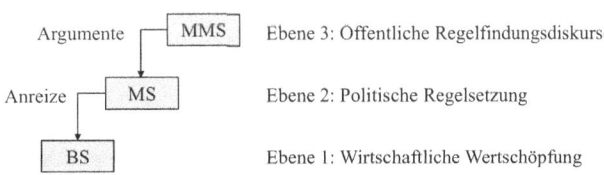

Abb. 2 Drei gesellschaftliche Arenen unternehmerischer Verantwortung

Die Arena des Metaspiels hingegen ist die gesellschaftliche Sphäre politischer Selbststeuerung. Sie ist dadurch gekennzeichnet, dass hier die institutionellen Rahmenbedingungen festgelegt werden, unter denen die wirtschaftliche Wertschöpfung im Basisspiel erfolgt. Kollektiv verbindliche Entscheidungen bestimmen die Eigentumsrechte, deren Austausch hinsichtlich seiner Möglichkeiten und Grenzen privatrechtlich geregelt wird. Folglich wird hier darüber befunden, welche Markthandlungen erlaubt sind und welche nicht. Von diesen institutionellen Weichenstellungen hängt es ab, inwiefern Unternehmen unter Wettbewerbsdruck Handlungen herbeiführen, deren aggregierte Folgen aus gesellschaftlicher Sicht – im Hinblick auf ihre ökonomischen, ökologischen und sozialen Konsequenzen – erwünscht oder unerwünscht sind.

Demgegenüber ist die Arena des Meta-Metaspiels die gesellschaftliche Sphäre demokratischer Selbstaufklärung durch öffentliche Diskussion. Hier werden Argumente ausgetauscht. Sie betreffen zum einen Vorschläge dafür, welche Sachverhalte als politisch zu regelndes Problem wahrgenommen werden sollten. Sie betreffen zum anderen Vorschläge dafür, welche Lösungsoptionen hierfür infrage kommen könnten. Solche Regelfindungsdiskurse auf Ebene 3 liefern Argumente – und setzen damit Anreize! – für die Regelsetzungsprozesse auf Ebene 2.

Insofern wird verständlich, warum ein Diskursversagen (auf Ebene 3) zu einem Politikversagen (auf Ebene 2) führen kann, welches dann systematisch ein Marktversagen (auf Ebene 1) zur Folge hat. Daraus folgt als Umkehrschluss ein Plädoyer für die Übernahme von Ordnungsverantwortung, d. h. zugunsten eines „Responsible Lobbying" (Bauer 2014): Wenn ein Unternehmen mit den gesellschaftlichen Konsequenzen des eigenen Basisspiels unzufrieden ist, weil sich diese Konsequenzen unter dem Druck des Wettbewerbs nicht durch innovative Änderungen des eigenen Wertschöpfungsverhaltens verbessern lassen, dann sollte es versuchen, mittels eines Engagements auf den höheren Ebenen der zugehörigen Metaspiele einen Beitrag dazu zu leisten, dass via institutioneller Reform ein besseres Basisspiel gespielt werden kann.

Große Unternehmen haben zumeist eigene Büros in Berlin und Brüssel, um dort eigenständig Lobbying zu betreiben. Mittlere und kleine Unternehmen hingegen delegieren dies oft an ihre Wirtschaftsverbände. Insofern kann kein Zweifel daran bestehen, dass viele Unternehmen sich – sei es direkt, sei es indirekt – bereits in politischen Regelsetzungsprozessen (Ebene 2) engagieren. Worin liegt der Unterschied zwischen den üblichen Lobbyingtätigkeiten und dem, was hier als Responsible Lobbying im Sinn einer Übernahme von Ordnungsverantwortung bezeichnet wurde?

Systematisch betrachtet, sind es zwei Unterschiede, auf die hier aufmerksam zu machen ist. Zum einen umfasst der Begriff „Lobbying" alle Versuche politischer Einflussnahme, unabhängig davon, ob diese einer Win-lose-Logik oder einer Win-win-Logik folgen. Demgegenüber schließt der Begriff des Responsible Lobbying alle Formen der sozialschädlichen Privilegiensuche (Rent Seeking) aus. Zum anderen sind Lobbyaktivitäten zumeist eng begrenzt auf Ebene 2. Das Konzept der Ordnungsverantwortung hingegen erweitert den unternehmerischen Aktivitätsbereich um Ebene 3: Responsible Lobbying verlagert den Schwerpunkt von einer an Minister und Ministerialbeamte adressierten Politikerberatung auf eine transparente Politikberatung, die an die demokratische Öffentlichkeit gerichtet ist.

Die beiden folgenden Beispiele mögen illustrieren, wie man sich die Übernahme von Ordnungsverantwortung konkret vorstellen kann:

- Namhafte Großfirmen haben das European Risk Forum (ERF) ins Leben gerufen (vgl. die Homepage http://www.riskforum.eu/). Dieser Thinktank setzt sich öffentlich dafür ein, dass die Europäische Union insbesondere bei ihrer Technologiepolitik ein ausgewogenes Risikomanagement betreibt, das nicht einseitig auf Risikovermeidung setzt, sondern neben möglichen Nachteilen auch die mit risikobehafteten Innovationen verbundenen möglichen Vorteile systematisch und wissenschaftlich fundiert in Rechnung stellt (ERF o. J.).
- In der Diskussion um das transatlantische Freihandelsabkommen mit den USA (TTIP: Transatlantic Trade and Investment Pact) haben sich prominente Vertreter der deutschen Automobilindustrie unter dem Dach des VDA zusammengeschlossen und kollektiv zu Wort gemeldet (vgl. die Homepage http://jazuttip.de). Ihr gemeinsamer Auftritt am 28. Januar 2015 ist für die Branche außerordentlich ungewöhnlich. Dem Vernehmen nach handelt es sich um die erste politische Stellungnahme dieser Art: Mehrere Vorstandsvorsitzende werben öffentlich für TTIP, indem sie auf die gesamtwirtschaftlichen Vorteile dieses Freihandelsabkommens hinweisen.

Beide Beispiele weisen wichtige Gemeinsamkeiten auf: a) In beiden Fällen ist leicht ersichtlich, dass die Unternehmen sich hier als Nachzügler – also nicht proaktiv, sondern reaktiv – betätigen, um in einer bereits seit Längerem stattfindenden Debatte argumentativ Flagge zu zeigen. b) In beiden Fällen wird nicht mit den Gewinninteressen der Unternehmen argumentiert, sondern mit den Gemeinwohlinteressen der Bevölkerung. Zugrunde liegt die Intention, die Öffentlichkeit auf Aspekte aufmerksam zu machen, von denen die Unternehmen meinen, dass sie im demokratischen Diskurs bisweilen übersehen werden oder zu kurz kommen. Es geht um eine inhaltlich fundierte Stellungnahme, die das pluralistische Meinungsspektrum durch den Versuch bereichert, das öffentliche Diskussionsniveau anzuheben. c) Beide Beispiele zeigen, dass Unternehmen sich nicht nur als wirtschaftliche, sondern auch als politische Akteure – als Corporate Citizens – betätigen können, indem sie sich – gemeinsam mit zivilgesellschaftlichen Organisationen und anderen Interessengruppen – am demokratischen Ringen um möglichst funktionale Regelarrangements zur Lösung gesellschaftlicher Probleme konstruktiv beteiligen (Pies und Hielscher 2015).

Fazit: Das moralische Anliegen, die politischen Weichenstellungen für eine wirksame Bekämpfung von Hunger und Armut vorzunehmen, könnte nachhaltig davon profitieren, dass sich Unternehmen öffentlich zu Wort melden und als Corporate Citizens Ordnungsverantwortung übernehmen.

Literatur

Aigner I (2013) „Mit der Existenzgrundlage von Millionen Menschen spielt man nicht!". Interview. Der Tagesspiegel. http://www.tagesspiegel.de/wirtschaft/interview-die-spekulation-verstaerkt-preisschwankungen-bei-lebensmitteln-/8161006-3.html. Zugegriffen: 3. Mai 2013

Althammer J et al (2012) Offener Brief an Bundespräsident Gauck, unterzeichnet von 40 Wissenschaftlern. http://www.iamo.de/fileadmin/institute/pub/offenerbrief-gauck.pdf. Zugegriffen: 19. Dez. 2012

Anderson K (2013) Agricultural price distortions: trends and volatility, past, and prospective. Agr Econ 44(s1):163–171

Bauer T (2014) Responsible lobbying: a multidimensional model. J Corp Citizsh 53:61–76

Baumol WJ (2002) The free-market innovation machine. Analyzing the growth miracle of capitalism. Princeton University Press, Princeton

Baumol WJ (2010) The microtheory of innovative entrepreneurship. Princeton University Press, Princeton

Beckmann M (2010) Ordnungsverantwortung: Rational Choice als Ordonomisches Forschungsprogramm. Wissenschaftlicher Verlag, Berlin

Beckmann M, Pies I (2008) Ordnungs-, Steuerungs- und Aufklärungs-verantwortung – Konzeptionelle Überlegungen zugunsten einer semantischen Inno-vation. In: Heidbrink L, Hirsch A (Hrsg) Verantwortung als marktwirtschaftliches Prinzip. Zum Verhältnis von Moral und Ökonomie. Campus Verlag, Frankfurt a. M., S 31–67

BMEL (2015) Welternährung verstehen. Fakten und Hintergründe. In: vom Bundesministerium für Ernährung und Landwirtschaft (BMEL) (Hrsg). Berlin. http://www.bmel.de/SharedDocs/Downloads/Broschueren/Welternaehrung-verstehen.pdf?__blob=publicationFile. Zugegriffen: 10. Feb. 2015

Clark G (2007) A farewell to alms. A brief economic history of the world. Princeton University Press, Princeton

Collier P, Dercon S (2009) African agriculture in 50 years: smallholders in a rapidly changing world? Beitrag zum „Expert meeting on how to feed the world in 2050" vom 24.–26. Juni 2009 in Rom. In von der Food and Agriculture Organization of the United Nations (FAO) (Hrsg). Rom. http://www.fao.org/3/a-ak983e.pdf. Zugegriffen: 10. Feb. 2015

Deaton A (2013) The great escape. Health, wealth, and the origins of inequality. Princeton University Press, Princeton

de Soto H (2000) The mystery of capital. Why capitalism triumphs in the west and fails everywhere else. Basic Books, New York

ERF (o. J.) The innovation principle. Key Recommendations. Vom European Risk Forum (ERF) (Hrsg). http://www.riskforum.eu/uploads/2/5/7/1/25710097/erf_innovation_recommendations.pdf Zugegriffen: 10. Feb. 2015

EurActiv (2012) Parliament pushes to slash food waste in Europe. http://www.euractiv.com/cap/parliament-seeks-slash-food-waste-news-510225. Zugegriffen: 19. Jan. 2012

Europäische Kommission (2014) Hin zu einer Kreislaufwirtschaft: Ein Null-Abfallprogramm für Europa. Mitteilung der Kommission vom 2.7.2014, COM (2014) 398 final, Brüssel. http://eur-lex.europa.eu/resource.html?uri=cellar:50edd1fd-01ec-11e4-831f-01aa75ed71a1.0010.01/DOC_1&format=PDF Zugegriffen: 10. Feb. 2015

FAO (2011) Global food losses and food waste – Extent, causes and prevention. In: von der Food and Agriculture Organization of the United Nations (FAO) (Hrsg). Rom. www.fao.org/docrep/014/mb060e/mb060e.pdf. Zugegriffen: 10. Feb. 2015

FAO (2013) Food wastage footprint. impacts on natural resources. Summary report. In: von der food and agriculture organization of the United Nations (FAO) (Hrsg). Rom. www.fao.org/docrep/018/i3347e/i3347e.pdf. Zugegriffen: 10. Feb. 2015

FAO (2014a) The state of food insecurity in the world. Strengthening the enabling environment for food security and nutrition. In: von der food and agriculture organization of the United Nations (FAO) (Hrsg). Rom. http://www.fao.org/3/a-i4030e.pdf. Zugegriffen: 10. Feb. 2015

FAO (2014b) The state of food and agriculture. Innovation in family farming. In: von der food and agriculture organization of the United Nations (FAO) (Hrsg). Rom. http://www.fao.org/3/a-i4040e.pdf. Zugegriffen: 10. Feb. 2015

Fuglie KO, Wang SL (2012) New evidence points to robust but uneven productivity growth in global agriculture. Amber Wave 10(3):1–6. http://www.ers.usda.gov/media/909993/globalag.pdf. Zugegriffen: Sept. 2012

Galor O (2011) Unified growth theory. Princeton University Press, Princeton

Koester U (2014) Food loss and waste as an economic and policy problem. Intereconomics 6:348–354. doi:10.1007/s10272-014-0518-7 Zugegriffen: 10. Feb. 2015

Koester U, Empen J, Holm T (2013) Food losses and waste in Europe and Central Asia. Draft synthesis report. http://www.uni-kiel.de/marktlehre/forschung/FAOpresentation.pdf Zugegriffen: 10. Feb. 2015

Landes DS, Mokyr J, Baumol WJ (Hrsg) (2010) Invention of enterprise: entrepreneurship from ancient mesopotamia to modern times. Princeton University Press, Princeton

Persson KG (2010) An economic history of europe. Knowledge, institutions and growth, 600 to the present. Cambridge University Press, Cambridge

Pies I (2013a) Chancengerechtigkeit durch Ernährungssicherung – Zur Solidaritätsfunktion der Marktwirtschaft bei der Bekämpfung des weltweiten Hungers. Wirtschaftsethik-Studie 2013-1, Halle. http://www.insm.de/insm/Themen/Soziale-Marktwirtschaft/Hunger-Endlich-richtig-helfen.html Zugegriffen: 10. Feb. 2015

Pies I (2013b) Die zivilgesellschaftliche Kampagne gegen Finanzspekulationen mit Agrarrohstoffen – Eine wirtschaftsethische Stellungnahme. In: Pies I (Hrsg) Das weite Feld der Ökonomik: Von der Wirtschaftsforschung und Wirtschaftspolitik bis zur Politischen Ökonomik und Wirtschaftsethik. Lucius & Lucius, Stuttgart, S 57–90. Zugegriffen: 10. Feb. 2015

Pies I, Hielscher S (2015) Miteinander oder Gegeneinander? Zur Verhältnisbestimmung von Unternehmen und zivilgesellschaftlichen Organisationen. In: Hüther M, Beckmann K, Enste DH (Hrsg) Unternehmen im öffentlichen Raum. Zwischen Markt und Mitverantwortung. Springer, Wiesbaden, S 201–228

Pies I, Will MG (2014) Finanzspekulation mit Agrarrohstoffen: Wie (Wirtschafts-)Ethik und (Agrar-)Ökonomik gemeinsam einem Diskurs- und Politik-Versagen entgegentreten können. In: Loy J-P (Hrsg) Marktwirtschaftliche Koordination: Möglichkeiten und Grenzen. Symposium anlässlich des 75. Geburtstages von Prof. Dr. Dr. h.c. mult. Ulrich Koester. Halle, S 45–65

Pies I, Prehn S, Glauben T, Will MG (2013a) Nahrungssicherheit und Agrarspekulation: Was ist politisch zu tun?, Wirtschaftsdienst 93(2):103–109. doi:10.1007/s10273-013-1492-6

Pies I, Will MG, Glauben T, Prehn S (2013b) The ethics of financial speculation in Futures Markets, Diskussionspapier Nr. 2013-21 des Lehrstuhls für Wirtschaftsethik an der Martin-Luther-Universität Halle-Wittenberg, Halle. http://wcms.uzi.uni-halle.de/download.php?down=31099&elem=2706353

Pies I, Beckmann M, Hielscher S (2014) The political role of the business firm: an ordonomic concept of corporate citizenship developed in comparison with the aristotelian idea of individual citizenship. Bus Soc 53(2):226–259

Prehn S, Glauben T, Loy J-P, Pies I, Will MG (2013a) Der Einfluss von Long-only-Indexfonds auf die Preisfindung und das Marktergebnis an landwirtschaftlichen Warenterminmärkten. IAMO Discussion Paper No. 142, Halle

Prehn S, Glauben T, Pies I, Will M, Loy J-P (2013b) Betreiben Indexfonds Agrarspekulation? Erläuterungen zum Geschäftsmodell und zum weiteren Forschungsbedarf. ORDO Jahrb Ordn Wirtscha Ges 64:421–441

Sheshinski E, Strom RJ, Baumol WJ (2007) Entrepreneurship, innovation, and the growth mechanism of the free-enterprise economies. Princeton University Press, Princeton

Smith A (1776, 1983) Der Wohlstand der Nationen. Eine Untersuchung seiner Natur und seiner Ursachen. Aus dem Englischen übertragen und mit einer umfassenden Würdigung des Gesamtwerkes von Horst Claus Recktenwald, 3. Aufl. Deutscher Taschenbuch Verlag, München

Swinnen JFM (2011) The right price of food. Dev Policy Rev 29(6):667–688

Swinnen JFM, Squicciarini P, Vandemoortele T (2011) The food crisis, mass media and the political economy of policy analysis and communication. Eur Rev Agric Econ 38(3):409–426

UN (2013) World population prospects – the 2012 revision. Highlights and advance tables. In: von den United Nations (UN) (Hrsg) Department of economic and social affairs, population division (ESA/P/WP.228), New York. http://esa.un.org/unpd/wpp/Documentation/pdf/WPP2012_HIGHLIGHTS.pdf. Zugegriffen: 10. Feb. 2015

Will MG, Prehn S, Pies I, Glauben T (2013) Schadet oder nützt die Finanzspekulation mit Agrarrohstoffen? Ein Literaturüberblick zum aktuellen Stand der empirischen Forschung. List Forum Finanz- Wirtschaftspolit 39(1):16–45

Prof. Dr. Ingo Pies ist seit 2002 Inhaber des Lehrstuhls für Wirtschaftsethik an der Martin-Luther-Universität Halle-Wittenberg. Er arbeitet an einem „ordonomischen" Forschungsprogramm, das die Perspektiven der Ordnungsökonomik, Ordnungsethik und Ordnungspolitik systematisch zusammenführt und Unternehmen die Aufgabe zuweist, als Corporate Citizens „Ordnungsverantwortung" zu übernehmen. Sein aktualisiertes Schriftenverzeichnis mit zahlreichen Veröffentlichungen zu Themen der Wirtschafts- und Unternehmensethik findet man unter: http://ethik.wiwi.uni-halle.de.

Herausforderungen der Ernährungssicherheit und die Rolle der Lebensmittelindustrie

Fabienne Babinsky und Nils Grede

1 Problemaufriss des größten globalen Gesundheitsrisikos

Hunger ist das größte Gesundheitsrisiko weltweit. Mehr Menschen sterben jährlich an Hunger als an AIDS, Malaria und Tuberkulose zusammen (WHO 2013). So fordert Fehlernährung im Durchschnitt *täglich* ca. 13.700 Todesopfer allein bei Kindern. Ernährungssicherheit zählt damit zu einer der größten Herausforderungen des 21. Jahrhunderts. Als erstes Millenniumentwicklungsziel der Vereinten Nationen wurde postuliert, dass zwischen 1990 und 2015 die Zahl der Hungernden weltweit auf die Hälfte reduziert werden soll. Tatsächlich ist die Zahl der Hungernden von über einer Mrd. Menschen im Jahr 1990 auf ca. 800 Mio. im Jahr 2014 zurückgegangen, 99 Mio. davon sind Kinder unter fünf Jahren (FAO 2014; United Nations 2015). Unterernährung, inklusive der verschiedenen Formen von Mangelernährung, pränataler Unterernährung, Vitamin A- und Zinkdefizit und mangelhaftem Stillverhalten, trägt jährlich zum Tod von rund 3 Mio. Kindern unter fünf Jahren bei und macht damit mehr als 45 % der Kindersterblichkeitsrate aus (Black et al. 2013; UNICEF 2013).

Im Angesicht dieser Fakten ist eine Vielzahl von Geschehnissen durchaus überraschend: Obwohl der Ernährungsstatus der Mutter für den Gesundheitsstatus des Kindes eine zentrale Rolle spielt, genießen in vielen Kulturen der Vater und der männliche Nachwuchs eine bessere Ernährung. Es wird auch 30 % der weltweiten Getreideernte – trotz

---

F. Babinsky (✉)
Accenture GmbH, Strategy & Sustainability, Friedrichstraße 78, 10117 Berlin, Deutschland
E-Mail: fabienne.babinsky@accenture.com

N. Grede
United Nations World Food Programme, San Salvador, El Salvador
E-Mail: nils.grede@wfp.org

dessen Bedeutung als Grundnahrungsmittel – an Tiere verfüttert (US Department of Agriculture 2007). Gleichzeitig hat sich die geografische Verteilung der Hungerleidenden massiv gewandelt: Trotz der schwerwiegenden Hungersnöte in Afrika leben mehr als die Hälfte der hungernden Menschen – angesichts der Bevölkerungsdichte – in Asien und der Pazifikregion (FAO 2014). Auch lebten 2012 68 % der hungernden Menschen in Schwellen- und Industrienationen, nachdem zwischen 2000 und 2011 nicht weniger als 28 Länder ihren Status vom Entwicklungs- zum Schwellenland heben konnten. Dies wird häufig mit steigender Ungleichverteilung der Einkommen in Zusammenhang gebracht, was sich im steigenden GINI-Koeffizienten widergespiegelt. So hat sich bspw. in Indonesien der GINI-Koeffizient von 2003 bis 2013 von 0,31 auf 0,41 verschlechtert und dies, obwohl das Bruttoinlandsprodukt pro Kopf von 1076 USD auf 3580 USD angestiegen ist (World Bank 2014).

Fehlernährung wird inzwischen allerdings zu einer Doppelbelastung („double burden of malnutrition"), nachdem auch Überernährung global zunimmt. So hat sich die Prävalenz von Übergewicht und Adipositas seit 1980 auf 39 % der Erwachsenen über 18 Jahren im Jahr 2014 verdoppelt (WHO 2015). In Entwicklungsländern zeigt sich diese Doppelbelastung besonders stark bei Kindern, die aufgrund von Mangelernährung in der frühen Kindheit sowohl wachstumsgestört sind als auch durch fortwährende Fehlernährung übergewichtig werden. Der übermäßige Konsum „leerer Kalorien" aus Kohlenhydraten und Fetten kostengünstiger Grundnahrungsmittel mit einem Mangel an Proteinen, Vitaminen, Spurenelementen und essenzieller Fett- und Aminosäuren wird in armen Bevölkerungsgruppen dafür verantwortlich gemacht. Während adipöse Erwachsene eine höhere Anfälligkeit für chronische Krankheiten wie Diabetes und Herz-Kreislauf-Erkrankungen aufweisen, sind die kognitiven Fähigkeiten bereits durch mangelndes Wachstum seit der Kindheit negativ beeinträchtigt. Das Übergewicht im Erwachsenenalter führt darüber hinaus zu rascherem Verlust von Lang- und Kurzzeitgedächtnis sowie motorischer Fähigkeiten beim Älterwerden (Hassing et al. 2010).

Aktuelle Trends wirken verstärkend auf die Komplexität der Ernährungssicherheit: etwa das Wachstum der Weltbevölkerung, der Wandel der Ernährungsmuster in Schwellen- und Entwicklungsländern hin zum verstärkten Konsum von tierischem Eiweiß, Zucker und Fett, die Auswirkungen des Klimawandels, die zum Verlust von agrarwirtschaftlich nutzbaren Flächen und deren Produktivität führen, die Verknappung fossiler Ressourcen, die das Phänomen der „Flächenkonkurrenz" hervorruft, das über die Nutzung von Agrarland zum Anbau nachwachsender Rohstoffe wiederum die Preise der verknappten Grundnahrungsmittel in die Höhe treibt (Leibniz-Gemeinschaft 2015).

2 Systematik von Ernährungssicherheit

Ernährungssicherheit ist dann gegeben, wenn alle Menschen jederzeit Zugang zu ausreichend sicherer und *nahrhafter* Ernährung haben, um ein gesundes und aktives Leben zu führen: „when all people at all times have access to sufficient, safe, nutritious food to maintain a healthy and active life" (World Food Summit 1996). Zentrale Funktion von Ernährungssicherheit ist damit der Gesundheitserhalt des Menschen zur sozialen und ökonomischen Entwicklung (World Food Summit 1996).

Der Status von Ernährungssicherheit ist Ergebnis eines komplexen Systems an Einflussfaktoren. Im Folgenden soll das System an Einflussfaktoren näher erläutert werden, um die Definition von Ernährungssicherheit und die Hebel zur Erlangung von Ernährungssicherheit zu operationalisieren. Die Bestandteile der Abb. 1 stellen die logische Grundstruktur des Kapitels dar.

Zentrale *Institutionen* auf dem Parkett der Ernährungssicherheit (*Makrolevel*) sind die *internationalen Organisationen* der Vereinten Nationen: das World Food Programme (WFP) als größte humanitäre Organisation der Welt, die neben der humanitären Hilfe in Krisensituationen auch mit Regierungen arbeitet, um die strategische Fortentwicklung von Ernährungssicherheit in den Empfängerländern zu planen und umzusetzen, die Food and Agriculture Organization (FAO), die einen zusätzlichen Schwerpunkt auf die notwendigen produktionsseitigen Anpassungen legt, und der International Fund for Agricultural Development (IFAD), der sich in der Regel über Darlehen mit Armuts-, Hunger- und Unterernährungsreduktion in ländlichen Gebieten sowie dem eigenen Beitrag gefährdeter Gruppen zum ökonomischen Wohlstand befasst. Der United Nations International Children's Emergency Fund (UNICEF) legt den Schwerpunkt auf die Gesundheit von Kindern und Müttern und zieht auch Aspekte wie Hygiene und Bildung in Betracht. Für die Weltgesundheitsorganisation (WHO) als öffentliche Gesundheitsbehörde stehen neben Hunger und dessen Folgekrankheiten auch andere nicht übertragbare wie übertragbare

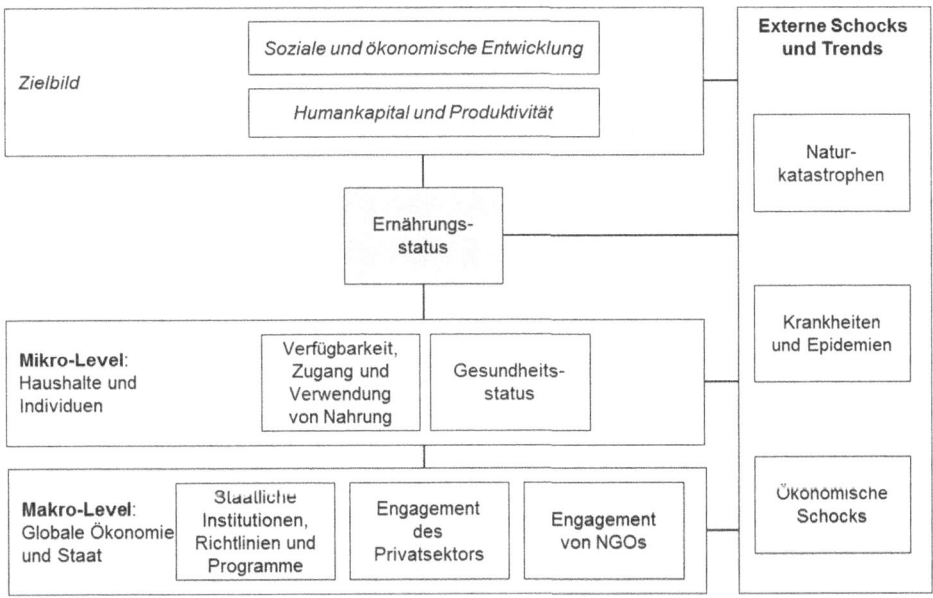

Abb. 1 Systematik von Ernährungssicherheit

Krankheiten im Fokus. Nationale *Regierungen* sowie Entwicklungsfonds der Industrienationen (etwa USAID, United States Agency for International Development), regionale Entwicklungsbanken (etwa ADB, Asian Development Bank) oder globale und lokale *Nichtregierungsorganisationen* (z. B. Action Contre la Faim, Save the Children, OXFAM, Plan International, Welthungerhilfe, IFPRI) setzen lokale Schwerpunkte entsprechend der individuellen Bedürfnisse ihrer Länder und Regionen.

Der nachweislich positive Einfluss der *Programme* auf die Ernährungssicherheit in *Entwicklungsländern* variiert allerdings. Unumstritten sind die Wichtigkeit der Investition in landwirtschaftliche Produktivität, Preisstabilität und Einkommenswachstum. Spezifische Programme tragen dazu bei, dass diese Investitionen langfristig positive Effekte nach sich ziehen, indem sie auf Lebensumstände, Ernährungsgewohnheiten und gesellschaftliche Hierarchiestrukturen, etwa auch zwischen Frau und Mann, Einfluss nehmen. Diese gesamthaft positiven Effekte, wirken aber, abgesehen von der Anreicherung von Grundnahrungsmitteln mit Mikronährstoffen, nicht direkt auf die Balance der Nährstoffe in der aufgenommenen Nahrung. Von zentraler Wichtigkeit ist es somit, die Zielgruppe genau zu definieren und zu erreichen, Partizipation anzuregen, spezifische Ernährungsziele zu setzen und zu verfolgen sowie insbesondere den Ernährungsstatus von Frauen im gebärfähigen Alter ins Auge zu fassen. Die Aktivitäten sollten durch Verhaltensveränderungskampagnen begleitet werden, die auf kulturelle Nahrungsgewohnheiten Rücksicht nehmen und schrittweise auf ein konkretes Zielszenario hinarbeiten (Ruel und Alderman 2013; Fabrizio et al. 2014).

Soziale Programme und Sicherheitsnetze sorgen für direkten Einkommenstransfer oder Nahrungsmittelausgabe, da dieser Transfer in Entwicklungsländern zumeist nicht über eine solide Steuerbasis aus dem formellen Sektor und eine Umverteilung über ein progressives Steuersystem erwirkt werden. Oft werden diese in Zuständen nationaler Not eingeführt oder verstärkt. So führte bspw. Indonesien nach der asiatischen Finanzkrise mit dem RASKIN-Programm („Reis für Arme") das größte soziale Sicherheitsnetz ein, welches stark subventionierten Reis an Millionen Haushalte, die unter oder nahe der Armutsgrenze leben, verteilt. Zusätzlich hat die Regierung – in der Regel mit steigendem Mineralölpreis – wiederholt auf eine Barzahlung von Beihilfen gesetzt, um den negativen Effekt des Ölpreises auf die Kaufkraft in Bezug auf die Ernährungssicherheit abzufedern. Diese häufig punktuellen Interventionen erwirken zwar eine kurzfristige Verbesserung der Notsituation, angesichts der vielfältigen Kausalitäten können langfristige Effekte allerdings oft nicht eindeutig auf Einzelinterventionen zurückgeführt werden. Bleiben kurzfristig geschaffene Sicherheitsnetze langfristig bestehen, entwickeln diese darüber hinaus – wie etwa im Fall von RASKIN – Herausforderungen im Bereich der Effizienz und adäquaten Verwendung finanzieller Mittel oder sind schlichtweg nicht dafür aufgesetzt, um mittel- bis langfristige etwa armutsbedingte Herausforderungen zu adressieren. Die Verteilung von Reis oder Beihilfen als Bargeld ändert oft nichts daran, dass Familien, welche nahe der Armutsgrenze leben, nicht besser in den formalen oder informalen Arbeitsmarkt integriert werden, da weder neue Beschäftigungschancen gebildet werden noch Bildung oder Know-how der Familien steigen. Werden hingegen ganzheitliche Entwicklungsprogramme für Kinder bereitgestellt, die auch den Informationsstand der Eltern steigern, kann der Effekt wesentlich größer sein; allerdings bedarf es zumeist einer Generation, bis die Verbesserung messbar wird. Angesichts der Langfristigkeit ist aber die Kausalität schwer nachzuweisen, wenn z. B. ein solches Kind eine bessere Entwicklung erfährt, damit einen höheren Bildungs- und Einkommensgrad erreicht und schließlich zu einer Veränderung des Konsumverhaltens beiträgt. Dies kann daher oft in den Planungshorizont von politischen oder Industrieprogrammen nicht einbezogen werden.

Nicht nur für Entwicklungsländer lassen sich die Komplexität von Interventionen und die Notwendigkeit der Multisektorkooperationen darstellen. In vielen *Industrienationen* steigt der Anteil der Bevölkerung, der übergewichtig ist – insbesondere auch im Kindesalter – rasant an. Da Regierungen oft überfordert sind den Trend zu wenden, müssen sie im Gesundheitssektor signifikante zusätzliche Kosten tragen. In Industrienationen bietet z. B. die Vorschrift zur Kennzeichnung von Nährwerten auf Nahrungsmitteln, die die Europäische Kommission 2008 verabschiedete, ein interessantes Beispiel einer Intervention. Diese inkludiert insbesondere das Ausweisen von Inhaltsstoffen, die einen nachweislich negativen Effekt auf die Gesundheit haben. Ziel öffentlicher Institutionen ist es dabei, den *Privatsektor* mit einer Maßnahme zu belegen, die dazu führt, dass Konsumenten informierte Entscheidungen treffen können, während Produzenten sich dazu ermutigt fühlen sollen, gesündere Produkte auf den Markt zu bringen (Kleef und Dagevos 2015, S. 3). Es zeigte sich allerdings, dass Konsumenten den Nährwerttabellen oder Kennzeichnungen insbesondere dann Beachtung schenken, wenn bereits Gesundheitsziele definiert wurden, anderenfalls wird Labels oder Logos stärkere Aufmerksamkeit gewidmet (van Herpen und van Trijp 2011, S. 2 f.). Es zeigte sich auch, dass die Glaubwürdigkeit der Labels durch ein offizielles Endorsement internationaler Organisationen im Gesundheitsbereich signifikant steigt (Feunekes et al. 2008, S. 64).

Die Rolle des Privatsektors, insbesondere der Lebensmittelindustrie, zeigt sich bereits an den o. g. Beispielen und wird im folgenden Abschnitt detailliert behandelt.

Auf dem *Mikrolevel* fußt Ernährungssicherheit auf drei Grundvoraussetzungen:

- *Verfügbarkeit* von Nahrung: ausreichende Mengen sind stetig gesichert,
- *Zugang* zu Nahrung: ausreichende Ressourcen zum Erwerb adäquater Nahrungsmittel,
- *Verwendung* von Nahrung: adäquater Einsatz basierend auf dem Wissen um Ernährung und Versorgung sowie Zugang zu Wasser und Sanitärversorgung.

Darüber hinaus wird die Stabilität dieser drei Pfeiler als vierte Grundvoraussetzung zur Ernährungssicherheit gesehen (FAO Food Security Programme 2008).

Der Ernährungsstatus ist allerdings keine direkte Folge der aufgenommenen Menge an Nahrung, sondern diese Beziehung wird vom *Gesundheitsstatus* als Moderatorvariable beeinflusst. Abhängig von der Absorptionsfähigkeit des Körpers und der Zusammensetzung der Nahrung können sich auch bei höheren Quantitäten von Nahrungsaufnahme Mangelerscheinungen ausbilden.

Zur Feststellung des *Ernährungsstatus* unterscheidet die Weltgesundheitsorganisation verschiedene Formen von Mangelernährung. Diese sogenannte Malnutrition bezeichnet jede Form von Ungleichgewicht in der Ernährung in Bezug auf Makronährstoffe (Fett, Kohlenhydrate und Proteine) oder Mikronährstoffe (Spurenelemente und Vitamine). Damit umfasst der Begriff sowohl Unterernährung, d. h. die Unterversorgung des Organismus mit Makronährstoffen, Fehlernährung, d. h. die unpassende Versorgung mit Mikronährstoffen, sowie Überernährung, d. h. die chronisch exzessive Aufnahme von Nährstoffen.

Die Klassifikation von Mangelernährung von Kindern unter fünf Jahren richtet sich nach dem Child-growth-Standard der Weltgesundheitsorganisation anhand der Abweichung vom Median (WHO Multicentre Growth Reference Study Goup 2006):

- „stunting", d. h. Wachstumsstörung basierend auf chronischer Unterernährung, definiert als eine Abweichung der Körpergröße gemessen am Alter größer als zwei negative Standardabweichungen ($-2SD$) vom Median,
- „underweight", d. h. Untergewicht mit $-2SD$ gemessen an der Proportion von Gewicht zu Alter,
- „wasting", d. h. akute Unterernährung mit Muskelschwund, gemessen an $-2SD$ der Proportion Gewicht zu Körpergröße,
- „overweight", d. h. Übergewicht mit $+2SD$ gemessen an der Proportion von Gewicht zu Alter,
- „obesity", d. h. Adipositas mit $+3SD$ gemessen an der Proportion von Gewicht zu Alter.

Akute Unterernährung kann durch eine Nahrungsaufnahme, die unter dem Energiebedarf liegt, oder auch durch eine herabgesetzte Aufnahmefähigkeit von Nährstoffen entstehen und führt in der Regel zum Verlust an Körpergewicht, der abhängig vom Schweregrad, der Nahrungshilfe und dem Gesundheitsstatus innerhalb weniger Wochen behoben werden kann. *Überernährung* führt in der Regel zur Gewichtszunahme, was im Erwachsenenalter mit massiven Gesundheitsrisiken wie Herzinfarkt, Schlaganfall, Diabetes oder Krebs einhergeht (WHO 2015). *Chronische Unterernährung* hingegen führt zu einem Teufelskreis aus Fehlernährung und Krankheit, der in den ersten zwei Lebensjahren eines Kindes ein unwiderrufliches Zurückbleiben in der körperlichen und geistigen Entwicklung (Retardierung, „stunting") bewirkt, nachdem bestimmte Wachstumsphasen nicht aufgeholt werden können. Das World Food Programme spricht vom kritischen Zeitfenster der ersten „1000 Tage" im Leben eines Kindes, welche den Grundstein für die gesunde Entwicklung legen. Dieses beginnt mit der Schwangerschaft und endet mit dem 24. Lebensmonat. Stunting steht nicht nur mit der Ernährung während dieses Zeitfensters in engem Zusammenhang, sondern hängt auch mit den geografischen Gegebenheiten, dem Bildungsgrad der Eltern, dem Geschlecht des Kindes, dem Zugang zu sauberem Wasser und medizinischer Versorgung, niedrigem Gewicht bei der Geburt und einer unter sechs Monaten verkürzten Stillperiode zusammen (Jiang et al. 2015). Viele dieser Variablen korrelieren, was die Analyse der Kausalitäten erschwert. Das geografische Umfeld beeinflusst die Ernährung und die Verfügbarkeit von Wasser. Die Bildung der Eltern, v. a. der Mutter, ist sowohl teilweise Folge ihrer eigenen Ernährung im Kindesalter als auch Voraussetzung für ein gesundes Heranwachsen des Nachwuchses, da eine gebildete Mutter es in der Regel besser versteht, ihr Kind richtig zu ernähren, höhere Hygienestandards zu verfolgen und eher auf medizinische Versorgung zurückzugreifen. Gebildete Mütter haben in der Regel auch ein höheres Einkommen und können für ihre Kinder eine adäquate Ernährung eher finanzieren. Das niedrige Gewicht bei der Geburt ist auch teilweise eine Konsequenz der Nahrungssicherheit der Mutter kurz bevor und während der Schwangerschaft.

Obwohl die globale Prävalenz von Wachstumsstörungen in den vergangenen beiden Dekaden zurückging, waren 2011 immer noch 165 Mio. Kinder unter fünf Jahren von Stunting betroffen, während 52 Mio. an Wasting litten (Black et al. 2013), insbesondere in Südostasien und in Afrika. Studien zeigen, dass Stunting das Wachstum des Gehirns negativ beeinträchtigt und positiv mit dem frühzeitigen Abbruch der Ausbildung sowie niedrigeren Einkommen korreliert (Alderman et al. 2006; Behrmann et al. 2009; Hoddinott et al. 2008). Damit wird Stunting zu einem massiven makroökonomischen Problem: Etwa in Indonesien waren im Jahr 2013 37,2 % der Kinder unter fünf Jahren von Stunting betroffen (Riskesdas 2013). Dies führt nicht nur zu einer erhöhten Kindessterblichkeit, sondern senkt auch massiv die zukünftige wirtschaftliche Produktivität einer gesamten heranwachsenden Generation. Die einhergehende gesteigerte Prävalenz nichtübertragbarer Krankheiten ist darüber hinaus eine massive Belastung für ein oft ohnehin fragiles Gesundheitssystem. Eine Studie aus dem Jahr 2013 berechnet, dass die Kosten der Mangelernährung in Entwicklungsländern bis zu 12 % des Bruttoinlandsproduktes betragen. Ein Großteil dieser Kosten wird entgangener kognitiver Entwicklung zugeschrieben. Ohne den Fortschritt, den die Welt bei der Bekämpfung der Mangelernährung gemacht hat, wäre das weltweit aggregierte Bruttoinlandsprodukt im 20. Jahrhundert 8 % geringer ausgefallen (Horton und Steckel 2013).

Häufig werden ernährungsbezogene Missstände in Ländern mit erhöhter Vulnerabilität für *externe Trends und Schocks* saisonbedingt und insbesondere durch Naturkatastrophen massiv verstärkt, wie sich etwa 2004 an der Tsunamikatastrophe in Südostasien, die über 200.000 Todesopfer forderte, zeigte oder wie auch am regelmäßig wiederkehrenden „El Niño"-Wetterphänomen zu beobachten ist. Hinzukommen ökonomische Schocks, die die Einkommen und Preise der Grundnahrungsmittel beeinträchtigen, so etwa die Asienkrise 1997, die durch die Entwertung der Währungen, steigende Auslandsverschuldung und sinkende Kreditwürdigkeit die Preise des Grundnahrungsmittels Reis steigerte. Der Einfluss auf balancierte Ernährung zeigt sich darin, dass arme Haushalte in Indonesien, ihren Reiskonsum dennoch aufrechterhalten, jedoch aufgrund der höheren Kosten bei gleichbleibendem oder sinkendem Budget an anderen Lebensmitteln sparen, welche weitaus wichtiger für eine gesunde Ernährung sind (Fisch, Sojaprodukte, Gemüse, Obst). Hunger wird also vermieden, aber die sinkende Qualität und Vielfalt der Nahrung korreliert mit der Verschlechterung verschiedener Gesundheitsindikatoren (Brinkman et al. 2010).

3 Fallbeispiel: Marktbasierte Interventionen gegen Unterernährung von Kindern in Indonesien

Im Rahmen der Pilotstudie zur Steigerung von Ernährungssicherheit in Schwellenländern untersuchte WFP gemeinsam mit dem lokalen Forschungsinstitut SMERU und einer Vielzahl von Ministerien im Jahr 2014 den Status von Ernährungssicherheit in Indonesien im Rahmen des Strategic Review of Food and Nutrition Security. Es zeigte sich, dass trotz Wirtschaftswachstums und Rückgangs der Armutsquote sowie Indonesiens Aufstiegs vom Entwicklungs- zum Schwellenland ein erhebliches Maß an Mangelernährung die zukunftsfähige Entwicklung der indonesischen Gesellschaft bedroht. Das Bruttoinlandsprodukt der größten Volkswirtschaft Südostasiens und einer der bevölkerungsreichsten Nationen der Erde stieg nach Angaben der Weltbank (2014) von 2003 bis 2013 um ca. 200% (World Bank 2014). Gleichzeitig belegt Indonesien immer noch nur Platz 72 von 109 Ländern im Food Security Index und bleibt auch im Welthungerindex hinter wirtschaftlich weitaus weniger erfolgreichen Ländern Südostasiens wie etwa Vietnam zurück. Die Prävalenz von Untergewicht bei Kindern unter fünf Jahren erhöhte sich von 18,4% im Jahr 2007 auf 19,6% im Jahr 2013, während das Vorkommen von Stunting in derselben Altersgruppe von 36,8% im Jahr 2007 auf 37,2% im Jahr 2013 stieg. Die zentrale Adipositasprävalenz in der Gesamtbevölkerung folgt einem noch stärkeren Aufwärtstrend von 18,8% im Jahr 2007 auf 26,6% im Jahr 2013. Der wachsende GINI-Koeffizient spricht für eine zunehmende Ungleichverteilung von Ressourcen in der Bevölkerung, die Polarisierung von Einkommen und dem Zugang zu Nahrung. Gleichzeitig ist der Zugang zu Nahrung mit einer geografischen Ausdehnung des Staates auf 17.000 Inseln eingeschränkt. Das Land ist in den abgelegenen Regionen von lokalen Kulturen geprägt und erlebt gleichzeitig in den Städten einen Wandel der Konsumgewohnheiten, wie ihn andere Schwellenländer bereits erfahren haben.

Wie in anderen Schwellenländern auch, hat der indonesische Staat erkannt, dass Armut und Unterernährung Hindernisse auf dem Weg zum Wachstum darstellen. Gleichsam wie in Mexiko oder Brasilien, wo die Regierung eine zunehmende Ungleichverteilung durch massive Sozialprogramme mit guten Erfolgen bekämpfte, hat Indonesien soziale Programme eingeführt, um den untersten Einkommensschichten ein Entkommen aus der Armut zu ermöglichen. Eines der ältesten dieser Programme wurde nach der asiatischen Finanzkrise des Jahres 1997 eingeführt. RASKIN ist ein Programm, im Rahmen dessen jährlich ca. 15 Mio. der Haushalte zu einem Unkostenbeitrag weit unter dem Marktpreis mit Reis versorgt werden.

Gleichzeitig bezieht sich die Mangelernährung in Indonesien nicht nur auf einen quantitativen Mangel an Kalorien, sondern insbesondere auf ein Ungleichgewicht von Nährstoffen, welches bisher nur in seltenen Fällen adressiert wird. Heute ist Reis auch für die untersten Einkommensschichten häufig bezahlbar, allerdings reichen die finanziellen Mittel nicht aus, um eine ausgewogene Ernährung mit z. B. Fisch, Sojaprodukten, Gemüse und Obst zu ermöglichen. Dies trifft v. a. schwangere Frauen und Kleinkinder, die einen besonders hohen Nährstoffbedarf haben.

Für Neugeborene ist es wichtig, dass sie die ersten sechs Monate ausschließlich mit Muttermilch ernährt werden und dass ab dem sechsten Monat eine ausgewogene Beikost eingeführt wird, während Muttermilch weiter zur Ernährung beiträgt. Muttermilch hat alle notwendigen Nährstoffe, stärkt das Immunsystem, ist kostenfrei und vermeidet auch schwerwiegende Gesundheitsprobleme, die durch verschmutztes Wasser entstehen können. Nachdem Kleinkinder mit einem geringen Magenvolumen mit kleinen Nahrungsmengen gesättigt sind, ist es von zentraler Bedeutung, dass die Nährstoffdichte entsprechend hoch ist. In armen Haushalten wird die Sättigung und Beruhigung des Kindes allerdings häufig mit wenig ausgewogener Nahrung erzielt (z. B. Reisbrei), was mittelfristig zu Mangelerscheinungen, einer Schwächung des Immunsystems und einer erhöhten Anfälligkeit für Krankheiten führt. Oft ist dies für Eltern schwierig zu diagnostizieren, da die Krankheit nicht unmittelbar mit der Nahrungsaufnahme zusammenhängt, sondern sich das Immunsystem zunehmend verschlechtert und die Anfälligkeit für Krankheiten steigt.

Das United Nations World Food Programme hat daher die Vergabe von angereicherten Lebensmitteln an Schwangere und stillende Mütter und deren Kinder bis zum Ende des zweiten Lebensjahres in einer der von Unterernährung am stärksten betroffenen Regionen Indonesiens pilotiert. Die Teilnehmer erhielten im Laufe der Jahre verschiedene Lebensmittel, an denen sich auch der Fortschritt der Forschung ablesen lässt. Während vor zehn Jahren angereicherte Nahrungsmittel wie Nudeln oder Kekse verwendet wurden, wurden 2013 neue, eigens in Kooperation mit der Lebensmittelindustrie entwickelte Babyprodukte wie „MP-ASI" und „Kaziduta" eingeführt. Es handelt sich hier um mit Vitaminen und Spurenelementen angereicherten Babybrei (MP-ASI) sowie einen Erdnusssnack (Kaziduta). Letzterer ähnelt dem vielfach bekannteren, am US-Markt erhältlichen Plumpy Doz, das Milchpulver enthält. Während der Brei auf Reis und Sojabohnen basiert und als Instantprodukt mit Wasser gemischt wird, gehört der Erdnusssnack in die Gruppe der sogenannten „ready to use"-Lipid-Based-Nutrient-Supplements (LNS), welche sich durch eine besonders hohe Nährstoffdichte auszeichnen und keinerlei Zubereitung erfordern, dafür aber aufwendigere Produktion und Kosten voraussetzen bzw. mit sich bringen. Diese Programme, wie sie in vielen Ländern bestehen, richten sich oft an die ärmsten Bevölkerungsgruppen.

Da die Prävalenz von Stunting bei Kindern unter fünf Jahren im untersten Einkommensquintil 50 %, aber auch im höchsten Quintil, in dem die Kaufkraft eigentlich eine adäquate Ernährungsweise erlauben sollte, noch fast 30 % beträgt, liegt es nahe, dass der Markt und insbesondere die Lebensmittelindustrie – wie in erfolgreichen Pilotprojekten gezeigt – Teil der Lösung sein müssen.

2014 haben die Autoren daher eine *Marktstudie zu Verfügbarkeit, Zugang und Verwendung von angereicherter Beikost für Babys* durchgeführt, um festzustellen, mit welchen Interventionen der lokale Markt dazu beitragen kann, die Bedürfnisse der unterernährten ländlichen Bevölkerung zu befriedigen. Dazu bedarf es eines besseren Verständnisses der finanziellen Kapazitäten, der Verfügbarkeiten und Lieferketten sowie des Bewusstseins der Bevölkerung um die Verabreichung von Beikost.

Die Region Nusa Tenggara Timur (Westtimor), in der die Daten erhoben wurden, zählt zu den ärmsten Provinzen Indonesiens und zeigte eine Stunting-Rate von 51,7 % bei Kindern unter fünf Jahren im Jahr 2013. Sie ist in vielerlei Hinsicht benachteiligt: Die Bevölkerungsdichte ist gering, das Klima trocken, was oft, gerade in Zeiten des Klimawandels, zu Missernten führt. Da die Region weit abseits der stärker frequentierten Handelsrouten liegt, ist der Transport von Produkten teuer und damit das Preisniveau hoch, während die Kaufkraft der Bevölkerung, welche weitestgehend von Subsistenzlandwirtschaft lebt, überproportional gering ist.

In strukturierten Interviews mit Haushalten ($n=94$), die Kinder von 6–24 Monaten beherbergen, sowie teilstrukturierten Interviews mit den Standortleitern von zwei relevanten Produzenten von nährstoffangereicherter Beikost für Babys und den wichtigsten Einzelhändlern der jeweiligen Dörfer wurden die Daten in lokaler Sprache mit Konsekutivübersetzung erhoben.

Die Ergebnisse zeigen ein sehr gutes Bewusstsein der Relevanz von Beikost, mit einem niedrigen Reifegrad in der *Verwendung*: Haushalte aller Einkommensschichten verwenden angereicherte Beikost für Säuglinge, allerdings werden die Dosierungsinformationen teils nicht gelesen oder teils nicht verstanden und die Anwendung der Produkte ist somit mangelhaft. Mundpropaganda ist die wichtigste Quelle für Informationen über die Ernährung von Kindern, wobei das Faktum, dass angereicherte Beikost zum gesunden Wachstum der Kinder beiträgt, stark in Freundes- und Familiennetzwerken transportiert wird. Es werden Produkte mit einem stark gesundheitsorientierten Branding präferiert, während der Preis nur selten als Auswahlkriterium genannt wird. Diese Antwort könnte allerdings hinsichtlich des tatsächlichen Einkaufsprofils einem Bias der sozialen Erwünschtheit unterliegen, nämlich den Bezug zum Preis im persönlichen Gespräch zu vermeiden, aber im Alltag preisbedingt nur geringe Mengen der Produkte einzukaufen und zu füttern.

Dass der *Zugang* zu den Produkten aufgrund von finanziellen Mitteln stark eingeschränkt ist, zeigt sich auch darin, dass in einkommensschwächeren Regionen die günstigsten erhältlichen Produkte präferiert werden und nur ein geringer Anteil der Bevölkerung die finanziellen Mittel zur Verfügung hat, um das Kind in den ersten beiden Lebensjahren mit adäquater Beikost zu versorgen. Konsumenten äußern auch, dass die Produkte häufig nur dann beschafft werden, wenn „Geld übrig" ist. Damit widersprechen die Befragten ihrer ursprünglich als gering angegebenen Preissensitivität und unterstützen die Theorie des Erwünschtheits-Bias. Die Ursache für das Preisniveau mag in der Angebotssituation liegen: Zwei Produzenten dominieren den Markt und da sie nur über ein ungenügendes Distributionsnetz verfügen und die Transportkosten in den Osten des Landes mit einpreisen müssen, werden die Preise entsprechend hoch festgesetzt.

Die *Verfügbarkeit* ist stark eingeschränkt und 51 % der Befragten müssen in ein anderes Dorf reisen, um die entsprechenden Produkte im Handel vorzufinden. Dies ist auch dadurch bedingt, dass Produzenten ihre Marktpräsenz über einen einzelnen regionalen Distributor abwickeln, der insbesondere die Erfahrungswerte der vergangenen Jahre für die Verteilung der Waren heranzieht, allerdings keine verkaufsfördernden Maßnahmen oder Monitoring der Marktdurchdringung vornimmt. Einzelhändler bieten die Produkte zumeist auf Anfragen der Konsumenten hin an und werden nicht mit lukrativen Margen zu einem Mehrverkauf incentiviert.

Als Coping-Strategie weichen die Konsumenten in entlegenen Regionen auf nichtaltersgerechte Produkte aus, die eine höhere Verfügbarkeit, kleinere Packungsgrößen und geringere Preise, aber eine inadäquate Komposition von Nährstoffen aufweisen.

Die Analyse des Nährstoffgehalts der Produkte zeigt des Weiteren, dass sogar die spezialisierten Produkte zumeist eine zu geringe oder unausgewogene Konzentration von Nährstoffen beinhalten. Gespräche mit Produzenten zeigen, dass dies die Produkte erschwinglicher macht und damit eine bewusste Entscheidung ist. Andererseits wird auch von größeren Tagesrationen ausgegangen als die Bevölkerung tatsächlich zu sich nimmt. Produzenten scheinen daher nur ungenügend über die Ernährungsgewohnheiten der Bevölkerung, insbesondere in den unteren Segmenten, informiert zu sein. Dieses Faktum schließt den Kreis zu einem sich selbst negativ verstärkenden System, in dem Konsumenten mit zu geringen finanziellen Mitteln sich um Produkte bemühen, die ohnehin kaum verfügbar sind – und wenn diese tatsächlich beschafft werden, können Konsumenten letztendlich die Herausforderung der Ernährungssicherheit für ihren Nachwuchs angesichts einer inadäquaten Zusammensetzung dennoch nicht bewältigen.

Der Markt scheint damit nicht in der Lage, auf die massiven Bedürfnisse der unterernährten Population in den unteren bis mittleren Einkommensschichten zu antworten. Langfristig trägt dies dazu bei, dass Armut in die nächste Generation weiter gegeben wird, nachdem Kinder aufgrund von Unterernährung ihr kognitives Potenzial und die Chancen auf Schulbildung nicht wahrnehmen können und damit auch diese Generation ihr Ernährungsverhalten nicht anpassen kann. Dies bedeutet auch, dass das erhebliche Marktpotenzial von keinem der bestehenden Marktteilnehmer entwickelt oder wahrgenommen wird und damit auch die Herausbildung zukünftigen Konsums adäquater Produkte behindert wird.

4 Handlungsimperative und Chancen für die Lebensmittelindustrie

Die Lebensmittelindustrie als integraler Bestandteil der Ernährungswirtschaft befasst sich mit der industriellen Verarbeitung von Agrarprodukten zu menschlicher Nahrung. Damit liegt der Anspruch nahe, dass die Lebensmittelindustrie einen zentralen Bestandteil zur Ernährungssicherheit zu leisten hat. Dies trifft insbesondere in stärker urbanisierten Gebieten zu, denn je weniger eine Gesellschaft von Subsistenzlandwirtschaft abhängt, desto größer ist der Einfluss der Lebensmittelindustrie auf jene Gesellschaft. Der Beitrag kann über Non-Profit- und CSR-Aktivitäten laufen, sollte aber v. a. auch im Kerngeschäft des Unternehmens angesiedelt sein, um eine Skalierung und Nachhaltigkeit der Aktivitäten zu gewährleisten.

Dieser Einfluss hat sich in der Vergangenheit vielerorts positiv im Sinne der Ernährungssicherheit manifestiert. Als Pionier entwickelte Justus von Liebig bereits 1865 das erste Fertigprodukt für Säuglinge, das der Apotheker und Erfinder Henri Nestlé 1867 in eine Form von Milchpulver abwandelte, als „Kindermehl" auf den Markt brachte, damit satte Gewinne lukrierte und den Grundstein für den im Jahr 2013 333.000 Mitarbeiter umfassenden Konzern legte (Nestlé Deutschland AG 2015).

In den USA konnten endemische Krankheiten durch die Anreicherung verschiedener Grundnahrungsmittel ausgerottet werden. Im 19. Jahrhundert waren Krankheiten wie Beriberi und Pellagra, die von Mangelerscheinungen des Vitamin-B-Komplexes verursacht werden, weit verbreitet. Die Anreicherung von Mehl und Brot mit Vitaminen des B-Komplexes und Eisen sowie 1936 die offizielle Verabschiedung eines Gesetzes zur Anreicherung haben diese Krankheiten, die wir heute immer noch in Entwicklungsländern insbesondere nach Katastrophen oder in den ärmsten Bevölkerungsschichten finden, schnell ausgerottet. Das Gesetz war jedoch nicht der Anfang, sondern eher ein Meilenstein in der Bewegung, die lange zuvor begonnen hatte. Insbesondere die Standesorganisationen der Ärzte und Ernährungswissenschaftler haben über viele Jahre hinweg das Terrain vorbereitet, um die diesbezügliche Gesetzgebung zu ändern. Einige Firmen in der Lebensmittelindustrie waren trotz der Kosten Vorreiter dieser Innovation und Kampagnen, welche die Öffentlichkeit über die Bedeutung von angereichertem Mehl informierten und zur Akzeptanz beigetragen haben. Die industrielle Anreicherung von Salz mit Jod ist ein weiteres Beispiel für einen solchen positiven Einfluss. Während die Welt bei vielen Grundnahrungsmitteln große Fortschritte erzielt hat (Weizen, Mais, Zucker, Salz, Margarine, Öle), bleibt Reis eine große Herausforderung. Aber auch hier arbeiten Organisationen wie World Food Programme mit dem Privatsektor an Lösungen, die zurzeit in mehreren asiatischen Ländern (Kambodscha, Bangladesch, Indonesien) pilotiert werden (Beretta Piccoli et al. 2012). Das Zusammenwirken von Privatsektor, Regierung und einiger Organisationen der UNO scheint entscheidend zu sein, Ergebnisse zu erzielen, die massiv zur Ernährungssicherheit der Bevölkerung beitragen und die der Markt allein nicht hervorgebracht hätte.

Allerdings spielt die Lebensmittelindustrie nicht immer eine solche positive Rolle. Es ist weithin bekannt, dass die Lebensmittelindustrie z. B. durch den Verkauf von preisgünstigen zuckerreichen Produkten inkl. Erfrischungsgetränken auch signifikant zu einer Übergewichtsepidemie beiträgt. In den USA stiegen von 1989 bis 2008 die Kalorien, die Kinder im Alter von 6–11 Jahren in Form solcher Getränke eingenommen haben, um 60 %; während im Jahr 2008 bereits 91 % der Kinder diese Produkte konsumierten (Lasater et al. 2011). Wiederholte Skandale rund um die Vermarktung von Muttermilchersatz, dem Einsatz von Gentechnik sowie Kinderarbeit bis hin zum Fund von Pferdefleisch in Lebensmitteln stellte die Lebensmittelindustrie immer wieder vor Herausforderungen (z. B. Spiegel-Online 1999, 2013).

CSR und Nachhaltigkeitsmaßnahmen im Kerngeschäft der Lebensmittelindustrie haben somit eine große Bedeutung, um einen positiven Beitrag zur Ernährungssicherheit zu leisten, der auch ökonomisch nachhaltig für das Unternehmen ist. Internationale Organisationen erkennen das Potenzial der Zusammenarbeit mit dem Privatsektor und insbesondere mit der Lebensmittelindustrie, da die Aktions- und Ergebnisorientierung einen positiven Beitrag zur gesamten Nahrungsmittelkette leisten kann. Auch bringt die Industrie eine Orientierung an Effizienzgewinnen, Innovation, Qualitätsmanagement, Wissen um Konsumentenverhalten und dessen Beeinflussbarkeit, aber auch nahrungsmittelspezifisches Know-how, das zur Verbesserung von Wertschöpfungsketten beitragen kann (Scaling-Up-Nutrition 2011). Es ist auch entscheidend, dass Verordnungen und Programme verstärkt auf die Verhaltensveränderung im Bereich der Auswahl von Nahrungsmitteln setzen (Dimitri und Rogus 2014), was ohne eine Abstimmung mit den vielfältigen Kommunikationsmaßnahmen der Industrie nicht umsetzbar ist.

Anhand des Indonesienbeispiels in Kap. 3 lässt sich eine Reihe konkreter Empfehlungen für die Lebensmittelindustrie ableiten. So weist etwa der Markt für Beikost für Säuglinge in Indonesien derzeit kein adäquat formuliertes, erschwingliches Produkt auf, was sich unmittelbar negativ auf die Ernährungssicherheit auswirkt, allerdings auch ungenütztes Potenzial für die Industrie aufzeigt.

Primär ist die Zusammensetzung der Produkte anzupassen bzw. sicherzustellen, dass bisher inadäquate Ersatzprodukte ebenfalls den relevanten Standards zur Beikost für Säuglinge entsprechen. Auch die Produktinformation muss klarer und direktiver werden, um ggf. illiterater Bevölkerung zumindest die Daten der Dosierungsanleitung zugänglich zu machen.

Nachdem die Kaufkraft in den abgelegenen Gebieten geringer ist, müssen die Maßnahmen direkt auf die Zielgruppe ausgerichtet sein. Es besteht Bedarf für ein Produkt altersgerechter Beikost mit einem Stückpreis von ca. 5000 IDR (ca. 0,40 USD), um den Zugang für Konsumenten, die die Produkte testen möchten, zu gewährleisten. Darüber hinaus fördert ein niedriger Preis regelmäßiges Kaufverhalten, ermöglicht adäquate Dosierung und reduziert oder unterbindet den Gebrauch von inadäquaten Ersatzprodukten.

Dieser verringerte Stückpreis kann einerseits durch kleinere Packungsgrößen erreicht werden oder durch staatliche Subventionierung, die bei den Produktionsbetrieben oder durch Beihilfen bei den Konsumenten ansetzen. Anstatt direkter Subventionierung kann der Staat die Produkte auch in existierende Sozialprogramme aufnehmen und somit zur Nachfrage und zu produktionsseitigen Skaleneffekten beitragen. Parallel muss Aufklärung über die Ernährungsbedürfnisse von Säuglingen und Kleinkindern weiter forciert und Informationen, die über öffentliche und private Kanäle gesandt werden, harmonisiert werden.

Die Kosteneffizienz der Logistikkette kann durch eine effiziente Push-Verteilung statt der bestehenden ineffizienten Pull-Verteilung gewährleistet werden. Durch eine zentrale Steuerung werden auch Nachfrageprognosen und Vertriebsüberwachung möglich, was weiterhin eine Verbesserung der Lieferketten in entlegenere Gebiete erzielt. Durch ein Pooling zwischen Produzenten könnte auch eine bessere Auslastung der Logistikkapazitäten gewährleistet werden. Sollte der Staat selbst zur Nachfrage beitragen, könnte dies wiederum über erhöhte Stückzahlen zu geringeren Transportkosten beitragen. Erhöhte Transportkosten in abgelegene Regionen könnten des Weiteren über alle Verbraucher verteilt werden, was jene Verbraucher der unteren Einkommensschichten, die in entlegeneren Gebieten leben, entlasten würde.

Die Steigerung von Produktions- und Vertriebseffizienz ermöglicht die Senkung der Preise durch eine veränderte Kostenstruktur. Produzenten können aber auch strategisch über ihre Preispolitik einwirken und gezielt niedrigpreisige Produkte mit geringeren prozentuellen Margen- und höheren Absatzzielen für die unteren Einkommensschichten anbieten. Insbesondere der Eintritt weiterer Lebensmittelfirmen kann die Wettbewerbsfähigkeit von Produkten und Vertriebsstrukturen verbessern.

Ob angesichts der geringen Kaufkraft tatsächlich durch Skalen- und Effizienzeffekte profitabel gewirtschaftet werden kann und welcher Marktteilnehmer tatsächlich den ersten Schritt macht und die damit verbundene Investition leistet, bleibt offen. Dies ist eine Chance für Public-private Partnerships, die die Übernahme von Verantwortung im Privatsektor fördern.

Oft ist die Herausforderung aber, dass sowohl die Regierung als auch die Privatwirtschaft nicht langfristig genug denken. Kaufkraft entsteht durch bessere Einkommen, welche in der Regel mit höherer Bildung und geringerer Mangelernährung korrelieren. Veränderungen werden jedoch oft nicht in Jahren, sondern Jahrzenten gemessen. Politiker stehen unter Druck von Wahlperioden und CEOs von kurzfristigen Umsatz- und Gewinnzielen. Letztendlich würde die Lebensmittelindustrie von einer besser ernährten und daher gebildeteren Bevölkerung profitieren, da nur ein gesunder und gut ernährter Mensch die Chancen der Bildung nutzt, um der Armut zu entkommen und so zum Konsumenten mit ausreichender Kaufkraft wird. Ein profitabler Markt kann für Produkte – nicht nur der Lebensmittelindustrie – erst entstehen, wenn ein Land wie in diesem Beispiel Indonesien, die Mangelernährung entschieden angeht und überwindet.

Literatur

Alderman H, Hoddinott J, Kinsey B (2006) Long term consequences of early childhood malnutrition. Oxf Econ Pap 58:450–474

Behrman JR, Calderon MC, Preston SH, Hoddinott J, Martorell R, Stein AD (2009) Nutritional supplementation in girls influences the growth of their children: prospective study in Guatemala. Am J Clin Nutr 90(5):1372–1379

Beretta Piccoli N, Grede N, de Pee S, Singhkumarwong A, Roks E, Moench-Pfanner R, Bloem MW (2012) Rice fortification: its potential for improving micronutrient intake and steps required for implementation at scale. Food Nutr Bull 33(4 Suppl):360–372

Black RE, Victora CG, Walker SP, Bhutta ZA, Christian P, de Onis M, Uauy R (2013). Maternal and child undernutrition and overweight in low-income and middle-income countries. Lancet 382(9890):427–451. doi:10.1016/S0140-6736(13)60937-X

Brinkman HJ, de Pee S, Sanogo I, Subran L, Bloem MW (2010) High food prices and the global financial crisis have reduced access to nutritious food and worsened nutritional status and health. J Nutr 140:153–161

Dimitri C, Rogus S (2014) Food choices, food security, and food policy. J Int Aff 67(2):19–31

Fabrizio CS, van Liere M, Pelto G (2014) Identifying determinants of effective complementary feeding behaviour change interventions in developing countries. Matern Child Nutr 10(4):575–592. doi:10.1111/mcn.12119

FAO Food Security Programme (2008) An Introduction to the basic concepts of food security. European Commission

FAO (2014). State of food insecurity in the world

Feunekes GIJ, Gortemaker IA, Willems AA, Lion R, van den Kommer M (2008) Front-of-pack nutrition labelling: testing effectiveness of different nutrition labelling formats front-of-pack in four European countries. Appetite 50(1):57–70. doi:http://dx.doi.org/10.1016/j.appet.2007.05.009

Hassing LB, Dahl AK, Pedersen NL, Johansson B (2010) Overweight in midlife is related to lower cognitive function 30 years later: a prospective study with longitudinal assessments. Dement Geriatr Cogn Disord 29(6):543–552. doi:10.1159/000314874

van Herpen E, van Trijp HCM. (2011) Front-of-pack nutrition labels. Their effect on attention and choices when consumers have varying goals and time constraints. Appetite 57(1):148–160. doi:http://dx.doi.org/10.1016/j.appet.2011.04.011

Hoddinott J, Maluccio JA, Behrman JR, Flores R, Martorell R (2008) Effect of a nutrition intervention during early childhood on economic productivity in guatemalan adults: Lancet 271:411–416

Horton S, Steckel RH (2013) Malnutrition: global economic losses attributable to malnutrition 1900–2000 and projections to 2050. In Lomborg B (Hrsg) How much have global problems cost the world? a scorecard from 1900 to 2050. Cambridge University Press, Cambridge, S 247–272

Jiang Y, Su X, Wang C, Zhang L, Zhang X, Wang L, Cui Y (2015) Prevalence and risk factors for stunting and severe stunting among children under three years old in mid-western rural areas of China. Child Care Health Dev 41(1):45–51. doi: 10.1111/cch.12148

Kleef EV, Dagevos H (2015) The growing role of front-of-pack nutrition profile labeling: a consumer perspective on key issues and controversies. Crit Rev Food Sci Nutr 55(3):291–303

Lasater G, Piernas C, Popkin BM (2011) Beverage patterns and trends among school-aged children in the US, 1989–2008. Nutr J 2011(10):103

Leibniz-Gemeinschaft (2015) Leibniz-Forschungsverbund „Nachhaltige Lebensmittelproduktion und gesunde Ernährung". Zugegriffen: 20. Jan 2015

Nestlé Deutschland AG (2015) Portrait Heinrich Nestlé. http://www.nestle.de/unternehmen/geschichte/portrait-heinrich-nestle. Zugegriffen: 20. Jan 2015

Riskesdas (2013) Riset Kesehatan Dasar. https://drive.google.com/file/d/0BxMqKGS9XxLqWHN3VFdPdEgtUmc/edit?usp=sharing&pli=1

Ruel MT, Alderman H (2013) Nutrition-sensitive interventions and programmes: how can they help to accelerate progress in improving maternal and child nutrition? Lancet 382(9891):536–551. doi:10.1016/S0140-6736(13)60843-0

Scaling-Up-Nutrition (2011) Private sector engagement toolkit. http://scalingupnutrition.org/wp-content/uploads/2013/02/Business-Network_Private-Sector-Engagement-Toolkit.pdf

Spiegel-Online (1999) Gennahrung: Nestlé nimmt „Butterfinger" aus dem Regal. Spiegel. http://www.spiegel.de/wirtschaft/gennahrung-nestle-nimmt-butterfinger-aus-dem-regal-a-31434.html

Spiegel-Online (2013) Lebensmittel-Skandal: Pferdefleisch in Nestlé-Pasta. Spiegel. http://www.spiegel.de/wirtschaft/unternehmen/nestle-nimmt-fertiggerichte-in-italien-und-spanien-vom-markt-a-884163.html

UNICEF (2013) Levels & trends in child mortality

United Nations (2015) UN millenium goals – goal 1: eradicate extreme poverty & hunger. http://www.un.org/millenniumgoals/poverty.shtml. Zugegriffen: 10. Jan 2015

United States Department of Agriculture. (2007) USDA Online

WHO (2013) World hunger and poverty statistics

WHO (2015) Obesity and overweight factsheet No. 311.http://www.who.int/mediacentre/factsheets/fs311/en/

WHO child growth standards – Backgrounder 4. http://www.who.int/childgrowth/4_double_burden.pdf

WHO Multicentre Growth Reference Study Goup (2006) WHO child growth standards: length/height-for-age, weight-for-age, weight-for-length, weight-for-height and body mass index for-age: methods and development. World Health Organization, Geneva. http://www.who.int/childgrowth/standards/technical_report/en/

Worldbank (2014) http://data.worldbank.org/indicator/NY.GNP.PCAP.CD/countries/ID-4E-XN?display=graph

World Food Summit (1996) World food summit

Dr. Fabienne Babinsky promovierte an der Wirtschaftsuniversität Wien zu Globalisierung, Soziokybernetik und internationalem Management. Seit 2005 befasst sie sich mit nachhaltiger Entwicklung von öffentlichen und privaten Institutionen zur Steigerung der sozialen, ökologischen und ökonomischen Wertschöpfung. 2014 war sie für das UN World Food Programme tätig und wirkte an der Erstellung der nationalen Strategie für Ernährungssicherheit in Indonesien mit. Derzeit ist Fabienne Babinsky Managerin für Strategie und Nachhaltigkeit bei Accenture und betreut Programme der Vereinten Nationen. Für ihr Engagement wurde sie von der UNESCO-Kommission, der OIKOS und der Waldzell-Stiftung mehrfach ausgezeichnet.

Nils Grede erlangte seinen Master of Business Administration 2001 von der Graduate School of Business der Universität Stanford. Von 1997-1999 und 2001-2005 arbeitete er bei der Boston Consulting Group in Hamburg und Los Angeles, zuletzt als Principal. Seit 2005 ist er beim UN World Food Programme angestellt, u. a. von 2007-2011 als Deputy Chief of Nutrition Policy, 2011-2014 als Country Director a. i. in Swaziland und Congo und Deputy Country Director in Indonesien. Seit Januar 2015 ist er Country Director in El Salvador.

Die Tafeln – eine der größten sozialökologischen Bewegungen unserer Zeit

Jochen Brühl

1 Einleitung

Soziales Unternehmertum und Nachhaltigkeit scheinen eine Renaissance zu erleben und CSR ist unlängst fester Bestandteil eines nachhaltigen Managements geworden. Nachhaltigkeit ist so omnipräsent, dass der inflationäre Gebrauch entsprechender Floskeln durchaus skeptisch machen kann. Wenn Politiker – wie in der Schweiz geschehen – die „nachhaltigste Autobahn aller Zeiten" anpreisen, scheinen die Möglichkeiten des kreativen Einsatzes des Nachhaltigkeitsbegriffes schier endlos. Dabei ist Nachhaltigkeit kein Terminus technicus des 21. Jahrhunderts, sondern vielmehr, wie der Publizist Ulrich Grober in seinem Werk zur Kulturgeschichte eines Nachhaltigkeitsbegriffs aufzeigt (Grober 2013), ein Kind der Krise, das stets in schwierigen Zeiten bemüht wurde, um eine Kehrtwende einzuleiten. Der inflationäre Gebrauch des Begriffes in unseren Tagen treibt zwar immer buntere Blüten hervor, trifft damit aber durchaus den Zeitgeist und fördert ein Umdenken.

Es erwächst in der Gesellschaft ein großes Bedürfnis nach einem nachhaltigen Lebenswandel. Lebensmittel – all das, was uns ernährt – sind für viele immer untrennbarer von einem nachhaltigen Lebenswandel, zumindest in der Theorie. Das Schnitzel soll von einem glücklichen Kalb, das Ei von einem freilaufenden Huhn und die Äpfel vom Bauern um die Ecke sein. Und der Supermarkt, in dem diese nachhaltigen Lebensmittel gekauft werden, soll seinen Mitarbeitern attraktive Arbeitszeiten und Bezahlung bieten, Abfall und Lebensmittelüberschüsse vermeiden und vielleicht noch den Spielplatz nebenan renovieren. So viel zu dem, was zu unserem Idealbild geworden ist.

J. Brühl (✉)
Bundesverband Deutsche Tafel e. V., Dudenstraße 10, 10965 Berlin, Deutschland
E-Mail: info@tafel.de

© Springer-Verlag Berlin Heidelberg 2016
C. Willers (Hrsg.), *CSR und Lebensmittelwirtschaft,* Management-Reihe Corporate Social Responsibility, DOI 10.1007/978-3-662-47016-9_4

Unternehmen reagieren auf dieses neu erwachte Bedürfnis nach Nachhaltigkeit, sie treiben den Prozess des Umdenkens aber durchaus auch selbst mit voran. Neu ist ein nachhaltiges Management indes nicht. Verhältnismäßig junge Begriffe wie CSR und nachhaltige Ausrichtung von Unternehmen umschreiben unser heutiges Verständnis des alten „ehrbaren Kaufmannes". Völlig selbstverständlich war – und scheint es glücklicherweise wieder zu werden –, dass ein Unternehmen nicht nur sein eigenes Kapital und Wachstum verantwortet, sondern eben auch seiner Umwelt verpflichtet ist. Der „ehrbare Kaufmann" hat sich in seiner Gemeinde engagiert, er hat Entscheidungen getroffen, die ihn nachts schlafen ließen. Er war es, der das Wort „enkelfähig" zu einem Managementgrundsatz gemacht hat. Ich spreche deshalb von einer Renaissance der nachhaltigen Ausrichtung, von einer Renaissance der gesellschaftlichen Verantwortung. Davon profitieren auch die Tafeln und ihre Nutzer.

Als Organisation, die auf Lebensmittelspenden angewiesen ist, bieten wir den Unternehmen die Möglichkeit, ihre Bemühungen in die Tat umzusetzen. Als Partner sind die Tafeln mittlerweile wirksam in den Nachhaltigkeitsstrategien von Unternehmen der Lebensmittelbranche und darüber hinaus verankert. Tafeln und Unternehmen befinden sich in einer Win-win-Situation, die sich besonders für die Tafel-Nutzer, aber auch für die Gesamtgesellschaft, rentiert. Gesellschaftliche Verantwortung anzunehmen und umzusetzen ist nach unserer Erfahrung am wirkungsvollsten, wenn dies im Zusammenspiel von Zivilgesellschaft und Unternehmertum geschieht.

Die Tafeln als eine der größten sozialökologischen Bewegungen unserer Zeit spielen beim gesellschaftlichen und nachhaltigen Engagement der Lebensmittelwirtschaft also durchaus und erfreulicherweise eine Rolle.

Nachhaltigkeit ist aber auch in unserer Organisation selbst ein entscheidendes Thema. Sogar unser Jahresmotto 2015 lautet: „Nachhaltig engagiert: die Tafeln in Deutschland". Dabei schicken sich die Tafeln keineswegs an, sich in den bunten Reigen der Nachhaltigkeitsapostel einzugliedern, vielmehr sind sie aus einer konkreten Nachhaltigkeitsüberlegung heraus entstanden. Seit vor mittlerweile 22 Jahren eine Gruppe Berliner Frauen die erste Tafel gegründet hat, haben sich zahlreiche Nachahmer und Mitmacher gefunden. Der Gedanke, Lebensmittel einzusammeln, die nach den Gesetzen der Marktlogik „überschüssig" sind, und diese an bedürftige Menschen und soziale Einrichtungen weiterzugeben, schien so einfach wie sinnvoll und trägt die Tafel(n) bis heute. Die Tafel-Idee selbst besticht durch ihre Nachhaltigkeit – und dies sowohl aus ökologischer wie auch aus sozialer Sicht.

Unsere Überzeugung ist: Soziale und ökologische Vernunft – und damit nachhaltiges Wirken – schließen sich nicht aus, ganz im Gegenteil.

Nachhaltigkeit bedeutet für unsere Organisation zudem, die nächsten Generationen in den Blick zu nehmen. Dem wird die Tafel auf ganz unterschiedliche Weise gerecht. Sie setzt sich mit Nachdruck und Vehemenz für die Verbesserung von sozialen Standards ein, fördert den Erhalt der sozialen Infrastruktur besonders in ländlichen Regionen, ist Teil und Förderer gut vernetzter, zivilgesellschaftlicher Angebote im sozialen Bereich, engagiert sich in der Bildungsarbeit rund um das Thema Lebensmittelverschwendung und prägt nicht zuletzt das Nachhaltigkeitsbewusstsein ihrer Partner aus der Wirtschaft. Und schließlich ermöglicht die Tafel durch ihre Art der Unterstützung soziale Teilhabe. Gerade als eine sogenannte NGO sind die Anforderungen an nachhaltiges Wirken noch viel höher als an Unternehmen. Wir überprüfen ständig, welche ökologischen und sozialen Auswirkungen unsere Arbeit hat und hinterfragen selbstkritisch: Welche unbeabsichtigten Wirkungen erzielen wir? Sind wir dadurch nachhaltig, in unserem eigenen Handeln, aber auch in unserer Wirkung?

Auf den folgenden Seiten werden die Struktur, die Arbeitsweise, die Einordnung der Tafeln im Gefüge sozialen Unternehmertums und der Einfluss der Tafeln auf soziale Missstände unserer Zeit näher beleuchtet.

2 Entstehung und Entwicklung der Tafel

Die Geburtsstunde der Tafel-Bewegung liegt in den frühen Neunzigerjahren des letzten Jahrhunderts. Im Februar des Jahres 1993 gründete eine Gruppe Berliner Frauen nach einem bewegenden Vortrag der damaligen Sozialsenatorin Ingrid Stahmer über das Ausmaß der Lebensmittelvernichtung die erste Tafel in Deutschland. Die dahinter stehende Idee war nicht neu, sondern basiert auf dem Konzept der US-amerikanischen Organisation City Harvest und wurde auf die Belange in Deutschland angepasst. Nachdem Obdachloseneinrichtungen großen Bedarf an einer solchen Initiative bestätigten und die Berliner Lebensmittelproduzenten und Einzelhändler Unterstützung signalisierten, begann mit einer Pressekonferenz am 22. Februar 1993 die Geschichte der Berliner Tafel – und damit der Tafeln in Deutschland.

Nicht zuletzt durch das große Interesse der Medien verbreitete sich die Idee schnell im ganzen Land. Bereits ein Jahr nach Gründung der ersten Tafel existierten sechs weitere Tafeln, u. a. in Neumünster, Düsseldorf oder Hamburg. Bis zum Jahr 2005 wuchs die Tafel-Landschaft stetig, dann von 2005 auf 2006 nahezu explosionsartig von 480 (2005) auf über 650 im Jahr 2006 und erneut sprunghaft von 2006 bis 2010 mit damals 877 Tafeln. Seit 2010 ist die Zahl der Neugründungen im Vergleich zu den Jahren und Jahrzehnten davor erheblich geringer. Mittlerweile existieren deutschlandweit 919 Tafeln mit über 3000 Ausgabestellen (vgl. Abb. 1). Die Hälfte der Tafeln befindet sich in der Trägerschaft von Wohlfahrtsverbänden, kirchlichen Einrichtungen und Stiftungen, die andere Hälfte bilden eingetragene Vereine. Nahezu alle in Deutschland existierenden Tafeln sind im Bundesverband Deutsche Tafel e. V. organisiert.

Dabei ist es wichtig zu verstehen, dass es *die* Tafel nicht gibt; vielmehr sind alle 919 Tafeln höchst unterschiedlich. Diese Vielfalt erklärt sich aufgrund der Umstände, mit denen die örtlichen Tafeln konfrontiert sind: Wie viele Tafel-Nutzer zur Ausgabe kommen, wie viele Ausgabestellen eine Tafel hat, welche Kooperationen mit Lebensmittelhändlern bestehen, wie die Bevölkerungszusammenstellung in einer Stadt oder der Kommune ist. Aus ebendiesen Gegebenheiten vor Ort entstehen die verschiedenen Angebote der Tafel; daraus resultiert die von Tafel zu Tafel zum Teil sehr unterschiedliche Anzahl von Ehren-

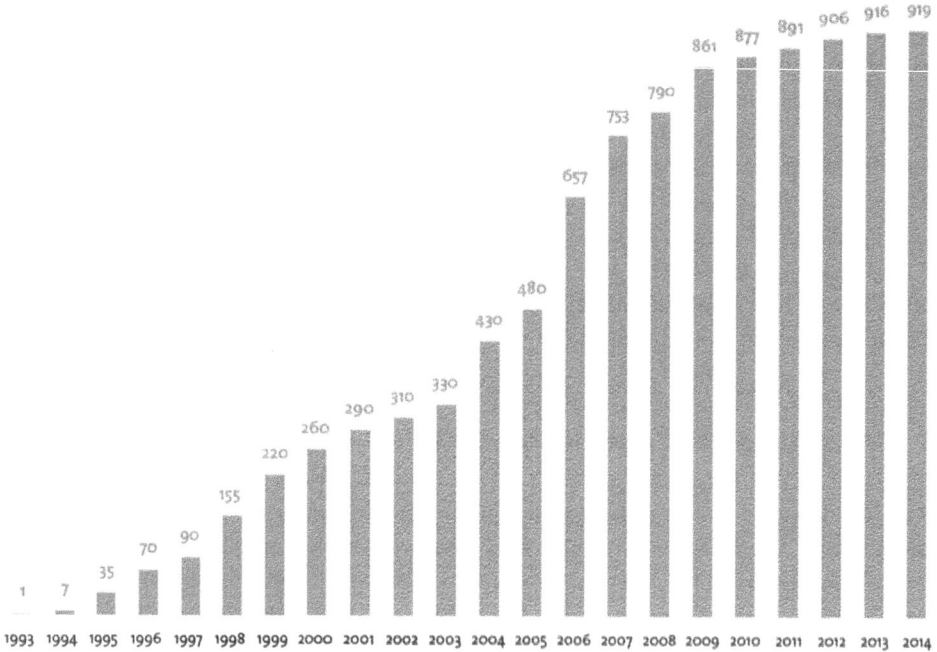

Abb. 1 Entwicklung der Tafeln in Deutschland

amtlichen und nicht zuletzt formen unterschiedliche persönliche Talente und Interessen der Tafel-Engagierten den jeweils eigenen Charakter einer Tafel. Zentrale Impulsgeber sind dabei natürlich die jeweils vorherrschenden Bedarfe, die sich aus der „Armutslage" vor Ort generieren.

Jede Tafel hat im Laufe der Zeit ihr ganz eigenes Tätigkeitsprofil herausgearbeitet. So beruht etwa die Arbeit der Berliner Tafel auf drei Säulen: Zusätzlich zur Ausgabe von Lebensmitteln an Menschen, die Arbeitslosengeld, Sozialhilfe oder Grundsicherung beziehen, gibt es Angebote für Kinder im Bereich der Ernährungsbildung. Des Weiteren beliefern die Berliner Kollegen Beratungsstellen, Schul-, Theater- und Frauenprojekte sowie viele andere soziale Organisationen mit Lebensmitteln. Die Tafel in Wetzlar ist sehr aktiv in der Arbeit mit Flüchtlingen und hat im interkulturellen Bereich über die Jahre einen besonderen Schwerpunkt gesetzt. Die Auswirkungen des demografischen Wandels nimmt z. B. die Tafel in Heilbronn in den Blick. Via Tafel-Mobil fährt die Heilbronner Tafel jeden Mittwoch mehrere Haltestellen in der Umgebung an und bringt die Lebensmittel so zu den Bedürftigen, die nicht mehr mobil sind und den Weg zu den Ausgabestellen gar nicht oder nur schwer bewerkstelligen könnten. Andere Tafeln, wie in Singen oder Schwerin, legen eigene Tafel-Gärten an, in denen Obst und Gemüse angebaut wird, das nach der Ernte ebenfalls an die Bedürftigen abgegeben wird. Diese Gartenprojekte leisten zusätzlich einen wertvollen Beitrag in Sachen Ernährungsbildung. Beispiele wie diese gibt es sehr viele.

In ihrer Ausgestaltung und Arbeitsweise sind die Tafeln autark, das heißt, sie agieren selbstständig. Geeint werden alle Tafeln durch die acht Grundsätze, denen sie als Mitglied im Bundesverband verpflichtet sind (Tafel-Grundsätze). Dazu zählt u. a.: *1. Die Tafeln sammeln überschüssige Lebensmittel, die nach den gesetzlichen Bestimmungen noch verwertbar sind, und geben diese an Bedürftige ab.* Hier gilt festzuhalten, dass Tafeln zudem Artikel des täglichen Bedarfs ausgeben können. Sehr geschätzt sind z. B. Waschmittel oder Hygieneartikel, die von Unternehmen gespendet wurden und unter den Tafel-Nutzern verteilt werden. Wichtig bleibt aber, dass der Schwerpunkt auf dem Einsammeln und Ausgeben von Lebensmitteln liegt. Die Abgabe der Lebensmittel und Sachspenden erfolgt unentgeltlich oder gegen einen geringen Kostenbeitrag. Häufig geben Tafeln die Spenden für ein oder zwei Euro ab. Dieser Betrag hat eher einen symbolischen Charakter und entspricht nur einem Bruchteil des tatsächlichen Wertes. Dieser symbolische Betrag ist jedoch sehr zentral, zeigt er doch, dass die Tafel-Nutzer als Kunden gesehen werden und nicht als bloße Almosenempfänger. Wir versuchen, so gut es geht, eine Hilfe auf Augenhöhe anzubieten. Zudem können die Tafeln mit diesen so eingenommenen kleinen Beträgen zumindest in geringem Maße ihre laufenden Betriebskosten decken. Dass die Abgabe der Lebensmittel unter Beachtung der Lebensmittelhygieneverordnung und des Infektionsschutzgesetzes erfolgt, ist eine rechtliche wie ethische Selbstverständlichkeit. Denn Tafel-Kunden sind eines nicht: Kunden zweiter Klasse. *2. Die Arbeit der Tafeln ist grundsätzlich ehrenamtlich.* Tatsächlich ist das Gros der Tafel-Mitarbeiter unentgeltlich tätig. Darüber hinaus besteht aber auch, sofern notwendig, die Möglichkeit, unterschiedlich finanzierte und geförderte Mitarbeiter zu beschäftigen. *3. Die Arbeit der Tafeln wird durch Spender und Sponsoren unterstützt.* „Jeder gibt, was er kann" – es ist dieses Prinzip, durch das die Tafel-Arbeit überhaupt anfangen konnte und durch das sie bis heute bestehen kann. Das hat viele Vorteile: Gesellschaftliche und wirtschaftliche Gruppen wie Branchen arbeiten gemeinschaftlich und können etwas schaffen, was sie alleine nicht erwirtschaften oder ermöglichen können. Von dieser Gemeinsamkeit geht eine große Kraft aus, die häufig über die Arbeit bei den Tafeln hinausgeht. *4. Die Tafeln arbeiten unabhängig von politischen Parteien und Konfessionen.* Die finanzielle Unabhängigkeit der Tafeln von staatlichen Stellen ist zentral, kann doch so der schleichenden Einflussnahme des Staates von vornherein vorgebeugt werden. Ein weiterer zentraler Grundpfeiler der Tafel lautet: *5. Die Tafeln helfen allen Menschen, die der Hilfe bedürfen.* Ausschlaggebend für das Recht, die Angebote der Tafeln nutzen zu können, ist einzig die Bedürftigkeit einer Person. Weder Herkunft, noch Nationalität, Religionszugehörigkeit, Alter oder Geschlecht spielen eine Rolle.

Ob weitere Tafeln gegründet werden, ist nicht zuletzt eine Frage des Gebietsschutzes. Als Grundsatz der Tafeln gilt, dass ihre Arbeit einen sehr starken lokalen Bezug aufweist und die Tafeln nicht miteinander in Konkurrenz um Spenden oder Ehrenamtliche treten dürfen (Tafel-Grundsatz 6). Statt miteinander in Konkurrenz zu treten, verfolgen die Tafeln das Ziel des (über-)regionalen Erfahrungs- und Informationsaustauschs. Im Interesse aller steht die wirkungsvolle Zusammenarbeit. Ist z. B. der Bedarf einer Tafel an einem bestimmten Lebensmittel oder einer Sachspende für den Moment gedeckt, werden Nachbar-Tafeln kontaktiert, damit die Waren entsprechend der Nachfrage passgenau verteilt werden können. Hier kommt das ausgeklügelte Logistiksystem auf Bundes- wie auf Länderebene zum Tragen.

Die Tafeln in Deutschland haben es in nur 20 Jahren zu beeindruckender Bekanntheit gebracht. Nach einer Umfrage von Infratest Dimap kennen 97 % der Deutschen die Tafeln – und 85 % halten ihre Idee, einen Ausgleich zwischen Überfluss und Mangel zu schaffen, für unterstützenswert. Tafel bedeutet für die Mehrzahl der Befragten die Tafel vor Ort. Die Organisationsstruktur der Tafel-Bewegung gliedert sich in Landesorganisationen und den Bundesverband. Um den Wissensaustausch der Tafeln untereinander zu gewährleisten und die Vielzahl der einzelnen Interessen gebündelt gegenüber der Politik vertreten zu können, gründeten die damals existierenden 35 Tafeln im September 1995 den Bundesverband Deutsche Tafel e. V., der seinen heutigen Sitz in Berlin hat. Der Verband fungiert als Informationsdrehscheibe aller Tafeln in Deutschland – nach innen zu den Mitgliedern, nach außen zur Öffentlichkeit. Ebenso koordiniert und betreut er die überregionalen Spender und Sponsoren, die, neben den zahlreichen Spendern vor Ort, die Tafel-Arbeit in Deutschland erst ermöglichen. Denn um Hilfe leisten zu können, sind die Tafeln selbst auf Unterstützung angewiesen. Auf politischer Ebene versteht sich der Bundesverband als Fürsprecher der Ärmsten und setzt sich gegenüber der Politik mit Nachdruck für die Verbesserung der sozialen Rahmenbedingungen ein. Wie notwendig das ist, zeigen die Ergebnisse des aktuellen Armutsberichts des Paritätischen Gesamtverbandes (2014). Demnach steigt in unserem Land, das immerhin das viertreichste der Erde ist, die Armut auf ein Rekordhoch. Deutschland ist, was Wohlstand und Armut anbelangt, ein zerklüftetes Land. Die Tafeln bauen eine Brücke zwischen Überfluss und Mangel in Deutschland. Die Traglast einer Brücke ist jedoch begrenzt. Daher fordern wir die Politik auf, endlich eine nationale Strategie zur Bekämpfung und Vermeidung von Armut zu entwickeln und umzusetzen. Denn Tafeln können das Armutsproblem nicht lösen, sie können lediglich kurzfristige Soforthilfe leisten und die Versäumnisse des Sozialstaates weiter anprangern und Lösungen einfordern.

3 Bürgerschaftliches und unternehmerisches Engagement gehen bei den Tafeln Hand in Hand

Die Tafeln bewegen sich als eine der größten europäischen Ehrenamtsbewegungen im Spannungsfeld zwischen sozialem Engagement und ökologischem Handeln. Gemeinsam mit ihren Partnern versuchen sie eine Brücke zwischen Überfluss und Mangel zu schlagen. Die Vielzahl der Spendenlogistik wird direkt zwischen Spendern und Tafeln vor Ort koordiniert. Großspenden, die an mehr als eine Tafel gehen sollen, verteilt der Bundesverband mit einem eigenen Logistiksystem an die Tafeln vor Ort. Die bundesweite Logistik wird immer stärker ausgebaut.

Was vielen nicht bewusst ist: Die Spenden beschränken sich nicht ausschließlich auf die Lebensmittelbranche. Zwar sind Lebensmittelspenden unser Fundament, denn wir kaufen keine Lebensmittel zu, aber viele weitere Dienstleister und Unternehmen aus den unterschiedlichsten Branchen unterstützen die Tafeln durch ihre jeweiligen Leistungen und ihr Know-how. Anders würde es auch gar nicht gehen. Denn die Tafeln benötigen Kühlfahrzeuge, um die Lebensmittel zu transportieren. Die Fahrzeuge müssen gewartet und repariert, versichert und untergestellt werden. Die Lebensmittel müssen sicher verpackt sein, gelagert und zwischengelagert sowie gekühlt werden. Und auch als Bundesverband sind wir auf unser Unterstützernetzwerk angewiesen: Wenn wir z. B. unser Veranstaltungsformat der „Langen Tafel" umsetzen wollen, benötigen wir nicht nur Lebensmittelspenden, sondern auch einen Koch, der aus all dem zur Verfügung gestellten Gemüse eine leckere Suppe für die Gäste der „Langen Tafel" kocht. In über 20 Jahren konnten sich die Tafeln ein großes Unterstützernetzwerk aufbauen, ohne dass unsere Arbeit vor Ort und bei Veranstaltungen nicht zu bewältigen wäre. Von dieser Zusammenarbeit profitieren die Tafeln und mit ihnen die Bedürftigen ebenso wie die Unternehmen. Besonders den lebensmittelspendenden Unternehmen wird anhand der Zusammenarbeit mit den Tafeln sehr deutlich vor Augen geführt, wie viel Lebensmittel zuvor in den Abfall gewandert sind. Natürlich hat das auch die Konsequenz, dass die Unternehmen sparsamer wirtschaften. Dieser bewusstere Umgang der Supermärkte mit ihren Waren ist den Tafeln kein Dorn im Auge, im Gegenteil, bedeutet er doch mehr Wertschätzung und Achtsamkeit gegenüber Lebensmitteln. Ein kleiner Teilerfolg für die Tafeln.

Neben Spendern und Sponsoren sind es die ehrenamtlichen Helfer, die die Tafel-Arbeit erst ermöglichen. Derzeit spenden rund 60.000 Menschen in Deutschland ihre Freizeit und ihr Talent für die über 900 Tafeln. Das bürgerschaftliche Engagement ist eine der tragenden Säulen unserer Organisation. Ohne die Mithilfe der 60.000 würde die Tafel schlichtweg nicht funktionieren. Und das Beste: Diese Engagierten entstammen allen sozialen Schichten, allen Altersgruppen und den unterschiedlichsten Nationalitäten. So finden sich unter den Tafel-Helfern ebenso Professoren oder Richterinnen wie Studierende und Rentnerinnen, aber auch Menschen, die auf Sozialleistungen angewiesen sind und selbst die Unterstützung durch die Tafeln in Anspruch nehmen. Erfreulicherweise erklären sich immer mehr Menschen aus anderen Herkunftsländern bereit, den Tafeln u. a. bei Übersetzungsangelegenheiten zu helfen oder die Ehrenamtlichen in Fragen der interkulturellen Kommunikation zu schulen. Diese große gesellschaftliche Heterogenität der Tafel-Helfer schafft Raum für Begegnungen zwischen Menschen, die sonst nicht zusammenfinden würden. Das Ergebnis: Der Blick weitet sich für Probleme und Lebenssituationen anderer und erhöht die Akzeptanz gegenüber Menschen mit ganz anderen Lebensumständen. Auf diese Weise schaffen die Tafeln eine gelebte Kultur der Solidarität in Zeiten großer sozialer Ungleichheit.

4 Sozialstaatliches Versagen

„Nachhalt" beschreibt Joachim Heinrich Campe in seinem Wörterbuch der deutschen Sprache anno 1809 als das, „woran man sich hält, wenn alles andere nicht mehr hält" (Campe 1809). Eine mitunter tröstliche Vorstellung, die die Arbeit der Tafeln zudem sehr treffend beschreibt. Denn an die Tafel klammert sich buchstäblich jemand, der den Halt verloren hat. Wie schnell der Weg in die Bedürftigkeit beschritten ist, berichten Tafel-Kunden immer wieder. Da wird jemand betriebsbedingt gekündigt nach jahrzehntelanger Berufstätigkeit, man hat zunächst Hoffnung aufgrund der Qualifikation eine neue Arbeit zu finden, es folgen zahlreiche Bewerbungen, dann Warten, schließlich Absagen und das Abrutschen in die Obdachlosigkeit – Lebensverläufe wie diesen finden sich bei den Tafeln geballt. Vor diesem Hintergrund leuchtet ein, dass Tafel-Nutzer nicht selten neben ökonomischer auch emotionaler Unterstützung bedürfen. Dem sind sich die Tafeln bewusst und sie sind bemüht, jedem Menschen zu geben, was er braucht. Das können Lebensmittel sein, ein Lächeln oder ein offenes Ohr.

Von einem lokalen Projekt zu einer bundesweiten Organisation gewachsen, sind die Tafeln über die Jahre zu einem griffigen Symbol geworden: ein Symbol für Armut in Deutschland, für einen versagenden Sozialstaat, für den sozialen Abstieg. Die ursprüngliche „Zielgruppe" der Tafeln hat sich über die Jahre gewandelt: Obdachlose, für die die Angebote der Tafeln einst vorrangig gedacht waren, stellen mittlerweile nur noch einen geringen Anteil an Tafel-Kunden. Heute unterstützen die Tafeln in Deutschland v. a. Arbeitslose und Geringverdiener, Alleinerziehende und Rentner oder auch Studierende. Die deutschen Tafeln unterstützen regelmäßig ca. 1,5 Mio. bedürftige Personen, davon sind 30 % Kinder und Jugendliche, 53 % Erwachsene im erwerbsfähigen Alter (v. a. ALG-II- bzw. Sozialgeldempfänger, Spätaussiedler und Migranten) und 17 % Rentner. Die Zahl der durch die Tafeln unterstützten Personen ist in den letzten Jahren stetig gestiegen und steigt weiter.

Besonders seit Mitte 2014 finden sich verstärkt Flüchtlinge bei den Tafeln ein. Mehr als 50 Mio. Menschen sind weltweit auf der Flucht. In Deutschland leben inzwischen rund 630.000 Flüchtlinge, was einem Zuwachs zum Vorjahr von ca. 130.000 Menschen entspricht (Spiegel online 2015). Natürlich sind die Tafeln Anlaufstellen für Menschen aus Syrien, Irak, Eritrea ebenso wie aus Bosnien-Herzegowina, Serbien oder Mazedonien. Wie stark die Tafeln von Flüchtlingen besucht werden, ist von Region zu Region sehr unterschiedlich. In Regionen, Städten oder Stadtteilen, in denen Flüchtlingsheime existieren, suchen natürlich mehr Flüchtlinge die Tafeln auf, als in Gegenden, in denen dies nicht der Fall ist. Aktuell melden uns Städte in Nordrhein-Westfalen, wie z. B. Mülheim, Oberhausen, Köln oder auch Duisburg, dass die Zahl der Flüchtlinge bei ihren Ausgabestellen sehr deutlich zugenommen hat. Ähnliches berichten Städte und Regionen aus Rheinland-Pfalz oder Baden-Württemberg. Fakt ist: Mittlerweile melden viele Tafeln eine massive Zunahme dieser Bevölkerungsgruppe.

Die aktuelle Flüchtlingsthematik legt die Fehler des Staates schonungslos offen wie kaum etwas anderes. Aber auch die steigenden Armutszahlen in Deutschland belegen seit Jahren, dass sich der Staat immer stärker aus der Armutsversorgung und Armutsbekämpfung zurückzieht oder auf gewandelte Problemlagen nur langsam reagiert. Nach zehn Jahren Hartz IV scheint sich die Situation eher verschärft, statt verbessert zu haben. Ob die Auswirkungen der Einführung des Mindestlohns bei den Tafeln spürbar werden und sich die Zahl der Tafel-Kunden reduziert, bleibt abzuwarten. Von immer größerer Relevanz sind zudem armutsfeste Mindestrenten. Auf die Probleme, die eine überalterte Gesellschaft mit sich bringt und die sich in den nächsten 20 Jahren immens erhöhen werden, muss der

Staat angemessene Antworten finden. Die Gefahr der Altersarmut wird sich verschärfen und die Politik darf sich nicht darauf ausruhen, alte Menschen bei den Tafeln gut aufgehoben zu wissen. Dass Arbeit längst keine Garantie mehr für eine gesicherte Existenz ist, verdeutlicht die steigende Zahl der Menschen, die sich trotz Arbeit unterhalb des Existenzminimums bewegen und von den Tafeln unterstützt werden. Das belegt z. B. der Anstieg Alleinerziehender oder Studenten bei der Tafel. So berichtete Die Welt (2015) vor Kurzem über die alleinerziehende Mutter zweier Söhne aus Düsseldorf, deren Geld trotz halber Stelle bei der Stadtbücherei nicht ausreicht. „Aufstocker" werden jene Menschen genannt, die allein von ihrem Verdienst nicht leben können. Die Alleinerziehende berichtete in dem Beitrag von anfänglicher Scham, aber Scham könne man sich bei dem Gehalt nicht leisten, schon gar nicht, wenn plötzlich eine Nebenkostenabrechnung von 630 € Nachzahlung ins Haus flattert. Wie ihr geht es vielen. Zu vielen. Die 42-Jährige schilderte, dass sie seit etlichen Jahren zur Tafel geht. Diese Form der Kontinuität ist häufig einer der Kritikpunkte, der herangezogen wird, um das Hilfeparadoxon zu belegen. Bei genauem Hinsehen wird aber doch deutlich, dass nicht die Tafeln ihre Nutzer an sich binden, sondern dieser Zustand vielmehr von äußeren Umständen oktroyiert ist. Niemand, der es nicht nötig hat, wird freiwillig an den Ausgabestellen warten. Jeder, der in der existenzsichernden Hilfe arbeitet, weiß, dass fast alle Menschen, die diese Hilfen in Anspruch nehmen, sich davon nicht sättigen lassen oder in der Situation einrichten. Ihre Ziele und Träume sehen anders aus.

Anlässlich des Jubiläums 20 Jahre Tafel-Bewegung verabschiedeten wir den Appell: „Armut verhindern – Wohlstand gerecht verteilen!", indem der Bundesverband die Forderung nach einer nationalen Strategie zur Armutsvermeidung, die Einsetzung eines unabhängigen Armutsbeauftragten der Bundesregierung und Reformen in der Arbeitsmarkt-, Bildungs- und Sozialpolitik forderte. Im Großen und Ganzen blieb die Politik die Umsetzung dieser Forderungen bis heute schuldig. Der Staat bewegt sich hier auf sehr dünnem Eis. Der (immer noch) stetig steigende Bedarf an den Angeboten der Tafeln ist Indikator für ein zunehmendes Ungleichgewicht in unserer Gesellschaft. Als überwiegend ehrenamtliche soziale Bewegung können die Tafeln akute Notlagen lindern. Deren Ursachen zu beseitigen, ist jedoch die Aufgabe der Politik. Die Tafeln und ihr Bundesverband werden deren Vertreter immer wieder mit ihren Forderungen daran erinnern – auch weit über das Jahr 2015 hinaus.

Dennoch hat die Entwicklung der letzten Jahre auch ihre positiven Seiten: Die Tafeln gelten heute als eine der größten sozialen Bewegungen unserer Zeit. Das alles wurde erst durch das Engagement vieler Menschen möglich, die den Tafeln größtenteils ehrenamtlich ihr Wissen, ihre Zeit, ihre Energie und Tatkraft spenden.

5 Von einer Wegwerfkultur hin zur Wertschätzung von Lebensmitteln

Als die ersten Tafeln in den 1990er-Jahren ihre Arbeit aufnahmen, schien sich Deutschland in seiner Rolle als Wegwerfgesellschaft eingerichtet zu haben. Wegwerfen leistete man sich als Teil der Konsumgesellschaft in einem auf dauerhaftes Wachstum abzielenden

Wirtschaftsmodell. Seit einigen Jahren findet ein Mentalitätswandel in Sachen Lebensmittelverschwendung statt. Dazu beigetragen haben u. a. die Ergebnisse der Studie der Universität Stuttgart aus dem Jahr 2012, welche vom Verbraucherschutzministerium in Auftrag gegeben wurde. Demnach werden ca. 11 Mio. t Lebensmittel umsonst produziert und weggeworfen. Industrie, Handel und Großverbraucher sind laut Studie für knapp 39 % der Lebensmittelabfälle verantwortlich. Mit 61 % verursachen jedoch die Verbraucher den weitaus größten Teil der Abfälle. Rund 82 kg wirft jeder Bundesbürger jährlich in die Tonne. Die Hälfte dieser Abfälle ist nach Angaben der Autoren der Studie vermeidbar. Oder pekuniär ausgedrückt: Aus Unachtsamkeit landen Jahr für Jahr verzehrfähige Lebensmittel im Wert von bis zu 22 Mrd. € im Müll. Das entspricht einem Betrag in Höhe von 234 € pro Person (Bundesministerium für Ernährung, Landwirtschaft und Verbraucherschutz 2012).

Gleichzeitig leben in unserer Wegwerfgesellschaft immer mehr Menschen in Armut. Nach aktuellen Zahlen des statistischen Bundesamtes war 2014 jede sechste Person in Deutschland armutsgefährdet. Das entspricht einem Bevölkerungsanteil von 16,1 % oder rund 13 Mio. Menschen. Die deutschen Tafeln unterstützen regelmäßig ca. 1,5 Mio. bedürftige Personen. Die Zahl der Tafeln und der unterstützten Personen ist in den letzten Jahren stetig gestiegen. Die Tafeln liefern durch ihren Einsatz gegen Lebensmittelverschwendung das schärfste Argument gegen das Fortschreiten der Wegwerfmentalität: Das tägliche Brot gehört auf den Teller, nicht in die Tonne. Das kann man als nachhaltig oder als selbstverständlich bezeichnen.

Die Wertschätzung gegenüber Lebensmitteln ist den Verbrauchern, aber auch den Herstellern in den vergangenen Jahren abhandengekommen. Nachhaltigkeitsprogramme der Konzerne und Essensretteraktionen, die aus der Gesellschaft heraus entstehen, verdeutlichen jedoch, dass nach und nach ein Umdenken stattfindet. Lebensmittel wegzuwerfen galt einmal als Schande. Dahin müssen wir zurückfinden. Aus sozialen und aus ökologischen Gründen.

6 Resümee und Ausblick

Solange Tafeln notwendig sind, werden sie bestehen. Denn was oder vielmehr wem würde es nützen, wenn die Tafeln ihre Arbeit niederlegten? Sicherlich nicht jenen, die auf diese Form der Unterstützung angewiesen sind. Im Gegenteil. Nicht kurzfristig, nicht mittelfristig. Ob die Schließung der Tafeln den Staat antreiben würde, andere, bessere, fairere sozialpolitische Rahmenbedingungen zu schaffen, ist ungewiss. Dieses Experiment werden wir (und sicher auch Caritas und andere Wohlfahrtsverbände, die existenzsichernde Hilfen anbieten) nicht auf dem Rücken der Bedürftigen durchführen.

Vielmehr sehen wir es als unsere Aufgabe an, unsere Stimme für sozial Benachteiligte zu erheben, auf Defizite aufmerksam zu machen und Lösungsvorschläge zu unterbreiten. Diesen politischen Einspruch erheben wir als eigenständiger Bundesverband, aber auch als Mitglied des Paritätischen Wohlfahrtsverbandes und im Zusammenspiel mit Trägern der Tafeln, wie Caritas oder Diakonie. Der Vernetzungsaspekt ist zentral. Voneinander lernen, sich gemeinsam positionieren und Armutsthemen als Allianz in die Medien bringen, das wird zukünftig noch stärker als bislang zu unseren Aufgaben gehören. Im Vergleich zur über 100 Jahre alten Caritas, ist der Bundesverband der Tafeln mit seinen knapp über 20 Jahren gerade einmal ins Erwachsenenalter gekommen. Wir schicken uns nicht an, ähnlich lange zu existieren, aber wir sagen: Solange wir bestehen, weil es Überfluss *und* Mangel gibt, entwickeln wir unsere Arbeit kontinuierlich weiter, reflektieren das eigene Handeln, positionieren uns zu gesellschaftspolitischen Themen und handeln ressourcenorientiert. Verstärkt führen wir im Verband eine Debatte darüber, wie Tafel-Arbeit der Zukunft aussehen kann und soll. Dazu laden wir auch die Tafeln in Trägerschaft der Caritas mit ihren wertvollen Erfahrungen und ihrem Wissensschatz herzlich ein. „Endlich" überflüssig machen kann uns und die Hilfsangebote von Caritas, Diakonie, AWO und weiteren letztlich nur eine veränderte Sozialpolitik. Dafür wollen wir gemeinsam kämpfen.

Im 22. Jahr unseres Bestehens werden wir oft gefragt, wann wir die 1000. Tafel eröffnen. Die Antwort scheint den ein oder anderen zu enttäuschen: Denn ein Zuwachs um knapp 80 weitere Tafeln ist nicht gewünscht und nicht erforderlich. Neugründungen sind mittlerweile eine Ausnahme, längst nicht mehr die Regel. Das Gegenteil würden wir uns selbst wünschen: dass wir Tafeln nach und nach schließen könnten, weil wir weder Überschüsse noch Mangel hätten. Solange wir dieses Ziel nicht erreicht haben, werden die Tafeln das eine tun und das andere nicht lassen: unmittelbare und schnelle Hilfe all jenen anbieten, die sie dringend benötigen und Fürsprecher für diese Menschen gegenüber der Politik sein. Gemeinsam mit unseren Partnern wie der Caritas werden wir nicht müde zu betonen: Armut darf in Deutschland keinen Platz haben. Zu einer Schande für uns alle wird sie, wenn ihr so viel Reichtum gegenübersteht. Allein in diesem Gegensatz liegt die Tafel-Arbeit begründet.

Die Tafeln und der Bundesverband haben den Blick längst für europäische und internationale Fragen geweitet. Globalisierung macht auch vor den Tafeln nicht halt. Wir erwarten für das gesamte Jahr 2015 einen weiteren Anstieg von Flüchtlingen bei den Tafeln. Darüber hinaus fungiert die Tafel als Berater bei Tafel-Neugründungen außerhalb Deutschlands: Nach unserem Vorbild sind „Feedbacks" im südafrikanischen Kapstadt, eine Foodbank in Sydney (Australien), die Wiener Tafel in Österreich oder die Schweizer Tafeln entstanden. Weitere Gründungen, z. B. in Griechenland oder in Namibia, sind geplant.

Die Tafeln in Deutschland haben sich als Modell übergreifenden Engagements fest etabliert. Sie schaffen Möglichkeiten der Begegnung unterschiedlichster Menschen. Diese zwischenmenschlichen Kontakte, das ist unsere Erfahrung, sind es, die wirkliches Umdenken ermöglichen und eine größere Wirkung haben als ein gehobener Zeigefinger. Als Partner im Bereich CSR sind die Tafeln eben keine Entsorger der Lebensmittelabfälle, sondern stoßen gesellschaftlich-soziale Prozesse in den Unternehmen an, mit denen sie in engem Austausch stehen. Unser Ansatz: eine Zusammenarbeit im CSR-Bereich, der auf Ganzheitlichkeit statt auf einzelnen Spendenprojekten beruht.

Literatur

Campe JH (1809) Wörterbuch der deutschen Sprache. Braunschweig, Schulbuchhandlung, S 403

Der Paritätische Gesamtverband (HG) (2014) Die zerklüftete Republik. Bericht zur regionalen Armutsentwicklung

„Entweder du hungerst oder gehst zur Tafel", Artikel in Die Welt online vom 02.02.2015

Ermittlung der weggeworfenen Lebensmittelmengen und Vorschläge zur Verminderung der Wegwerfrate bei Lebensmitteln in Deutschland. In: Bundesministerium für Ernährung, Landwirtschaft und Verbraucherschutz (Hrsg) Bundesministerium für Ernährung, Landwirtschaft und Verbraucherschutz, Stuttgart 2012

Grober U (2013) Die Entdeckung der Nachhaltigkeit. Kulturgeschichte eines Begriffs. Verlag Antje Kunstmann GmbH, München, S 14

Spiegel online. Einwanderung nach Deutschland 12.02.2015

Tafel-Grundsätze. http://www.tafel.de/die-tafeln/tafel-grundsaetze.html

Jochen Brühl (48) ist ehrenamtlicher Vorsitzender des Bundesverbandes Deutsche Tafel e. V. Seit 16 Jahren engagiert er sich bei den Tafeln. Der Sozialarbeiter und Diakon arbeitet hauptberuflich als Fundraiser beim Deutschen CVJM.

Klimabilanzen von Produkten – ein Controllinginstrument zur Unterstützung der Analyse der Wertschöpfungskette in der Lebensmittelwirtschaft

Christoph Deinert und Jens Pape

1 Einleitung

„Nichts kommt uns näher als unsere Nahrung" (GLS 2015, S. 48): Die Lebensmittelwirtschaft übernimmt mit der Erzeugung ihrer Produkte wie kaum eine andere Branche Verantwortung für die Gesundheit der Verbraucherinnen und Verbraucher und – bedingt durch die Produktion mit und in der Natur – in besonderem Maße gesellschaftliche Verantwortung für ihr Handeln.

Für die Herstellung von Lebensmitteln in Bioqualität gilt dies in besonderem Maße: So stellt etwa die International Federation of Organic Agriculture Movements (IFOAM) die vier Prinzipien Gesundheit, Ökologie, Gerechtigkeit und Sorgfalt als Grundsätze gleichberechtigt nebeneinander (vgl. IFOAM 2015; Gottwald und Steinbach 2011, S. 30 ff.). Einzelne Unternehmen der Biobranche binden diese Grundsätze in ihre Unternehmensgrundsätze ein (vgl. hierzu z. B. Beitrag Märkisches Landbrot GmbH in diesem Buch) und knüpfen damit an die Ursprünge und Grundprinzipien der ökologischen Lebensmittelwirtschaft an.

Corporate Social Responsibility (CSR) stellt die Akteure der Wertschöpfungskette der Lebensmittelwirtschaft somit vor große Herausforderungen. Mit CSR steht Unternehmen ein Managementansatz zur Verfügung, der die schonende Nutzung natürlicher und be-

---

C. Deinert (✉)
MÄRKISCHES LANDBROT GmbH, Bergiusstr. 36, 12057 Berlin-Neukölln, Berlin, Deutschland
E-Mail: deinert@landbrot.de

J. Pape
Hochschule für nachhaltige Entwicklung Eberswalde, Schicklerstr. 5, 16225 Eberswalde, Brandenburg, Deutschland
E-Mail: Jens.Pape@hnee.de

© Springer-Verlag Berlin Heidelberg 2016
C. Willers (Hrsg.), *CSR und Lebensmittelwirtschaft,* Management-Reihe Corporate Social Responsibility, DOI 10.1007/978-3-662-47016-9_5

trieblicher Ressourcen ebenso mit einschließt wie den verantwortungsbewussten Umgang mit Mitarbeitenden und Marktteilnehmern. Dabei besteht bei CSR-Aktivitäten – so eine gängige Meinung – das Interesse, durch „eine geschickte Verbindung des gesellschaftlich Gewünschten mit dem ökonomisch Sinnvollen" (vgl. von Icks et al. 2015, S. 1) die eigene Wettbewerbsposition zu stärken. Vor dem Hintergrund der eingangs adressierten „gesellschaftlichen Verantwortung" von Unternehmen der Lebensmittelwirtschaft, die neben der Produktion in und mit der Natur auch die Gesundheit der Menschen mit einschließt, greift eine derartige Sichtweise jedoch zu kurz: CSR gehört in Unternehmen der Ernährungswirtschaft heute vielfach zur „licence to operate" wobei das „gesellschaftlich Gewünschte" nicht zwingend regelmäßig mit „ökonomisch Sinnvollem" zusammenfallen muss. Vielmehr erfordert ein verantwortlicher Umgang mit der Komplexität der Verantwortung der Ernährungswirtschaft – auch die von Stakeholdern formulierten unterschiedlichsten Informationsbedarfe – eine Einbindung von CSR-Aktivitäten in ein entsprechend strukturiertes Umwelt- bzw. Nachhaltigkeitsmanagementsystem. So können Chancen, aber auch Risiken des nachhaltigen Wirtschaftens ergriffen bzw. begegnet werden (vgl. Willers 2012, S. 30 ff.; von Icks et al. 2015).

Betriebliches Nachhaltigkeitsmanagement ist zum Erfolgsfaktor verantwortungsbewusster Unternehmensführung in der Ernährungswirtschaft geworden und integriert neben ökologischen Fragestellungen auch soziale bzw. gesellschaftliche sowie ökonomische Aspekte in die betriebliche Praxis. Dabei führten die Ansprüche der Anwender zu einer Entwicklung der Systemanforderungen vom reinen Umwelt- hin zu einem alle Bereiche umfassenden Nachhaltigkeitsmanagement (vgl. Baumast und Pape 2013).

2 Betriebliches Nachhaltigkeitsmanagement und -controlling

Betriebliches Nachhaltigkeitsmanagement zielt auf die kontinuierliche Verbesserung der Nachhaltigkeitsleistung von Unternehmen ab. Nach Dyllick zeichnen sich Umweltmanagementsysteme – dies lässt sich auf den Bereich Nachhaltigkeit übertragen – durch grundlegende Konstruktionsmerkmale aus (vgl. Dyllick 1997). So wird Nachhaltigkeit zur Managementaufgabe. Dabei sind die betrieblichen Entscheidungssysteme und Führungsstrukturen des Unternehmens Ansatzpunkte des Nachhaltigkeitsmanagements. Die Systeme greifen dabei auf eine eigenverantwortliche Selbststeuerung zurück. Glaubwürdigkeit und Transparenz werden durch externe Kontrolle (Zertifizierung, Validierung) erreicht. Die externe Kommunikation bzw. Berichterstattung der erbrachten Nachhaltigkeitsleistung kann werblich und wettbewerblich genutzt werden. An die Stelle externer Leistungsmaßstäbe tritt die Selbstverpflichtung in Form selbst definierter Ziele: Der Zielraum ist lediglich nach unten durch die einschlägigen Rechtsvorschriften begrenzt.

Das Leitbild einer nachhaltigen Entwicklung (vgl. Kanning 2013) ist dabei von zentraler Bedeutung bei der Entwicklung standardisierter Umweltmanagementsysteme wie etwa der ISO 14001 und der performanceorientierten EMAS-Verordnung (EMAS – Eco-Management and Auditing Scheme) gewesen. Es bildet die Grundlage für Nachhaltigkeitsmanagementsysteme in der betrieblichen Praxis.

Das betriebliche Nachhaltigkeitsmanagement als Rahmen für das oben angesprochene Entscheidungssystem und die Führungsstruktur des Unternehmens muss von betrieblichen Controllinginstrumenten unterstützt werden, die es den Entscheidungsträgern ermöglichen, Strategien und Ziele in diesem Bereich abzuleiten. So sind etwa Maßnahmen zur **Betriebsökologie**, d. h. bezüglich der durch die Tätigkeit am Standort direkt und/oder indirekt induzierten Stoff- und Energieflüsse, in das Zielsystem mit aufzunehmen. Neben standortbezogenen Stoff- und Energieflussanalysen kommen hier auch Instrumente wie die Sustainable Balanced Scorecard zum Einsatz, die ihren Ursprung nicht im Nachhaltigkeitsbereich haben, sondern aus der klassischen Unternehmensführung stammen und entsprechend angepasst wurden. So soll etwa mithilfe der Balanced Scorcard (BSC) die Lücke zwischen der strategischen und operativen Ebene weitestgehend geschlossen werden, indem die Umsetzung der Vision eines Unternehmens in Strategien, qualitativen und quantitativen Zielen und den zu ihrer Erreichung erforderlichen Maßnahmen erfolgt (Mahammadzadeh 2013). Die Planung, Kontrolle, Steuerung und Kommunikation erfolgt dabei über ein abgestimmtes Kennzahlensystem.

Neben der Betrachtungsebene der Betriebsökologie spielt in der Lebensmittelwirtschaft die **Produktökologie** eine zentrale Rolle: Von der landwirtschaftlichen Primärproduktion bis zum Konsumenten sind dabei alle Stufen der Wertschöpfungskette zu betrachten. Im Rahmen der Produktökologie steht die Umweltverträglichkeit der hergestellten Lebensmittel (einschließlich Verpackung und Distribution) im Vordergrund. Je nach Branchen und Produkt wird hierbei immer mehr auch auf das Thema Sozialverträglichkeit abgestellt. Ein zentrales Instrument, um Maßnahmen hinsichtlich der Produktökologie zu untersetzen, stellen Ökobilanzen bzw. Lebenszyklusanalysen (Life Cycle Analysis – LCA) dar, die umweltbezogene Auswirkungen eines Produktes entlang seines gesamten Lebenszyklus erheben (Klöpffer und Grahl 2009).

3 Product Carbon Footprints – Klimabilanzen von Produkten

Während bei Ökobilanzen bzw. Lebenszyklusanalysen die Auswirkungen des Produktes auf zahlreiche Umweltkategorien betrachtet werden, liegt bei Klimabilanzen von Produkten der Fokus im Themenfeld Treibhausgase. Vor dem Hintergrund der Diskussion zur Notwendigkeit der Decarbonisierung unserer Wirtschaft (WBGU 2011) steht auch die gesamte Wertschöpfungskette der Lebensmittelwirtschaft nach wie vor vor großen Herausforderungen. Um das 2-Grad-Ziel zu erreichen, müssen erhebliche Anstrengungen unternommen werden, um die klimawirksamen Emissionen zu reduzieren. Mit Blick auf die erzeugten Lebensmittel bedeutet dies, dass alle Akteure der Wertschöpfungskette einschließlich der Konsumenten ihren Beitrag hierzu leisten. Jeder Europäer ist jährlich im Durchschnitt für zehn Tonnen Kohlendioxidemissionen verantwortlich. Fast zwei Tonnen davon entfallen auf den Bereich der Ernährung. CSR in der Lebensmittelwirtschaft bedeutet an dieser Stelle für die produzierenden Unternehmen auch, Verantwortung für und Transparenz in der Wertschöpfungskette zu übernehmen bzw. herzustellen und die Ergebnisse zu kommunizieren. Denn: Ein entsprechendes Handeln der einzelnen Akteure der Wertschöpfungskette setzt voraus, dass zunächst alle klimawirksamen Emissionen, die im Rahmen des Produktlebensweges entstehen, erfasst und verfügbar gemacht werden.

Um die Klimarelevanz der erzeugten Produkte abzubilden, können hierzu aufbauend auf der Methodik der Ökobilanzierung Product Carbon Footprints (PCF) berechnet werden (Deinert und Pape 2011) und als entscheidungsunterstützende Controllinginformationen Berücksichtigung finden. Losgelöst von dem Ergebnis, d. h. der absoluten Zahl der berechneten CO_2e-Menge pro Produkt (über deren „Sinnhaftigkeit" rege diskutiert wurde), ist dabei vielmehr die Beschäftigung und Auseinandersetzung mit der Wertschöpfungskette der entscheidende Beitrag zum Erkenntnisgewinn.

3.1 Definition des PCF

Der PCF ist der CO_2e-Fußabdruck eines Produktes. Das sog. „Treibhausgaspotenzial" (im Englischen als Global Warming Potential (GWP) bezeichnet) ist dabei die zentrale Größe zur Berechnung eines PCF. Der Weltklimarat (IPCC) hat hierzu feste Werte für Treibhausgase und deren CO_2-Äquivalente (CO_2e) bereitgestellt. Sie spiegeln den aktuellen Stand der Klimaforschung wider. Der CO_2e-Fußabdruck fasst klimarelevante Gase, i. d. R. die sechs Kyoto-Gase

- Kohlendioxid (CO_2),
- Methan (CH_4 – hat eine 25-mal höhere Treibhauswirkung als CO_2),
- Distickstoffoxid (N_2O – hat eine 298-mal höhere Treibhauswirkung als CO_2),
- Fluorkohlenwasserstoff (HFC),
- Sulfurhexafluorid (SF6),
- Fluorkohlenstoffverbindungen (PFC),

in einer Wirkungskategorie, dem Treibhausgaspotenzial in CO_2-Äquivalenten (CO_2e), zusammen (IPCC 2007).

Bei der Berechnung eines PCF wird die Entstehung klimarelevanter Gase in der gesamten Wertschöpfungskette – analog zur Ökobilanzierung – betrachtet, die auf dem Weg von der Erzeugung der Rohstoffe, bei deren Weiterverarbeitung sowie der Nutzung durch den Konsumenten bis hin zur Entsorgung der Verpackung und ggf. des Produktes entstehen. Dabei wird die „cradle to gate"- von der „cradle to grave"-Betrachtung unterschieden. Während bei ersterer der Betrachtungsraum am Werkstor des Produzenten endet (meist beim PCF der Fall), schließt „cradle to grave" die Distribution, Nutzung und Entsorgung mit ein.

Ein PCF ist somit als Bilanz zu verstehen, in der die Treibhausgasemissionen entlang des Lebenszyklus eines Produktes aufsummiert werden. Grießhammer und Hochfeld

(2009, S. 3) definieren hierzu: „Der Product Carbon Footprint (‚CO2-Fußabdruck') bezeichnet die Bilanz der Treibhausgasemissionen entlang des gesamten Lebenszyklus eines Produkts in einer definierten Anwendung und bezogen auf eine definierte Nutzeinheit." Ein konkretes Anwendungsbeispiel wird im letzten Abschnitt – dem Praxisbeispiel MÄRKISCHES LANDBROT – näher erläutert.

3.2 Ziele des PCF

PCF ermöglicht die eindimensionale – „lediglich" einen Umweltaspekt bzw. ein Umweltmedium betrachtend – Auseinandersetzung mit einer betrieblichen bzw. produktbezogenen Fragestellung (hier der Klimarelevanz). Die Motivation hierfür kann dabei ein rein betriebliches Interesse und damit auch einen werblichen und wettbewerblichen Fokus haben (z. B. Erhöhung der Ressourceneffizienz, Suche nach Optimierungspotenzialen in der Wertschöpfungskette, Kosteneinsparungen) oder extern motiviert sein (z. B. Informationsbedarfe unterschiedlicher Anspruchsgruppen). Insofern ist der PCF auch Grundlage, um im Rahmen des betrieblichen CSR- bzw. Nachhaltigkeitsmanagements etwa Reduktionsziele bezogen auf klimawirksame Emissionen zu formulieren und mit sinnvollen Maßnahmen zu untersetzen.

Da der Klimawandel fester Bestandteil der Agenda der gesellschaftlichen Diskussionen geworden ist, müssen Unternehmen in der Lage sein, sich hier zu positionieren, d. h. Aussagen zur Klimarelevanz ihres Wirtschaftens treffen zu können bzw. bei Anfragen auskunftsfähig zu sein, unabhängig davon, ob Energieverbrauch und Emissionen relevante Umweltaspekte im Unternehmen sind oder nicht.

Mit Klimabilanzen von Produkten können auch andere Kommunikationsziele verfolgt werden: Die quantitative Ermittlung des CO2e-Wertes kann Basis für ein CO2e-Label sein oder den Vergleich unterschiedlicher Produkte in einem Handelssortiment ermöglichen (Grießhammer und Hochfeld 2009).

Für Unternehmen kann nach BMU und BDI (2010) die Ermittlung eines PCF dazu dienen,

- Transparenz in der Wertschöpfungskette im Hinblick auf die vor- und nachgelagerten Prozesse und beteiligten Akteure zu schaffen,
- Bewusstsein für die Treibhausgasemissionen entlang der Wertschöpfungskette zu schaffen und besonders emissionsreiche Phasen zu identifizieren,
- Potenziale zu identifizieren, wie Emissionen reduziert werden können,
- Impulse für die (Weiter-)Entwicklung der eigenen Klimastrategie zu erhalten, die Relevanz von Treibhausgasemissionen im Vergleich zu anderen Umweltauswirkungen eines Produkts zu analysieren und zu bewerten.

Soll der PCF dem Vergleich der Klimarelevanz von Produkten dienen, so ist eine Konvention für die Berechnung des PCF sowie die Aufstellung von „Auslegungsregeln" von zentraler Bedeutung (vgl. Buser et al. 2008). Zunächst muss dazu die Entwicklung und Festlegung von sog. Product Category Rules (PCR) erfolgen, damit gewährleistet ist, dass Produkte bzw. Produktgruppen vergleichbar bilanziert werden. Darüber hinaus ist ein produktgruppenübergreifendes Scoping zu entwickeln. Das erfordert die Erarbeitung einer Definition der Rahmensetzung hinsichtlich gleicher Zielsetzungen, Systemgrenzen und Bilanzierungsregeln sowie einer vergleichbaren Datenqualität und -tiefe (vgl. Grießhammer und Hochfeld 2009).

3.3 Standardisierungsbemühungen

Bereits seit 2008 gab es parallele Initiativen, die sich die Entwicklung eines wissenschaftlich fundierten und international harmonisierten Standards zur Erstellung und Kommunikation von PCF zur Aufgabe gemacht haben:

1. Für die Internationale Standardisierungsorganisation (ISO) hat das Technical Committee (TC) 207 „Environmental Management" im Subcommittee 7 die internationale Norm Carbon Footprints of Products (ISO 14067) erarbeitet. In Deutschland gibt es in den entsprechenden Spiegelgremien (NA 172) im Deutschen Institut für Normung e. V. (DIN) Aktivitäten mit gemeinsamen Arbeitskreisen mehrerer Ausschüsse, die den nationalen Beitrag zur Norm liefern. Grundlage sind die bereits existierenden Standards zur Ökobilanzierung (ISO 14040 und ISO 14044). Die Norm besteht aus zwei Teilen: Der erste Teil befasst sich mit der Ermittlung von PCF, ein weiterer Teil mit deren Kommunikation.
2. Im Dialog mit internationalen Experten aus Wissenschaft, Wirtschaft und Umweltverbänden begannen der World Business Council for Sustainable Development (WBCSD) und das World Resources Institute (WRI) im Rahmen der GHG-Protokollinitiative ihre Arbeit, um den Product and Supply Chain Accounting and Reporting Standard zu entwickeln.
3. Die PAS 2050 (Public Available Specification 2050) geht auf Aktivitäten zur Standardisierung der PCF-Methodik in Großbritannien zurück: Als Reaktion auf den IPCC-Bericht und die Klimadebatte wurde in Großbritannien – initiiert durch den Carbon Trust und dem DEFRA (Department for Environment, Food and Rural Affairs) – von BSI Standards Solutions eine standardisierte Methodik zur Abschätzung produktbezogener Treibhausgasemissionen entwickelt. Der erste Entwurf wurde bereits 2008 als „PAS 2050 Specification for the measurement of the embodied greenhouse gas emissions in products and services" veröffentlicht (PAS 2050 2008). Auch die PAS 2050 bezieht sich stark auf die bereits existierenden Standards zur Ökobilanzierung (ISO 14040 und ISO 14044) und wird an dieser Stelle (noch) erwähnt (obwohl die ISO 14067 bereits vorliegt), da viele Pilotprojekte zum PCF auf die PAS-Methodik zurückgegriffen haben und die PAS 2050 die Standardisierungsbemühungen auf ISO-Ebene als das früheste und am weitesten gehende Papier stark beeinflusst hat.

Die Methodik des PAS 2050 wurde bereits in Pilotprojekten, z. B. von Tesco, der größten Supermarktkette Großbritanniens, eingesetzt. Tesco hat Klimabilanzen von zahlreichen Produkten der Hausmarke mit der Methode PAS 2050 ermittelt und mit dem Carbon Label versehen (Tesco 2007). Auch MÄRKISCHES LANDBROT (vgl. folgender Abschnitt in diesem Kapitel) hat sich bei der Erstellung der PCF auf die Methodik des PAS 2050 berufen (Deinert und Pape 2011). Für den Product Carbon Footprint (PCF) ist die Vorgehensweise somit inzwischen durch entsprechende Normung abgesichert (ISO 14067) und wird bereits heute von zahlreichen Unternehmen berechnet.

Auf EU-Ebene wird derzeit die Entwicklung von sog. „product environmental footprints" (PEF) diskutiert und Pilotprojekte werden dazu durchgeführt (Finkbeiner 2013). Bei der Berechnung von PEF wird die Eindimensionalität etwa eines CO_2e- oder Wasserfußabdruckes wieder aufgegeben und eine weitergehende Umweltwirkung von Produkten erfasst.

4 PCF-Berechnung

Im folgenden Abschnitt wird das Erstellen eines PCF anhand eines Praxisbeispiels dargestellt. Als eines der Vorreiterunternehmen hat die Berliner Biobäckerei MÄRKISCHES LANDBROT GmbH (vgl. auch weiteren Beitrag im vorliegenden Buch) bereits im Jahr 2008 mit der Erstellung von PCF begonnen und dabei die seinerzeit bereits vorliegende Handlungsanleitung PAS 2050 zugrunde gelegt (Deinert und Pape 2011). Ausgangspunkt für das verstärkte Interesse am Thema Footprinting war der Wunsch, ein unternehmens-, aber auch produktbezogenes Bewertungsinstrument zur Messung von umwelt- bzw. nachhaltigkeitsrelevanten Sachverhalten und damit regelmäßig Daten als Entscheidungsgrundlage zur Unterstützung des betrieblichen Nachhaltigkeitsmanagements zu generieren und zu nutzen. Darüber hinaus sollte ein PCF-Berechnungstool entwickelt werden, das im Internet verfügbar sein sollte und so zur Kommunikation und Sensibilisierung der einzelnen Akteure der Wertschöpfungskette genutzt werden kann.

Die Berechnung eines PCF erfolgt in fünf Schritten: Zunächst sind eine Prozesslandkarte zu erstellen und die Systemgrenzen festzulegen. Auch ist eine Priorisierung vorzunehmen, die ggf. eine Überarbeitung der Prozesslandkarte notwendig macht. Es folgen die Datenerhebung, die Berechnung des PCF und schließlich die Bewertung der Ergebnisse.

4.1 Prozesslandkarte

Für MÄRKISCHES LANDBROT wurde (entgegen der Standards) eine Prozesslandkarte erstellt, der eine *Business-to-Consumer*-(B2C-)Betrachtung zugrunde liegt („cradle to grave"). Die Übersicht beinhaltet somit die Produktlebensstufen Rohstofferzeugung, Verarbeitung (Mühle und Bäckerei), Distribution (Auslieferung zu den Naturkostfachge-

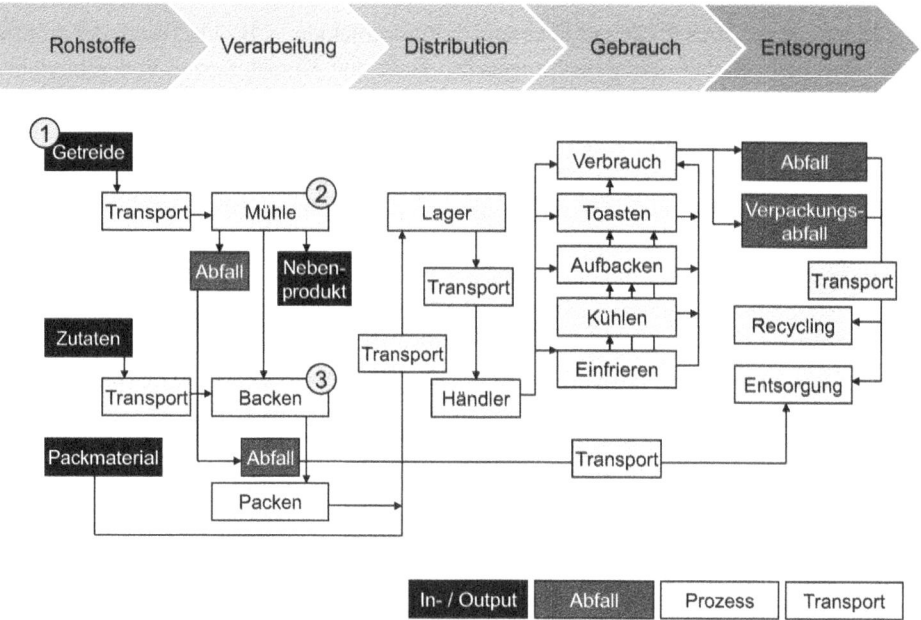

Abb. 1 PCF-Prozesslandkarte. (Deinert und Pape 2011, S. 25)

schäften), Gebrauch (Einkauf, Aufbewahrung, Verarbeitung und Konsum) und Entsorgung (Brotreste und Verpackung (Papier- bzw. Plastiktüte)). Bei einer *Business-to-Business-* (B2B-)Betrachtung („cradle to gate") werden hingegen – wie oben dargestellt – die beiden letzten Schritte nicht betrachtet. Die Berücksichtigung der Prozessstufen „Gebrauch" und „Entsorgung" machen die Berechnung entsprechend komplex.

Abbildung 1 stellt am Beispiel MÄRKISCHES LANDBROT die PCF-Prozesslandkarte dar und bildet somit ab, wie der Bilanzierungsweg und Rechengang von der landwirtschaftlichen Primärproduktion bis zum Konsumenten (Gollnow 2010; Hirschfeld et al. 2008; Pampel 2010) erfolgt.

Mit der **Prozesslandkarte** ist intendiert, die einzelnen Produktlebensstufen und die damit verbundenen In- und Outputs, Prozesse, Transport und Reststoffe übersichtlich in ihrer chronologischen Abfolge darzustellen. Für die Berechnung des PCF wurden die einzelnen Schritte anschließend kalkuliert.

Nach der Erstellung der Prozesslandkarte werden die entsprechenden **Systemgrenzen** definiert: Die zentrale Frage an dieser Stelle ist, welche In- und Outputs müssen in die Bewertung mit aufgenommen werden. In Tab. 1 sind die Systemgrenzen im Vergleich zum zugrunde gelegten Standard dargestellt und wie ggf. bei Abweichungen im Zusammenhang mit dem PCF-Berechnungstool damit umgegangen wird.

Hilfreich wäre es für die Definition der Systemgrenzen – wie bereits dargestellt – auf entsprechend anerkannte Product Category Rules (PCR) zurückgreifen zu können. Diese liegen jedoch für den Fall der bilanzierten Backwaren (noch) nicht vor.

Tab. 1 Systemgrenzen. (Deinert und Pape 2011, S. 25)

Nach PAS 2050 sind *nicht* in den Systemgrenzen enthalten	Umgang im PCF-Projekt bei MÄRKISCHES LANDBROT
Temporäre Kohlenstoffspeicherung im Boden hervorgerufen durch technische Maßnahmen oder Umstellung auf den Ökolandbau	Berücksichtigt; kann optional bei der interaktiven PCF-Berechnung auf der Website deaktiviert werden
Menschliche/tierische Arbeitskräfte (z. B. Anfahrt der Mitarbeiter)	Nicht berücksichtigt, Verbräuche in der Produktion berücksichtigt (z. B. Nutzung sanitärer Anlagen)
Bezug Ökostrom	Berücksichtigt; kann optional bei der interaktiven PCF-Berechnung auf der Website deaktiviert werden
CO_2-Kompensationsprojekte nicht berücksichtigt	CO_2-Kompensation durch Urwaldaufforstung berücksichtigt; kann optional bei der interaktiven PCF-Berechnung auf der Website deaktiviert werden
Anfahrt der Konsumenten zum Einzelhändler	Kundendurchschnitt berücksichtigt; kann optional bei der interaktiven PCF-Berechnung auf der Website auf die eigenen Konsumgewohnheiten geändert werden
Investitionsgüter nicht berücksichtigt (z. B. Maschinen, Gebäude)	Für alle Produktlebensstufen nicht berücksichtigt

Für die Berechnung eines PCF ist von zentraler Bedeutung, dass alle „wesentlichen" Beiträge in den Rechengang Eingang finden. Als „wesentlich" wird ein Beitrag angesehen, wenn seine Emissionen mehr als ein Prozent der gesamten (erwarteten) Emissionen des Produktlebenszyklus betragen (Fleck 2008) und die Summe der „unwesentlichen" Beiträge darf maximal fünf Prozent des gesamten PCF betragen. Anhand klar umrissener Systemgrenzen wird die PCF-Analyse durchgeführt.

Neben der *Business-to-Consumer-*(B2C-)Betrachtung weist das bei MÄRKISCHES LANDBROT durchgeführte PCF-Projekt im Ansatz eine weitere Besonderheit auf: Auf Grundlage der dargestellten Systemgrenzen erfolgt die Berechnung der PCF aller Backwaren durch eine Verknüpfung der betrieblichen Stoff- und Energieflussdaten (MÄRKISCHES LANDBROT 2009) mit den Rezepturen und der Verkaufsstatistik. Durch diese Verknüpfung wird (über Kontrollrechnungen) gewährleistet, dass alle im Rahmen der Backwarenproduktion relevanten In- und Outputs Beachtung finden. Denn die Summe der PCF aller verkauften Produkte muss den im Rahmen der betriebliche Stoff- und Energieflußbilanz ermittelten Gesamtemissionen entsprechen.

Da die Berechnung in die jährliche Aufstellung der betrieblichen Stoff- und Energieflussdaten eingebunden ist werden nicht nur einzelne PCF in einer statischen Momentaufnahme generiert, sondern es werden PCF aller Eigenprodukte jährlich ermittelt und in Ökobilanz und im Webtool aktualisiert.

Am Beispiel der Prozessstufe der landwirtschaftlichen Primärproduktion soll im Folgenden exemplarisch der Rechengang für die in der Prozesslandkarte nummerierten

Aspekte (vgl. Abb. 1) dargestellt werden. Dazu wurde für die landwirtschaftliche Getreideerzeugung eine Prozessanalyse bei einem landwirtschaftlichen Zulieferbetrieb der Brotbäckerei Demeter durchgeführt (Gollnow 2008). Hierzu wurden die oben genannten Systemgrenzen sowie der Ablauf, der in der folgenden Prozesskarte (Abb. 2) abgebildet ist, zugrunde gelegt.

Es schließt sich nun folgender Rechengang für die einzelnen Rohstoffe und Zutaten an – hier dargestellt am Beispiel von Weizen eines Sonnenblumenbrotes („calculating the footprint").

Die Rechengänge für diejenigen Prozesse, die innerhalb der Bäckerei stattfinden (hier Mühle Abb. 4 und Backen Abb. 5) sind in den folgenden Abbildungen dargestellt.

Tatsächlich ist die Berechnung deutlich komplexer, als in den Grafiken dargestellt. So werden Rohstoffe wie etwa das Getreide chargenweise von unterschiedlichen Betrieben mit ungleichen Standortbedingungen und damit nichtidentischem Energiebedarf geliefert. Auch die Verarbeitung setzt sich aus einzelnen Arbeitsgängen zusammen, die einen unterschiedlichen Energieaufwand verursachen und mit sich verändernden Materialmengen durchlaufen werden. Rezepturen können sich ändern, etwa indem unterschiedliche Weizenverarbeitungsstufen verwendet werden, die dann im Ergebnis jeweils andere Verbrauchswerte aufweisen. Viele unterschiedliche Brote und Handelswaren werden kommissioniert, gleichzeitig transportiert und in die Läden geliefert. Um möglichst effiziente Transportwege zu gewährleisten, wurden deshalb verschiedene, unterschiedlich lange Touren eingerichtet. In der Praxis müssen diese Besonderheiten erfasst, bewertet und in ein Berechnungssystem integriert werden, das eine einfache Handhabung und auch eine Kontrolle zulässt.

4.2 Online-PCF-Berechnungstool

Um mit den Akteuren der Wertschöpfungskette und insbesondere den Verbraucherinnen und Verbrauchern in einen Austausch treten zu können, war es Ziel, die Ergebnisse für ein PCF-Berechnungstool nutzbar und im Internet für alle interessierten Kreise verfügbar zu machen. Anhand des Tools ist es auch möglich, in die Berechnung einzugreifen und den PCF somit zu „individualisieren": So können einerseits Angaben zum Einkauf und zur Nutzung und Lagerung des Brotes im Haushalt gemacht werden, andererseits können unterschiedliche positive Umweltaspekte von MÄRKISCHES LANDBROT berücksichtigt oder aber (entsprechend der Normvorgaben) deaktiviert werden (z. B. ökologischer Landbau, Verwendung von Ökostrom, Betrieb einer fotovoltaischen Solaranlage und das Urwaldaufforstungsprojekt in Madagaskar).

Über den Button „Mein PCF" wird im Internetberechnungstool aus den eingegebenen Daten eine Grafik erzeugt, die alle relevanten Emissionssegmente – wie auch in der Prozesslandkarte dargestellt – entlang der Wertschöpfungskette und des Konsums in Form eines Balkendiagramms anzeigt. Dabei wird ein Balken aus den Daten der Umfrage für den Durchschnittskunden erzeugt und mit einem Balken verglichen, in dem sich die Änderungen des

Klimabilanzen von Produkten

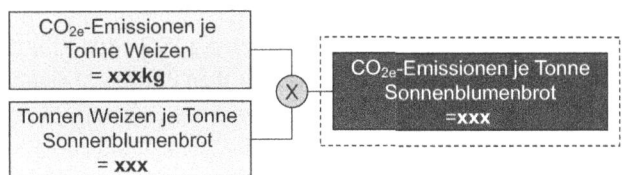

Abb. 2 Prozesslandkarte der landwirtschaftlichen Erzeugung. (Deinert und Pape 2011, S. 28)

Abb. 3 Prozess Landwirtschaft. (Deinert und Pape 2011, S. 28)

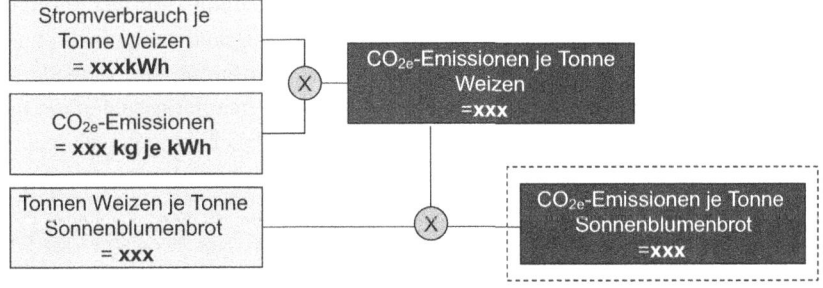

Abb. 4 Prozess Mühle. (Deinert und Pape 2011, S. 29)

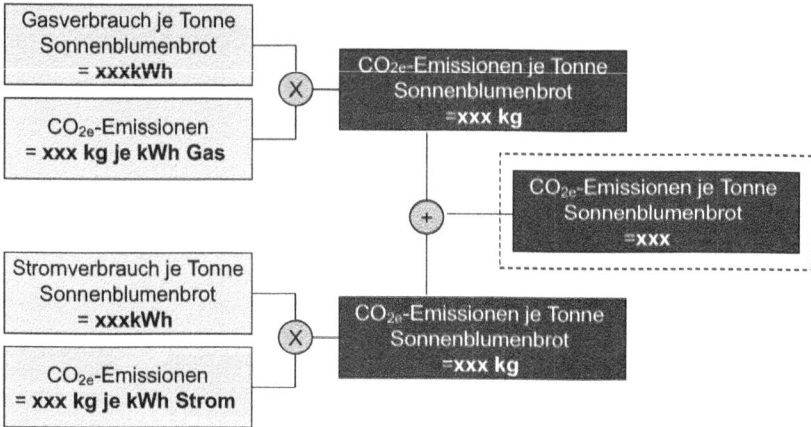

Abb. 5 Prozess Backen. (Deinert und Pape 2011, S. 28)

Konsumenten, der das Berechnungstool gerade anwendet, auswirken. So lässt sich einerseits der Anteil der durch den Konsumenten verursachten, produktionsunabhängigen Emissionen mit den durch die Produktion bzw. den Vorstufen (wie Landwirtschaft und Distribution) verursachten Emissionen vergleichen und andererseits kann der Konsument seinen spezifischen Gesamt-PCF mit dem PCF des durchschnittlichen Konsumenten vergleichen.

Abbildung 6 zeigt das PCF-Berechnungstool, wie es sich für den Konsumenten als bedienbares interaktives Webtool darstellt, das auf Grundlage des oben beschriebenen Prozedere entstanden ist und jährlich aktualisiert wird.

Bei der Erstellung der PCF wurde – wie dies auch die ISO 14044 für die Ökobilanzierung einräumt – neben einem Critical Review („kritischen Prüfung") eine Self-Verification („Selbstüberprüfung") durchgeführt. Die praktizierte Verifizierung der Vorgehensweise beruht auf einer Überprüfung der Methodik, d. h. der Berechnungsmethode für PCF, und somit nicht auf einer Betrachtung einzelner PCF. Die Methodik wurde auf Schlüssigkeit von einer unabhängigen Zertifizierungsgesellschaft, der GUT Certifizierungsgesellschaft für Managementsysteme mbH, untersucht und verifiziert (Deinert und Pape 2011).

Mit Blick auf die Vergleichbarkeit der unterschiedlichen PCF von Produkten ist die Verifizierung der angewandten Methode von zentraler Bedeutung. Nur wenn Annahmen, Datenquellen und Systemgrenzen gleich sind, können etwa ein Sonnenblumenbrot oder ein Weizenbrot der Bäckerei miteinander verglichen werden. Aufgrund der Methode ist dies systemimmanent, da durch die Verknüpfung der Stoff- und Energieflussdaten mit den Rezepturen und mit der Verkaufsstatistik eine entsprechende Absicherung gewährleistet ist.

5 Zusammenfassung und Fazit

Die Berechnung der einzelnen PCF aller Backwaren von MÄRKISCHES LANDBROT dient der CO_2e-Bilanzierung der erzeugten Produkte. Die Einbeziehung des gesamten Produktlebenszyklus in die Berechnung ermöglicht eine Betrachtung der einzelnen Stufen

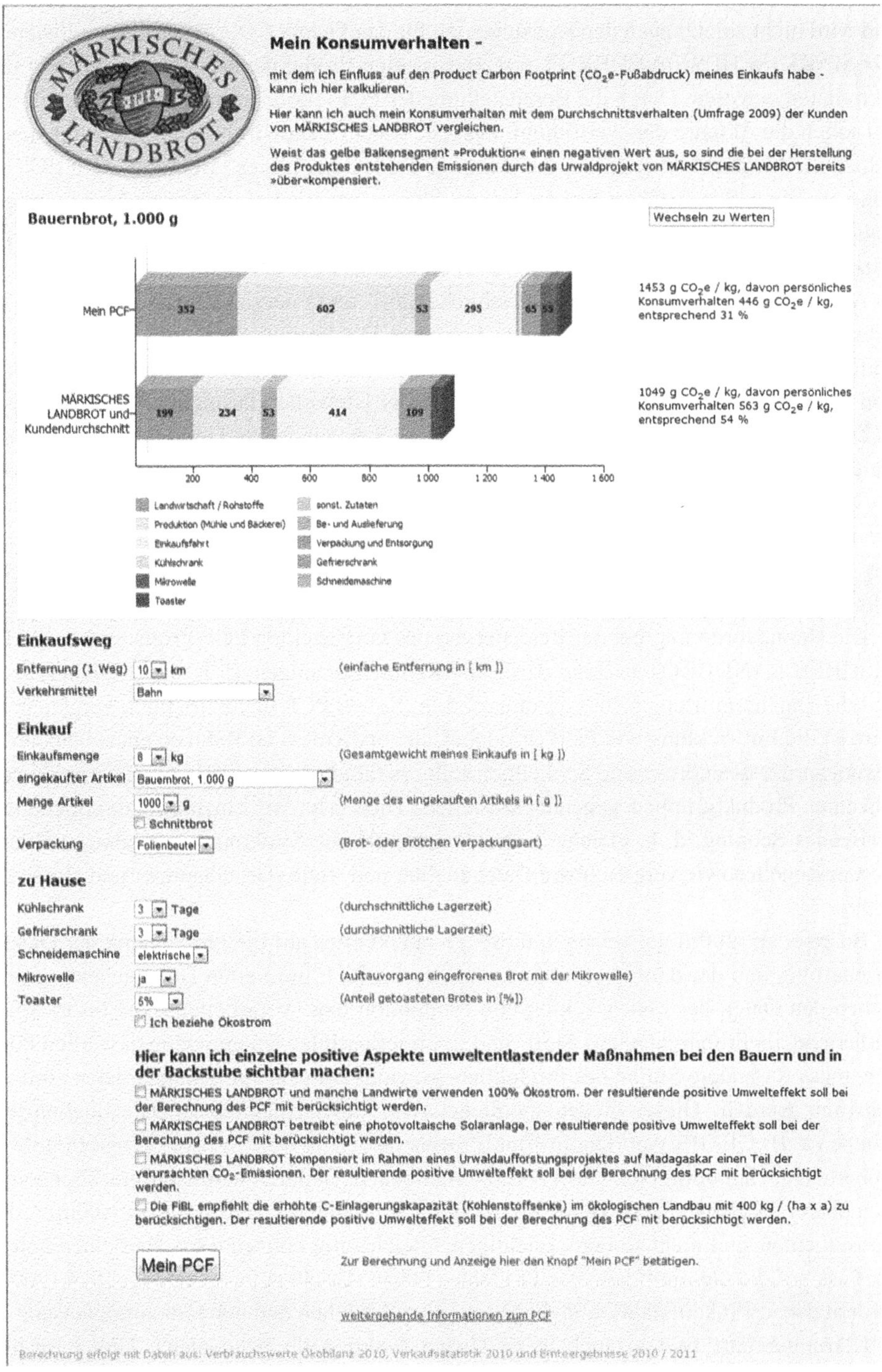

Abb. 6 Grafik PCF-Webtool MÄRKISCHES LANDBROT GmbH

und wird nicht zuletzt auch den Konsumenten für das Thema CO_2e-Bilanz sensibilisieren. Für MÄRKISCHES LANDBROT war und ist eine Produktkennzeichnung nie Ziel der Aktivitäten gewesen. Durch die Bereitstellung des PCF-Tools im Internet (www.landbrot.de) sollen die Akteure der Wertschöpfungskette – vom Landwirt bis zum Konsumenten – jedoch die Möglichkeit erhalten, die jeweilige Bedeutung „ihres" Beitrages zum PCF zu erfassen. Sie sollen befähigt werden, Vermeidungsstrategien zu prüfen und umzusetzen. Hauptziel ist somit – neben Information und Sensibilisierung – die Identifizierung von effizienten Emissionsreduktionsmöglichkeiten.

Auf betrieblicher Ebene liefern betriebliche Stoff- und Energiebilanzen wichtige Basisdaten für die Optimierung betrieblicher Prozesse: Die Formulierung von Effizienzzielen im Rahmen von Umwelt- und Nachhaltigkeitsmanagementsystemen und die Kommunikation der erbrachten Leistung, etwa im Rahmen der Umwelterklärung im EMAS-Prozess. Neben den betrieblichen Umweltauswirkungen rücken zunehmend produktbezogene Umweltaspekte, d. h. Fragen der Produktökologie, in das Zentrum des öffentlichen Interesses. So werden vor dem Hintergrund der Klimadiskussion verstärkt die Klimarelevanz von Produkten und Konzepte zur Erfassung und Messung der Treibhausgasemissionen entlang des Produktionsweges und Lebenszyklus eines Produktes, des sog. CO_2e-Fußabdrucks oder Product Carbon Footprint (PCF), diskutiert.

Die Herausforderung bei der Realisierung des vorgestellten PCF-Projektes bei MÄRKISCHES LANDBROT bestand darin, die Rahmensetzungen, d. h. die Systemgrenzen und die Datenermittlung schlüssig umzusetzen. Sollen PCF überbetrieblich vergleichbar sein, ist die Entwicklung von PCR (Product Category Rules) im Rahmen eines Standardisierungsprozesses notwendig. Schließlich sollte es möglich sein, die Rahmenbedingungen einzelner Produktgruppen gegenüberzustellen. Dies erfordert ein produktgruppenübergreifendes Scoping, d. h. gleiche Zielsetzungen, gleiche Systemgrenzen, gleiche Bilanzierungsregeln sowie vergleichbare Datenqualität und -tiefe (Grießhammer und Hochfeld 2009).

Buser et al. (2008) verweisen in diesem Kontext etwa auf die Problematik der Datenbeschaffung und der damit verbundenen unterschiedlich limitierten Herangehensweisen. Neben den Daten der Lebenszyklusstufe Produktion bzw. Verarbeitung, die im Idealfall umfassend als Primärdaten aus Stoff- und Energieflussbilanzen entnommen werden können, muss für andere Stufen des Produktlebenszyklus oftmals auf Sekundärdaten zurückgegriffen werden. Diesen liegen möglicherweise unterschiedlichste Datenquellen zugrunde (z. B. GEMIS vom Ökoinstitut, ProBas des UBA oder Softwareprogramme wie umberto (ifu Hamburg) oder GaBi (PE International)). Dadurch wird die Berechnung vergleichbarer PCF erschwert (Buser et al. 2008). Ein weiterer Punkt: Einkaufsfahrten der Konsumenten sind nicht zu berücksichtigen. Gleichzeitig können diese aber einen hohen Einfluss auf die Gesamtbilanz des Produktes haben. Grießhammer und Hochfeld (2009) fordern daher, Einkaufsfahrten in die Bilanz einzubeziehen und getrennt auszuweisen.

Klärungsbedarf besteht auch beim Thema funktionelle Äquivalenz. Üblicherweise wird auf eine Mengen- oder Volumenbasis zurückgegriffen. Endet die PCF-Berechnung an der Ladentheke, so sind „zubereitete oder weiterverarbeitete Produkte gegenüber nicht verarbeiteten Produkten systematisch benachteiligt: das fertig gebackene Brot gegenüber der Backmischung ..." (Grießhammer und Hochfeld 2009). Analog gilt dies für unterschiedliche Nutzungs- und Verarbeitungsmöglichkeiten. Neben Datenverfügbarkeit und Datenqualität, funktioneller Einheit, Produktsystem und Systemgrenzen sind weitere Fragen hinsichtlich der Allokation auf Prozess- und Systemebene mit erheblichem Konkretisierungsbedarf verbunden (etwa in PCR). Weitere zu diskutierende Punkte sind die Berücksichtigung von Ökostrom oder offene Fragen bezüglich der Kohlenstoffspeicherung in der Landwirtschaft.

Schließlich sollte man sich immer wieder bewusst machen, dass mit dem PCF „lediglich eine" Umweltkategorie betrachtet wird: Weitere Kategorien wie etwa Eutrophierung, Ressourcenbedarf, Artenvielfalt oder soziale Aspekte bleiben hierbei außen vor. Die Eindimensionalität der Carbon- oder Water-Footprint-Ansätze darf somit nicht dazu verleiten, andere mit einem Produkt verbundene Umweltbelastungen oder auch positive Umweltleistungen zu ignorieren.

Insbesondere der Ökolandbau leistet in den genannten weiteren Umweltkategorien wichtige Beiträge. Gleichzeitig kann dieser aber aufgrund spezifischer Standortbedingungen oder geringer Erträge im Vergleich etwa zu Produkten aus konventioneller Landwirtschaft mit höheren Erträgen bezüglich des PCF teilweise „schlechter abschneiden". Bei der Ableitung von Verbesserungsmaßnahmen kann es somit zu Fehlentscheidungen kommen, wenn lediglich eine Umweltkategorie betrachtet wird (Grießhammer und Hochfeld 2009). Ein Screening weiterer Umweltkategorien ist daher für die Praxis von zentraler Bedeutung.

Literatur

Baumast A, Pape J (Hrsg) (2013) Betriebliches Nachhaltigkeitsmanagement. UTB – Verlag Eugen Ulmer, Stuttgart

BMU und BDI (2010) Produktbezogene Klimaschutzstrategien. Product Carbon Footprint verstehen und nutzen, Berlin

Buser J, Lieback J-U, Gnebner D, Schumacher S (2008 Nov) Der Product Carbon Footprint (PCF). CO2e-Bilanzierung für Produkte. Der Umweltbeauftragte 16:5

Deinert C, Pape J (Hrsg) (2011) Der Product Carbon Footprint – Die Methode bei MÄRKISCHES LANDBROT. OEKOM, München

Dyllick T (1997) Umweltmanagement – Brücke zwischen Ökonomie und Ökologie? http://www.sap-verband.ch/Inside/inside_2-97/Umweltmangement.htm. Zugegriffen: 30. Juni 2015

Finkbeiner M (2013) Product environmental footprint – breakthrough or breakdown for policy Implementation of life cycle assessment? Int J Life Cycle Assess 19(2):266–270. (Springer-Verlag, Berlin)

Fleck M (2008) Carbon Footprints in der Supply Chain. Studienarbeit. Reinhold-Würth-Hochschule. GRIN-Verlag, Norderstedt

GLS-Gemeinschaftsbank eG (2015) Werbeanzeige der GLS-Bank. Bank-Spiegel – Das Magazin der GLS-Bank, 223, Ausgabe 1, S 48

Gollnow S (2008) Einfluss der landwirtschaftlichen Erzeugung auf die CO2e-Bilanz eines Brotes – dargestellt am Beispiel MÄRKISCHES LANDBROT GmbH. Bachelorarbeit, Hochschule für nachhaltige Entwicklung Eberswalde

Gollnow S (2010) Der Einfluss der landwirtschaftlichen Primärproduktion auf den Product Carbon Footprint am Beispiel eines Sonnenblumenbrotes. In: Deinert C, Pape J (Hrsg) Der Product Carbon Footprint (PCF) – Die Methodik bei MÄRKISCHES LANDBROT. OEKOM Verlag, München

Gottwald, F-T, Steinbach A (2011) Nachhaltigkeits-Innovationen in der Ernährungswirtschaft – von Bio-Pionieren und konventionellen Innovationsführern, 2. Aufl. Behr's Verlag, Hamburg

Grießhammer R, Hochfeld C (2009) Memorandum Product Carbon Footprint – Positionen zur Erfassung und Kommunikation des Product Carbon Footprint für die internationale Standardisierung und Harmonisierung. Berlin

Hirschfeld J, Weiß J, Preidel M, Korbun T (2008) Klimawirkung der Landwirtschaft in Deutschland. Schriftenreihe des IÖW 186/08. Studie im Auftrag von Foodwatch e. V. Berlin

von Icks A, Levering B, Maaß F, Werner A (2015) Chancen und Risiken von CSR im Mittelstand. IfM-Materialien Nr. 236. Institut für Mittelstandsforschung Bonn, Bonn

IFOAM – International Federation of Organic Agriculture Movements (2015) About IFOAM. http://www.ifoam.org. Zugegriffen: 16. Juni 2015

IPCC (2007) Climate change 2007: synthesis report. Contribution of working groups I, II and III to the fourth assessment report of the intergovernmental panel on climate change (Core Writing Team, Pachauri RK, Reisinger A (Hrsg)). IPCC, Geneva

Kanning H (2013) Nachhaltige Entwicklung – Die gesellschaftliche Herausforderung für das 21. Jahrhundert. In: Baumast A, Pape J (Hrsg) Betriebliches Nachhaltigkeitsmanagement. UTB – Verlag Eugen Ulmer, Stuttgart, S 21–43

Klöpffer W, Grahl B (2009) Ökobilanz (LCA). Verlag Wiley-VCH, Weinheim

Mahammadzadeh M (2013) Nachhaltigkeitsorientierte Balanced Scorecard. In: Baumast A, Pape J (Hrsg) Betriebliches Nachhaltigkeitsmanagement. UTB – Verlag Eugen Ulmer, Stuttgart, S 283–301

MÄRKISCHES LANDBROT (2009) Ökobilanz 2008

Pampel K (2010) Bedeutung des Konsumentenverhaltens auf Ausprägung des Product Carbon Footprint (last dirty mile) – dargestellt am Beispiel MÄRKISCHES LANDBROT GMBH, Masterarbeit, Hochschule für nachhaltige Entwicklung Eberswalde

PAS 2050 (2008) Specification for the assessment of the life cycle greenhouse gas emissions of goods and services. BSI British Standards Institution, London

Tesco (2007) What does a lable show? http://www.tesco.com/greenerliving/cutting_carbon_footprints/carbon_labelling.page?#2. Zugegriffen: 21. Mai 2008

WBGU – Wissenschaftlicher Beirat der Bundesregierung Globale Umweltveränderungen (2011) Welt im Wandel: Gesellschaftsvertrag für eine Große Transformation. Hauptgutachten 2011. Berlin

Willers C (2012) Der Nachhaltigkeitsplanungsprozess nach Best Practice. In: Lendle M (Hrsg) Nachhaltigkeit in der Ernährungsbranche – Strategien sicher planen und umsetzen. Behr's Verlag, Hamburg, S 27–38

Christoph Deinert ist Geschäftsführer der MÄRKISCHES LAND-BROT GmbH. Seine langjährige Erfahrung als zugelassener Energieberater führte ihn 1992 zu MÄRKISCHES LANDBROT. Hier trug er wesentlich zur heutigen Ausrichtung des Nachhaltigkeitsmanagements bei. Seit 1998 ist er Umweltbeauftragter, seit 2008 in der Geschäftsführung des Unternehmens tätig.

Prof. Dr. Jens Pape ist Professor für Nachhaltige Unternehmensführung in der Agrar- und Ernährungswirtschaft an der Hochschule für nachhaltige Entwicklung Eberswalde. Seit 1999 ist er sowohl Mitglied des Normenausschusses Grundlagen des Umweltschutzes, des Arbeitsausschusses Umweltmanagementsysteme/Umweltaudit beim DIN wie auch im Umweltgutachterausschuss beim BMUB (seit 2014 stellv. Vorsitzender). Sein Forschungsschwerpunkt liegt im Bereich CSR, Umweltleistungsbewertung sowie Nachhaltigkeitscontrolling und -berichterstattung.

Erwerbstätigkeit in der Liefer- und Wertschöpfungskette im Kontext von CSR am Beispiel der Lebensmittelwirtschaft

Stefanie Deinert

1 Einleitung und Hinführung

Die Arbeits- und Beschäftigungsbedingungen in der Liefer- und Wertschöpfungskette sind in den letzten Jahren immer mehr in den Mittelpunkt der nationalen und internationalen gesellschaftlichen und politischen Debatte[1] gerückt – insbesondere auch im Kontext sozialer Verantwortung von Unternehmen. International ausgelöst durch Skandale v. a. in der Textilbranche, haben auch in Deutschland neben Firmen der Automobilindustrie Unternehmen der Lebensmittelwirtschaft, z. B. aus der Landwirtschaft (Erntehelfer), der Fleischwirtschaft und dem Einzelhandel, als Negativbeispiele mediale Aufmerksamkeit erlangt und damit die Diskussion befördert.

Auf nationaler (z. B. Mindestlohngesetz – MiLoG[2], Arbeitnehmer Entsendegesetz – AEntG[3], Arbeitnehmerüberlassungsgesetz – AÜG[4]) sowie auf europäischer Ebene (z. B. Entsenderichtlinie RL 96/71/EG, Leiharbeiterrichtlinie RL **2008/104/EG**) wurden zahlreiche gesetzgeberische Maßnahmen ergriffen, um für alle (Leih-)Arbeitnehmer in der Liefer- und Wertschöpfungskette akzeptable Arbeitsbedingungen zu sichern. Im globalen

---

[1] Die Bundesregierung hat sich im Rahmen ihrer G7-Präsidentschaft entschlossen, Arbeits-, Sozial- und Umweltstandards in globalen Handels- und Lieferketten zu einem der Schwerpunktthemen zu machen, vgl. BMAS Pressemitteilung (2015).

[2] Tarifautonomiestärkungsgesetz.

[3] Umsetzung der RL 96/71/EG.

[4] Umsetzung der RL 2008/104/EG.

S. Deinert (✉)
Faculty of Business, Fulda University of Applied Sciences, Leipziger Str. 123, 36037 Fulda, Hessen, Deutschland
E-Mail: stefanie.deinert@w.hs-fulda.de

© Springer-Verlag Berlin Heidelberg 2016
C. Willers (Hrsg.), *CSR und Lebensmittelwirtschaft,* Management-Reihe Corporate Social Responsibility, DOI 10.1007/978-3-662-47016-9_6

Rahmen wird versucht, zumindest die Kernarbeitsnormen der Internationalen Arbeitsorganisation (ILO-Kernarbeitsnormen) als verbindliche Mindeststandards[5] durchzusetzen.

Im Kontext sozialer Verantwortung von Unternehmen finden Arbeits- und Beschäftigungsbedingungen in zahlreichen internationalen (vgl. z. B. Global Compact 2015, OECD-Leitsätze für multinationale Unternehmen (OECD 2011), ISO Norm 26000, GRI (GRI 2014), SA 8000) und nationalen (DNK) Vereinbarungen und (Sozial-)Standards Beachtung. Diese haben jedoch den Charakter einer freiwilligen Selbstverpflichtung und sind damit nicht rechtlich verbindlich für die Unternehmen (vgl. auch Voland 2015, S. 68 ff.). In der 2014 verabschiedeten sog. CSR-Richtlinie zur Berichtspflicht von Unternehmen nichtfinanzielle Aspekte der Geschäftstätigkeit und Diversity betreffend (RL 2014/95/EU) werden Sozial- und Arbeitnehmerbelange erstmals in einer verpflichtenden Vorschrift ausdrücklich benannt. Allerdings verpflichtet die Richtlinie die Unternehmen nicht zur Durchführung von (bestimmten) CSR-Aktivitäten, sondern lediglich zur Offenlegung ihrer diesbezüglichen Maßnahmen und Konzepte.[6]

Die Diskussion über Arbeits- und Beschäftigungsbedingungen in der Liefer- und Wertschöpfungskette im Kontext sozialer Verantwortung wird – zu Recht – v. a. in Bezug auf die Verantwortung von Unternehmen geführt. Zu hinterfragen ist, ob die Unternehmen diese Verantwortung ausreichend wahrnehmen. Darüber hinaus stellt sich die Frage, inwieweit neben den Unternehmen nicht auch sonstige Organisationen – insbesondere der Staat und die Arbeitnehmervertretungen – im Rahmen von (C)SR eine eigene soziale Verantwortung in Bezug auf die Erwerbstätigen in der Liefer- und Wertschöpfungskette wahrzunehmen haben und ob sie dieser gerecht werden.

Der Fokus der Debatte liegt dabei allein auf den Arbeits- und Beschäftigungsbedingungen der Arbeitnehmer.[7] Auch gesetzliche Reglungen (vgl. Art. 19a Abs. 1 S. 1, 29a Abs. 1 S. 1 der RL 2014/95/EU, Erw. 7) oder Vereinbarungen (vgl. z. B. ILO Empfehl. 198) und Standards (z. B. OECD 2011)[8] zu CSR knüpfen ausnahmslos an die Arbeitnehmereigenschaft an und ignorieren, dass in den immer komplexer werdenden Erwerbstätigkeitsstrukturen der Liefer- und Wertschöpfungskette auch Nichtarbeitnehmer ihre Arbeitskraft zur Verfügung stellen, etwa als Sologelbstständige/Werkvertragsarbeiter. Es fragt sich, ob

---

[5] Sie erhalten Verbindlichkeit für die Mitgliedstaaten durch (freiwillige) Ratifizierung.

[6] Die Richtlinie setzt eine der Maßnahmen der EU-CSR Strategie 2011–2014 um (KOM 2011 681 endg). Diese „Strategie für die soziale Verantwortung der Unternehmen (CSR)" wird von der EU-Kommission derzeit überarbeitet. Sie hat hierzu einen öffentlichen Konsultationsprozess durchgeführt, der u. a. die Frage betraf, ob und inwiefern der europäische Gesetzgeber noch stärker regulierend in Bezug auf CSR eingreifen soll. Vgl. EU-Konsultationen (2014); vgl. hierzu Voland (2015, S. 75).

[7] Zum Arbeitnehmerbegriff vgl. Preis (2015, zu § 611 Rz 35, 36 ff., 50 ff., 59). Zum europäischen Arbeitnehmerbegriff vgl. Deinert 2013, S. 23 ff.

[8] Seit Überarbeitung der Leitsätze 2011 sind zwar nicht nur die Arbeitnehmer des betreffenden Unternehmens, sondern auch Beschäftigte sonstiger Unternehmen der Liefer- und Wertschöpfungskette erfasst, statt „employees" heißt es jetzt: „individuals and workers in an employment relationship" (OECD 2011, Erl. 50 Kap. V), nicht jedoch Selbstständige.

auch ihnen gegenüber eine soziale Verantwortung der Unternehmen und sonstigen Organisationen besteht und inwieweit diese wahrgenommen wird.

Ein Blick auf die Strukturen und Bedingungen der Erwerbstätigkeit in der Liefer- und Wertschöpfungskette ausgewählter Bereiche der Lebensmittelwirtschaft zeigt die Bedeutung sowie Herausforderung und Chancen von CSR für die Gestaltung und Verbesserung der Rahmenbedingungen für alle Erwerbstätigen in der Liefer- und Wertschöpfungskette.

2 Strukturen und Bedingungen der Erwerbstätigkeit in der Liefer- und Wertschöpfungskette am Beispiel der Lebensmittelwirtschaft in Deutschland

2.1 Überblick

Die Strukturen der Erwerbstätigkeit in der Liefer- und Wertschöpfungskette werden zunehmend komplexer. Ursachen hierfür liegen einerseits in der voranschreitenden Globalisierung der Wirtschaft, die einen erhöhten Konkurrenzdruck zu Folge hat. Andererseits reagieren die Unternehmen auf eine stärkere gesetzliche Regulierung von Arbeits- und Beschäftigungsbedingungen und entwickeln Umgehungs- und Kompensationsstrategien. Das sog. Normalarbeitsverhältnis (Arbeitsvertrag gem. § 611 BGB) als unbefristete Vollzeitbeschäftigung, bei der der Arbeitnehmer seine Tätigkeit direkt bei seinem Arbeitgeber ausübt (sog. Stammarbeitnehmer), erlangt Seltenheitscharakter.

In der Landwirtschaft sind die meist aus Osteuropa kommenden Erntehelfer zwar als Arbeitnehmer (derzeit noch) direkt beim Unternehmen beschäftigt, allerdings nur bedarfsorientiert als Saisonarbeiter zu geringen Stundenlöhnen.[9] Branchenübergreifend[10] – v. a. aber auch in der Lebensmittelwirtschaft – besteht jedoch die Tendenz zum Abbau der Belegschaft hin zu sog. drittbezogenem Personaleinsatz. Die Zahl der (Stamm-)Arbeitnehmer wird zugunsten des Einsatzes von Leiharbeitnehmern und Werkvertragsarbeitern reduziert. Nach einer Umfrage der NGG Anfang 2012 (DGB Themen 2012; NGG 2012, S. 1)[11] sind inzwischen 13 % der Beschäftigten in der Ernährungswirtschaft als Leih- oder Werkvertragsarbeiter tätig. Der Anteil dürfte inzwischen noch gestiegen sein. In der Fleischwirtschaft – insbesondere auf Schlachthöfen – sind nur noch 20 % der Beschäftig-

---

[9] Erntehelfer sind i. d. R. im Rahmen von sog. kurzfristigen Beschäftigungsverhältnissen gem. § 8 Abs. 1 Ziff. 2 SGB IV tätig.
Bis 2014 erhielten sie (vgl. folgend zum jetzt geltenden Branchenmindestlohn) eine Vergütung von 3–7 €/Stunde – je nach Obst- und Gemüseart (z. B. Spargelhelfer 5,50 €/Stunde – Stand 2014, vgl. Wdr.de 2014).

[10] Zahlen existieren nur für die Metall- und Elektroindustrie, vgl. IG-Metall NRW (2013).

[11] Es wurden 371 Betriebsräte befragt, die 90.000 Arbeitnehmer/-innen repräsentieren. Die gesamten Ergebnisse der Umfrage sind nicht mehr zugänglich, geprüft am 28.02.2015.

ten direkt beim Unternehmen angestellt (vgl. Öchsner, Güster, stellv. Vorsitzender NGG, sueddeutsche.de 2010).

Nicht nur – aber auch[12] – in der Lebensmittelwirtschaft ist darüber hinaus noch eine weitergehende Tendenz im Sinne: „Es geht noch billiger" (DGB Themen 2012; NGG 2012; sueddeutsche.de 2010; Siebenhüter 2013, S. 27 ff.; Doelfs 2012) zu beobachten. Leiharbeitnehmer werden zunehmend durch Werkvertragsarbeiter ersetzt. Die NGG hat 2013 eine unter dem Namen „Schwarzbuch Werkverträge" bekannt gewordene Broschüre herausgegeben, in der sie auf die verheerenden Zustände in der Ernährungswirtschaft hinweist (vgl. NGG 2013). Nach o. g. Umfrage der NGG (vgl. NGG 2012, S. 1) sind rund 8 % der Beschäftigten (gemessen an der Stammbelegschaft) und 57 % (gemessen an Leiharbeitnehmern und Werkvertragsarbeitern insgesamt) der Ernährungsbranche im Rahmen von Werkverträgen tätig; Tendenz steigend. Betroffen sind insbesondere Arbeitskräfte in Schlachthöfen, in der Getränkeindustrie, in der Milchwirtschaft sowie der Brot- und Backwarenindustrie (DGB Themen 2012). Die Situation ist je nach Branche und Betrieb sehr unterschiedlich. In der Getränkeindustrie z. B. gab es bereits 2011 mehr Arbeitskräfte, die im Rahmen von Werkverträgen tätig waren, als Leiharbeitnehmer (NGG 2012, S. 3). In der Fleischwirtschaft (Schlachtindustrie) arbeitet ein gutes Drittel der Arbeitskräfte insgesamt und mehr als die Hälfte der gesamten Nichtstammbelegschaft im Rahmen von Werkverträgen, wobei der Anteil der Werkvertragsarbeiter seit 2010 um 10 % gestiegen, der der Leiharbeitnehmer im selben Zeitraum um 10 % gesunken ist (DGB Themen 2012). Outgesourct werden in allen Bereichen die innerbetriebliche Logistik (z. B. Gabelstapler) sowie Reinigungsarbeiten, in der Fleischindustrie v. a. das Schlachten und Zerlegen, in der Getränkeindustrie das Sortieren von Flaschen, in Molkereien die Kommissionierung und Verpackung, in Bäckereien die Kommissionierung, die Belieferung der Filialen und die Technik (Heilmann 2013, S. 7 ff.; NGG 2012, S. 3). Auch im Einzelhandel ist ein großer Teil der Arbeitskräfte im Rahmen von Werkverträgen tätig (tagesspiegel.de 2012).

Der verstärkte Einsatz von Werkvertragsarbeitern hat neben Kostengründen[13] v. a. strategisch-operative Gründe, da der Einsatz von Werkvertragsarbeitern einen schnellen Zugriff auf spezifisches Personal ohne Rekrutierungs- und Auswahlprozesse und ohne Mitspracherecht des Betriebsrats ermöglicht und damit die Personalplanung wesentlich flexibler und bedarfsorientierter gestaltet werden kann (vgl. Siebenhüter 2013, S. 42 ff.). Die Bundesvereinigung deutscher Arbeitgeber (BDA) verweist stets darauf, dass die Wettbewerbsfähigkeit Deutschlands so hoch sei, weil der Arbeitsmarkt so flexibel sei und bezeichnet den Einsatz von Werkvertragsarbeitern als „ein notwendiges Instrument moder-

---

[12] Dies gilt branchenübergreifend. Zahlen existieren nur für die Metallindustrie (vgl. IG-Metall NRW 2013).

[13] In der Ernährungswirtschaft verdienen Leiharbeitnehmer im Schnitt 5 €/Stunde weniger, Werkvertragsarbeiter 6 €/Stunde weniger als Stammarbeitnehmer (Stand 2012) (vgl. NGG 2012, S. 1; DGB Themen 2012); im Einzelhandel erhalten Werkvertragsarbeiter ca. 15–20 % weniger als den Mindestlohn für Leiharbeitnehmer – im Westen ca. 6,50 €, im Osten 6,00 €/Stunde (vgl. focus.de 2012).

ner Aufgabenteilung und Spezialisierung" (vgl. Kutzim 2013). Werkverträge seien notwendig, um den Unternehmen die Konzentration auf ihre Kernkompetenzen zu ermöglichen und für alles andere die Dienste von Spezialisten in Anspruch nehmen zu können, so der Handelsverband (vgl. HDE Pressemitteilung 2014). Darüber hinaus haben die immer stärkere Regulierung der Leiharbeit (vgl. spiegel.de 2013a, b)[14] sowie Tarifverträge und Betriebsvereinbarungen zum Equal-pay-Grundsatz und zu Branchenzuschlägen für Leiharbeitnehmer (vgl. Krause 2012, S. 30) den Einsatz von Werkvertragsarbeitern befördert.

2.2 Die Bedingungen der (Leih-)Arbeitnehmer in der Lebensmittelwirtschaft in Deutschland

Die Mindeststandards für (Leih-)Arbeitnehmer, die in einem in Deutschland ansässigen Unternehmen tätig sind, werden durch einen starken nationalen gesetzlichen Arbeitnehmerschutz (z. B. BurlG, AZG, TZBfG, MuSchG, AEntG, AÜG) gesichert, durch das MiLoG (vgl. Tarifautonomiestärkungsgesetz 2014) seit Januar 2015 mit einem Mindestlohn von 8,50 €/Stunde auch in Bezug auf die Vergütung. Im Übrigen sind die Arbeits- und Beschäftigungsbedingungen in den drei ausgewählten Bereichen der Lebensmittelwirtschaft (Landwirtschaft/Erntehelfer, Fleischwirtschaft und Einzelhandel) sehr unterschiedlich. Ob über den gesetzlichen Schutz der Arbeitnehmer hinaus ein tariflicher oder betrieblicher Schutz besteht, ist abhängig vom Organisationsgrad, d. h. von der Tarifgebundenheit der Unternehmen und der Aktivität der Gewerkschaften im Hinblick auf den Abschluss von Tarifverträgen bzw. vom Bestehen allgemeinverbindlicher Tarifverträge sowie davon, ob in den Unternehmen Betriebsräte existieren und mit wie viel Engagement diese durch den Abschluss von Betriebsvereinbarungen zur Verbesserung der Arbeitsbedingungen der Beschäftigten beitragen. Häufig besteht hierbei ein Zusammenhang zur Größe der Unternehmen, da tendenziell kleinere Unternehmen der Liefer- und Wertschöpfungskette seltener tarifgebunden sind und die Interessen der Arbeitnehmer in diesen seltener durch einen Betriebsrat vertreten werden.

In allen drei Bereichen herrscht ein geringer Organisationsgrad[15], d. h., nur die Beschäftigten weniger Betriebe der Landwirtschaft, der Fleischwirtschaft und des Einzel-

---

[14] Insbesondere die Änderung des AÜG 2011 mit dem Ziel, dem Missbrauch von Leiharbeitnehmern vorzubeugen. Aufgrund der Leiharbeitsrichtlinie (RL 2008/104/EG) sowie des Missbrauchs der Leiharbeit nach der Änderung des AÜG von 2003 (z. B. Kündigung von Arbeitnehmern und Wiedereinstellung über zuvor durch die Unternehmen selbst gegründete Leiharbeitsfirmen zu schlechteren Bedingungen) wurde das AÜG 2011 erneut geändert (vgl. Änderung AÜG 2011). Die Rechte der Leiharbeitnehmer wurden gestärkt, z. B. durch die Streichung der 6-Wochen-Regelung, Einführung der „Drehtürklausel" sowie durch die Einführung des allgemeinverbindlichen Mindestlohns für den die Änderung des AÜG maßgeblich war (vgl. Begründung Gesetzesentwurf Missbrauch Werkverträge 2013, S. 7).

[15] Für die Fleischwirtschaft allgemein vgl. NGG faz.net (2013). Erhebungen für diesen Wirtschaftszweig existieren nicht (vgl. Ellguth und Kohaut 2014, S. 2). Im Einzelhandel liegt der Organisa-

handels profitieren von den Tarifabschlüssen der NGG/ver.di mit den entsprechenden Arbeitgeberverbänden.

In der Fleischindustrie existiert nicht einmal ein eigener Arbeitgeberverband. Die einzelnen Unternehmen sind zum Abschluss von Tarifverträgen nicht bereit (Heilmann 2013, S. 11, 17). Die – wenn auch wenigen (vgl. oben) – Stammarbeitnehmer erhalten eine akzeptable Vergütung von 15 €/Stunde (Stand 2010; vgl. sueddeutsche.de 2010). Seit 2014 garantiert ein tariflicher Branchenmindestlohn und die Aufnahme der Fleischwirtschaft in das AEntG allen Arbeitnehmern – unabhängig von der Tarifgebundenheit und auch bei einem im Ausland ansässigen Arbeitgeber – eine Mindestvergütung, wenn auch derzeit noch unterhalb des gesetzlichen Mindestlohns nach dem MiLoG (vgl. TV Mindestlohn Fleischwirtschaft 2014, Tarifautonomiestärkungsgesetz 2014).[16] Gleiches gilt für die Erntehelfer (vgl. TV Mindestlohn Landwirtschaft 2014; Tarifautonomiestärkungsgesetz 2014).[17] Die Stammbelegschaft im Einzelhandel wird mit durchschnittlich 11,50 €/Stunde (Stand 2013) vergütet; in Abhängigkeit von Berufserfahrung, Geschlecht, Befristung, Ost/West und Tarifbindung (ver.di Nachrichten 2013). Die Tariflöhne variieren je nach Tarifgebiet.[18]

Leiharbeitnehmer eines in Deutschland ansässigen Zeitarbeitsunternehmens unterliegen dem gesetzlichen Arbeitnehmerschutz. Zudem besteht die gesetzgeberische Tendenz zur Angleichung ihrer Rechte an diejenigen der Stammbelegschaft eines Unternehmens.[19] Für alle in einem in Deutschland ansässigen Unternehmen eingesetzten Leiharbeitnehmer gilt darüber hinaus – auch bei Sitz des Arbeitgebers (Verleiher) im Ausland – seit 2012 ein allgemeinverbindlicher Branchenmindestlohn (vgl. TV Mindestlohn Zeitarbeit 2013).[20] Zusätzlich profitieren sie beim Einsatz in tarifgebundenen Betrieben der Tarifgemeinschaft DGB (u. a. NGG, ver.di) als Gewerkschaftsmitglieder von Vereinbarungen,

---

tionsgrad bei knapp 30 % (vgl. Haipeter 2013). In der Landwirtschaft ist der Organisationsgrad am geringsten (vgl. Ellguth und Kohaut 2014, S. 3).

[16] Allgemeinverbindlichkeit nach § 7 Abs. 1, 2, § 4 Abs. 1 Ziff. 9 AEntG. Derzeit seit 01.12.2014 8,00 €/Stunde, bis 01.12.2016 auf 8,60 €/Stunde steigend (vgl. TV Allgemeinverbindlich 2014, 2015).

[17] Allgemeinverbindlichkeit nach § 4 Abs. 2 i. V. m. § 7a AEntG. Derzeit West 7,40 €/Ost 7,20 €/Stunde, bis November 2017 bundeseinheitlich 9,00 € (vgl. TV Allgemeinverbindlich 2014, 2015).

[18] Bei Tarifbindung liegt die Vergütung ca. 11 % höher als ohne (vgl. ver.di Nachrichten 2013). Vgl. zu den Tariflöhnen z. B. für Berlin/Brandenburg TV Entgelt Einzelhandel (2014). Ein Branchenmindestlohn existiert hier nicht. Die Aufgabe der Allgemeinverbindlichkeit erfolgte Anfang des letzten Jahrzehnts. Für Verhandlungen eines Branchenmindestlohns fehlt derzeit der erforderliche Organisationsgrad von 50 % (vgl. Haipeter 2013). Der gesetzliche Mindestlohn nach dem MiLoG ist für Arbeitnehmer im Einzelhandel deshalb nicht relevant. Ausnahmen gelten u. U. für geringfügig Beschäftigte (450-€-Jobber). Vgl. z. B. Die Zeit (2015, S. 15).

[19] Zum Beispiel Zugangsberechtigung zu gemeinschaftlichen Einrichtungen und Diensten, § 13b AÜG; Wahlrecht zum Betriebsrat des Einsatzbetriebs, § 7 S. 2 BetrVG, Recht nach § 14 Abs. 2 AÜG, Mitbestimmung gem. § 14 Abs. 3 AÜG, § 99 BetrVG bei Einstellung.

[20] Allgemeinverbindlichkeit gem. § 3a AÜG. Derzeit West 8,50 €/Ost und Berlin 7,86 €/Stunde, ab 01.01.2016 West 9,00 €/Ost und Berlin 8,50 €/Stunde (vgl. TV Allgemeinverbindlich 2014, 2015).

die ihnen u. a. eine Eingruppierung entsprechend der Stammbelegschaft garantiert (vgl. TV Zeitarbeit 2013).[21]

2.3 Konstellationen der Werkvertragsarbeit in der Lebensmittelwirtschaft

Neben den entweder mit dem Unternehmen selbst in einem Arbeitsverhältnis stehenden Arbeitnehmern oder als Leiharbeitnehmer im Unternehmen eingesetzten Arbeitskräften kommen in der Fleischwirtschaft und im Einzelhandel verstärkt sog. Werkvertragsarbeiter zum Einsatz (vgl. oben). Hierbei wird auf verschiedene Vertragskonstruktionen zurückgegriffen:

Typisch für die Fleischindustrie etwa ist, dass ein Schlachthof für einen Teilbereich des Schlachtens/Zerlegens einen Werkvertrag an ein Subunternehmen vergibt. Das Subunternehmen vergibt den Auftrag an eine Firma mit Sitz in Osteuropa (z. B. Rumänien). Die Arbeitskräfte erhalten nicht nur eine Vergütung pro „Werk", die weit unterhalb derjenigen der Stammarbeitnehmer liegt (vgl. oben)[22]. Auch werden über den der deutschen Rechtsordnung entzogenen Arbeitsvertrag mit dem im Ausland ansässigen Arbeitgeber Haftungsrisiken etwa für Hygienevorfälle oder Arbeitsunfälle auf die Arbeitnehmer abgewälzt und diesbezügliche Vorfälle mit hohen Geldstrafen belegt (vgl. Heilmann 2013, S. 3).

Im Einzelhandel beauftragt ein Supermarkt ein Subunternehmen, Dosen in Regale nachzufüllen oder im Lager Chargen zu stapeln. Bezahlt wird nicht (wie bei Leiharbeit) pro Arbeitnehmerstunde, sondern pro „Werk", z. B. eine bestimmte Anzahl leer geräumter Paletten (vgl. focus.de 2012).

Soweit es sich bei den Arbeitskräften – dem Status nach – um Arbeitnehmer handelt, die in einem in Deutschland ansässigen Unternehmen tätig sind, gelten die Regelungen zur Sicherung eines Mindestlohns (vgl. oben). Die Angleichung der Arbeitsbedingungen der Werkvertragsarbeitnehmer an die Beschäftigungsbedingungen der Stammarbeitnehmer dagegen kann derzeit nur über den Abschluss von Tarifverträgen und Betriebsvereinbarungen erreicht werden. Diesbezüglich existieren bereits Initiativen (z. B. Bereitstellung einer Musterbetriebsvereinbarung; Beutler und Lenssen 2013).[23] Zahlreiche positive

---

[21] Neben einem Entgeltrahmentarifvertrag und einem Entgelttarifvertrag enthalten diese einen Manteltarifvertrag und einen Tarifvertrag zur Beschäftigungssicherung. Über Branchenzuschläge wurden separate Tarifverträge geschlossen, allerdings bisher weder von der NGG noch von ver.di für den Einzelhandel (vgl. die Übersicht zu den Vereinbarungen: TV Zeitarbeit Branchenzuschläge 2013).

[22] 174 €/Monat (Stand Juni 2012). Die Vergütungssituation hat sich jedoch durch die Aufnahme der Fleischwirtschaft in das AEntG verbessert, vgl. dazu folgend.

[23] Sie enthält u. a. Regelungen zu den Beschäftigungsbedingungen beim Einsatz von Arbeitnehmern aus Fremdfirmen (u. a. Gleichbehandlung, Arbeitsschutz).

Beispiele etwa aus der Metallindustrie[24] lassen auf die Entwicklung einer entsprechenden Praxis auch in der Lebensmittelwirtschaft hoffen.

Diskutiert wird die Werkvertragsarbeit v. a. – und dies aufgrund zahlreicher Skandale, z. B. in der Fleischwirtschaft und im Einzelhandel[25] wohl zu Recht – im Kontext sog. Scheinwerkverträge (sog. Scheinselbstständigkeit bzw. illegale Arbeitnehmerüberlassung)[26]. Deren Aufdeckung und Ahndung vorausgesetzt erhalten die Betroffenen rechtlich den Status eines Arbeitnehmers und unterliegen den entsprechenden gesetzlichen sowie tariflichen und betrieblichen Regelungen zu ihrem Schutz.[27] Problematisch ist insoweit die Abgrenzung zum (echten) Werkvertrag.[28] Zur Verhinderung des Missbrauchs von Werkverträgen gibt es gesetzgeberische Initiativen (vgl. Gesetzesentwurf Missbrauch Werkverträge 2013)[29] sowie zahlreiche Aktivitäten und Forderungen vonseiten der Arbeitnehmervertretungen, v. a. die Mitbestimmung bei der Fremdvergabe von Aufträgen und deren Reduzierung betreffend (vgl. z. B. DBG Diskurs 2012, S. 17 f., 21; DGB Positionspapier 2012; DGB Themen 2012).

Allerdings handelt es sich bei der Fremdvergabe von Aufträgen nicht zwingend um sog. Scheinwerkverträge. In der Liefer- und Wertschöpfungskette werden z. B. auch Aufträge an Soloselbstständige/Werkvertragsarbeiter vergeben, etwa wenn das Einzelhandelsunternehmen direkt mit diesen einen Vertrag über das Einräumen von Regalen schließt oder ein

---

[24] Bisher allerdings bekannt nur aus der Metallindustrie. Vgl. z. B. „Tarifvertrag Werkvertragsarbeit" (Schiffbauer Meyer Werft, IG Metall 2013), der die Arbeitsbedingungen von auf der Werft eingesetzten Werkvertragsbeschäftigten (Arbeitszeit, Entlohnung, Unterbringung) sowie Einsichtsrechte in die Verträge mit Fremdfirmen regelt (vgl. Betriebsratspraxis24.de 2015 sowie Hans-Böckler-Stiftung 2014).

[25] Für die Fleischwirtschaft vgl. z. B. den Fall „Schlachthofsauerei" (2010), bei dem der Unternehmer u. a. rumänische Leiharbeitnehmer als eigenständige Subunternehmer ausgegeben hatte (sueddeutsche.de 2010; zeit.de 2012). Vgl. aus dem Einzelhandel insges. derwesten.de (2013) sowie zur SB-Warenhauskette Kaufland handelsblatt.com (2013) und zum Lebensmitteldiscounter Netto handelsblatt.com (2014).

[26] Als sog. Scheinwerkverträge sind Verträge anzusehen, die nach dem Willen der Parteien formal als Verträge gem. § 631 ff. BGB geschlossen werden, bei denen die Arbeitskraft tatsächlich aber Leistungen im Rahmen eines Arbeitsvertrags i. S. d. § 611 BGB (sog. Scheinselbstständigkeit) oder im Rahmen einer (illegalen) Arbeitnehmerüberlassung gem. § 1 AÜG erbringt. Vgl. zum Begriff „Scheinselbstständigkeit": Küttner et al. (2014, Stichwort „Scheinselbstständigkeit", Rz 12 f.). Zur Abgrenzung von Werkvertrag und Arbeitsvertrag vgl. Waas (2012).

[27] Zu den Folgen im Übrigen vgl. Küttner et al. (2014, Stichwort „Scheinselbstständigkeit", Rz 1 ff.). Gem. § 10 Abs. 1 Arbeitnehmerüberlassungsgesetz (AÜG) entsteht beim Vorliegen eines Scheinwerkvertrages (d. h. bei illegaler Arbeitnehmerüberlassung) ein Arbeitsverhältnis zwischen überlassenem Arbeitnehmer und Einsatzbetrieb (Entleiher); vgl. Wank (2015, zu § 1 AÜG, Rz 21b).

[28] Zur Abgrenzung zwischen illegaler Arbeitnehmerüberlassung und Werkvertrag vgl. Wank (2015, zu § 1 AÜG, Rz 7a, 8 f., 13 ff.) sowie Hamann und Schüren (2010, zu § 1 AÜG, Rz 110 f.).

[29] Der Entwurf sieht – neben weitergehendem Schutz gegen illegale Arbeitnehmerüberlassung und Scheinselbstständigkeit – schärfere gesetzliche Regelungen für Werkverträge und mehr Mitbestimmung für Betriebsräte vor. Der Gesetzesentwurf wurde dem Bundestag zugeleitet, aber dort noch nicht beraten (Stand März 2015).

Subunternehmen beauftragt, welches wiederum Soloselbstständige/Werkvertragsarbeiter als Subunternehmer beauftragt, die Tätigkeit im Supermarkt auszuüben. In diesem Fall liegen (echte) Werkverträge i. S. d. § 631 BGB vor oder zumindest ist eine Scheinselbstständigkeit bzw. illegale Arbeitnehmerüberlassung nicht nachweisbar.[30] Diese Werkvertragsarbeiter unterliegen als (echte) Selbstständige weder dem gesetzlichen noch dem tariflichen und betrieblichen Arbeitnehmerschutz. Die Bedingungen für ihre Tätigkeit sind frei verhandelbar und unterliegen uneingeschränkt dem Konkurrenzdruck mit der Folge, dass eine Vergütung pro „Werk" in der Regel weit unterhalb jeglicher Mindestlöhne gezahlt wird.

3 Die Wahrnehmung sozialer Verantwortung durch Unternehmen und Organisationen gegenüber den Erwerbstätigen in der Liefer- und Wertschöpfungskette

3.1 Die Belange der Erwerbstätigen nach dem Verständnis von CSR

Nach dem internationalen (ISO Norm 26000), europäischen (KOM 2001 366 endg.; KOM 2011 681 endg.) sowie nationalen Verständnis (Nationales CSR-Forum: Gemeins. Verständnis 2009) von (C)SR[31] spielen Arbeits- und Beschäftigungsbedingungen in der Liefer- und Wertschöpfungskette im Rahmen sozialer Verantwortung von Unternehmen und sonstigen Organisationen[32] eine wesentliche Rolle. Dies zeigt sich auch in der ausdrücklichen Benennung der Arbeitnehmerbelange in der Richtlinie zur Berichtspflicht von Unternehmen nichtfinanzielle Aspekte der Geschäftstätigkeit betreffend (vgl. Art. 19a Abs. 1 S. 1 sowie lit. d), 29a Abs. 1 S. 1 sowie lit. d) der RL 2014/95/EU, Erw. 7, 6). Nicht erfasst sind nach diesem Verständnis hingegen die Bedingungen der sonstigen Erwerbstätigen in der Liefer- und Wertschöpfungskette, insbesondere Arbeitskräfte, die den Unternehmen ihre Arbeitsleistung als Soloselbstständige im Rahmen von (echten) Werkverträgen zur Verfügung stellen.

Nach dem auf der Grundlage der EU-Definition von 2001 (KOM 2001 366 endg., S. 30) 2009 formulierten gemeinsamen Verständnis des Nationalen CSR-Forums (Gem. Verständnis 2009) haben Unternehmen soziale Verantwortung gegenüber ihren Mitarbeitern wahrzunehmen, indem sie diese fair behandeln, fördern und beteiligen sowie

---

[30] So etwa beim Handelskonzern Rewe (vgl. handelsblatt.com 2012).
[31] Die ISO Norm 26000 verwendet nicht den Begriff CSR (Corporate Social Responsibility: soziale Verantwortung von Unternehmen), sondern SR (Social Responsibility), weil sich soziale Verantwortung danach nicht nur an Unternehmen, sondern an Organisationen jeglicher Art richtet: „provides guidance for all types of organization". SR wird definiert als: „Verantwortung einer Organisation für die Auswirkungen ihrer Entscheidungen und Aktivitäten auf die Gesellschaft und Umwelt durch transparentes und ethisches Verhalten, dass ..." (ISO Norm 26000).
[32] Vgl. die vorige Fußnote.

Menschenrechte und die ILO-Kernarbeitsnormen wahren und einen Beitrag leisten, diese international durchzusetzen. Mit Blick auf die Liefer- und Wertschöpfungskette sind Unternehmen darüber hinaus verpflichtet (Gem. Verständnis CSR, S. 1) darauf zu achten, dass – in ihrem Einflussbereich – sozial verantwortungsvoll produziert wird. Sie haben einen positiven Beitrag für das Gemeinwesen zu leisten. Dies umfasst auch, dafür Sorge zu tragen, dass alle Erwerbstätigen in der Liefer- und Wertschöpfungskette (Arbeitnehmer und Soloselbstständige/Werkvertragsarbeiter) solche Rahmenbedingungen für ihre Tätigkeit haben, dass ihnen ein Leben oberhalb des Existenzminimums und ohne staatliche Unterstützung möglich ist.

Alle für ein betreffendes Unternehmen oder auch für ein sonstiges Unternehmen der Liefer- und Wertschöpfungskette Erwerbstätigen, sind nach dem allgemeinen Begriffsverständnis[33] als (interne bzw. externe) Stakeholder des betreffenden Unternehmens anzusehen. Sie sind direkt oder indirekt (z. B. über die Konditionen der Fremdvergabe von Aufträgen an Leiharbeitsfirmen/Subunternehmen, die das betreffende Unternehmen gewährt) in den Rahmenbedingungen ihrer Erwerbstätigkeit (z. B. Arbeitsplatz, Einkommen, soziale Sicherheit) von der Geschäftstätigkeit des Unternehmens beeinflusst und gehören damit zu den Anspruchs- und Interessengruppen. Auch Staat und Gesellschaft sind als externe Stakeholder des betreffenden Unternehmens mit Blick auf dessen soziale Verantwortung für die Rahmenbedingungen der Erwerbstätigkeit anzusehen, da das Unternehmen durch seine Beschäftigungs- und Vergütungspolitik Einfluss auf die z. B. an den Staat zu leistenden Steuern sowie die Erforderlichkeit staatlicher Hilfeleistungen für gering vergütete Arbeitskräfte (z. B. Aufstockung durch SGB-II-Leistungen) ausübt.

3.2 Die Bedeutung von CSR für die Erwerbstätigen in der Liefer- und Wertschöpfungskette

Nach dem Gemeinsamen Verständnis des Nationalen CSR-Forums (vgl. Gemeins. Verständnis 2009, S. 1) beinhaltet CSR die Wahrnehmung gesellschaftlicher Verantwortung durch Unternehmen über gesetzliche Anforderungen hinaus. Auch mit dem durch die neue EU-Definition von 2011 (KOM 2011 681 endg.) sowie die CSR-Richtlinie zur Berichtspflicht (RL 2014/95/EU) vollzogenen Paradigmenwechsel im Sinne einer Verrechtlichung von CSR bleibt den Unternehmen das „Ob" und das „Wie" von CSR-Aktivitäten überlassen. Verpflichtet werden sie lediglich zur diesbzgl. Offenlegung (vgl. oben).

Es geht also um die Frage, welche Bedeutung freiwillige, über die gesetzlichen Anforderungen hinausgehende Maßnahmen der Unternehmen in Bezug auf die Rahmenbedingungen der Erwerbstätigkeit für die einzelnen in der Liefer- und Wertschöpfungskette Tätigen haben.

---

[33] Vgl. die grundlegende Definition von Freemann (1984, S. 39) sowie EU-Kommission, KOM (2001 366 endg., S. 30), ISO Norm 26000. Vgl. auch Schneider (2012, S. 34 f.).

Grundsätzlich gilt: Je geringer der gesetzliche, tarifliche/betriebliche Schutz von Mindeststandards der Tätigkeit ist, desto größer ist die Bedeutung freiwilliger Maßnahmen der Unternehmen im Rahmen ihrer sozialen Verantwortung für die Erwerbstätigen.

Ein Gefälle besteht insoweit im globalen und europäischen Kontext durch einen national sehr unterschiedlich ausgeprägten gesetzlichen Arbeitnehmerschutz (z. B. im Arbeits- und Kündigungsschutz).[34] Arbeitnehmer in der internationalen Liefer- und Wertschöpfungskette sind – sofern sie nicht in einem in Deutschland ansässigen Unternehmen tätig sind – aus diesem Grunde besonders auf freiwillige Leistungen der Unternehmen angewiesen. Internationale Standards zu Arbeitsbedingungen, wie z. B. die ILO-Kernarbeitsnormen und Empfehlungen (ILO Empfehl. 2015) sowie die OECD-Leitsätze (OECD 2011)[35] sind – auch wenn sie für die Unternehmen nicht verbindlich sind und nur den Status einer freiwilligen Selbstverpflichtung haben (Voland 2015, S. 68 ff.) – ein guter Anfang zur Sicherung von Mindestarbeitsbedingungen in der internationalen Liefer- und Wertschöpfungskette. Sie setzen Maßstäbe zur Wahrnehmung sozialer Verantwortung gegenüber den Beschäftigten (Seybold 2005, S. 4).

Arbeitnehmer in der Liefer- und Wertschöpfungskette, die in einem Unternehmen mit Sitz in Deutschland tätig sind, profitieren – wenn auch mit graduellen Unterschieden, je nachdem, ob sie Stammarbeitnehmer oder Leiharbeitnehmer oder Arbeitnehmer eines Subunternehmens sind – von einem in Deutschland stark ausgeprägten gesetzlichen sowie ggf. tariflichen/betrieblichen Arbeitnehmerschutz, der ihnen einen Mindeststandard im Hinblick auf ihre Beschäftigungsbedingungen garantiert (vgl. oben). Freiwillige CSR-Maßnahmen der Unternehmen haben in erster Linie die Funktion darüber hinausgehender Verbesserungen.

Besondere Bedeutung erlangen CSR-Aktivitäten dagegen für die sonstigen in der (nationalen und internationalen) Liefer- und Wertschöpfungskette Erwerbstätigen (Soloselbstständige/Werkvertragsarbeiter). Sie genießen weder gesetzlichen noch tariflichen oder betrieblichen Schutz und sind auch von den o. g. internationalen Regelungen und Standards nicht erfasst, da jeweils die Arbeitnehmereigenschaft Anknüpfungspunkt ist (vgl. oben). Zur Sicherung von Mindeststandards für ihre Tätigkeit sind sie auf freiwillige Leistungen der Unternehmen angewiesen. Auf sie sollte im Rahmen von CSR ein besonderes Augenmerk durch die Unternehmen gelegt werden.

3.3 Die Wahrnehmung sozialer Verantwortung durch Unternehmen und sonstige Organisationen

Alle in der Liefer- und Wertschöpfungskette Erwerbstätigen haben als Stakeholder im Rahmen von CSR einen Anspruch auf Wahrnehmung unternehmerischer sozialer Verant-

---

[34] Vgl. z. B. für China Burckhardt (2013, S. 57 ff.).
[35] Vgl. die Zusammenstellung weiterer Standards/Initiativen bei Vitols (2011, S. 31 ff.) und Burckhardt (2013, S. 79 ff.).

wortung ihnen gegenüber (vgl. oben). Dies beinhaltet auch einen Ausgleich ihrer Interessen und Bedürfnisse (vgl. KOM 2011 681 endg., S. 7; KOM 2002 347 endg., S. 8). Von den Unternehmen wird diese Verantwortung allerdings nur unzureichend wahrgenommen. Ihrer sozialen Verantwortung gegenüber ihren und den Arbeitnehmern in der Liefer- und Wertschöpfungskette sind sich die Unternehmen zumindest bewusst (Gem. Verständnis 2009, S. 1), auch wenn die Umsetzung noch nicht immer zufriedenstellend ist.[36] Im Hinblick auf die sonstigen in der Liefer- und Wertschöpfungskette erwerbstätigen Soloselbstständigen/Werkvertragsarbeitern fehlt es den Unternehmen jedoch bereits an einem sozialen Verantwortungsbewusstsein.[37] Aus der Sicht der Unternehmen ist dies nicht verwunderlich: Der Maßstab, der – wie gesehen – von der Gesellschaft sowie durch die selbstverpflichtenden Standards (vgl. z. B. ILO-Kernarbeitsnormen 2015; OECD-Leitsätze, OECD 2011) für sozial verantwortungsvolles unternehmerisches Handeln im Sinne von CSR in Bezug auf die Rahmenbedingungen der Erwerbstätigkeit angelegt wird, misst lediglich die Aktivitäten gegenüber den (eigenen) Beschäftigten und (zunehmend) gegenüber den Beschäftigten in der Liefer- bzw. Wertschöpfungskette. Mit diesbzgl. öffentlichkeitswirksamen CSR-Aktivitäten kann ein Unternehmen sein Image enorm steigern und seinen Wettbewerbsvorteil sichern bzw. vergrößern (Loew und Clausen 2010, S. 18 ff.).

Über eine Verpflichtung zur Wahrnehmung sozialer Verantwortung durch die Unternehmen hinaus kann auch den Arbeitnehmervertretungen als „Organisation" i. S. d. ISO Norm 26000 eigene soziale Verantwortung im Rahmen von (C)SR[38] gegenüber ihren Stakeholdern (Arbeitnehmern und Soloselbstständigen/Werkvertragsarbeitern)[39] in der Liefer- und Wertschöpfungskette zugeschrieben werden. Sie können die Rahmenbedingungen für deren Erwerbstätigkeit (für Arbeitnehmer direkt[40], für Soloselbstständige/

---

[36] Vgl. Ergebnisse des IÖW/future Ranking 2011: Die Schwächen großer wie kleinerer Unternehmen liegen bei der Verantwortung gegenüber den Beschäftigten sowie gegenüber den Zulieferern. Große Unternehmen: IÖW und future Ranking (2011a Ergebnisse, S. 28); KMU: IÖW und future Ranking (2011b Kurzfassung, S. 12).

[37] Obwohl vom Gemeinsamen Verständnis des Nationalen CSR-Forums (Gem. Verständnis CSR 2009, S. 1) zumindest im Rahmen der Verantwortung für das Gemeinwesen umfasst, da diese z. B. eine existenzsichernde Vergütung beinhaltet.

[38] Die Norm definiert den Begriff Organisationen zwar nicht; Gewerkschaften sind jedoch unzweifelhaft als solche anzusehen. Will man den Betriebsräten dies nicht zugestehen, ergibt sich für diese eine eigene Verantwortung als Teil des Unternehmens.

[39] Vgl. zum Stakeholder-Ansatz (Freemann 1984, S. 39; KOM 2001 366 endg., S. 30; ISO Norm 26000).

[40] Durch Vertretung der Arbeitnehmerinteressen als deren (Stell-)Vertreter nehmen sie diese Verantwortung wahr: als Gewerkschaft (über)betrieblich, z. B. im Rahmen von Tarifverhandlungen bzw. Abschluss von Tarifverträgen, betrieblich als Betriebsräte, z. B. im Rahmen der Ausübung der Mitbestimmungsrechte nach dem BetrVG oder durch Abschluss von Betriebsvereinbarungen. Über tarifliche/betriebliche Vereinbarungen, z. B. zu Vergaberichtlinien bei der Fremdvergabe, können durch die Gewerkschaften/Betriebsräte auch die Rahmenbedingungen der Beschäftigten von Werkvertragsunternehmen (Fremdfirmen) direkt/indirekt beeinflusst werden. Vgl. z. B. Beutler und Lenssen 2013: Musterbetriebsvereinbarung, Hans-Böckler-Stiftung/bsb GmbH Köln. Sie enthält

Werkvertragsarbeiter zumindest indirekt[41]) durch ihr Handeln beeinflussen und sind insofern zum Ausgleich der Interessen zwischen den Erwerbstätigen verpflichtet. Eine eigene Verantwortung wird von den Arbeitnehmervertretungen[42] allerdings nicht wahr-

---

u. a. Regelungen zu den Beschäftigungsbedingungen beim Einsatz von Fremdfirmen (u. a. Gleichbehandlung, Arbeitsschutz). Der persönliche Geltungsbereich ist auf die Arbeitnehmer der Fremdfirmen, die im Rahmen von Werkvertragseinsätzen im Unternehmen tätig sind, beschränkt. Vgl. auch z. B. „Tarifvertrag Werkvertragsarbeit" (Schiffbauer Meyer Werft/IG Metall 2013), der die Arbeitsbedingungen von auf der Werft eingesetzten Werkvertragsbeschäftigten (Arbeitszeit, Entlohnung, Unterbringung) sowie Einsichtsrechte in die Verträge mit Fremdfirmen regelt (Onlineinformationsdienst Betriebsratspraxis24.de 2015).

[41] Bzgl. der Rahmenbedingungen der Erwerbstätigkeit von Soloselbstständigen/Werkvertragsarbeitern in der Liefer- und Wertschöpfungskette sind die Einflussmöglichkeiten der Arbeitnehmervertretungen allerdings rechtlich begrenzt:
Für die Regelungsautonomie der Gewerkschaften ist gem. § 1 Abs. 1 TVG Anknüpfungspunkt das Arbeitsverhältnis (Reim und Nebe 2012, zu § 1 TVG, Rz 234 f.). Hier nicht relevante Ausnahmen bestehen z. B. gem. § 12a TVG. Vgl. aber die Ansätze zur Ausweitung (Reim und Nebe 2012, zu § 1 TVG Rn 235, 321 m. w. N.; Däubler und Buchner 2009, S. 163 ff., 174 ff.). Unter den Geltungsbereich des Betriebsverfassungsgesetzes fallen ebenfalls nur Arbeitnehmer gem. § 5 BetrVG. Die dem Betriebsrat in Bezug auf Werkvertragsarbeit zustehenden Mitbestimmungsrechte sind begrenzt und knüpfen ausschließlich an die Auswirkungen von Maßnahmen für die Belegschaft an. Vgl. die Aufstellung zu Handlungsspielräumen des Betriebsrats (Siebenhüter 2013, S. 52 ff.) sowie zu einzelnen Rechten (Thüsing 2014, zu § 80 BetrVG, Rn 51a, zu § 92 Rn 35; Richardi 2014, zu § 87 BetrVG, Rn 14). Die Ausweitung von Mitbestimmungsrechten des Betriebsrats auf Selbstständige durch Tarifvertrag ist ausgeschlossen, da eine solche Ausweitung nicht über den Regelungsbereich gem. § 1 Abs. 1 TVG reichen kann (Hensche und Heuschmid, in Däubler, TVG 2012, zu § 1 TVG Rn 899 ff., 924 ff.).
Eine Möglichkeit zur Einflussnahme ergibt sich jedoch in Anlehnung an das volkswirtschaftliche „Insider-Outsider-Modell" (vgl. Lindbeck und Snower 2001, S. 165 ff.; Franz 2013, S. 310 ff.): Das Modell geht davon aus, dass die eigentlichen Konflikte nicht zwischen Arbeitnehmern und Unternehmen, sondern zwischen Beschäftigten („Insidern") und Nichtbeschäftigten („Outsidern") bestehen (vgl. zur Kritik Franz 2013, 313 m. w. N.). Werden die Unternehmen etwa aufgrund von Druck/Forderungen der Arbeitnehmervertretungen zu CSR-Aktivitäten zugunsten ihrer Beschäftigten veranlasst (z. B. freiwillige zusätzliche Sonderzahlungen), kann dies möglicherweise bei den „Outsidern" zu Negativeffekten führen (z. B. zur Verringerung der Vergütung für die Soloselbstständigen/Werkvertragsarbeiter – entweder unmittelbar, soweit sie mit dem Unternehmen in einem direkten (Werk-)Vertragsverhältnis stehen oder indirekt über Konkurrenzdruck/Dumpingpreise gegenüber Subunternehmen, die diese an die für sie tätigen Soloselbstständigen/ Werkvertragsarbeiter weitergeben). So z. B. auch bei Gewährung von mehr selbstbestimmter Flexibilität für die Beschäftigten bzgl. ihrer Arbeitszeitgestaltung aufgrund von Druck/Forderungen der Arbeitnehmervertretungen. Selbstständige sind flexibel nach Bedarf des Unternehmens einsetzbar ohne die Schranken des Arbeitszeitgesetzes.

[42] Bei Aktivitäten wie z. B. Abschluss von Tarifverträgen mit der Bezeichnung „Tarifvertrag Werkvertragsbeschäftigte" ist diese insofern irreführend, als dass er (nur) die Arbeitsbedingungen der Arbeitnehmer der Fremdfirmen, nicht jedoch diejenigen von (echten) Soloselbstständigen/Werkvertragsarbeitern regelt (vgl. den oben erwähnten Tarifvertrag zwischen Meyer Werft/IG Metall 2013, Betriebsratspraxis24.de 2015).

genommen. Gewerkschaften wie Betriebsräte sehen ihre Rolle im Rahmen von CSR[43] ausschließlich als (Stell-)Vertreter der Arbeitnehmer[44], in der Stakeholder-Rolle in Bezug auf die Unternehmen, die als Vertreter von Beschäftigteninteressen über ein hohes Maß an Legitimität verfügen (Botsch 2005, S. 35). Forderungen der Arbeitnehmervertretungen im Zusammenhang mit CSR richten sich dabei ausschließlich an andere Akteure (Vitols 2011, S. 110)[45]. Ihre Handlungsfelder beschränken sie im Wesentlichen[46] auf den Bereich der Mitbestimmung – naturgemäß in ihrem unterschiedlichen Wirkungskreis auf betrieblicher bzw. überbetrieblicher, nationaler, europäischer oder internationaler Ebene.[47] Ins-

---

[43] Insgesamt finden Arbeitnehmervertretungen ihre Position und Rolle im Bereich der Nachhaltigkeit nur zögerlich (RNE 2007, S. 16). Vgl. insges. national/international Vitols (2011, S. 69 ff., 89 ff., 103 ff., 110 f.).
Das Verständnis der Betriebsräte zu CSR weicht vom national allgemein etablierten und damit auch von dem der Gewerkschaften (Gem. Verständnis 2009, S. 1) ab. Inhalte und Prioritäten von CSR sehen Betriebsräte z. B. vorrangig in der Standort- und Beschäftigungssicherung sowie einem sozial verträglichen Personalabbau, nur nachrangig in der Einhaltung der ILO-Kernarbeitsnormen im Zulieferbereich (Hauser-Dietz und Wilke 2004, S. 6 ff.; Vitols 2011, S. 89, 93 ff.).

[44] Entsprechend sind die Aktivitäten nur an den Interessen der Arbeitnehmer orientiert: Vgl. z. B. die von Betriebsrat und Unternehmen gemeinsam erarbeiteten Erklärungen zu sozialen Rechten und den industriellen Beziehungen bei Volkswagen (Abdruck in Hans-Böckler-Stiftung und DGB Dok. 2005, S. 24 f.; adidas-salomon, aaO S. 21; Bosch, aaO, S. 29 f.). Vgl. bereits oben zu den Forderungen der Gewerkschaften bzgl. des Fremdfirmeneinsatzes. Auch die Forderung bzgl. der Angabe zur Anzahl von Werkvertragsarbeitern im Rahmen der Berichtspflicht der Unternehmen (DGB Stellungnahme 2013, S. 4.) betrifft lediglich Arbeitnehmerbelange (Arbeitsplatzsicherheit, Schutz vor Lohndumping), nicht jedoch die Rahmenbedingungen der (echten) Sololselbstständigen/Werkvertragsarbeiter selbst. Tendenzen zur Öffnung sind jedoch sichtbar: Ver.di hat bereits 30.000 Sololselbstständige als Mitglieder (DBG Diskurs 2012, S. 21).

[45] Z. B. an die EU-Kommission (Regulierung von CSR, insbes. Rechenschafts- und Publizitätspflichten der Unternehmen u. a. zu Sozialstandards) und die Regierungen (Einfordern und Umsetzung) (DGB Stellungnahme 2012, S. 2 f.; DGB Position 2009).

[46] Vgl. darüber hinaus zur Rolle bei der Aufdeckung von „green-washing aufgrund ihrer Insiderposition", z. B. durch Informationen der Öffentlichkeit, vgl. ver.di- Kampagne „Schwarz-Buch Lidl" (Beile 2005, S. 33; DGB Stellungnahme 2012, S. 3; Botsch 2005, S. 34).

[47] Zur Forderung nach (mehr) Beteiligung an der Entwicklung von CSR-Strategien und -Konzepten auf betrieblicher, nationaler, europäischer und internationaler Ebene vgl. z. B. DGB Position (2009) und Vitols (2011, S. 78 f.). Als Handlungsfelder für die Gewerkschaften werden gesehen: Mitarbeit an CSR-Grundsätzen, -Standards und -Regelungen auf europäischer, nationaler und betrieblicher Ebene (Seybold 2005, S. 5), Nutzung der Einflussmöglichkeiten in transnationalen Unternehmen, insbes. bei der Durchsetzung der ILO-Kernarbeitsnormen und der Anwendung der OECD-Leitsätze (OECD 2011), Initiativen wie im Rahmen von International Framework Agreements (IFAs) (Vitols 2011, S. 110), Abschluss von Vereinbarungen/Tarifverträgen mit Konzernleitungen, wie z. B. bei Volkswagen (Hexel 2005, S. 1), sowie auf Branchenebene und durch internationale Rahmenabkommen auf Weltkonzernebene (RNE 2007, S. 16).
Für die Betriebsräte: Mitbestimmung im Rahmen der Betriebsverfassung (Hauser-Dietz und Wilke 2004, S. 6 ff.; Vitols 2011, S. 89, 93 ff., 109). Weitergehend nach Ansicht der Gewerkschaften: Aufgabe zwischen Arbeitnehmerschutz und Komanagement (Heidemann 2005, S. 17), so z. B. bei der

gesamt tun sie sich schwer, über ihre traditionellen Kernthemen – den Arbeitnehmerschutz und den Erhalt von Arbeitsplätzen[48] – hinaus soziale Aspekte aktiv zu beeinflussen (Vitols 2011, S. 93 ff.) und sich mit neuen Themen (z. B. Belange der Wertschöpfungskette) und Akteuren auseinanderzusetzen (RNE 2007, S. 16; Vitols 2011, S. 110 f.)[49]. Dabei verkennen sie ihre Möglichkeiten zur Mitgestaltung von (globalen) Arbeits- und Sozialstandards (Vitols 2011, S. 110 f.) und von Rahmenbedingungen für alle in der gesamten Liefer- und Wertschöpfungskette Erwerbstätigen im Kontext von (C)SR.

Auch dem Staat kann – neben seiner Stakeholder-Rolle in Bezug auf die soziale Verantwortung der Unternehmen – für die Rahmenbedingungen der Erwerbstätigkeit eine eigene soziale Verantwortung im Rahmen von (C)SR als „Organisation" zugeschrieben werden, die er z. B. durch entsprechende Gesetzgebungsaktivitäten wahrzunehmen hat. Diese Aufgabe erfüllt er zwar gegenüber den Arbeitnehmern, nicht jedoch (im Rahmen des Stakeholder-Ausgleichs auch) gegenüber den Soloselbstständigen/Werkvertragsarbeitern in der Liefer- und Wertschöpfungskette (vgl. oben zum Gesetzentwurf Missbrauch Werkverträge 2013).

4 Fazit

Arbeits- und Beschäftigungsbedingungen in der Liefer- und Wertschöpfungskette spielen im Rahmen der Wahrnehmung sozialer Verantwortung durch Unternehmen und sonstige Organisationen eine wesentliche Rolle. Diese Verantwortung wird nur unzureichend wahrgenommen.

Freiwillige CSR-Aktivitäten von Unternehmen mit Blick auf die Rahmenbedingungen der Erwerbstätigkeit in der Liefer- und Wertschöpfungskette haben für die Betroffenen jedoch eine große Bedeutung. Diese wächst mit abnehmendem Schutz von (Mindest-) Standards durch gesetzliche, tarifliche bzw. betriebliche Regelungen. Erwerbstätige in der Liefer- und Wertschöpfungskette, die der deutschen Rechtsordnung nicht unterliegen oder

---

Definition von Unternehmenszielen und -leitbildern, der Einführung von CSR-Managementsystemen, der Erstellung von Sozialberichten, der Einführung von Verhaltenskodizes, bei der Organisation von Stakeholder-Dialogen (Hauser-Dietz und Wilke 2004, S. 6) und bei der Entwicklung von Human-ressource-Konzepten (Heidemann 2005, S. 17) sowie die Einflussnahme auf (transnationale) Unternehmen (z. B. zur Durchsetzung der ILO-Kernarbeitsnormen) durch Arbeitnehmervertreter in den Aufsichtsräten und europäische Betriebsräte (Hexel 2005, S. 3, 5; Vitols 2011, S. 110).

[48] Vgl. die Forderungen der Gewerkschaften in Bezug auf CSR, in zahlreichen Stellungnahmen publiziert: Mehr verbindlicher Arbeitnehmerschutz, dessen Fortentwicklung durch CSR nicht behindert werden dürfe, Nachweis der Rechtskonformität bzgl. des Arbeitnehmerschutzes als Grundvoraussetzung von CSR (DGB Position 2009; DGB Stellungnahme 2012, S. 3; Vitols 2011, S. 78 f.; Hexel 2005, S. 3).

[49] Betriebsräten fehlen hierfür häufig auch ausreichende Kompetenzen, um die Interessen der Beschäftigten im Themenfeld CSR einzubringen, u. a. wegen des hohen Abstraktionsgrades der CSR-Diskussion (Vitols 2011, S. 93 ff.).

aufgrund ihrer fehlenden Arbeitnehmereigenschaft einen solchen Schutz nicht genießen, sind zur Sicherung von Mindeststandards für ihre Tätigkeit (z. B. in Bezug auf ihre Vergütung) auf freiwillige CSR-Maßnahmen der Unternehmen sowie auf die Unterstützung durch sonstige Organisationen (insbes. Arbeitnehmervertretungen und Staat) im Rahmen von (C)SR dringend angewiesen. Dies konnte anhand der tatsächlichen Strukturen und Bedingungen der Erwerbstätigkeit in der Lebensmittelwirtschaft veranschaulicht werden.

5 Ausblick: Das Potenzial der CSR-Richtlinie zur Berichtspflicht über nichtfinanzielle Aspekte der Geschäftstätigkeit

Ein nicht zu unterschätzendes Potenzial im Hinblick auf eine Verbesserung der Arbeits- und Beschäftigungsbedingungen in der Liefer- und Wertschöpfungskette beinhaltet die 2014 verabschiedete EU-Richtlinie die Berichtspflicht bestimmter großer Unternehmen nichtfinanzielle Aspekte betreffend (RL 2014/95/EU). Nach der Richtlinie (Art. 19a Abs. 1 S. 1 der RL 2014/95/EU, vgl. auch Erw. 7) erstreckt sich die Berichtspflicht der Unternehmen u. a. auf Sozial- und Arbeitnehmerbelange. Offengelegt werden müssen vom Unternehmen diesbzgl. ergriffene Maßnahmenkonzepte, einschließlich angewandter Due-Diligence-Prozesse (Art. 19 a Abs. 1 lit. b)/Art. 29 a Abs. 1 lit. b) RL 2014/95/EU). Die Berichtspflicht trifft die Unternehmen erstmalig für das Geschäftsjahr 2016 (Art. 4 Abs. 1 S. 1, 2 der RL 2014/95/EU). Über eine Transparenzpflicht können die Unternehmen zwar nicht zu weitergehenden CSR-Maßnahmen verpflichtet werden (vgl. oben), jedoch ist zu erwarten, dass sie sich verstärkt mit dem Thema auseinandersetzen und ggf. zu (weitergehenden) Aktivitäten veranlasst werden. Ob dieses Potenzial ausgeschöpft wird, hängt allerdings von verschiedenen Faktoren ab:

Erstens Von der Berichtspflicht nach der Richtlinie (RL 2014/95/EU) werden nur bestimmte große Unternehmen von öffentlichem Interesse, insbesondere börsennotierte Unternehmen mit mehr als 500 Mitarbeitern, erfasst.[50] Europaweit werden damit nur ca. 6000 Unternehmen berichtspflichtig. Die Berichtspflicht (Art. 19 a Abs. 1 lit. d)/Art. 29a Abs. 1 lit. d) RL 2014/95/EU) erstreckt sich auf wesentliche Risiken im Zusammenhang mit diesen Belangen in Unternehmen der Liefer- und Wertschöpfungskette und deren Handhabung, soweit relevant und verhältnismäßig (RL 2014/95/EU, Erw. 8). Andere Unternehmen können damit von den großen Unternehmen zur Offenlegung verpflichtet werden (Art. 19a Abs. 1 S. 1 lit. d), 29a Abs. 1 S. 1 lit. d) der RL 2014/95/EU sowie Erw. 6). Die Berichtspflicht hinsichtlich der Liefer- und Wertschöpfungskette wird allerdings in das Ermessen der Unternehmen gestellt und ist damit nicht zwingend. Eine weitergehende Einbeziehung auch von sonstigen Unternehmen ist jedoch im Rahmen der Umsetzung der Richtlinie durch die Mitgliedstaaten möglich (RL 2014/95/EU, Erw. 14).

---

[50] Art. 19a Abs. 1 (große Unternehmen), 29a Abs. 1 (Tochterunternehmen einer Unternehmensgruppe) der RL 2014/95/EU, vgl. auch RL 2014/95/EU, Erw. 14, 15.

Zweitens Die Richtlinie (Art 19a Abs. 1 S. 2/Art. 29a Abs. 1 S. 2. RL 2014/95/EU) ermöglicht den Unternehmen nach dem Grundsatz „comply or explain"[51] große Flexibilität im Hinblick auf den Umfang der offenzulegenden Informationen. Insoweit besteht die Gefahr, dass die Unternehmen die Regelung missbrauchen, um nicht nur eine Berichterstattung zu bestimmten Belangen zu vermeiden, sondern auch die Befassung mit den entsprechenden Themen.[52] Zudem können die Mitgliedstaaten gestatten, dass Informationen zu bestimmten Belangen zurückgehalten werden, etwa wenn dies der Geschäftslage des Unternehmens schaden würde (Art. 19a Abs. 1, S. 4/Art. 29a Abs. 1 S. 4 RL 2014/95/EU). Eine Sanktion bei Verstoß gegen die Richtlinie ist nicht vorgesehen. Eine Prüfpflicht besteht nur bzgl. der Frage, ob und in welcher Form der Bericht (integriert oder als gesonderter Bericht) vorgelegt wird.[53] Optional können die Mitgliedstaaten allerdings eine weitergehende verpflichtende inhaltliche Prüfung vorsehen (Art. 19a Abs. 5, 6/ Art. 29a Abs. 5/6 der RL 2014/95/EU; Erw. 16). Machen die Mitgliedstaaten hiervon nicht Gebrauch, droht die Berichtspflicht zu den benannten Arbeitsbedingungen der Beschäftigten in der Liefer- und Wertschöpfungskette beliebig zu werden. Dies widerspricht der Intention der Richtlinie nicht nur in Bezug auf das Ziel der Transparenz und Vereinheitlichung (RL 2014/95/EU, Erw. 21), sondern auch in Bezug auf die erklärte Notwendigkeit, gewisse rechtliche Mindestanforderungen in Bezug auf den Umfang der Informationspflicht festzulegen (RL 2014/95/EU, Erw. 5). Die Möglichkeit, Informationen wegzulassen, deren konkreten Inhalt selbst zu bestimmen, und die fehlende inhaltliche Prüfung des Berichts werden von den Unternehmen nicht ungenutzt bleiben. Image schädigende Informationen zu den Arbeits- und Beschäftigungsbedingungen werden möglicherweise von den Unternehmen (weiterhin) zurückgehalten. Hierfür spricht, dass die Mängel der bereits zahlreich vorliegenden Nachhaltigkeitsberichte großer wie kleinerer Unternehmen in der Verantwortung gegenüber den Beschäftigten und gegenüber den Zulieferern liegen.[54] Werden die Unternehmen nicht verpflichtet, hierzu nach bestimmten Vorgaben zu berichten, fehlt es ggf. auch an der Motivation zu weitergehenden Maßnahmen. Ohne zwingende Verpflichtung wird ein Unternehmen in der Regel nicht über schlechte bzw. nicht konkret über Arbeitsbedingungen in der Liefer- und Wertschöpfungskette und v. a. nicht über sog. Scheinwerkverträge sowie die Entlohnung (echter) Soloselbstständiger/ Werkvertragsarbeiter berichten.

Drittens Die Berichtspflicht umfasst zwar Arbeitnehmerbelange. Diese werden durch die Richtlinie (RL 2014/95/EU) jedoch nicht konkretisiert.[55] In den – nicht zum Gesetzestext gehörenden und damit nicht verbindlichen – Erwägungen (RL 2014/95/EU, Erw. 7)

---

[51] Die Unternehmen müssen danach bei fehlenden Konzepten zu bestimmten Belangen ldgl. erläutern und begründen, warum dies der Fall ist.
[52] So auch der DGB (DGB Stellungnahme 2013, S. 8).
[53] Vgl. die Kritik des DGB (DGB Stellungnahme 2013, S. 9).
[54] IÖW/future Ranking (2011a) Ergebnisse, 28/IÖW/future Ranking (2011b) Kurzfassung, 12.
[55] Vgl. zur Kritik: DGB Stellungnahmen (2013, S. 3 f.).

werden in Bezug auf diese Belange lediglich einige Aspekte benannt, die die Erklärung enthalten „kann", u. a.: Informationen zur Umsetzung der grundlegenden Übereinkommen der Internationalen Arbeitsorganisation (ILO), zu den Arbeitsbedingungen, zur Achtung des Rechts der Arbeitnehmer, informiert und konsultiert zu werden, zur Achtung der Rechte der Gewerkschaften sowie zum Gesundheitsschutz und zur Sicherheit am Arbeitsplatz. Es bleibt abzuwarten, inwieweit die bis zum 01.01.2016 gemeinsam mit relevanten Interessenvertretern zu erstellende „Orientierungshilfe für die Berichterstattung" in Form unverbindlicher Leitlinien zur Methode der Berichterstattung, einschließlich allgemeiner und sektorspezifischer Leistungsindikatoren (Artikel 2 RL 2014/95/EU) eine Konkretisierung der Sozial- und Arbeitnehmerbelange beinhaltet. Auch diese werden allerdings unverbindlich sein und den Unternehmen ermöglichen, die Offenlegung bestimmter Informationen zu vermeiden.

Viertens Von der Berichtspflicht nach der Richtlinie (RL 2014/95/EU) werden nur Arbeitnehmerbelange, nicht jedoch die Belange der sonstigen in der Liefer- und Wertschöpfungskette Erwerbstätigen (Soloselbstständige/Werkvertragsarbeiter) erfasst. Eine mögliche Einbeziehung über die erwähnten Sozialbelange ist offenbar nicht vorgesehen, da – wie die Erwägungen zeigen (RL 2014/95/EU, Erw. 7) – der Fokus hierbei auf den lokalen Gemeinschaften und nicht auf Fragen der Erwerbstätigkeit in der Lieferkette liegt.

Fünftens Das erklärte Ziel der Richtlinie – Transparenz und Vergleichbarkeit der Berichte (vgl. RL 2014/95/EU, Erw. 21) – kann allein durch die Vorgaben der Richtlinie nicht erreicht werden. Die Richtlinie (Art. 19a Abs. 1 S. 5/Art. 29a Abs. 1 S. 5 RL 2014/95/ EU) sieht vor, dass die Mitgliedstaaten den Unternehmen ermöglichen, sich auf nationale, unionsbasierte oder internationale Rahmenwerke zu stützen. In den Erwägungen (RL 2014/95/EU, Erw. 9) werden hierzu entsprechende Empfehlungen gegeben. Aufgeführt werden nationale Rahmenwerke, unionsbasierte Rahmenwerke wie das Umweltmanagement- und Betriebsprüfungssystem (EMAS) sowie internationale Rahmenwerke, wie z. B. der Global Compact der Vereinten Nationen, die OECD-Leitsätze für multinationale Unternehmen, die ISO Norm 26000, die Global Reporting Initiative (GRI) sowie „andere anerkannte internationale Rahmenwerke". Die Anwendung der Rahmenwerke ist optional. Eine Konsistenz und Vergleichbarkeit der offengelegten Informationen kann nur durch eine verpflichtende Festlegung auf ein einheitliches Rahmenwerk erreicht werden. Die Auswahl eines Standards zur Berichterstattung sollte in Abhängigkeit von der derzeitigen Verbreitung der Standards[56] getroffen werden. Zudem muss gewährleistet sein,

---

[56] Die Idee dabei, den Unternehmen möglichst viel Flexibilität zu gewähren und ihnen zu ermöglichen, sich auf bisher für die Berichterstattung angewandte allgemein anerkannte Rahmenwerke oder auch branchen- oder unternehmensspezifische Standards zu stützen, konterkariert das Ziel der Transparenz und Vergleichbarkeit geradezu.
Die Unternehmen müssen sich zudem bereits mit zahlreichen Standards auf verschiedenen Ebenen befassen: Leitlinien internationaler Organisationen und Branchenstandards, individuelle Unterneh-

dass der Standard einerseits einen formalen Berichtsrahmen, andererseits aber auch einen materiellen Schutzstandard als Maßstab für sozial verantwortungsvolles Handeln mit Blick auf die Rahmenbedingungen der Erwerbstätigkeit in der Liefer- und Wertschöpfungskette bietet. Alle vorgeschlagenen Rahmenwerke (vgl. RL 2014/95/EU, Erw. 9) – mit Ausnahme des Europäischen Umweltmanagement- und Betriebsprüfungssystems (EMAS) – beinhalten Indikatoren zu Arbeitnehmerbelangen einschließlich der Liefer- und Wertschöpfungskette, wenn auch ohne Beachtung der Belange der sonstigen Erwerbstätigen. Keines der empfohlenen Rahmenwerke kann jedoch gleichermaßen die Qualität eines Berichtsrahmens einerseits und eines materiellen Schutzstandards andererseits aufweisen. In Betracht käme insofern die verpflichtende Festlegung auf die Kombination zweier Standards als Grundlage für die Berichterstattung. Von den benannten Rahmenwerken (vgl. RL 2014/95/EU, Erw. 9) als geeignet in diesem Sinne anzusehen ist der wohl am weitesten verbreitetste Berichtsrahmen der GRI (GRI 2014)[57] zur Unterstützung der Nachhaltigkeitsberichterstattung von Organisationen jeder Art – unabhängig von Größe, Branche und Standort – mit allgemeinen Indikatoren zu den Themen Arbeitspraktiken und menschenwürdiger Beschäftigung, inklusive der Liefer- und Wertschöpfungskette sowie sektorspezifische Ergänzungen, z. B. zur Lebensmittelverarbeitung. Er enthält allerdings selbst keine inhaltlichen CSR-Regeln, sondern versteht sich als Komplementär zu bereits bestehenden Standards wie den OECD-Leitsätzen (OECD 2011), der ISO Norm 26000 oder dem Global Compact und unterstützt diese (Vitols 2011, S. 50; Mürle 2006, S. 80). Ergänzend heranzuziehen wären deshalb z. B. OECD-Leitsätze für multinationale Unternehmen (OECD 2011).[58] Sie enthalten materielle Vorgaben zu CSR und beschreiben gute Geschäftspraktiken (DGB Standpunkt Nr. 03/2011) in Form von Empfehlungen an die Unternehmen. Die OECD-Leitsätze (OECD 2011) stellen das bislang umfassendste Instrument zur Förderung von sozial verantwortungsbewusstem Handeln von Unternehmen (so auch Vitols 2011, S. 39) mit dem Fokus (auch) auf Arbeitnehmerbelange einschließlich Sorgfaltspflichten in der Liefer- und Wertschöpfungskette dar. Ein wesentlicher Nachteil der OECD-Leitsätze (OECD 2011) ist allerdings, dass sich die Empfehlungen

---

mensstandards. Vgl. Voland (2015, S. 67 f.) zur Problematik verschiedener Standards in Bezug auf Menschenrechte.

[57] Weltweit nutzen aktuell mehr als 5000 Unternehmen, Verbände und Organisationen aus über 70 Ländern die Vorgaben der 1997 gegründeten GRI. 19 der Dax-30-Konzerne orientieren sich bei ihren Nachhaltigkeitsberichten daran.

[58] Auf eine Erörterung der weiteren in den Erwägungen der Richtlinie (RL 2014/95/EU, Erw. 9) genannten Rahmenwerken, die inhaltliche Grundsätze/Empfehlungen/ Leitlinien zu CSR beinhalten (ISO Norm 26000, die Trilaterale Grundsatzerklärung der Internationalen Arbeitsorganisation zu multinationalen Unternehmen und zur Sozialpolitik: IAA Trilaterale Erklärung 2006, Global Compact der Vereinten Nationen (VN) sowie die UN Leitprinzipien für Wirtschaft und Menschenrechte: UN-Leitprinzipien 2011) wird an dieser Stelle verzichtet, da sie mit Blick auf die hier relevanten Bedingungen der Erwerbstätigkeit in ihrem persönlichen Geltungsbereich und auch inhaltlich nicht über das Niveau der OECD-Leitsätze (OECD 2011) hinausgehen bzw. – wie die ILO-Abkommen – in die Leitsätze integriert wurden, sodass es einer gesonderten Erläuterung nicht bedarf.

allein an multinationale Unternehmen wenden. Sonstige Unternehmen werden zwar als Geschäftspartner in der Liefer- und Wertschöpfungskette im Rahmen der Sorgfaltspflicht der multinationalen Unternehmen erfasst. Für lediglich national agierende Unternehmen jeder Größe, insbesondere KMU, die nicht Teil einer Liefer- und Wertschöpfungskette solcher multinationaler Unternehmen sind, ist der Geltungsbereich der OECD-Leitsätze (OECD 2011) jedoch nicht eröffnet. Als mögliches nationales Rahmenwerk für die EU-Berichtspflicht wird bisher der Deutsche Nachhaltigkeitskodex (DNK 2015) des Rates für Nachhaltige Entwicklung der Bundesregierung (RNE) präferiert.[59] Auch einige Branchenverbände, z. B. die Bundesvereinigung für Ernährungswirtschaft (BVE Pressemitteilung 2015)[60], haben sich für die Anwendung des DNK ausgesprochen. Der DNK ist in Deutschland bereits weit verbreitet (Datenbank DNK 2015) und international anschlussfähig. Er bietet einen Berichterstattungsrahmen zu nichtfinanziellen Leistungen für Organisationen und Unternehmen jeder Größe, Rechtsform, Branche und jedes Standortes. Die Anwender erstellen eine Entsprechenserklärung zu 20 DNK-Kriterien und zu ergänzenden nichtfinanziellen Leistungsindikatoren. Die durch die Anwendung eines anderen Standards (insbes. Global Reporting Initiative: GRI, UN Global Compact, OECD-Leitsätze: OECD 2011, ISO Norm 26000, EMAS; vgl. DNK 2015, S. 16) erlangte Datenbasis kann im Rahmen der Entsprechenserklärung genutzt werden, um zusätzlichen Aufwand zu vermeiden. Die Indikatoren des DNK (auf Grundlage GRI bzw. EFFAS)[61] beinhalten u. a. Angaben zu Arbeitnehmerrechten sowie zur Sorgfaltspflicht in der Liefer- und Wertschöpfungskette. Nach dem „comply or explain"-Prinzip können die Unternehmen allerdings auf Informationen über einzelne Indikatoren verzichten, sofern sie – ihrer Meinung nach – nicht wesentlich sind, die Daten nicht verfügbar sind oder andere nachvollziehbare Gründe genannt werden können, warum nicht offengelegt wird[62], und damit konkrete und v. a. ihr Image schädigende Informationen zu den Arbeits- und Beschäftigungsbedingungen vermeiden.[63] Da es sich beim DNK – wie beim GRI – lediglich um einen formalen Berichtsrahmen ohne materiellen Schutzstandard handelt, ist ergänzend ein Standard mit

---

[59] Siehe auch zur Einschätzung durch die EU-Kommission und des RNE (DNK 2015, S. 3, 16).

[60] Bisher haben allerdings nur fünf Unternehmen der Nahrungs- und Genussmittelindustrie eine DNK-Entsprechenserklärung abgegeben (vgl. Datenbank DNK 2015).

[61] Der EFFAS-Standard enthält ein System zentraler Leistungsindikatoren mit Fokus auf die Finanzwirtschaft, die europaweit gültig sind.

[62] Der RNE führt dies als eines der Argumente an, die für eine Berichterstattung nach dem DNK sprechen.

[63] Vgl. z. B. Coca-Cola-Nachhaltigkeitsbericht/DNK-Erklärung 2013. Die ausgewählten Kennzahlen zum Thema Arbeitsplatz enthalten keinerlei Informationen zur Vergütung und zum Einsatz von Leiharbeitnehmern und Werkvertragsarbeitern. Bei den Angaben zu den Arbeitspraktiken der Zulieferer wird auf die Coca-Cola-Leitprinzipien für Zulieferer 2011 verwiesen, die inhaltlich nicht über die ILO Kernarbeitsnormen hinausgehen. Dies entspricht auch den Ergebnissen des IÖW/future Ranking (2011a) Ergebnisse, 28 (Großunternehmen)/IÖW/future Ranking (2011b) Kurzfassung 12 (KMU).

inhaltlichen Empfehlungen zur Berichterstattung heranzuziehen, was z. B. durch eine Entsprechenserklärung auf Basis der OECD-Leitsätze (OECD 2011) realisiert werden kann.

Zu denken wäre aber auch an die Akzeptanz anderer Standards, auch wenn diese bisher weder den Bekanntheits- noch den Verbreitungsgrad der vorgenannten Rahmenwerke erreicht haben. Als Beispiel sollen hier die Bilanzierungskriterien der Gemeinwohl-Ökonomie (GWÖ 2015)[64] dienen. Seit ihrem Start 2010 hat die GWÖ zahlreiche Unterstützer gewonnen, darunter 1769 Unternehmen weltweit (GWÖ 2015). Die Gemeinwohlbilanz als „Herzstück" der Gemeinwohlökonomie hat die Funktion, unternehmerischen Erfolg in einer neuen Bedeutung zu messen: am Beitrag, den ein Unternehmen zum Gemeinwohl leistet (GWÖ 2015). Anwenden können die GWÖ-Bilanz Unternehmen jeder Größe (im Gegensatz zu den OECD-Leitsätzen, vgl. oben), jeder Branche und unabhängig ihres räumlichen Wirkungsbereichs. Die methodische Erfassung erfolgt mittels Gemeinwohlpunkten (1–1000 Punkte) für proaktives Verhalten nach derzeit 17 Indikatoren. Hierdurch wird eine nachvollziehbare, plausible und konsistente Einschätzung ermöglicht. Bewertet werden Leistungen, die über den gesetzlichen Rahmen hinausgehen und eine positive (Pluspunkte) bzw. eine negative (Minuspunkte) gesellschaftliche Relevanz haben. Die Bewertung erfolgt durch externe Auditoren. Das Messinstrument ist eine Matrix (GWÖ-Matrix 4.1.). Die Indikatoren wurden in Arbeitsgruppen entwickelt, denen ehrenamtlich tätige Privatpersonen, Vertreter aus Politik, Wissenschaft und Wirtschaft angehören und werden regelmäßig mit Blick auf ihre Praxistauglichkeit evaluiert, präzisiert und an veränderte Rahmenbedingungen angepasst (GWÖ 2015). Sie umfassen zahlreiche Angaben zu Arbeits- und Beschäftigungsbedingungen (z. B. zur Vergütung, Arbeitszeitgestaltung und Mitbestimmung) inklusive der Bedingungen in der Liefer- und Wertschöpfungskette, allerdings – wie alle anderen Standards (vgl. oben) – beschränkt auf Belange der Arbeitnehmer ohne Beachtung der Belange der sonstigen Erwerbstätigen[65]. Schutzniveau und Konkretisierungsgrad des materiellen Maßstabs der GWÖ-Kriterien sind insgesamt sehr hoch und gehen über die inhaltlichen Empfehlungen der OECD-Leitsätze (OECD 2011) hinaus. Im Vergleich zu den zuvor betrachteten Standards/Rahmenwerken ist zunächst festzustellen, dass die Gemeinwohlbilanz im Gegensatz zum DNK/GRI einen konkreten materiellen Schutzstandard festschreibt und nicht nur einen Berichtsrahmen bietet, der (auch) unkonkrete Informationen zulässt bzw. den Unternehmen ermöglicht, auf bestimmte (unangenehme) Informationen ganz zu verzichten. Die Bewertung durch Punkte ermöglicht zudem einen branchenübergreifenden und größenunabhängigen Vergleich zwischen den Unternehmen. Durch die klar strukturierte Aufführung von Indikatoren eignet sich die Gemeinwohlbilanz auch formal als Rahmenwerk im Sinne eines Berichtsrahmens.

---

[64] Die Idee der Gemeinwohlökonomie ist es, in einem demokratischen, partizipativen und ergebnisoffenen Prozess ein Wirtschaftssystem zu etablieren, in dem das Gemeinwohl an oberster Stelle steht. Die Gemeinwohlökonomie wurde von Christian Felber gemeinsam mit österreichischen Unternehmen entwickelt. Grundlegend sowie zu Vision, Geschichte und Eckpunkten: Felber (2012).

[65] Diesbzgl. Anhaltspunkte etwa über Indikatoren z. B. zu Beiträgen zum Gemeinwesen und zur Einbeziehung von Berührungsgruppen sind insoweit nicht aussagekräftig.

Ebenso käme jedoch eine Kombination mit dem Berichtsrahmen des DNK in Betracht, vorausgesetzt der GWÖ-Bilanzrahmen würde als möglicher Basisstandard für eine DNK-Entsprechenserklärung Eingang finden. Eine Berichterstattung der Unternehmen zu nichtfinanziellen Aspekten ihrer Geschäftstätigkeit entsprechend der EU-Richtlinie (RL 2014/95/EU) auf Grundlage der Gemeinwohlbilanz als Rahmenwerk (ggf., aber nicht notwendig in Ergänzung zu GRI oder DNK als Berichtsrahmen) würde die Transparenz und Vergleichbarkeit (RL 2014/95/EU, Erw. 21) der Berichte enorm befördern. Allerdings handelt es sich – im Gegensatz zu den OECD-Leitsätzen (OECD 2011) als materiellem Standard sowie zu den GRI- bzw. DNK-Berichtsrahmen – bei der GWÖ-Bilanz (bisher) nicht um einen national bzw. international anerkannten Standard. Die Anschlussfähigkeit an die anerkannten Berichtsrahmen ist jedoch gegeben, da die Berichterstattung nach GRI (wie auch nach EMAS) in die Bewertung innerhalb der GWÖ-Bilanz einfließt. Im Gegensatz zu den OECD-Leitlinien für multinationale Unternehmen (OECD 2011) ist die Gemeinwohlbilanz auch als Instrument für kleine und mittelständische Unternehmen anwendbar, die nicht Teil einer Liefer- und Wertschöpfungskette großer Unternehmen sind, und schließt damit eine Lücke. Eine schnelle Verbreitung und Anerkennung der Gemeinwohlbilanz ist deshalb wünschenswert.[66] Wie Unternehmen die GWÖ-Bilanzierung als materiellen Standard zur Messung ihrer CSR-Leistungen und -Entwicklungsprozesse nutzen und diese (in Kombination mit den GRI- bzw. DNK-Berichtsrahmen) transparent und vergleichbar machen, zeigt das Beispiel der Märkisches Landbrot GmbH.[67] Neben einer Berichterstattung zur Ökologie nach EMAS-Grundsätzen[68] legt das Unternehmen umfangreiche Informationen zu Sozial- und Arbeitnehmerbelangen offen (ML Soziales 2015) und berichtet nicht nur nach dem Berichtsrahmen GRI[69] bzw. inzwischen nach DNK (ML DNK 2014), sondern veröffentlicht darüber hinaus zweijährig eine Gemeinwohlbilanz (ML GWÖ-Bilanz 2015).[70] Um zu zeigen, dass eine GWÖ-Bilanz vollständig

---

[66] Für einen fortschreitenden Bekanntheitsgrad spricht z. B., dass das Thema „Gemeinwohlbilanz und gesellschaftliche Wirkung eines Unternehmens" auf dem diesjährigen Deutschen CSR-Forum (20./21. April 2015) diskutiert wird. Vgl. das Programm: http://www.csrforum.eu/site_media/uploads/F5-Programm.pdf.

[67] Vgl. die Beiträge von Deinert/Pape in diesem Band.

[68] Märkisches Landbrot ist EMAS-zertifiziert, vgl. ML Ökologie (2015).

[69] Das Unternehmen hatte zunächst einen Bericht anhand des GRI-Berichtsrahmens erstellt, Berichtsebene A, für Soziales (vgl. ML GRI 2013).

[70] Der erste GWÖ-Bericht wurde 2012 auditiert (652/1000 Punkte). Märkisches Landbrot GmbH war damit der erste Betrieb in Berlin mit einer zertifizierten GWÖ-Bilanz. Der 2. Bericht für den Berichtszeitraum 2012 bis 2014 wurde am 25.02.2015 auditiert (689/1000 Punkte), vgl. ML GWÖ-Bilanz (2015).
Als regional agierendes Unternehmen vertreibt Märkisches Landbrot seine Produkte im regionalen Biofachhandel und bezieht seine Rohstoffe – soweit möglich – von regionalen Erzeugern. Da es weder selbst multinationales Unternehmen noch Teil einer Liefer- und Wertschöpfungskette eines multinationalen Unternehmens ist, sind die OECD-Leitsätze als materieller Standard zur Berichterstattung über Sozial- und Arbeitnehmerbelange nicht relevant.

den Vorgaben der gesetzlichen Berichtspflicht nach der CSR-Richtlinie (RL 2014/95/EU) entspricht, hat das Unternehmen kürzlich eine diesbzgl. Entsprechenserklärung abgegeben (vgl. ML GWÖ-Bilanz 2015, Anhang).[71]

Vorausgesetzt also, die Umsetzung der Richtlinie (RL 2014/95/EU) in nationales Recht[72] würde dazu führen, dass:

- die Berichtspflicht auf andere (kleinere) Unternehmen erweitert wird,
- die Möglichkeit der Unternehmen zur Vermeidung von Informationen minimiert und eine Prüfpflicht auch bzgl. des Inhalts der Berichte festgeschrieben wird,
- die bzgl. der Arbeitnehmerbelange geforderten Informationen konkretisiert werden,
- die Unternehmen auf einen bzw. zwei kombinierte einheitliche(n) Standard(s) als Grundlage für ihre Berichterstattung verpflichtet werden, der/die gleichermaßen/in Kombination die Qualität eines materiellen Maßstabs und eines formellen Berichtsrahmens erfüllen,

wäre durch die CSR-Richtlinie nicht nur eine transparente und vergleichbare Berichterstattung zu den Arbeitnehmerbelangen gesichert. Vielmehr würde dies die Unternehmen veranlassen, sich (weitergehend) mit den Arbeits- und Beschäftigungsbedingungen in der Liefer- und Wertschöpfungskette auseinanderzusetzen und ihre CSR-Aktivitäten (auch) hierauf zu fokussieren. Im Hinblick auf die Belange der sonstigen in der Liefer- und Wertschöpfungskette Erwerbstätigen (Soloselbstständige/Werkvertragsarbeiter) kann an die Umsetzung der Richtlinie in nationales Recht keine Erwartung geknüpft werden. Eine – nach den tatsächlichen Strukturen der Erwerbstätigkeit, wie am Beispiel der Lebensmittelwirtschaft gezeigt, zwingend erforderliche – Beachtung der Belange dieser Erwerbstätigen im Rahmen von CSR kann jedoch entweder durch die Einbeziehung entsprechender Aspekte in das Themenfeld „soziale Belange" oder über eine funktionale Erweiterung des „Arbeitnehmerbegriffs" in den der Berichterstattung zugrunde zu legenden Rahmenwerken erreicht werden, z. B. innerhalb der GWÖ-Bilanzierung.

Das Potenzial der Richtlinie die Berichtspflicht nichtfinanzielle Aspekte der Geschäftstätigkeit betreffend (RL 2014/95/EU) kann nur nutzbar gemacht werden, wenn alle an der Umsetzung in nationales Recht Beteiligten (insbes. Gesetzgeber, Interessenvertretungen und NGOs) von ihren Einflussmöglichkeiten Gebrauch machen. Erforderlich ist die Beteiligung aller für die Bedingungen der Erwerbstätigkeit in der Liefer- und Wertschöpfungskette angesprochenen Träger sozialer Verantwortung (Unternehmen und sonstige Organi-

---

[71] Die Entsprechenserklärung wurde als Anlage zum GWÖ-Bericht veröffentlicht. Märkisches Landbrot ist damit eines der ersten Unternehmen, welches diese Entsprechenserklärung abgegeben hat. Die TAZ Berlin z. B. hat dies ebenfalls angekündigt. Weitere GWÖ-Unternehmen werden sicherlich folgen.

[72] Ein Entwurf für die nationale Umsetzung der EU-Richtlinie zur Offenlegung nichtfinanzieller Kennzahlen, die bis zum 06.12. 2016 (vgl. Art. 4 Abs. 1 RL/2014/EU) zu erfolgen hat, soll noch in diesem Jahr vorliegen. Daran schließe sich eine öffentliche Konsultation an, vgl. RNE Pressemitteilung (2015).

sationen, insbes. Staat und Arbeitnehmervertretungen) und die Einbeziehung sowie der Ausgleich der Interessen und Bedürfnisse aller Erwerbstätigen (insbes. Arbeitnehmer und Soloselbstständige/Werkvertragsarbeiter) als Stakeholder. (C)SR im Sinne von „freiwillig aber nicht beliebig" (Gem. Verständnis 2009, S. 1) ist damit als Chance und Herausforderung zur Verbesserung der Bedingungen aller Erwerbstätigen der Liefer- und Wertschöpfungskette (auch) in der Lebensmittelwirtschaft zu verstehen.

Literatur

AEntG: Arbeitnehmer-Entsendegesetz- (AEntG) vom 26.2.1996, Neufassung April 2009 (BGBl. I S. 799), letzte Änderung durch Art. 6 G vom 11.8.2014, in Kraft zum 16.8.2014, BGBl. vom 15.8.2014, Teil I, S 1348, 1356

Änderung AÜG (2011) Erstes Gesetz zur Änderung des Arbeitnehmerüberlassungsgesetzes – Verhinderung von Missbrauch der Arbeitnehmerüberlassung vom 28. April 2011, BGBl. Teil I Nr. 18, S 642

AÜG: Arbeitnehmerüberlassungsgesetz (AÜG) in der Fassung der Bekanntmachung vom 3. Februar 1995 (BGBl. I S 158) Letzte Änderung durch Art. 7 G vom 11.8.2014, BGBl. vom 15.8.2014, Teil I, S 1348, 1349

Begründung Gesetzesentwurf Missbrauch Werkverträge (2013) Begründung zum Entwurf eines Gesetzes zur Bekämpfung des Missbrauchs von Werkverträgen und zur Verhinderung der Umgehung von arbeitsrechtlichen Verpflichtungen, BR Drucks. 18/14 vom 28.10.2013

Beile J (25. Januar 2005) In: Hans-Böckler-Stiftung, Deutscher Gewerkschaftsbund (Hrsg) Dokumentation des Workshops Corporate Social Responsibility – Neue Handlungsfelder für Arbeitnehmervertretungen. Berlin, S 32–33

Betriebsratspraxis24.de: Online-Informationsdienst Betriebsratspraxis24.de. http://www.betriebsratspraxis24.de/top-themen/archiv/erster-tarifvertrag-fuer-werkvertragsarbeiter. Zugegriffen: 18. März 2015

Beutler K, Lenssen C (2013) Hans-Böckler –Stiftung, bsb GmbH Köln. In: Beutler K, Lenssen C (Hrsg) Betriebsvereinbarungsregelungen zur onsite-Werkvertragsarbeit unter Berücksichtigung von Arbeits- und Gesundheitsschutz (Vereinbarungsbausteine). www.bsb-seite.de. Zugegriffen: 25. März 2015

BMAS Pressemitteilung (10. März 2015) Pressemitteilung des Bundesministeriums für Arbeit und Soziales vom 10.3.2015. http://www.bmas.de/DE/Service/Presse/Pressemitteilungen/g7-internationale-stakeholder-konferenz.html. Zugegriffen: 19. März 2015

bog (15. Mai 2013) Millionendeal mit Staatsanwaltschaft: Kaufland zahlt wegen umstrittener Werkverträge. handelsblatt.com v. 15.5.2013. http://www.handelsblatt.com/unternehmen/handel-konsumgueter/millionen-deal-mit-staatsanwaltschaft-kaufland-zahlt-wegen-umstrittener-werkvertraege/8211958.html. Zugegriffen: 27. Feb. 2015

bog (21. Mai 2014) Discounter- Netto zahlt Millionen für illegale Werkverträge. handelsblatt.com vom 21.5.2014. http://www.handelsblatt.com/unternehmen/handel-konsumgueter/discounter-netto-zahlt-millionen-fuer-illegale-werkvertraege/9926364.html. Zugegriffen: 27. Feb. 2015

Botsch A (25. Januar 2005) In: Hans-Böckler-Stiftung, Deutscher Gewerkschaftsbund (Hrsg) Dokumentation des Workshops Corporate Social Responsibility- Neue Handlungsfelder für Arbeitnehmervertretungen. Berlin, S 34–35

Burckhardt G (2013) Mangelnden Schutz der Betroffenen in ausgewählten Produktionsländern. In: Burckhardt G (Hrsg) Corporate Social Responsibility- Mythen und Maßnahmen, 2. Aufl. Springer, Bonn, S 57 ff.

BVE Pressemitteilung (21. Januar 2015) Bundesvereinigung der Deutschen Ernährungsindustrie (BVE), Pressemitteilung vom 21.1.2015. http://www.nachhaltigkeitsrat.de/presseinformationen/pressemitteilungen/dnk-bve-21-01-2015/. Zugegriffen: 27. Feb. 2015

Datenbank DNK: Datenbank DNK-Unternehmen in Deutschland/Filter „Nahrung- und Genussmittel". http://www.deutscher-nachhaltigkeitskodex.de/de/datenbank/dnk-datenbank.html. Zugegriffen: 21. März 2015

Däubler W, Buchner FS (2009) Festschrift für Herbert Buchner. C.H. Beck, München

DBG Diskurs (2012) In: DGB Bundesvorstand (Hrsg) Diskurs: Prekäre Beschäftigung- Herausforderung für die Gewerkschaften, Berlin. https://www.dgb-bestellservice.de/besys_dgb/pdf/DGB21353.pdf. Zugegriffen: 24. März 2015

Deinert O (2013) Internationales Arbeitsrecht. Mohr Siebeck, Tübingen

derwesten.de (9. September 2013) WAZ „Ver.di-Chef Bsirske will die Werkverträge bekämpfen" derwesten.de v. 9.9.2013. http://www.derwesten.de/wirtschaft/verdi-chef-bsirske-will-werkvertraege-bekaempfen-id8415264.html. Zugegriffen: 27. Feb. 2015

Dettmer M, Hawranek D, Lill T, Tietz J (18. November 2013b) Mittendrin und nicht dabei. spiegel.de v. 18.11.2013. http://www.spiegel.de/spiegel/print/d-121741521.html. Zugegriffen: 27. Feb. 2015

DGB Position (April 2009) In: DGB Bundesvorstand (Hrsg) DGB Position: „Verbindliche Regeln, die für alle gelten!" Zehn-Punkte-Papier des DGB zu Corporate Social Responsibility (CSR), Berlin. http://www.dgb.de/themen/++co++article-mediapool-b2f21852c6f4cd3009eb281a0e189cb3?k%3Alist=Mitbestimmung&k%3Alist=CSR&display_page=1&tab=Alle. Zugegriffen: 24. März 2015

DGB Positionspapier (2012) Positionspapier des DGB Bundesvorstandes gegen die missbräuchliche Nutzung von Werkverträgen v. 2.10.2012. http://www.boeckler.de/pdf/v_2012_11_26_buntenbach_positionspapier.pdf. Zugegriffen: 25. März 2015

DGB Standpunkt Nr. 03/2011: DGB Bundesvorstand (Hrsg): Standpunkt Nr. 03/2011: Die neuen Guidelines für multinationale Unternehmen- eine Bestandsaufnahme aus gewerkschaftlicher Sicht. http://www.dgb.de/themen/++co++b25c03ee-f8a6-11e0-502f-00188b4dc422/@@dossier.html. Zugegriffen: 25. März 2015

DGB Stellungnahme (13. Februar 2012) In: DGB Bundesvorstand (Hrsg) Stellungnahme des DGB zur CSR-Mitteilung der EU-Kommission vom 25.10.2011, Berlin. http://www.dgb.de/themen/++co++5c9abce4-5723-11e1-7098-00188b4dc422/@@dossier.html. Zugegriffen: 24. März 2015

DGB Stellungnahme (27. Mai 2013) In: DGB Bundesvorstand (Hrsg) Stellungnahme des Gewerkschaftsbundes zum Vorschlag der EU-Kommission für eine Richtlinie des Parlaments und des Rates zur Änderung der Richtlinie 68/660/EWG und 83/349/EWG des Rates im Hinblick auf die Offenlegung nichtfinanzieller und die Diversität betreffender Informationen durch bestimmte große Gesellschaften und Konzerne, Berlin. http://www.dgb.de/themen/++co++468f6c70-c9cc-11e2-bf45-00188b4dc422/@@dossier.html. Zugegriffen: 24. März 2015

DGB Themen (2012) DGB, Bezirk Baden Württemberg, Themen vom 2.4.2014: „Billiger geht immer: Werkverträge in der Ernährungsindustrie". http://bw.dgb.de/themen/++co++af429596-f775-11e1-a3a4-00188b4dc422. Zugegriffen: 28. Feb. 2015

DNK (2015) In: RNE (Hrsg) Deutscher Nachhaltigkeitskodex, 2. Komplett überarbeitete Fassung Januar 2015, RNE, Texte Nr. 47 2015. http://www.nachhaltigkeitsrat.de/uploads/media/RNE_Der_Deutsche_Nachhaltigkeitskodex_DNK_texte_Nr_47_Januar_2015.pdf

Doelfs G (2012) In: Hans-Böckler-Stiftung (Hrsg) Werkverträge, 1,02 € pro Schwein. Magazin Mitbestimmung Ausgabe 12/2012. http://www.boeckler.de/41784_41843.htm. Zugegriffen: 16. März 2015

dpa (7. August 2012) Arbeitsbedingungen: Rewe widerspricht Scheinwerksvertrags-Vorwurf. handelsblatt.com vom 7.8.2012. http://www.handelsblatt.com/unternehmen/handel-konsumgueter/arbeitsbedingungen-rewe-widerspricht-scheinwerkvertrags-vorwurf/6972372.html. Zugegriffen: 28. Feb. 2015

Ellguth P, Kohaut S (2014) Tarifbindung und betriebliche Interessenvertretung: Ergebnisse aus dem IAB-Betriebspanel 2013. In: Hans-Böckler-Stiftung (Hrsg) WSI Mitteilungen 4/2014

EU-Konsultationen (November 2014) In: European Commission (Hrsg) The corporate social responsibility strategy of the European Commission: results of the public consultation. Carried out between 30 April and 15 August 2014, Brüssel. http://www.npj.cz/soubory/dokumenty/report-public-consultation-csr-final-14-12-08-pdf1418652721.pdf. Zugegriffen: 28. März 2015

Felber C (2012) Die Gemeinwohl-Ökonomie, 2. Aufl. Deuticke im Paul Zsolnay Verlag, Wien

focus.de (6. August 2012) jr/ots „Lohn-Skandal bei Rewe- Werkverträge torpedieren den Leiharbeiter-Mindestlohn" focus.de v. 6.8.2012. http://www.focus.de/finanzen/news/arbeitsmarkt/lohn-skandal-bei-rewe-werkvertaege-torpedieren-den-leiharbeiter-mindestlohn_aid_794498.html. Zugegriffen: 28. Feb. 2015

Franz W (2013) Arbeitsmarktökonomik, 8. Aufl. Springer, Berlin

Freemann E (1984) Strategic management: a stakeholder approach. Pitman, Boston

Gemeins. Verständnis (28. April 2009) Nationales CSR-Forum: Gemeinsames Verständnis von Corporate Social Responsibility in Deutschland. http://www.csr-in-deutschland.de/fileadmin/user_upload/Downloads/ueber_csr/was_ist_csr/Nationales_CSR-Forum_-_Gemeinsames_Verstaendnis_von_CSR_.pdf. Zugegriffen: 24. März 2015

Gesetzesentwurf Missbrauch Werkverträge (20. September 2013) Entwurf eines Gesetzes zur Bekämpfung des Missbrauchs von Werkverträgen und zur Verhinderung der Umgehung von arbeitsrechtlichen Verpflichtungen. BR Drucks. 18/14 vom 28.10.2013

Global Compact: UN Global Compact. https://www.unglobalcompact.org/languages/german/. Zugegriffen: 6. März 2015

GRI (2014) Global Reporting Initiative (GRI 2014): Berichterstattungsgrundsätze und Standardangaben. https://www.globalreporting.org/resourcelibrary/German-G4-Part-One.pdf. Zugegriffen: 17. März 2015

Grossarth J (15. April 2013) Das billige Fleisch hat einen Preis. faz.net v. 15.4.2013. http://www.faz.net/aktuell/wirtschaft/wirtschaftspolitik/lebensmittel/arbeitsbedingungen-auf-schlachthoefen-das-billige-fleisch-hat-einen-preis-12148647-p2.html. Zugegriffen: 27. Feb. 2015

GWÖ (2015) Gemeinwohl- Ökonomie 2015: Ein Wirtschaftsmodell mit Zukunft. http://www.gemeinwohl-oekonomie.de/. Zugegriffen: 21. März 2015

GWÖ- Matrix 4.1.: GWÖ, derzeit aktuelle (gültig seit 4.3.2013) Matrix 4.1. http://balance.ecogood.org/matrix-4-1-de/matrix-4-1-de

Haipeter T (2013) In: Hans-Böckler-Stiftung (Hrsg) Magazin Mitbestimmung Ausgabe 10/2013: „Schwächelnde Gegenspieler". http://www.boeckler.de/44324_44346.htm. Zugegriffen: 16. März 2015

Hamann W, Schüren P (2010) Arbeitnehmerüberlassungsgesetz, 4. Aufl. C.H. Beck, München, zu § 1 AÜG

Hans-Böckler-Stiftung (2014) In: Hans-Böckler-Stiftung (Hrsg) Werkvertragsarbeit fair gestalten. Gute Praxis in der Stahlindustrie, Setzkasten GmbH, Düsseldorf. http://www.boeckler.de/pdf/p_mbf_Werkvertragsarbeit.pdf. Zugegriffen: 27. Feb. 2015

Hans-Böckler-Stiftung, DGB Dok. (25. Januar 2005) In: Hans-Böckler-Stiftung, Deutscher Gewerkschaftsbund (Hrsg) Dokumentation des Workshops Corporate Social Responsibility- Neue Handlungsfelder für Arbeitnehmervertretungen. Berlin

Hauser-Dietz A, Wilke P (2004) Corporate Social Responsibility: Befragung von Betriebsratsspitzen von DAX-30- Unternehmen zu den Handlungsfeldern für Arbeitnehmervertretungen. Hamburg

HDE Pressemitteilung (23. Juli 2014) Handelsverband Deutschland e. V. (HDE), Pressemitteilung v. 23.7.2014. http://www.einzelhandel.de/index.php/presse/aktuellemeldungen/item/124405-werkvertr%C3%A4ge-neue-regulierungen-%C3%BCberfl%C3%BCssig. Zugegriffen: 27. Feb. 2015

Heidemann W (25. Januar 2005) CSR und Human Resource Management als Praxisfeld von Corporate Social Responsibility. In: Hans-Böckler-Stiftung, Deutscher Gewerkschaftsbund (Hrsg) Dokumentation des Workshops Corporate Social Responsibility- Neue Handlungsfelder für Arbeitnehmervertretungen. Berlin, S 14–17

Heilmann M (21./22. März 2013) Billiger geht immer- Werkverträge im Bereich der Gewerkschaft NGG, 9. Hans-Böckler-Forum zum Arbeits- und Sozialrecht in Berlin. http://www.boeckler.de/pdf/v_2013_03_21_heilmann.pdf. Zugegriffen: 24. März 2015

Hensche D, Heuschmid J, Däubler W (Hrsg) (2012) Tarifvertragsgesetz, 3. Aufl. 2012, zu" 1 TVG, Rn 899ff, 924ff, Nomos, Baden-Baden

Hexel D (25. Januar 2005) In: Hans-Böckler-Stiftung, Deutscher Gewerkschaftsbund (Hrsg) Dokumentation des Workshops Corporate Social Responsibility – Neue Handlungsfelder für Arbeitnehmervertretungen. Berlin, S 3

IAA Trilaterale Erklärung (2006) Internationales Arbeitsamt (IAA), Dreigliedrige Grundsatzerklärung über multinationale Unternehmen und Sozialpolitik der ILO von 1997 (zuletzt überarbeitet 2006 – MNE-Erklärung der ILO, vgl., Genf, 4. Aufl. http://www.ilo.org/wcmsp5/groups/public/--ed_emp/--emp_ent/documents/publication/wcms_179118.pdf. Zugegriffen: 21. März 2015

IG-Metall NRW (2013) Dossier Werkverträge: IG-Metall (Hrsg) Dossier Werkverträge 2013 der IG-Metall NRW. http://www.fokus-werkvertraege.de/w/files/igm031/studien/dossier-werkvertraege.pdf. Zugegriffen: 24. März 2015

ILO (1998): ILO (Hrsg) Grundsatzerklärung der ILO 1998: Erklärung der ILO über grundlegende Prinzipien und Rechte bei der Arbeit und ihre Folgemaßnahmen, Genf, 18.6.1998. http://www.ilo.org/wcmsp5/groups/public/--europe/--ro-geneva/--ilo-berlin/documents/normativeinstrument/wcms_193727.pdf. Zugegriffen: 21. März 2013

ILO Empfehl.: ILO (Hrsg) Empfehlungen (Überblick): http://www.ilo.org/dyn/normlex/en/f?p=NORMLEXPUB:12010:0::NO. Zugegriffen: 17. März 2015

ILO Empfehl. 198: ILO (Hrsg) Empfehlung 198 (R 198), Empfehlung betreffend Employment Relationship vom 15.6.2006. http://www.ilo.org/dyn/normlex/en/f?p=NORMLEXPUB:12100:0::NO:12100:P12100_INSTRUMENT_ID:312535:NO. Zugegriffen: 17. März 2015

ILO Kernarbeitsnormen: ILO – Kernarbeitsnormen. http://www.ilo.org/berlin/arbeits-und-standards/kernarbeitsnormen/lang--en/index.htm. Zugegriffen: 17. März 2015

IÖW/future Ranking (2011a) Ergebnisse: Institut für ökologische Wirtschaftsforschung und future e. V. (Hrsg) Das IÖW/future-Ranking der Nachhaltigkeitsberichte 2011: Ergebnisse und Trends, Berlin Münster 2012. http://www.ranking-nachhaltigkeitsberichte.de/data/ranking/user_upload/pdf/IOEW-future-Ranking_2011_Grossunternehmen_Ergebnisbericht.pdf. Zugegriffen: 27. Feb. 2015

IÖW/future Ranking (2011b) Kurzfassung: Institut für ökologische Wirtschaftsforschung und future e. V. (Hrsg) Das IÖW/future-Ranking der Nachhaltigkeitsberichte 2011: Kurzfassung der Ergebnisse, Berlin Münster. http://www.ranking-nachhaltigkeitsberichte.de/data/ranking/user_upload/pdf/IOEW-future-Ranking_2011_Kurzfassung_der_Ergebnisse.pdf. Zugegriffen: 27. Feb. 2015

ISO Norm 26000: International Organization for Standardization (ISO): ISO/DIS 26000 (D) Leitfaden gesellschaftlicher Verantwortung, 2009, aktuelle Version: (ISO 26000: 2010): Guidance on social responsibility

KOM (2001) 366 endg.: Europäische Rahmenbedingungen für soziale Verantwortung von Unternehmen. Kommission der Europäischen Gemeinschaften. KOM (2001) 366 endgültig, Brüssel, 18.7.2001

KOM (2002) 347 endg.: Mitteilung der Kommission betreffend die soziale Verantwortung der Unternehmen: ein Unternehmensbeitrag zur nachhaltigen Entwicklung, KOM (2002), Brüssel 2.7.2002

KOM (2011) 681 endg.: Mitteilung der Kommission an das Europäische Parlament, den Rat, den Europäischen Wirtschafts- und Sozialausschuss und den Ausschuss der Regionen: Eine neue EU-Strategie (2011–2014) für soziale Verantwortung der Unternehmen (CSR), KOM (2011) 681 endgültig, Brüssel, 25.10.2011

Krause R (Juni 2012) Tarifverträge zur Begrenzung der Leiharbeit und zur Durchsetzung des Equal-Pay-Grundsatzes, Rechtsgutachten erstattet im Auftrag des Hugo Sinzheimer Instituts für

Arbeitsrecht (HSI), 2. Aufl. http://www.hugo-sinzheimer-institut.de/fileadmin/user_data_hsi/Veroeffentlichungen/HSI_Schriftenreihe/Ruediger_Krause.pdf. Zugegriffen: 28. Feb. 2015

Kunze A, Liebert S, Malter B, Zimmermann F (5. März 2015). Die Lohnlüge. Die Zeit v. 5.3.2015, Dossier, S 15

Küttner, Röller, Seidel, Voelze (2014) In: Küttner (Hrsg) Personalhandbuch, 21. Aufl. Beck, München (Stichwort „Scheinselbständigkeit")

Kutzim J (7. März 2013) Schwarzbuch Werkverträge: Billiger geht immer. spiegel.de vom 7.3.2013. http://www.spiegel.de/wirtschaft/soziales/ngg-veroeffentlich-schwarzbuch-werkvertraege-a-887349.html. Zugegriffen: 28. Feb. 2015

Lindbeck A, Snower DJ (2001) Insiders versus outsiders. J Econ Perspect 15:165–188

Loew T, Clausen J (2010) Wettbewerbsvorteile durch CSR, Metastudie, Institute 4 Sustainability. Berlin, S 18 ff. http://www.4sustainability.de/fileadmin/redakteur/bilder/Publikationen/Loew-Clausen-2010-Wettbewerbsvorteile-durch-CSR-Gutachten-fuerBMAS.pdf. Zugegriffen: 27. Feb. 2015

Mielke J (18. März 2012) Arbeitsbedingungen im Handel- Wachsender Abstand. tagesspiegel.de v. 18.3.2012. http://www.tagesspiegel.de/wirtschaft/arbeitsbedingungen-im-handel-wachsender-abstand/6340292.html. Zugegriffen: 27. Feb. 2015

ML DNK (2014) In: Märkisches Landbrot GmbH (Hrsg) Entsprechenserklärung nach DNK, Berichtstandard GRI 3.1 (Datenbank DNK). http://datenbank.deutscher-nachhaltigkeitskodex.de/DNKProfil/DNKHome.aspx?CompanyID=7822&lang=En-US&year=2013&layout=dnk. Zugegriffen: 21. März 2015

ML GRI (2013) In: Märkisches Landbrot GmbH (Hrsg) GRI-Index Soziales. http://www.landbrot.de/fileadmin/daten/pdf/web_GRI_Soziales.pdf. Zugegriffen: 21. März 2015

ML GWÖ- Bilanz (2015) In: Märkisches Landbrot GmbH (Hrsg) Gemeinwohl-Bericht über das Bilanzjahr 2012–2014 vom 31.1.2015. http://www.landbrot.de/uploads/media/150304-GWOE-Bericht_MAERKISCHES_LANDBROT-final.pdf. abgerufen am 21.3.2015 sowie zugehöriger Auditbericht vom 27. Februar 2015. http://www.landbrot.de/uploads/media/Auditbericht_ML_2015.pdf. Zugegriffen: 21. März 2015

ML Ökologie.: Märkisches Landbrot GmbH (2015) www.landbrote.de „Ökologie". http://www.landbrot.de/oekologie/management/emas-ii.html. Zugegriffen: 25. März 2015

ML Soziales. Märkisches Landbrot GmbH www.landbrote.de „Soziales". http://www.landbrot.de/soziales/soziale-verantwortung.html. Zugegriffen: 25. März 2015

Mürle H (2006) Regeln für eine globalisierte Wirtschaft. Eine empirische Analyse aus der Global Governance-Perspektive, Universität Duisburg-Essen, Deutsches Institut für Erwachsenenbildung, Studien Nr. 17, Duisburg, S 80

Neumann SM (28. Oktober 2014) Betriebsräte sollen über Werkverträge mitbestimmen. DGB Themen vom 28.10.2014. http://www.dgb.de/themen?k:list=Werkvertrag. Zugegriffen: 27. Feb. 2015

NGG Kurzfassung Befragung (2012) NGG Hintergrundinformation: „Einsatz von Werkverträgen in der Ernährungsindustrie" (Billiger geht immer: Eine Umfrage der Gewerkschaft Nahrung-Genussmittel-Gastronomie (NGG) zur Verbreitung von Leiharbeit und Werkverträgen in der Ernährungsindustrie, Berlin. http://www.ngg-bremen.de/w/files/region_bremen/werkvertraege_kurz_fin.pdf. Zugegriffen: 24. März 2015

NGG „Schwarzbuch Werkverträge" (2013) In: NGG (Hrsg) Broschüre „Wenig Rechte. Wenig Lohn: Wie Unternehmen Werkverträge (aus)nutzen" vom 7.3.2013. Die Broschüre ist mehr zugänglich. geprüft am 28.2.2015

Öchsner T (15. November 2010) Sauerei Schlachthof. sueddeutsche.de vom 15.11.2010. http://www.sueddeutsche.de/wirtschaft/fleischindustrie-raubtierkapitalismus-im-schlachthof-1.1023737. Zugegriffen: 27. Feb. 2015

OECD (2011) In: OECD (Hrsg) 2011- OECD-Leitsätze für multinationale Unternehmen- Ausgabe 2011. http://www.oecd.org/corporate/mne/48808708.pdf. Zugegriffen: 17. März 2015

Preis U (2015) Erfurter Kommentar zum Arbeitsrecht, 15. Aufl. C.H. Beck, München, zu § 611 (in: Erf. Komm.)
Reim U, Nebe K (2012) In: Däubler W (Hrsg) Tarifvertragsgesetz, 3. Aufl. Nomos, Baden-Baden, zu § 1 TVG (in: Däubler TVG)
Richardi R (2014) In: Richardi R (Hrsg) Kommentar BetrVG, 14. Aufl. C. H. Beck, München, Einleitung (in: Richardi BetrVG)
RL 96/71/EG: (Entsenderichtlinie) Richtlinie des Europäischen Parlaments RL 96/71/EG über die Entsendung von Arbeitnehmern vom 16.12.1996, ABl. EG L 18 vom 21.1.1997, S 1–6
RL 2008/104/EG: (Leiharbeitsrichtlinie): Richtlinie des Europäischen Parlaments und des Rates RL 2008/104/EG vom 19.11.2008 über Leiharbeit, veröffentlicht im ABl. EU L 327 vom 5.12.2008
RL 2014/95/EU: Richtlinie 2014/95/EU des Europäischen Parlaments und des Rates vom 22.10.2014 zur Änderung der Richtlinie 2013/34/EU im Hinblick auf die Angaben nichtfinanzieller und die Diversität betreffender Informationen durch bestimmte große Unternehmen und Gruppen, veröffentlicht im Amtsblatt der Europäischen Union L 330 vom 15.11.2014
RNE (2007) In: Rat für nachhaltige Entwicklung (Hrsg) 2007: Verantwortliche Unternehmen – verantwortliche Gesellschaft? Neue Perspektiven der Kooperation für CSR. Dokumentation, Multi-Stakeholder-Forum des Rates für nachhaltige Entwicklung, Deutsches Technikmuseum, Berlin am 27./28. 9. 2007 Berlin. http://www.nachhaltigkeitsrat.de/fileadmin/user_upload/dokumente/projekte/csr/Dokumentation_Multistakeholderforum_des_RNE_September_2007.pdf. Zugegriffen: 26. März 2015
RNE Pressemitteilung (29. Januar 2015) Rat für Nachhaltige Entwicklung, Pressemitteilung vom 29.1.2015. http://www.deutscher-nachhaltigkeitskodex.de/de/dnk/aktuelles-und-presseinfos/nachricht/artikel/transparenz-zu-nachhaltigkeit-soll-selbstverstaendlich-werden.html. Zugegriffen: 23. März 2015
SA 8000: Social Accountability International (SAI) (Hrsg) Social accountability 8000, (SAI 2014), New York. http://sa-intl.org/_data/n_0001/resources/live/SA8000%20Standard%202014.pdf. Zugegriffen: 6. März 2015
Schneider A (2012) Reifegradmodell CSR – eine Begriffsklärung und-abgrenzung. In: Schneider A (Hrsg) Corporate social responsibility. Springer, Berlin, S 17–38
Seybold M (25. Januar 2005) In: Hans-Böckler-Stiftung, Deutscher Gewerkschaftsbund (Hrsg) Dokumentation des Workshops Corporate Social Responsibility- Neue Handlungsfelder für Arbeitnehmervertretungen. Berlin, S 4–5
Siebenhüter S (August 2013) Werkverträge in Bayern- das neue Lohndumpinginstrument. Report DGB Bayern, München. http://bayern.dgb.de/themen/++co++baba127a-f902-11e2-b5e9-00188b4dc422. Zugegriffen: 28. Feb. 2015
Tarifautonomiestärkungsgesetz: Gesetz zur Stärkung der Tarifautonomie (Tarifautonomiestärkungsgesetz), und Gesetz zur Regelung eines allgemeinen Mindestlohns (Mindestlohngesetz, MiLoG), BGBl. 2014 Teil I, Nr. 39, Bonn 15.8.2014
Thüsing G (2014) Kommentar zum BetrVG, 14. Aufl. C.H. Beck, München, zu § 80 BetrVG (in: Richardi BetrVG)
TV Allgemeinverbindlich (2014) In: BMAS (Hrsg) Übersicht: Geltende allgemeinverbindliche tarifliche Mindestlöhne nach Branchen. http://www.bundesregierung.de/Content/DE/_Anlagen/2014/07/2014-07-30-fleischwirtschaft.pdf?__blob=publicationFile&v=2. Zugegriffen: August 2014
TV Allgemeinverbindlich (2015) In: BMAS (Hrsg) Verzeichnis der für allgemeinverbindlich erklärten Tarifverträge (Stand 1. Januar 2015). http://www.bmas.de/SharedDocs/Downloads/DE/PDF-Publikationen-DinA4/arbeitsrecht-verzeichnis-allgemeinverbindlicher-tarifvertraege.pdf;jsessionid=BB9FC7C8B30784042FE70A5B6EC768EB?__blob=publicationFile. Zugegriffen: 22. März 2015
TV Entgelt Einzelhandel (2014) Tarifvertrag Entgelt für Angestellte und gewerbliche Arbeitnehmer (HBB/ver.di- Landesbezirk Berlin-Brandenburg), gültig seit 1.7.2014; vgl. Gemeinsames Tarif-

register Berlin-Brandenburg. http://www.berlin.de/imperia/md/content/sen-arbeit/tarifregister/kurzuebersichten_berlin.pdf?start&ts=1423128507&file=kurzuebersichten_berlin.pdf. Zugegriffen: 20. März 2015

TV Mindestlohn Fleischwirtschaft (2014) Rechtsnormen des Tarifvertrags zur Regelung der Mindestbedingungen der Arbeitnehmer in der Fleischwirtschaft der Bundesrepublik Deutschland vom 13.1.2014, Verordnung über zwingende Arbeitsbedingungen in der Fleischwirtschaft vom 30.7.2014, BAnz AT 31.7.2014 V1

TV Mindestlohn Landwirtschaft (2014) Rechtsnormen des Tarifvertrags zur Regelung der Mindestentgelte für Arbeitnehmer in der Land- und Forstwirtschaft sowie im Gartenbau der Bundesrepublik Deutschland (TV Mindestentgelt) vom 29.8.2014. vom 18. Dezember 2014, BAnz. AT 19.12.2014 V1

TV Mindestlohn Zeitarbeit (2013) In: iGZ/BAP und Tarifgemeinschaft DGB (Hrsg) Tarifvertrag zur Regelung von Mindestentgelten in der Zeitarbeit vom 17.9.2013. http://www.dgb.de/themen/++co++cf65a22e-35bb-11df-7c29-00188b4dc422, abgerufen am 24.3.2015 sowie 2. Verordnung über eine Lohnuntergrenze in der Arbeitnehmerüberlassung, BAnz AT v. 26.3.2014 V1

TV Zeitarbeit (2013) In: iGZ/DGB-Tarifgemeinschaft (Hrsg) Tarifverträge Zeitarbeit. iGZ-DGB-Tarifgemeinschaft 2013–2016. http://www.ig-zeitarbeit.de/system/files/2014/druckversionigzt-arif-hauptbroschuerejan2014.pdf. Zugegriffen: 24. März 2015

TV Zeitarbeit Branchenzuschläge (2013) Übersicht zu den vereinbarten Branchenzuschlägen, in bmf v. 9.2.2013. http://bremerfeierabend.blogsport.eu/2013/02/09/equal-pay-und-was-ist-der-brauchenzuschlag/. Zugegriffen: 27. Feb. 2015

UN Leitprinzipien (2011) In: Global Compact Netzwerk (DGCN) (Hrsg Deutsche Version) Leitprinzipien für Wirtschaft und Menschenrechte. Umsetzung des Rahmenprogramms „Protect, Respect and Remedy" der Vereinten Nationen, 2. Aufl. Berlin, Juni 2014. http://www.globalcompact.de/sites/default/files/themen/publikation/leitprinzipien_fuer_wirtschaft_und_menschenrechte_2._auflage.pdf. Zugegriffen: 22. März 2015

ver.di Nachrichten (7. Juni 2013) Was Verkäufer/-innen im Einzelhandel verdienen, ver.di Nachrichten v. 7.6.2013. https://www.verdi.de/themen/nachrichten/++co++16933116-cf83-11e2-92cf-0019b9e321cb. Zugegriffen: 16. März 2015

Vitols K (2011) In: Hans-Böckler-Stiftung (Hrsg) Nachhaltigkeit – Unternehmensverantwortung – Mitbestimmung. edition sigma, Berlin

Voland T (2015) Unternehmen und Menschenrechte- vom Soft Law zur Rechtspflicht. Betriebsberater (BB), S 67 ff.

Waas B (2012) Werkvertrag, freier Dienstvertrag und Arbeitsvertrag – Abgrenzung und Identifikation im deutschen und in ausländischen Rechtsordnungen, Hans-Böckler-Stiftung 2012. http://www.boeckler.de/pdf_fof/S-2011-477-3-1.pdf. Zugegriffen: 8. April 2015

Wank R (2015) Erfurter Kommentar zum Arbeitsrecht, 15. Aufl. zu § 1 AÜG (in: Erf. Komm.)

Wdr.de (14. April 2014) WDR, markt-Scanner- Erntehelfer für Spargel, Sendung v. 14.4.2014. http://www1.wdr.de/fernsehen/ratgeber/markt/sendungen/spargel240.html. Zugegriffen: 8. April 2015

zeit.de (28. Februar 2012) Etscheit, Georg „Die Mäster" zeit.de vom 28.2.2012. http://www.zeit.de/2012/09/Fleisch-Schlachten/komplettansicht. Zugegriffen: 27. Feb. 2015

Prof. Dr. jur. Stefanie Deinert vertritt seit 2012 das Fachgebiet Wirtschaftsrecht, insbesondere Arbeitsrecht und Gesellschaftsrecht sowie Internationales Recht an der Hochschule Fulda. 2011 lehrte sie als Vertretungsprofessorin an der Fachhochschule Köln Arbeits- und Sozialrecht. Als Mitglied des Centre of Research for Society and Sustainability (CeSST) liegt ihr Forschungsschwerpunkt u. a. im Bereich sozialer Nachhaltigkeit mit Blick auf die Bedingungen der Erwerbstätigkeit.

Nachhaltigkeitskommunikation in der Ernährungswirtschaft

Ines Rottwilm und Ludwig Theuvsen

1 Einleitung

Die Reputation eines Unternehmens ist für seine gesellschaftliche Akzeptanz und seinen Erfolg zunehmend wichtiger geworden. Eine steigende Anzahl von Unternehmen versucht daher, den in der Gesellschaft gehegten Erwartungen an die Übernahme von Verantwortung für ihr unternehmerisches Handeln gerecht zu werden (Lackmann 2009), um ihre Legitimität und damit ihre „license to operate" (Hiß 2006) nicht zu gefährden und den langfristigen Unternehmenserfolg abzusichern (IÖW 2011). Aktuell viel beachtete Konzepte wie bspw. Corporate Social Responsibility haben in derartigen Bestrebungen ihren Ausgangspunkt (Carroll 1999; Heyder und Theuvsen 2009).

In besonderer Weise gilt dieser Zusammenhang für Unternehmen der Ernährungswirtschaft, die seit einigen Jahren verstärkt mit Reputationsproblemen zu kämpfen haben. Dafür sind verschiedene Gründe maßgeblich, u. a. eine zwischenzeitliche Häufung von Lebensmittelkrisen, eine zunehmend kritische Einstellung der Bevölkerung gegenüber der modernen Landwirtschaft, namentlich der Nutztierhaltung, ein schwindendes Wissen vieler Menschen über die Lebensmittelproduktion und eine wachsende Kluft zwischen den – teils stark idealisierten – Vorstellungen der Bevölkerung von landwirtschaftlichen Produktionsprozessen und deren tatsächlicher Ausgestaltung.

I. Rottwilm (✉) · L. Theuvsen
Department für Agrarökonomie und Rurale Entwicklung, Georg-August-Universität Göttingen, Platz der Göttinger Sieben 5, 37073 Göttingen, Niedersachsen, Deutschland
E-Mail: Ines.Rottwilm@gmx.de

L. Theuvsen
E-Mail: theuvsen@uni-goettingen.de

Das Bild der Gesellschaft von der Ernährungswirtschaft ist maßgeblich durch die mediale, in der Mehrzahl der Fälle negative Darstellung geprägt (Kayser 2012). Aus diesem Grund spielt die Kommunikation unternehmerischer Nachhaltigkeit für Unternehmen der Ernährungsbranche eine wichtige Rolle. Gleichzeitig wird der Branche jedoch eine eher geringe Öffentlichkeitsorientierung zugeschrieben (Albersmeier et al. 2008). Vor allem das Kommunikationsverhalten der Fleischwirtschaft ist als defizitär gekennzeichnet worden (Schattke 2013). Als Kommunikationsbarrieren werden u. a. die komplexen Wertschöpfungsketten und die heterogenen, immer noch stark durch mittelständische Unternehmen geprägten Branchenstrukturen ausgemacht.

Vor dem beschriebenen Hintergrund geht die vorliegende Studie der Frage nach, ob und wie Unternehmen der Ernährungsbranche die Kommunikation von Nachhaltigkeit aktuell umsetzen. Zwar gibt es in der Literatur bereits zahlreiche Untersuchungen zur Kommunikation unternehmerischer Nachhaltigkeit (Walgenbach et al. 2014; Net Fed 2013; ZNU 2013; Zerfaß und Müller 2012; Hetze 2013; IHK 2012; Sawczyn 2012; IÖW 2011; KPMG 2013; Lundquist 2011; PWC 2010; Lackmann 2009; Loew et al. 2005). Überwiegend konzentrieren sich diese Studien jedoch auf große, multinationale Unternehmen sowie allein auf den Umfang der Nachhaltigkeitskommunikation. Die Ernährungswirtschaft hat dagegen bisher kaum Berücksichtigung in derartigen Studien gefunden (vgl. aber Friedrich et al. 2013); zudem fehlt es an vertieften Analysen, die auch die Qualität der Nachhaltigkeitsberichterstattung mit einbeziehen. Zur Schließung beider Forschungslücken soll die vorliegende Studie beitragen, indem die internetbasierte Nachhaltigkeitskommunikation von 115 ausgewählten Unternehmen der Ernährungswirtschaft mithilfe eines Kriterienkatalogs, der auf Basis einer umfassenden Literaturanalyse generiert wurde, bewertet wird.

2 Konzeptionelle und methodische Grundlagen

Das online durch die betrachteten Unternehmen der Ernährungswirtschaft zu ihrem gesellschaftlichen Engagement zur Verfügung gestellte Informationsangebot wurde unter formalen Aspekten, unter dem Gesichtspunkt der kommunizierten Themenbereiche sowie unter Qualitätsgesichtspunkten bewertet.

Die formalen Indikatoren sind unter Orientierung an Aussagen und Empfehlungen in der Literatur zum Nachhaltigkeitsmanagement (u. a. IÖW 2011; PWC 2010; KPMG 2013; ZNU 2013) zusammengestellt worden. Typische formale Kriterien erfassen bspw., ob ein Unternehmen eine Nachhaltigkeitsstrategie formuliert hat, ob es einen Nachhaltigkeitsbericht publiziert, ob relevante Standards und Zertifizierungen Erwähnung finden, ob die für das Nachhaltigkeitsmanagement zuständige Hierarchieebene und ein Ansprechpartner genannt werden usw. Auch der schiere Umfang des Informationsangebots wird hier erfasst. Tabelle 1 gibt die formalen Kriterien im Überblick wieder.

Die bei der Bewertung der Kommunikationsinhalte betrachteten Themenbereiche wurden unter Orientierung an den aus der Global Reporting Initiative (G3) bekannten Kategorien zusammengestellt. Zwecks Verbesserung der Anwendbarkeit auf die Ernährungs-

Tab. 1 Formale Kriterien zur Bewertung der Nachhaltigkeitsberichterstattung

Formelle Indikatoren	Abgefragte Inhalte	Bewertungsansatz
1. Informationsangebot	Menge an Information mit einem Bezug zu Nachhaltigkeit, unabhängig von der Qualität	0 = keine Information
		1 = Nachhaltigkeit in einem oder zwei Sätzen allgemein erwähnt
		2 = Nachhaltigkeit in einem langen Absatz oder eigenen Kapitel thematisiert, hierbei musste ein Bezug zum Unternehmen hergestellt werden
		3 = Nachhaltigkeit wurde in verschiedene Themenbereiche aufbereitet und mit direktem Bezug zu den Auswirkungen des Unternehmens behandelt
		4 = Informationen beinhalteten zusätzlich Information zu Nachhaltigkeit über die eigenen Auswirkungen des Unternehmens hinaus
2. Veröffentlicht das Unternehmen einen Nachhaltigkeitsbericht?	Ja/Nein	/
3. Qualität des Nachhaltigkeitsberichts	Hierbei wurden alle qualitätsbestimmenden Kriterien zusammen auf den Bericht angewendet	1 = schlecht
		2 = mittelmäßig
		3 = gut
		4 = sehr gut
4. Wurde der Bericht nach den GRI-Leitlinien erstellt?	Ja/Nein	/
5. Veröffentlicht das Unternehmen einen anderen Bericht, der über soziale, ökologische und/oder wirtschaftliche Belange informiert?	Ja/Nein	/
6. Kommuniziert das Unternehmen eine definierte Nachhaltigkeitsstrategie?	Ja/Nein	/
7. Gibt das Unternehmen die Verwendung von Standards und Zertifizierungen mit einem nachhaltigen Bezug an?	Ja/Nein	/
	Wenn ja, welche?	
8. Ist die Zuständigkeitsebene für Nachhaltigkeit im Unternehmen angegeben?	Ja/Nein	/
9. Ist ein Ansprechpartner für Nachhaltigkeit angegeben?	Ja/Nein	/
10. Hat das Unternehmen bisher Auszeichnungen im Bereich Nachhaltigkeit, CSR oder einer der dazugehörigen Schwerpunkten erhalten?	Ja/Nicht bekannt	
	Wenn ja, welche?	/
11. Verstöße gegen Rechtsvorschriften	Angegeben?	/

wirtschaft wurden einige Kategorien zusammengefasst oder geringfügig abgeändert (vgl. Tab. 2). Die Global Reporting Initiative (GRI) wurde 1997 durch CERES (Coalition for Environmentally Responsible Economy) und UNEP (United Nations Environment Programme) ins Leben gerufen. Ziel war es, Unternehmen bei der Nachhaltigkeitsberichterstattung zu unterstützen, indem unter Einbeziehung verschiedener Anspruchsgruppen ein Berichtsrahmen aufgestellt und weiterentwickelt wurde (Stötzer 2015). Die GRI hat wesentlich zur Verbreitung sowie zur internationalen Harmonisierung der Nachhaltigkeitsberichterstattung beigetragen (Grapentin et al. 2007; Simon-Heckroth 2014).

Die Bewertung der Menge der Informationen, die die Unternehmen zu den in Tab. 2 genannten Kategorien zur Verfügung stellen, erfolgte auf einer Skala von 0 (keine Information) bis 4 (sehr viel Information). Null Punkte wurden vergeben, wenn der jeweilige Themenbereich überhaupt nicht berücksichtigt wurde, ein Punkt, wenn das Thema lediglich kurz angesprochen wurde, etwa in Form eines Hinweises darauf, dass im Unternehmen z. B. auf einen niedrigen Energieverbrauch geachtet werde. Zwei Punkte wurden vergeben, wenn die Unternehmen zusätzlich erklärten, durch welche Maßnahmen das Ziel erreicht werden soll. Um drei Punkte zu erhalten, musste ein Unternehmen genau beschrieben haben, wie es die Maßnahmen durchgeführt hat bzw. durchführen wird. Vier Punkte wurden vergeben, wenn Ziele konkret und ausführlich beschrieben, entsprechende Maßnahmen dargestellt und bei der Umsetzung der Maßnahmen auftretende Probleme gelöst wurden.

Bei der Punktevergabe wurden die kommunizierten Maßnahmen unter Berücksichtigung der Handlungsmöglichkeiten der betrachteten Unternehmen bewertet. Wenn bspw. ein Großunternehmen berichtete, dass für die Produktion lediglich eines seiner vielen Schokoladenerzeugnisse nachhaltig zertifizierter Kakao verwendet wird, erhielt es weniger Punkte als ein mittelständischer Süßwarenhersteller, der für sein komplettes Sortiment zertifizierten Kakao einkauft.

Drittens schließlich wurde auch die Qualität der Nachhaltigkeitsberichterstattung bewertet. Die dazu herangezogenen Kriterien sind in Tab. 3 dargestellt; ihre Zusammenstellung orientiert sich an der Überlegung, dass die Nachhaltigkeitskommunikation jederzeit *nachvollziehbar, wesentlich, authentisch, fundiert, ausgewogen, klar, überprüfbar, zielgerichtet, langfristig angelegt, zielgruppenadäquat, offensiv* und *wahr* sein sollte, um eine transparente und glaubwürdige Berichterstattung zu gewährleisten, durch die Unternehmen Vertrauen und Legitimität gewinnen können. Bei der Bewertung der Qualität der Berichterstattung, etwa ihrer Vollständigkeit, wurden wiederum die Möglichkeiten des jeweiligen Unternehmens berücksichtigt. Dadurch konnten auch kleine Unternehmen eine sehr gute Bewertung erhalten, selbst dann, wenn deren Maßnahmen nicht so weitreichend waren wie die eines multinationalen Konzerns.

Im Zeitraum von April bis September 2014 wurde die Nachhaltigkeitsberichterstattung von insgesamt 115 Unternehmen der Ernährungsbranche analysiert. Im Rahmen der Untersuchung wurden alle Informationen mit Nachhaltigkeitsbezug, die auf den Internetseiten der Unternehmen öffentlich zugänglich waren, betrachtet und bewertet. Hierzu gehörten auch zum Download zur Verfügung gestellte Dokumente wie Nachhaltigkeitsbe-

Tab. 2 In die Analyse einbezogene Themenbereiche

Kategorie	*Wirtschaftlich*		*Ökologisch*	
Aspekte	Wirtschaftliche Leistung		Materialien	
	Marktpräsenz		Energie	
	Indirekte wirtschaftliche Auswirkungen		Wasser	
			Biodiversität	
			Emissionen, Abwasser und Abfall	
			Produkte und Dienstleistungen	
			Transport	
			Einsatz von Biokraftstoffen	
Kategorie	*Gesellschaftlich*			
Unterkategorien	*Gesellschaft*	*Produktverantwortung*	*Arbeitspraktiken und menschenwürdige Beschäftigung*	*Menschenrechte*
Aspekte	Auswirkungen auf das Gemeinwesen	Gesundheit und Sicherheit des Kunden	Beschäftigung	
	Korruptions-bekämpfung	Kennzeichnung von Produkten und Dienstleistungen	Arbeitnehmer – Arbeitgeber – Verhältnis	
	Politik	Marketing	Arbeitssicherheit und Gesundheitsschutz	
	Gesunde und bezahlbare Lebensmittel	Inhaltsstoffe und nährwertbezogene Angaben	Aus- und Weiterbildung	
		Rückverfolgbarkeit	Vielfalt und Chancengleichheit	
		Gentechnisch veränderte Organismen	Fairer Handel	
			Investitions- und Beschaffungspraktiken	
			Gleichbehandlung	
			Kinder-, Zwangs- und Pflichtarbeit	
			Einhaltung der Rechte der Ureinwohner	
Kategorie	*Tierwohl*			
Aspekte	Allgemein			
	Haltung			
	Schlachtung			
	Antibiotika- und Hormonbehandlung, Zuchtvielfalt			
	Eigene Standards			

Tab. 3 Kriterien zur Bewertung der Qualität der Nachhaltigkeitsberichterstattung

Qualitätsbeschreibende Indikatoren	Abgefragte Inhalte	Bewertungsansätze
1. Externe Berichterstattung	Zu Wort kommen Personen (Experten) oder Institutionen, Interviews, Zeitungsartikel, Pressemitteilungen	0 = kein Hinzuziehen externer Stimmen
		1 = mind. eine externe Stimme
		2 = mind. drei externe Stimmen
		3 = Hinzuziehen unterschiedlicher externer Stimmen (< vier)
		4 = Hinzuziehen unterschiedlicher externer Stimmen (< fünf)
2. Genauigkeit und Überprüfbarkeit	Kennzahlen angegeben	0 = keine Kennzahlen, ungenaue Beschreibungen der Maßnahmen („Wir produzieren energiesparend.")
	→ gut zu verstehen/einzuschätzen und Projekte	1 = nur für einen Themenbereich Kennzahlen angegeben oder genaue Beschreibungen ausgeführt
		2 = für mehr als einen Themenbereich Kennzahlen angegeben und/oder genaue Beschreibungen ausgeführt
		3 = überwiegend Kennzahlen angegeben und genaue Beschreibungen ausgeführt
		4 = für alle thematisierten Bereiche Kennzahlen angegeben (wenn möglich) und genaue Beschreibung ausgeführt
3. Verständlichkeit und Aufmachung	Text verständlich und leicht zugänglich (Verhältnis Text/Seitenzahl/ Grafische Darstellung/ Lesbarkeit)	0 = abstrakte Informationen, Informationen zusammenhangslos dargestellt, chaotische Aufmachung, nur Text, keine Abbildungen
		1 = keine Abbildungen, Informationen zusammenhangslos dargestellt, jedoch verständlich
		2 = einige Abbildungen, die den Inhalt des Textes verdeutlichen, Zusammenhänge erkennbar, verständlicher Text
		3 = Text durch Abbildungen gut verdeutlicht, verständlich geschrieben, Zusammenhang meistens gut erschließbar
		4 = gutes Verhältnis von Text und grafischen Darstellungen, die die Lesbarkeit und Verständlichkeit verbessern, Inhalt der Darstellungen insgesamt immer gut erklärt und einbezogen
4. Aktualität und Kontinuität	Informationen aktuell oder veraltet?	0 = keine Information jünger als 2 Jahre, nur einzelne Aktivitäten
	Kontinuierliche Information?	1 = Information aus dem Vorjahr oder älter, nur einzelne Aktivitäten und Prozesse, teilweise langfristige Ausrichtung erkennbar

Tab. 3 (Fortsetzung)

Qualitätsbeschreibende Indikatoren	Abgefragte Inhalte	Bewertungsansätze
	Darstellung eines Prozesses oder eher vereinzelte Aktivitäten?	3 = nur aktuelle Informationen, Darstellung eines Prozesses, langfristige Ausrichtung erkennbar, kontinuierliche Darstellung
	Langfristige Ausrichtung zu erkennen?	4 = nur aktuelle Informationen und zukünftige Planungen, Prozessdarstellung, sehr kontinuierliche Darstellung
5. Einbindung der Interessen der Anspruchsgruppen	Anspruchsgruppen identifiziert und genannt?	0 = Anspruchsgruppen nicht erwähnt
	Bedeutung der Anspruchsgruppen und deren Interessen erläutert?	1 = Anspruchsgruppen in einem Abschnitt angesprochen, jedoch nicht auf einzelne eingegangen und keine Interessen angesprochen
	Inwieweit wurden diese in die Kommunikation mit einbezogen?	2 = Anspruchsgruppen einzeln identifiziert, Interessen teilweise erläutert
		3 = Interessen aller (wichtigen) Anspruchsgruppen beispielhaft erläutert, beschrieben, wie diese berücksichtigt werden
		4 = Ansprüche der Gruppen in jedem Themenabschnitt berücksichtigt, zudem erklärt, warum einzelne Gruppen wichtiger und wie auf Interessen eingegangen wird, Kommunikationsprozess mit den Anspruchsgruppen beschrieben
6. Vollständigkeit/ Ganzheitlichkeit	Auswirkungen des Unternehmens in einem breiten Rahmen dargestellt oder einzelne Bereiche ausgelassen?	0 = nur auf einen Themenbereich eingegangen, obwohl offensichtlich mehr Auswirkungen vorhanden oder möglich sind
		1 = vereinzelte Themenbereiche angesprochen, jedoch keine Abdeckung aller relevanten Bereiche
		2 = alle wesentlichen Themenbereiche behandelt
		3 = breite Berichterstattung, alle relevanten Themen angesprochen
		4 = umfassende Berichterstattung, alle relevanten Themen angesprochen, auch über Auswirkung des Unternehmens hinaus
7. Ausgewogenheit	Berichterstattung nur positiv oder auch selbstkritisch?	0 = rein positive Selbstdarstellung, keine Betrachtung von Vergangenheit oder Zukunft („Wir machen alles richtig.")
	Vergangenheit und Zukunft berücksichtigt?	1 = positive Selbstdarstellung, Ansätze für zukünftige Veränderungen erkennbar, ohne dass diese jedoch explizit selbstkritisch thematisiert werden

Tab. 3 (Fortsetzung)

Qualitätsbeschreibende Indikatoren	Abgefragte Inhalte	Bewertungsansätze
		2 = ausgewogene Selbstdarstellung, Unternehmen stellt sich nicht unbedingt über andere, jedoch keine Begründungen oder Lösungsansätze, Vergangenheit wird nicht betrachtet, eher kurzfristige Ansätze
		3 = ausgewogene Selbstdarstellung, Begründungen und Lösungsansätze angedacht
		4 = ausgewogene, selbstkritische, aber positive Darstellung mit aktuellen Lösungs- und Verbesserungsansätzen sowie Begründungen vergangener Fehler
8. Wesentlichkeit/ Relevanz	Plausibilität der Argumentation	0 = unwesentliche und irrelevante Aktivitäten und behandelte Themen, kein Zusammenhang zu den Auswirkungen des Unternehmens
	Relevanz der Aktivitäten im Zusammenhang mit den Auswirkungen des Unternehmens	1 = Zusammenhänge erkennbar, aber Relevanz im Vergleich zu nichtbehandelten Themen niedrig, keine Argumentation
		2 = sowohl wesentliche/relevante Aktivitäten als auch unwesentliche/irrelevante
		3 = alle thematisierten Aktivitäten wesentlich, relevant und in einem direkten Zusammenhang zu den Auswirkungen des Unternehmens
		4 = alle thematisierten Aktivitäten wesentlich, relevant und in einem direkten Zusammenhang zu den Auswirkungen des Unternehmens, jeweils plausible und nachvollziehbare Argumentation
9. Bewertung der Handelspartner	Werden die Handelspartner auch auf die Einhaltung der Regeln überprüft und bewertet? Gibt es dazu ein System?	0 = Nachhaltigkeit der Handelspartner nicht erwähnt
		1 = Nachhaltigkeit der Handelspartner in einem Satz erwähnt („Wir berücksichtigen die Nachhaltigkeit unserer Handelspartner.")
		2 = Erklärung, WIE diese berücksichtigt wird
		3 = Beschreibung der Berücksichtigung und Überprüfung der Einhaltung von Nachhaltigkeitsstandards (intern), kein System
		4 = umfassende Beschreibung der Berücksichtigung und Überprüfung der Einhaltung von Nachhaltigkeitsstandards (intern) der Handelspartner, integriertes System
10. Zusätzliche Informationen	/	

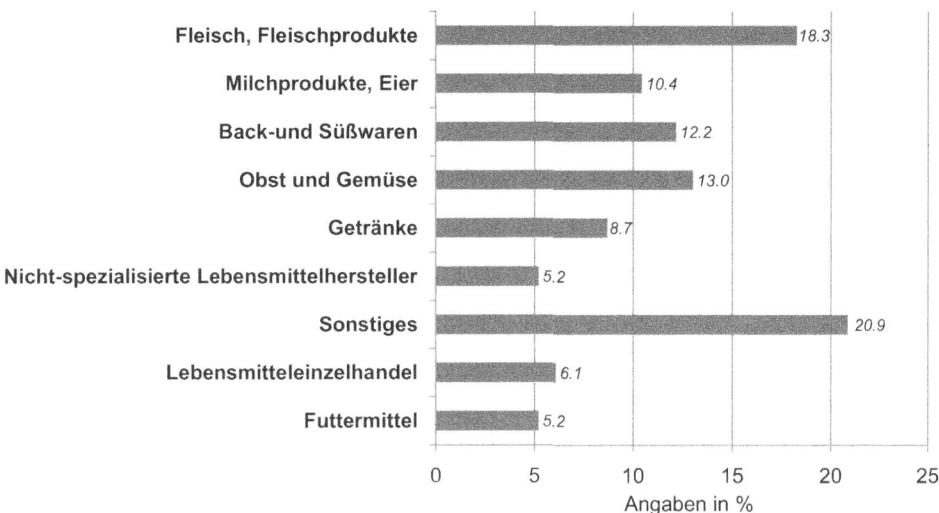

Abb. 1 In die Untersuchung einbezogene Teilbranchen

richte und Pressemitteilungen. Wurde auf der Internetseite ausdrücklich darauf hingewiesen, dass im Geschäftsbericht Informationen zur Nachhaltigkeit enthalten sind, wurden auch diese berücksichtigt. Alle Bewertungen wurden durch dieselbe Person durchgeführt, um eine Vergleichbarkeit der Ergebnisse sicherzustellen.

In die Untersuchung einbezogen wurden alle wichtigen Teilbranchen der Lebens- und Futtermittelindustrie einschließlich ausgewählter Unternehmen des Lebensmitteleinzelhandels, um eine möglichst repräsentative Abbildung der Branche zu gewährleisten (Abb. 1). Unter *Sonstiges* sind Hersteller von Feinkost, Fisch, Gewürzen, Saucen, Teigwaren u. Ä. erfasst. In die Kategorie *Nichtspezialisierte Lebensmittelhersteller* fallen Unternehmen, die unterschiedliche Lebensmittel herstellen; hauptsächlich handelt es sich um große multinationale Konzerne.

Der Umsatz der betrachteten Unternehmen reicht von weniger als 2 Mio. bis über 50 Mrd. € (Abb. 2). Im Mittel beträgt der Jahresumsatz 6370 Mio. €, wobei der hohe Durchschnittswert wesentlich auf die Einbeziehung einiger internationaler Großunternehmen zurückzuführen ist. Da die Unternehmen der deutschen Ernährungswirtschaft im Mittel 29,6 Mio. € pro Jahr umsetzen, ist die Stichprobe insoweit nicht repräsentativ für die Grundgesamtheit.

36,5 % der in die Untersuchung einbezogenen Unternehmen beschäftigen weniger als 250 Mitarbeiter, 19,2 % zwischen 250 und 1000 Mitarbeiter und 44,3 % mehr als 1000 Mitarbeiter. Bundesweit haben dagegen mehr als 95 % der Unternehmen der Ernährungswirtschaft weniger als 250 Beschäftigte.

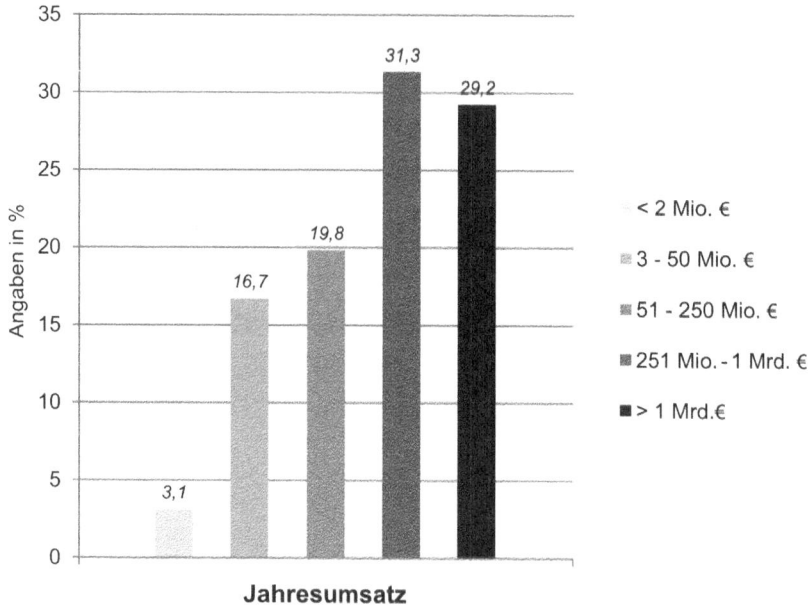

Abb. 2 Umsatz der untersuchten Unternehmen

3 Empirische Ergebnisse

3.1 Formale Indikatoren

Informationsangebot: Knapp 65 % der Unternehmen informieren zu Nachhaltigkeitsthemen auf ihrer Internetseite. Betrachtet man die Ergebnisse differenziert nach Teilbranchen, so ist zu erkennen, dass alle Handelsunternehmen und nichtspezialisierten Lebensmittelunternehmen – meist große multinationale Unternehmen – zu Nachhaltigkeit informieren. Auch in der Fleischbranche, der Back- und Süßwarenindustrie, der Obst- und Gemüseverarbeitung sowie von den sonstigen Unternehmen geben mindestens 60 % der Unternehmen Auskunft zur Nachhaltigkeit. Unter den Getränkeherstellern ist dies noch die Hälfte der Unternehmen, bei den Futtermittelherstellern gerade noch ein Drittel. Offenbar haben somit die Nähe einer Branche zu den Endverbrauchern und damit die öffentliche Wahrnehmung von Unternehmen einen Einfluss auf das Kommunikationsverhalten (vgl. auch bereits Heyder 2010). Ebenfalls im Einklang mit früheren Ergebnissen (KPMG 2013; ZNU 2013) steht, dass größere Unternehmen umfangreicher über Nachhaltigkeit berichten.

Nachhaltigkeitsberichte: Einen Nachhaltigkeitsbericht veröffentlichen lediglich 20 % der Unternehmen. Dies ist im Vergleich mit anderen Branchen ein sehr niedriger Anteil. Bei den Unternehmen, die über Nachhaltigkeit auf ihrer Internetseite informieren, liegt der Anteil der Unternehmen mit Nachhaltigkeitsbericht bei etwas über 30 %. Selbst von den großen Unternehmen der Ernährungswirtschaft mit über 250 Mio. € Jahresumsatz veröffentlichen weniger als 40 % einen Nachhaltigkeitsbericht; dies ist ein deutlich geringerer Anteil als im Durchschnitt der deutschen Großunternehmen (IÖW 2011). Die *Qualität der veröffentlichten Nachhaltigkeitsberichte* wurde im Mittel mit $\mu = 2{,}7$ auf einer Punkteskala von 1 (wenig umgesetzt) bis 4 (sehr umfassend umgesetzt) bewertet. Fast 9 % der Berichte wurden mit einem Punkt, 26 % mit zwei Punkten und knapp 65 % mit drei Punkten bewertet. Lediglich zwei Unternehmen, die beide ihre Berichte nach GRI-Leitlinien erstellen und die Einhaltung der Vorgaben extern verifizieren lassen, erreichten vier Punkte.

Nachhaltigkeitsstrategie: Eine klar definierte Nachhaltigkeitsstrategie wird von knapp 35 % der Unternehmen kommuniziert. In der Gruppe der nichtspezialisierten Lebensmittelhersteller sind dies 100 %, bei den Handelsunternehmen 43 %. Am Ende rangieren die Milchbranche mit knapp 30 % sowie die Fleischbranche und die unter *Sonstiges* zusammengefassten Unternehmen mit jeweils ca. 15 %.

3.2 Kommunizierte Themenbereiche

Bei der Auswertung der kommunizierten Themenbereiche wurden nur die 65 % der Unternehmen in die Auswertung einbezogen, die zur Nachhaltigkeit informieren. Bei keinem der betrachteten Themenbereiche liegt der Mittelwert über zwei (Tab. 4); die Unternehmen stellen somit insgesamt nur wenige Informationen zu den verschiedenen Themenfeldern zur Verfügung.

Im Bereich der *ökonomischen Aspekte* liegen die Mittelwerte zwischen $\mu = 0{,}4$ (indirekte wirtschaftliche Auswirkungen) und $\mu = 1{,}3$ (wirtschaftliche Leistung des Unternehmens). Immerhin knapp die Hälfte der Unternehmen der Ernährungswirtschaft informiert über ihre wirtschaftliche Leistung durchschnittlich viel oder viel. Für den Bereich Marktpräsenz liegt dieser Wert nur noch bei 31,5 %, bei allen anderen Themenbereichen deutlich darunter. Nicht ein einziges Unternehmen berichtet zu einem ökonomischen Indikator sehr viel. Die überdurchschnittlich großen, publizitätspflichtigen nichtspezialisierten Lebensmittelhersteller erzielen die höchsten Werte. Unternehmen der Fleischwirtschaft sowie sonstiger Branchen informieren hingegen zu den ökonomischen Themen am seltensten.

Bei den *ökologischen Themenbereichen* sind die Unternehmen auskunftsfreudiger. Aufgrund der Entwicklung der Nachhaltigkeits- aus der Umweltberichterstattung ist dies nicht überraschend. Am meisten wird zu den Themen Energie, Emissionen, Abwasser, Abfall und Materialien kommuniziert. Zu Energie informieren mehr als 80 % der Unternehmen; für Emissionen, Abwasser, Abfall und Materialien liegen die Werte knapp darunter. Dies bestätigt frühere Untersuchungen zur Dominanz dieser Themenfelder im Nachhaltigkeitsmanagement im Agribusiness (Theuvsen und Friedrich 2012). Mit Blick auf die verschiedenen Teilbranchen wird deutlich, dass mehr als 50 % der Unternehmen der Fleischbranche zu ökologischen Themen wenig oder gar nicht berichten. Anders wieder die nichtspezialisierten Lebensmittelhersteller, die zu vier der acht Indikatoren (sehr) viel berichten.

Tab. 4 Umfang der Berichterstattung nach Themenbereichen

Indikator	Ernährungsbranche μ (σ)	Keine Information ←——→ Sehr viel Information	Indikator	Ernährungsbranche μ (σ)	Keine Information ←——→ Sehr viel Information
Wirtschaftliche Leistung	1,34 (1,11)		Kennzeichnung von Produkten und Dienstleistungen	0,95 (1,13)	
Marktpräsenz	0,96 (1,08)		Marketing	0,53 (0,94)	
Indirekte wirtschaftliche Auswirkungen	0,41 (0,79)		Inhaltsstoffe und nährwertbezogene Angaben	0,63 (1,06)	
Materialien	1,74 (1,25)		Rückverfolgbarkeit	1,08 (1,22)	
Energie	1,92 (1,18)		Gentechnisch veränderte Organismen	0,70 (1,13)	
Wasser	1,18 (1,18)		Beschäftigung	1,05 (1,15)	
Biodiversität	0,42 (0,81)		Arbeitnehmer-Arbeitgeber-Verhältnis	1,00 (1,15)	
Emissionen, Abwasser, Abfall	1,93 (1,38)		Arbeitssicherheit und Gesundheitsschutz	1,07 (1,24)	
Produkteund Dienstleistungen	1,38 (1,31)		Aus- und Weiterbildung	1,11 (1,10)	
Transport	1,25 (1,26)		Chancengleichheit	0,81 (1,09)	
Einsatz von Biokraftstoffen (Ernährungssektor-spezifisch)	0,37 (0,87)		Fairer Handel	0,73 (1,22)	
Auswirkung auf Gemeinwesen	1,41 (1,32)		Investitions- und Beschaffungspraktiken	0,70 (1,10)	
Korruptionsbekämpfung	0,32 (0,81)		Gleichbehandlung	0,63 (1,00)	
Politik	0,21 (0,55)		Kinder-, Zwangs- und Pflichtarbeit	0,62 (0,97)	
Gesunde und bezahlbare Lebensmittel	1,01 (1,15)		Einhaltung der Rechte der Ureinwohner	0,32 (0,68)	
Gesundheit und Sicherheit des Kunden	1,22 (1,19)				

Im Themenfeld *Gesellschaft* wird zu gesunden und bezahlbaren Lebensmitteln sowie zu den Auswirkungen des unternehmerischen Handelns auf das Gemeinwesen vergleichsweise viel berichtet. Letztere werden von ca. 65 % der Unternehmen thematisiert; der Anteil derer, die hierzu viel oder sehr viel berichten, fällt jedoch relativ gering aus. Alle anderen Themenbereiche werden von den Unternehmen kaum angesprochen. Eine Ausnahme stellen wiederum die nichtspezialisierten Lebensmittelhersteller dar.

Zur *Produktverantwortung* zählen die direkten Auswirkungen der Produkte auf die Kunden. Die durchschnittlich erreichten Werte liegen zwar bei keinem der Indikatoren unter $\mu = 0{,}5$, insgesamt gleichwohl sehr niedrig. Am seltensten werden die Auswirkungen des Marketings auf das (Ernährungs-)Verhalten, Inhaltsstoffe sowie nährwertbezogene Angaben thematisiert, obwohl diese Aspekte in der Öffentlichkeit sehr viel Aufmerksamkeit genießen. Andere Themenfelder wie die Rückverfolgbarkeit sind gesetzlich geregelt (Art. 18 VO (EU) 178/2002) und daher etwas stärker Gegenstand der Berichterstattung. Zur Gentechnik finden sich kaum Aussagen; dies entspricht früheren Ergebnissen, denen zufolge Unternehmen der Ernährungswirtschaft diesem Thema möglichst ausweichen (Gawron und Theuvsen 2008).

Bei den *Arbeitspraktiken* handelt es sich hauptsächlich um den Umgang der Unternehmen mit ihren Mitarbeitern. Insgesamt wird auch hier nur zurückhaltend kommuniziert; die meisten Informationen finden sich zu Fragen der Aus- und Weiterbildung von Mitarbeitern. 30 % der Unternehmen sprechen in ihrer Kommunikation die Fairness der Handelsbeziehungen mit in- und ausländischen Zulieferern (einschließlich Fair Trade) an. Insgesamt kommuniziert kein Unternehmen zu diesem Themenbereich viel oder sehr viel; meistens werden die Themen in nur einem Satz abgehandelt.

Die Berichterstattung zu *Menschenrechten* ist vor allem für Unternehmen mit internationalen Handelsbeziehungen relevant. Die Mittelwerte liegen zwischen 0,3 und 0,7 und sind durchgängig bei allen Indikatoren sehr gering. Ein Grund kann sein, dass die Unternehmen das Thema aufgrund der Einhaltung grundlegender Sozialstandards als erledigt betrachten und daher nicht zusätzlich darüber kommunizieren. Ausnahmen bilden der Lebensmitteleinzelhandel und die nichtspezialisierten Lebensmittelhersteller, die deutlich stärker global tätig sind als der Durchschnitt der Branche.

Die *Tierhaltung* ist für die Reputation der Ernährungsbranche heutzutage besonders bedeutsam. Näher betrachtet wurden bei der Auswertung nur die 26 Unternehmen, die durch ihre Tätigkeit einen direkten Bezug zu Tieren haben. Meist wird nur sehr allgemein und eher nebenbei über Fragen des Tierwohls oder die Haltung von Nutztieren informiert. Etwas mehr als 40 % der Unternehmen mit direktem Kontakt zu Tieren informieren gar nicht über Tierwohlaspekte, ungefähr 60 % nicht über die Haltung der Tiere. Nur zwischen 15 und 27 % der Unternehmen kommunizieren zu Themenbereichen wie Transport oder Schlachtung. Nicht ein einziges Unternehmen berichtet sehr viel über Tierwohlthemen. Vor dem Hintergrund der anhaltend kritischen Einstellung der Bevölkerung zur modernen Tierhaltung sind diese Werte als sehr niedrig einzustufen.

3.3 Qualitätsbestimmende Indikatoren

Bei der Bewertung der Qualität der Nachhaltigkeitsberichterstattung werden die Aspekte berücksichtigt, die wesentlich zur Glaubwürdigkeit und Transparenz und somit zur Wirkungskraft der Nachhaltigkeitskommunikation beitragen (Tab. 5). Insgesamt wird deutlich, dass mit Blick auf die *Vollständigkeit* ($\mu = 1{,}47$), die *Genauigkeit* ($\mu = 1{,}71$), die *Ausgewogenheit*, also die Berücksichtigung positiver wie negativer Aspekte ($\mu = 1{,}4$), sowie die *Aktualität, Kontinuität* der Berichterstattung ($\mu = 1{,}6$) relativ niedrige Werte erreicht werden. 30 % der Unternehmen berichten hauptsächlich über positive Ereignisse. Gleichzeitig waren Informationen oft schon mehrere Jahre alt. Günstiger fallen die Bewertungen im Hinblick auf die *Verständlichkeit* und die *Wesentlichkeit bzw. Relevanz* aus. Bei über 60 % der Unternehmen wurde die Kommunikation als sehr oder sogar außerordentlich verständlich bewertet; lediglich 5 % der Unternehmen kommunizieren unverständlich oder wenig verständlich. Mit einem Mittelwert von 2,7 erreichen die Unternehmen hier die beste Bewertung. Auch die Wesentlichkeit und Relevanz der Themen wird außerordentlich hoch bewertet; mehr als 80 % der Unternehmen stellen Informationen zu wesentlichen und relevanten Themen zur Verfügung. Etwas mehr als 40 % erhalten sogar eine Bewertung als sehr oder sogar außerordentlich wesentlich/relevant.

Tab. 5 Durchschnittlich erreichte Werte der Qualitätsindikatoren

Indikator	Ernährungsbranche μ (σ)	Keine Information ←→ Sehr viel Information
Vollständigkeit (im Bezug auf einzelnes Unternehmen)	1,47 (0,97)	
Genauigkeit	1,71 (1,07)	
Ausgewogenheit	1,40 (1,22)	
Aktualität, Kontinuität	1,62 (1,20)	
Verständlichkeit	2,67 (0,82)	
Wesentlichkeit/Relevanz	2,33 (1,00)	
Einbeziehung der Anspruchsgruppen	1,55 (1,21)	
Bewertung der Handelspartner	1,56 (1,33)	

Die *Einbeziehung der Anspruchsgruppen* und deren Interessen ist bei einem Mittelwert von 1,55 als verbesserungswürdig einzustufen. 25 % der Unternehmen nennen ihre Anspruchsgruppen nicht explizit. Etwa die Hälfte der Unternehmen geht auf ihre Anspruchsgruppen ein, tut dies aber nur wenig umfassend. Das restliche Viertel kommuniziert darüber umfassend bis sehr umfassend. Die *Bewertung und Berücksichtigung der Nachhaltigkeit der Handelspartner* erfolgt durch fast 70 % der Unternehmen im Rahmen des Nachhaltigkeitsmanagements. Weniger als ein Drittel der Unternehmen berichtet darüber jedoch umfassend oder sehr umfassend, sodass sich auch hier ein niedriger Mittelwert von 1,56 ergibt.

4 Diskussion und Schlussfolgerungen

Insgesamt hat die Untersuchung gezeigt, dass rund zwei Drittel der Unternehmen der Ernährungsbranche mittlerweile über Nachhaltigkeit auf ihren Internetseiten informieren. Dies unterstreicht die Ergebnisse früherer empirischer Studien, denen zufolge Nachhaltigkeitsmanagement und Corporate Social Responsibility zunehmend Beachtung in der Branche finden (Heyder und Theuvsen 2009; Friedrich et al. 2013). Insgesamt berichten die Unternehmen jedoch über ein relativ enges Themenspektrum, wobei der Schwerpunkt auf Themen liegt, die sich im Rahmen der Nachhaltigkeitskommunikation in den letzten Jahren allgemein etabliert haben, etwa Ökologie und Mitarbeiterführung. Dagegen werden Themen, die in der Öffentlichkeit kritisch diskutiert werden, weitgehend ausgespart. Dazu zählen etwa die Bereiche Tierwohl, Gentechnik und Lebensmittelkennzeichnung. Das Vermeiden kritischer Themenbereiche in der Unternehmenskommunikation nährt den wiederholt geäußerten Verdacht, dass die Kommunikation verantwortungsvoller und nachhaltiger Unternehmensführung vorrangig dem Zweck dient, das Bild des Unternehmens in der Öffentlichkeit zu verbessern, ohne an den wirklich relevanten Themen anzuknüpfen („greenwashing"; Kärnä et al. 2001). Dadurch kann die Erreichung der Kommunikationsziele gefährdet werden.

Positiv fällt auf, dass die Informationen in der Mehrzahl der Unternehmen verständlich aufbereitet sind. Dies ist ein Indiz dafür, dass viele Unternehmen grundsätzlich die Bedeutung der Nachhaltigkeitsberichterstattung für die Kommunikation mit Anspruchsgruppen und der breiteren Öffentlichkeit erkannt haben. Verbesserungspotenziale wurden aber u. a. im Hinblick auf die Ausführlichkeit, Genauigkeit und Ausgewogenheit der Berichterstattung deutlich.

Die vorliegende Studie bestätigt einen Zusammenhang zwischen der Größe der Unternehmen und dem Umfang ihrer Nachhaltigkeitskommunikation. Da große Unternehmen stärker im Fokus der Öffentlichkeit stehen, war dies zu erwarten (Heyder 2010). Allerdings verfügen auch einzelne kleinere Unternehmen über eine sehr umfassende und glaubwürdige Nachhaltigkeitskommunikation. Hieran wird die Bedeutung der Überzeugungen des Managements für die Ausgestaltung des Nachhaltigkeitsmanagements und der Nachhaltigkeitsberichterstattung deutlich (Friedrich und Theuvsen 2011). Auch wird dadurch die gelegentlich geäußerte Aussage widerlegt, dass es für kleinere und mittlere Unternehmen finanziell zu aufwendig sei, eine Nachhaltigkeitskommunikation zu etablieren.

Sowohl in Bezug auf die Quantität als auch die Qualität der Berichterstattung können erhebliche Unterschiede zwischen den betrachteten Teilbranchen festgestellt werden. Vor allem große, international tätige Unternehmen mit einer breiten Produktpalette, einem hohen Markenanteil und engen Beziehungen zu den Konsumenten verfügen über eine ausführliche und qualitativ hochwertige Nachhaltigkeitskommunikation (Heyder 2010). Dagegen ist die Nachhaltigkeitskommunikation der Fleischbranche und der sonstigen Unternehmen (Feinkost, Fisch usw.) noch deutlich weniger weit entwickelt.

Die durchgeführte Untersuchung bietet für das Management von Unternehmen die Möglichkeit, den Stand der Nachhaltigkeitsberichterstattung im eigenen Unternehmen kritisch zu reflektieren. Insgesamt wurden erhebliche Potenziale für eine umfangreichere Kommunikation über Nachhaltigkeitsfragen deutlich, deren Hebung Chancen für die Sicherung des Vertrauens der Öffentlichkeit in das Unternehmen und die Verbesserung seiner Reputation bietet. Dies kann kurzfristig den Markterfolg von Unternehmen befördern, etwa in Form höherer Abverkäufe, sowie langfristig zur Sicherung von Legitimität und der gesellschaftlichen „license to operate" (Hiß 2006) beitragen.

Für einzelne Unternehmen wie ganze Branchen stellt sich die Frage, inwieweit Unternehmen, die bislang über kein oder zumindest kein ausgebautes Nachhaltigkeitsmanagement und keine entsprechende Berichterstattung verfügen, zu größeren Anstrengungen motiviert werden können. Denn die Branchenreputation ist ein öffentliches Gut, sodass die Gefahr von Trittbrettfahrertum ebenso groß ist wie die Gefahr der Beschädigung dieser Reputation durch einige wenige Unternehmen (Hautzinger 2009).

Die Untersuchung hat die Frage aufgeworfen, ob die bisher gewählten Kommunikationskanäle für die Bildung von Vertrauen die richtigen sind. Bislang dominieren informationsübermittelnde Kommunikationsformen, während kaum dialogorientierte Formen der Kommunikation, etwa im Rahmen der Nutzung von Social Media, angeboten werden (Kayser und Theuvsen 2014). Die Unternehmen treten daher bislang nur in geringem Maße in einen aktiven Austausch mit ihren Anspruchsgruppen, obwohl erste positive Beispiele bspw. die Möglichkeiten der unmittelbaren Einbindung von Stakeholdern in die Produktentwicklung belegen (sog. „open innovation"; Garcia Martinez 2013).

Zukünftige Studien sollten darauf ausgerichtet sein, die Stichprobe zu vergrößern und die Repräsentativität der Untersuchung zu verbessern. Dadurch würden auch die Chancen für vertiefte statistische Auswertungen, die über univariate Analysen hinausgehen, erheblich verbessert. Ferner wäre es interessant, gleichzeitig eine Reputationsanalyse für die untersuchten Unternehmen durchzuführen, um die Wirksamkeit der ergriffenen Kommunikationsmaßnahmen überprüfen zu können. Schließlich wäre es aufschlussreich, neben der Internetkommunikation auch weitere Kommunikationskanäle in die Analyse einzubeziehen.

Literatur

Albersmeier F, Spiller A, Jäckel K (2008) Öffentlichkeitsorientierung in der Ernährungswirtschaft: Eine empirische Studie zum Umgang mit kritischen Anspruchsgruppen. Z Medienwiss 4:363–383

Carroll A (1999) Corporate social responsibility – evolution of a definitional construct. Bus Soc 38(3):268–295

Friedrich N, Theuvsen L (2011) Stakeholder-Management: Sichtweisen verschiedener Anspruchsgruppen zur Nachhaltigkeit. In: Haunhorst E, Willers C (Hrsg) Nachhaltiges Management: Sustainability, Supply Chain, Stakeholder. Books on Demand, Norderstedt, S 97–121

Friedrich N, Wellner M, Theuvsen L (2013) Nutzung des Internets für die Nachhaltigkeitsberichterstattung in der Ernährungsbranche. In: Clasen M et al (Hrsg) Massendatenmanagement in der Agrar- und Ernährungswirtschaft. Köllen, Bonn, S 83–87

Garcia Martinez M (Hrsg) (2013) Open innovation in the food and beverage industry. Woodhead Publishing, Sawston

Gawron JC, Theuvsen L (2008) Kosten der Verarbeitung gentechnisch veränderter Organismen: Eine Analyse am Beispiel der Raps- und Maisverarbeitung. In: Glebe T et al (Hrsg) Agrar- und Ernährungswirtschaft im Umbruch. Landwirtschaftsverlag, Münster-Hiltrup, S 143–152

Grapentin T, Berg C, Pfingsten A (2007) Stakeholder-Management von Sparkassen im Spiegel der Geschäftsberichte – theoretische Anforderungen, Bestandsaufnahme und kritische Bewertung. Z Bankr Bankwirtsch 19(5):399–413

Hautzinger H (2009) Der Ruf von Branchen. Eine empirische Untersuchung zur Messung, Wechselwirkung und Handlungsrelevanz der Branchenreputation. Gabler, Wiesbaden

Hetze K (2013) Nachhaltigkeits- und CSR-Berichterstattung als Beitrag zur Unternehmensreputation. Ausgewählte Untersuchungen bei europäischen Großunternehmen. In: Nielsen et al (Hrsg) Nachhaltigkeit in der Wirtschaftskommunikation. VS Verlag für Sozialwissenschaften, Berlin, S 137–158

Heyder M (2010) Strategien und Unternehmensperformance im Agribusiness. Cuvillier, Göttingen

Heyder M, Theuvsen L (2009) Corporate Social Responsibility im Agribusiness. In: Böhm J et al (Hrsg) Die Ernährung im Scheinwerferlicht der Öffentlichkeit. Eul, Lohmar und Köln, S 49–73

Hiß S (2006) Warum übernehmen Unternehmen gesellschaftliche Verantwortung: Ein soziologischer Erklärungsversuch. Campus, Frankfurt a. M.

IHK (Deutscher Industrie- und Handelskammertag (2012) Gesellschaft gewinnt durch unternehmerische Verantwortung, Ergebnisse des IHK-Unternehmensbarometers 2012. Berlin

IÖW (Institut für ökologische Wirtschaftsforschung) & Future e. V. (Hrsg) (2011) IÖW/future-Ranking der Nachhaltigkeitsberichte deutscher Unternehmen 2011: Kurzfassung der Ergebnisse. Münster

Kärnä J, Juslin H, Ahonen V, Hansen E (2001) Green Advertising – Greenswash or a True Reflection of Marketing Strategies? Greener Manage Int 33:59–70

Kayser M, (2012) Die Agrar- und Ernährungswirtschaft in der Öffentlichkeit – Herausforderungen und Chancen für die Marketing-Kommunikation. Cuvillier, Göttingen

Kayser M, Theuvsen L (2014) Social Media – Eine Herausforderung für das Agribusiness. In: Eder M et al (Hrsg) Jahrbuch der österreichischen Gesellschaft für Agrarökonomie, Bd 23, S 101–110

KPMG (2013) KPMG-Handbuch zur Nachhaltigkeitsberichterstattung – Update 2013. http://www.kpmg.com/DE/de/Documents/handbuch-nachhaltigkeitsberichterstattung.pdf. Zugegriffen: 14. Nov. 2014

Lackmann J (2009) Die Auswirkungen der Nachhaltigkeitsberichterstattung auf den Kapitalmarkt – eine empirische Analyse. Dissertation Ruhr-Universität Bochum

Loew T, Ankele K, Braun S, Clausen J (2005) Bedeutung der CSR-Diskussion für Nachhaltigkeit und die sich daraus ergebenden Anforderungen an Unternehmen mit Fokus Berichterstattung. Endbericht an das Bundesministerium für Umwelt, Naturschutz und Reaktorsicherheit. Berlin

Lundquist (2011) CSR Online Awards Germany 2011 – Executive Summary. Mailand. http://www.lundquist.it/media/files/CSR_Online_Awards_2011_Europe_Executive_Summary_1319445997.pdf. Zugegriffen: 19. Mai 2014

Net Fed Corporate Online Solutions (2013) CSR-Benchmark. http://www.csr-benchmark.de/. Zugegriffen: 12. Mai 2014

PWC (PriceWaterhouseCoopers) (2010) Unternehmerische Verantwortung praktisch umsetzen. Leitfaden zum Nachhaltigkeitsmanagement, 2. Aufl. Frankfurt a. M.

Sawczyn A (2012) Unternehmerische Nachhaltigkeit und werteorientierte Unternehmensführung – Empirische Untersuchung der Unternehmen im HDAX. Dissertation Friedrich-Alexander-Universität Erlangen-Nürnberg

Schattke E (2013) Nachhaltige Fleischwirtschaft. Unternehmensstrategische und kommunikationspolitische Herausforderungen und Perspektiven. Metropolis, Marburg

Simon-Heckroth E (2014) Nachhaltigkeitsberichterstattung und Integrated Reporting – Neue Anforderungen an den Berufsstand. Wirtschaftsprüfung 6:311–325

Stötzer S (2015) Neue Vielfalt der Nachhaltigkeitsrichtlinien – Konzepte für eine nachhaltigkeitsorientierte Rechnungslegung von privaten und öffentlichen Unternehmen. In: Greiling D, Schaefer C, Theuvsen L (Hrsg) Nachhaltigkeitsmanagement und Nachhaltigkeitsberichterstattung öffentlicher Unternehmen. Nomos, Baden-Baden, S 90–109

Theuvsen L, Friedrich N (2012) Vom Qualitäts- zum Nachhaltigkeitsmanagement: Wo steht das deutsche Agribusiness? In: Woll R, Uhlemann M (Hrsg) Vielfalt Qualität – Tendenzen im Qualitätsmanagement. Shaker, Aachen, S 319–338

Walgenbach P, Beyer S, Bohn S, Grünheid T, Händschke S, Kerkers R, Müller J (2014) Wofür übernehmen Unternehmen Verantwortung? Und wie kommunizieren sie ihre Verantwortungsübernahme? Eine explorative Studie. Z Wirtschafts Unternehmensethik 15(1):57–84

Zerfaß A, Müller MC (2012) CSR-Kommunikation in Deutschland. Empirische Studie zu Rahmenbedingungen und Vorgehensweisen in deutschen Unternehmen. PR Mag 43(11):66–71

ZNU (Zentrum für nachhaltige Unternehmensführung) (2013) Nachhaltigkeit und Nachhaltigkeitskommunikation – Wo steht die deutsche Lebensmittelwirtschaft? Studienergebnisse. Universität Witten/Herdecke

Ines Rottwilm hat Agrarwissenschaften mit dem Schwerpunkt Agribusiness an der Georg-August-Universität Göttingen und der University of Nottingham studiert. Während ihres Studiums war sie mehrere Jahre als studentische Mitarbeiterin am Lehrstuhl für Betriebswirtschaftslehre des Agribusiness am Department für Agrarökonomie und Rurale Entwicklung beschäftigt und hat zahlreiche Praktika, unter anderem im Bundesministerium für Ernährung und Landwirtschaft in Berlin, absolviert. Ines Rottwilm ist zudem engagierte Amateursportlerin (Reiten/Vielseitigkeit). Ihre Masterarbeit hat sie über die Nachhaltigkeitskommunikation deutscher Ernährungsunternehmen verfasst.

Prof. Dr. Ludwig Theuvsen ist Professor für Betriebswirtschaftslehre des Agribusiness am Department für Agrarökonomie und Rurale Entwicklung der Georg-August-Universität Göttingen. Seine Arbeitsschwerpunkte umfassen: Nachhaltigkeitsmanagement und Corporate Social Responsibility im Agribusiness, Personal-, Qualitäts- und strategisches Management in der Agrar- und Ernährungswirtschaft sowie die Organisation von Wertschöpfungsketten. Zurzeit ist Ludwig Theuvsen u. a. Vorsitzender des Wissenschaftlichen Beirats der Landesinitiative Ernährungswirtschaft (NieKE), Vechta und Mitglied des Beirats des Instituts für Strukturforschung und Planung in agrarischen Intensivgebieten (ISPA) an der Universität Vechta. Ferner gehört er dem International Advisory and Editorial Board des Journal on Chain and Network Science, dem Advisory Board des Polish Journal of Food and Nutrition Sciences sowie dem Editorial Board des Journal of Agricultural Informatics an.

Wider die Mär vom selbstlosen Unternehmen: Was Journalisten an Nachhaltigkeit interessiert

Jens Holst

1 Gut ist nicht genug

„Tue Gutes und rede darüber" heißt ein PR-Ratgeber, den Georg-Volkmar Graf Zedtwitz-Arnim vor mehr als 50 Jahren veröffentlicht hat. Längst ist der Titel des Buches zum geflügelten Wort geworden. Zugegeben, die Botschaft klingt betörend simpel: Wer sollte schon etwas dagegen haben, wenn ein Unternehmen sich engagiert, sei es sozial oder ökologisch? Wie könnte das Image eines Unternehmens nicht davon profitieren, wenn es betont, einen Dienst an der Gesellschaft zu leisten? Kann es überhaupt passieren, dass die gute Tat zum kommunikativen Ritt auf der Rasierklinge wird und sich am Ende in ihr Gegenteil verkehrt? Es kann – dafür gibt es mehr als genug Beispiele.

Ein Grund ist, dass sich die mediale Welt seit dem Erscheinen des Werkes in den frühen 1960er-Jahren grundlegend gewandelt hat. Nur, weil ein Unternehmen sich mitteilungsfreudig zeigt, hört heutzutage kein Konsument oder Medienvertreter mehr zu. Und wenn die Öffentlichkeit es tut, muss sich das Unternehmen darauf einrichten, kritische Fragen gestellt zu bekommen. Dafür reichen meist schon 140 schnell geschriebene Zeichen auf dem Kurznachrichtendienst Twitter, zu denen sich das Unternehmen in irgendeiner Weise verhalten muss, nimmt es diesen Kommunikationskanal wirklich ernst.

Aber nicht nur das Internet, das hohe Tempo, mit dem soziale Netzwerke Nachrichten verbreiten, diskutieren und Empörungswellen auftürmen, lassen Zweifel aufkommen, ob diese Weisheit heute noch ihre Gültigkeit hat. Vielleicht mag Graf Zedtwitz-Arnim im Wirtschaftswunderdeutschland noch eine Vorstellung davon gehabt haben, was die All-

---

J. Holst (✉)
Lebensmittel Zeitung, Deutscher Fachverlag GmbH, Mainzer Landstraße 251,
60326 Frankfurt am Main, Hessen, Deutschland
E-Mail: Jens.Holst@dfv.de

gemeinheit als gute Tat wertschätzen würde – im Zweifel den karitativ engagierten Unternehmer, der nicht nur seiner Belegschaft verbunden ist, sondern auch seiner Gemeinde.

In Zeiten, in denen zahlreiche Nichtregierungsorganisationen ihre Interessen offensiv vertreten, in denen durch die Globalisierung die Perspektive vieler Beteiligter in der Lieferkette näher rückt, ist das ungleich schwieriger. Können wir uns so leicht darauf einigen, was das „Gute" ist? Als das musikalische Hilfsprojekt Band Aid etwa kurz vor Weihnachten 2014 sein Comeback feierte, hagelte es Kritik am Afrikabild der Charity-Initiative, die 30 Jahre zuvor noch Menschen in der westlichen Welt zu Tränen rührte.

Dass das „Gute" am Ende in den Augen einiger nicht das Richtige sein muss, lernte im Jahr 2014 auch der Ökoputzmittelhersteller Ecover: Das belgische Unternehmen präsentierte eine innovative Produktionsmethode, bei der Algen dabei helfen sollen, das umstrittene Palmöl in den Reinigungsmitteln zu ersetzen. Aus Sicht einiger Umweltschützer besaß die engagierte Leistung, die darauf abzielte, Regenwaldabholzung zu vermeiden, allerdings einen bedeutenden Schönheitsfehler: Sie war mithilfe grüner Gentechnik erzielt worden, die nicht nur viele Ecover-Käufer, sondern auch zahlreiche Einzelhändler aus der Biobranche ablehnen. Ecover hatte das Richtige versucht, aus Sicht seiner Kritiker aber den falschen Weg gewählt. Eine Überraschung ist diese kommunikative Bruchlandung in Zeiten ausgeprägter Gentechnikskepsis in Europa sicherlich nicht – findige PR-Berater hätten Ecover auf diesen Umstand sicherlich hingewiesen.

Nun ist es nicht Aufgabe von Journalisten, kommunikative Strategien für Unternehmen zu entwickeln und diesen Ratschlägen zu erteilen, wie sie ihr Tun gegenüber der Öffentlichkeit möglichst ideal vermarkten können – im Gegenteil. Medienmacher, Öffentlichkeitsarbeiter, Manager und Verantwortliche in Nichtregierungsorganisationen begreifen das Thema Nachhaltigkeit aus unterschiedlichen Blickwinkeln heraus. Das Ziel dieses Beitrags ist vielmehr, die Erfahrungen, Beobachtungen und Erwartungshaltung des Journalisten aus subjektiver Perspektive zu skizzieren. Das mag hilfreich sein – für alle Seiten.

2 Vorsicht, Nachhaltigkeit?!

„Nachhaltigkeit liegt in unserer DNA", sagen Geschäftsführer und Vorstandschefs gerne, wenn sie das langfristige Engagement ihres Unternehmens betonen wollen. Keinen Satz bekommen Journalisten in Pressegesprächen zu diesem Thema so oft zu hören wie diesen – und keiner sorgt wohl für mehr Verdruss. Denn keine Floskel wird häufiger bemüht, um zu zeigen, dass ein Unternehmen eine Tradition des verantwortungsvollen Handelns besitzt. Mittlerweile scheint es unter Unternehmen zum guten Ton zu gehören, sich von denen absetzen zu wollen, die gerade erst auf den Nachhaltigkeitszug aufgesprungen sind.

Selbstverständlich würde gerade das nie jemand öffentlich zugeben, denn irgendwie findet sich immer etwas, das beweist, das ökologisches und soziales Handeln in den Genen des Unternehmens steckt – sei es, weil der Gründer vor 200 Jahren eine mildtätige Ader hatte oder der Betrieb mittelständisch ist und von einer Familie geführt wird. Zwar mag solch ein Unternehmen deshalb anders ticken als ein global aufgestellter Konzern und unabhängig von der kurzfristig orientierten Quartalsberichterstattung der Börse agieren. Doch letztlich kann auch ein inhabergeführtes Unternehmen Fehler begehen und sich unethisch verhalten. Eine Garantie für nachhaltiges Unternehmertum ist eine bestimmte Struktur jedenfalls nicht.

Es ist nicht lange her, da war Nachhaltigkeit in Wirtschaftsmedien nicht mehr als ein Lückenbüßer für die hinteren Seiten, eine Nische für Spezialisten, auf Seiten von Lesern und Journalisten. Das hat sich grundlegend geändert: Nachhaltigkeitsinitiativen großer Konzerne wie Unilever oder Nestlé schaffen es heute in die Schlagzeilen, oft auch deshalb, weil sie von CEOs persönlich vertreten werden. Perfektioniert hat diese Rolle Unilever-Vorstandschef Paul Polman, der während seiner Reden mitunter wie der Chef einer streitbaren Nichtregierungsorganisation wirkt – und nicht wie der Lenker eines börsennotierten Milliardenkonzerns, dessen Bonus auch davon abhängt, wie gut Unilever mit seinem Sustainable Living Plan vorankommt.

Aber auch auf den Websites und Pressekonferenzen zahlloser Mittelständler darf das Thema heute nicht mehr fehlen. Auszeichnungen wie der „Deutsche Nachhaltigkeitspreis" schaffen eine enorme Öffentlichkeit, die auch damit zusammenhängt, dass vor der Verleihung Stars und Sternchen über den roten Teppich prominieren. Die Nachhaltigkeitswelt hat eigene Medienplattformen wie „Guardian Sustainability Biz", „Wiwo Green" oder das „Enorm"-Magazin geboren, die um alle erdenklichen Facetten ökologischer und sozialer Aspekte in der Wirtschaftswelt kreisen.

Doch der Aufstieg zum medialen Megathema hat auch seinen Preis: Die Flut an guten Taten, die Unternehmen zunehmend vermelden, haben in vielen Redaktionen im gleichen Maße die Skepsis am Wahrheitsgehalt dieser Verlautbarungen wachsen lassen. „Dem Vorwurf der Beliebigkeit muss sich der Nachhaltigkeits-Begriff schon stellen", befand der ehemalige Bundespräsident und heutige UNO-Berater Horst Köhler 2014 bei seiner Rede auf dem Deutschen Nachhaltigkeitspreis. Und bereits zwei Jahre zuvor hatte Grünen-Politiker Jürgen Trittin in einer Rede vor dem Deutschen Bundestag (Trittin 2012) kritisiert, der Ausdruck sei „zum Mode- und Plastikwort verkommen." Nicht nur die Campaigner von Nichtregierungsorganisationen werden das ähnlich sehen, auch in vielen Redaktionen wird diese Sichtweise geteilt. Ob berechtigt oder nicht, es herrscht permanenter Greenwashing-Verdacht.

3 Harte Arbeit statt heiler Welt

An diesem Umstand sind die Unternehmen selbst nicht ganz unschuldig, was nicht nur an offenkundigen Fällen kommunikativer Mogelei oder dem inflationären Gebrauch des Nachhaltigkeitsbegriffes liegt. Egal ob Mittelständler oder Großkonzern: Wer Nachhaltigkeit zur „Chefsache" erklärt, zur wichtigen strategischen Achse des unternehmerischen Handelns oder gar zum Teil des eigenen Geschäftsmodells, muss sich nicht wundern, wenn er an diesem Maßstab gemessen wird.

Formulieren Unternehmen einen umfassenden Nachhaltigkeitsanspruch, müssen sie damit rechnen, von Nichtregierungsorganisationen und Journalisten beim Wort genommen zu werden. Das kann darauf hinauslaufen, jedweden Aspekt des Geschäftsgebarens auf den Prüfstand zu stellen – vom Kohlendioxidausstoß des Dienstfahrzeugs, das der Vorstandschef fährt, bis hin zu den Arbeitsbedingungen bei Lieferanten in Bangladesch und anderswo. Oft ist es da nur eine Frage der Zeit, bis sich eine kleine oder große Geschichte erzählen lässt, die so gar nicht zu dem Bild passen mag, das die Öffentlichkeit von einem Unternehmen hat.

Es fragt sich, warum Unternehmen es überhaupt zulassen, dass solche Diskrepanzen entstehen. Sicher, nicht nur jeder Journalist, jeder Arbeitnehmer weiß: Die Realität weicht nur allzu leicht von den Idealen, Philosophien und Zielen ab, die sich eine Organisation verordnet. Unterstellt man Unternehmen verantwortungsvolles Handeln und ehrliches Engagement, kommt v. a. ein möglicher Grund in den Sinn: Zwar bekunden Unternehmenschefs in Interviews gerne, Nachhaltigkeit gleiche einem Marathonlauf, dessen Ziel noch in weiter Ferne liegt. Dieser prozessuale, unfertige Charakter spielt in Werbekampagnen und Selbstdarstellungen in der Regel allerdings keine Rolle. Dort schmücken sich Unternehmen lieber mit Bildern, die eine heile Welt verheißen.

Dabei sieht die Realität oft gegenteilig aus – auch wenn es darum geht, Nachhaltigkeitsziele zu formulieren und im Unternehmen durchzusetzen. Ökologische und soziale Ziele zu verankern, ist in der Regel keine Selbstverständlichkeit, solches Handeln muss hart erarbeitet werden: bei Führungskräften, den eigenen Mitarbeitern und den zahllosen Akteuren in der Lieferkette. Interessanterweise räumt kaum ein Unternehmen dieses Ringen öffentlich ein, wohl auch, weil es an der Legende von der „Nachhaltigkeit in der DNA" kratzen würde und zeigt, dass immer zwischen dem Erstrebenswerten und dem Machbaren abgewogen werden muss. Ausnahmen lassen durchaus aufhorchen, denn sie geben einen seltenen Einblick, wie Nachhaltigkeit in der unternehmerischen Praxis umgesetzt wird. „Natürlich wird da gerungen, das ist ein aufreibender Prozess", erklärte Migros-Chef Herbert Bolliger 2014 im Interview mit der Lebensmittel Zeitung (Holst 2014) über die widerstrebenden Interessen von Einkäufern, Vertriebs- und Nachhaltigkeitsverantwortlichen. „Die Stunde der Wahrheit schlägt immer dann, wenn die Entscheidung auf der Fläche ankommt", so Bolliger weiter (Holst 2014).

Der Schweizer Händler flankiert sein Engagement seit einigen Jahren mit einer Kampagne, die viele seiner Nachhaltigkeitsversprechen öffentlichkeitswirksam inszeniert, verbunden mit der Möglichkeit, ohne großen Aufwand nachzuprüfen, wie es um die Erreichung dieser Ziele steht. Ein Ansatz, der zeigt, wie Unternehmen mit sozialem und ökologischem Handeln werben können, zugleich aber den prozessualen Charakter ihrer Strategie betonen. Dazu gehört freilich auch der Mut, nicht nur im Kleingedruckten des Nachhaltigkeitsberichtes einzuräumen, dass ein Ziel nicht erreicht werden kann oder im vorgegebenen Zeitrahmen nicht realisierbar ist. Mit der Kritik von Medien, Stakeholdern und Kunden muss ein Unternehmen in solchen Fällen leben, das ist auch Migros-Chef Bolliger bewusst.

4 Die Mär vom selbstlosen Unternehmen

Jede Nachhaltigkeitsinvestition hat in der Regel zwei Seiten: Zum einen den wirtschaftlichen Nutzen – vielleicht sogar in Form eines Geschäftsmodells –, der aus einem Vorhaben erwächst. Das mag von Kosteneinsparungen durch höhere Energieeffizienz bis zur Sicherung von Rohstoffen durch ein Engagement in den Ursprungsländern reichen. Auf der andere Seite steht der soziale oder ökologische Effekt, den die Maßnahme impliziert: reduzierter Kohlendioxidausstoß, bessere Einkommensmöglichkeiten für Kleinbauern in Entwicklungsländern, effizientere Nutzung von Ressourcen etc. Allerdings zeigt sich immer wieder, dass Unternehmen letztgenannten Aspekt ihres Handelns gerne stärker betonen, als die ökonomischen Vorteile, die sie daraus ziehen.

Aus der PR-Sicht mag das verständlich sein: Wenn der Eigennutz des Unternehmens in der Außendarstellung überwiegt, mag die Öffentlichkeit das Engagement für wenig glaubwürdig halten – oder zumindest nicht auf dem Imagekonto der Marke unter „Haben" verbuchen. Allerdings ist gleichzeitig allen Beteiligten klar: Unternehmen sind keine selbstlosen Organisationen, die aus reiner Menschlichkeit und Mitgefühl handeln. Nichtregierungsorganisationen, ein kritischer Teil der Öffentlichkeit, aber auch Wirtschaftsjournalisten werden die Darstellung von Unternehmen als großzügige Geber deshalb immer hinterfragen.

Gerade Wirtschaftsmedien haben in der Regel ein stärkeres Interesse an den wirtschaftlichen Fakten hinter der Strategie: Wie viel wird investiert? Worin liegt der strategische Nutzen? Wer Interesse für sein Engagement wecken will, sollte diesen Fragen nicht aus dem Weg gehen, da sie untrennbar mit den positiven Effekten auf Gesellschaft und Umwelt verbunden sind. Allerdings lässt sich immer wieder feststellen, dass Transparenz auch für viele Unternehmen, die mit Stolz auf ihre Nachhaltigkeitspolitik blicken, ein Fremdwort ist.

Sicher, kein Journalist ist so naiv zu erwarten, dass Unternehmen der Öffentlichkeit sensible Fakten und Zahlen auf dem Silbertablett servieren. Allerdings muss sich auch jedes Unternehmen fragen, wie viel Transparenz es eigentlich imstande ist zu gewähren. Ein Profil als verantwortlich handelndes Unternehmen lässt sich nicht durch Pressemitteilungen erreichen, zu denen niemand Auskünfte erteilt. Wer für eine glaubwürdige Nachhaltigkeitspolitik stehen und damit Gehör finden will, muss Journalisten und NGOs die Möglichkeit geben, Fragen zu stellen und Antworten zu bekommen, mit denen Behauptungen überprüfbar werden. Interessanterweise geschieht dies oft mit Blick auf die Konkurrenz gerade nicht – obwohl sich die meisten Unternehmen gleichzeitig alle Mühe geben zu betonen, Nachhaltigkeit sei kein Feld des wettbewerblichen Gegeneinanders.

Ein wichtiger Schritt hin zu solch einer Transparenz sind Nachhaltigkeitsberichte, in denen Ziele hinterlegt sind und der Weg dorthin dokumentiert wird. Natürlich bedeutet das Aufwand, Kosten und eventuell auch eine gewisse Angriffsfläche, weil schnell ersichtlich ist, um welche Verbesserungen sich ein Unternehmen nicht – oder nur nachrangig – bemüht. Auf der anderen Seite räumen Nachhaltigkeitsberichte mit dem pauschalen Vorwurf auf, ein Unternehmen würde sich nicht engagieren. Wer es ernst meint mit seiner sozialen und ökologischen Verantwortung und sein Unternehmen auch in der öffentlichen Wahrnehmung in diese Richtung entwickeln möchte, kann eigentlich nicht darauf verzichten, Stakeholdern, Kunden und Medien diese Informationsquelle und Auseinandersetzungsfläche zu bieten.

5 Der Fluch der guten Tat?

Doch wahr ist auch: Selbst wer sein Engagement ernsthaft vorantreibt, wird dafür in der medialen Öffentlichkeit nicht immer belohnt. Mehr noch, er muss damit rechnen, dass Journalisten sehr genau hinschauen und das Ergebnis der Recherche ganz und gar nicht im Sinne des Unternehmens ist. Ob das immer mit einem Fehlverhalten oder Greenwashing seitens des Unternehmens zu tun haben muss, sei dahingestellt. Diese Erfahrung hat neben anderen Unternehmen auch der Kölner Lebensmittelhändler Rewe gemacht, als der „Markencheck" der ARD 2013 Arbeitsbedingungen in spanischen Gewächshäusern anprangerte, in denen angeblich Ware produziert wurde, die das Nachhaltigkeitslabel „Pro Planet" des Händlers trägt.

Zwar wehrte sich Rewe massiv gegen die Vorwürfe und auch der WDR-Rundfunkrat übte nach einer mehrmonatigen Prüfung Kritik an der Sendung aus dem eigenen Haus. Doch nur ein Bruchteil der über 5 Mio. Zuschauer, die den Vergleich zwischen Edeka und Rewe im Fernsehen verfolgt hatten, dürfte dies zur Kenntnis genommen haben. Daniela Büchel, Nachhaltigkeitsverantwortliche der Rewe Group, erklärte nach diesem Vorfall, dennoch nicht von dem eingeschlagenen Kurs abweichen zu wollen. „Wir wollen etwas verändern – wie soll das gelingen ohne Kommunikation, die natürlich glaubwürdig und transparent sein muss? Das mag mal zu einem Angriff führen, weil wir exponierter sind als andere – dennoch führt daran kein Weg vorbei" (Holst 2013).

Andere Unternehmen wie etwa der Lebensmittelhändler Edeka verzichten hingegen weitgehend auf eine öffentliche Präsentation und Diskussion ihrer Nachhaltigkeitskonzepte. Das mag einer gewissen Vorsicht geschuldet sein, die durchaus verständlich ist. Nachhaltigkeit ist – gerade in der Lieferkette – ein komplexer Prozess, der Widersprüche erzeugt und mitunter schwer vermittelbar ist. Ist Bioplastik ein sinnvoller Schritt weg vom Rohstoff Erdöl – oder verschärft der Rückgriff auf Ressourcen vom Feld die Nahrungsmittelknappheit? Kann Gentechnik bei der Bekämpfung des Hungers helfen – oder bewirkt sie langfristig das Gegenteil? Lässt sich Kinderarbeit wirkungsvoll begegnen – ohne die sozialen Ursachen anzugehen, die dahinter stehen? Die Realität ist nicht so einfach, wie sie Marketingleute, aber auch manche Medienmacher gerne darstellen. Während die einen versucht sind, durch die Überbetonung einzelner Aspekte ein grünes Image zu fördern, wittern die anderen überall den Skandal, offenbar überzeugt, dass Unternehmen nur sehr bedingt zu moralischem Handeln fähig sind.

Aber wo bleibt eigentlich die sachliche Auseinandersetzung, der Wille, den Verbraucher zu informieren, damit er sich selbst eine Meinung bilden kann? Zugegeben, besonders reizvoll klingt das weder für Werbestrategen noch für viele Journalisten – öffentlichkeitswirksame Bilder lassen sich so kaum erzeugen. In diesem Zusammenhang sollen auch Nichtregierungsorganisationen nicht unerwähnt bleiben, die ihre PR-Arbeit in den vergangenen Jahren erheblich professionalisiert haben und weder mit Populismus noch mit Schwarz-Weiß-Malerei sparen, um ihre Positionen möglichst wirksam zu verbreiten.

Für einen anderen, konstruktiveren Umgang mit Nachhaltigkeit wäre allerdings von allen Seiten mehr Ehrlichkeit vonnöten. Dazu gehört der Mut, ethisches Verhalten nicht nur zu behaupten und darzustellen, sondern sich auch in den Diskurs darüber zu wagen. Wer Glaubwürdigkeit erreichen will, ohne die Nachhaltigkeitsbemühungen letztlich wenig Wert sind, kann sich dem kritischen Dialog mit Verbrauchern, Medien und Nichtregierungsorganisationen nicht prinzipiell verschließen. Auf der anderen Seite gehört allerdings auch dazu, den prozesshaften Charakter vieler Initiativen und Ziele anzuerkennen, ohne Verschleierungstaktiken auf den Leim zu gehen.

Literatur

Holst J (2013) Das ist frustrierend für alle. Lebensm Ztg 19:36
Holst J (2014) Ein aufreibender Prozess. Lebensm Ztg 21:26
Trittin J (2012) https://www.gruene-bundestag.de/fileadmin/media/gruenebundestag_de/themen_az/umwelt/PDF/rio20_S1_rede_trittin.pdf. Zugegriffen: 17. Juni 2015

Jens Holst geboren 1974 in Hamburg, ist seit 2009 Redakteur der Lebensmittel Zeitung in Frankfurt. Zu den Schwerpunkten seiner Berichterstattung zählen unter anderem die Nachhaltigkeitsstrategien von Einzelhändlern.

Teil II
Agrar

Zur wirtschaftlichen Einbindung und sozialen Verantwortung des landwirtschaftlichen Acker- und Pflanzenbaus

Andreas Frangenberg, Anton Kraus und Christian Noell

1 Landwirte als Akteure nachhaltiger Entwicklung

Acker- und Pflanzenbau in der landwirtschaftlichen Primärproduktion unterscheiden sich von Herstellungsprozessen in anderen Sektoren industrialisierter Gesellschaften in einem wesentlichen Punkt: Die Produktion erfolgt in einem offenen System, d. h., sie steht mit den abiotischen Kompartimenten Boden, Wasser und Luft sowie der biotischen Umwelt, also den Gemeinschaften der wild lebenden Tiere und Pflanzen, in steten Wechselwirkungen. Um dauerhaft Nahrung, nachwachsende Rohstoffe und Tierfutter erzeugen zu können, sind die Nutzung und der Schutz der Natur existenzielle gesellschaftliche Notwendigkeiten (Haber 2001).

Als Akteure, die nicht nur auf den wirtschaftlichen Erfolg ihrer Unternehmung, sondern auch auf den Erhalt ihrer natürlichen Produktionsumwelt und die Akzeptanz der Gesellschaft angewiesen sind, wirtschaften Landwirte an der Schnittstelle der drei Dimensionen einer nachhaltigen Entwicklung: Sie wirken direkt auf diese Dimensionen ein – und sind gleichermaßen unmittelbar von ihnen betroffen.

A. Frangenberg (✉)
Forum Moderne Landwirtschaft/factum-est, Straelener Ring 20,
41812 Erkelenz, Nordrhein-Westfalen, Deutschland
E-Mail: a.frangenberg@factum-est.de

A. Kraus
Forum Moderne Landwirtschaft, Geschäftsführer Operationelle Leitung (bis Juli 2015),
Bremerheide 15, 42799 Leichlingen, Deutschland

C. Noell
Boulevard Du Souverain, 292, 1160 Auderghem, Brüssel, Belgien

© Springer-Verlag Berlin Heidelberg 2016
C. Willers (Hrsg.), *CSR und Lebensmittelwirtschaft,* Management-Reihe Corporate Social Responsibility, DOI 10.1007/978-3-662-47016-9_9

Dabei ist das Wirtschaften in offenen Systemen – unabhängig von der Produktionsintensität – mit zum Teil unvermeidbaren Immissionen und Emissionen in das und aus dem Produktionsumfeld verbunden, also mit stofflichen Wechselwirkungen, die es soweit möglich in unternehmerischen Erfolg und Umweltdienstleistungen für die Gesellschaft umzusetzen gilt. Allerdings stößt dieses Ziel dort an Grenzen, wo Natur und Umwelt ihren eigenen Gesetzmäßigkeiten folgen – etwa mit zu viel oder zu wenig Niederschlag, zu hohen oder zu geringen Temperaturen oder auch mit der periodisch auftretenden epidemischen Vermehrung von Krankheiten und Schädlingen. Das Ziel stößt ebenso dann an Grenzen, wenn der Weg dorthin unwirtschaftlich wird, also nicht dauerhaft von einem Betrieb beschritten werden kann, oder wenn Verständnis und Akzeptanz seitens der Gesellschaft nicht mehr gegeben sind.

Ein weiterer Aspekt kommt hinzu: Wie andere Wirtschaftssektoren wird auch die Landwirtschaft von politisch gesetzten Rahmenbedingungen beeinflusst. Dazu zählt u. a. die Förderung von zum Teil konkurrierenden Nutzungspfaden, wie sie – neben der Verwendung landwirtschaftlicher Erzeugnisse als menschliche Nahrung und Futter für Nutztiere – in der industriellen und insbesondere energetischen Verwertung pflanzlicher Erzeugnisse erkennbar werden.

2 „Leitplanken" des Handelns

2.1 Nationale und EU-Agrarpolitik

Kaum ein anderer Politikbereich in der EU ist von einem so weitgehend ausgestalteten Rechtsrahmen (Europäische Kommission 2013) gekennzeichnet wie die Gemeinsame Agrarpolitik (GAP). Dabei sind die Direktzahlungen der „ersten Säule" und die Förderung der ländlichen Räume als „zweite Säule" nur zwei der Elemente, die im Alltag landwirtschaftlicher Betriebe spürbar werden. So wuchs etwa die Bedeutung der Cross Compliance mit und seit den Luxemburger Beschlüssen von 2003, indem Prämienzahlungen zunehmend mit der Verpflichtung zur Einhaltung von Umweltstandards sowie Vorgaben etwa zur Sicherheit von Lebens- und Futtermitteln oder der Gesundheit und dem Schutz der Tiere verknüpft wurden. Die Einhaltung der Verpflichtungen ist nach EU-Recht systematisch bei mindestens einem Prozent der Betriebsinhaber, die einen Antrag auf Cross Compliance gestellt haben, vor Ort zu kontrollieren (Anonym 2013, S. 43).

Während die ursprünglich sehr weit reichende und zum Schutz der Erzeuger eingeführte EU-Marktregelung (siehe u. a. BMEL 2015) – Stichworte sind hier etwa Europäische Zuckermarktordnung, Garantiemengenregelung für Milch oder auch Interventionspreise für einzelne Erzeugnisse – zunehmend an Bedeutung verliert oder sogar ausläuft, wächst die Bedeutung des auf europäischer Ebene geschaffenen fachrechtlichen Rahmens. Exemplarisch seien die Nitratrichtlinie, die Pflanzenschutzverordnung oder auch Vorgaben zum „Greening" bei der jüngsten GAP-Reform genannt. Damit hat sich die Intention der GAP deutlich gewandelt: weg von der Sicherung und Verbesserung der Nahrungsversorgung der Bevölkerung, wie sie ursprünglich ab 1957 im Fokus der EWG-Agrarpolitik stand, hin zu dem deutlich stärker am Schutz der Umwelt orientierten heutigen Ansatz. Damit ist die Aufforderung an die Landwirte verbunden, verstärkt als unternehmerisch denkende und handelnde Individuen zu agieren.

Der gesellschaftlich und politisch vielfach geäußerte Wunsch einer flächendeckenden und weitgehend familiengeführten Landwirtschaft (Beetz et al. 2005) ist mit dem „Landwirt als Unternehmer" nicht leicht in Einklang zu bringen. Dies liegt – neben dem bereits angesprochenen Wirtschaften in einem offenen System – auch an der Volatilität der zunehmend globalen Märkte und den damit einhergehenden wirtschaftlichen Risiken sowie an den weltweit stark variierenden Produktionsstandards, die selbst innerhalb der Europäischen Union nicht einheitlich sind. So führt das in Europa geltende Subsidiaritätsprinzip in seiner Umsetzung zu unterschiedlichen rechtlichen Rahmenbedingungen im Vergleich einzelner Mitgliedsstaaten – und bei föderalen Strukturen sogar innerhalb der Staaten selbst. Damit gehen im Einzelfall Wettbewerbsverzerrungen einher, die im Zusammenspiel mit den natürlichen Standortbedingungen die einzelbetriebliche Entwicklung stark beeinflussen können. Selbst wenn die GAP als einer der am stärksten geregelten europäischen Rechtsbereiche gewertet werden muss, ist Europa doch bis heute weit von einer „einheitlichen Agrarpolitik" entfernt.

Auch auf der nationalen Ebene setzt das landwirtschaftliche Fachrecht einen engen Rahmen. Er umfasst – ohne hier auch nur ansatzweise einen vollständigen Überblick geben zu wollen – vom Wasser- und Bodenschutz sowie Saatgut-, Pflanzenschutz-, Düngeund Naturschutzrecht über die Tierhaltung bis hin zu Vorschriften aus dem Immissionsschutz-, Lebensmittel- und Arbeitsrecht alle Bereiche des landwirtschaftlichen Handelns (siehe u. a. BfN 2015).

2.2 Vertikale Integration in und Vernetzung von regionaler, nationaler, europäischer und globaler Nahrungsmittelproduktion

Die Kapitelüberschrift lässt bereits erkennen, dass – etwas überspitzt ausgedrückt – Märkte für landwirtschaftliche Betriebe eine abnehmende Rolle spielen, denn Vertragsbeziehungen erlangen immer größere Bedeutung (Bogetoft und Ballebye-Olesen 2004). Entsprechend war die vertikale Integration in den vergangenen Jahrzehnten eines der wichtigsten Themen für vor- und nachgelagerte Industrien sowie für die landwirtschaftliche Primärproduktion in Betrieben und Genossenschaften selbst (BDI 2011) – und sie wird es auf absehbare Zeit bleiben.

Ein neuer und höchst dynamischer Trend, der in der landwirtschaftlichen Urproduktion mehr Einkommens- und Spezialisierungsmöglichkeiten eröffnet als je zuvor, liegt in der Vernetzung aller Bereiche der Ernährungswirtschaft (BMEL 2014) und der zunehmenden Auflösung der nicht mehr streng separierbaren geografischen Grenzen. Gleichzeitig entstehen für die landwirtschaftliche Primärproduktion teilweise erst durch die Vernetzung hervorgerufene neue Risiken, Gefährdungspotenziale, Intransparenzen und

Abhängigkeiten, die ein sachgerechtes und professionelles Risikomanagement unabdingbar machen (Ulbig et al. 2010).

Wesentliche Bestandteile davon sind nach WWF (2012) Standards, Richtlinien und Protokolle für die Produktion sowie deren unabhängige Auditierung und Zertifizierung. Sie haben wachsenden Einfluss auf die Sicherheit und Qualität der Lebensmittel und die Gefahr großflächiger Skandale konnte so weitgehend eingedämmt bzw. ihre zeitnahe Aufdeckung vielfach garantiert werden. Dies gilt – das ist in aller Deutlichkeit zu sagen – auch dann, wenn der kriminellen Energie und Fantasie einzelner von „schwarzen Schafen" in der Lebensmittelkette damit nicht beizukommen ist. Ein Restrisiko wird immer verbleiben, und zwar insbesondere dann, wenn Verbraucher qualitativ sehr hochwertige Lebensmittel zu möglichst niedrigen Preisen einfordern. Hinzu kommt, dass auch das beste Risikomanagement kostenbehaftet ist und letztlich nicht mehr bewirken kann, als größere durch kleinere Risiken zu ersetzen.

Noch völlig unklar ist derzeit auch, welche konkreten Auswirkungen die aktuellen TTIP-Verhandlungen zwischen der Europäischen Union und den Vereinigten Staaten von Amerika auf die zukünftige Entwicklung der gesamten deutschen Ernährungswirtschaft haben werden (Felbermayr et al. 2013a, 2013b). Dies gilt nicht nur wegen der „geheimen" Verhandlungsrunden, sondern auch wegen der tiefen Eingriffe in Regelungen und Bestimmungen mit u. U. beträchtlichen finanziellen Folgen. Ein Beispiel sind etwa bestehende Herkunftsbezeichnungen für Lebensmittel, die ggf. nicht mehr wie bisher geschützt sein werden; dadurch könnten neue Absatzrisiken für landwirtschaftliche Unternehmen induziert werden.

2.3 Schutz und Verbesserung von Natur und Umwelt

Mit 29,6 Mio. ha Acker, Wiesen und Wald liegen rund 82 % der Fläche Deutschlands in der Hand der Land- und Forstwirte (DBV 2014, S. 12); knapp 16,7 Mio. ha davon entfallen auf die Landwirtschaft. Der Fortbestand der Landnutzung ist untrennbar mit dem Fortbestand von Natur und Umwelt verbunden (Haber 2001). Allerdings vertritt der Naturschutz mit der oft geäußerten Forderung nach „ökologischen Leitplanken des Handelns" zum Teil deutlich andere Positionen als die Landwirtschaft, die von dem Ansatz ausgeht, dass nur eine existenzfähige Landwirtschaft überhaupt dazu imstande ist, gesellschaftliche Aufgaben wie Landschaftspflege und Naturschutz dauerhaft zu übernehmen.

Weitestgehend unstrittig ist, dass der Schutz der abiotischen Ressourcen Boden, Wasser und Luft (Wulf 2000) in jedem Fall, d. h. innerhalb und außerhalb der Produktionsflächen, gewährleistet werden muss. Unterschiedliche Auffassungen bestehen hingegen in der Frage, inwieweit der Schutz der biotischen Ressourcen (siehe u. a. Braband 2006) parallel zu einer effizienten Landnutzung auch auf den Produktionsflächen selbst erfolgen kann. Dem Verständnis folgend, dass eine vielfältige und artenreiche Kulturlandschaft ein öffentliches Gut ist, scheinen effektive Maßnahmen zum Natur- und Artenschutz, die an die Stelle der Erzeugung von marktfähigen Produkten treten, nur mit gezielten und entsprechend als gesellschaftliche Dienstleistung honorierten Maßnahmen auf definierten Teilen der Produktionsflächen möglich. Wenn also eine vielfältige Kulturlandschaft erhalten und gepflegt werden soll, wird dies nur mit Agrarumweltprogrammen und -maßnahmen gelingen können, die auch finanziell entsprechend ausgestattet sind.

Ein noch recht junger Ansatz verspricht wirksame Ergänzung: Ursprünglich zur Verbesserung von Lebensbedingungen und Nahrungsversorgung bestäubender Insekten – insbesondere der Honigbienen – konzipiert, bietet die gezielte Gestaltung und Vernetzung kommunaler „Eh-da-Flächen" in der Landschaft ein beachtliches Potenzial. Diese Flächen, zu denen etwa Bahndämme, Straßenränder, Verkehrsinseln sowie sonstiges öffentliches Grün zählen, sind „eh da", unterliegen also keiner Nutzung. Sie umfassen je nach Bundesland 3–5 % der regionalen Agrarlandschaft (Trapp und Deubert 2014, S. 2). Naturfreundlich gestaltet und mit Strukturen in der Agrarlandschaft vernetzt bieten sie vielfältige und bislang ungenutzte Potenziale, die keine Umwidmung produktiver Nutzflächen und damit einen Verlust wertvoller Ressourcen erfordern und doch als Habitate, Nahrungsräume und Wanderkorridore wirksame Beiträge zum Natur- und Artenschutz erbringen können (FNL o. J.).

2.4 Erwartungen der Verbraucher an Qualität und Preis

Das Verhältnis der Verbraucher zur landwirtschaftlichen Urproduktion hat sich in den letzten 70 Jahren grundlegend verändert (Müller 2002). Ein Grund liegt darin, dass immer weniger Menschen direkte Kontakte mit der Landwirtschaft haben; damit sinkt die Zahl derjenigen, die „Informationen aus erster Hand" über die heutige Produktion und deren Rahmenbedingungen erhalten. Ein zweiter Grund liegt in der ständigen Verfügbarkeit von Lebensmitteln, die – vielfach verarbeitet und verpackt – heute in einer vormals unbekannten Fülle und Qualität in den Supermärkten verfügbar sind. Über die Medien transportierte echte oder vermeintliche Lebensmittelskandale führen trotz dieses Angebots inzwischen zu einer wachsenden Verunsicherung der Verbraucher – und sind doch letztlich nur ein Zeichen für ein vergleichsweise gut funktionierendes und verlässliches System zur Kontrolle und Qualitätssicherung.

Die Entfremdung von der landwirtschaftlichen Urproduktion zeigt sich etwa bei dem Blick auf das landwirtschaftliche „Nutztier", der vielfach nicht mehr mit dem Verhältnis von Verbrauchern zu ihren Tieren als Mitbewohnern, Freunden und zum Teil sogar Ersatz für menschliche soziale Kontakte in Einklang zu bringen ist. Sie zeigt sich ebenso, wenn Verbraucher bspw. gefragt werden, wie „Sauerkraut wächst": Richtige Antworten sind hier inzwischen selten geworden. Das Bild der heutigen Landwirtschaft ist häufig von einer verklärenden Romantik geprägt, die allerdings mit den tatsächlichen Produktions- und Lebensbedingungen früherer Zeiten kaum etwas gemein hat (Schuh 2014).

Nur noch 11,2 % der Konsumausgaben wurden im Jahr 2011 von einem durchschnittlichen deutschen Haushalt für Nahrungsmittel aufgewandt. In Ländern wie Dänemark, Luxemburg oder Irland lagen die Ausgaben auf einem vergleichbaren oder noch geringeren Niveau (z. B. Vereinigtes Königreich 9,1 %), während in Griechenland 17,1 %, in Estland gut 20,2 %, in der Türkei 28,1 % und in Kenia bspw. noch rund 47,4 % (Zahl aus 2012) für Nahrung aufgewandt werden (Destatis 2014). Die Zahl aus Deutschland belegt: Auch wenn in Umfragen die Zahlungsbereitschaft für als hochwertiger angenommene höherpreisige Lebensmittel erklärt wird, ergibt die „Abstimmung mit den Füßen" bei dem Einkauf ein anderes Bild. Der Preis bestimmt weitgehend darüber, was in den Einkaufskorb gelangt.

Gleichwohl erwartet die Gesellschaft eine anmutige Kulturlandschaft, in der stets genug, vielfältige und preiswerte Lebensmittel höchster Qualität erzeugt werden. Dabei werden Trends u. a. durch Convenience, Wellness, Bio oder Regionalität bestimmt. Wie jedoch im Einzelfall produziert wird, interessiert nur eine Minderheit von etwa 11 % der Bevölkerung, die aktiv nach Informationen suchen. Weitere 51 % werden aber als „inaktiv Interessierte mit guten Vorsätzen" von Medienberichten und Skandalen erreicht (Alvensleben 2002) – und stoßen dann auf die Schwierigkeit, die romantisierenden Bilder des auch von der Werbung geprägten „Kopfkinos" mit der Realität in Einklang zu bringen. Die gewünschten Eigenschaften von Produkten sind damit zunehmend Vertrauenseigenschaften, deren Vorhandensein oder Nichtvorhandensein von den Käufern vielfach nicht mehr überprüft werden kann (Bech-Larsen und Grunert 2001; Hanf o. J.).

2.5 Denken in Generationen und „wachsen oder weichen"

Das Handeln in bäuerlichen Familienbetrieben wird bis heute auch von dem Ziel geprägt, das mitunter schon seit Jahrhunderten im Familienbesitz befindliche Eigentum nicht nur an die nächste Generation weiterzugeben, sondern dies nach Möglichkeit auch in einem besseren Zustand zu tun, als der Betrieb selbst übernommen wurde. Dabei spielt neben der Größe des Betriebs, seiner maschinellen Ausstattung oder dem Tierbestand auch die Erhaltung und Verbesserung der Bodenfruchtbarkeit eine wesentliche Rolle (Hofreiter und Heidl 2015).

Allerdings stellen die Rahmenbedingungen – wie etwa die arbeitsteilige Gesellschaft und der zunehmend globale Wettbewerb – die Betriebsleiter immer wieder vor die Entscheidung „zu wachsen oder zu weichen" (Fertmann 2015). Angesichts der am Markt gebildeten Stückpreise, die sich etwa in vielfältigen Sonderangeboten der großen Lebensmittelketten zeigen, und der von Pachtpreisen, Lohnkosten und Aufwendungen für Maschinen, Kraftstoff, Saatgut, Dünger, Pflanzenschutz etc. vorgegebenen Stückkosten ist ein betriebswirtschaftliches Denken in allen Betrieben zwingende Voraussetzung für das wirtschaftliche Überleben. Das allerdings stößt in der Gesellschaft häufig auf Unverständnis und Ablehnung.

„Wachsen oder weichen" als ultimative Entscheidung für oder gegen die Weitergabe an die folgende Generation ist deshalb auf vielen Familienbetrieben bis heute eine der treibenden Kräfte bei der Entwicklung betrieblicher Strategien. Auf größeren, genossenschaftlich organisierten Betrieben dominiert demgegenüber die rein betriebswirtschaftliche Herangehensweise. Beiden Betriebsformen ist allerdings gemein, dass Investitionen in Diversifizierungsstrategien (Schöpe 2011) wie Hofläden, Ferien auf dem Bauernhof, Biogas- und Windkraftanlagen an Bedeutung gewinnen – bzw. im Fall des Weichens die Betriebsaufgabe und die Schaffung von Erwerbsalternativen wie etwa Wohnimmobilien o. Ä. zu bewältigen sind.

2.6 Wohin kann oder muss sich der landwirtschaftliche Unternehmer (neu) orientieren?

Auch wenn 2014 als Jahr der landwirtschaftlichen Familienbetriebe ausgerufen war (BMELF 2014), ist das, was sich viele Verbraucher vorstellen und wünschen, mit den empfundenen und/oder echten Rahmenbedingungen des landwirtschaftlichen Alltags kaum in Einklang zu bringen. Und doch müssen die Präferenzen der Verbraucher und die Anpassungsmöglichkeiten landwirtschaftlicher Betriebe abgewogen, müssen Entscheidungen gefällt und diese Abwägungen auch kommuniziert werden.

Spätestens bei dem Blick auf das jeweilige Produktetikett müsste jedem Verbraucher klar sein, dass Erdbeeren an Weihnachten (Etscheit 2013) nicht von Feldern in Deutschland stammen können. Und doch prägen die Standards der steten Verfügbarkeit, die vollen Regale mit preisgünstigen Lebensmitteln im Lebensmitteleinzelhandel und die hohe Qualität der Erzeugnisse die gesellschaftliche Realität – und damit auch die Erwartungshaltung der Verbraucher.

Angesichts der immer weiter wachsenden Kluft zwischen Produzenten und Verbrauchern (Ahaus et al. 2011) stellt sich damit eine existenzielle Frage: Welchen Weg kann oder muss die Landwirtschaft insgesamt und der Landwirt als Einzelunternehmer angesichts des Zwangs zur zunehmenden Orientierung am Weltmarkt, des Dickichts von Umwelt- und Sozialstandards, steigender Dokumentationspflichten, wachsender Anforderungen an Transparenz und Glaubwürdigkeit und der damit einhergehenden Notwendigkeit betrieblicher Audits und Zertifizierungen beschreiten, um in einer arbeitsteiligen Gesellschaft wie der unsrigen wirtschaftlich erfolgreich bestehen und dabei gesellschaftliche Akzeptanz finden zu können?

3 Moderne Landwirtschaft: integriert, informiert, kommunikativ

3.1 Unternehmerischen Herausforderungen begegnen

Egal ob kleinbäuerlicher Familienbetrieb, größere Familien-GbR oder Agrargenossenschaft: Die eigene Position am Markt muss bewusst gesucht und etabliert werden. Damit werden Produkt- und Produktionsqualität, Transparenz, Nachvollziehbarkeit und Glaubwürdigkeit immer wichtiger – und müssen mit vielfältigen Managementfähigkeiten, breitem Wissen, kompetenter Information, fachgerechter Beratung sowie sachdienlicher

Dokumentation und, ganz wichtig, aktiver Kommunikation kombiniert werden. Damit ist keineswegs Kommunikation im Sinne von Werbung mit einem romantisierenden Idyll gemeint. Ganz im Gegenteil sind klare und transparente Botschaften dazu vonnöten, wie Qualität produziert, kontrolliert und damit für den Verbraucher sichergestellt wird.

3.2 Vernetztes Management – in der Praxis verwurzelt und wissensbasiert

Modernes Betriebsmanagement in der Landwirtschaft unterscheidet sich grundlegend von den Praktiken, die noch vor wenigen Jahren und Jahrzehnten üblich waren (KTBL 2010). So gehören heute bspw. digitale Schlagkarteien, in denen alle Bewirtschaftungsschritte dokumentiert werden, Bodenproben und Ertragskartierungen sowie daraus abgeleitete Düngepläne ebenso wie Prognosemodelle und Warndienste im Pflanzenschutz zu der alltäglichen Praxis auf den Betrieben. Zunehmend werden auch Systeme der Präzisionslandwirtschaft genutzt, die bspw. eine satellitengestützte „Spur-an-Spur-Navigation" auf den Feldern oder auch die präzise Zu- und Abschaltung von Teilbreiten etwa bei Düngerstreuern und Pflanzenschutzspritzen ermöglichen.

Die Bewirtschaftung folgt zunehmend einer ganzheitlichen, den gesamten Betrieb umfassenden Herangehensweise. Das von der Europäischen Initiative für Nachhaltige Entwicklung in der Landwirtschaft (EISA) publizierte System Integrierte Landwirtschaft (EISA 2012) wurde dazu als Leitbild konzipiert, das – jeweils an den Standort und die Situation eines Betriebs angepasst – in Deutschland ebenso wie europa- und weltweit umgesetzt werden kann.

Ich bin gläsern!
Es ist für Landwirte eine Selbstverständlichkeit – und doch wichtig genug, um es an dieser Stelle deutlich zu sagen: Ich erzeuge hochwertige Lebensmittel, und das mache ich so, dass Natur und Umwelt dabei nicht nur geschont, sondern wo immer möglich auch gefördert werden. Das ist für mich als Unternehmer kein Widerspruch und ein ganz selbstverständlicher Bestandteil meiner sozialen Verantwortung der Gesellschaft gegenüber.

Mein Verständnis von „Corporate Social Responsibility" geht aber noch deutlich weiter. Jedes Jahr veranstalte ich ein Hoffest und einen Weihnachtsmarkt, ich lade Besuchergruppen auf meinen Betrieb ein, ich organisiere jährlich einen Tag rund um meinen Betrieb für alle Verpächter – und ich bin in regionalen Vereinen aktiv, in denen ich mit der örtlichen Bevölkerung nicht nur zu Landwirtschaft und Lebensmitteln, sondern weit darüber hinaus im steten Dialog stehe. Mir ist es wichtig, dass möglichst viele Menschen aus meiner Umgebung wissen, was ich mit modernster Technik auf dem Acker mache.

Meine Verantwortung für Natur und Umwelt nehme ich sehr ernst. Das zeigt sich etwa darin, dass ich meinen Betrieb nach dem DLG-Nachhaltigkeitsstandard habe zertifizieren lassen. Ein zweites Element ist die moderne Technologie; auf der Basis von detaillierten Bodenprobeergebnissen, Bodenkartierungen und Ertragserhebungen dünge ich bspw. jeweils nur die Menge an Nährstoffen, die auf den einzelnen Teilbereichen jedes Feldes für die Aufrechterhaltung der Bodenfruchtbarkeit, für gute Erträge und hohe Qualitäten erforderlich ist. Ich vermeide so eine Überdüngung und trage dazu bei, Ressourcen wie bspw. Phosphor zu sparen. GPS-geführte Maschinen helfen mir dabei, ohne Überlappung Spur an Spur zu fahren und so Kraftstoff, Dünge- und Pflanzenschutzmittel höchst effizient und bedarfsgerecht auszubringen.

Ein drittes Beispiel sind Blühstreifen, die ich immer wieder einrichte. Das freut mein Auge – aber es freut auch die Augen der nicht-landwirtschaftlichen Bevölkerung – und es bietet Honigbienen, Wildbienen und anderen Bestäubern wichtige Nahrungsquellen. In Kooperation mit der Initiative „Innovation & Naturhaushalt" des Forum Moderne Landwirtschaft e. V. und meiner Ortsgemeinde haben wir begonnen, sogenannte „Eh da-Flächen", also bislang ungenutzte kommunale Flächen wie Randstreifen, Bahndämme etc., naturschutzgerecht einzusäen und zu pflegen. Neben meiner ganz ursprünglichen gesellschaftlichen Verantwortung als Landwirt und Produzent von hochwertigen und sicheren Lebensmitteln ist auch dieses Engagement für Natur und Umwelt eine Facette davon, wie ich meine soziale Verantwortung der Gesellschaft gegenüber verstehe.

Klaus Münchhoff, Landwirt in Derenburg, Sachsen-Anhalt
www.gut-derenburg.de

Grundlage dieses von EISA entwickelten Leitbilds für eine moderne nachhaltige Landwirtschaft ist die flexible Kombination von bewährten Verfahren mit innovativen Ansätzen und Technologien. Auf Basis einer soliden Aus- und Weiterbildung sowie fachlicher Information und Beratung können so aus einer möglichst umfangreichen „Werkzeugkiste" jeweils die Strategien und Bewirtschaftungspraktiken ausgewählt werden, die unter den gegebenen Bedingungen die besten Ergebnisse versprechen. Ein solches wissensbasiertes Managementsystem beruht auf internen Regelprozessen, bei denen fundierte Entscheidungen gefällt, umgesetzt und die Ergebnisse nachfolgend im Rahmen einer Erfolgskontrolle mit den zuvor geplanten Zielen abgeglichen werden. Aus diesem Abgleich lässt sich die Ausgestaltung der nächstfolgenden Bewirtschaftungsschritte ableiten.

Auch wenn dieser modellhafte Ansatz auf vielen landwirtschaftlichen Betrieben noch nicht bewusst oder in aller Konsequenz umgesetzt wird, folgen die Strategien etwa in der Beratung (Boland et al. 2005) oder den Modulen der Präzisionslandwirtschaft einem solchen wissensbasierten Ansatz. Wirkungen und Wechselwirkungen zwischen unterschiedlichen Messgrößen – wie Bodengüte, Niederschlagsmenge und -verteilung, Temperatur, Saatdichte, Toleranz- und Resistenzeigenschaften der Pflanzen, Nährstoffangebot, Befall mit Schädlingen und Krankheiten etc. – werden erfasst und bei den Managemententscheidungen berücksichtigt.

In dem Leitbild der Integrierten Landwirtschaft (EISA 2012) wie auch im modernen Acker- und Pflanzenbau allgemein spielt die Effizienz des Wirtschaftens eine große Rolle. Wie viele Einheiten einer Ressource wie Boden, Wasser, Nährstoffe, Energie oder Arbeit werden benötigt, um eine Einheit eines Produkts herzustellen, bzw. wie viele Einheiten eines Produkts lassen sich mit jeweils einer Ressourceneinheit erzeugen? Ganz eng verbunden ist damit die Frage, wie viele Emissionen pro Produkteinheit entstehen. Ein Bezug der aufgewandten Ressourcen und der dabei verursachten Emissionen auf die erzeugten Produkteinheiten erlaubt dabei klarere Aussagen als ein Bezug auf die landwirtschaftliche Fläche. So werden etwa die Emissionen pro Hektar erst dann zu einer aussagefähigen Größe, wenn auch die auf diesem Hektar erzeugte Produktmenge bekannt ist und die Emissionen damit etwa pro Tonne Getreide als Endprodukt ermittelt werden können. Es ist die Erfassung und Bewertung solcher Zusammenhänge, mit deren Hilfe die Landwirtschaft heute um ein Vielfaches effizienter wirtschaftet als in früheren Zeiten – und damit gleichzeitig die Anforderungen der Gesellschaft an den Schutz der Umwelt erfüllen und die eigene Wirtschaftlichkeit verbessern kann.

3.3 Kommunikation durch offene Hoftore

Noch bis in die Siebzigerjahre des letzten Jahrhunderts waren die Hoftore vieler Betriebe verschlossen, herrschte nicht selten eine „das geht die da draußen nichts an"-Haltung vor. Einzelnen vorausdenkenden Betriebsleitern folgend hat die Branche lernen müssen – und gelernt – dass ein solches Verhalten nicht zielführend ist, sondern im Gegenteil die bereits wachsende Entfremdung zwischen Primärproduktion und Verbrauchern nur weiter verstärkt.

Die Bereitschaft, im örtlichen Umfeld die Hoftore zu öffnen und den Dialog anzubieten, ist seither vielfach zu spüren (Deter 2014). Bundesweite Tage des offenen Hofes und andere Aktionen, die etwa unter dem Motto „Landwirtschaft zum Anfassen" oder „Bauernhof als Klassenzimmer" die Bevölkerung oder einzelne Zielgruppen auf die Betriebe einladen, sprechen eine deutliche Sprache. Und das gilt auch für die Reaktionen vieler Besucher, die bei Gesprächen auf den Betrieben Hintergründe verstehen lernen und feststellen: „Das habe ich nicht gewusst. Warum sagt das draußen denn keiner?" Betriebsleiter, die eine solche Offenheit und Transparenz zulassen, die erläutern, warum sie so wirtschaften, wie sie es tun, erzielen damit bei vielen Verbrauchern nicht nur Sympathie, sondern auch Verständnis und Akzeptanz.

Die Bereitschaft zum Dialog weicht zum Teil jedoch schon wieder der Ernüchterung (Schneider 2014). Dialog kann keine grundsätzlich diametralen Positionen zusammenführen, er kann keine Straftaten wie etwa Feldzerstörungen, Einbrüche, Sachbeschädigungen oder „Tierbefreiungsaktionen" rückgängig machen. Damit stehen die einzelnen Betriebsleiter, steht die Landwirtschaft als Branche an einem Scheideweg: Geht es zurück zu der Abschottung hinter verschlossenen Hoftoren – mit der Folge, dass die regionale Vermarktung immer schwieriger wird und die Erzeugnisse beinahe „um jeden Preis" weltmarktfähig sein müssen – oder lassen sich andere Wege finden, auf denen sich tragfähige Brücken zwischen Produzenten und Verbrauchern schlagen lassen?

4 Landwirtschaft braucht den gesellschaftlichen Diskurs – jetzt!

Die umfassende Einbindung und Vernetzung der landwirtschaftlichen Primärproduktion in Wirtschaft, Gesellschaft und Politik sollte in den vorstehenden Abschnitten dieses Beitrags zumindest skizzenhaft deutlich geworden sein. Weitere Detailinformationen, die hier nicht dargelegt werden konnten, sind den angegebenen Literaturstellen zu entnehmen.

Die sich abzeichnende Notwendigkeit, über diese Einbindung hinaus zu einem neuen Miteinander zu gelangen und dieses offen und fair zu gestalten, setzt u. a. voraus, auch in der Landwirtschaft selbst Dinge kritisch anzusprechen und nach Lösungen zu suchen. Dies gilt etwa für Praktiken und Verfahren, die bspw. auch dem einzelnen Landwirt als handelndem Akteur nicht zusagen oder sogar widerstreben, die aber von dem vielschichtigen Netzwerk der Rahmenbedingungen derzeit und immer wieder neu vorgegeben werden.

Es gibt keine Gewähr, dass ein Weg über den gesellschaftlichen Diskurs produktiv und erfolgreich sein wird, und er wird mehr als nur einige „Schritte" oder „Aktivitäten" erfordern, um überhaupt Erfolg versprechend sein zu können. Andererseits: Was wäre für die landwirtschaftliche Primärproduktion, ihre Unternehmen und Unternehmer, eine gangbare Alternative zu einem solchen Vorgehen, wenn auch zukünftig Akzeptanz und Einkommen gesichert und wirtschaftliche Risiken beherrscht werden sollen? Ein solcher Schritt der Landwirte scheint damit eine ebenso mutige wie notwendige gesellschaftliche Vorleistung, um in bester Tradition auch weiterhin den Erhalt und den Ausbau unserer Lebensgrundlagen zu erbringen.

Was könnte damit näher liegen, als im eigenen Interesse der landwirtschaftlichen Primärproduktion diesen gesellschaftlichen Diskurs anzustoßen, einen Runden Tisch zu initiieren und alle relevanten „Stakeholder" zur aktiven Teilnahme aufzurufen? Der Runde Tisch selbst sollte dann von einem als kompetent und unabhängig anerkannten außerlandwirtschaftlichen Moderator ergebnisoffen geleitet werden. Dabei muss allerdings allen Beteiligten klar sein, dass – wenn überhaupt – erst mit wiederholten „Tischrunden" mehr Klarheit und tragfähige Ergebnisse erzielt werden können.

5 Schlussfolgerungen: Landwirtschaft mit spannender Zukunft!

Seit jeher haben Landwirte im Rahmen ihrer täglichen Arbeit nicht nur Nahrung produziert, sondern auch die Kulturlandschaft erhalten und gestaltet. Solange noch größere Anteile der Bevölkerung in dieser Branche tätig oder mit ihr verwurzelt waren, war auch die Kenntnis um die entsprechenden Zusammenhänge – insbesondere mit Blick auf das Wirtschaften in offenen „natürlichen" Systemen – auf breiter Basis gegeben. Heute fehlt diese Kenntnis in vielen Bevölkerungsschichten weitgehend: Viele sehnen sich nach der „guten alten Zeit" ohne Lebensmittelskandale, mit vielseitigen kleinbäuerlichen Betrieben, sicherer Nahrung und überschaubaren Zusammenhängen. Dieser romantisierende Wunsch übersieht die früher regelmäßig auftretenden Missernten und Hungersnöte und er übersieht ebenso, dass noch nie zuvor in der Menschheitsgeschichte eine so umfassende, vielseitige, sichere und hochwertige Nahrungsversorgung gegeben war wie heute.

Als Folge unserer arbeitsteiligen Gesellschaften ist eine Kluft zwischen Produzenten und Verbrauchern gewachsen – eine Entwicklung, die trotz der Bemühungen der Landwirtschaft und ihrer Verbände um den Dialog mit der Gesellschaft immer noch weiter voranschreitet. Wenn diese wachsende Kluft seitens der Landwirtschaft nicht hingenommen werden soll, müssen neue Wege gesucht und im Miteinander gestaltet werden. Vor diesem Hintergrund scheint die Zusammenführung divergierender Positionen an einem moderierten Runden Tisch „Landwirtschaft – vernetzt, verbunden, verantwortlich!" ein entscheidender neuer Weg, um Produzenten und Verbraucher einander wieder ein Stück weit näherzubringen. Auch im Diskurs werden sich nicht alle Gegensätze überwinden oder für alle Streitpunkte Kompromisse finden lassen – und ungesetzliches Verhalten kann auf keiner Seite des Runden Tisches toleriert werden – aber das Verhältnis zwischen der Landwirtschaft und den anderen Mitgliedern unserer Gesellschaft sollte einen solchen Versuch auf jeden Fall wert sein.

Literatur

Ahaus B, Heidbrink L, Schmidt I (2011) Der verantwortliche Konsument: Wie Verbraucher mehr Verantwortung für ihren Alltagskonsum übernehmen können. Working Papers des Center for Responsibility Research (CRR), Jg. 1, Nr. 10, S 16

Alvensleben Rv (2002) Das Bild der Landwirtschaft in den Köpfen von Verbrauchern und Journalisten. Vortrag zu der 546. Sitzung des Präsidiums des Deutschen Bauernverbandes am 7.10.2002 in Dinklage. http://www.uni-kiel.de/agrarmarketing/Lehrstuhl/dinklage.pdf. Zugegriffen: 2. Jan. 2015

Anonym (2013) Cross Compliance 2014 – Informationen über die Einhaltung der anderweitigen Verpflichtungen (Cross Compliance). Direktor der Landwirtschaftskammer NRW als Landesbeauftragter, Geschäftsbereich 3 – EU-Zahlstelle, Förderung. http://www.landwirtschaftskammer.de/foerderung/pdf/cc-infobroschuere.pdf. Zugegriffen: 2. Jan. 2015

Bech-Larsen T, Grunert KG (2001) Konsumentscheidungen bei Vertrauenseigenschaften: Eine Untersuchung am Beispiel des Kaufes von ökologischen Lebensmitteln in Deutschland und Dänemark. Marketing 23(3):188–197

Beetz S, Brauer K, Neu C (Hrsg) (2005) Handwörterbuch zur ländlichen Gesellschaft in Deutschland. Springer-Verlag, Berlin, S 258

BDI (2011) Deutschland 2030 – Zukunftsperspektiven der Wertschöpfung. Bundesverband der Deutschen Industrie, S 142
BfN (2015) Landbewirtschaftung. http://www.bfn.de/0313_landbewirtschaftung.html. Zugegriffen: 9. Jan. 2015
BMEL (2014) Nationale Politikstrategie Bioökonomie – Nachwachsende Ressourcen und biotechnologische Verfahren als Basis für Ernährung, Industrie und Energie. Bundesministerium für Ernährung und Landwirtschaft, Mai 2014, S 80
BMEL (2015) EU-Marktregelungen. http://www.bmel.de/DE/Landwirtschaft/Agrarpolitik/1_EU-Marktregelungen/marktregelungen_node.html. Zugegriffen: 9. Jan. 2015.
BMELF (2014) 2014 – „Internationales Jahr der familienbetriebenen Landwirtschaft". Bundesministerium für Ernährung und Landwirtschaft. http://www.bmel.de/DE/Landwirtschaft/_Texte/IYFF.html. Zugegriffen: 9. Jan. 2015
Bogetoft P, Ballebye-Olesen H (2004) Design of production contracts: lessons from theory and agriculture. Copenhagen Business School Press, März 2004, S 289
Boland H, Thomas A, Ehlers K (2005) Expertise zur Beratung landwirtschaftlicher Unternehmen in Deutschland – Eine Analyse unter Berücksichtigung der Anforderungen der Verordnung (EG) Nr. 1782/2003 zu Cross Compliance, April 2005, S 98
Braband D (2006) Naturindikatoren – Entwicklung eines Instruments zur Erfassung von Naturschutzleistungen im landwirtschaftlichen Betrieb. Dissertation. Universität Kassel, Kassel University Press GmbH, S 182
DBV (2014) Situationsbericht 2014–2015. http://www.bauernverband.de/situationsbericht-2015-projekt. Zugegriffen: 31. Dez. 2014
Destatis (2014) Konsumausgaben privater Haushalte: Nahrungsmittel. https://www.destatis.de/DE/ZahlenFakten/LaenderRegionen/Internationales/Thema/Tabellen/Basistabelle_KonsumN.html. Zugegriffen: 2. Jan. 2015
Deter A (2014) 800 Bauernfamilien öffnen ihre Hoftore. http://www.topagrar.com/news/Home-top-News-800-Bauernfamilien-oeffnen-ihre-Hoftore-1469711.html. Zugegriffen: 9. Jan. 2015
EISA (2012) Das europäische System Integrierte Landwirtschaft: Eine europäische Definition und Beschreibung der Integrierten Landwirtschaft als Leitlinie für die nachhaltige Entwicklung der Landwirtschaft. Europäische Initiative für Nachhaltige Entwicklung in der Landwirtschaft e. V. (EISA), Februar 2012, S 109 http://sustainable-agriculture.org/wp-content/uploads/2012/08/EISA_System_deutsch_new_wheel_170212.pdf. Zugegriffen: 2. Jan. 2015
Etscheit G (2013) Erdbeeren aus Bayern: Fragwürdige Früchtchen. Süddeutsche.de, 14. Dezember 2013. http://www.süddeutsche.de/bayern/erdbeeren-aus-bayern-fragwuerdige-fruechtchen-1.1843421. Zugegriffen: 9. Jan. 2015
Europäische Kommission (2013) Überblick über die Reform der GAP 2014–2020. Informationen zur Zukunft der Agrarpolitik N°5, Dezember 2013, S 11
Felbermayr GJ, Lehwald S, Heid B (2013a) Transatlantic trade and investment partnership (TTIP): who benefits from a free trade deal? Part 1: macroeconomic effects. Bertelsmann Stiftung, Gütersloh, S 52
Felbermayr GJ, Lehwald S, Schoof U, Ronge M (2013b) States, branches of industry and education levels: who will benefit in Germany from a transatlantic trade and investment partnership (TTIP)? Final Report, part 2: microeconomic effects in Germany. Bertelsmann Stiftung, Gütersloh, S 56
Fertmann L (2015) Der Hof muss wachsen oder weichen. DIE WELT, 8. Januar 2015. http://www.welt.de/print-welt/article567097/Der-Hof-muss-wachsen-oder-weichen.html. Zugegriffen: 9. Jan. 2015
FNL (o. J.) Blütenbestäuber brauchen mehr Lebensraum – Wie Eh da-Flächen die biologische Vielfalt fördern können. Publikation der Initiative „Innovation & Naturhaushalt" der Fördergemeinschaft Nachhaltige Landwirtschaft (FNL) e. V., Berlin

Haber W (2001) Vorwort. In: Institut für Landwirtschaft und Umwelt (Hrsg) Naturschutz in und mit der Landwirtschaft – Möglichkeiten und Grenzen beim Schutz von Edaphon und Flora (Blütenpflanzen), Bd. 2. Selbstverlag, Bonn. ISBN 3-926898-16-X

Hanf C-H (o. J.) Zur Bedeutung von Vertrauenseigenschaften für den Wettbewerb auf Lebensmittelmärkten. http://www.uni-kiel.de/agrarmarketing/Gewisola99/GewHanf.pdf. Zugegriffen: 2. Jan. 2015

Hofreiter S, Heidl W (2015) Streitgespräch – Bleibt der Familienbetrieb das Leitbild? Topagrar.com. http://www.topagrar.com/archiv/top-agrar-Streitgespraech-Bleibt-der-Familienbetrieb-das-Leitbild-1632140.html. Zugegriffen: 9. Jan. 2015

KTBL (2010) Betriebsplanung Landwirtschaft 2010/2011: Daten für die Betriebsplanung in der Landwirtschaft. Kuratorium für Technik und Bauwesen in der Landwirtschaft, 22 Aufl. September 2010, S 784

Müller E (2002) Welche Wünsche und Forderungen richten Verbraucherinnen und Verbraucher an eine neue Agrarpolitik? Verbraucher und Landwirtschaft. Tagung der Evangelischen Akademie Loccum, 08.–10. Februar 2002. Evangelische Akademie Loccum, S 9

Schneider C (2014) Bauern: Mehr Vertrauen durch Offenheit. http://www.merkur-online.de/lokales/erding/isen/bauern-mehr-vertrauen-durch-offenhheit-3375837.html. Zugegriffen: 9. Jan. 2015

Schöpe M (2011) Diversifizierung in der Landwirtschaft. ifo Schnelldienst 14/2011-64. Jahrgang, S 5

Schuh K (2014) Warum wir die Landwirtschaft romantisieren. http://diepresse.com/home/leben/ausgehen/3833420/Warum-wir-die-Landwirtschaft-romantisieren. Zugegriffen: 2. Jan. 2015

Trapp M, Deubert M (2014) Umweltsysteme – Environmental systems. Ein wegweisendes Jahr für Eh da-Flächen – A groundbreaking year for „Eh da-Areas". Institut für Agrarökologie (IfA). http://sustainable-agriculture.org/wp-content/uploads/2014/06/Eh-da-Projekt_IfA-Jahresbericht-2013.pdf. Zugegriffen: 31. Dez. 2014

Ulbig E, Hertel RF, Böl G-F (Hrsg) (2010) Kommunikation von Risiko und Gefährdungspotenzial aus Sicht verschiedener Stakeholder. Bundesinstitut für Risikobewertung (BfR), Berlin, S 158, Januar 2010

Wulf AJ (2000) Die Eignung landschaftsökologischer Bewertungskriterien für die raumbezogene Umweltplanung. Dissertation. Universität Kiel, Books on Demand 2001, S 560

WWF (Hrsg) (2012) Ein Standard für die Standards – Machbarkeitsstudie Nachhaltigkeitsstandards für Agrarrohstoffe. World Wildlife Fund (WWF) Deutschland, Berlin, S 86, Juli 2012

Dr. Andreas Frangenberg ist promovierter Agraringenieur. Zwischen 1998 und 2008 hat er das unter dem Dach der Fördergemeinschaft Integrierter Pflanzenbau (FIP) e. V. und der Nachfolgeorganisation Fördergemeinschaft Nachhaltige Landwirtschaft (FNL) e. V. in Bonn angesiedelte Institut für Landwirtschaft und Umwelt (ilu) aufgebaut und geleitet. Seit Anfang 2009 arbeitet er mit factum est als freiberuflicher Redakteur, Autor, Lektor und Übersetzer.

Dr. Anton Kraus ist promovierter Agraringenieur. Von 1983 bis 2012 war er bei Bayer CropScience in verschiedenen Bereichen der Entwicklung und des Marketings von Pflanzenschutzmitteln und Saatgut im In- und Ausland tätig, darunter auch in mehrjährigen Auslandseinsätzen in Brasilien, Japan und Südkorea. Von 2013 bis 2014 leitete er als Geschäftsführer die Fördergemeinschaft Nachhaltige Landwirtschaft bis Juli 2015 als Geschäftsführer Operationelle Leitung das Forum Moderne Landwirtschaft e. V.

Prof. Dr. Christian Noell ist Diplom-Agraringenieur Pflanzenbau sowie promovierter und habilitierter Agrarökonom. 1999 wurde er zum apl. Professor der Universität Kiel auf Lebenszeit ernannt. Von 1999 bis 2006 war er Senior Associate Professor for Applied Economics an der Kopenhagen Universität. Nach verschiedenen Tätigkeiten im Dänischen Bankwesen, der IT-Branche und dem Dänischen Finanzministerium ist er seit 2014 in Brüssel (Belgien) als Unternehmens-, Organisations- und Kommunikationsberater tätig.

Nachhaltigkeit bei Südzucker

Peter Risser und Susanne Langguth

1 Einleitung

Südzucker ist eines der führenden Unternehmen der deutschen Ernährungsindustrie und weltweit die Nummer eins im traditionellen Zuckerbereich. Die Geschäftstätigkeiten umfassen die Segmente Zucker, Spezialitäten, CropEnergies (Bioethanol) und Frucht mit einem Jahresumsatz im Geschäftsjahr 2013/2014 von 7,7 Mrd. €. Südzucker wurde 1926 gegründet und ist ein MDAX-Unternehmen.

Im Geschäftsjahr 2013/2014 wurden von ca. 40.000 Landwirten 27,2 Mio. t Zuckerrüben auf einer Gesamtfläche von 396.000 ha angebaut. Die Rübenanbauflächen spannen sich quer durch Europa von Westfrankreich bis Moldawien und liegen meist in der unmittelbaren Nähe der Zuckerfabriken. Die Rüben wurden in 29 Zuckerfabriken in elf europäischen Ländern weiterverarbeitet und dabei wurden 4,7 Mio. t Zucker (einschließlich der Rohzuckerraffination) produziert (vgl. Abb. 1). Die Produkte umfassen ein breites Zuckersortiment für den Haushalt und insbesondere für die weiterverarbeitende Lebensmittelwirtschaft.

Nachhaltigkeit, bei der Umwelt, Sozial- und Wirtschaftsbedürfnisse im Einklang stehen, ist traditionell ein fester und gelebter Bestandteil der Unternehmensstrategie von Südzucker (vgl. Südzucker 2005, 2014b). Bei der Weiterverarbeitung des Zuckers zeichnet sich Südzucker durch effiziente Produktionsprozesse und moderne Energiezentralen aus. So führen z. B. die Kraft-Wärme-Kopplung und mehrfache Energienutzung zu einer überdurchschnittlichen Energieeffizienz. Ein weiterer Aspekt nachhaltigen Handelns ist die Übernahme sozialer Verantwortung. Verankert ist diese u. a. in einem Verhaltenskodex

---

P. Risser (✉) · S. Langguth
Südzucker AG, Maximilianstraße 10, 68165 Mannheim, Baden-Württemberg, Deutschland

S. Langguth
E-Mail: Susanne.Mayer@suedzucker.de

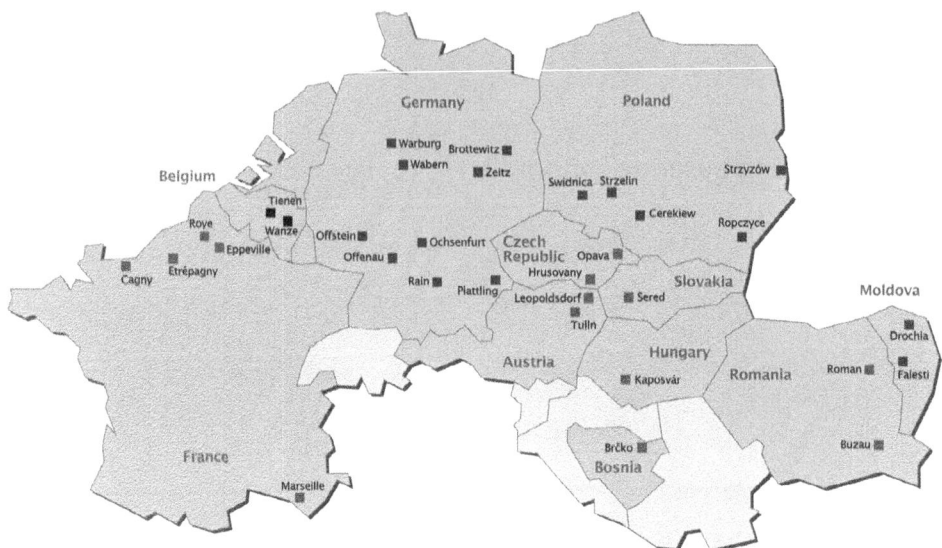

Abb. 1 Zuckerwerke der Südzucker Group. (Südzucker AG 2014a)

zur Corporate Social Responsibility, den Südzucker 2011 eingeführt hat. Er basiert auf einer entsprechenden Vereinbarung der europäischen Zuckerindustrie, die sich grundsätzlich zu Themen wie Menschenrechte, Ausbildung und Schulung, Gesundheit und Sicherheit, Bezahlung und Arbeitsbedingungen und dem Verhältnis zwischen den Sozialpartnern positioniert. Südzucker fühlt sich insbesondere den jungen Menschen verpflichtet, ihnen eine solide Ausbildung zu geben, und hat deshalb seit vielen Jahren eine Ausbildungsquote von ca. 10 %. Südzucker bildet in elf Berufen aus.

Dieser Artikel fokussiert auf die Aktivitäten im nachhaltigen Zuckerrübenanbau. Im Folgenden wird zunächst die Praxis des nachhaltigen Zuckerrübenanbaus und des Versuchs- und Beratungswesens beschrieben (Abschn. 2), um dann auf die Dokumentation der Nachhaltigkeit im Anbau, die eine immer wichtigere Rolle für Industriekunden einnimmt, einzugehen (Abschn. 3). Der Artikel schließt mit einem Ausblick auf die aktuellen und zukünftigen Tätigkeiten von Südzucker im Nachhaltigkeitsbereich (Abschn. 4).

2 Zuckerrübenanbau natürlich nachhaltig

2.1 Natur als Partner

Als Hersteller von Zucker aus einer Ackerfrucht, der Zuckerrübe, arbeitet Südzucker Hand in Hand mit der Natur und setzt auf den ressourcenschonenden Anbau landwirtschaftlicher Kulturen. Nur die Nachhaltigkeit im Anbau garantiert auch die Verfügbarkeit des Rohstoffs in der Zukunft. Zuckerproduktion ohne ausreichende Versorgung mit Zuckerrüben ist nicht machbar. Südzucker ist aber nicht nur Zuckerproduzent, sondern betreibt auch eigene Landwirtschaft. Der Zuckerrübenanbau ist ein gutes Beispiel, um zu zeigen, wie nachhaltig Landwirtschaft heute schon ist. Nachhaltiges Wirtschaften bedeutet dabei immer eine Balance zwischen ökonomischen, ökologischen und gesellschaftlichen Zielen. Grundlage für die Weiterentwicklung der Anbaumethoden bilden die Ergebnisse des praxisnahen Feldversuchswesens: Nur durch umfangreiche Versuche und intensive Beratung können die gesammelten Erkenntnisse in die landwirtschaftliche Praxis umgesetzt und die Effizienz als umfassendes Nachhaltigkeitskriterium gesteigert werden.

2.2 Forschung, Versuchs- und Beratungswesen

Grundlage ist das von Südzucker und den Anbauern gemeinsam getragene Versuchs- und Beratungswesen. Insgesamt acht Versuchstechniker betreuen jährlich ca. 130 Feldversuche im Gebiet der süddeutschen Zuckerrübenanbauer. Schwerpunkte dieser Versuchstätigkeit durch die in regionalen Arbeitsgemeinschaften zusammengeschlossenen Landwirte, sind die Sortenprüfungen und der Pflanzenschutz. Außerdem werden Versuche zur Düngung und zum Pflanzenbau durchgeführt.

Die Auswertungen und Bewertungen der Ergebnisse dieser Versuche sind Basis für die Beratung der Rübenanbauer. Die Bewertung erfolgt immer gemeinsam von Südzucker und den Landwirten und wird nur dann in das Beratungswesen übernommen, wenn beide Seiten zu einer übereinstimmenden Bewertung kommen. Diese Vorgehensweise erhöht die Akzeptanz bei den Landwirten, sich an den Versuchsergebnissen zu orientieren und damit permanent die gute landwirtschaftliche Praxis zu verbessern. Diese institutionelle Art der Zusammenarbeit im Sinne der Nachhaltigkeit hat bei Südzucker eine mehr als 60-jährige Geschichte!

Die Informationsweitergabe, die Vermittlung von neuen Erkenntnissen und Problembewusstsein an die Landwirte ist eine zentrale Herausforderung. Neben Fachartikeln, Infoblättern und Broschüren wurde für eine schnelle Informationsweitergabe bereits 1999 die Internetplattform „BISZ – Beratung und Information für den Süddeutschen Zuckerrübenanbau" geschaffen (www.bisz.suedzucker.de).

Darüber hinaus besteht heute ein großes, internationales Netzwerk aus den verschiedensten Bereichen innerhalb und außerhalb der Südzucker-Gruppe, für das Südzucker einen systematischen Rahmen aufgebaut hat (vgl. Abb. 2). Die Erkenntnisse von Forschungsarbeiten, die von Südzucker initiiert und finanziert wurden, fließen in dieses Netzwerk mit ein.

2.3 Aspekte der Nachhaltigkeit im Zuckerrübenanbau

2.3.1 Bodenschutz
Ein wesentlicher Grundsatz der guten fachlichen Praxis der landwirtschaftlichen Bodennutzung ist die nachhaltige Sicherung der Bodenfruchtbarkeit. Ein frühzeitiger Schwer-

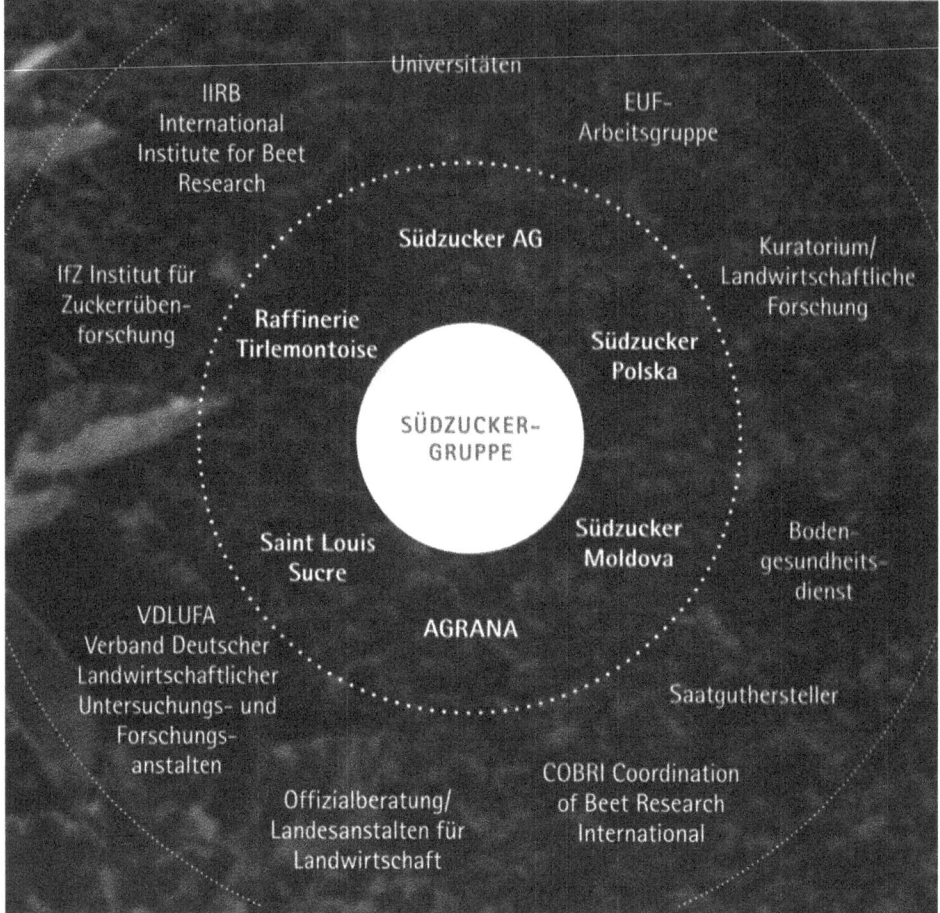

Abb. 2 Internationales Netzwerk für den Wissenstransfer. (Quelle: Südzucker AG 2014b)

punkt des süddeutschen Versuchswesens war der Erosionsschutz. Ein guter Erosionsschutz wird durch das Mulchsaatverfahren erzielt, da dieses den Boden schützt. Die Mulchsaat zählt zu den „konservierenden Bodenbearbeitungsverfahren", bei denen der Boden nur oberflächlich bearbeitet wird. Pflanzenreste werden nicht tief eingearbeitet, sondern verbleiben in der oberen Bodenschicht und schützen vor Bodenabtrag. Dieses Verfahren bietet Regenwürmern gute Lebensbedingungen, fördert deren Aktivität und damit die sogenannte „Lebendverdauung" des Bodengefüges. Das Mulchsaatverfahren ist heute weit verbreitet und wird auf fast 50 % der Anbauflächen eingesetzt. Der Boden ist durch die geringe Bearbeitungsintensität stabiler und tragfähiger.

Zur Winterbegrünung bzw. dem Zwischenfruchtanbau werden im Sommer Pflanzen wie Senf, Ölrettich, Phacelia und auch Mischungen davon ausgesät, die den Boden vor Wind- und Wassererosion schützen, restliches Nitrat im Boden aufnehmen und dessen Verlagerung in tiefere Schichten verhindern. Durch den Anbau resistenter Zwischenfrüchte

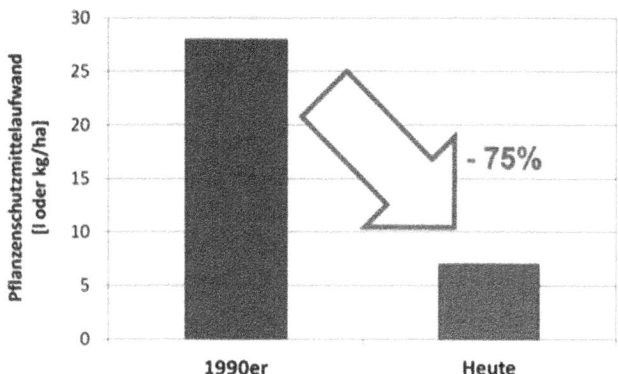

Abb. 3 Verringerung des Pflanzenschutzmitteleinsatzes in den letzten rund 20 Jahren durch Innovation bei den Produkten und der Anwendung. (Quelle: Stockfisch und Reineke 2009)

kann als Nebeneffekt eine biologische Bekämpfung der Rübennematoden (Fadenwürmer) erfolgen.

2.3.2 Bedarfsgerechter Pflanzenschutzmitteleinsatz

Die Zuckerrübenanbauer haben sich zur Einhaltung des integrierten Pflanzenschutzes verpflichtet. Hierzu gehören u. a. eine mehrgliedrige Fruchtfolge, Anbau toleranter/resistenter Sorten und keine Nematodenwirtspflanzen in Zuckerrübenfruchtfolgen. Begleitet durch eine intensive Beratung wurde der Pflanzenschutzmitteleinsatz im Zuckerrübenanbau deutlich gesenkt (vgl. Abb. 3). Beispiele hierfür sind der Schutz vor Insektenfraß, Blattkrankheiten sowie die Unkrautbekämpfung.

Früher wurden Insektizide ganzflächig ausgebracht, heute sind lediglich in der Rübenpillenhüllmasse (bei der Pillierung wird die Rohsaat beschichtet, was zum Aufbau einer Pille führt) geringe Mengen an Pflanzenschutzmitteln enthalten, die die Rübe bei der Keimung und in der Jugendentwicklung vor Schäden durch Insekten und Pilze bewahren.

Neben Schädlingen führen Blattkrankheiten zu deutlichen Ertragsverlusten. Mit der Bekämpfung nach Schwellenwerten konnte der Einsatz von Pflanzenschutzmitteln gegen pilzliche Schaderreger im Sinne eines integrierten Pflanzenschutzes auf das unbedingt notwendige Maß reduziert werden. Der Schwellenwert beschreibt den Punkt, an dem der Ertragsverlust durch Blattkrankheiten höher ist als die Kosten zu deren Bekämpfung. Das heißt beim Überschreiten dieser Schwelle ist eine Bekämpfung ökonomisch sinnvoll. Die Rübenanbauer werden durch das wöchentlich durchgeführte Blattkrankheitenmonitoring auf 200 Schlägen im Anbaugebiet über die Befallssituation in ihrer Region informiert (ein Schlag ist ein einheitlich bewirtschafteter Teil eines Feldes). Sofern bei den Kontrollen (Juli bis September) bekämpfungswürdiger Befall auftritt, erhalten die Anbauer in den betroffenen Regionen einen „Kontrollaufruf". Mit dem Erhalt dieses Schreibens ist der Zeitpunkt zur Kontrolle der eigenen Rübenschläge gegeben. Erreicht der festgestellte Befall die Bekämpfungsschwelle, ist eine umgehende Behandlung zur Vermeidung wirtschaftlicher Schäden erforderlich. Die Empfehlung, sofort zu handeln, erreicht die Landwirte z. T. per SMS.

Unkräuter machen den jungen Rübenpflanzen starke Konkurrenz um Licht, Nährstoffe und Wasser. Im frühen Entwicklungsstadium nach dem Auflauf fehlt der Rübe noch die Kraft die Unkräuter zu unterdrücken. Sie muss wie kaum eine andere Kultur geschützt werden. Bei der Unkrautbekämpfung hat sich das Nachauflaufverfahren bewährt. Die Behandlungen erfolgen im Keimblattstadium der Unkräuter unabhängig von der Rübengröße. In diesem Stadium können die meisten Unkrautarten gut bekämpft werden. Hierzu reichen reduzierte Aufwandmengen der Rübenherbizide für einen hohen Wirkungsgrad aus. Herbizidtolerante gentechnisch veränderte Zuckerrüben sind in der EU nicht zugelassen.

2.3.3 Standortangepasste Düngung

Durch intensive Forschung und Beratung ist es in den letzten 20 Jahren gelungen, den Rübenertrag zu erhöhen und die Düngung auf ein optimales Maß zu reduzieren (vgl. Abb. 4). Durch diese Reduktion konnte außerdem die Rübenqualität deutlich verbessert werden.

Der Bodengesundheitsdienst, eine Tochtergesellschaft von Südzucker, ist die zuständige Stelle für alle Fragen rund um den Boden. Die Rübenanbauer sind angehalten, jährlich von ihren Rübenschlägen Bodenproben zu ziehen, die mithilfe der Elektro-Ultrafiltration (EUF) im Labor auf den Nährstoffgehalt hin analysiert werden. Daraus wird eine schlagindividuelle Düngeempfehlung erstellt. Auf diese Weise werden nur die Nährstoffmengen ausgebracht, die die Pflanze auch tatsächlich zum Wachsen braucht (Abb. 5).

2.3.4 Optimierung von Ernte, Reinigung und Transport

Um Ernteverluste so gering wie möglich zu halten, werden Maschinen eingesetzt, die auf dem neuesten Stand der Technik sind. Auch die Roderfahrer werden regelmäßig im Umgang mit der Erntetechnik geschult. Beim Roden wird der Rübenkörper von den Blättern getrennt. Die Zuckerrübenblätter werden heute nur noch selten verfüttert, sondern bei der

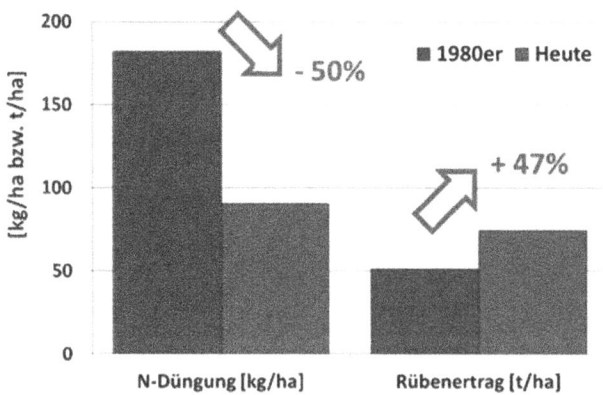

Abb. 4 Steigerung der Rübenerträge bei Verringerung der Stickstoffdüngung und gleichzeitig verbesserte Rübenqualität. (Quelle: Produktionstechnische Umfrage, IfZ, MW 1982–1984 und 2010–2012)

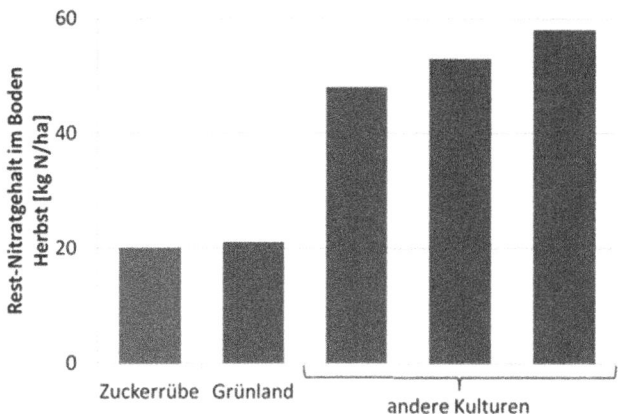

Abb. 5 Niedrige Restnitratgehalte der Zuckerrübe im Boden durch intensive Ausnutzung der vorhandenen Nährstoffe. (Quelle: Landwirtschaftliches Technologiezentrum (LTZ) Augustenberg 2011)

Ernte klein gehäckselt und auf dem Feld verteilt. Damit werden Nährstoffe dem Boden zurückgeführt.

Rüben, die nicht gleich mit dem LKW in die Zuckerfabrik gelangen, lagert man in sogenannten Mieten am Feldrand. Ab Anfang Dezember werden diese mit Vlies abgedeckt, um die Rüben vor Frost und Feuchtigkeit zu schützen. Auf diese Weise reduzieren sich Zuckerverluste während der Lagerzeit deutlich.

Beim Verladen der Rüben auf LKWs wird noch einmal Erde von den Rüben abgereinigt. Die Erde verbleibt somit zum größten Teil auf dem Feld. Die Abreinigungstechnik konnte in den letzten 30 Jahren den Erdanhang um ca. zwei Drittel reduzieren (vgl. Abb. 6).

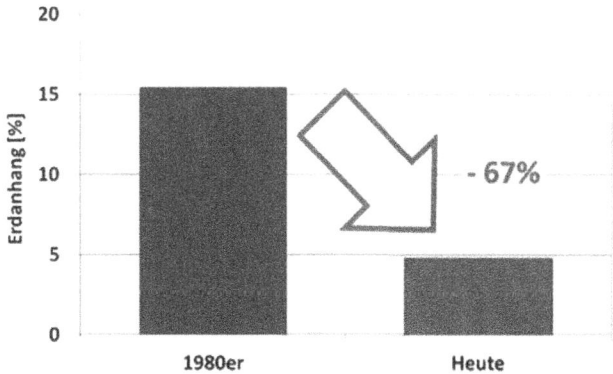

Abb. 6 Verringerung des Erdanhangs in den Zuckerrübenlieferungen. (Quelle: Südzucker AG, ab 1990 ohne Kopf/Blatt, MW 1978–1980 und 2010–2012)

Auch der Einsatz moderner LKWs zum Transport der Rüben schützt die Umwelt. Denn die heutigen LKWs haben eine um 41 % höhere Nutzlast, verbrauchen 29 % weniger Diesel und sind zudem leiser als LKWs vor 20 Jahren.

2.3.5 Nebenprodukte: Futtermittel und Dünger

Aus Zuckerrüben wird nicht nur Zucker für den Haushalt und die Industrie gewonnen, sondern auch Futtermittel und Dünger. Ist der Zucker aus den Rüben herausgewaschen bleibt das Rübenmark übrig. Diese sogenannten Pressschnitzel sind ein wertvolles Futtermittel für Rinder und Schweine.

Am Ende der Zuckerherstellung bleibt Melasse als unkristallisierbarer Zucker übrig. Melasse wird z. B. in der Hefe- oder Bioethanolproduktion eingesetzt. Kalkmilch bindet Nichtzuckerstoffe bei der Trennung von Zucker und Nichtzuckerstoffen. Dabei entsteht Carbokalk, der als wertvoller Dünger wieder zurück auf das Feld gebracht wird. Die Zuckerrübe wird also vollständig verwertet.

2.3.6 Stärkung des ländlichen Raums

Auch nach den Einschränkungen der letzten Zuckermarktordnungsreform, ist der Zuckerrübenanbau immer noch ein wichtiges Standbein vieler landwirtschaftlicher Betriebe und hilft dort, das bäuerliche Einkommen zu sichern. Die Zuckerfabriken sind in der Regel nah an den Rübenanbauflächen und damit in ländlichen Gebieten. Dort tragen sie zum Teil erheblich zur Wirtschaftskraft und zum Arbeitsplatzangebot in diesen Regionen bei. Durch die Zuckerfabriken wird auch eine Vielzahl an indirekten Arbeitsplätzen generiert.

2.3.7 Biodiversität – Aktion Blühflächen

Der Zuckerrübenanbau trägt im Wechsel mit den anderen Kulturen zur Artenvielfalt im Landschaftsbild bei. Im Rahmen des Projektes „Blühflächen" hat die Südzucker AG 2014 interessierten Rübenanbauern kostenlos Saatgut zur Verfügung gestellt, die damit etwa 150 Blühstreifen entlang ihrer Felder anlegten (vgl. Abb. 7). Ein wesentliches Ziel dieses

Abb. 7 Wechselnde Blüten dominieren im Laufe der Vegetationsperiode den Blühstreifen

Projektes war es, mit der Bevölkerung ins Gespräch zu kommen und mit den Blühflächen ein Zeichen ganz im Sinne eines nachhaltigen Zuckerrübenanbaus zu setzen.

Die Resonanz seitens der Anbauer, der Presse, der Imker und der Bevölkerung war äußerst positiv. Zahlreiche Presseartikel wurden in regionalen Zeitungen veröffentlicht. Das Projekt ist damit eine Gelegenheit, den Verbrauchern die Landwirtschaft wieder ein Stück näher zu bringen und gleichzeitig über nachhaltigen Rübenanbau zu kommunizieren. Doch nicht nur in den Zeitungen wurde über die Blühflächen berichtet. Viele Rübenanbauer wurden durch Spaziergänger und Radfahrer angesprochen, die von Feldwegen die zahlreich blühenden Pflanzen und die Insektenvielfalt bewunderten. Am Feldrand angebrachte Schilder informierten dabei über das Blühflächenprojekt und sensibilisierten für das Engagement der Rübenanbauer im Bereich der Nachhaltigkeit.

Die Artenmischungen waren dabei so zusammengestellt, dass sie möglichst lange blühten, um Nahrung und Unterschlupf für Insekten und andere Nützlinge zu bieten. Neben Bitterlupinen, Peluschken, Sommerwicken, Öllein, Saflor, Phacelia und Sonnenblumen waren u. a. verschiedene Kleesorten zu finden. Um für die kommenden Jahre die Artenzusammensetzung zu verbessern und Verunkrautungen zu vermeiden, arbeitet Südzucker eng mit Saatgutlieferanten zusammen. Erfahrungen aus dem Pilotjahr fließen dabei mit ein und zeigen Verbesserungspotenzial für zukünftige Jahre auf.

2.3.8 Kommunikation mit den Verbrauchern

Begonnen mit den Nachhaltigkeitstagen in Baden-Württemberg konnte in den letzten Jahren bei vielen Großveranstaltungen den Verbraucherinnen und Verbrauchern, v. a. aber auch den Schülerinnen und Schülern gezeigt werden, was moderne, innovative und effiziente Landwirtschaft bedeutet, die dabei nachhaltig ist (vgl. Abb. 8). Nur durch eine

Abb. 8 Interessierte Schüler bei den Nachhaltigkeitstagen in Baden-Württemberg – Südzucker zeigt Schülern und auch der Bevölkerung, wie moderner Zuckerrübenanbau funktioniert und was daran nachhaltig ist

gleichermaßen hochproduktive wie ressourcenschonende Landwirtschaft können Produkte von höchster Qualität angeboten werden und das zu einem günstigen Preis.

Mit einem Veranstaltungskonzept, das v. a. Schüler aus den Grund- und weiterführenden Schulen anspricht, versucht Südzucker immer wieder, das Thema Nachhaltigkeit im Zuckerrübenanbau für die Verbraucher von morgen erlebbar zu machen. In verschiedenen Stationen wird gezeigt, wie der Anbau von der Saat bis zur Ernte der Zuckerrüben funktioniert und welche Aspekte dabei im Sinne der Nachhaltigkeit wichtig sind. Die Schüler können anhand ausgestellter Poster lernen, was Nachhaltigkeit im Rübenanbau bedeutet. Ein ausgearbeiteter Fragebogen ermöglicht es den Lehrern, dieses Thema im Unterricht aufzugreifen und weiter zu vertiefen. Das positive Feedback vieler Lehrer und Schüler bestätigt den Ansatz und bestärkt darin, diese Form der Kommunikation auch in Zukunft fortzuführen.

3   Dokumentation und Zertifizierung

3.1   Ansprüche der Zuckerkunden steigen

Nicht nur die Qualität des Produkts, sondern auch die Art der Produktion von Lebensmitteln wird von immer mehr Verbrauchern und Kunden hinterfragt. Aufgrund der gestiegenen Ansprüche der Gesellschaft haben auch verschiedene Kunden aus der Lebensmittelindustrie Nachhaltigkeitsstrategien entwickelt, wonach zukünftig ausschließlich nachhaltig erzeugte Rohstoffe in deren Verarbeitungsprozess eingesetzt werden. Global betrachtet sind die europäischen Umwelt- und Sozialstandards sicher mit an der Spitze. So müssen die europäischen Landwirte eine Fülle von umweltbezogenen Vorschriften einhalten, wollen sie von finanzieller Unterstützung aus der gemeinsamen Agrarpolitik profitieren; das System heißt Cross Compliance, deren Einhaltung durch die Behörden überprüft wird. Auf diese Weise ist die gute landwirtschaftliche Praxis in Europa generell auf einem hohen Niveau. Nun wird zusätzlich gefordert, dass die Anbaupraxis speziell unter Nachhaltigkeitskriterien dokumentiert wird.

3.2   Dokumentation – einfach und praktikabel

Interessant aus Sicht der Zuckerwirtschaft ist ein System, das von allen Zuckerkunden gleichermaßen anerkannt wird und das im landwirtschaftlichen Betrieb für den Anbau von Feldfrüchten generell und nicht nur für die Zuckerrübe genutzt werden kann. Denn ein landwirtschaftlicher Betrieb kann nur ein Nachhaltigkeitsmanagementsystem bedienen, alles andere macht keinen Sinn.

Eine geeignete Dokumentation, die auch von einer breiten Palette von Lebensmittelunternehmen unterstützt wird, ist die Sustainable Agriculture Initiative (SAI). SAI wurde von Unternehmen der Lebensmittelindustrie gegründet, zunächst um Nachhaltigkeitsstandards für den Bezug von Rohstoffen sicherzustellen, die außerhalb Europas angebaut werden, wie bspw. Kaffee. Nunmehr werden auch die Anforderungen für heimische Produkte festgelegt. Südzucker hat gemeinsam mit den Rübenanbauverbänden beschlossen, die SAI-Leitlinien flächendeckend bei den Rübenanbauern einzuführen. Damit werden die jahrzehntelangen Bemühungen zur Weiterentwicklung der guten landwirtschaftlichen Praxis im nachhaltigen Zuckerrübenanbau weitergeführt – und dokumentiert. Der gute Standard im Zuckerrübenanbau wird dann nachprüfbar belegt, eine Vorgehensweise, die z. B. von den Qualitätsmanagementsystemen der Lebensmittelwirtschaft bekannt ist. Soll-Vorgaben und deren Vollzug werden überprüft; nur was nachvollziehbar dokumentiert ist, ist auch so ausgeführt worden.

4 Ausblick

Nachhaltigkeit ist schon lange Teil der Geschäftsstrategie von Südzucker. 2005 hat Südzucker einen Nachhaltigkeitsbericht zu den drei Dimensionen Ökologie, Soziales und Ökonomie publiziert (Südzucker AG 2005). 2011 wurde der Verhaltenskodex zur Corporate Social Responsibility veröffentlicht. Dieser formuliert Anforderungen in den Bereichen Menschenrechte, Ausbildung und Schulung, Gesundheit und Sicherheit, Bezahlung und Arbeitsbedingungen und in dem Verhältnis zwischen den Sozialpartnern. 2014 wurden in der Publikation „Vom Rohstoff zum Produkt" die Aktivitäten im nachhaltigen Zuckerrübenanbau näher beschrieben (beide Dokumente erhältlich auf http://www.suedzucker.de/de/Downloads/Nachhaltigkeitsbericht/).

Momentan führt Südzucker eine Status-quo-Analyse für das Zuckersegment durch und orientiert sich dabei an den Nachhaltigkeitsleitlinien der Global Reporting Initiative (GRI), nach der neuesten Version G4. Dabei werden relevante Daten in den Bereichen Umwelt, Landwirtschaft, Personal, Arbeitssicherheit und -gesundheit, Compliance und Konsumentenanliegen erhoben. Um die Daten konsistent verfügbar zu haben, wurde zusätzlich eine Nachhaltigkeitssoftware implementiert. Darauf aufbauend werden weitere Optionen für eine detailliertere Nachhaltigkeitsstrategie und ein umfassenderes Reporting geprüft.

Literatur

LTZ Augustenberg (2011) SchALVO-Nitratbericht – Ergebnisse der Beprobung 2011
Stockfisch N, Reineke H (2009) Vergleich Pflanzenschutz in Zuckerrüben früher und heute (mündliche Mitteilung)
Südzucker AG (2005) Nachhaltigkeitsbericht der Sudzucker AG. http://www.suedzucker.de/de/Downloads/Nachhaltigkeitsbericht/nachhaltigkeit_d.pdf. Zugegriffen: 19. Aug. 2015
Südzucker AG (2014a). Die Südzucker-Gruppe Unternehmenspräsentation. http://www.suedzucker.de/de/Downloads/Download_Daten/Unternehmenspraesentationen/Unternehmenspraesentation_2014/DE-07-2014.pdf. Zugegriffen: 19. Aug. 2015

Südzucker AG (2014b). Geschäftsbericht Südzucker AG 2013/2014. http://www.suedzucker.de/de/Downloads/Download_Daten/Finanzberichte/2013_14/Geschaeftsberichte_2013_14/GB_2013_14/Suedzucker_GB_2013-14_de_final_x_1.pdf. Zugegriffen: 19. Aug. 2015

Dr. Peter Risser ist promovierter Agrarwissenschaftler. Als Referent Landwirtschaftliche Forschung bei der Südzucker AG arbeitet er an der Schnittstelle von Wissenschaft, praktischen Feldversuchen und Beratung der Landwirte zur ständigen Weiterentwicklung der guten landwirtschaftlichen Praxis.

Susanne Langguth ist Direktorin bei der Südzucker AG. Die Lebensmittelchemikerin verantwortet u. a. die Themen Qualität, Verbraucherpolitik und Nachhaltigkeit für die Südzucker Gruppe.

Teil III
Tierische Erzeugnisse

Umsetzung des Tierwohlkonzeptes

Alexander Hinrichs

1 Einleitung

Die gesellschaftliche Einstellung und Erwartungen zum Thema Fleischkonsum und Tierhaltung verändern sich. Um Verbrauchern auch in Zukunft Geflügel, Schweinefleisch sowie Fleisch- und Wurstwaren in hervorragender Qualität und in großer Vielfalt anzubieten, ist es aus Sicht der Teilnehmer der Initiative Tierwohl notwendig das Tierwohl in der Nutztierhaltung objektiv und messbar zu verbessern.

Dies ist eine komplexe, gesamtgesellschaftliche Aufgabe. Sie kann nur gelingen, wenn alle Partner in der Wertschöpfungskette – Landwirtschaft, Fleischwirtschaft, der Lebensmitteleinzelhandel und letztlich auch der Verbraucher – nicht nur ein stärkeres Bewusstsein für Tierwohl entwickeln, sondern auch gemeinsam konkrete Veränderungen in Gang setzen. Die Initiative Tierwohl versteht sich als Motor dieses Prozesses.

Erstmalig in Deutschland setzen sich Unternehmen und Verbände aus Landwirtschaft, Fleischwirtschaft und Lebensmitteleinzelhandel gemeinsam als ein branchenübergreifendes Bündnis für eine tiergerechtere und nachhaltigere Fleischerzeugung ein. Unter dem Motto „Gemeinsam verantwortlich handeln" haben sich in der Initiative Tierwohl wichtige Partner der gesamten Wertschöpfungskette in der Schweinefleisch- und Geflügelfleischbranche in einem freiwilligen Bündnis zusammengeschlossen.

Gemeinsames Ziel der Partner in der Initiative Tierwohl ist es, die Standards in der Nutztierhaltung in Deutschland aktiv, flächendeckend und Schritt für Schritt weiter zu verbessern. Die Stärke der Initiative liegt dabei in ihrer Breitenwirkung und ihrer Um-

---

A. Hinrichs (✉)
Gesellschaft zur Förderung des Tierwohls in der Nutztierhaltung mbH,
Schedestraße 1-3, 53113 Bonn, Nordrhein-Westfalen, Deutschland
E-Mail: info@initiative-tierwohl.de

© Springer-Verlag Berlin Heidelberg 2016
C. Willers (Hrsg.), *CSR und Lebensmittelwirtschaft,* Management-Reihe Corporate Social Responsibility, DOI 10.1007/978-3-662-47016-9_11

setzungsorientierung. Sie ist darauf ausgerichtet, in möglichst vielen landwirtschaftlichen Betrieben Verbesserungen anzustoßen und diese mit den betrieblichen Gegebenheiten in Einklang zu bringen. Die Teilnehmer des Handels in der Initiative Tierwohl stehen für bislang rund 85 % des deutschen Marktes und erreichen daher die große Mehrheit der deutschen Verbraucher.

Die Initiative will dazu beitragen, das Tierwohl noch stärker als bisher in der landwirtschaftlichen Produktion, in der Fleischwirtschaft und im Lebensmitteleinzelhandel zu verankern. Gleichzeitig setzt sich die Initiative Tierwohl zum Ziel, den gesamtgesellschaftlichen Dialog zum Thema Tierwohl aus Sicht der Marktteilnehmer mitzugestalten, Fragen von Verbrauchern aufzunehmen und diese aus erster Hand über Standards und Hintergründe der Tierhaltung sowie Fortschritte in Sachen Tierwohl zu informieren.

2 Umsetzung der Initiative Tierwohl in der Landwirtschaft

2.1 Struktur und Aufgaben der Initiative Tierwohl

Die Initiative Tierwohl wird von der *Gesellschaft zur Förderung des Tierwohls in der Nutztierhaltung mbH* (Trägergesellschaft) getragen. Diese Gesellschaft verantwortet und kontrolliert die organisatorische und finanzielle Umsetzung der Initiative Tierwohl mithilfe unterschiedlicher Gremien (siehe Abb. 1). Zu den Gremien gehören u. a. die Fachausschüsse, die die Aufgaben haben, Anforderungen und Verfahren der Initiative Tierwohl zu formulieren. Der Finanzausschuss bestimmt die Höhe der Tierwohlbeiträge und die

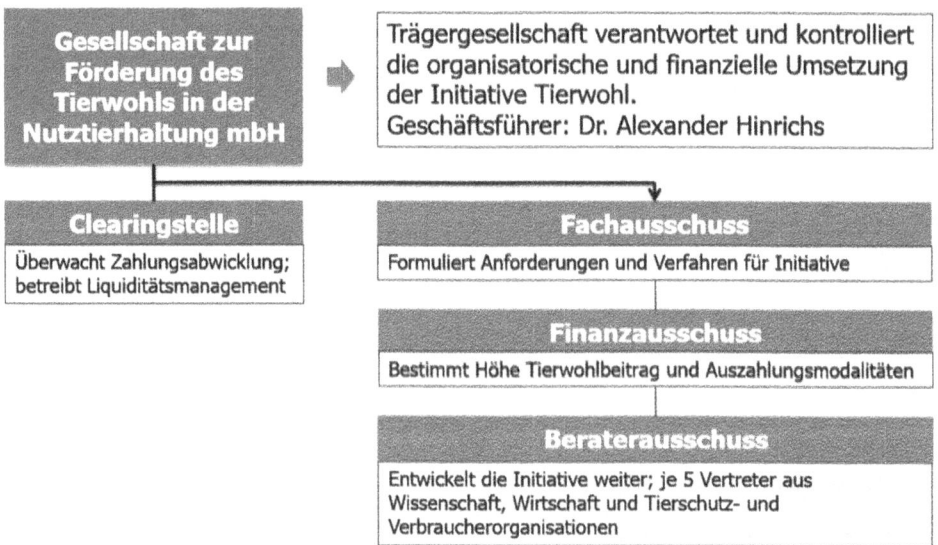

Abb. 1 Organisation der Initiative Tierwohl. (Quelle: Initiative Tierwohl)

Auszahlungsmodalitäten. Der Beraterausschuss hat die Aufgabe, Impulse für die Weiterentscheidung der Initiative zu geben und setzt sich aus Vertretern der Wissenschaft, der Wirtschaft und von Tierschutz- sowie Verbraucherorganisationen zusammen. Die Clearingstelle ist ein Dienstleistungsunternehmen, das die Aufgabe hat, die Zahlungsströme und das Liquiditätsmanagement zu steuern.

Die Partner der Initiative Tierwohl haben für die Umsetzung der Ziele einen neuen, bislang einzigartigen branchenübergreifenden Prozess angestoßen. Dabei arbeiten Landwirte, Unternehmen der Fleischwirtschaft und des Lebensmitteleinzelhandels auf Basis umfangreicher freiwilliger Verpflichtungen und Kontrollen Hand in Hand. Die Initiative Tierwohl funktioniert nach folgendem Grundprinzip (siehe Abb. 2):

- Auf freiwilliger Basis können sich teilnehmende landwirtschaftliche Betriebe zur Umsetzung spezifischer Tierwohlmaßnahmen in ihren Ställen verpflichten, die klar über die bisherigen gesetzlichen Standards hinausgehen.
- Für die Umsetzung der Tierwohlmaßnahmen erhalten die teilnehmenden Betriebe ein Tierwohlentgelt. Basis für die Auszahlung des Entgeltes ist die Umsetzung von bindenden Grundanforderungen kombiniert mit Wahlpflichtkriterien. In der Schweinehaltung können zusätzliche Kriterien ausgewählt und umgesetzt werden. Dieses Entgelt wird je nach Art der umgesetzten Maßnahmen auf der Basis eines Kriterienkatalogs berechnet. Die Überprüfung der Tierwohlmaßnahmen erfolgt durch ein unangekündigtes, jährliches Audit durch eine von der Initiative Tierwohl zugelassene Zertifizierungsstelle.
- Die Tierwohlentgelte werden aus dem Tierwohlfonds der Initiative gezahlt, der durch den Lebensmitteleinzelhandel finanziert wird. Die teilnehmenden Handelsunterneh-

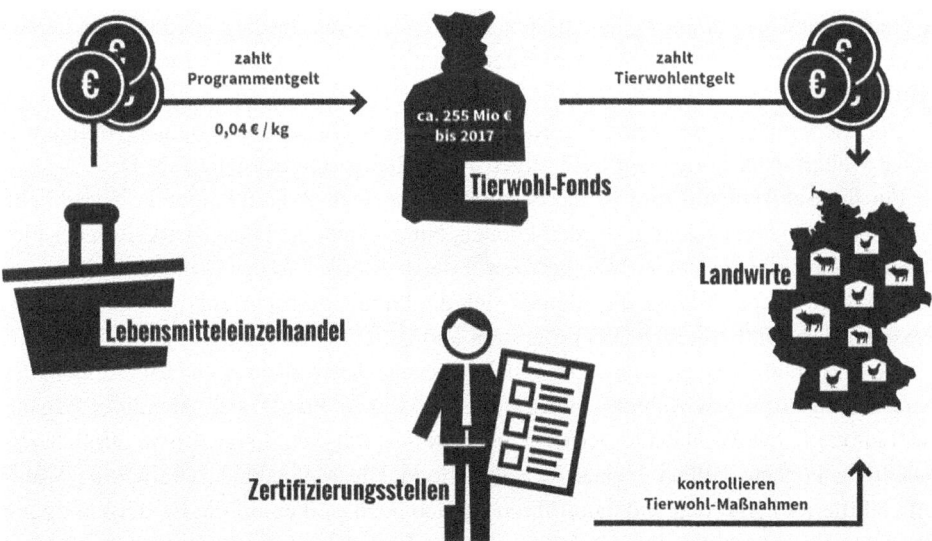

Abb. 2 Das Grundprinzip der Initiative Tierwohl. (Quelle: Initiative Tierwohl, 2015)

men haben sich verpflichtet, für jedes ab dem 1. Januar 2015 vermarktete Kilogramm Schweine- und Geflügelfleischartikel ein Programmentgelt von 0,04 € in den Tierwohlfonds einzuzahlen. Dies bezieht sich sowohl auf Frischfleischartikel als auch auf verarbeitete Fleischprodukte (inklusive Tiefkühlware). Die Gesamtsumme für Schwein und Geflügel wird bei rund 85 Mio. € pro Jahr liegen.
- Die freiwillig teilnehmenden Vermarkter verpflichten sich an einer zertifizierten Qualitätssicherung der betrieblichen Abläufe teilzunehmen, die Anzahl der von teilnehmenden Landwirten erhaltenen Tiere zu dokumentieren und an die Clearingstelle zu melden. Darüber hinaus werden sie zukünftig eine erweiterte Tieruntersuchung durch neutrale Dritte (z. B. Tierärzte) sicherstellen. Es wird angestrebt, aus den erhobenen Tierbefunddaten einen Index zu ermitteln, der Rückschlüsse auf das Wohlbefinden des einzelnen Tieres ermöglichen soll.

2.2 Grundanforderungen und Wahlpflichtkriterien für Landwirte

Es wurde ein umfassendes Programm zur Förderung des Tierwohls auf der landwirtschaftlichen Produktionsebene in der Schweinemast, der Ferkelaufzucht und Sauenhaltung beziehungsweise in der Hähnchen- und in der Putenhaltung entwickelt. Die Initiative will damit dazu beitragen, das Tierwohl noch stärker als bisher in der landwirtschaftlichen Produktion zu verankern und gleichzeitig das Angebot von Schweine- und Geflügelfleisch in großer Vielfalt und hoher Qualität zu sichern.

Dazu wurden messbare Tierwohlkriterien definiert, die in enger Zusammenarbeit von Wirtschaft, Wissenschaft und Tierschutz entwickelt worden sind. Diese Kriterien gehen nicht nur über gesetzliche Regelungen hinaus, sondern stellen auch eine Erweiterung der in Deutschland anerkannten Qualitätssicherungssysteme dar. Im Jahr 2015 können bereits rund 12 Mio. Schweine und 255 Mio. Puten und Hähnchen von den Tierwohlmaßnahmen profitieren.

Die Tierwohlkriterien sind eine Kombination aus Grundanforderungen, obligatorischen Wahlpflichtkriterien und freiwilligen Wahlpflichtkriterien (siehe Tab. 1).

Für die **Schweinehaltung** ist das System so angelegt, dass individuelle betriebliche Gegebenheiten berücksichtigt werden können. Nur so kann die Umsetzbarkeit in der Fläche und damit eine Breitenwirksamkeit gewährleistet werden. In den Grundanforderungen für die Schweineproduktion verpflichten sich die Landwirte bspw. zur Teilnahme am indexierten Schlachttierbefunddatenprogramm und zur Durchführung von jährlichen Stallklima- und Tränkewasserchecks. Zusätzlich haben sie die Wahl aus mindestens einem der beiden obligatorischen Wahlpflichtkriterien: „10 % mehr Platz" oder „ständiger Zugang zu Raufutter". Die Wahl beider Kriterien ist ebenfalls möglich. Landwirte in der Schweinehaltung können darüber hinaus weitere individuelle Maßnahmen (freiwillige Wahlpflichtkriterien) ergreifen und damit ihren Betrieb noch stärker auf die Berücksichtigung des Tierwohls ausrichten. Dazu gehören z. B. die Erweiterung des Platzangebots (20 und 40 %) oder das Angebot von Beschäftigungsmaterial. Weitere Kriterien zu der jeweiligen

Tab. 1 Tierwohlkriterien für die Schweine- und Geflügelhaltung

Tierwohlkriterien Schwein	Tierwohlkriterien Geflügel
Grundanforderungen:	**Grundanforderungen:**
Zertifizierte Qualitätssicherung	Bezug von Eintagsküken aus QS-Brütereien
Jährliche Auditierung	Maßnahmen zur Verbesserung der Fußballengesundheit
Antibiotikamonitoring	Handlungsanweisungen zum Vorausstallen
Gesundheitsplan	Nachweis über eine jährliche Fortbildung von Tierhaltern
Stallklimacheck	Teilnahme am Tierwohlkontrollprogramm
Tränkewassercheck	
Tageslichtanforderung	
Wahlpflichtkriterien, obligatorisch:	**Wahlpflichtkriterien, obligatorisch:**
Größeres Platzangebot	Zusätzliche Beschäftigungsmöglichkeiten
Raufutter & Nestbaumaterial	Vergrößertes Platzangebot
Wahlpflichtkriterien, freiwillig (unterschiedlich je nach Produktionsart)	
z. B. Beschäftigungsmaterial	
z. B. Auslaufflächen	
Umsetzungszeitraum Schwein:	**Umsetzungszeitraum Geflügel:**
3 Jahre	2 Jahre

Produktionsart sind in den Kriterienkatalogen auf der Webseite www.initiative-tierwohl.de zu finden.

Für die **Geflügelhaltung** gilt eine Kombination aus fünf Grundanforderungen kombiniert mit zwei Wahlpflichtkriterien, die die Betriebe erfüllen müssen. Die teilnehmenden Geflügelhalter verpflichten sich neben der Teilnahme an einem anerkannten Qualitätssicherungssystem, der Umsetzung von Anforderungen in den Bereichen Weiterbildung, Tiergesundheit und Tierhaltung auch der Schaffung eines höheren Platzangebotes und zusätzliches Beschäftigungsmaterial anzubieten.

Die Geflügelmäster müssen weiterhin sogenannte Basiskriterien zu tierschutzgerechter Haltung, Hygiene und Tiergesundheit einhalten. Die Basiskriterien sind im **QS-Leitfaden Landwirtschaft Geflügelmast, 2015** (www.q-s.de) festgelegt und detailliert beschrieben.

2.3 Höhe der Tierwohlentgelte

Die Tierhalter erhalten für die Umsetzung der dokumentierten Kriterien während der Laufzeit des Zertifikats ein Tierwohlentgelt, welches über eine von der Trägergesellschaft beauftragten Clearingstelle ausgezahlt wird. Die Initiative Tierwohl schafft mit dem Tierwohlentgelt einen finanziellen Anreiz Tierwohlmaßnahmen umzusetzen.

Jeder teilnehmende Betrieb in der Schweinehaltung bekommt 500,00 € als jährlichen Grundbetrag, mit dem u. a. der Aufwand für die Umsetzung der Grundanforderungen wie der Stallklima- und Tränkewassercheck kompensiert werden soll. Zusätzlich erhält der Betrieb ein individuelles Tierwohlentgelt für die Umsetzung der Wahlpflichtkriterien.

Bei **geflügelhaltenden** Betrieben wird das Tierwohlentgelt jeweils pro Kilogramm Lebendgewicht für Hähnchen, Putenhennen und Putenhähne bezahlt. Abhängig von der Anzahl der an der Initiative registrierten Mengen und von den zur Verfügung stehenden Fondsmitteln an die Teilnehmer beträgt das Tierwohlentgelt:

- 2,0 ct pro kg Lebendgewicht für Hähnchen,
- 3,25 ct pro kg Lebendgewicht für Putenhennen,
- 4,0 ct pro kg Lebendgewicht für Putenhähne.

Diese Variabilität wurde von der Geflügelwirtschaft festgelegt, um möglichst vielen Betrieben die Teilnahme an der Initiative zu ermöglichen.

2.4 Kontrolle und Überprüfung der Einhaltung der Kriterien

Die Unabhängigkeit und Fachexpertise bei der Überprüfung zur Einhaltung der Maßnahmen steht deshalb für die Initiative Tierwohl genauso im Vordergrund wie die konsequente Verfolgung von Verstößen gegen die Vereinbarung.

Unabhängige Zertifizierungsstellen, die von der Trägergesellschaft der Initiative Tierwohl geschult werden, überwachen in regelmäßigen Abständen die Umsetzung und Einhaltung der Kriterien. Die einzelnen Kontrollen werden von Auditoren mit entsprechenden Kenntnissen durchgeführt (siehe Abb. 3).

Ein unangekündigtes Erstaudit prüft die ordnungsgemäße Umsetzung der Kriterien in dem Betrieb und erfasst die entsprechenden Auszahlungsansprüche. In jährlichen ebenfalls unangekündigten Folgeaudits wird dann geprüft, ob die Maßnahmen auch tatsächlich weiterhin umgesetzt worden sind. Schweinehaltende Betriebe verpflichten sich für eine Umsetzung der Kriterien für drei Jahre. Bei geflügelhaltenden Betrieben ist dieser Zeitraum auf zwei Jahre festgesetzt.

Verstöße gegen getroffene Vereinbarungen und zertifizierte Kriterien werden sanktioniert. Dies geht vom Verlust der Auszahlungsansprüche über Rückforderung der bislang erhaltenen Tierwohlentgelte bis zu juristischen Schritten.

Messbarkeit und Erfolgsorientierung sind zentrale Bausteine, wenn es darum geht, die Schweine- und Geflügelproduktion stärker auf das Tierwohl auszurichten. Deshalb wurden Kriterien entwickelt, die in Audits prüf-, mess- und dokumentierbar sind. Auch die Erfassung und Auswertung der Befunddaten bei Schlachttieren mit einem noch zu erarbeitenden Tierwohlindex wird zukünftig dabei von großer Bedeutung sein.

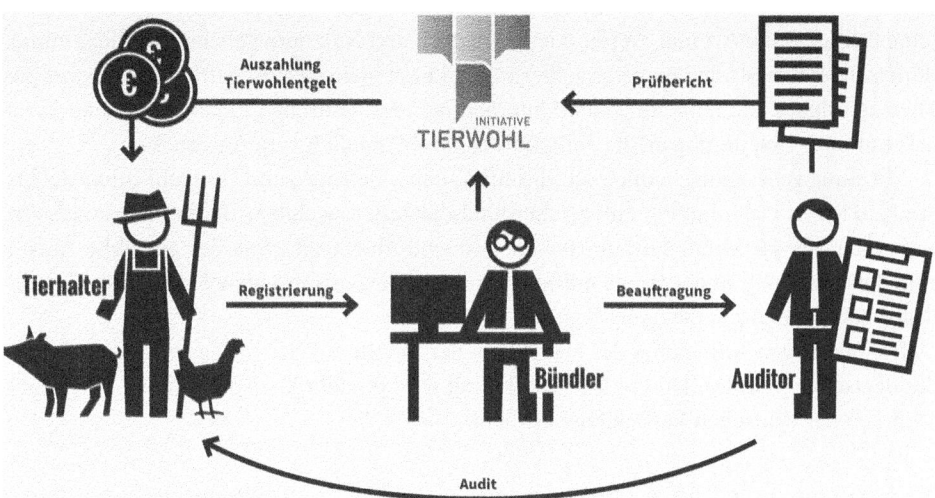

Abb. 3 Registrierung und Auditierung der landwirtschaftlichen Betriebe. (Quelle: Initiative Tierwohl)

3 Umsetzung der Initiative Tierwohl in der Fleischwirtschaft

Die Initiative Tierwohl bezieht gezielt die Fleischwirtschaft (Vermarkter) in die Bemühungen um eine stärkere Verankerung des Tierwohls entlang der gesamten Wertschöpfungskette ein. Die teilnehmenden Schlachtunternehmen verpflichten sich mit ihrer Teilnahme zur Umsetzung einer zertifizierten Qualitätssicherung (QS oder Qualitätssicherungssystem mit vergleichbaren Standards). Gleichzeitig führen die teilnehmenden Schlachtbetriebe eine erweiterte Befunddatenerfassung durch neutrale Dritte (z. B. Amtsveterinär) ein. Die erhobenen Daten werden zur Ermittlung eines noch zu bestimmenden Tierwohlindex an die von der Initiative Tierwohl weitergeleitet. Darüber hinaus verpflichten sich die Schlachtunternehmen an die Initiative Tierwohl wöchentlich die Anzahl der geschlachteten Schweine bzw. bei Geflügel die Menge in kg Lebendgewicht zu melden, die von den teilnehmenden Mäster zur Schlachtung angeliefert worden sind.

4 Umsetzung der Initiative Tierwohl im Lebensmitteleinzelhandel

Die teilnehmenden Unternehmen des Lebensmitteleinzelhandels unterstützen die Initiative Tierwohl mit einem substanziellen finanziellen Beitrag von insgesamt rund 255 Mio. € (für Schweine- und Geflügelfleisch) für die ersten drei Jahre. Sie ermöglichen damit den Landwirten die Durchführung von Tierwohlmaßnahmen in den Betrieben.

Der deutsche Lebensmitteleinzelhandel ist von Anfang an ein wichtiger Treiber der Initiative gewesen und ist das Bindeglied der Lebensmittelkette zum Verbraucher. Die Handelsunternehmen kennen die Anforderungen ihrer Kunden an Lebensmittel und wissen daher, dass die Art und Weise, wie in Deutschland Nutztiere gehalten werden, immer stärker ins Bewusstsein der Verbraucher rückt. Diese hohe gesellschaftliche Relevanz des Themas bringen die teilnehmenden Unternehmen des deutschen Lebensmitteleinzelhandels mit ihrer Beteiligung an der Initiative Tierwohl deutlich zum Ausdruck.

Mit ihrer Beteiligung wollen sie die öffentliche Debatte zum Tierwohl mitgestalten, die Kunden in die Initiative einbeziehen und darstellen, welchen Beitrag diese zur Verbesserung des Tierwohls leisten können. Sie sind überzeugt, dass der gewählte Ansatz eine hohe Wirkung in der Breite entfaltet und daher einen substanziellen Beitrag für eine tiergerechtere Fleischerzeugung leistet.

Die bisherigen Teilnehmer des Handels in der Initiative Tierwohl stehen für rund 85 % des deutschen Marktes. Durch ihre Beteiligung wird erreicht, dass die Initiative die große Mehrheit der deutschen Verbraucher erreicht.

5 Das Fazit

Die Wirtschaft steht zu ihrer Verantwortung. In den vergangenen Jahren wurde eine kontinuierliche Verbesserung bei der Qualitätssicherung, Lebensmittelsicherheit und im Tierschutz erreicht. Mit dem Bündnis wird nun ein neuer Meilenstein auf dem Weg zu mehr Tierwohl gesetzt. So wird aktiv Missständen vorgebeugt, das Vertrauen der Verbraucher gestärkt und eine Entwicklung konstruktiv mitgestaltet, die dafür Sorge trägt, dass in Deutschland auch in Zukunft Fleisch und Fleischwaren in hervorragender Qualität und in großer Vielfalt angeboten werden.

Dr. Alexander Hinrichs geb. 1975, ist Geschäftsführer der Initiative Tierwohl. Er studierte Agrarökonomie an der Christian-Albrechts-Universität zu Kiel sowie Betriebswirtschaftslehre in Passau und Verona. Im Jahr 2004 promovierte er in Agrarökonomie und nahm anschließend eine Tätigkeit als Analyst bei der Unternehmensberatung The Advisory House auf. Von 2006 bis 2014 war er in verschiedenen Funktionen bei der QS Qualität und Sicherheit GmbH tätig, zuletzt als Leiter Controlling. Bereits ab 2012 arbeitete er im Koordinierungsteam der Initiative Tierwohl mit. Seit 2015 ist Alexander Hinrichs Geschäftsführer der Gesellschaft zur Förderung des Tierwohls in der Nutztierhaltung mbH.

Micarnas gelebte Verantwortung gegenüber der Gesellschaft

Manfred Bötsch

1 Einleitung

Die Micarna AG ist eine Tochterfirma der Migros-Gruppe und ist im Markt für Fleisch, Geflügel und Seafood aktiv. Die Micarna ist erfolgreich unterwegs, sie gewinnt Marktanteile und hat ansprechende Finanzergebnisse. Diese Ausgangslage darf nicht darüber hinwegtäuschen, dass diesem Geschäftsbereich in der Öffentlichkeit aus verschiedenen Gründen viel Kritik entgegen schlägt. Unter anderem sind Vorwürfe und Kritiken hinsichtlich Klimabelastung, Ressourcenverschwendung und ungenügendem Tierschutz in den Medien präsent. Vor diesem Hintergrund war es für die Micarna folgerichtig, in einen permanenten Dialog mit der Öffentlichkeit zu treten, die kritischen Anliegen aufzunehmen, im Rahmen eines umfassenden Ansatzes Lösungen zu bieten und darüber transparent zu berichten. Die Micarna will damit ihre Verantwortung in der Gesellschaft gegenüber ihren Mitarbeitern, dem Eigner, den Konsumenten, den Standortgemeinden bzw. -kantonen, der Bevölkerung, der Umwelt sowie den Tieren wahrnehmen. Dies führte zu einem dreistufigen Corporate-Social-Responsibility-(CSR-)Ansatz, der im Rahmen des Strategieprozesses jeweils überprüft und weiterentwickelt wird. Dessen Eckpunkte und Verständnis werden nachfolgend dargelegt; in einem ersten Schritt wird das Unternehmen kurz beschrieben.

M. Bötsch (✉)
GB Nachhaltigkeit, Micarna SA, Rte de l'Industrie 25,
1784 Courtepin, Freiburg, Schweiz
E-Mail: manfred.boetsch@micarna.ch

© Springer-Verlag Berlin Heidelberg 2016
C. Willers (Hrsg.), *CSR und Lebensmittelwirtschaft,* Management-Reihe Corporate Social Responsibility, DOI 10.1007/978-3-662-47016-9_12

2 Die Micarna-Gruppe

Die Micarna-Gruppe setzt sich zurzeit aus dem Stammhaus, der Micarna AG nachfolgend kurz Micarna genannt, sowie fünf Tochterunternehmen zusammen. Zwei davon befinden sich im Ausland. Die Micarna ist stark in der Schweiz verankert; der Exportanteil liegt unter fünf Prozent des Umsatzes. Die nachfolgenden Ausführungen beziehen sich auf das Stammhaus, wobei für die Tochterunternehmen die gleichen Grundsätze gelten. Je nach Standort sind aber Anpassungen an das dort geltende Rechtssystem oder die relevante Branche nötig.

2.1 Einblick in die prägende Geschichte

Die Geschichte prägt auch ein Unternehmen. Die Micarna wurde 1958 von der Migros gegründet und hat die Mission, die Migros mit Fleisch, Geflügel und Fisch zu versorgen. Die Migros, als größte Retailerin in der Schweiz, hat sich im Laufe der Zeit eine breite Gruppe an Industrieunternehmen aufgebaut, welche heute weltweit zu den größten Eigenmarkenherstellern gehören.

Die Migros ist genossenschaftlich organisiert. Die Genossenschaftsanteile halten Konsumentinnen und Konsumenten und sind damit Eigner dieses Unternehmens. Sie bestimmen die Geschicke dieser Unternehmensgruppe. Die Anteilsscheine werden nicht verzinst. Es wird kein Gewinn abgeführt, sondern in Investitionen oder Leistungen zugunsten der Konsumenten investiert. So ist es ein öffentlich erklärtes Ziel, auf den wichtigsten 500 Produkten mit vergleichbarer Qualität zur Konkurrenz einen Preisvorteil von zehn Prozentpunkten auszuweisen.

Gottlieb Duttweiler, der Gründer der Migros, hat seine Geisteshaltung und Geschäftsphilosophie in 15 Thesen zusammengefasst. Sie haben bis heute großen Einfluss auf das Gebaren der Migros und ihrer Tochterunternehmen. Folgende Passagen daraus erhellen die besondere Geschäftsphilosophie, welche selbstredend natürlich auch für Micarna ihre Wirkung entfaltet:

„Das Allgemeininteresse muss höher gestellt werden als das Migros-Genossenschafts-Interesse. ... Wir müssen wachsender eigener materieller Macht stets noch größere soziale und kulturelle Leistungen zur Seite stellen" (Duttweiler und Duttweiler 1950). In diesem Sinne führt die Migros bspw. ein Prozent des Umsatzes in einen Fonds ab, der für kulturelle, sportliche und soziale Zwecke sowie die Allgemeinbildung (sog. Migros Klubschulen) verwendet wird. Jährlich stehen somit über 100 Mio. Franken für gemeinnützige Zwecke zur Verfügung.

„Die Löhne und Saläre wie auch die Arbeitsbedingungen und das Verhältnis zu der Arbeiter- und Angestelltenschaft müssen weiterhin vorbildlich sein. ... Unser allgemeines Bekenntnis, dass der Mensch in den Mittelpunkt des Wirtschaftens gestellt werden müsse, hat für unsere Genossenschaften besondere Gültigkeit" (Duttweiler und Duttweiler 1950). Entsprechend gelten die Anstellungsbedingungen im Vergleich zur jeweiligen Branche als überdurchschnittlich.

2.2 Umsatzstärkstes Unternehmen der Migros-Industrie

Die Industriegruppe der Migros (sog. M-Industrie) umfasst sieben Segmente: Fleisch und Fisch, Brot-und Backwaren, Milch und Milchprodukte, Schokolade und Kaffee, Getränke und Convenience, Kosmetik und Waschmittel sowie der Gastrogroßhandel. Die M-Industrie erwirtschaftete 2014 einen Umsatz von über 6 Mrd. Franken. Davon werden 626 Mio. Franken oder gut 10 % im Ausland erwirtschaftet. Beschäftigt wurden insgesamt über 12.000 Mitarbeitende. Hergestellt werden über 20.000 Produkte.

Die Micarna beschäftigte ihrerseits 2650 Mitarbeiter aus über 60 Nationen. Sie erwirtschaftete einen Nettoumsatz von gut 1,4 Mrd. Franken mit Frischfleisch, Charcuterieprodukten, Geflügel und Seafood. Sie ist damit die zweitgrößte Fleischverarbeiterin der Schweiz. Der Marktanteil schwankt je nach Sortiment stark, von gut 20 % für Rindfleisch bis über 40 % für Geflügel. Der Sitz befindet sich in Courtepin im Kanton Freiburg in der französischsprachigen Westschweiz. Dort befindet sich auch der größte Verarbeitungsbetrieb. In Bazenheid in der deutschsprachigen Ostschweiz steht der zweitgrößte Betrieb. An vier weiteren Standorten, verteilt über die Schweiz, wird ebenfalls produziert.

2.3 Verantwortung in der Gesellschaft – das Verständnis der Micarna

Beschleunigte Globalisierung, verschärfter Klimawandel, unsichere Energieversorgung, knapper werdende Ressourcen, Nahrungsmittelkrise, rasanter demografischer Wandel – die Liste der globalen Herausforderungen des 21. Jahrhunderts an Politik, Wirtschaft und Gesellschaft ist lang. Unternehmen werden in der Öffentlichkeit zunehmend daran gemessen, wie sie sich diesen Themen stellen. Und die Kunden erwarten von den Unternehmen auf diese komplexen Herausforderungen überzeugende und verständliche Antworten. Dies bedingt nach Auffassung der Micarna einen kontinuierlichen Dialog mit den diversen Stakeholdern. Dieser Dialog ist nur dann fruchtbar, wenn das Unternehmen von den Stakeholdern als glaubwürdig und transparent empfunden wird. Daher muss sich das Unternehmen durch eine überzeugende Corporate Governance auszeichnen. Aus Sicht der Gesellschaft ist dies eine „Pflicht" und sichert dem Unternehmen die Glaubwürdigkeit. Dies bedingt auch, dass im Unternehmen Werte gelebt werden, mit denen sich die Öffentlichkeit identifizieren kann. Weiter muss unternehmerisches Handeln nach Auffassung der Micarna die wirtschaftlichen, sozialen und ökologischen Anliegen gleichberechtigt und ausgewogen berücksichtigen. Dies ist eine Erwartung der Gesellschaft und vermag dem Unternehmen im Wettbewerb um die Gunst der Konsumenten die Präferenz zu sichern. Entsprechend stellt die gelebte Nachhaltigkeit ein strategisch bedeutsames Element einer erfolgreichen CSR dar. Als dritte Ebene der CSR ergänzt Micarna ihre Kernaktivitäten mit dem gesellschaftlichen Engagement. Dies entspricht einem Wunsch der Gesellschaft und kann für das Unternehmen im optimalen Fall die Sympathie sichern. Diese Grundüberlegungen führen zu einem dreiteiligen CSR-Ansatz, der nachfolgend dargestellt und erläutert wird.

3 CSR-Ansatz der Micarna

Die Micarna hat ihre gesellschaftliche Verantwortung (CSR) in einem dreiteiligen Ansatz umgesetzt (Abb. 1).

Gemäß dieser Struktur werden nachfolgend die drei Pfeiler beziehungsweise die einzelnen Themen beleuchtet. Es ist selbstredend, dass der Ansatz im Rahmen des Strategieprozesses auch wiederkehrend überprüft und bei Bedarf angepasst wird.

3.1 Corporate Governance

Der erste Pfeiler der CSR setzt sich aus drei Themenblöcken zusammen: Compliance, Partizipation sowie Werte und Prozesse.

3.1.1 Compliance

Es ist der Micarna wichtig, dass die Kultur der sozialen Verantwortung, der Glaubwürdigkeit und Gesetzestreue gelebt wird. Jeder Kaderangehörige unterzeichnet ein Schreiben, wonach er den Verhaltenskodex beachtet. Sie werden auch speziell dazu geschult. Der Kodex wird allen Mitarbeitern ausgehändigt und zur Überwindung von Sprachbarrieren ist der Kodex auch als Animationsfilm verfügbar, dessen Bildsprache selbstredend ist. Auch werden in der unternehmensinternen Kommunikation (sog. Micarna News) wie-

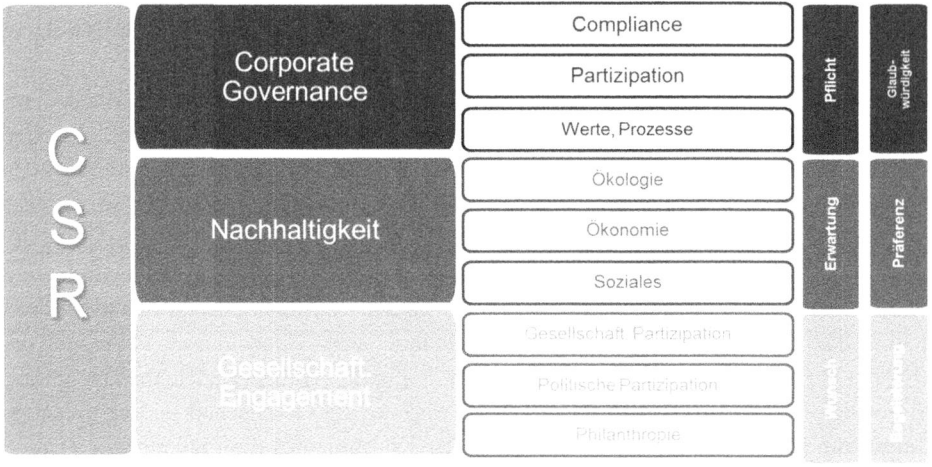

Abb. 1 Die dreiteilige Struktur der CSR der Micarna

derkehrend diesbezügliche Themen vertieft. Mit diesen Mitteln wird dafür gesorgt, dass Compliance nicht ein toter Buchstabe bleibt.

Folgende Kernsätze bilden die Eckpunkte des Kodex:

- In all unseren Handlungen sind wir verantwortungsbewusst, ehrlich und zuverlässig.
- Wir respektieren die Gesetze und die internen Richtlinien.
- Wir bestechen nicht und lassen uns nicht bestechen.
- Wir bekennen uns zum freien und fairen Wettbewerb.
- Wir vermeiden Interessenkonflikte oder legen diese rechtzeitig offen.
- Wir gehen gewissenhaft mit vertraulichen Informationen um.
- Wir tragen Sorge zu den Vermögenswerten der Migros-Gruppe.
- Innerhalb der Gruppe gehen wir wertschätzend und respektvoll miteinander um.
- Im Umgang mit unseren Kunden, unseren Geschäftspartnern und den Behörden handeln wir verlässlich, fair und verantwortungsbewusst.
- In unserer Kommunikation sind wir offen, ehrlich und klar.
- In unseren Aktivitäten und Entscheidungen verfolgen wir das Prinzip der Nachhaltigkeit.

Verstöße sind den Vorgesetzten zu melden oder können auch der spezifisch dafür geschaffenen Compliance-Stelle anvertraut werden.

3.1.2 Partizipation der Öffentlichkeit

Als Anspruchsgruppen bezeichnet die Micarna alle Gruppen von Individuen, die in irgendeiner Form von der Wert- oder Schadschöpfung des Unternehmens betroffen sind. Im Grundsatz wurden zwei Gruppen identifiziert:

- Anspruchsgruppen, die direkt betroffen sind von den Geschäftsaktivitäten entlang der Wertschöpfungskette bzw. einen direkten Einfluss darauf haben (Lieferanten, Geschäftspartner, Mitarbeiter, Eigentümer, Kunden und Konsumenten),
- Anspruchsgruppen, die indirekt von der Geschäftsaktivität der Micarna betroffen sind und gesellschaftlich-soziale Ansprüche an sie stellen (Gesellschaft, Nichtregierungsorganisationen (NGOs) und Staat/Politik).

Diese Ansprüche an sich zu kennen und zu verstehen trägt dazu bei, einerseits Themen zu erkennen, die wichtig für den Erfolg sein können, und andererseits Risiken zu identifizieren und Fehler zu vermeiden. Eine sinnvolle Balance zu finden bei der Berücksichtigung der unterschiedlichen Bedürfnisse der Anspruchsgruppen, die teilweise auch miteinander in Konflikt stehen, ist eine große Herausforderung. Beispielsweise erwarten die Landwirte möglichst hohe Preise und geringe kostentreibende Auflagen, derweil die Konsumenten bei möglichst hohen Nachhaltigkeitsleistungen günstige Preise wünschen. Solche divergierenden Interessen kann man nicht auflösen, aber zumindest ein gegenseitiges Verständnis schaffen.

Ein geeignetes Hilfsmittel zur Ermittlung der Ansprüche ist der direkte Dialog und Einbezug der Anspruchsgruppen. Da sich diese Ansprüche über die Zeit ändern können, bedarf es eines dauernden Dialoges, um auf dem aktuellen Stand bleiben zu können. Beispielsweise werden in der Micarna Mitarbeiterbefragungen durchgeführt, um die Zufriedenheit und die Bedürfnisse zu ermitteln. Zudem können die Mitarbeiter ihre eigenen Ideen und Verbesserungsvorschläge über das interne Ideenmanagement einbringen. Mit allen Gruppen führt die Micarna einen regelmäßigen Dialog, welcher mindestens einmal jährlich erfolgt. Mit den Mitarbeitern erfolgt der Dialog selbstredend viel intensiver. Die Geschäftsleitung trifft sich mit der Personalkommission fix zweimal jährlich und dazu themenbezogen je nach Bedarf. Die Kommission selbst hat monatliche Sitzungen und berät die Anliegen der Mitarbeitenden. Sie kann jederzeit Anträge an die Geschäftsleitung stellen. Beziehungen zu Anspruchsgruppen, bspw. zum Lieferanten oder zum Kunden, sind idealerweise von Langfristigkeit und Stabilität geprägt – mit einem Vorteil für beide Seiten: sei es das Sicherstellen der Versorgung mit Rohstoffen oder Produkten oder die Gewährleistung von spezifischen Qualitäten. Mit den Standortgemeinden und den Kantonen trifft sich die Micarna mindestens einmal jährlich und pflegt geschäftsbezogen weitere Kontakte. Zu den NGOs besteht auch ein regelmäßiger Kontakt. Nicht zuletzt in Zusammenarbeit mit verschiedenen Anspruchsgruppen kann es durch Bündelung von Kräften und Nutzen von Synergien gelingen, wirtschaftliche, soziale und ökologische Zielsetzungen miteinander in Einklang zu bringen und somit andauernde Verbesserungen sicherzustellen.

Eine zentrale Rolle unter den Anspruchsgruppen spielen selbstverständlich die Konsumenten. Ihre Erwartungen ändern sich mit der Zeit. Dank Konsumentenbindungsprogrammen besteht eine gute Übersicht über die Präferenzen und Prioritäten der Konsumenten sowie deren Veränderungen über die Zeit. Über Portale (online oder Telefon) können die Konsumenten ihre Fragen anbringen. Damit können direkt die nötigen Antworten geliefert werden und zugleich wird ersichtlich, welche Themen die Öffentlichkeit am stärksten bewegen. Auf diese Themen kann dann in den Medien (Print oder online) reagiert und ausführlich berichtet werden.

3.1.3 Werte und Prozesse

Die Micarna hat sich einem siebenteiligen Wertekanon verschrieben, der breit abgestützt erarbeitet wurde und den Alltag prägt. Jeder soll und kann sich darauf berufen und wird daran gemessen. Diese Werte reflektieren sich auch in den Kriterien für die Mitarbeitergespräche.

- Kundenorientiert: Wir streben eine hohe Zufriedenheit der Kunden an, pflegen intensive Kontakte und begeistern mit Produkten sowie Dienstleistungen.
- Schweizerisch: Wir sind stolz auf die Schweizer Traditionen und offen für die Vielfalt der Welt; wir sind der Schweizer Qualität, Vertrauenswürdigkeit, Professionalität und Verlässlichkeit verpflichtet.
- Glaubwürdig: Wir wollen verbindlich, redlich, berechenbar, zuverlässig und authentisch sein, Angekündigtes tun und Versprochenes einhalten; wir kommunizieren offen nach innen und nach außen; wir lassen überprüfen und überprüfen selbst.

- Erfolgsorientiert: Wir konzentrieren uns auf Leistung und nachhaltige Resultate; wir erzielen Wirkung und schaffen Sinn; wir fördern die Eigenverantwortlichkeit und wollen gemeinsam erfolgreich sein.
- Respektvoll: Wir pflegen eine ausgeprägte soziale Verantwortlichkeit, sind offen für andere Ansichten sowie fair und hilfsbereit. Wir geben dem Tierwohl hohe Priorität.
- Leidenschaftlich: Wir wollen immer besser werden, erkunden aktiv Chancen und nutzen sie konsequent; wir hinterfragen Bestehendes und schaffen Neues.
- Sinngebend: Wir tragen zur Verbesserung der Lebensqualität von Konsumenten, Mitarbeitern und der Gesellschaft bei. Wir sind dem Interessensausgleich in der Migros-Gruppe verpflichtet und verfolgen keine reine Gewinnmaximierung. Wir pflegen das Gedankengut von Gottlieb Duttweiler.

Micarna hat sich wegen der Bedeutung der CSR entschieden, für die Bearbeitung dieser Themen auch die nötigen Ressourcen, Strukturen und Prozesse bereitzustellen. Ein Bereich fokussiert sich auf das Thema Compliance (100 Stellenprozente). Dieser Bereich ist zusammen mit dem Bereich Controlling im Geschäftsbereich Management Services eingegliedert und direkt dem zuständigen Mitglied der Geschäftsleitung unterstellt. Ein anderer Bereich setzt sich ausschließlich mit der Nachhaltigkeit auseinander und führt die diesbezüglichen Prozesse. In einem Nachhaltigkeitsprogramm sind die Maßnahmen, die Verantwortlichkeiten und die Messpläne hinterlegt. Halbjährlich wird über den Stand der Zielerreichung rapportiert. Dieser Bereich (250 Stellenprozente) bildet zusammen mit den Bereich Qualitätsmanagement und Sicherheit den Geschäftsbereich Nachhaltigkeit. Dessen Leiter vertritt das Thema Nachhaltigkeit in der Geschäftsleitung. Auch für die politische Partizipation sind spezifische Ressourcen (50 Stellenprozente) bereitgestellt worden. Diese Funktion ist dem Geschäftsbereich Unternehmensentwicklung zugeordnet, wo auch die Forschung angesiedelt ist. Gerade im Kontext der Nachhaltigkeit ist auch wissenschaftliche Forschung für die Micarna von Bedeutung, ansonsten sind die erwarteten Pionierleistungen nicht möglich. Hinterlegt sind auch die notwendigen Prozesse (ISO 9001, FSSC 22000, ISO 14001).

Nach dem Motto: „Sagen was wir tun und tun was wir sagen!", gilt es, nach innen und nach außen transparent zu sein. Nebst den klassischen Instrumenten (Print und online), wie Jahresberichte, Broschüren, Nachhaltigkeitsbericht, die allen zur Verfügung stehen, werden auch spezifische Unterlagen nach den Bedürfnissen der Stakeholder erstellt. Dazu zählen etwa die Micarna News für die Belegschaft und der Qualitätssicherungsbericht für die Hauptkunden Migros und die Behörden.

3.2 Nachhaltigkeit

Die Nachhaltigkeit ist in der Unternehmenspolitik der Migros als Erwartung und Auftrag an deren Industrie verankert: „Die M-Industrie strebt ein Gleichgewicht zwischen wirtschaftlichen, ökologischen und sozialen Ansprüchen an" (Unternehmensbroschüre Micarna 2015). Folgerichtig kommt der Anspruch nach nachhaltiger Entwicklung in der Unternehmenspolitik der Micarna zum Ausdruck: „Die Micarna steht mit ihrem gesunden, nachhaltigen und sicheren Angebot für den Genuss mit gutem Gewissen" (Unternehmensbroschüre Micarna 2015).

Die Auseinandersetzung mit der Nachhaltigkeit bedingt immer auch eine Analyse der Zukunft und der erwarteten Veränderungen. Durch diese längerfristige Sichtweise können sich anbahnende Risiken frühzeitig erkannt werden: seien es Reputationsrisiken, Rohstoffverknappungen oder Mangel an qualifizierten Fach- und Führungskräften. Damit kann ein Beitrag geleistet werden, um Risiken zu vermeiden oder zumindest zu vermindern. Auch schärft sie den Blick für notwendige Veränderungsprozesse, die entsprechend frühzeitig eingeleitet werden können. Strategie heißt systematisch zu durchdenken, wie man von Anfang an handeln muss, um auf Dauer erfolgreich zu sein (Malik 2013, S. 37 ff.). Diese langfristige Perspektive ist auch für die Förderung einer geeigneten Innovations- und Nachhaltigkeitskultur wichtig.

Mit einem proaktiven und visionären Vorgehen möchte die Micarna „Schrittmacher" in der Branche sein und sich mit Pionierleistungen Wettbewerbsvorteile verschaffen. Mit einem fokussierten, vertrauenswürdigen Reporting zur Nachhaltigkeit wird eine Basis gelegt, welche die Micarna zu einem visionären, verantwortungsbewussten und nicht zuletzt auch attraktiven Arbeitgeber macht. Es versteht sich von selbst, dass die hochkomplexe Thematik auf kommunikativer Ebene auf eingängige Formeln komprimiert werden muss.

3.2.1 Nachhaltigkeitsverständnis

Nachhaltigkeit bedeutet für die Micarna, dass ökologische, soziale und wirtschaftliche Aspekte im unternehmerischen Alltag gleichberechtigt berücksichtigt werden. Die Micarna basiert ihr Verständnis auf dem klassischen 3-Dimensionen-Modell.

Die Micarna will

- den langfristigen ökonomischen Erfolg sichern,
- die sozialen und fachlichen Human Ressources entlang der Wertschöpfungskette kontinuierlich stärken und
- die Tragfähigkeit des Ökosystems dauerhaft gewährleisten.

Das Verständnis geht somit von einem kontinuierlichen Verbesserungsprozess aus, in dem die drei Dimensionen der Nachhaltigkeit im Gleichgewicht vorangebracht werden.

3.2.2 Allgemeine Grundsätze

- In unserem Managementalltag gestalten und lenken wir soziale Systeme, um Ressourcen in Nutzen für Kunden zu transferieren.
- Dabei streben wir nicht das kurzfristige Maximum an, sondern stellen das langfristige Optimum ins Zentrum.
- Wir setzen uns entsprechend ambitionierte längerfristige Ziele und realisieren sie schrittweise und konsequent. Wir setzen quantifizierte Ziele, lassen uns an den Zielen messen und pflegen die Transparenz.

- Wir streben kontinuierliche Verbesserungen in allen Bereichen der Nachhaltigkeit an.
- Wir betreiben ein systematisches Nachhaltigkeitsmanagementsystem nach ISO 14001.
- Alle Mitarbeiter können im Rahmen ihres Arbeitsumfelds einen Beitrag leisten zur Wirkung unserer Nachhaltigkeitsstrategie.
- Wir halten die umweltrechtlichen Anforderungen sowie weitere umweltrelevante Verpflichtungen gegenüber unseren Anspruchsgruppen ein.

3.2.3 Grundsätze für die drei Dimensionen der Nachhaltigkeit

Bereich Wirtschaft Die Micarna strebt den langfristigen Unternehmenserfolg an. Nur der wirtschaftliche Erfolg ermöglicht eine kontinuierliche Erneuerung der Unternehmung, die Finanzierung von Innovationen und damit die Sicherung der Wettbewerbsfähigkeit. Nur ein wirtschaftlich erfolgreiches Unternehmen kann faire Löhne zahlen und berufliche Perspektiven anbieten. Und nur ein erfolgreiches Unternehmen kann für den Kunden zuverlässig Nutzen und Mehrwert schaffen. Die Sicherstellung der Wirtschaftlichkeit ist somit kein Selbstzweck, sondern Mittel zum Zweck.

Bereich Gesellschaft Die Micarna stellt den Arbeitnehmern persönlichkeitsfördernde und gesundheitserhaltende Arbeitsstellen zur Verfügung. Sie entschädigt leistungsorientiert, fair und angemessen. Sie fördert und unterstützt die Aus- und Weiterbildung. Die Anstellungsbedingungen sind im Branchenvergleich überdurchschnittlich. Sie stärkt die gesellschaftliche Entwicklung und fördert den Teamgeist. Die Micarna will, dass die Arbeitsbedingungen bei ihren Zulieferanten korrekt und fair sind und die Nutztiere artgerecht gehalten werden. Sie will, dass der Konsument ihre Produkte mit gutem Gewissen genießen kann und die Gesundheit gestärkt wird. Sie will gesellschaftliche Werte („public values" wie Fairness, Integration, Gleichberechtigung) fördern. Kurz, die Micarna engagiert sich mit Leidenschaft für mehr Lebensqualität der Konsumenten, der Arbeitnehmer und Lieferanten, namentlich auch der Landwirte. Im Interesse der Transparenz und Verbindlichkeit bevorzugt die Micarna möglichst kurze Wertschöpfungsketten.

Bereich Ökologie Die Micarna möchte die Lebensqualität heutiger und zukünftiger Generationen sicherstellen. Sie fokussiert ihre Aktivitäten daher auf erneuerbare Ressourcen und dies in einer Weise, dass diese dauerhaft erhalten bleiben. Nichterneuerbare Ressourcen werden gemieden oder im unumgänglichen Bedarfsfall geschont und das Material recycelt. Die Ressourceneffizienz ist der Micarna eine Verpflichtung; sie geht mit Boden, Wasser und Energie sparsam um. Geschlossene Stoffkreisläufe und somit die vollständige Wiederverwertung des „Abfalls" sind ebenfalls wichtig. Emissionen (Treibhausgase, Lärm, Gestank etc.) werden vermieden oder zumindest soweit reduziert, dass die Belastbarkeit des Ökosystems (Resilienz) nicht überschritten wird. Die Micarna fördert die Biodiversität und trägt Sorge zur Landschaft. Sich für die Lebensqualität der Generationen von morgen einzusetzen, bedeutet für die Micarna, dass sie die Tragfähigkeit des Ökosystems dieser Erde auch in Zukunft gewährleistet haben will.

3.2.4 Systemgrenzen

Die Micarna gestaltet, lenkt und entwickelt soziale Systeme, um Wissen und Ressourcen in Nutzen und Resultate für ihre Kunden zu transformieren. Diese Kunden wollen auch wissen, wie die Tiere gehalten und gefüttert wurden, woher die Rohstoffe und Zutaten kommen, welche Arbeitsbedingungen entlang der Wertschöpfungskette herrschen und so weiter. Dies bedingt, dass die Systemgrenzen weit gezogen werden und die gesamte Wertschöpfungskette im Auge behalten wird. Es bestehen zu viele gegenseitige Abhängigkeiten, um davon abzusehen. Damit übernimmt die Micarna Mitverantwortung für die Vorgänge in vor- oder nachgelagerten Bereichen. Ihre obenstehenden Nachhaltigkeitsgrundsätze gelten demzufolge grundsätzlich auch für die vor- und nachgelagerten Stufen, vom Anbau und der Produktion ihrer Rohstoffe bis zum Konsum beziehungsweise der Verwertung und dem Recycling.

Im idealen Fall bildet eine Wertschöpfungskette einen Material- und Energiefluss mit einer vollständigen Wiederverwertung. Der im Verlauf und am Ende der Wertschöpfungskette entstehende „Abfall" wird diesem Prinzip zufolge wieder vollständig neuen stofflichen und energetischen Flüssen zugefügt. Das Wort „Abfall" hat Micarna aus dem Vokabular gestrichen und durch den Begriff „Nutzprodukte" ersetzt. Was als sprachlicher Witz erscheinen mag, hat in der Realität einiges bewirkt: Es hat die Einstellung zu diesen Produkten geändert. Die Mitarbeiter sind heute bestrebt, Nutzungsmöglichkeiten für diese Produkte zu finden, und werfen sie nicht einfach in den „Abfall". Die Micarna möchte möglichst geschlossene Kreisläufe anstreben. Die vereinfachte Wertschöpfungskette der Micarna ist nach dem Kreislaufprinzip von ihrem Nachhaltigkeitsverständnis in Abb. 2 dargestellt.

Aus Sicht des Managements wurden den organisatorischen Einheiten der Micarna die prioritären Handlungsbereiche zugeordnet. Diese Einheiten sind dem Nachhaltigkeitsengagement entsprechend in der Pflicht, Verbesserungen zu erzielen und die fixierten Ziele zu erreichen.

3.2.5 Anbau und Herstellung Rohstoffe

Unter „Anbau und Herstellung Rohstoffe" fasst die Micarna alle vorgelagerten Stufen zusammen, die ihre Rohstoffe durchlaufen, bevor sie in die Produktionsbetriebe der Micarna gelangen, – vom landwirtschaftlichen Anbau bis zur allfälligen weiteren Verarbeitung bei ihren Lieferanten und/oder Zwischenhändlern. Die Zustände in den diversen Ländern sind zu unterschiedlich, als dass alles „über einen Kamm geschert" werden könnte, daher werden unterschiedliche Anforderungen definiert.

3.2.6 Produktion und Logistik

Alle Prozesse in den eigenen Produktionsbetrieben werden unter „Produktion und Logistik" subsummiert.

Darunter werden alle Aspekte zusammengefasst, die Mitarbeiter betreffen, wie die Arbeitsbedingungen, Gesundheit, Arbeitssicherheit, sowie deren Aus- und Weiterbildung. So werden betriebseigene Ergonomiecoachs ausgebildet, die ihr Wissen weitergeben und

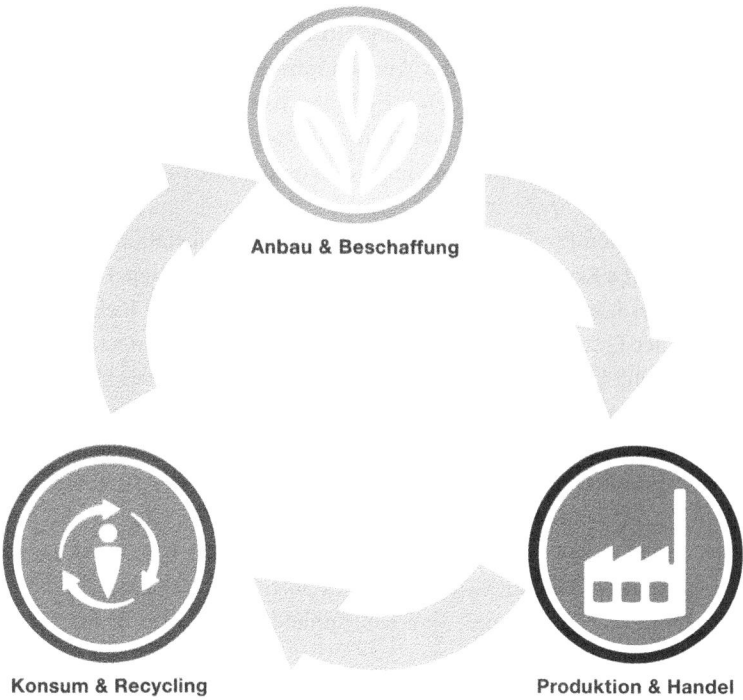

Abb. 2 Gesamte Wertschöpfungskette als Kreislauf

vor Ort anwenden. Es werden gesundheitsfördernde Massagen angeboten. Eine Herausforderung ist der zunehmende Mangel an qualifizierten Fach- und Führungskräften in der Fleischbranche. Durch eine attraktive Förderung der Aus- und Weiterbildung sowie durch die Gestaltung der Arbeitsbedingungen kann Nachwuchs aufgebaut und die Attraktivität als Arbeitgeber gesteigert werden. Der Erfolg oder Misserfolg der Micarna hängt letztlich vom Engagement und den Fähigkeiten der Mitarbeiter ab.

Diesem Handlungsbereich sind auch die Produktionsprozesse mit den entsprechenden Anlagen wie auch die gesamte Infrastruktur zugeordnet. Entsprechend adressieren sich die Ziele zur Senkung der betrieblichen Emissionen, zur Steigerung der Ressourceneffizienz oder zur Reduktion des Verbrauchs nichterneuerbarer Ressourcen, zur Vermeidung von Foodwaste etc. an diesen Handlungsbereich. Die Gestaltung der Prozesse und Anlagen beeinflusst zudem die Sicherheit und die Gesundheit der Mitarbeiter.

Bewusst werden auch die ökonomischen Ziele in der Nachhaltigkeitsstrategie behandelt, denn nur ein ökonomisch betriebenes Umwelt- und Sozialmanagement ist nachhaltig. Die wirtschaftliche Herausforderung bei einer nachhaltigen Entwicklung ist die Steigerung der Öko- und der Sozioeffizienz, das bedeutet eine Verbesserung des Verhältnisses zwischen Wertschöpfung einerseits und ökologischer bzw. sozialer Schadschöpfung andererseits. Ein wichtiger Ansatzpunkt ist die Berücksichtigung von ökologischen und sozialen Kriterien bei Investitionsentscheiden, auch wenn diese u. U. zu längeren Amortisationsfristen führen können. Mit den Investitionen von heute wird die ökologische und soziale Effizienz von morgen beeinflusst oder mitunter gar präjudiziert.

3.2.7 Vermarktung, Konsum und Recycling

Unter dem letzten Handlungsbereich der Wertschöpfungskette werden alle der Produktion nachgelagerten Prozesse erfasst, an deren Ende der Konsum und die Wiederverwertung stehen. Dabei gelangen die Produkte der Micarna zuerst zum Kunden – einem Detailhändler (v. a. Migros) oder zur Gastronomie – bevor sie dort vom Konsumenten gekauft und verwendet werden.

Die Kunden erwarten Produkte, welche ihnen durch Alleinstellungsmerkmale Marktvorteile gegenüber den Konkurrenten schaffen. Die Kunden erwarten das beste Preis-Leistungs-Verhältnis bei höchstmöglicher Produktsicherheit und einer lückenlosen Rückverfolgbarkeit. Mit der Gestaltung des Sortiments, Neuentwicklungen sowie einer entsprechenden Vermarktung kann das Portfolio an Produkten mit einem nachhaltigen Mehrwert (z. B. Produkte, die Labels oder Standards erfüllen) beeinflusst werden.

Die Gesundheit der Konsumenten ist ein zentrales Anliegen der Micarna, auch wenn sie nur indirekt beeinflusst werden kann. Durch ein vielfältiges Angebot an gesunden Nahrungsmitteln sowie einer klaren Deklaration der Nährwerte kann die Micarna es dem Konsumenten jedoch erleichtern, sich gesund zu ernähren und sein Wohlergehen zu steigern. Zudem kann mit einem eigens entwickelten Sortiment die zunehmende Anzahl von Personen mit speziellen Ernährungs- und Konsumbedürfnissen (z. B. für Allergiker) bedient werden.

Verpackungen dienen in erster Linie dem Schutz des Produktes. Sie erleichtern außerdem das Handling beim Transport und schlussendlich dienen sie auch der Kommunikation. Mit geeigneten Verpackungen wird zur Steigerung der Produktsicherheit und zu längeren Konsumfristen beigetragen und somit auch zur Ressourcenschonung. Verpackungsmaterialien basieren heute zu einem beachtlichen Teil auf Erdöl, weshalb nach alternativen, nichterdölbasierten Verpackungsmaterialien gesucht wird. Mit der Verpackung des Produkts wird bereits die Möglichkeit des späteren Recyclings durch den Konsumenten beeinflusst und muss folglich mitbedacht werden.

3.2.8 Fokussierung

Um Fortschritte in Richtung mehr Nachhaltigkeit innerhalb all der vorher genannten Handlungsbereiche zu erreichen und zu wissen, wo anzusetzen ist, müssen die zentralen Treiber und Themen bekannt sein. Ausgewählt wurden jene Aktionsthemen, die insgesamt aus einer „naturwissenschaftlichen Sicht" sowie aus Sicht der Stakeholder, namentlich der Konsumenten, relevant sind und im konkreten Kontext der Micarna den größten Beitrag Richtung Nachhaltigkeit zu leisten vermögen. Die Micarna ist sich bewusst, dass darüber hinaus noch diverse andere Themen ihre Berechtigung hätten. Sie vertritt aber die Ansicht, dass im Rahmen der geforderten strategischen Ausrichtung eine Beschränkung auf die wesentlichsten Aktionsthemen notwendig ist.

Die Micarna hat entschieden, sich auf zehn Aktionsthemen zu fokussieren. In der Dimension „Ökologie" sind es die Aktionsthemen Biodiversität, Klima sowie Wasser und Boden. In der Dimension „Ökonomie": Ressourceneffizienz, Innovationskraft und Marktleistung. Und für die Dimension „Gesellschaft" wurden vier Aktionsthemen bestimmt: Arbeitswelt, Gesundheit, Partnerschaft und Tierwohl. Abbildung 3 illustriert diese Auswahl.

Abb. 3 Die zehn Aktionsthemen der Micarna zur Nachhaltigkeit

Die Aktionsthemen sind nach dem Nachhaltigkeitsverständnis der Micarna über die gesamte Wertschöpfungskette relevant, was entsprechend bei der Zielformulierung berücksichtigt worden ist.

3.2.9 Ziele und Zielhorizonte

Zu jedem der obigen Aktionsthemen wurden konkrete quantifizierte Ziele festgelegt und den entsprechenden organisatorischen Einheiten zugewiesen, damit klare Verantwortlichkeiten bestehen. Die Ziele wurden in Bezug auf zwei Zeithorizonte festgelegt:

- Ziel 2020: Das Ziel ist für das Jahr 2020 als ambitioniertes, aber realistisches und machbares Etappenziel festgelegt. Diese Ziele bilden das Steuerungsinstrument im operativen Alltag. Sie sind auch die Grundlage für die Vereinbarung von individuellen Zielen in den Jahresgesprächen mit den Kaderangehörigen oder Mitarbeitern. An ihnen wird auch der Fortschritt beurteilt beziehungsweise der Handlungsbedarf abgeleitet. Sie sind die Basis für das Controlling.
- Leitstern 2040: Dabei handelt es sich um richtungsweisende, pionierhafte Langfristziele für das Jahr 2040. Sie werden für die rollende Weiterentwicklung benötigt und werden für die Beurteilung von Investitionsanträgen benutzt, damit Entscheide, welche Wirkungen über das Jahr 2020 hinaus entfalten können, kohärent zur Nachhaltigkeitsstrategie der Micarna sind. Diese Langfristziele haben auch einen maßgeblichen Einfluss auf die Innovationsstrategie und die Forschungsagenda.

3.3 Gesellschaftliches Engagement

Unter dem gesellschaftlichen Engagement subsummiert die Micarna ihre Partizipation am gesellschaftlichen Leben der Standortgemeinden und der Mitarbeitenden, die politische Partizipation im Politikmarkt sowie ihr philanthropisches Engagement.

3.3.1 Gesellschaftliche Partizipation

Die Micarna und ihre Mitarbeiter engagieren sich an verschiedenen gesellschaftlichen Anlässen namentlich der Standortgemeinden. So werden Sportveranstaltungen unterstützt, indem diesen Räumlichkeiten, Infrastrukturfazilitäten oder Organisationsunterstützung gewährt werden. Ebenso erfolgen die Organisation eigener Sportanlässe sowie die Unterstützung verschiedener kultureller Anlässe.

Die Micarna stellt ihre Infrastruktur für die Aus- und Weiterbildung von Behörden und Verwaltungen zur Verfügung. Derart können die Vollzugsbehörden ihre Bildungsanlässe gleich auch mit praktischen Übungen oder Liveinstruktionen kombinieren.

Die Micarna fördert die Sprachkompetenzen ihrer Mitarbeiter, was die Integration ausländischer Mitarbeiter fördert und deren Partizipation am öffentlichen Leben unterstützt.

Die Micarna hat auch ein ausgebautes Lehrlingswesen aufgebaut mit dem Ziel, mindestens jene Anzahl an Fachkräften selber auch auszubilden, welche benötigt werden. Dieser Beitrag geht weit über die klassische Berufsausbildung hinaus. So haben die Lernenden die Gelegenheit, in einem rechtlich virtuellen Unternehmen mitzuarbeiten und ihre unternehmerischen Talente zu fördern. Sie betreiben einen eigenen Betrieb von der Beschaffung der Rohstoffe über die Produktion bis zum Verkauf. Für diesen besonderen Effort wurde der Micarna unlängst der Swiss Award in der Sparte Wirtschaft verliehen (SRF 2015).

Die Micarna engagiert sich auch für die Wiederintegration verunfallter oder von psychisch belasteten Mitarbeitern. Ebenso werden gezielt Aufträge an Institutionen für Behinderte vergeben. Derart will das Unternehmen auch einen Beitrag an die Integration dieser Menschen in die Arbeitswelt leisten.

3.3.2 Politische Partizipation

In einem direktdemokratischen System wie der Schweiz ist eine politische Partizipation für Unternehmen Usus. Die Micarna nimmt im Rahmen von Vernehmlassungen (Phase des Gesetzgebungsprozesses in der Schweiz) zu neuen Gesetzen Stellung. Sie bringt damit ihr Wissen und ihre Erfahrung in die Gesetzgebungsprozesse ein. Die schriftlichen Stellungnahmen werden behördenseitig immer allen zugänglich gemacht. Die Micarna beteiligt sich auch an öffentlichen Debatten zu politischen Themen (Vorträge, Podiumsdiskussionen) und unterstützt derart den politischen Meinungsbildungsprozess. Dank des regelmäßigen Austauschs mit NGOs werden die Positionen geklärt, die Handlungsoptionen geprüft und Zusammenarbeitsmöglichkeiten eruiert. So übernimmt etwa die Organisation „Schweizer Tierschutz" auch Kontoll- und Auditfunktionen bei der Micarna. Damit lässt sich die Micarna von unabhängiger, kritischer Seite beurteilen.

Micarna propagiert in Branchenorganisationen für Lösungen von Herausforderungen durch private Vereinbarungen (Softlaw), damit der Staat davon entlastet ist. Ein diesbezügliches Engagement ist quasi der Preis der Freiheit, welche die Micarna hochhält. Es setzt aber auch voraus, dass die Anliegen der Gesellschaft ernst genommen werden und echte Lösungsbeiträge erarbeitet und beschlossen werden.

3.3.3 Philantropie

Die Micarna engagiert sich bei Stiftungen, die in einem Kontext zu ihrer Nachhaltigkeitsstrategie stehen. Zurzeit wird die Stiftung „Green Ethiopia" unterstützt, welche in Äthiopien ein Aufforstungsprojekt betreibt, dass zum Ziel hat, die Bodenbildung zu fördern, die Erosion zu reduzieren und das Wasserrückhaltevermögen in der Region zu verbessern. Längerfristig betrachtet soll damit die Ernährungsgrundlage dieser Region verbessert werden. Die Mitarbeiter engagieren sich ebenfalls. So werden immer die gesamten Erlöse aus dem Verkauf der alkoholischen Getränke – alles andere ist gratis – anlässlich der Personalfeste für „gemeinnützige" Zwecke eingesetzt. So wurden etwa Geräte für Behinderte finanziert oder auch Projekte zur Förderung der Biodiversität im Kanton unterstützt.

4 Zusammenfassung

Nicht zuletzt aufgrund ihrer Geschichte hat sich die Micarna intensiv mit ihrer Rolle in der Gesellschaft auseinandergesetzt. Sie will sich dieser Verantwortung stellen. Sie hat sich mit den Wirkungszusammenhängen ihres Tuns im Innen- als auch im Außenverhältnis befasst und zum Ziel gesetzt, diese Wirkungen bewusst zu steuern. Dazu ist sie in einen strukturierten Dialog mit den wichtigsten Stakeholdern getreten. Ziel ist dabei durch intelligente Managementansätze, innovative Produkte und effiziente Prozesse bestehende oder zukünftige Konfliktfelder konstruktiv aufzugreifen, zu lösen oder die Divergenzen mindestens auf ein gesellschaftlich vertretbares Minimum zu reduzieren. Damit werden die Unternehmensinteressen langfristig in Einklang mit den gesellschaftlichen Anliegen gebracht. CSR geht für Micarna weit über die reine Compliance hinaus. Es geht letztlich um die nachhaltige Gestaltung des Geschäftsmodells, in dem die von der Gesellschaft erwarteten Pflichten (Corporate Governance) erfüllt werden. Nur dies sichert der Micarna die Glaubwürdigkeit. Es geht weiter um die möglichst gute Erfüllung der von der Gesellschaft artikulierten Erwartungen hinsichtlich Nachhaltigkeit (Sustainable Entrepreneurship). Dies sichert der Micarna die Präferenz für ihre Produkte. Und – last, but not least – geht es um die gesellschaftliche Partizipation, um als mitverantwortliche Akteurin die Gesellschaft (Corporate Citizens) zu überzeugen. Kurz: Micarna will nicht als Problemverursacherin, sondern als Problemlöserin wahrgenommen und verstanden werden. Mit diesem strategischen Ansatz der CSR will die Micarna kontinuierlich Mehrwerte für das Unternehmen und gleichzeitig für die Gesellschaft schaffen.

Literatur

Duttweiler A, Duttweiler G (1950) Die 15 Thesen von Gottlieb und Adele Duttweiler. Migros Genossenschaftsbund, Zürich. http://www.migros.ch/de/ueber-die-migros/geschichte/duttweiler-thesen.html. Zugegriffen: 10. April 2015

Malik F (2013) Strategie, Navigieren in der Komplexität der Neuen Welt, 2 Aufl. Campus Verlag, Frankfurt a. M.

Micarna Unternehmensbroschüre (2015) http://www.micarna.ch/über uns/ Die Micarna SA in Kürze

Schweizer Radio und Fernsehen SRF (2015) Swiss Award 2014 – die Fernsehgala. Ausgestrahlt am 10. Januar 2015. SRF, Zürich. http://www.srf.ch/unterhaltung/events-shows/swissaward/der-swissaward-2014-die-fernsehgala. Zugegriffen: 31. März 2015

Manfred Bötsch ist seit 2012 als Mitglied der Geschäftsleitung der Micarna SA zuständig für den Geschäftsbereich Nachhaltigkeit. Zeitgleich ist er im Leitungsteams Marketing des Migros Genossenschaftsbundes und führt die Direktion Nachhaltigkeit in Zürich. Sein Arbeitsfokus liegt auf systematischen Verbesserungen der Nachhaltigkeit entlang der gesamten Wertschöpfungskette, damit die Migros die nachhaltigste Detailhändlerin der Welt bleibt (Ratingagentur Oekom Research).

Nachhaltigkeit im Milchsektor als strategischer Ansatz bei DMK

Philipp G. Inderhees

1 Aktuelle Herausforderungen im Milchsektor in Deutschland

Die Milchindustrie hat sich in Deutschland mit einem jährlichen Umsatz von rund 25 Mrd. € (2013) zur umsatzstärksten Lebensmittelbranche entwickelt. Als äußerst bedeutsamer Wirtschaftsfaktor schafft Milch Arbeitsplätze und trägt zur Stärkung ländlicher Räume bei. Deutschland erzeugt als größter Milchproduzent in der EU rund ein Fünftel der gesamten europäischen Milch (Börgemann 2011).

Im Jahr 2013 gab es in Deutschland 77.669 milcherzeugende Betriebe mit über 4 Mio. Milchkühen, die insgesamt 29,6 Mio. t Rohmilch produzierten (Milchindustrie-Verband 2014). Damit stellt die Milcherzeugung mit einem Produktionswert von über 9 Mrd. € den wichtigsten Produktionszweig der deutschen Landwirtschaft dar.

Derzeit ist ein grundlegender Wandel bei der Erzeugung von Nahrungsmitteln zu verspüren. Die Produktion von qualitativ hochwertigen und gesundheitlich unbedenklichen Lebensmitteln ist ein herausragendes gesellschaftspolitisches Anliegen, dem sich auch die Milchwirtschaft nicht verschließen kann. Neben dem Wettbewerb haben auch der Staat sowie das Spannungsfeld zwischen Markt und Politik einen Einfluss auf die Rahmenbedingungen der Milchwirtschaft (Börgemann 2011). Um geschäftlichen Erfolg und unternehmerische Verantwortung zu verbinden, ist es erforderlich, die Prozesseffizienz bei gleichbleibend hoher Produktqualität zu steigern sowie die Verbraucher auf neuen Wegen mit hochwertigen Milchprodukten zu versorgen (Baum et al. 2007).

Darüber hinaus hat sich in den letzten Jahren die Sensibilität für Umweltschutz und die Entwicklung ländlicher Räume weiter erhöht. Drei Punkte verdeutlichen dies beispielhaft.

P. G. Inderhees (✉)
DMK Deutsches Milchkontor GmbH, Flughafenallee 17, 28199 Bremen, Deutschland
E-Mail: philipp.inderhees@dmk.de

- Der Klimaschutz ist ein bedeutendes Anliegen. In Deutschland hat die Landwirtschaft mit ca. 70,4 Mio. t CO_2e einen Anteil von rund 83 % an den gesamten Treibhausgasemissionen von ca. 916,5 Mio. t. CO_2e (eurostat 2013). Ein zentraler Methanemittent ist in diesem Kontext die Tierhaltung mit Wiederkäuern (Heißenhuber et al. 2009). So haben bspw. unter deutschen Produktionsbedingungen die CH_4-Emissionen einen Anteil von rund 50 % an den Gesamtemissionen der Milcherzeugung (Ellis et al. 2007; Flachowsky et al. 2011; Schulz et al. 2013; Sommer 2012). Folglich stellen die Methanemissionen eine zentrale Stellschraube dar, um einen wirkungsvollen Klimaschutz in der Milchproduktion zu betreiben. Ferner lassen sich die CH_4-Emissionen der Milchkühe im Vergleich zum CO_2 und N_2O mit relativ wenig Aufwand und mit bestehender Technik leicht messen bzw. quantifizieren.
- Das Tierwohl, insbesondere die Haltungsbedingungen von Tieren, haben in der gesellschaftlichen Debatte in Deutschland an Bedeutung gewonnen. Der Aspekt der Weidehaltung rückt dabei oft in den Mittelpunkt der Diskussion. Eine flächendeckende Weidehaltung in Deutschland würde jedoch – obwohl sie aus Verbrauchersicht beliebt ist – zu vielfältigen Zielkonflikten zwischen gesellschaftlichen Erwartungen, landwirtschaftlicher Praxis, Tierwohl und Umweltschutz führen. Es wird in Deutschland heute und auch in Zukunft nicht überall möglich sein, allen Kühen eine Möglichkeit zum Auslauf auf der Weide zu geben, insbesondere aufgrund der mangelnden Verfügbarkeit geeigneter Weideflächen in der Nähe eines jeden einzelnen Betriebes.
- Insbesondere der Import eiweißreicher Futterpflanzen wie der Sojabohne vom südamerikanischen Kontinent wird seit einigen Jahren in Deutschland von verschiedenen Gruppen wie Nichtregierungsorganisationen und Lebensmitteleinzelhändlern kritisiert. Ein großer Teil der Milcherzeuger ist derzeit auf importierte Futtermittel angewiesen, um die Kühe bedarfsgerecht ernähren zu können, da in Europa zu wenig eiweißreiche Futterpflanzen angebaut werden. Bislang fehlen aber solide, regional und überregional gültige Erfahrungen zu alternativen Fütterungsstrategien, die bspw. auf Soja verzichten.

Daraus ergeben sich Herausforderungen, nicht nur für die Landwirtschaft, sondern für alle Unternehmen entlang der gesamten Wertschöpfungskette für Lebensmittel.

2 Das Unternehmen DMK

Als großes deutsches Molkereiunternehmen beschäftigt DMK Deutsches Milchkontor GmbH an 28 Standorten in zehn Bundesländern 7158 Mitarbeiter (2014) (Abb. 1).

Das aus der Fusion von Humana und Nordmilch entstandene Unternehmen verarbeitet die von rund 9800 aktiven Milcherzeugern jährlich angelieferten 6,7 Mrd. kg Milch zu hochwertigen Qualitätsprodukten. Zum Kundenkreis von DMK zählen nationale und internationale Handelsunternehmen, Lebensmittelhersteller und Großverbraucher. Ihnen bietet das Unternehmen eine breite Produktpalette, die sich von Milchbasisprodukten und

Nachhaltigkeit im Milchsektor als strategischer Ansatz bei DMK

[1] Hauptsitz, Sitz der Geschäftführung
[2] Juristischer Sitz, Sitz der Gesellschaft

Per 31.12.2013 produzierende Standorte sowie Verwaltung Bremen der DMK Deutsches Milchkontor GmbH zzgl. der per 31.12.2013 in Deutschland produzierenden Standorte der mind. 75%-Tochterunternehmen im Deutsches Milchkontor eG Konzern

Abb. 1 Übersicht DMK-Standorte (DMK 2014)

Käse über milchbasierte Ingredients zur Lebensmittelherstellung bis hin zu Babynahrung, Eiskrem und Gesundheitsprodukten erstreckt.

Mit Marken wie MILRAM, Osterland, Oldenburger, Humana, Intact, Leben's, Biolabor, hansal und NORMI ist DMK in Deutschland und rund 100 weiteren Ländern der Welt eine feste Größe für Handel und Verbraucher. Das Unternehmen erzielt einen Umsatz von 4,4 Mrd. € und gehört damit europaweit zu den führenden Unternehmen der Milchwirtschaft.

Die DMK-Unternehmensstrategie ist klar definiert und mit konsequenten Zielen hinterlegt, welche mit regionaler Verbundenheit und der Fortsetzung einer großen Tradition der milchwirtschaftlichen Genossenschaft einhergehen. Mit dem Ziel, Europas erfolgreichste Molkereigenossenschaft zu werden, ist DMK in seinen vier Geschäftsfeldern auf langfristigen Erfolg und profitables Wachstum ausgerichtet. Im Fokus stehen die vier strategischen Geschäftsfelder Consumer, Ingredients, Ice Cream und Baby. Hier ist das nationale und internationale Geschäft über attraktive Marken zu stärken, in eine leistungsfähige Forschung und Entwicklung von marktgerechten Produkten zu investieren und die Internationalisierung in potenzialstarken Märkten voranzutreiben.

Dabei gilt die Verantwortung nicht nur den genossenschaftlichen Eigentümern gegenüber, sondern auch den Mitarbeitern, Kunden, Konsumenten und anderen gesellschaftlichen Anspruchsgruppen sowie dem Schutz der Umwelt und der Natur. Deshalb integriert DMK sowohl wirtschaftliche als auch ökologische und soziale Aspekte in seine strategische Ausrichtung.

3 Nachhaltigkeitsprogramm DMK 2020: Unsere Milch. Unsere Welt

Um den wirtschaftlichen Erfolg des Unternehmens mit den Bedürfnissen seiner Genossenschaftsmitglieder und Mitarbeiter sowie mit den Anforderungen von Gesellschaft, Natur und Umwelt dauerhaft zu vereinen, wurde im Jahr 2013 eine Nachhaltigkeitsstrategie lanciert, die den Titel „DMK 2020: Unsere Milch. Unsere Welt." (kurz: DMK 2020) trägt und den Kurs in Richtung Nachhaltigkeit bis 2020 vorgibt.

Vorausgegangen war dem eine etwa 1,5-jährige Vorarbeit. 2012 wurden in einer Ökobilanzrechnung mit dem TÜV Rheinland z. B. für DMK die wesentlichen Bereiche analysiert, in denen Umweltwirkungen entstehen. So entstehen 70 % der Treibhausgasemissionen in der Milcherzeugung z. B. durch den Methanausstoß der Kühe sowie durch die Lagerung und Ausbringung von Gülle. 20 % des Treibhausgaspotenzials entsteht bei DMK selbst, z. B. in der Produktion und Logistik, durch die Wahl der Verpackungsart und -größe sowie 10 % beim Kunden, z. B. durch Kühlung der Produkte oder die Fahrt zum Einkaufsort (DMK und TÜV Rheinland 2012). Aus diesen Analysen leitete sich u. a. ab, dass die Fütterung der Kühe und der Futteranbau wesentliche Handlungsfelder in der Milcherzeugung sind. Jedoch sind die Treibhausgasemissionen nur ein Umweltfaktor. Die Studie ergab eine Reihe weiterer Umweltfaktoren, die in der Wertschöpfungskette bedeutsam sind, darunter die Versauerung des Bodens, der Primärenergieverbrauch, der Ressourcenverbrauch und die Eutrophierung (DKM und TÜV Rheinland 2012).

Den Verbrauchern hingegen sind z. B. bei Milchprodukten ganz andere Aspekte wichtig, insbesondere alle Themen rund um das Tierwohl, etwa die Haltungsbedingungen. Für die Landwirte wiederum sind gesunde Kühe und ein langfristig gutes Einkommen aus den erwirtschafteten Milchmengen Prioritäten. DMK als Unternehmen legt ein besonderes Augenmerk auf zufriedene Mitarbeiter und hat beim Umweltschutz auch Kosteneinsparpotenziale, z. B. im Energie- und Wassermanagement, im Blick. Aus den verschiedenen Anforderungen der vielfältigen Stakeholder von DMK und aus Analysen der Herausforderungen in der Milchwirtschaft entstand 2012/2013 die Nachhaltigkeitsstrategie und das mit Maßnahmen hinterlegte DMK-Nachhaltigkeitsprogramm „DMK 2020", das im Juni 2013 der Öffentlichkeit präsentiert wurde.

In der umfassenden und langfristig angelegten Nachhaltigkeitsstrategie DMK 2020 wurden fünf strategische Bereiche mit hoher Relevanz entlang der Wertschöpfungskette definiert:

- Landwirtschaft,
- Umwelt,
- Milch,
- Team und
- Gesellschaft.

Jeder dieser Bereiche hat vier Aktionsfelder, sodass insgesamt 20 Themen von DMK bis 2020 bearbeitet werden. Für jeden Bereich wurde ein Anspruchsniveau definiert und die Aktionsfelder wurden mit insgesamt 60 Zielen und entsprechenden Maßnahmen hinterlegt, die bis 2020 erreicht werden sollen. Deren Umsetzung überwacht DMK mithilfe von Kennzahlen und einem internen Monitoring.

Im Bereich Landwirtschaft sind z. B. die wesentlichen Themen rund um die Milcherzeugung gebündelt. Ziel ist, die Lebensbedingungen der Kühe zu verbessern und die Umwelteinflüsse der milchwirtschaftlichen Erzeugung zu reduzieren. Die vier Aktionsfelder:

- Kuhkomfort,
- Tiergesundheit,
- Futteranbau und
- Fütterung

sind die wesentlichen Stellschrauben, um dieses Ziel zu erreichen. Im Gegensatz dazu wird im Bereich Umwelt z. B. auf die Umweltwirkungen an den Standorten von DMK fokussiert, etwa Energie und Wasser (Abb. 2).

Die Nachhaltigkeitsstrategie DMK 2020 wurde in enger Abstimmung mit relevanten Fachbereichen bei DMK, dem Vorstand, Aufsichtsrat und Beirat der Deutsches Milchkontor eG, der DMK-Geschäftsführung sowie dem DMK-Rat für Zukunft und Nachhaltigkeit erarbeitet. Für die Bewertung des Fortschritts ist die Geschäftsführung und ein Lenkungs-

Abb. 2 Die fünf strategischen Bereiche der Nachhaltigkeitsstrategie DMK 2020: Unsere Milch. Unsere Welt (DMK 2014)

kreis Nachhaltigkeit verantwortlich. Ein implementiertes Nachhaltigkeitsmanagement berichtet direkt an den Sprecher der Geschäftsführung, identifiziert und initiiert Aktivitäten für die Umsetzung von DMK 2020, informiert Stakeholder zu Nachhaltigkeitsthemen und koordiniert die Umsetzung in den Fachbereichen innerhalb des Unternehmens. So ist z. B.

der Fachbereich Landwirtschaft für die Ziele im Bereich Landwirtschaft zuständig. Der Fachbereich Qualitätsmanagement koordiniert die Qualitätsziele im Bereich Milch, der Fachbereich Arbeitssicherheit und Umweltschutz einige der Umweltziele sowie z. B. das Ziel zur Senkung der Unfallzahlen im Bereich Team/Aktionsfeld Zufriedenheit.

DMK setzt die unternehmerische Verantwortung in den Beziehungen zu seinen Stakeholdern aktiv fort, denn Kommunikation ist die Grundlage für gegenseitiges Vertrauen und eine erfolgreiche Zusammenarbeit (Bentele et al. 2008). Ein wesentliches Instrument hierzu ist der jährlich erscheinende integrierte Geschäfts- und Nachhaltigkeitsbericht.

4 Umsetzung der Strategie durch das Milkmaster-Programm

Eine Besonderheit bei der Nachhaltigkeitsstrategie von DMK ist, dass etwa die Hälfte der Ziele bei DMK 2020 gar nicht im direkten Einflussbereich von DMK liegen. Die Milcherzeuger, gleichzeitig Anteilseigner und Lieferanten von DMK, aber eigenständige Landwirte, sind entscheidend für den Erfolg dieser Ziele. Um die Milcherzeuger einzubeziehen, wurde im Jahr 2014 ein Umsetzungsprogramm gestartet, das sogenannte „Milkmaster-Programm". Es soll Landwirten helfen und Anreize dafür schaffen, z. B. neue Fütterungsmethoden anzuwenden, die Bewegungsfreiheit der Kühe zu erhöhen und die Biodiversität in den Regionen zu verbessern. Es dient auch als Kommunikationsplattform für die vielfältigen Umsetzungsherausforderungen, mit denen sich die Landwirte in unterschiedlichen Regionen und Betriebsgrößen konfrontiert sehen.

Das Milkmaster-Programm wurde 2014 von DMK initiiert, um mit Milcherzeugern die Umsetzung der Nachhaltigkeitsstrategie DMK 2020 zu erreichen. Zuvor wurden in vielen Gesprächen mit mehreren Universitäten und den Milcherzeugern wesentliche Anforderungen der Nachhaltigkeit mit der unternehmerischen Praxis abgeglichen. Milkmaster fördert die landwirtschaftlichen Arbeits- und Produktionsmethoden, die den Vorstellungen einer verantwortungsvollen Milcherzeugung bei DMK entsprechen.

Basis ist der Milkmaster-Kodex, der die Grundlagen einer nachhaltigen, modernen Milcherzeugungspraxis festlegt. Darin sind Richtlinien für Fütterung, Tiergesundheit, Kälber- und Jungtieraufzucht und verschiedene andere Themen festgelegt. Der Milkmaster-Report ermittelt für die einzelnen Betriebe den Status entlang des Milkmaster-Standards.

Mit Milkmaster soll ein integrierter Standard etabliert werden in einem Bereich, in dem es derzeit noch keinen Standard und keine Zertifizierung gibt. Für die Anforderungen von DMK sind bspw. bestehende Bestrebungen für eine Tierwohlzertifizierung nicht ausreichend. Kunden etwa stellen weitere Anforderungen, z. B. an Futtermittel, den CO_2-Fußabdruck und die Erhaltung der Biodiversität. Aufgrund der oben dargestellten Umweltwirkungen sind auch die Fütterung und weitere Aspekte in einen Standard der nachhaltigen Landwirtschaft im Milchsektor mit einzubeziehen (Abb. 3).

Die fünf wesentlichen Bausteine des Milkmaster-Programms sind der Milkmaster-Kodex, der Milkmaster-Report sowie die Bausteine Bestätigung, Beratung, Bonus.

Abb. 3 Das Milkmaster-Haus

Baustein 1: Milkmaster-Kodex
Der Kodex ist die Basis des Milkmaster-Programms, darin sind das Selbstverständnis und das Verantwortungsbewusstsein der Milcherzeugung niedergeschrieben. Er baut auf dem derzeitigen Handeln auf und zeichnet eine Strategie für die Zukunft. Alle Bereiche der Milcherzeugung werden dabei berücksichtigt, vom Kalb bis zur Milchlieferung. Außerdem wird die Rolle der Milcherzeuger und Betriebe in der Gesellschaft und Umwelt erklärt. Der Kodex soll das gemeinsame Bekenntnis zu einer verantwortungsvollen Milcherzeugung abbilden und auch Kunden und andere Interessierte ansprechen.

Baustein 2: Milkmaster-Report
Der Report ist eine Checkliste mit verschiedenen Kennzahlen, die ein aussagekräftiges Bild der Betriebe zeichnen. Es sind Kennzahlen einbezogen worden, die leicht messbar und einfach in der Praxis zu erheben sind. Alle QM-Milchindikatoren sind im Milkmaster-Report enthalten. Die Datenaufnahme soll über eine jährliche Selbsteinschätzung erfolgen. Nach der Bestätigung des Reports erhält jeder Milcherzeuger einen individuellen Ergebnisbericht und eine Vergleichsmöglichkeit zu anderen Betrieben.

Baustein 3: Bestätigung, Beratung, Bonus
Das Milkmaster-Programm ist ein ganzheitlicher Ansatz zur Verbesserung der verantwortungsvollen Milcherzeugungspraxis, der über die drei „Bs" – Bestätigung, Beratung und Bonus – zum Leben erweckt wird: Das Bestätigungssystem sichert die Einhaltung der im Kodex festgelegten Maßstäbe an eine tier- und umweltgerechte, sozial kompetente Milchproduktion, das umfassende Beratungsnetzwerk unterstützt die Milcherzeuger bei der Umsetzung des Produktionskodex und bei der Weiterentwicklung ihrer Betriebe und das Bonussystem belohnt bestimmte Aspekte, die eine herausragende Bedeutung im Hinblick auf die Erreichung der Ziele in der DMK-Nachhaltigkeitsstrategie „DMK 2020: Unsere Milch. Unsere Welt." besitzen. Der Besuch von Auditoren auf den Betrieben unterstreicht die Glaubwürdigkeit. Zukünftig werden in zweijährigen Rhythmus QM-Milch und Milk-

master in einem Audit erfasst. Mit dem Bonussystem werden ab 2016 die Betriebe belohnt, die heute schon sehr hohe Anforderungen erfüllen. Gleichzeitig soll der Bonus Anreiz für Betriebe sein, sich weiterzuentwickeln und die gemeinsamen Ziele zu erreichen.

Begleitet wird das Milkmaster-Programm durch Öffentlichkeitsarbeit mit verschiedenen kommunikativen Aktionen. Daneben werden Forschungsprojekte durchgeführt, die technische Neuheiten und Produktionstrends kritisch auf ihre Relevanz und Tauglichkeit für die Praxis hinterfragen. Das Expertenpanel, ein Gremium aus Wissenschaftlern und Wirtschaftsexperten, gibt kontinuierlich eine Rückmeldung zu den Inhalten des Milkmaster-Programms und greift frühzeitig Impulse und Trends aus der Milchwirtschaft auf.

Mit dem Milkmaster-Programm kann DMK mit Kunden und den immer kritischer werdenden Konsumenten in Kontakt treten. Das Produktionsumfeld und die hohe Qualität des Rohstoffes Milch wird dokumentiert und öffentlich kommuniziert.

5 Fazit

Mit der Nachhaltigkeitsstrategie „DMK 2020: Unsere Milch. Unsere Welt." hat DMK ein ambitioniertes Programm vorgelegt, das bis 2020 die Nachhaltigkeit in der Milchwirtschaft in Deutschland maßgeblich voranbringen wird. Der Ansatz von DMK ist ein umfassender: Nicht einzelne Themen, die im Markt gerade bedeutend sind, werden bearbeitet. Vielmehr geht es um Leitplanken in Richtung mehr Nachhaltigkeit im Milchsektor in allen wesentlichen Bereichen der Wertschöpfungskette. Dafür werden immer wieder auch Partner benötigt, wie etwa beim Thema Importfuttermittel gezeigt. Auch betreffen viele Themen die gesamte Branche, z. B. Fragen rund um das Tierwohl. Hier ist für DMK der Dialog mit Anspruchsgruppen von zentraler Bedeutung.

Die Entwicklung der Nachhaltigkeitsstrategie konnte nur unter Beteiligung vieler Menschen innerhalb und außerhalb des Unternehmens vorangebracht werden: Denn die Kompetenzen der unterschiedlichen Experten sind notwendig, um ein realistisches, aber auch ambitioniertes Programm zu entwickeln. Je mehr Menschen die Strategie mittragen, umso aussichtsreicher ist ihre erfolgreiche Umsetzung. Eine klare Struktur für die Umsetzung ist notwendig. So verantworten bei DMK die Fachbereiche (z. B. Qualitätsmanagement, Arbeitssicherheit und Umweltschutz, Landwirtschaft, Einkauf) die Ziele von DMK 2020 eigenständig und treffen sich in regelmäßigen Abständen zur Abstimmung mit den im Nachhaltigkeitsmanagement Verantwortlichen. Das Nachhaltigkeitsmanagement als koordinierende Stelle hat eine enge Anbindung an die Geschäftsführung – ein wichtiger Erfolgsgarant.

Für einen wesentlichen Bereich wurde bei DMK ein weiteres, spezielles Programm entwickelt. Denn die Ziele, die eine bestimmte Gruppe betreffen – hier die Milcherzeuger –, brauchten eine Bündelung und Übersetzung in den betrieblichen Alltag dieser wichtigen Zielgruppe. Das Milkmaster-Programm ist ein wesentlicher Baustein in der Umsetzung der Nachhaltigkeitsstrategie, da es die Landwirte mit einbezieht, die entscheidend für den Erfolg sind. Für sie werden die notwendigen Anreize gesetzt: durch klare Leitplanken, ein Unterstützungssystem sowie die finanziellen Anreize.

Wir sind überzeugt davon, dass dieser Weg bis 2020 noch viele interessante Einblicke und Erfahrungen mit sich bringt und freuen uns auf die Veränderungen und Fortschritte, die wir gemeinsam mit vielen Partnern voranbringen werden.

Literatur

Baum H-G, Albrecht T, Rafflerbaum D (2007) Steigerung des Unternehmenswerts durch Ressourcenmanagement. Umwelt- und Ressourcenschutz als Unternehmensziel. Deutscher Universitäts-Verlag, GWV Fachverlage GmbH, Wiesbaden, S 9–54

Bentele G et al (2008) Potenziale und Perspektiven der Krisenkommunikation. In: G Bentele, K Janke (Hrsg) Steigerung des Unternehmenswerts durch Ressourcenmanagement. VS Verlag für Sozialwissenschaften, Wiesbaden, S 112–132

Börgemann B (2011) Milch und mehr- die deutsche Milchwirtschaft auf einem Blick. Fakten Inf Journalisten 1–4

DMK Deutsches Milchkontor (2014) Integrierter Geschäfts- und Nachhaltigkeitsbericht, Bremen

DMK und TÜV Rheinland (2012) Ökobilanzierung verschiedener Milchprodukte, interner Bericht zur Ökobilanzierung von verschiedenen Milchprodukten der DMK, Bremen

Ellis JL, Kebrab E, Odongo NE, McBride BW, Okine EK, France L (2007) Prediction of methane production from dairy and beef cattle. J Dairy Sci 90:3456–3467

eurostat (2013) Agriculture, forestry and fishery statistics, 2013 Aufl. Collection: Pocketbooks, Luxemburg

Flachowsky G, Brade W, Feil A, Kamphues J, Meyer U, Zehetmeier M (2011) Carbon (CO_2)-Footprints bei der Primärerzeugung von Lebensmitteln tierischer Herkunft: Datenbasis und Reduzierungspotenziale. Übers Tierernähr 39:1–45

Heißenhuber A, Zehetmeier M, Härle C (2009) Leistungssteigerung – ein Ansatz zur Kostensenkung und zum Klimaschutz? Vortrag anlässlich der Milchkonferenz 2009, 17. September 2009, Wien

Schulz F, Warnecke S, Paulsen HM, Rahmann G (2013) Unterschiede der Fütterung ökologischer und konventioneller Betriebe und deren Einfluss auf die Methan-Emission aus der Verdauung von Milchkühen. Abschlussbericht – Netzwerk von Pilotbetrieben Thünen Report 8:192–208

Sommer C (2012) Treibhausgasemissionen in der Milchproduktion: ein internationaler Vergleich von Produktionssystemen und ein Ausblick auf mögliche Vermeidungsstrategien. Masterarbeit an der Christian-Albrechts-Universität zu Kiel

Dr. Philipp G. Inderhees, Jg. 1978, hat Forstwissenschaft und Agrarwissenschaften in Göttingen, Uppsala und Budapest studiert und 2007 an der Georg-August-Universität Göttingen als Agrarökonom mit der Arbeit „Strategische Unternehmensführung landwirtschaftlicher Haupterwerbsbetriebe: Eine Untersuchung am Beispiel Nordrhein-Westfalen" promoviert. Seit Januar 2012 ist er im Nachhaltigkeitsmanagement in der DMK Deutsches Milchkontor GmbH in Bremen tätig. Die Stabsstelle berichtet direkt an den Sprecher der Geschäftsführung Dr. Josef Schwaiger. Zuvor war Philipp Inderhees fünf Jahre lang bei der NORDMILCH AG für strategische Projekte Landwirtschaft verantwortlich.

Caring for Life: CSR bei der Genuss-Molkerei Zott

Christian Schramm

1 Über die Genuss-Molkerei Zott

Die Genuss-Molkerei Zott ist ein traditionsreiches Familienunternehmen in der dritten Generation mit Hauptsitz im bayerisch-schwäbischen Mertingen. Produziert wird seit 90 Jahren eine Vielzahl von Premiumprodukten. Vertrieben werden die Joghurt-, Dessert- und Käsespezialitäten in mehr als 75 Ländern der Welt. Der konsolidierte Nettokonzernumsatz lag 2015 bei 902 Mio. € (Hochrechnung).

Mit 2128 Mitarbeiterinnen und Mitarbeitern stellt Zott in seinen Werken in Mertingen, Günzburg, Opole (Polen) und Głogowo (Polen) Frischprodukte, Joghurts und Desserts, Joghurt- und Milchdrinks, Kaffeesahne, Hartkäse, Schmelzkäse, Mozzarella, Sahneerzeugnisse, Trockenprodukte, Konzentrate und Rahm her. Die bekanntesten Konzernmarken sind Monte, Sahne Joghurt, Jogobella, Natur, Zottarella und Bayerntaler (Abb. 1).

Beliefert wird Zott von rund 3330 Milchbauern aus den Milcheinzugsgebieten um die jeweiligen Produktionsstandorte. Die Verarbeitungsmenge aller Standorte lag 2015 bei 982 Mio. kg Milch.

C. Schramm (✉)
Zott SE & Co. KG, Mertingen, Bayern, Deutschland
E-Mail: christian.schramm@zott.de

© Springer-Verlag Berlin Heidelberg 2016
C. Willers (Hrsg.), *CSR und Lebensmittelwirtschaft,* Management-Reihe Corporate Social Responsibility, DOI 10.1007/978-3-662-47016-9_14

Abb. 1 Das Zott-Werk am Stammsitz Mertingen. (Foto: © Zott SE & Co. KG/Gregor Eisele)

2 Das Nachhaltigkeitsprogramm „Zott Caring for Life"

Bei Zott übernehmen wir Verantwortung für Mitarbeiter, Natur, Gesellschaft und Tier. Diese Verantwortung zu leben ist in den Zott-Unternehmensgrundsätzen verankert und entspricht dem unternehmerischen und ethischen Grundverständnis. So sind bewusstes, verantwortungsvolles und faires Handeln die Prämissen der täglichen Arbeit bei Zott. Dies gilt nicht nur für das eigene Handeln, sondern auch für die Zusammenarbeit mit Kunden und Lieferanten.

Die Umsetzung dieses Grundsatzes betrifft folglich das ganze Unternehmen – jede Mitarbeiterin und jeden Mitarbeiter, alle Standorte und Abteilungen, jedes Produkt und die gesamten Produktionsprozesse. Zahlreiche Veränderungen, große wie kleine, tragen zur Einhaltung dieser uns selbst auferlegten Verantwortung bei. Um die vielen Aktivitäten in einer Klammer zusammenzufassen, hat Zott 2011 das Programm „Zott Caring for Life" ins Leben gerufen. Mithilfe dieser Marke soll einerseits unser nachhaltiges Engagement der Öffentlichkeit zugänglich gemacht werden, vor allem aber soll sie den Mitarbeiterinnen und Mitarbeitern von Zott eine eingängige Orientierung für ihr Handeln sein. Denn nicht nur die Inhaberfamilie und die Unternehmensführung haben sich der Verantwortung für Mitarbeiter, Natur, Gesellschaft und Tier verschrieben, auch die Mitarbeiterinnen und Mitarbeiter füllen diese Verantwortung in ihrem jeweiligen Bereich mit Leben (Abb. 2).

Verwirklicht wird diese Verpflichtung in zahlreichen Projekten, etwa in Programmen zum Tierwohl, im Einsatz erneuerbarer Energien in der Produktion, im Sport- und Weiterbildungsangebot für Mitarbeiterinnen und Mitarbeiter und in Spendenaktionen für karitative Einrichtungen.

2.1 Verantwortung für die Mitarbeiter

Zott setzt auf zufriedene, engagierte und qualifizierte Mitarbeiterinnen und Mitarbeiter. Denn sie sind das Potenzial des Unternehmens. Für einen Arbeitgeber hat der Faktor Mit-

Abb. 2 Die Wort-Bild-Marke „Zott Caring for Life". (Grafik: © Zott SE & Co. KG)

arbeitergesundheit große Bedeutung, sind es doch die Menschen in einem Unternehmen, die seinen Erfolg und dessen Leistungsfähigkeit ausmachen. Das ist bei Zott kein Lippenbekenntnis, sondern gelebte Unternehmenskultur. Uns ist ein aktiv gelebtes betriebliches Gesundheitsmanagement, das über die Grenzen der gesetzlichen Vorschriften im Bereich der Arbeitssicherheit hinausgeht, wichtig. Im Fokus der freiwilligen sozialen Unternehmensleistungen liegen daher die Gesundheit und die körperliche und geistige Fitness der Mitarbeiterinnen und Mitarbeiter. Zwei Beispiele:

An seinen Standorten in Mertingen und Günzburg betreibt Zott zwei sogenannte Aktiv-Zentren. Angeboten werden hier zahlreiche kostenlose Bewegungs- und Weiterbildungskurse, z. B. Sprach- und IT-Kurse, Pilates, Yoga, Step Aerobic und Rückenfitnesstraining. Alle Kurse finden unter professioneller Anleitung und Führung statt. Außerdem unterstützt Zott den Betriebssport, organisiert einen Nordic-Walking-Lauftreff und stellt ein Indoorfußballfeld für seine Mitarbeiter zur Verfügung. Die zahlreichen Weiterbildungs- und Sportmöglichkeiten begeistern die Mitarbeiter, da sie diese nicht nur beruflich, sondern auch aus privatem Antrieb heraus wahrnehmen können. Durchschnittlich 2460 Teilnahmen in 480 angebotenen Kursstunden verzeichnen die beiden Zott-Aktiv-Zentren jährlich.

Zott ist von der Wirkung alternativer Heil- und Behandlungsmethoden überzeugt und fördert diese aktiv. Seinen Mitarbeiterinnen und Mitarbeitern an den deutschen Standorten stellt die Molkerei daher regelmäßig kostenlos Gutscheine für Heilpraktikerleistungen zur Verfügung. Diese können bei drei Heilpraktikern direkt in den Werken in Mertingen und Günzburg in Anspruch genommen werden. Seit Auflegung haben die Mitarbeiter über 1600 Gutscheine eingelöst. Daneben haben sie die Möglichkeit, über die betriebliche Zusatzkrankenversicherung Heilpraktikerbehandlungen abzurechnen. Seit 2010 übernimmt Zott die Beiträge dieser speziellen Versicherung für Naturheilleistungen und Zahnersatz.

2.2 Verantwortung für die Natur

Bei Zott schonen wir die Ressourcen. Bereits im Jahr 2004 hat Zott begonnen, einen Maßnahmenplan zur Reduzierung des Energieverbrauchs und zum effizienten Einsatz von Energien zu erarbeiten. Die Umsetzung begann bereits 2005 und ist als stetiger Prozess zu betrachten, der sich aus vielen kleinen Bausteinen zusammensetzt. Die Energien, die wir für unsere Produkte und deren Lebenszyklen aufwenden, setzen wir sinn- und maßvoll ein. Das heißt, Zott verbraucht täglich nur die Mengen an Energie, Strom und Wasser, die tatsächlich für die verschiedenen Abläufe in der Produktion und der Logistik benötigt werden. Ziel ist es, einen wirksamen Beitrag zu einer ausgeglichenen Umweltbilanz zu leisten.

Seit 2009 bezieht Zott den für die Produktion im Mertinger Werk benötigten Dampf von einem modernen und umweltfreundlichen Biomasseheizkraftwerk. Mit der Betreiberin des Kraftwerks, der MVV Enamic, hat Zott einen 20-jährigen Dampfabnahmevertrag geschlossen. In Kraft-Wärme-Kopplung werden durch die Verbrennung von Holzhackschnitzeln aus heimischen Wäldern jährlich über 65.400 MWh (Megawattstunden) Dampf für Zott produziert. Darüber hinaus erzeugt das Werk 6800 MWh Strom, mit dem rund 2500 Haushalte mit klimafreundlicher Energie versorgt werden können. Verglichen mit dem fossilen Energieträger Erdgas werden durch den langfristigen Dampfabnahmevertrag seit 2010 im Durchschnitt jährlich ca. 11.000 t CO_2 eingespart.

Zott forciert die Wärmerückgewinnung an allen seinen Produktionsstandorten. Eingebaute Wärmezähler dokumentieren den nachhaltigen Erfolg. So nutzen wir bei Zott u. a. die Abwärme der Kältemaschinen und heizen damit die Produktionsräume. Der Einsatz von Verdunstungskondensatoren wiederum unterstützt Kühlvorgänge. Darüber hinaus optimieren wir die Kompressorsteuerungen und reduzieren damit den Anlagendruck. Die anfallende Wärme in den Produktionsbereichen wird zurückgewonnen und erspart den Einsatz von fossilen Brennstoffen wie Erdgas. Die zurückgewonnene Wärmemenge steigerte sich seit 2008 um das 3-Fache und sparte bis einschließlich 2014 insgesamt ca. 5 Mio. M^3 Erdgas und damit 12.000 t CO_2e ein.

Ein weiteres Klimaschutzprojekt von Zott ist das Engagement in der Schülerinitiative „Plant-for-the-Planet", die das Ziel verfolgt, bis zum Jahr 2020 weltweit 1000 Mrd. Bäume zu pflanzen. Die Realisierung der Vision einer grüneren Erde unterstützt Zott gerne und veranstaltete bisher sieben „Zott Plant-for-the-Planet"-Akademien an seinen Standorten in Deutschland und Polen. In Workshops bilden Kinder andere Kinder zu Botschaftern für Klimagerechtigkeit aus, damit sie die Idee des Baumpflanzens und die Vision der Initiative weitertragen können. Verbunden sind die Akademien mit Baumpflanzaktionen, bei denen im Fall von Zott unsere Mitarbeiter- und Milchlieferanten-Kinder insgesamt weit über 3000 Bäume setzten.

2.3 Verantwortung für die Gesellschaft

Soziales Engagement für karitative Zwecke ist selbstverständlicher Teil unserer gesellschaftlichen Verantwortung. Wir engagieren uns in vielfältigen Programmen und Projekten für das Gemeinwohl. Eine immer größere Rolle spielen dabei die Mitarbeiterinnen und Mitarbeiter. Als Unternehmen lebt Zott zunächst soziales Engagement vor und ermuntert seine Mitarbeiter, ebenfalls aktiv zu werden. Sie engagieren sich seit Jahren in verschiedenen Corporate-Volunteering-Einsätzen, etwa bei „Kinder laufen für Kinder" oder bei den „Johanniter Weihnachtstruckern".

Seit 2010 begleitet Zott die Initiative „Kinder laufen für Kinder" als Geld- und Sachsponsor. Die Initiative veranstaltet Benefizläufe zugunsten verschiedener Hilfsprojekte. Die teilnehmenden Kinder und Jugendlichen suchen sich Unterstützer, wie Familienangehörige, Bekannte und Unternehmen, welche pro gelaufenem Kilometer einen vereinbarten Betrag oder einen Fixbetrag spenden. Zott unterstützt die Initiative sowohl finanziell als auch bei den Läufen deutschlandweit mit Präsenz und Sachspenden. Die Kinder und Jugendlichen lernen so auf spielerische Weise mehr über die Themen soziales Engagement, Bewegung und Ernährung.

Ebenfalls seit Jahren unterstützen die Zott-Mitarbeiterinnen und -Mitarbeiter sowie Zott selbst die „Johanniter Weihnachtstrucker". Im gesamten Unternehmen werden in der Weihnachtszeit von Einzelpersonen und Abteilungen Pakete gemäß einer Packliste mit Lebensmitteln und Drogeriewaren, wie Mehl, Nudeln, Kekse und Duschgel, für den guten Zweck gepackt. Empfänger sind bedürftige Menschen in Osteuropa, für die die Geschenke ein Zeichen der Solidarität und Hoffnung sind. Zott stellt für die mehrtägige Fahrt – z. B. zuletzt 2015 nach Bosnien – Mitarbeiter sowie einen LKW frei und übernimmt die Tankrechnungen. Diese gesamte Aktion hat sich im Laufe der Zeit so gut etabliert, dass die Kinder der Kindertagesstätte und die Schüler der Grundschule am Zott-Standort Mertingen ebenfalls jährlich Pakete für die Weihnachtstrucker packen, um damit den Spenden-LKW zu beladen.

Als Hersteller hochwertiger Produkte im Milch-Frische-Bereich ist sich Zott auch seiner Verantwortung für die Nachhaltigkeit bei Lebensmitteln bewusst. Auch wenn in den Absatzmärkten von Zott die Preiswürdigkeit von Lebensmitteln noch an erster Stelle steht, die Nachfrage der Verbraucher nach regionalen und natürlichen Lebensmitteln nimmt stetig zu. Immer mehr Unternehmen investieren in diese Bereiche, um den neuen Ansprüchen aufgeklärter Verbraucher gerecht zu werden. Bei Zott haben wir dazu im Jahr 2010 das Programm „Nachhaltige Fütterung" eingeführt. Darin fokussieren wir unsere Bemühungen auf Milch aus gentechnikfreier und importfuttermittelfreier Fütterung, da wir hier ein großes Interesse ernährungsbewusster Verbraucher wahrnehmen. Umfragen bestätigen diesen Trend. Seit 2011 verwendet Zott für den Mozzarella „Zottarella" ausschließlich Milch von Kühen aus Betrieben mit kontrolliert gentechnikfreier Fütterung. Seit 2012 haben wir zur Sicherstellung der hohen Qualität des Programms eine zusätzliche Anforderung aufgenommen. Die Milchbauern (im Nachfolgenden Milcherzeuger genannt), die an diesem Programm teilnehmen, dürfen ausschließlich Futtermittel einsetzen, deren Herkunft innerhalb der EU liegt. Dafür erhalten sie von Zott einen höheren Milchpreis ausbezahlt, als den für herkömmliche Milch. Ebenfalls seit 2012 wird auch der Zott-Schnittkäse „Bayerntaler" ausschließlich aus Milch aus gentechnikfreier und importfuttermittelfreier Fütterung hergestellt. Die Anforderungen an diese Lebensmittel sind hoch. Zur Sicherstellung hat Zott daher ein umfassendes Kontrollsystem etabliert. Dieses System beinhaltet die Auditierung der Futtermittelhersteller, der Milcherzeuger, die Einführung einer Orientierungsliste für Futtermittel sowie die Probenziehung und Analyse über ein externes Labor. Mittels dieser Prüfverfahren entsteht für alle Beteiligten – Verbraucher, Milcherzeuger und Molkerei – ein Höchstmaß an Sicherheit und Transparenz. Mittlerweile sind es 33 % aller deutschen Zott-Milcherzeuger, die am Programm „Nachhaltige Fütterung" teilnehmen.

2.4 Verantwortung für die Tiere

Als Betrieb, der tierische Produkte verarbeitet, sieht es Zott als besondere Aufgabe, sich im Rahmen seiner Möglichkeiten für die Bedürfnisse der Tiere einzusetzen. Gemeinsam mit den Milcherzeugern entwickelt Zott praxistaugliche Konzepte für eine lebenswerte und nachhaltige Landwirtschaft der Zukunft. Auf den ersten Blick mag Tierwohl nur mit Kosten, nicht aber mit Ertrag verbunden sein. Doch es ist illusorisch zu glauben, Tierwohl sei für ein Wirtschaftsunternehmen wie eine Molkerei nur in der reinen Tierliebe begründet. Vielmehr ist Tierwohl eine 4-win-Situation für alle Seiten gleichermaßen – für die Tiere, die Milcherzeuger, die Molkerei und letztlich die Verbraucher. Milchkühe, die gesund sind und sich wohl fühlen, führen auch zu mehr Wirtschaftlichkeit. Denn im Idealfall sind diese Kühe leistungsfähiger, fallen weniger krankheitsbedingt aus und können im Alter länger Milch geben.

Die grundlegenden Standards bei der Tierhaltung und für das Tierwohl halten alle Zott-Milchbauern ein. Wenn es aber z. B. um die Reduzierung von Antibiotika geht, bedarf es aufzuklären, Anreize zu schaffen und auch Überzeugungsarbeit zu leisten. Denn jahrelang gelebte Verhaltensweisen, etwa Antibiotika bei Euterentzündungen einzusetzen, werden auf einmal infrage gestellt und sollen nun stark eingeschränkt oder aufgegeben werden. Teilweise ist der Einsatz von Antibiotika in der Milchviehhaltung notwendig, oft werden sie aber ungezielt eingesetzt. Bereits seit 2010 bietet Zott flächendeckend in seinem deutschen Milcheinzugsgebiet interessierten Milcherzeugern Seminare zum Thema „Homöopathie im Milchviehstall" an. Das Interesse ist auch fünf Jahre später noch ungebrochen. Die Teilnehmer erhalten Einblicke und Informationen rund um die Arzneimittelkunde der Homöopathie, die wichtigsten Mittel der Stallapotheke sowie die vorbeugende, selbstständige und verantwortungsbewusste Behandlung von Rindererkrankungen. Mithilfe der Homöopathie ist es möglich, den Antibiotikaeinsatz zu reduzieren oder, wenn nötig, unterstützend zu begleiten. Dies wirkt sich positiv auf die Tiergesundheit, die Umwelt und die Menschen aus. Damit wird Zott zudem der steigenden Verbrauchernachfrage nach unbelasteten, gesunden und nachhaltig erzeugten Lebensmitteln gerecht.

Mit dem Ziel, noch systematischer die Themen Reduzierung des Antibiotikaeinsatzes, die Sicherung der Eutergesundheit sowie die Verbesserung der Produktivität des Milchviehs anzugehen, hat Zott 2013 mit der Firma bovicare das Pilotprojekt „Natürlich mehr Milch" ins Leben gerufen. Teilgenommen haben 16 Milcherzeuger mit ca. 1100 Kühen. Fazit war u. a. eine Antibiotikaeinsparung von 40–50 %, bei einer gleichzeitig verbesser-

Abb. 3 Homöopathie in der Anwendung. (Foto: © Zott SE & Co. KG/Eckhart Matthäus)

ten Eutergesundheit der Herde, sowie das Feedback aller Teilnehmer, auch über die Pilotphase hinaus die Empfehlungen von bovicare weiterhin zu beachten und anzuwenden. Der große Erfolg und die vielen Anfragen veranlasste Zott, das Projekt in eine neue Runde zu bringen, mit 24 weiteren Milcherzeugern mit ca. 2000 Tieren (Abb. 3).

Ein weiterer Aspekt der Tiergesundheit ist die richtige Erstversorgung neugeborener Kälber und deren bestmögliche Aufzucht. Mit den richtigen Maßnahmen schon gleich ab der Geburt kann die Gesundheit des ausgewachsenen Tieres beeinflusst werden. Hierfür hat Zott gemeinsam mit dem Tiermediziner und Buchautor Dr. Günther Rademacher eine Seminarreihe entwickelt, bei der speziell diese Informationen vermittelt und geschult wurden. Wie erfolgreich die Kälberaufzucht im Einzelfall dann verläuft, zeigt sich naturgemäß erst Jahre im Nachhinein. Der große Zuspruch, den die Veranstaltungsreihe erhält, zeigt, dass auch unsere Milcherzeuger nachhaltig denken und unsere Idee des bestmöglichen Tierwohls mit uns teilen.

3 Das Zott-Milcherzeugerprogramm ZQL

Was uns bei Zott mit unseren Milcherzeugern verbindet, ist die Begeisterung für Milch. Dafür haben wir 2013 unser internationales Programm „ZQL – Zott Qualitätsmilch aus Leidenschaft" entwickelt. Darin bündeln wir unsere Projekte, Veranstaltungen und Workshops. Zum einen möchten wir damit die großartigen Leistungen, die unsere Milcherzeuger tagtäglich erbringen, sichtbar und publik machen, zum anderen wollen wir die Erzeugung von hochwertiger Milch voranbringen. Für unsere Genuss-Molkerei spielt die Qualität dieses Rohstoffes eine wichtige Rolle. Ein erfolgreiches ZQL-Programm kommt allen Beteiligten zugute (vgl. Abschn. 2.4 Verantwortung für die Tiere). Es gibt keine Trennschärfe zwischen dem ZQL-Programm und dem im vorigen Abschnitt vorgestellten Programm „Zott Caring for Life", nur Gemeinsamkeiten: die Milcherzeuger, das Tierwohl und die Milch. In diesen drei Bereichen sind die Programme verzahnt. Einzelne Projekte und Maßnahmen können also durchaus sowohl ein Teil des Nachhaltigkeitsprogramms als auch des Milcherzeugerprogramms sein.

Das Programm „Zott Qualitätsmilch aus Leidenschaft" ist modular aufgebaut und richtet sich an alle Zott-Milcherzeuger. Das *Basismodul* schließt automatisch jeden Milcherzeuger aufgrund des bestehenden Milchkaufvertrages mit Zott ein. Hauptbestandteil dieses Moduls ist die Lieferantenbewertung auf Grundlage der von Zott beauftragten und vom Milchprüfring Bayern durchgeführten Begehungen der Höfe. Eine hohe Punktzahl dokumentiert ausgezeichnete Qualitätsstandards, etwa bei der Tiergesundheit, bei Futter und Fütterung, Arzneimitteln und Zucht. Im Durchschnitt haben die deutschen Zott-Milcherzeuger 74 von 85 erreichbaren Punkten (Abb. 4).

Mit dem *Ausbaumodul* gewährleistet Zott eine kontinuierliche Weiterentwicklung innerhalb des ZQL-Programms. Die Teilnahme an diesem Modul findet auf freiwilliger Ba-

Abb. 4 Darstellung des modular aufgebauten Programms „ZQL – Zott Qualitätsmilch aus Leidenschaft". (Grafik: © Zott SE & Co.)

sis statt. Die verschiedenen Maßnahmen können inhaltlich und zeitlich flexibel umgesetzt werden und sind auf die drei Kategorien „Strategie", „Kontinuität" und „Innovation" aufgeteilt. In der Kategorie „Strategie" werden strategisch wichtige Punkte für Zott in Bezug auf die Milchvermarktung entschieden, wie z. B. die Steigerung des Absatzes und der Wertschöpfung. Gemeinsam mit den Milcherzeugern erarbeiten wir Lösungsvorschläge, die nach erfolgreicher Prüfung in eine relevante Strategie umgesetzt werden. Ein gutes Beispiel ist das Projekt „Nachhaltige Fütterung" zur Erzeugung von Milch aus gentechnikfreier und importfuttermittelfreier Fütterung, die bei Zott in den Käsemarken „Zottarella" und „Bayerntaler" verarbeitet wird (vgl. Abschn. 2.3 Verantwortung für die Gesellschaft). Die Inhalte der Kategorie „Kontinuität" legen die Milcherzeuger und Zott gemeinsam fest, z. B. das Angebot an Homöopathie- und Arbeitssicherheitsseminaren oder die Etablierung einer Workshopreihe mit Hofnachfolgern, in der die Aspekte der Milchviehhaltung in der Zukunft diskutiert werden. Bei den Projekten der Kategorie „Innovation" beschreitet Zott gemeinsam mit den Milcherzeugern neue Wege. Zusätzliche Organisationen können eingebunden werden, um ein Projekt fachlich beratend bzw. unterstützend zu begleiten, wenn es z. B. um das Veröden der Hornanlagen bei Kälbern nach der Bioland-Empfehlung geht oder beim Pilotprojekt „Natürlich mehr Milch". Hat sich eine Methode über den Teststatus hinaus bewährt, kann diese von der Kategorie „Innovation" in die Kategorie „Kontinuität" wechseln. Auch die Inhalte dieser Kategorie zeichnen sich durch Praxistauglichkeit aus und stiften sowohl für Zott als auch die Milcherzeuger einen sinnvollen Nutzen.

Das Modul *Best Practice* ist genau genommen kein Modul, sondern eine Auszeichnung. Herausragende Leistungen der Milcherzeuger im Hinblick auf die Milchqualität sowie nachhaltiges und vorausschauendes Handeln in einem Betrieb sollen honoriert und öffentlich gemacht werden – sowohl der Öffentlichkeit, die der Milchviehhaltung teilweise kritisch gegenüber steht, als auch anderen Milcherzeugern, die es als Anregung für ihr eigenes Handeln sehen. Die Auszeichnung findet in Form der Verleihung der „Goldenen Milchkanne" statt, die Preise sind mit Geldbeträgen dotiert.

4 Ausblick

Nicht nur bei der Erschließung neuer Absatzmärkte, auch bei unseren Nachhaltigkeitsaktivitäten setzen wir bei Zott auf Internationalisierung. Erkenntnisse, die wir an unseren deutschen Standorten und mit unseren Partnern in Deutschland gesammelt haben, übertragen wir sukzessive sowohl systematisch als auch im Sinne des Wissensaustausches auf unsere ausländischen Standorte in Polen. So stand 2014 die Einführung unseres Energiemanagementsystems am Standort Opole auf dem Programm, mit dem wir bereits in Deutschland die Umwelt jährlich um über 3000 t CO_2 entlasten. Außerdem tragen wir das Thema Homöopathie im Milchviehstall nun auch mit entsprechenden Seminaren an unsere polnischen Milcherzeuger heran.

Die in diesem Beitrag vorgestellten Projekte und Veranstaltungen aus den beiden Nachhaltigkeitsprogrammen „Zott Caring for Life" und „Zott Qualitätsmilch aus Leidenschaft" sind nur Auszüge aus den Maßnahmen, mit denen sich Zott seiner Verantwortung für Mitarbeiter, Natur, Gesellschaft und Tier stellt. Viele Hebel kann Zott selbst ansetzen, in einigen Bereichen, auf die wir als Unternehmen keinen direkten Einfluss haben, können wir nur Anreize schaffen, auf eine bestimmte Einstellungsveränderung hinwirken oder eine Vorbildfunktion wahrnehmen. Insbesondere beim Thema Tierwohl handelt es sich vielmals um Anschubprojekte, z. B. die Seminarreihe „Homöopathie im Milchviehstall", mit denen wir die Milchviehhalter über Möglichkeiten aufklären und mit denen sie sich im besten Fall dazu befähigen, künftig entsprechende Tierwohlmaßnahmen selbst durchzuführen. Im Bereich des Tierwohls sind die Einflussmöglichkeiten einer Molkerei sehr eingeschränkt, da sie dem Milcherzeuger nur gewisse Vorgaben zur Haltung der Tiere machen kann, nicht aber vollumfängliche. Unsere Erfahrung zeigt, dass die Milcherzeuger unsere Gedanken zur Nachhaltigkeit mittragen und sie geben uns damit Recht, dass wir hier auf dem richtigen Weg sind.

Zott produziert unter dem Aspekt der ökonomischen Wertschöpfung hochwertige Premiumprodukte. Dabei gilt der Grundsatz der ökologischen und sozialen Verantwortbarkeit. Das ist in den Unternehmensgrundsätzen verankert und das verfolgt Zott gemeinsam mit seinen Mitarbeiterinnen und Mitarbeitern sowie Partnern in kleinen und großen Schritten. Daran – und nicht nur im wirtschaftlichen Erfolg – lässt sich Zott messen.

Christian Schramm ist seit 2003 Leiter der Abteilung Milcheinkauf der Zott-Gruppe. Hier ist er für 3330 Milchlieferanten zuständig und koordiniert den Einkauf von über 980 Mio. kg Milch für die vier Zott-Werke. Zuvor war der gelernte Agraringenieur als Bereichsleiter beim Milchprüfring Bayern tätig.

Teil IV
Back-, Süßwaren und Getränke

Kommunikation von Nachhaltigkeit – Eine vergleichende Analyse des Schokoladen- und Fruchtsaftsektors

Jeanette Klink, Nina Langen und Monika Hartmann

1 Kurzfassung

Die wachsende gesellschaftliche Bedeutung von Nachhaltigkeitsthemen eröffnet den Unternehmen der Ernährungsindustrie und des Ernährungshandels die Chance, sich durch Corporate Social Responsibility (CSR) Engagement zu profilieren. Dies gilt besonders für Unternehmen, die in Wertschöpfungsketten tätig sind, in denen soziale und Umweltthemen eine Rolle spielen, wie z. B. in der Schokoladen- und Fruchtsaftindustrie. Die vorliegende Studie untersucht, inwiefern Unternehmen des Schokoladen- und Fruchtsaftsektors Nachhaltigkeitsaspekte kommunizieren. Es zeigt sich, dass von den 1001 Schokoladen- und 562 Fruchtsaftprodukten die 2011 und 2013 in Vollsortimentern, Discountern und Bio-Einzelhändlern angeboten wurden insgesamt nur ein geringer Prozentsatz ein Nachhaltigkeitslabel auf der Verpackung trägt. Unterschiede hinsichtlich des Vorkommens von Nachhaltigkeitslabeln konnten zwischen den beiden betrachteten Produktkategorien, in den verschiedenen Einkaufsstätten sowie zwischen Hersteller- und Handelsmarken festgestellt werden.

J. Klink (✉) · N. Langen · M. Hartmann
Abteilung für Marktforschung der Agrar- und Ernährungswirtschaft,
Universität Bonn - Institut für Lebensmittel- und Ressourcenökonomik,
Nussallee 21, 53115 Bonn, Nordrhein-Westfalen, Deutschland
E-Mail: jeanette.klink@ilr.uni-bonn.de

N. Langen
E-Mail: nina.langen@ilr.uni-bonn.de

M. Hartmann
E-Mail: monika.hartmann@ilr.uni-bonn.de

2 Einleitung

Spätestens seit der Konferenz der Vereinten Nationen für Umwelt und Entwicklung (UNECD) im Jahr 1992 ist Nachhaltigkeit in seinen unterschiedlichen Facetten in den Blick der nationalen und internationalen Politik gerückt. Neben dem effizienten Einsatz von Ressourcen, den beispielweise die Europäische Kommission 2013 in ihrer „Roadmap to a Resource Efficient Europe" (EC 2013) betont, spielen bei der nachhaltigen Lebensmittelherstellung auch soziale und ökologische Auswirkungen der Produktion eine Rolle. Von den verschiedenen Nachhaltigkeitsaspekten sind die vielfältigen Stakeholder entlang der Wertschöpfungskette unterschiedlich betroffen. Beispielweise berührt der Einsatz von Pestiziden unmittelbar vor allem den anwendenden Landarbeiter bzw. Landwirt sowie im Fall von eventuellen Rückständen im Endprodukt den Verbraucher. Alle zwischengelagerten Akteure sind von den Auswirkungen einer Pestizidanwendung lediglich mittelbar betroffen. Entsprechend können die Interessen der Stakeholder divergieren. So erwarten Konsumenten vermehrt nicht nur eine hohe Produktqualität, guten Geschmack und angemessene Preise, sondern auch eine nachhaltige Erzeugung der Lebensmittel (de Barcellos et al. 2011; Hartmann 2011; Harris 2007).

Unternehmen, die mit ihrem Nachhaltigkeitsengagement verbundene Potenziale realisieren wollen, müssen nicht nur die für ihre Stakeholder relevanten Bereiche durch konkrete Aktivitäten aufgreifen, sondern auch entsprechend kommunizieren. Dies ist notwendig, da verantwortliches Unternehmenshandeln nicht beobachtbar ist und damit sowohl für Konsumenten als auch für andere Stakeholder eine „Vertrauenseigenschaft" darstellt (Banterle et al. 2013; Roth et al. 2009; Renard 2003). Ein Konsument kann somit verantwortungsbewusstes Verhalten eines Unternehmens nur dann in seine Kaufentscheidung als Kriterium einbeziehen, wenn ihm Informationen über bspw. die sozialen und ökologischen Aktivitäten bzw. Wirkungen des unternehmerischen Handelns vorliegen. Die zielgerichtete und glaubhafte Kommunikation des Nachhaltigkeitsengagements ist folglich von zentraler Bedeutung für Unternehmen, um sich auf gesättigten Lebensmittelmärkten zu differenzieren (Hartmann 2011). Um Vertrauenseigenschaften in Sucheigenschaften zu überführen, nutzen Hersteller verschiedene Mittel, wie beispielsweise Labels auf den Produkten (Galarraga Gallastegui 2002; Grunert und Wills 2007; Banterle et al. 2013; Roth et al. 2009). Eine entsprechende Kommunikation am Point of Sale (POS) nimmt eine besondere Stellung ein, da 70 % der Kaufentscheidungen erst hier getroffen werden (Frontiers 1996; Rettie und Brewer 2000; Ali und Kapoor 2009; Dimara und Skuras 2005; Van der Merwe et al. 2010). In Europa existiert eine Vielzahl von Produktlabels mit Nachhaltigkeitsbezug. So umfasst allein der Ecolabel-Index 445 Labels, welche sich auf verschiedenste Aspekte der Nachhaltigkeit beziehen (Ecolabelindex 2014). Diese Fülle an Nachhaltigkeitslabels im Lebensmittelsektor birgt die Gefahr der Verwirrung von Konsumenten (Banterle et al. 2013; Fliess et al. 2007; Gerlach und Schudak 2010; Verbeke 2008). Außerdem muss der Konsument dem Label insofern Glauben schenken, dass es die auf dem Produkt beworbenen Eigenschaften tatsächlich aufweist (Hartmann et al. 2015). Aus der Informationsökonomik ist bekannt, dass das Vertrauen in ein Label durch eine

Zertifizierung durch Dritte (third-party) gesteigert werden kann. Dies bestätigen auch empirische Studien (Albersmeier et al. 2010; Roe und Sheldon 2007).

Im Rahmen der vorliegenden Studie wurde die Kommunikation von Nachhaltigkeit über Labels auf Verpackungen für Schokoladen- und Fruchtsaftprodukte untersucht, beides Produktgruppen, bei denen die deutsche Bevölkerung im internationalen Vergleich sehr hohe Konsumanteile aufweist. Mit einem Konsum von 33 l pro Kopf im Jahr 2012 ist Deutschland die Nation mit dem weltweit höchsten Fruchtsaftkonsum (VdF 2014). Bei Schokoladenprodukten erreichen die Deutschen mit einem Konsum von 9,69 kg pro Kopf im Jahr 2012 fast das Konsumniveau der Schweiz (10,63 kg pro Kopf) und damit des Spitzenreiters im weltweiten Konsum von Schokoladenprodukten (Statista 2015).

In beiden Produktgruppen ist eine Reihe von Nachhaltigkeitsaspekten relevant. So werden beispielsweise im deutschen Fruchtsaftsektor 50 % der für die Fruchtsaftproduktion benötigten Früchte aus Übersee importiert (VdF 2013). Entsprechend spielen Arbeiterrechte und Pestizideinsatz dort eine Rolle. Dies gilt ebenso für die Schokoladenproduktion, da der benötigte Kakao zum größten Teil aus der Elfenbeinküste kommt.

Die beiden gewählten Produktgruppen unterscheiden sich hinsichtlich der Intensität, in der über die Herstellungsbedingungen der Rohstoffe im Ursprung berichtet wird. Während bei Schokolade das Thema Kinderarbeit in der Kakaoproduktion spätestens seit dem Jahr 2000 öffentlich diskutiert wird, sind im Bereich Fruchtsaft Dokumentationen über Arbeitsbedingungen oder Transportwege des Rohstoffs kaum bekannt.

Vor diesem Hintergrund lauten die zentralen Fragestellungen der vorliegenden Studie:

- Welches Ausmaß hat die Kommunikation von Nachhaltigkeitsthemen auf den Verpackungen von Fruchtsaft- und Schokoladenprodukten?
- Existieren Unterschiede in der Kommunikation von Nachhaltigkeitsaspekten zwischen den Produktsegmenten?
- Gibt es Unterschiede in der Kommunikation von Nachhaltigkeitsaspekten zwischen Hersteller- und Handelsmarken?
- Wird die Produktdifferenzierung durch Nachhaltigkeit dazu genutzt, um höhere Endverbraucherpreise durchzusetzen?

3 Hintergrund

3.1 Beschaffung und Auswirkung auf soziale und ökologische Aspekte der Nachhaltigkeit bei Fruchtsäften

Zahlreiche Früchte, die bei der Herstellung von Fruchtsaft und Fruchtsaftkonzentraten Verwendung finden, werden in Deutschland nicht kommerziell angebaut. Beispiele hierfür sind Orangen, Bananen, Passionsfrüchte oder Zitronen. Chile, Südafrika, Brasilien, die Türkei, Neuseeland und Argentinien gehören hierbei zu den größten Lieferanten von Früchten und Fruchtsaftkonzentraten (BMELV 2012a; 2012b; vgl. Klink et al. 2014b).

Doch Importe finden nicht nur bei Früchten statt, die nicht in Deutschland kultiviert werden. So wird der Großteil des Apfelsaftkonzentrats das in Deutschland in der Fruchtsaftindustrie verwendet wird, importiert (vgl. Klink et al. 2015b). China ist hierfür der größte Lieferant für den deutschen Markt (Bundestag 2012). Insgesamt werden rund 50 % der für die Fruchtsaftverarbeitung in Deutschland benötigten Früchte importiert (VdF 2013)

Auch wenn es erste Berichte über mangelnde *Sozialstandards* bei der Herstellung tropischer Früchte bereits Ende der 1990er-Jahre in Deutschland gab (Füllgraf 1997), sind vereinzelte Reaktionen erst seit 2012 in Politik (Bundestag 2012), Gewerkschaftsarbeit und Verbraucherschutzorganisationen (Stiftung Warentest 2014) zu beobachten. Die Arbeitsbedingungen sind ein relevantes Thema beim Anbau und der Verarbeitung von Früchten, wie Stiftung Warentest (2014) sowie die kürzlich veröffentlichte Studie der deutschen christlichen Initiative Romero (CIR) und der Vereinten Dienstleistungsgewerkschaft (ver.di) zeigen (CIR 2013). Die Studie weist auf eine systematische Missachtung von Arbeitssicherheit, Gesundheitsaspekten und Menschenrechten in der gesamten Wertschöpfungskette hin.

Neben den sozialen Aspekten spielen die mit der Produktion, der Verarbeitung und dem Transport verbundenen *Umweltauswirkungen* der Früchte bzw. Fruchtsaftkonzentrate eine wichtige Rolle. Ein kürzlich publizierter Artikel des Magazins *Stiftung Warentest* überprüfte unter anderem die Bedingungen der Produktion von 26 verschiedenen Orangensaftprodukten auf dem deutschen Markt. Dabei wurden erhebliche Defizite auf den Plantagen hinsichtlich der Umweltaspekte wie bspw. ökologische Anforderungen an den Orangenanbau (u. a. Pflanzenschutz) festgestellt (Stiftung Warentest 2014).

Verglichen mit anderen Lebensmittelsektoren, wie dem Schokoladensektor, ist negative Presse über den Fruchtsaftsektor jedoch eher die Ausnahme (vgl. Klink et al. 2014b).

3.2 Beschaffung und Auswirkung auf soziale und ökologische Aspekte der Nachhaltigkeit bei Schokoladen

Der Hauptinhaltsstoff von Schokolade ist Kakao. Die mediale Aufmerksamkeit für die sozialen Bedingungen, insbesondere das Vorkommen von Kinderarbeit und Kinderhandel, in der Kakaoproduktion erreichte im Jahr 2000 durch die BBC Dokumentation ‚Slavery: A Global Investigation' einen vorläufigen Höhepunkt (Hütz-Adams 2010; McCabe 2015; Payson Center 2010). Als Reaktion auf den daraus entstandenen öffentlichen Druck initiierten schokoladeproduzierende Firmen eine freiwillige Selbstverpflichtung, das sogenannte Harkin-Engel-Protokoll. Sie wollten damit einem geplanten Gesetz der USA zuvorzukommen, welches vorsah die kakaoverarbeitenden Firmen für die Produktionsbedingungen in den Produktionsländern verantwortlich zu machen (CMA 2011; Hütz-Adams 2010). Die Unterzeichner des Harkin-Engel-Protokolls verpflichten sich die schlimmsten Formen von Kinderarbeit zu bekämpfen.

Die Umsetzung und damit der Erfolg der freiwilligen Selbstverpflichtung ist jedoch umstritten (Hütz-Adams 2010; Payson Center 2010). So stellt das Protokoll Hütz-Adams

(2010)zu Folge keinen umfassenden Ansatz zur Verbesserung der Arbeitsbedingungen in der Kakaoproduktion dar. Auch ist es aus Sicht des Payson Centers (2010) zu ehrgeizig formuliert, sind die Ziele nur schwer erreichbar und folglich ist ihre Erfüllung nicht zu erwarten. Beide Studien stimmen darin überein, dass die durch das Harkin-Engel-Protokoll initiierten Maßnahmen bisher nicht in der Lage sind, die schlimmsten Formen von Kinderarbeit zu verhindern (vgl. Langen und Hartmann 2016).

Nach mehrfacher Verschiebung der Fristen zur Einhaltung des Protokolls, wurden im Dezember 2010 ein gemeinsamer Aktionsplan sowie ein Aktionsrahmen zur Unterstützung der Umsetzung des Harkin-Engel-Protokolls beschlossen. Ziel ist es die schlimmsten Formen der Kinderarbeit bis zum Jahr 2020 um 70 % zu reduzieren (McCabe 2015).

Eine Befragung von 15 kakaoverarbeitenden Firmen in Deutschland zeigt, dass sich die Anstrengungen der Schokoladenhersteller für die Verbesserungen sozialer Belange in der Wertschöpfungskette stark unterscheiden (Hütz-Adams 2010). Zwar wissen die Unternehmen um die gravierenden Schwachstellen im Bereich der Arbeitsrechte sowie Kinderarbeit insbesondere in der Elfenbeinküste und anderen kakaoexportierenden Ländern, Schuld ist aus ihrer Sicht jedoch die vor Ort herrschende Armut und verantwortlich für eine Verbesserung der Situation der Menschen dort sind ihrer Meinung nach hauptsächlich die Regierungen der betreffenden Länder (Hütz-Adams 2010).

Einige Firmen verweisen auf eigene Projekte zur Verbesserung der Lebens- und Arbeitsbedingungen vor Ort, allerdings fehlen Informationen über den Erfolg dieser Projekte wie z.B. die Anzahl der geförderten Familien (vgl. Langen und Hartmann 2016). Zertifizierungen des Kakaos durch Programme des Fairen Handels oder umweltschonender Produktion werden von den Schokoladenherstellern als eine effektive Strategie angesehen, um den Lebensunterhalt der Produzenten durch Mindestpreise zu sichern (z. B. im Fall von Fairtrade International) oder die sozialen Bedingungen und Umweltwirkungen in der Kakaoproduktion zu verbessern (z. B. durch Rainforest Alliance und UTZ Certified).

Zusammenfassend kann festgehalten werden, dass die Schokoladenindustrie vermehrt mit unterschiedlichen Erwartungen der Stakeholder konfrontiert wird. Dies umfasst nicht nur die Verantwortung gegenüber dem eigenen Unternehmen, sondern auch die sozialen und die Umweltbedingungen in der gesamten Wertschöpfungskette, insbesondere auch in den Kakao produzierenden Ländern. Sofern Unternehmen diesem Anspruch nicht gerecht werden, riskieren sie öffentliche Kritik (vgl. Langen und Hartmann 2016).

3.3 Gefahren für Unternehmen

Dass Konsumenten in der Lage sind, den Geschäftserfolg von Unternehmen massiv durch bspw. Boykotte zu beeinflussen, zeigen bspw. die Artikel, welche die *Huffington Post* im letzten Jahr veröffentlichte (Gregory 2013; Robbins 2010). Sobald die Medien die Verbraucher über missbräuchliche Arbeitspraktiken, Menschenhandel oder Kindersklaverei in der Kakaoindustrie informierten, gab es Aktionen in Form von unterschriebenen Petitionen (siehe die weit mehr als 30.000 Unterschriften für „Raise the Bar, Hershey!

Campaign" im Jahr 2011 oder die über 5000 Unterschriften 2012; Global Exchange 2011; International Labor Rights Forum et al. 2012) gegen die Marken, die keine „Frei-von"-Schokolade anboten.

4 Studiendesign und Methodik

Die Marktanalyse der Fruchtsäfte fand im Juli 2013 statt. Untersucht wurde die Kommunikation auf dem Produkt bei ausgewählten Fruchtsaftprodukten (Fruchtsaft aus Fruchtsaftkonzentrat, Direktfruchtsaft, Nektar, Smoothie)[1] bei insgesamt fünf Lebensmitteleinzelhändlern. Ausgewählt anhand der Top-10 der deutschen Lebensmitteleinzelhändler, bezogen auf die Verkaufserlöse im Jahr 2012 (Lebensmittelzeitung 2013), fanden die Produkte zweier Vollsortimenter (Rewe und Edeka) und zweier Discounter (Aldi und Lidl) Beachtung. Zudem wurde ein Bioladen (Alnatura) in die Analyse einbezogen, um eine größere Produktpalette abzudecken. Zur Dokumentation wurden alle vorhandenen Fruchtsaftprodukte entweder gekauft und anschließend oder direkt am Point of Sale von allen Seiten fotografiert.[2]

Die Marktanalyse zur Untersuchung der Kommunikation auf Schokoladenprodukten fand im Dezember 2011 statt. Hierbei wurden alle Produkte der Discounter Aldi und Lidl, der Vollsortimentgeschäfte Edeka, Rewe, Real und Kaufhof sowie der Bioläden Basic und Bergfeld's betrachtet, wodurch sich eine Vielzahl sowohl der Handels- als auch der Herstellermarken in der Stichprobe wiederfindet. Für die Durchführung wurden alle Produkte mit einem Nachhaltigkeitslabel gekauft.[3]

Mithilfe je eines an die jeweilige Produktgruppe angepassten Codebuchs erfolgte die Inhaltsanalyse der Kommunikation von Nachhaltigkeit über Labels auf den Fruchtsaftverpackungen und den Schokoladen. Die Reliabilität beider Codierungsprozesse wurde geprüft und bestätigt.

Unter Nachhaltigkeitslabels werden im Rahmen des vorliegenden Beitrags Labels verstanden, die eine klassische Vertrauenseigenschaft in Bezug auf Nachhaltigkeit verdeutlichen. Dies sind Umweltlabels (z. B. UTZ-zertifiziert, Rainforest-Alliance, Myclimate), soziale (z. B. FLO-Fairtrade, Plan, Tafel), ökologische (z. B. DE-Bio-Siegel, EU-Bio-Siegel, Demeter), regionale (z. B. aus unserer Heimat), traditionelle (z. B. nach bäuerlicher Streuobsttradition), gentechnikfreie (ohne Gentechnik) und sonstige CSR-bezogene Labels (z. B. auf dem Weg nach Morgen). In der Analyse werden somit sogenannte Third-party-certified-Labels mit globaler Verbreitung (z. B. Rainforest Alliance) ebenso wie von einem Hersteller in eigener Kontrolle verwendete Labels berücksichtigt.

---

[1] Wenn im Folgenden von Fruchtsaft oder Fruchtsaftverpackungen gesprochen wird, schließt dies die gesamte oben genannte Produktgruppe (Fruchtsaft aus Fruchtsaftkonzentrat, Direktfruchtsaft, Nektar, Smoothie) ein.

[2] Für weitere Informationen zu der POS-Analyse für Fruchtsaft vergleiche Klink et al. (2014a, b).

[3] Für detailliertere Informationen zu der POS-Analyse für Schokoladenprodukte vergleiche Langen und Hartmann (2016).

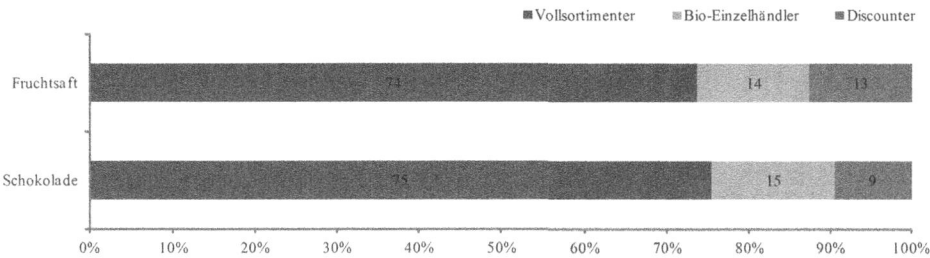

Abb. 1 Anteile der untersuchten Fruchtsäfte[1] und Schokoladen unterteilt nach Art der Einkaufsstätte (eigene Darstellung)

[1] Fruchtsaft schließt Fruchtsaftkonzentrat, Direktfruchtsaft, Nektar und Smoothie ein

5 Ergebnisse

5.1 Beschreibung der Stichprobe

Insgesamt wurden 1001 Schokoladen- und 562 Fruchtsaftprodukte untersucht. Der Großteil der Produkte stammt sowohl bei Säften als auch bei Schokolade aus Vollsortimentern (74 % der Säfte, 75 % der Schokolade), gefolgt von Bioeinzelhändlern (14 bzw. 15 %) und Discountern (13 bzw. 10 %) (Abb. 1).

5.2 Darstellung der Labellandschaft bei Fruchtsaftprodukten und Schokolade

Abbildung 2 zeigt, (i) die Anzahl der analysierten Fruchtsaftprodukte und Schokoladen in den ausgewählten Einkaufsstätten, (ii) wie viele Produkte ein Label mit Bezug zu Nachhaltigkeit tragen[4] und (iii) ob es sich um eine Hersteller- oder Handelsmarke handelt.

Bei den *Bioeinzelhändlern* werden sowohl bei Säften als auch bei Schokolade ausschließlich Produkte mit Nachhaltigkeitslabel angeboten. Dies ergibt sich aus der Tatsache, dass im Rahmen der Analyse das deutsche und europäische Biolabel als Nachhaltigkeitslabel definiert wurden. Ein Unterschied ist, dass im Fruchtsaftsortiment des Bioeinzelhandels Handels- und Herstellermarken gelistet sind (etwa 1/3 Handelsmarken, 2/3 Herstellermarken), während bei Schokolade ausschließlich Herstellermarken vorzufinden sind.

Bei Fruchtsaftprodukten und Schokolade gibt es bei den *Vollsortimentern* nur wenige mit einem Nachhaltigkeitslabel gekennzeichnete Produkte. Die mit einem entsprechenden Label versehenen Produkte sind überwiegend Herstellermarken. Nur ein geringer Pro-

[4] Ein Produkt wird als gelabelt bezeichnet, sobald mindestens ein Nachhaltigkeitslabel auf der Produktverpackung abgebildet ist.

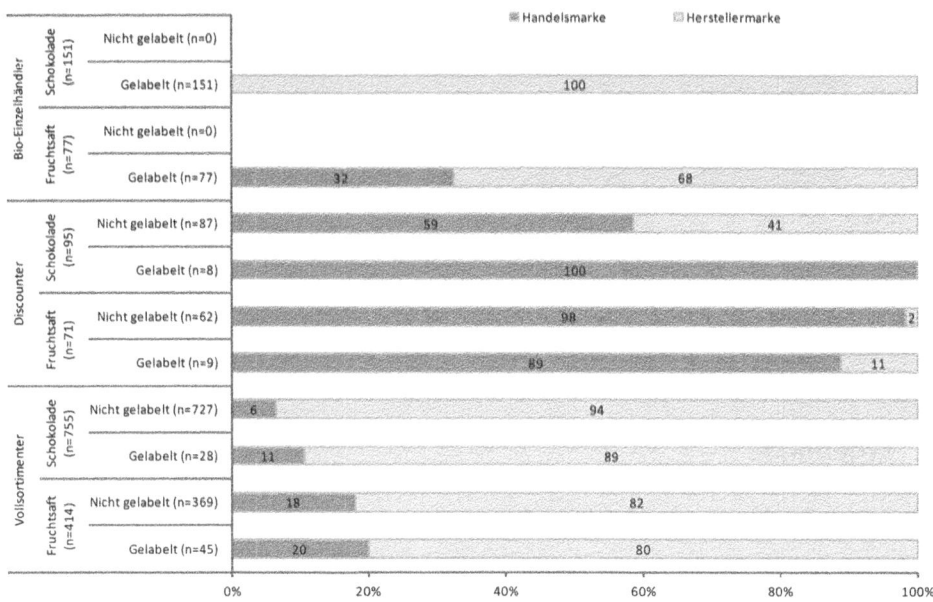

Abb. 2 Produktportfolio: Gelabelte und nichtgelabelte Handels- und Herstellermarken unterteilt nach Art der Einkaufsstätte (%)[a]. (Quelle: eigene Darstellung, basierend auf Klink et al. 2014a, b und Langen und Hartmann 2016)
[a] Fruchtsaft schließt Fruchtsaftkonzentrat, Direktfruchtsaft, Nektar und Smoothie ein.

zentsatz (11 % bei Schokolade, 19 % bei Fruchtsaft) der mit einem Nachhaltigkeitslabel versehenen Produkte bei den Vollsortimentern sind Handelsmarken.

Anders sieht es bei *Discountern* aus, die primär Handelsmarken führen. Hier zeigt sich jedoch auch, dass nur ein geringer Anteil der Produkte sowohl bei Schokolade (8 %) als auch bei Fruchtsaft (13 %) ein Label mit Bezug zu Nachhaltigkeit tragen.

Nach Ausschluss identischer Produkte verbleiben 457 unterschiedliche Fruchtsaftprodukte, wovon 116 (25 %) mindestens ein Label mit Bezug zu Nachhaltigkeitsaspekten aufweisen.

Werden Schokoladen, die sich lediglich hinsichtlich des Geschmacks (z. B. Milchschokolade vs. Haselnuss) unterscheiden, nicht mit berücksichtigt und identische Produkte ausgeschlossen, verbleibt eine Anzahl von 264 unterschiedlichen Schokoladen. Auf 21 % (55 der Verpackungen) der Schokoladen befindet sich ein Nachhaltigkeitslabel.

Weiterhin ist festzuhalten, dass nach Ausschluss der Bioeinzelhändler nur 11 % der Fruchtsäfte und 6 % der Schokoladen ein Nachhaltigkeitslabel aufweisen.

Abbildung 3 verdeutlicht die unterschiedliche Anzahl an Nachhaltigkeitslabels auf den untersuchten Produktverpackungen. Hierbei wird deutlich, dass einige Produkte mehrere Labels tragen, im Extremfall bis zu fünf (ein Fruchtsaft). Die meisten der Produkte haben zwei Labels auf der Verpackung (64 Fruchtsaftprodukte ≙ 55 % und 28 Schokoladen ≙ 49 %).

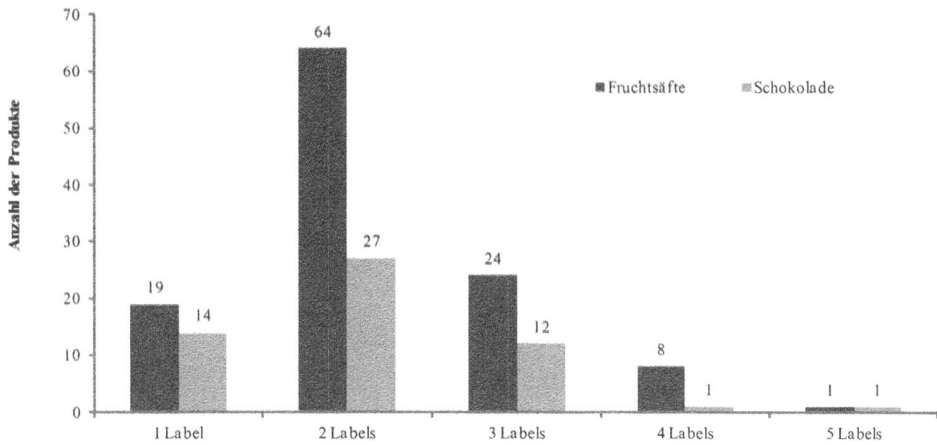

Abb. 3 Anzahl verschiedener Nachhaltigkeitslabels auf einem Produkt, Vergleich von Fruchtsäften[a] und Schokolade (Quelle: eigene Darstellung, basierend auf Klink et al. 2014a, b und Langen und Hartmann 2016)

[a] Fruchtsaft schließt Fruchtsaftkonzentrat, Direktfruchtsaft, Nektar und Smoothie ein.

Im Folgenden wird untersucht, welche Vertrauenseigenschaften überhaupt und welche gemeinsam kommuniziert werden. Bei beiden Produktgruppen dominiert das Biolabel (66 % bei Fruchtsaft, 63 % bei Schokolade). Während bei Fruchtsaft (vgl. Tab. 1) ohne Gentechnik mit 13 % an zweiter Stelle steht, dicht gefolgt von traditioneller Herstellung (8 %), sozialen (5 %) und regionalen Aspekten (5 %), kommunizieren bei Schokolade (vgl. Tab. 2) 19 % aller Labels soziale Komponenten. 17 % der Labels beziehen sich auf Umweltaspekte. Bemerkenswert ist, dass ohne Gentechnik ausschließlich gemeinsam mit Bio gelabelt wird. Ein Umstand, der der Tatsache geschuldet ist, dass Bioanbau per se ohne grüne Gentechnik auskommt.

Tab. 1 Gemeinsames Auftreten verschiedener Nachhaltigkeitslabels bei Fruchtsäften[a]. (Quelle: vgl. Klink et al. 2014b)

	Umwelt	Sozial	Bio	Regional	Traditionell	Ohne Gentechnik
Umwelt	(4)[b]					
Sozial	2	(8)[b]				
Bio	4	5	(97)[b]			
Regional	0	1	1	(7)[b]		
Traditionell	0	1	0	0	(11)[b]	
Ohne Gentechnik	0	0	19	0	0	(19)[b]

[a] Fruchtsaft schließt Fruchtsaftkonzentrat, Direktfruchtsaft, Nektar und Smoothie ein
[b] Gesamtanzahl der Produkte mit entsprechendem Label nach Ausschluss identischer Produkte

Tab. 2 Gemeinsames Auftreten verschiedener Nachhaltigkeitslabels bei Schokolade (Quelle: eigene Darstellung, basierend auf Langen und Hartmann 2016)

	Umwelt	Sozial	Bio	CSR-Label
Umwelt	(19)[a]			
Sozial	2	(21)[a]		
Bio	5	19	(71)[a]	
CSR-Label	2	0	0	(2)[a]

[a] Gesamtanzahl der Produkte mit entsprechendem Label nach Ausschluss identischer Produkte, die sich lediglich hinsichtlich des Geschmacks unterscheiden.

Bei Betrachtung der Durchschnittspreise pro 100 ml bzw. 100 g wird deutlich, dass nachhaltig gelabelte Produkte oft einen höheren Preis aufweisen. In Tab. 3 sind die jeweiligen Durchschnittspreise der Produkte mit und ohne CSR-Label sowie die Differenz dieser Durchschnittspreise dargestellt. Sowohl bei Fruchtsäften als auch bei Schokoladen sind Produkte mit Label im Gesamtdurchschnitt mehr als 50 % teurer als solche ohne Label (Fruchtsäfte: 61,5 %, Schokolade: 65,3 %). Allerdings kann nicht gesagt werden, dass Produkte mit Nachhaltigkeitslabel generell höherpreisig sind. Bei den Discountern liegt der Durchschnittspreis der Säfte und Schokoladen mit Nachhaltigkeitslabel sogar unter dem Durchschnittspreis der Produkte ohne Nachhaltigkeitslabel. Wie zu erwarten sind die Preise der Discounter generell am niedrigsten und die in den Bioläden am höchsten.

6 Zusammenfassung und Diskussion

In Anbetracht des gesteigerten Interesses unterschiedlicher Stakeholder an nachhaltigen Lebensmitteln und der Notwendigkeit für Unternehmen in gesättigten Lebensmittelmärkten eine Unique Selling Position zu erlangen, kann die Kommunikation verantwortlichen Unternehmensverhaltens ein Faktor sein, der zum Geschäftserfolg beiträgt. Insbesondere in der Schokoladen-, aber auch in der Fruchtsaftindustrie spielen sowohl soziale als auch Umweltthemen eine bedeutende Rolle bei der Herstellung, der Verarbeitung und dem Transport der Produkte. Ziel der vorliegenden Studie war es daher zu untersuchen, in welchem Ausmaß die Kommunikation der Übernahme von gesellschaftlicher Verantwortung der Unternehmen im Schokoladen- und Fruchtsaftsektor auf den Produkten am POS stattfindet.

Untersucht wurden 1001 Schokoladen- und 562 Fruchtsaftprodukte, die in Vollsortimentern, Discountern und Bioeinzelhändlern in den Jahren 2011 bzw. 2013 gelistet waren. Unterschiede konnten hinsichtlich des Vorkommens von Nachhaltigkeitslabels in den verschiedenen Einkaufsstätten sowie des Anteils an Hersteller- und Handelsmarken mit Nachhaltigkeitslabel in den betrachteten Läden festgestellt werden. Während bei den *Bioeinzelhändlern* ausschließlich Produkte mit Nachhaltigkeitslabel angeboten wurden, gibt es im *Vollsortimenter* und *Discounter* nur wenige nachhaltig gelabelte Produkte. Für den Bioeinzelhändler kann ein Unterschied zwischen Fruchtsaft und Schokolade festgestellt

Tab. 3 Vergleich der durchschnittlichen Produktpreise mit und ohne Nachhaltigkeitslabel unterteilt nach Lebensmittelmarkt und Produktgruppe. (Quelle: eigene Darstellung, vgl. Langen und Hartmann 2016, basierend auf Klink et al. 2014a, b)

Fruchtsaftprodukte[a]	Durchschnittspreis €/100 ml			
	Gesamt	Ohne CSR-Label	Mit CSR-Label	Preisdifferenz mit und ohne Label
Discounter				
Aldi	0,15	0,15	0,12	−0,03
Lidl	0,14	0,14	0,13	−0,01
Vollsortimentsupermärkte				
Edeka	0,25	0,24	0,35	0,11
Rewe	0,27	0,27	0,27	0,00
Bioläden				
Alnatura	0,51	–	0,51	–
Gesamt	0,28	0,26	0,42	0,16
Schokolade	Durchschnittspreis €/100 g			
	Gesamt	Ohne CSR-Label	Mit CSR-Label	Preisdifferenz mit und ohne Label
Discounter				
Aldi	0,71	0,71	–	–
Lidl	0,85	0,87	0,72	−0,15
Vollsortimentsupermärkte				
Edeka	1,19	1,16	1,40	0,24
Rewe	0,93	0,83	1,50	0,67
Real	1,29	1,18	1,93	0,75
Kaufhof	2,37	2,37	2,49	0,12
Bioläden				
Basic	2,81	–	2,81	–
Bergfeld's	2,18	–	2,18	–
Gesamt	1,54	1,19	1,86	0,67

[a] Fruchtsaft schließt Fruchtsaftkonzentrat, Direktfruchtsaft, Nektar und Smoothie ein. Starke Preisunterschiede zwischen Fruchtsaftprodukten aus Fruchtsaftkonzentrat, Direktfruchtsaft, Nektar und Smoothie beeinflussen je nach Produktzusammensetzung den Durchschnittspreis.

werden: Während im Fruchtsaftsortiment lediglich 2/3 der Herstellermarken Nachhaltigkeitslabels im Untersuchungszeitraum tragen, gilt dies hinsichtlich der untersuchten Schokoladen für alle Produkte von Herstellermarken.

Zum Zeitpunkt der Datenerhebung sind die mit einem nachhaltigen Label versehenen Fruchtsäfte und Schokoladen im Vollsortimenter überwiegend Herstellermarken. Nur 11 % der Handelsmarken bei Schokolade und 19 % der Handelsmarken bei Fruchtsaft tragen ein Nachhaltigkeitslabel. Die Discounter hingegen führen primär Handelsmarken mit Label.

Die Analyse zeigt, dass bei Fruchtsaft 25 % und bei Schokolade 21 % der betrachteten Produkte (nach Ausschluss identischer Produkte oder solcher, die sich im Fall von Schokolade nur in der Geschmacksrichtung unterscheiden) mindestens ein Label mit Bezug zu Nachhaltigkeitsaspekten aufweisen. Dieses Ergebnis ist aufgrund der hohen negativen medialen Aufmerksamkeit der Thematik im Schokoladensektor im Vergleich zum Fruchtsaftsektor überraschend. Weiterhin ist festzustellen, dass Mehrfachlabelungen häufig sowohl bei den Fruchtsaft- als auch Schokoladenprodukten auftreten. So tragen sogar zwei Produkte (eine Schokolade und ein Fruchtsaft) fünf unterschiedliche Nachhaltigkeitslabels. Wichtig hierbei ist zu beachten, dass Labels, die mehrfach auf einer Verpackung vorkommen, nicht gewertet wurden. Folglich ist die tatsächliche Anzahl an Labels auf den Produktverpackungen noch höher. In diesem Zusammenhang ist die Gefahr der Überforderung von Konsumenten durch die vorhandene Labelflut gegeben.

Nach Ausschluss der Bioeinzelhändler verringert sich der Anteil der Produkte mit Nachhaltigkeitslabel (Fruchtsaft 11 %; Schokolade 6 %) deutlich. Sowohl bei Fruchtsäften als auch bei Schokolade weisen Produkte im Bioeinzelhandel neben dem Biolabel weitere Nachhaltigkeitslabels auf. Dies kann darauf zurückgeführt werden, dass eine Differenzierung in den Bioeinzelhändlern nur durch die Kommunikation weiterer Nachhaltigkeitsaspekte (bspw. Umwelt) möglich ist, da bereits alle Produkte ein Biolabel auf der Verpackung haben.

Eine weitere Frage, die durch die Studie beantwortet werden sollte, ist, ob die Produktdifferenzierung mittels Nachhaltigkeitslabeling dazu genutzt wird, um höhere Endverbraucherpreise durchzusetzen. Unsere Analyse lässt keine eindeutige Aussage dazu zu. Hauptgrund ist, dass in den Discountern der Durchschnittspreis der Fruchtsäfte und Schokoladen mit Labels unter dem Durchschnittspreis der Produkte ohne Label liegt. Insgesamt sind somit auch beim Preisvergleich deutliche Parallelen zwischen Schokolade und Säften feststellbar.

Auffallend ist, dass bei Fruchtsaft im Vergleich zu Schokolade zwar ein höherer Anteil der Produkte gelabelt ist, es sich dabei aber hauptsächlich um das Biolabel handelt. Die Berücksichtigung kritischer sozialer Aspekte sowie weiterer Umweltaspekte werden hingegen deutlich weniger offensiv kommuniziert als bei Schokolade. Damit greifen Schokoladenhersteller in ihrem Labeling bereits die in der Öffentlichkeit längere Zeit divers diskutierten und die mit der in der Kakaoproduktion verbundenen sozialen Nachhaltigkeitsproblematiken, insbesondere Kinderarbeit und faire Entlohnung der Produzenten, auf. Im Gegensatz hierzu werden bei Fruchtsaft soziale und Umweltaspekte, die nicht die Produktion von Früchten in Deutschland betreffen, kaum angesprochen.

Über Labels, die soziale und umweltrelevante Aspekte ansprechen, können sowohl Fruchtsaft- als auch Schokoladenhersteller und ebenso Einzelhändler das Thema Nachhaltigkeit kommunizieren. Dies stellt eine Möglichkeit der Differenzierung gegenüber Mitbewerbern auf dem Markt dar. Wichtig hierbei ist es, im Auge zu behalten, dass die Konsumenten nicht durch zu viele Labels auf der Verpackung mit Informationen überflutet werden. Hierdurch besteht die Gefahr, dass die eigentliche Funktion der Labels, nämlich die Kaufentscheidung der Konsumenten zu vereinfachen, aufgehoben wird.

7 Anmerkung

Die Autoren danken der Landesregierung in Nordrhein-Westfalen und der Europäischen Union für die Finanzierung der Studie im Rahmen des Projekts „Nachhaltigkeitsstudie Ernähung.NRW".

Literatur

Albersmeier F, Schulze H, Spiller A (2010) System dynamics in food quality certifications: development of an audit integrity system. Int J Food Syst Dyn 1(1):69–81

Ali J, Kapoor S (2009) Understanding consumers'perspective on food labeling in In-dia. Int J Consumer Stud 33(6):724–734

Banterle A, Cereda E, Fritz M (2013) Labelling and sustainability in food supply net-works: a comparison between the German and Italian markets. Br Food J 115(5):769–783

BMELV (2012a) Gliederung der Jahreseinfuhrstatistik 2012 „Südfrüchte, Obst, Gemüse, Schalenfrüchte, Kartoffeln sowie Mostobst". Verfügbar unter: http://berichte.bmelv-statistik.de/AHB-0033401-2012.pdf, letzter. Zugegriffen: 26.Feb. 2015

BMELV (2012b) Gliederung der Jahresausfuhrstatistik 2012 „Südfrüchte, Obst, Gemüse, Schalenfrüchte, Kartoffeln sowie Mostobst". Verfügbar unter: http://berichte.bmelv-statistik.de/AHB-0033480-2012.pdf, letzter. Zugegriffen: 26. Feb. 2015.

Bundestag (2012) Deutscher Bundestag 17. Wahlperiode; Antwort der Bundesregierung auf die Kleine Anfrage der Abgeordneten Dr. Bärbel Kofler, Dr. Sascha Raabe, Lothar Binding (Heidelberg), weiterer Abgeordneter und der Fraktion der SPD – Drucksache. Verfügbar unter: http://dip21.bundestag.de/dip21/btd/17/089/1708936.pdf, letzter. Zugegriffen: 26. Feb. 2015

CIR (2013) Im Visier: Orangensaft bei Edeka, Rewe, Lidl, Aldi & Co. Blind für Arbeitsrechte. Verfügbar unter: http://www.verdi.de/presse/downloads/pressemappen/++co++d8babcfa-2b72-11e3-a27e-5254008a33df, letzter. Zugegriffen: 26. Feb. 2015.

CMA (2011) The Harkin-Engel-Protocol. Verfügbar unter: http://www.cocoainitiative.org/images/stories/pdf/harkin%20engel%20protocol.pdf, letzter. Zugegriffen: 26. Feb. 2015

De Barcellos MD, Krystallis A, de Melo Saab MS, Kügler JO, Grunert KG (2011) Investigating the gap between citizens' sustainability attitudes and food purchasing behaviour: empirical evidence from Brazilian pork consumers. Int J Consum Stud 35(4):391–402

Dimara E, Skuras D (2005) Consumer demand for informative labeling of quality food and drink products: a European Union case study. J Consum Mark 22(2):90–100

EC (2013) European Commission Environment: What future for our food system? Let us know what you think. European Commission - IP/13/688. Verfügbar unter: http://europa.eu/rapid/press-release_IP-13-688_en.htm, letzter. Zugegriffen: 26. Feb. 2015

Ecolabelindex (2014) Ecolabelindex. Verfügbar unter: http://www.ecolabelindex.com/, letzter. Zugegriffen: 26. Feb. 2015

Fliess B, Lee HJ, Dubreuil OL, Agatiello O (2007) CSR and trade: informing consumers about social and environmental conditions of globalised production. OECD Trade Policy Arbeitspapier Nr. 47 Teil I. OECD Publishing, Paris

Frontiers (1996) Planning for consumer change in Europe 1996/1997, vgl. Brewer, C., Rettie, R. (2000): The verbal and visual components of package design. J Prod Brand Manag 9(1):56

Füllgraf F (1997) Bitter Orange. EZEF-Arbeitshilfe Nr. 125. Verfügbar unter: http://www.gep.de/ezef/index_196.html, letzter. Zugegriffen: 26. Feb. 2015

Galarraga Gallastegui I (2002) The use of eco-labels: a review of the literature. Eur Environ 12(6):316–331

Gerlach A, Schudak A (2010) Bewertung ökologischer und sozialer Label zur Förderung eines nachhaltigen Konsums. Umweltpsychologie 14(2):30–44

Global Exchange (2011) Thousands of consumers demand hershey stop buying child labor cocoa before halloween. Verfügbar unter: http://www.globalexchange.org/news/thousands-consumers-demand-hershey-stop-buying-child-labor-cocoa-halloween, letzter. Zugegriffen: 26. Feb. 2015

Gregory A (2013) Chocolate and Child Slavery: Say No to Human Trafficking this Holiday Season, Huffington Post 10/31/2013. Verfügbar unter: http://www.huffingtonpost.com/amanda-gregory/chocolate-and-child-slave_b_4181089.html, letzter. Zugegriffen: 26. Feb. 2015

Grunert KG, Wills JM (2007) A review of European research on consumer response to nutrition information on food labels. J Publ Health 15:385–399

Harris E (2007) The voluntary carbon offsets market: an analysis of market characteristics and opportunities for sustainable development (No. 10). IIED. Verfügbar unter: http://pubs.iied.org/pdfs/15507IIED.pdf. letzter Zugriff: 26. Feb. 2015.

Hartmann M (2011) Corporate social responsibility in the food sector. Rev Agric Econ 38(3):297–324

Hartmann M, Klink J, Simons J (2015) Cause related marketing in the German retail sector: exploring the role of consumers' trust. Food Policy 52:108–114

Hütz-Adams F (2010) Menschenrechte im Anbau von Kakao. Eine Bestandsaufnahme der Initiativen der Kakao- und Schokoladenindustrie, INEF 08/2010. Verfügbar unter: http://www.humanrights-business.org/files/menschenrechte_im_anbau_von_kakao_huetz-adams.pdf, letzter. Zugegriffen: 26. Feb. 2015

International Labor Rights Forum, Green America, und Global Exchange (2012) Raise the Bar Coalition to Hershey and Cadbury: Get Child Slave Labor Out Of Our Easter Baskets. Verfügbar unter: http://www.laborrights.org/releases/raise-bar-coalition-hershey-and-cadbury-get-child-slave-labor-out-our-easter-baskets, letzter. Zugegriffen: 26. Feb. 2015

Klink J, Sommer F, Hartmann M (2014a) Kommunikation und Nachhaltigkeit. Institut für nachhaltiges Management; Universität Bonn (Hrsg) Nachhaltigkeit in der Lebensmittelwirtschaft. Bonn, S. 26–47

Klink J, Langen N, Hecht S, Hartmann M (2014b) Sustainability as sales argument in the fruit juice industry? An analysis of on-product communication. Int J Food Syst Dyn 5(3):144–158

Langen N, Hartmann M (2016) CSR communication in the food industry – An analysis of the chocolate sector in Germany. In: Squicciarini MP, Swinnen J (Hrsg) The economics of chocolate. Oxford, Oxford Univ Press. S. 247–267

Lebensmittelzeitung (2013) Top 30 Lebensmittelhandel Deutschland 2013. Verfügbar unter: http://www.lebensmittelzeitung.net/business/daten-fakten/rankings/Top-30-Lebensmittel-Handel-2013_371.html, letzter. Zugegriffen: 26. Feb. 2015

McCabe M (2015) Fine Chocolate, Resistance, and Political Morality in the Marketplace. J Bus Anthropol 4(1):54–81

Payson Center (2010) Oversight of public and private initiatives o eliminate the worst forms of child labor in the cocoa sector in Cote d´ Ivoire and Ghana. Payson Center for International Development and Technology Transfer Tulane University. Verfügbar unter: http://www.childlabor-payson.org/Tulane%20Final%20Report.pdf, letzter. Zugegriffen: 26. Feb. 2015

Renard M-C (2003) Fair trade: quality, market and conventions. J Rural Studies 19:87–96

Rettie R, Brewer C (2000) The verbal and visual components of package design. J Prod Brand Manag 9(1):56–70

Robbins J (2010) Is there child slavery in your chocolate? Huffington Post 10/31/2013. Verfügbar unter: http://www.huffingtonpost.com/john-robbins/is-there-child-slavery-in_b_737737.html, letzter. Zugegriffen: 26. Feb. 2015

Roe B, Sheldon I (2007) Credence good labeling. The efficiency and distributional implications of several policy approaches. Am J Agric Econ 89(4):1020–1033

Roth S, Klingler M, Schmidt TRW, Zitzlsperger DFS (2009) Brands and labels as sustainability signals. Verfügbar unter: http://www.duplication.net.au/ANZMAC09/papers/ANZMAC2009-587.pdf, letzter. Zugegriffen: 26. Feb. 2015

Statista (2015) Pro-Kopf-Konsum von Schokoladewaren in Europa nach Ländern im Jahr 2012 (in Kilogramm). Verfügbar unter: http://de.statista.com/statistik/daten/studie/20040/umfrage/jaehrlicher-schokoladenkonsum-pro-kopf-in-ausgewaehlten-laendern/, letzter. Zugegriffen: 26. Feb. 2015

Stiftung Warentest (2014) Orangensaft: Säfte und Unternehmensverantwortung im test. Ausgabe, test 04/2014. Verfügbar unter: http://www.test.de/shop/test-hefte/test_04_2014/, letzter. Zugegriffen: 26. Feb. 2015

Van Der Merwe D, Kempen EL, Breedt S, De Beer H (2010) Food choice: student consumers' decision-making process regarding food products with limited label information. Int J Consum Stud 34(1):11–18

VdF (2013) The market for fruit juices in Germany in the context of the whole beverage market - Chances for black currant drinks and nectars. Verfügbar unter: http://www.internationalblackcurrantassociation.com/WaldenburgConferencePDF/Klaus%20Heitlinger.pdf, letzter. Zugegriffen: 26. Feb. 2015

VdF (2014) Daten und Fakten zur deutschen Fruchtsaftindustrie. Faltblatt. Verfügbar unter: http://www.fruchtsaft.de/medien/wirtschaft/, letzter. Zugegriffen: 26. Feb. 2015

Verbeke W (2008) Impact of communication on consumers' food choices. Proc Nutr Soc 67(3):281–288

Jeanette Klink ist seit April 2012 wissenschaftliche Mitarbeiterin in der Abteilung für Marktforschung der Agrar- und Ernährungswirtschaft des Instituts für Lebensmittel- und Ressourcenökonomik der Universität Bonn. Schwerpunkt ihrer wissenschaftlichen Arbeit ist die Kommunikation von Nachhaltigkeitsaspekten in der Ernährungsbranche. In diesem Zusammenhang beschäftigt sie sich intensiv mit der Bewertung des Nachhaltigkeitsengagements von Unternehmen des Ernährungssektors aus Sicht der Verbraucher sowie der Analyse der Anforderungen, Einstellungen und Verhaltensweisen der Konsumenten bezüglich einer nachhaltigen Lebensmittelherstellung und -verarbeitung. Durch ihre Mitarbeit in verschiedenen Forschungsprojekten (u. a. Fin-Q.NRW, Nachhaltigkeitsstudie Ernährung.NRW und Marke.NRW) umfassen die Arbeiten von Jeanette Klink ein breites Spektrum der Analyse nachhaltigen Konsums.

Dr. Nina Langen ist derzeit Akademische Rätin auf Zeit in der Abteilung für Marktforschung der Agrar- und Ernährungswirtschaft des Instituts für Lebensmittel- und Ressourcenökonomik der Universität Bonn. Ihr Forschungsgebiet ist ethischer Konsum. Ihre Expertise umfasst die Analyse der Determinanten ethischen Konsum- und Kaufverhaltens. Nina Langen hat umfassend zu den Fragen von Konsumentenpräferenzen für unterschiedliche Formen ethischen Verhaltens sowie der Zahlungsbereitschaft für und Akzeptanz von nachhaltigen und ethischen Produkten mittels Labor- und Feldexperimenten geforscht. Informations- und Kommunikationsstrategien im Lebensmittelsektor sowie die Bedeutung von Labeling zur Förderung ethischen und gesunden Konsums gehören ebenfalls zu den untersuchten Themen. Aktuelle Forschungsprojekte befassen sich mit Lebensmittelverschwendung auf Haushaltsebene und in der Gemeinschaftsverpflegung sowie mit Graswurzelbewegungen. Für ihre Dissertation erhielt sie im November 2012 den 1. Preis des Kompetenzzentrums Verbraucherforschung NRW.

**Prof. Dr. Monika Hartmann** leitet seit 2002 den Lehrstuhl für Marktforschung der Agrar- und Ernährungswirtschaft am Institut für Lebensmittel- und Ressourcenökonomik der Universität Bonn. Zuvor war sie Professorin an der Universität Halle sowie am Leibnitz-Institut für Agrarentwicklung in Mittel- und Osteuropa (IAMO, Halle). Von 2008-2011 war Monika Hartmann Präsidentin der „European Association of Agricultural Economics" (EAAE). Derzeit ist sie Vorsitzende des International Advisory Board der „Wageningen School of Social Sciences", stellvertretende Vorsitzende des Food-NetCenters an der Universität Bonn sowie eine der drei Herausgeber von „Agribusiness: An International Journal". In ihrer Forschung beschäftigt sie sich mit Fragen des ökologisch, sozial und ökonomisch orientierten Verhaltens der Akteure im Ernährungssektor. Neben dem Ausmaß, den Determinanten und den Auswirkungen von verantwortungsvollem Unternehmensverhalten befassen sich die Forschungsarbeiten mit der Wahrnehmung, den Einstellungen und den Präferenzen der Konsumenten bezüglich nachhaltigen Konsums. Die Arbeiten zielen darauf ab, Hemmnisse und Motive für ein an Nachhaltigkeit orientiertes Handeln zu identifizieren, um darauf basierend Lösungen für aktuelle gesellschaftliche Herausforderungen abzuleiten.

Es gibt immer einen Anfang für das Bessere – Nachhaltigkeitsmanagement bei MÄRKISCHES LANDBROT

Christoph Deinert und Jens Pape

1 Einleitung

1.1 MÄRKISCHES LANDBROT – die Brotbäckerei demeter

MÄRKISCHES LANDBROT ist eine Brotbäckerei mit Sitz im Gewerbegebiet Berlin-Neukölln. Der jährliche Umsatz der 1930 gegründeten Lieferbäckerei lag 2014 bei 7,4 Mio. €. Die Rohstoffe kommen aus kontrolliert biologischem – vorzugsweise *biologisch-dynamischem* – Landbau. Das Getreide wird ausschließlich *biologisch-dynamisch* angebaut und wird überwiegend regional aus Brandenburg bezogen. Etwa 80 % des Getreides vermahlt MÄRKISCHES LANDBROT in eigenen Osttiroler Getreidemühlen zu Vollkornmehl. Der verbleibende Teil wird in Lohnverarbeitung als Auszugsmehl von den regionalen Mühlen erworben.

2014 beschäftigte MÄRKISCHES LANDBROT 49 Mitarbeiter, davon sechs Bäckermeister und zwei Auszubildende. Zudem betreibt MÄRKISCHES LANDBROT eine kleine Museumsbäckerei in Berlin-Pankow, in der wöchentlich dreimal ein Bäckermeister in einem traditionellen Holzofen backt. Bis zu 37 Brotsorten, 13 Brötchensorten und fünf Kleingebäcke entstehen täglich in der Backstube. Ein großer Teil der Brote wird in Formen gebacken, ein anderer Teil wird freigeschoben.

C. Deinert (✉)
MÄRKISCHES LANDBROT GmbH, Bergiusstr. 36,
12057 Berlin-Neukölln, Berlin, Deutschland
E-Mail: deinert@landbrot.de

J. Pape
Hochschule für nachhaltige Entwicklung Eberswalde,
Schicklerstr. 5, 16225 Eberswalde, Brandenburg, Deutschland
E-Mail: Jens.Pape@hnee.de

© Springer-Verlag Berlin Heidelberg 2016
C. Willers (Hrsg.), *CSR und Lebensmittelwirtschaft,* Management-Reihe Corporate Social Responsibility, DOI 10.1007/978-3-662-47016-9_16

1.2 Corporate Social Responsibility – das Selbstverständnis von MÄRKISCHES LANDBROT

Nach unserem Verständnis von *Corporate Social Responsibility* (*CSR*) tragen Unternehmen eine über den gesetzlichen Rahmen hinausgehende Verantwortung für eine ökologisch, ökonomisch und sozial nachhaltige Entwicklung der Gesellschaft. Aufgabe der Unternehmen ist es, dieser Verantwortung im Rahmen einer nachhaltigen Wirtschaftsweise gerecht zu werden. Dabei geht es nicht um die Durchführung von – vom Unternehmenszweck losgelösten – Einzelmaßnahmen, sondern einerseits um den eigentlichen Unternehmenszweck selbst und andererseits um das Kerngeschäft entlang der Wertschöpfungskette. Unternehmen tragen die Verantwortung, für die Gesellschaft sinnvolle und nachhaltige Produkte herzustellen und dies auf eine – entlang der Wertschöpfungskette – ökologisch, ökonomisch und sozial nachhaltige Weise. Dadurch werden Unternehmen zu wichtigen Akteuren auf dem Weg zu einer nachhaltigen Entwicklung.

Damit entspricht das *CSR*-Verständnis von MÄRKISCHES LANDBROT im Wesentlichen dem Verständnis des Nationalen CSR-Forums der Bundesregierung (Nationales CSR-Forum 2009). Darüber hinaus sind wir davon überzeugt, dass Unternehmensentscheidungen in erster Linie auf der Grundlage des Erhalts der Regenerationsfähigkeit der natürlichen Ressourcen der Erde getroffen werden müssen. Ökonomische und soziale Überlegungen sind nachrangig. Ökonomische und soziale Maßnahmen können nur langfristig nachhaltig sein, wenn sie nicht auf Kosten der ökologischen Nachhaltigkeit durchgeführt werden. In einer zerstörten Umwelt, in der der Mensch nicht mehr lebensfähig ist, greifen auch keine ökonomischen oder sozialen Maßnahmen. Anders herum könnte man diesen Ansatz auch folgendermaßen beschreiben: Unser wichtigstes soziales Anliegen ist der Erhalt der ökologischen Lebensgrundlage des Menschen, wofür wir unsere ökonomische Kraft einsetzen. So sehen wir MÄRKISCHES LANDBROT eher als Vertreter einer *starken Nachhaltigkeit*. Nach dem „Greifswalder Ansatz" (Ott und Döring 2008) kann eine Gesellschaft nicht als nachhaltig gelten, wenn sie Sach- und Wissenskapitalien durch Raubbau an Naturkapitalien (Luft, Boden, Gewässer, Biodiversität, Rohstoffe) anhäuft.

So ist der Aufgabe und dem Unternehmenszweck der Brotbäckerei *demeter* dieser Ansatz unterlegt: „MÄRKISCHES LANDBROT trägt durch konsequent ökologische Produktion mit biologischen Rohstoffen zur Gesundung der Erde bei und dient mit seinen Produkten der Gesundheit und dem Wohlbefinden der Menschen" (MÄRKISCHES LANDBROT Firmenziele 2007, S. 2).

Zur Umsetzung dieses Firmenziels ist es notwendig, geeignete Managementinstrumente im Unternehmen zu implementieren. Diese müssen gleichermaßen ermöglichen, die unternehmerische Nachhaltigkeitsentwicklung zu messen und zu bewerten und diese auch – gegenüber der Gesellschaft – transparent und vergleichbar zu machen (Baumast und Pape 2013).

Die folgenden Seiten sollen zeigen, wie MÄRKISCHES LANDBROT das beschriebene Verständnis von Unternehmensverantwortung im Rahmen der gesamten Wertschöpfungskette – auch im Sinne von *Wertschätzungskreisläufen* – zu verwirklichen sucht.

Angefangen mit einer ökologischen Rohstoffbeschaffung (vgl. Abschn. 2.1 bis Abschn. 2.1.2) und einem Umgang mit den Bauern auf Augenhöhe (vgl. Abschn. 2.1.3) versucht MÄRKISCHES LANDBROT ökologische, ökonomische und soziale Nachhaltigkeit innerbetrieblich zu verzahnen (vgl. Abschn. 2.2), die weitergehende Wertschöpfungskette einzubinden und eine offene und ehrliche Kommunikation mit allen interessierten Stakeholdern zu betreiben (vgl. Abschn. 2.3).

2 *CSR* in der Wertschöpfungskette

2.1 Unternehmensverantwortung bei der Rohstoffbeschaffung

MÄRKISCHES LANDBROT verarbeitet – abgesehen von unserem portugiesischen Meersalz – ausschließlich biologisch zertifizierte Rohstoffe, lehnt die Verwendung von Kunstdünger, Herbiziden und Pestiziden ab und hat sich damit konsequent der Kreislaufwirtschaft verschrieben. Die Getreidesouveränität der Bauern, also die ausschließliche Verwendung samenfester – und damit nachbaubarer – Getreidesorten steht im Vordergrund. Gentechnik wird aufgrund des unkalkulierbaren Risikos für die Biodiversität grundsätzlich abgelehnt.

Dieser Ansatz geht erheblich über die Forderungen der EU-Bioverordnung hinaus und findet sich ausschließlich im *biodynamischen* Landbau, wie er durch den *Demeter*-Verband vertreten wird. MÄRKISCHES LANDBROT ist dem Verband seit 1992 angeschlossen und arbeitet nach dessen Richtlinien. Wesentliche Aspekte einer *biodynamischen* Wirtschaftsweise sind (demeter.de, Unterschied von Bio zu Demeter 2015):

- Umstellung des Gesamtbetriebes auf die *biodynamische* Wirtschaftsweise (die EU-Bioverordnung oder Richtlinien anderer Anbauverbände ermöglichen ggf. auch die Teilumstellung eines Hofes auf biologisch kontrollierten Anbau),
- obligatorische Tierhaltung zur Nutzung von Stoffkreisläufen,
- 100 % Biofutter: mindestens 80 % der Futterration für die Wiederkäuer und mindestens 50 % des gesamten Tierfutters in *Demeter*-Qualität, mindestens 50 % des Futters vom eigenen Hof,
- Verzicht auf das schmerzhafte Enthornen der Kühe,
- Einsatz *biologisch-dynamischer* Präparate aus Kräutern, Mineralien und Kuhmist,
- *biologisch-dynamische* Saatgutzüchtung: Bei Getreide sind nur samenfeste Sorten zugelassen, weder Hybriden noch Sorten aus Zellfusionstechnik sind erlaubt.

Darüber hinaus existieren für einzelne Produktgruppen Vorgaben in Bezug auf die Zulässigkeit von Zusatzstoffen (demeter.de, Demeter Verarbeitungsrichtlinien 2014). MÄRKISCHES LANDBROT verzichtet auf die vier für Brotbäcker erlaubten Zusatzstoffe.

Ein zusätzliches Argument für den *biologisch-dynamischen* Landbau ist, dass bei weltweit kontinuierlich ansteigenden CO_2e-Emissionen die bei dieser Anbauform erhöhte

Kohlenstoffeinlagerungskapazität – auch als Kohlenstoffsenke bezeichnet – immer bedeutender wird (demeter.de, Demeter-Markenzeichen für biodynamische Qualität 2011).

2.1.1 Biodiversität

Der Schwerpunkt der von der Brotbäckerei *demeter* erzielten Leistung bei der Erhaltung der biologischen Vielfalt der Arten – auch Biodiversität genannt – liegt nicht auf dem Betriebsgelände, sondern in der Verwendung von Rohstoffen ausschließlich aus biologisch zertifiziertem Landbau. Damit ist biologische Vielfalt in der Kernwertschöpfung von MÄRKISCHES LANDBROT verankert (Bundesforschungsanstalt für Landwirtschaft FAL 2002).

Im biologischen Landbau werden verschiedene Maßnahmen im Anbau und in der Landschaftsgestaltung umgesetzt, die sich nachweislich positiv auf die biologische Vielfalt auswirken. Insbesondere fördern folgende typische Maßnahmen die Biodiversität: Verzicht auf Herbizide, Verzicht auf chemisch-synthetische Pestizide, geringere und rein organische Düngung, geringerer Viehbesatz pro Fläche, vielfältige Fruchtfolgen mit hohem Kleegrasanteil, schonende Bodenpflege (Humuswirtschaft), höherer Anteil an naturnahen Flächen, höherer Anteil wertvoller Nutz- und Ökoflächen und vielfältige Betriebsstruktur. Diese Faktoren fördern nicht nur die Biodiversität, sondern stärken auch die natürlichen Kreisläufe und steigern so den Beitrag zur Nachhaltigkeit von Biobetrieben.

2014 betrug die *biologisch-dynamisch* bewirtschaftete Ackerfläche durch den Getreideanbau für die Brotbäckerei *demeter* 590 Hektar (MÄRKISCHES LANDBROT Ökobilanz 2014, Kap. 10). Rechnet man die aufgrund der Ausbringung von Wirtschaftsdünger notwendige bewirtschaftete Fläche hinzu, liegt die Gesamtfläche um etwa 50 % höher. Dies liegt an der abwechselnden Fruchtfolge. Der Demeter-Hof Brodowin – von dem MÄRKISCHES LANDBROT u. a. beliefert wird – hat zum Beispiel eine sechsjährige Fruchtfolge: zweijähriges Kleegras, einmal Weizen, einmal Gerste, Hafer oder Dinkel, eine Blattfrucht und einmal Roggen (Berg- oder Lichtkornroggen) (Deinert 2011, S. 46).

In Kooperation mit den Bauern und dem Verein zur Erhaltung und Rekultivierung von Nutzpflanzen in Brandenburg (VERN e. V.) unterstützt MÄRKISCHES LANDBROT den Anbau verschiedener alter Getreidesorten wie Dinkel, Bergroggen und Champagnerroggen. Der Anteil des bei MÄRKISCHES LANDBROT verarbeiteten Getreides aus alten Getreidesorten lag 2014 bei 27 % (MÄRKISCHES LANDBROT Ökobilanz 2014, Kap. 10).

Zum Beispiel wird der Bergroggen, eine langstrohige alte Wildroggensorte, welche gut für die sandigen Böden Brandenburgs geeignet ist, vom Ökodorf Brodowin angebaut und bei MÄRKISCHES LANDBROT im Bergroggen- und Brodowiner-Brot verarbeitet. Der Champagnerroggen, dessen Saatgut vom Verein zur Erhaltung und Rekultivierung von Nutzpflanzen in Brandenburg (VERN e. V.) zur Verfügung gestellt wurde, ist ebenfalls als anspruchslose Roggensorte bekannt, die sich gerade auf den hiesigen Sandböden gut entwickelt und zudem mit dem geringen Wasserangebot zurechtkommt. Charakteristisch sind sein bis zu zwei Meter hoher Wuchs und die eher helleren Körner, die bei MÄRKISCHES

LANDBROT jährlich für etwa sechs bis neun Wochen in allen Roggenbroten verbacken werden (MÄRKISCHES LANDBROT Umwelterklärung 2014, S. 46).

Bisher muss der Ökolandbau meistens auf Getreidesorten zurückgreifen, die für den konventionellen Anbau gezüchtet wurden und die an die Bedürfnisse des ökologischen Landbaus nicht angepasst sind. Aus diesem Grunde unterstützen wir die *biologisch-dynamische* Saatgutzüchtung. Der Anteil an – bei MÄRKISCHES LANDBROT verarbeitetem – Getreide aus *biologisch-dynamischer* Züchtung lag 2014 bei 15 % (MÄRKISCHES LANDBROT Ökobilanz 2014, Kap. 10).

Lichtkornroggen ist eine solche *biologisch-dynamische* Neuzüchtung von Karl-Josef Müller aus Darzau. Lichtkornroggen wurde in Brodowin, Kuhhorst und auf dem Waldpferde-Hof zur Ernte 2013 angebaut. Die ebenfalls von Karl-Josef Müller entwickelte Gerstensorte Pirona wurde unmittelbar nach Zulassung bereits erfolgreich zur Ernte 2013 auf dem Waldpferde-Hof in der Märkischen Schweiz angebaut (MÄRKISCHES LANDBROT Umwelterklärung 2014, S. 46).

MÄRKISCHES LANDBROT beteiligt sich darüber hinaus an dem Gemeinschaftsprojekt des Demeter e. V. und des Forschungsring e. V.: Wertschöpfungskettenübergreifende Etablierung von Getreidesorten aus biologisch-dynamischer Züchtung in der Praxis von 2013 bis 2016. Das Projekt zielt durch Umstellung verschiedener Demeter-Betriebe aus mehreren Regionen auf biologisch-dynamische Sorten darauf ab, ein Bewusstsein über den Mehrwert dieser Sorten auf allen Ebenen der Wertschöpfungskette zu schaffen (demeter.de, Demeter-Getreideprojekt 2014). In das Projekt sind alle Beteiligten der Wertschöpfungskette eingebunden – vom Züchter über den Wissenschaftler, den Berater, den Landwirt, den Verarbeiter bis hin zum Händler. Zentrale Elemente des Projektes sind eine gezielte Beratung der Demeter-Bauern durch öffentliche Feldtage und die Vernetzung von Verarbeitungsbetrieben. MÄRKISCHES LANDBROT ist als verarbeitende Brotbäckerei für Backtests mit den angebauten Getreidesorten verantwortlich.

2.1.2 Qualitativer Bezug von Rohstoffen

Neben der *biologisch-dynamischen* Getreidequalität beachtet MÄRKISCHES LANDBROT weitere Aspekte hinsichtlich der Rohstoffqualitäten (Reihenfolge entspricht den Prioritäten): Backqualität des Getreides, Verwendung von *biologisch-dynamisch* gezüchteten Sorten (Abschn. 2.1.1), Regionalität (vgl. Abb. 1), *fair & regional Bio Berlin-Brandenburg* (Ganthen 2012 und Abschn. 2.1.3).

2.1.3 *Demeter*-Bauern

Ein fairer Umgang mit den Bauern auf Augenhöhe ist MÄRKISCHES LANDBROT sehr wichtig. In den Firmenzielen ist festgelegt: „Zu unseren Lieferanten, speziell den Landwirten, pflegen wir langfristige, faire und persönliche Beziehungen" (MÄRKISCHES LANDBROT Firmenziele 2007, S. 2).

Um dieses Ziel zu erreichen, sind der *Runde Tisch Getreide* (vgl. Abschn. 2.1.3.1) und eine enge Zusammenarbeit mit „fair & regional"-Partnerbetrieben in Berlin-Brandenburg (vgl. Abschn. 2.1.3.2) in den Unternehmensstrukturen fest verankert.

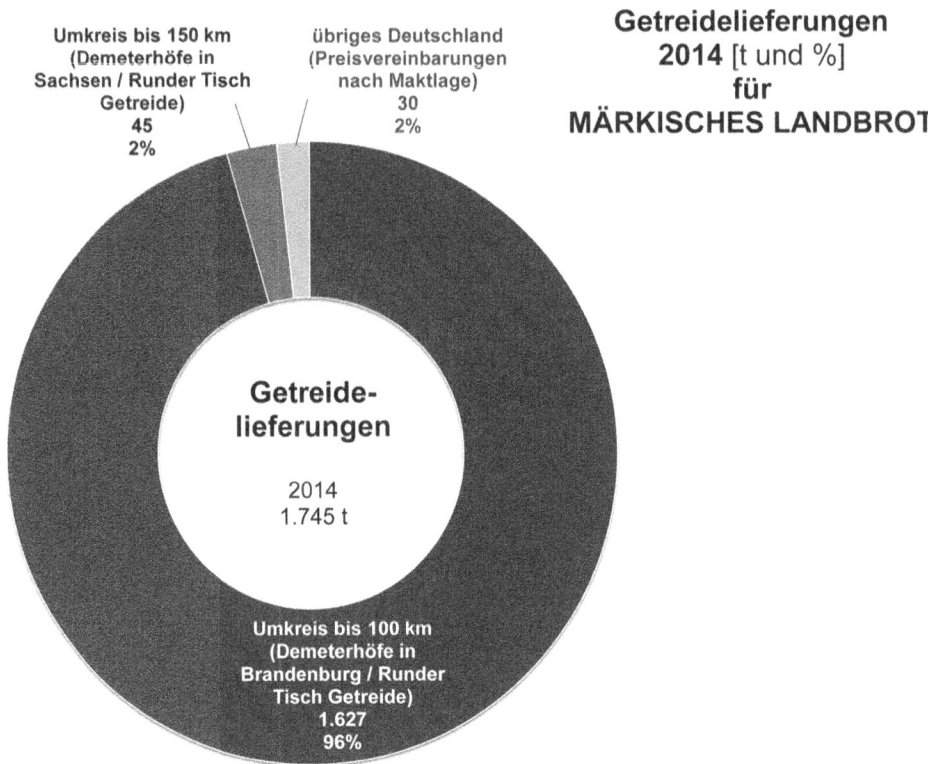

Abb. 1 Getreidebezug MÄRKISCHES LANDBROT 2014, Brandenburg und Sachsen: Preisvereinbarung am Runden Tisch Getreide; übriges Deutschland und Europa: Marktpreise (MÄRKISCHES LANDBROT Ökobilanz 2014, Absatz 5.1)

Runder Tisch Getreide

Obwohl der Bauer als erstes Glied der Wertschöpfungskette selbst die Preise für seine Erzeugnisse entsprechend einer kostendeckenden Kalkulation festlegen können sollte, sieht die Realität in der Regel anders aus. Das zeigen nicht zuletzt viele Diskussionen um die Fairness von Milchpreisen, die durch die Marktmacht von weiterverarbeitenden Molkereien unter Druck geraten. In der Öffentlichkeit nicht so präsent, aber ähnlich dramatisch, geht es bei den übrigen bäuerlichen Produkten wie Fleisch, Gemüse und Getreide zu. Auch hier stehen die regionalen Bauern mit großindustriellen, auch internationalen Produzenten im Wettbewerb (MÄRKISCHES LANDBROT Märkisches Land Bote 2015, S. 1).

So bietet – neben den jährlichen Besuchen bei den Bauern durch die Betriebsleiterin und einen Geschäftsführer von MÄRKISCHES LANDBROT – auch der einmal im Jahr bei MÄRKISCHES LANDBROT stattfindende *Runde Tisch Getreide* die Möglichkeit, sich auszutauschen. Hieran nehmen alle regionalen Bauern teil, die MÄRKISCHES LANDBROT beliefern. Auch für andere *Demeter*-Bäcker ist die Runde offen. Seit 2014 sind alle *Demeter*-Bäcker aus der Region Berlin-Brandenburg vertreten. Der *Runde Tisch Getreide* ist der Ort, an dem gemeinsam kritisch Getreidequalitäten diskutiert werden und ein Abgleich zwischen erwarteten Erntemengen der Landwirte und den zu verarbeitenden Mengen der Bäcker stattfindet.

Die lange Jahre praktizierte Zusage von Getreidepreisen im oberen Drittel des Marktpreises wurde am *Runden Tisch Getreide* 2009 aufgegeben. Hier wurde gemeinsam beschlossen, sich bei der Preisfindung unabhängig von schwankenden Marktpreisen zu machen. Diese spiegeln weder die Bedürfnisse der Landwirte noch die der Bäcker wider und werden lediglich von Nachfrage und Angebot auf den Weltmärkten bestimmt. Heute legen die Bauern gemeinsam die Rohstoffpreise fest, die ihnen Planungssicherheit, ein gutes Einkommen sichern sowie angemessene Rohstoffpreise für die Bäcker sind (Ganthen 2014).

fair & regional Bio Berlin-Brandenburg

2007 wurde die Initiative *fair & regional Bio Berlin-Brandenburg* ins Leben gerufen. Träger ist seit Juni 2012 der *Märkische Wirtschaftsverbund e. V.* Es handelt sich hierbei um einen regionalen Zusammenschluss von Erzeugern, Verarbeitern und Händlern biologischer Lebensmittel in Berlin und Brandenburg. In der „fair & regional"-Charta werden Maßstäbe für den Erhalt und die Förderung einer stabilen Wertschöpfungskette festgelegt. Gemeinsam mit der TU Berlin war MÄRKISCHES LANDBROT maßgeblich an der Gründung der Initiative und der Verfassung der Charta beteiligt (Ganthen et al. 2008).

Ziel war es nicht – analog üblicher Fair-Konzepte –, einen pauschalen Aufschlag auf die Erzeugerpreise der Bauern zu vereinbaren, sondern eine Partnerschaft auf Augenhöhe zu etablieren (Abb. 2).

Seit 2013 sind in der Satzung von *fair & regional Bio Berlin-Brandenburg* auch *Runde Tische* nach dem Vorbild von MÄRKISCHES LANDBROT verankert. Als Partnerbetrieb von *fair & regional Bio Berlin-Brandenburg* darf sich nur bezeichnen, wer durch die beliefernden Partnerbetriebe in einer anonymen Wahl einstimmig zum fairen Handelspartner erklärt wurde. So entscheiden die Bauern mit ihrer Stimme, ob MÄRKISCHES LANDBROT das „fair & regional"-Partnerlogo tragen darf (Abb. 3).

Weitere Voraussetzungen für die Nutzung des Partnerlogos sind die Mitgliedschaft im *Märkischen Wirtschaftsverbund e. V.* – und damit die Verpflichtung zur Unterzeichnung der „fair & regional"-Charta – sowie mindestens eines *fair & regional* zertifizierten Produktes im Sortiment.

Im Gegensatz zum Partnerlogo, das einem Betrieb zugeordnet wird, gilt das Produktlogo ausschließlich für Produkte: 100 % der landwirtschaftlichen Hauptzutat (Getreide bei Brot und Backwaren, Fleisch bei Fleisch- und Wurstwaren, Milch bei Molkereiprodukten, Obst und Gemüse bei Saft und Konserven) müssen von Mitgliedern des Vereins und nach den Richtlinien eines Bioanbauverbandes erzeugt worden sein (fair-regional.de 2015; Abb. 4).

fair & regional Charta

Fair handeln:
Unser Ziel ist ein faires Handeln in wirtschaftlicher Gegenseitigkeit auf dem gesamten Weg, den Lebensmittel vom Acker bis zum Teller zurücklegen.

Regional arbeiten:
Die Mitglieder von fair & regional haben ihren wirtschaftlichen Mittelpunkt in der Region Berlin-Brandenburg. Sie erzeugen, verarbeiten, kaufen und verkaufen ihre Waren nach Möglichkeit in dieser Region.

Handeln und vermarkten:
Die fair & regional Mitglieder versorgen den Verbraucher mit ökologischen und regionalen Produkten und Dienstleistungen unter der Maßgabe von fairen und gerechten Preisen in der gesamten Wertschöpfungskette (Produktion, Logistik, Verarbeitung und Handel).

Nachhaltiges Wirtschaften:
Die Wirtschaftsbeziehungen der fair & regional Mitglieder sind auf Verlässlichkeit und Langfristigkeit ausgerichtet. In regelmäßigen Fachforen (z.B. Milch, Gemüse, Getreide) wird das regionale Warenangebot auf den regionalen Bedarf angepasst.

Transparent handeln:
Die fair & regional Mitglieder legen auf Anfrage in den jeweiligen Fachforen relevante Waren- und Informationsflüsse (Teilnehmer, Herkunft, Mengen, Kosten) offen und kommunizieren ihre Leistungen und Aktivitäten (Gemeinwohl, Umwelt, Wirtschaftsbeziehungen) in geeigneter Form nach außen.

Solidarisch handeln:
Sollte die Liefer- und Leistungsfähigkeit eines Mitgliedes aufgrund widriger Umstände (Ernte, Klima etc.) eingeschränkt sein, sind die Mitglieder bestrebt, eine solidarische Ausgleichsregelung zu finden.

Umweltgerecht handeln:
Die fair & regional Mitglieder verpflichten sich zu einem ressourcenschonenden und verantwortungsvollen Umgang mit der Natur durch ökologischen Landbau und möglichst energiesparende Betriebsmittel (z.B. natürliche Verpackungsmaterialien).

Abb. 2 Charta fair & regional Bio Berlin-Brandenburg (Märkischer Wirtschaftsverbund 2012, S. 2–3)

Abb. 3 Partnerlogo
fair & regional Bio
Berlin-Brandenburg

Abb. 4 Produktlogo
fair & regional Bio
Berlin-Brandenburg

2.2 Innerbetriebliche Unternehmensverantwortung

2.2.1 Ökologie

Grundlage ökologischer Nachhaltigkeit – die Umweltbilanzierung
In den Firmenzielen der Brotbäckerei *demeter* ist zu lesen:

- „Wir verarbeiten 100 % ökologisch zertifizierte Rohstoffe zu 100 % ökologischen Produkten.
- Unsere Produktion ist an ökologischen Grundsätzen ausgerichtet.
- Wir arbeiten nach den Grundsätzen unserer Firmenziele, des Umweltmanagementsystems – Öko Audit – und denen einer lernenden Organisation" (MÄRKISCHES LANDBROT Firmenziele 2007, S. 2–3).

Um diese Firmenziele zu erreichen arbeiten die Bäcker seit 1981– in diesem Jahr kaufte Joachim Weckmann die bis dahin konventionell arbeitende Lieferbäckerei – mit einem *Total Quality Environmental Management* (*TQEM*). Das *TQM* (*Total Quality Management*) ist ein Ansatz, der Qualität als Maxime in den Mittelpunkt stellt und davon ausgeht, dass höhere Qualität Kunden zufriedenstellt und den Nutzen für die Mitarbeiter sowie für die Gesellschaft erhöht und damit langfristigen Geschäftserfolg garantiert. Das Managementkonzept *TQEM* integriert Umweltaspekte in die Kernstrategien des Unternehmens. Es ist die Verknüpfung von Umweltmanagement (*UMS*) und *TQM*. Mit dem Slogan „Es gibt immer einen Anfang für das Bessere" dokumentiert MÄRKISCHES LANDBROT seine Bemühungen um einen *kontinuierlichen Verbesserungsprozess* (*KVP*) (MÄRKISCHES LANDBROT Ökobilanz 2014).

1992 beschloss die Europäische Gemeinschaft, ein freiwilliges managementorientiertes Instrument – *EMAS* (*Eco-Management and Audit Scheme,* auch unter dem Namen *Öko-Audit* bekannt) – zu entwickeln, mit dessen Hilfe eine nachhaltige Wirtschaftsweise gefördert würde und das zu einer kontinuierlichen Verbesserung der Umweltleistung von Unternehmen führen sollte (Pape 2003, S. 127 ff.). *EMAS* ist ein Gemeinschaftssystem für das freiwillige Umweltmanagement und die Umweltbetriebsprüfung der Europäischen Union.

In diesem Sinne erschien *EMAS* ein geeignetes Instrument für die Brotbäckerei *demeter* zu sein, um ein *UMS* auszurichten. Um die Umsetzung der *EMAS*-Verordnung in einem mittelständischen Unternehmen zu erproben und eine Systematik zur Vorgehensweise bis hin zur Validierung zu entwickeln, förderte die Berliner Senatsverwaltung für Wirtschaft und Technologie von Juni 1994 bis November 1995 das *Öko-Audit*-Modellprojekt an dem MÄRKISCHES LANDBROT teilnahm (IÖW 1995). So wurde die Bäckerei das erste bei der IHK Berlin registrierte Unternehmen (Registernummer DE-107-00001) und der erste *EMAS*-registrierte Lebensmittelhersteller in Europa (emas-register.de 2015).

Analog zum *TQM*, das einen *kontinuierlichen Verbesserungsprozess (KVP)* im Wirkungsfeld Qualität entfalten soll, liegt bei *EMAS* der Schwerpunkt des *KVP* auf der Verbesserung der Umweltleistung des Unternehmens (Deinert et al. 2012, S. 221). Dabei bilden die Basis die Umweltpolitik und die Umweltleitlinien des Unternehmens. Mitarbeiter sind aktiv einzubeziehen, z. B. in die regelmäßig durchzuführenden betrieblichen Audits, in der Festlegung der Umweltauswirkungen des Betriebs oder bei der Erstellung des jährlichen Umweltprogramms.

Um die Funktionsfähigkeit des Systems auch extern zu überprüfen, werden zur Einführung eine externe Validierung und weiterführende Revalidierungen durch einen zugelassenen Umweltgutachter gefordert. Nach erfolgreichem Bestehen des externen Audits erhält das Unternehmen die *EMAS*-Validierung von der zuständigen Stelle (Handwerks- oder Industrie- und Handelskammer).

Dabei entwickelt sich der kontinuierliche Verbesserungsprozess des Umweltmanagementsystems, ausgehend von der Einhaltung des geltenden Umweltrechtes (*legal compliance*), spiralförmig zu einer kontinuierlich verbesserten Umweltleistung des Unternehmens weiter und bedient sich in einem Jahreszyklus verschiedener Managementinstrumente (Deinert et al. 2012, S. 221).

Ausgangspunkt für den *KVP* ist eine Betriebsanalyse, die auf einer betrieblichen Stoff- und Energieflussbilanz beruht. Dabei werden jährlich alle umweltrelevanten Stoff- und Energieströme in einem betriebsspezifischen Umweltkontenrahmen erfasst und mittels einer an das Rechnungswesen angelehnten Input- und Outputrechnung dokumentiert. Durch den Vergleich mit den absoluten Vorjahreswerten lassen sich Veränderungen der Stoff- und Energieströme aufzeigen. Daraus entwickelte betriebsspezifische Kennzahlen lassen dagegen Effizienzbetrachtungen aus einer ökologischen Perspektive zu. Sie drücken Verhältnisse aus (Gliederungs-, Beziehungs- und Messzahlen) und sind damit von den absoluten Zahlen aus einer rein betriebswirtschaftlichen Bilanz zu unterscheiden (Deinert et al. 2012, S. 221). Die kontinuierliche Fortschreibung von betriebsspezifischen Kennzahlen im Sinne eines Umweltcontrollings ermöglicht das Erkennen von ungewollten Entwicklungen, die Steuerung und Kontrolle des Unternehmens und ein überbetriebliches Benchmarking.

Das Ergebnis des *KVP*, also die Umweltperformance wird von MÄRKISCHES LANDBROT mithilfe der jährlichen Umweltbilanz, des jährlichen Umweltprogramms und alle drei Jahre durch eine Umwelterklärung dokumentiert und veröffentlicht.

Im Vorfeld des *EMAS*-Modellprojektes wurde 1993 eine zunächst auf den alten Unternehmensstandort von MÄRKISCHES LANDBROT bezogene Umweltbilanz erstellt (IÖW 1993). Diese wurde in Verbindung mit den Energiekurzanalysen (Deinert und Wüst 1993) auf eine auf den heutigen Standort bezogene betriebliche Umweltbilanzierung erweitert.

Die bis ins Jahr 1991 zurückreichenden Umweltbilanzdaten und die nunmehr seit über 20 Jahren weiterentwickelte betriebliche Umweltbilanz und Umweltkostenrechnung ermöglichen eine umfassende Einschätzung der Entwicklung wirtschaftlicher und ökologischer Aspekte der Unternehmenstätigkeit (Deinert et al. 2012, S. 221).

Mit dem Umzug der Betreiber-Nutzer-Gesellschaft (*BNG*) in die Bergiusstraße Ende 1993 und den in diesem Zusammenhang durchgeführten Maßnahmen sank der Primärenergiebedarf von 2760 MWh/a auf 1434 MWh/a (Zahlen beziehen sich auf die gesamte *BNG* – ohne die energie- und emissionsoptimierte Verkehrsabwicklung). Damit verringerte sich der Ausstoß von CO_2 innerhalb von zwei Jahren von 1426 t CO_2e/a auf 598 t CO_2e/a entsprechend um 58 % (Deinert und Wüst 1996).

Aus Gründen der Übersichtlichkeit beginnt die heutige Dokumentation der Umweltbilanzierung erst nach dem Umzug der Brotbäckerei *demeter* in die Bergiusstraße. Die Bilanzwerte von 1994 lagen – nach der energetischen Komplettsanierung des Betriebes – auf einem wesentlich besseren energetischen Niveau, als dies dem damaligen gesetzlichen Standard entsprach.

Ein Ergebnis der Umweltbilanzierung ist auch der *Corporate Carbon Footprint* (*CCF*), also der auf das gesamte Unternehmen bezogene CO_2e-Fußabdruck, der einen zentralen Baustein der jüngsten Bemühungen hinsichtlich der Ermittlung der produktbezogenen CO_2e-Fußabdrücke der gesamten Wertschöpfungskette (*Product Carbon Footprint* oder *PCF*) (vgl folgende. Abschn.) darstellt (Deinert und Pape 2011).

Als Maßstab ökologischer Nachhaltigkeitsperformance dienen neben dem Ressourcenverbrauch im Wesentlichen die Emissionen eines Betriebes, also die Menge der Stoffe, die emittiert werden und welche Luft, Wasser oder Boden verschmutzen. Am eindrücklichsten lässt sich diese Performance an der Emissionsquote darstellen. Die Emissionsquote

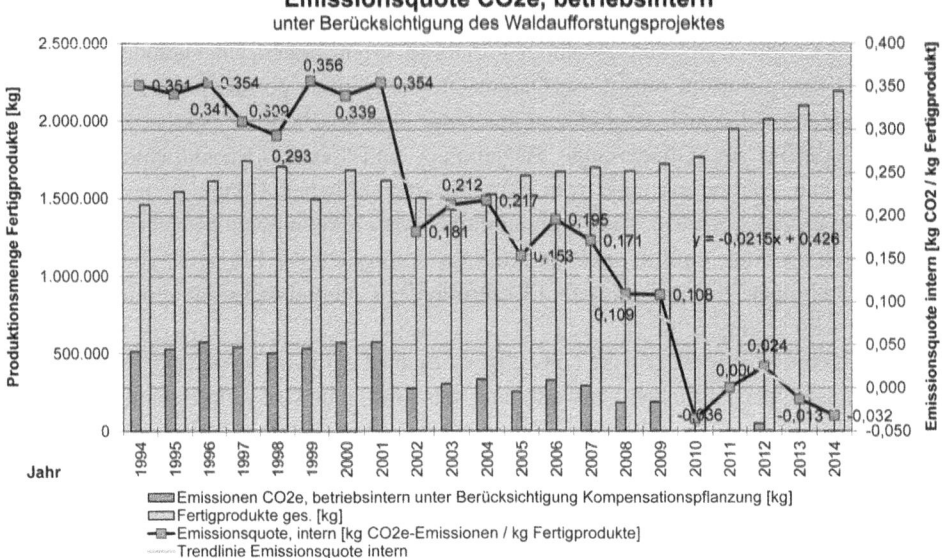

Abb. 5 Emissionsquote betriebsintern unter Berücksichtigung des Waldaufforstungsprojektes (MÄRKISCHES LANDBROT Ökobilanz 2014, Absatz 2.5.1.3)

betriebsinterner Emissionen von MÄRKISCHES LANDBROT lag 2014 bei – 32 g CO_2e je kg Fertigprodukt. Seit der vollständigen Umstellung auf Erdgas ist MÄRKISCHES LANDBROT damit seit 2013 – wie bereits in den Jahren 2010 und 2011 – CO_2e-neutral (vgl. Abb. 5).

Der PCF – die Methodik bei MÄRKISCHES LANDBROT

In Kooperation mit der Hochschule für Technik und Wirtschaft Berlin (Schumacher 2009) und der Hochschule für nachhaltige Entwicklung Eberswalde (Gollnow 2008; Pampel 2010) untersuchte MÄRKISCHES LANDBROT, welche Treibhausgase im Rahmen der Herstellung von Sonnenblumenbrot entlang der gesamten Wertschöpfungskette entstehen und wie die Konsumenten die Treibhausgasentstehung durch ihr eigenes Konsumverhalten beeinflussen. Die so gesammelten Daten bilden die Grundlage für die Erstellung von *PCF* aller Eigenprodukte der Brotbäckerei *demeter*.

Hierzu wurde von MÄRKISCHES LANDBROT eine spezielle Methode entwickelt, die die Umweltbilanzierung mit der Rezepturverwaltung der Backwaren und dem Konsumverhalten der Verbraucher verbindet. Die Methodik wurde 2011 veröffentlicht (Deinert und Pape 2011).

Der *PCF* ist ein Instrument des *UMS*, das es erlaubt, negative produktspezifische Emissionsveränderungen aufzudecken und im Rahmen der Qualitätssicherung zu bearbeiten. Die Ergebnisse der *PCF*-Berechnungen gehen seit 2008 in die Umweltbilanz (MÄRKISCHES LANDBROT Ökobilanz 2014, Abschn. 2.5.5) ein.

> Im Sinne einer ökonomischen, ökologischen und sozialen Ausgeglichenheit bedeutet **Nachhaltiges Wirtschaften** für MÄRKISCHES LANDBROT (Prioritäten gemäß Reihenfolge):
>
> - Die **wirtschaftliche Größe** von MÄRKISCHES LANDBROT ist ausreichend. Von Seiten der Geschäftsführung bestehen keine Zielvorgaben für eine Ausweitung des Unternehmens. Die Unternehmensziele liegen in einer weiteren Verbesserung von **Produktqualität** und **Nachhaltigkeit** der Brotbäckerei demeter.
> - Mindestens zehn Prozent des Jahresüberschusses nach Steuern werden für **Spenden und Sponsoring** von ökologischen und sozialen Projekten ausgegeben.
> - Die **Eigenkapitalquote** von MÄRKISCHES LANDBROT liegt bei mindestens 50 Prozent (Verhältnis von Eigenkapital zur Bilanzsumme).
> - Das Eigenkapital des Unternehmens wird gegenüber Kapitalgebern mit maximal zehn Prozent verzinst (**Eigenkapitalverzinsung**).
> - Ein Zahlungsmittelüberschuss der wirtschaftlichen Leistung (**operativer Cashflow**) von mehr als 15 Prozent ist – zugunsten der ökologischen und sozialen Nachhaltigkeit – nicht gewollt.
>
> Bei Unter- bzw. Überschreiten der Grenzwerte wird von der Geschäftsführung entsprechend gegengesteuert.

Abb. 6 Nachhaltiges Wirtschaften im Verständnis von MÄRKISCHES LANDBROT (MÄRKISCHES LANDBROT Nachhaltiges Wirtschaften 2015)

2.2.2 Ökonomie

Ziel der ökonomischen Nachhaltigkeitsstrategie eines Unternehmens sollte nach unserer Auffassung nicht das Abschöpfen von Kapital durch die Eigentümer oder Anteilseigner sein. Vielmehr geht es darum, mit dem erwirtschafteten Ertrag die ökologische, ökonomische und soziale Stabilität eines Unternehmens zu sichern (vgl. Abb. 6).

Der von MÄRKISCHES LANDBROT erwirtschaftete Gewinn wird vollständig in das Unternehmen reinvestiert oder an die Stakeholder – wie beispielsweise an die Bauern in Form höherer Rohstoffpreise – ausgeschüttet. Dabei arbeitet die Brotbäckerei *demeter* mit den ökonomischen Steuerungskennzahlen: Spendenaufkommen, Eigenkapitalquote, Eigenkapitalverzinsung und operativem Cashflow.

Das Spendenaufkommen und die Auftragsvergabe an soziale Organisationen lagen 2013 bei 3,2 % vom Umsatz und weit über 10 % vom Jahresüberschuss nach Steuern. Ende 2013 betrug die Eigenkapitalquote von MÄRKISCHES LANDBROT 57 %. Zwischen 2011 und 2013 lag die Eigenkapitalverzinsung real bei 6 %. Der operative Cashflow betrug Ende 2013 8 % (MÄRKISCHES LANDBROT Gemeinwohl-Bericht 2015, S. 14-15).

2.2.3 Soziales

Soziale Verantwortung haben Unternehmen in Bezug auf die Qualität der hergestellten Produkte, die im Betrieb beschäftigten Arbeitskräfte sowie für das wirtschaftliche Umfeld des Unternehmens und das Gemeinwesen wahrzunehmen.

2.2.3.1 Produkte

Mit Blick auf *Corporate Social Responsibility* liegt bei Lebensmitteln, insbesondere bei Grundnahrungsmitteln, die Verantwortung vor allem darin, schadstofffreie und gesunde Lebensmittel herzustellen, ohne den Lebensraum des Menschen zu schädigen.

MÄRKISCHES LANDBROT geht bei der Qualität keine Kompromisse ein. Die gesunde Ernährung steht im Vordergrund: mit der höchsten Rohstoffqualität (*biologisch-dynamische*, gentechnikfreie Rohstoffe), einem möglichst hohen Vollkornanteil, der Vermahlung auf langsam mahlenden Getreidemühlen (Bewahrung der licht- und sauerstoffempfindlichen Aroma- und Vitalstoffe), der Verarbeitung von Sauerteigen und Backfermenten, der Verarbeitung von Keimlingen, Röstbrot, Quell-, Brüh- und Kochstücken zur Frischhaltung (Vermeidung von Backzusatz und -hilfsstoffen) und der Verwendung von Quellwasser aus eigenem Brunnen (Vermeidung von Medikamentenrückständen im Brot) (MÄRKISCHES LANDBROT Backstube 2015). Bei der Herstellung verbindet MÄRKISCHES LANDBROT die Kompetenz gelernter Bäcker mit der Effizienz moderner Anlagen.

2.2.3.2 Arbeitsplatz

MÄRKISCHES LANDBROT setzt sich für eine fortwährende Verbesserung der Arbeitsbedingungen (*KVP*) ein. Der Respekt gegenüber den Leistungen der Mitarbeiter äußert sich nicht nur im Lob und nicht nur in guten Beschäftigungsbedingungen, sondern insbesondere auch in übergesetzlichen Leistungen für die Mitarbeiter. Es gilt eine Fünf-Tage-Woche bei einer Wochenarbeitszeit von 38 h. Bezogen auf die insgesamt vertraglich vereinbarten Arbeitsstunden bei MÄRKISCHES LANDBROT wird ein Anteil von 46% auf freiwilliger Basis im Rahmen von Teilzeitbeschäftigung erbracht. (MÄRKISCHES LANDBROT Gemeinwohl-Bericht 2015, S. 21).

Als Mitglied des Arbeitgeberverbandes des Bäckerhandwerks unterliegt MÄRKISCHES LANDBROT dem Entgelttarifvertrag zwischen dem Arbeitgeberverband und der Gewerkschaft Nahrung-Genussmittel-Gastronomie (NGG-Landesbezirk Ost, gültig seit 01.01.2015). MÄRKISCHES LANDBROT entlohnt seine Mitarbeiter als Handwerksbäckerei grundsätzlich in der Mitte zwischen den Tarifen des Bäckerhandwerks und der Brot- und Backwarenindustrie. Das gilt auch für Leiharbeitnehmer (vgl. MÄRKISCHES LANDBROT Löhne und Gehälter 2015). Seit dem 01.10.2010 zahlt MÄRKISCHES LANDBROT einen Mindestlohn von 10 € brutto je Stunde für alle Beschäftigten. Zur Firmenpolitik gehört es, die Spreizung zwischen dem niedrigsten sozialversicherungspflichtigen zum höchsten Bruttolohn auf max. 1:10 zu begrenzen. In dem Zeitraum zwischen 2011 und 2013 entsprach der Faktor rechnerisch 1:5, inkl. Prämien und Boni (MÄRKISCHES LANDBROT Gemeinwohl-Bericht 2015, S. 25-26).

Allen Bäckern wird ab einer täglichen Arbeitszeit über sechs Stunden zusätzlich zu den gesetzlichen Pausenzeiten eine vergütete Pause von 15 Minuten gewährt.

Alle Arbeitnehmer der Brotbäckerei *demeter* erhalten – unabhängig von der Dauer ihrer Betriebszugehörigkeit – eine übertarifliche jährliche Sonderzahlung (Urlaubs- und Weihnachtsgeld) in Höhe eines Bruttogehalts (13. Monatsgehalt).

Die Arbeitnehmer werden darüber hinaus an guten Geschäftsergebnissen in Form einer Jahresprämie beteiligt. Für 2013 wurden z. B. 38.000 € ausgeschüttet (MÄRKISCHES

LANDBROT Erfolgsprämien 2015). Über die Verteilung der Prämie wird jeweils eine Betriebsvereinbarung geschlossen.

MÄRKISCHES LANDBROT gewährt allen Mitarbeitern nach Ablauf von zwei Jahren – im ubrigen unabhängig von der Dauer der Betriebszugehörigkeit und vom Alter- einen übertariflichen Urlaubsanspruch von 30 Arbeitstagen.

Leiharbeitnehmer werden grundsätzlich nur eingesetzt, wenn es unbedingt erforderlich ist. Sie erhalten die gleichen Nettolöhne, wie fest angestellte Mitarbeiter. In den Jahren 2012 und 2013 wurde kein, im Jahr 2014 ein Mitarbeiter (zwei Monate Ersatz für erkrankten Mitarbeiter) als Leiharbeitnehmer beschäftigt (*MÄRKISCHES LANDBROT* Gemeinwohl-Bericht 2015, S. 21). Durch einen hohen Anteil Teilzeitbeschäftigter können Krankheits- und Urlaubsausfälle in der Regel durch Stammarbeitnehmer aufgefangen werden.

Die Größe des Unternehmens und die Konzentration auf das Kerngeschäft erfordern es, einige betriebs- bzw. fachfremde Leistungen (Kommissionierung, Logistik und Bauleistungen, Schulungen, Beraterleistungen, Personaltrainer, Hygienekontrolle) an Fremdfirmen zu vergeben. Das Unternehmen stellt bei sogenanntem *drittbezogenen* Personaleinsatz eine angemessene Vergütung der Arbeitnehmer sicher.

Seit 1993 unterstützt ein Betriebsrat die nachhaltige Unternehmensentwicklung.

Mit einer Quote von kontinuierlich unter 8 % seit 2005 ist die Fluktuationsrate bei MÄRKISCHES LANDBROT im deutschlandweiten Vergleich des Mittelstandes gering und die Mitarbeiterbindung gut. Die durchschnittliche Beschäftigungsdauer der Mitarbeiter – ohne Berücksichtigung studentischer Hilfskräfte und Auszubildender – lag im August 2012 bei elf Jahren (vgl. MÄRKISCHES LANDBROT Nachhaltigkeits-Indikatoren 2015).

2.2.3.3 Gemeinwesen – im Kiez, in der Region und global

MÄRKISCHES LANDBROT engagiert sich außerhalb des Kerngeschäftes für nachhaltige Projekte im Kiez, in der Region, dem Land und auch international. Die Spendenliste wird im „Gemeinwohl-Bericht" (vgl. Abschn. 4) veröffentlicht (MÄRKISCHES LANDBROT Gemeinwohl-Bericht 2015, S. 43-45). Einzelne, ausgewählte Projekte werden auf der Website beschrieben (vgl. MÄRKISCHES LANDBROT Soziales 2015).

Eine zentrale Aufgabe von Unternehmen ist darüber hinaus die Gewährleistung von Transparenz gegenüber den Stakeholdern. Die Brotbäckerei *demeter* wird dieser Aufgabe mit unterschiedlichen Instrumenten gerecht:

- Einhaltung von Standards, wie z. B. *Demeter*, *EMAS*,
- Nutzung von Standards zur Berichterstattung, wie z. B. *GRI*, *DNK*, *GWÖ* (vgl. Abschn. 3),
- Offenlegung aller wesentlichen Informationen zu MÄRKISCHES LANDBROT auf der Website, wie z. B. Firmenziele, vollständige Zutatendeklaration mit Herkunftsbeschreibungen, Ergebnisse des *UMS*, Verhandlungsergebnisse *Runder Tisch Getreide*, Kostenstruktur des Unternehmens, Sozialkennzahlen im Managementreview, Ofenlegung von Kooperationen, Lobbyismus und Spenden.

2.3 Unternehmensverantwortung von der Auslieferung bis zum Konsumenten

2.3.1 Fuhrunternehmen

Wir arbeiten langjährig mit regional ansässigen Fuhrunternehmen zusammen, die für die Kommissionierung und Auslieferung der Backwaren verantwortlich sind. 13 % der von MÄRKISCHES LANDBROT weitergegebenen ökonomischen Werte sind 2013 in die Auslieferung geflossen (vgl. MÄRKISCHES LANDBROT Weitergegebene Werte 2015).

Gemeinsam erarbeiteten wir ökologische und soziale Kriterien, an denen die Fuhrunternehmen ausgerichtet werden. Seit 2008 besteht die Pflicht zum Einsatz von erdgasbetriebenen Fahrzeugen bei Neuanschaffungen. So wurden 2014 etwa 63 % der Lieferwege mit Erdgasfahrzeugen zurückgelegt (MÄRKISCHES LANDBROT Ökobilanz 2014, Abschn. 2.5.2). Seit 2012 gelten das Verbot der Beschäftigung von Subunternehmern und die vorgabe für Einhaltung des Mindestlohnes von 8,50 € brutto je Stunde für ungelernte Mitarbeiter. Die entstehenden Mehrkosten für den Erdgasbetrieb der Neufahrzeuge und den Mindestlohn trägt MÄRKISCHES LANDBROT (MÄRKISCHES LANDBROT Gemeinwohl-Bericht 2015, S. 11). Die Fuhrunternehmen haben so keinen Anreiz zur Vergabe von Aufträgen an (Solo-)Subunternehmer aus Kostengründen. Das Recht zur Nachprüfung dieser Vereinbarungen in den Buchhaltungsunterlagen der Fuhrunternehmer ist MÄRKISCHES LANDBROT vertraglich zugesichert.

2.3.2 Handel

MÄRKISCHES LANDBROT ist eine Lieferbäckerei, hat also keine eigenen Verkaufsstellen. Die Brotbäckerei *demeter* hat sich bewusst für den ökologischen Fachhandel (Umsatzanteil 2013: 82 %) entschieden. Hier finden sich zwar auch die Marktgesetze aus der Wirtschaft wieder, der Rahmen und die Gesetzmäßigkeiten dieses Marktes sind aber deutlich an den Grundsätzen Fairness und Transparenz ausgerichtet (vgl. Abb. 7).

2.3.3 Konsumenten

Als Lieferbäckerei ohne eigenen Verkauf haben wir mit den Konsumenten direkten Kontakt über Verkaufsaktionen und durch öffentliche Führungen durch die Brotbäckerei *demeter*. 2013 haben über 10.000 Menschen das Angebot genutzt, um sich in Neukölln und Pankow die Backstuben anzusehen (MÄRKISCHES LANDBROT Managementreview 2015, Abschnitt Betriebsführungen).

Darüber hinaus werden Kunden und Verbraucher über die Kundenzeitschrift *Märkisches Land Bote*, die *Brotfibel* und viele andere Veröffentlichungen regelmäßig über aktuelle Themen informiert. Dies schließt das Engagement in ökologisch und sozial orientierten Themenfeldern mit ein.

Gemeinsam mit den Konsumenten (vgl. Abschn. 2.2.1.2) möchte MÄRKISCHES LANDBROT die *PCF – Product Carbon Footprints* oder auch CO_2e-Fußabdrücke genannt – der Brote senken. Dazu wurden die Wertschöpfungskette sowie die Daten einer

Abb. 7 Aufschlüsselung des von MÄRKISCHES LAND-BROT 2013 erwirtschafteten Wertes bezogen auf Kundensegmente (nach Umsatz), in der Darstellung sind unter „Sonstige" die Umsätze von Kindergärten, Kinderläden, Kantinen, Hotels, Gaststätten, Wochenmärkten, Food-Coops und diversen Verkaufsstätten zusammengefasst (MÄRKISCHES LANDBROT Wertschöpfung 2015)

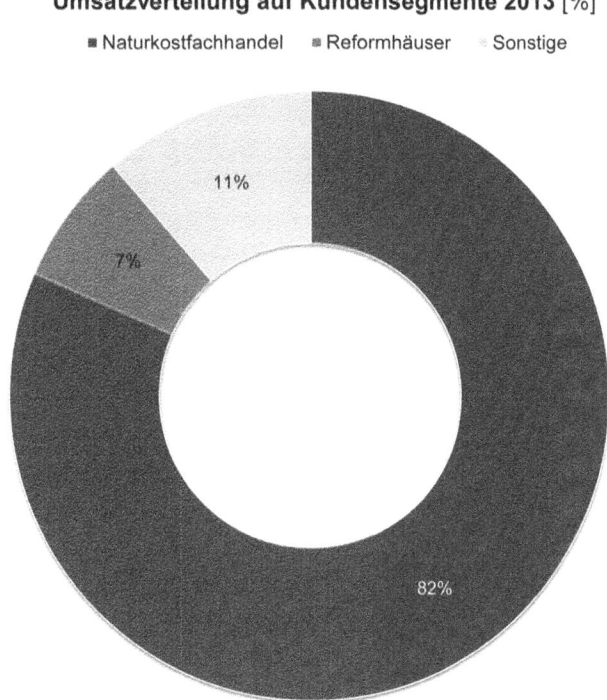

Konsumentenumfrage analysiert und in einem Webtool für die *PCF* aller Eigenprodukte von MÄRKISCHES LANDBROT verarbeitet (Deinert und Pape 2011). So entstand ein Tool, mit dem der Endverbraucher sein Konsumverhalten auf der Website von MÄRKISCHES LANDBROT eingeben und herausfinden kann, welchen Anteil am gesamten *PCF* sein eigenes Konsumverhalten verursacht (vgl. Abb. 8).

Der mittlere *PCF* von Brot aus der Brotbäckerei *demeter* über die gesamte Wertschöpfungskette vom Bauern bis zum Teller lag 2014 bei 911 g CO_2e/kg. Davon entfielen 62 % unmittelbar auf den Konsumenten (MÄRKISCHES LANDBROT Ökobilanz 2014, Abschn. 2.5.5).

2.3.4 Vernetzung mit Akteuren

Die Vernetzung mit unterschiedlichen Akteuren aus der Wertschöpfungskette, aber auch aus Politik und Gesellschaft sind eine wichtige Zielsetzung: Gemeinsam denken, handeln und schaffen, ist das Credo von MÄRKISCHES LANDBROT. In zahlreichen Bündnissen, Interessengemeinschaften, Verbänden, Netzwerken und Kooperationen vertritt das Unternehmen seine Vorstellungen, Anliegen und Visionen zu einer für Mensch und Natur verträglichen und nachhaltigen Wirtschaftsweise. Die wesentlichen Kooperations- und Netzwerkpartner sind auf der Website aufgeführt (vgl. MÄRKISCHES LANDBROT Netzwerke 2015).

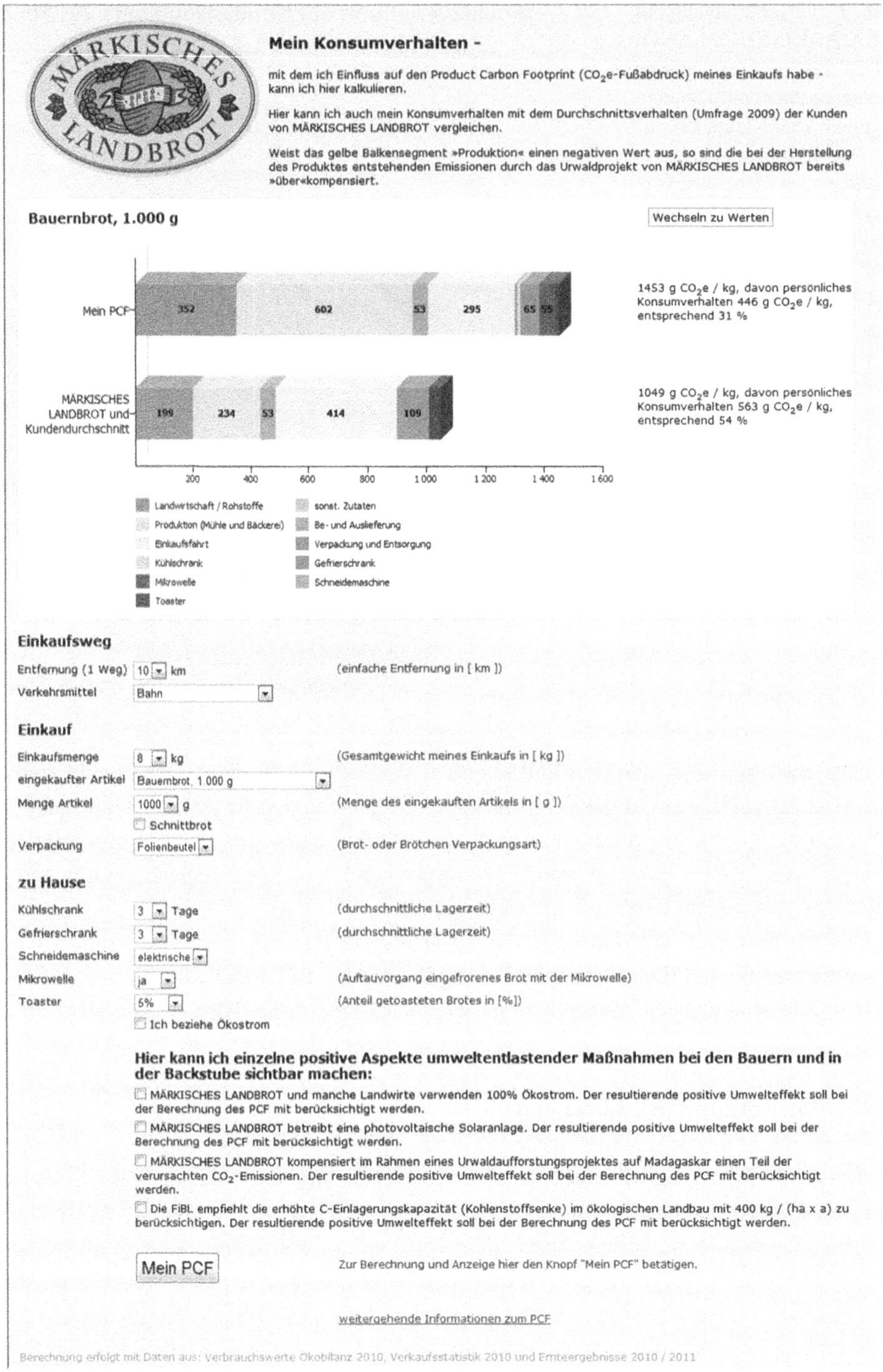

Abb. 8 Anzeigebeispiel eines PCF-Vergleichs von MÄRKISCHES LANDBROT (MÄRKISCHES LANDBROT PCF 2015)

3 Die Gemeinwohl-Ökonomie

Üblicherweise werden die besonderen Leistungen eines Unternehmens über Auszeichnungen und Preise nach außen getragen, für die sich das Unternehmen im Vorfeld erfolgreich beworben hat. Auch MÄRKISCHES LANDBROT ist im Laufe der Jahre für die nachhaltige Wirtschaftsweise mit vielen Auszeichnungen belohnt worden (vgl. MÄRKISCHES LANDBROT Auszeichnungen 2015).

Ein anderer Weg ist die *Gemeinwohl-Ökonomie* (*GWÖ*). Sie wurde von Christian Felber gemeinsam mit österreichischen Unternehmen entwickelt, um ein Wirtschaftsmodell zu entwerfen, das sich einerseits in unsere *soziale* Marktwirtschaft integrieren lässt, andererseits aber versucht, die im Laufe der Jahre verloren gegangenen *sozialen* Aspekte wieder zu schärfen.

3.1 Die Gemeinwohl-Bilanz

Zentrales Element der *Gemeinwohl-Ökonomie* ist die *Gemeinwohl-Bilanz*, mit der – analog einer monetären Bilanz – bilanziert wird, mit welchen Leistungen ein Unternehmen das Gemeinwohl unterstützt. Es ist ein Managementinstrument, das Nachhaltigkeit in allen wesentlichen Dimensionen zahlenmäßig erfassbar, bewertbar und branchenübergreifend vergleichbar macht (MÄRKISCHES LANDBROT Gemeinwohl-Bericht 2015).

Dabei werden in den Berührungsgruppen (Stakeholdern) Lieferanten, Geldgeber, Mitarbeiter, Kunden und dem gesellschaftlichen Umfeld die Werte Menschenwürde, Solidarität, ökologische Nachhaltigkeit, soziale Gerechtigkeit, Mitbestimmung und Transparenz einzeln untersucht. Ein Indikatorenset mit Best-Practice-Beispielen ermöglicht eine Einschätzung des Unternehmens an den Schnittpunkten der Werte mit den Berührungsgruppen.

Bewertet werden Leistungen, die über den gesetzlichen Rahmen hinausgehen und eine positive (Pluspunkte) oder negative (Minuspunkte) gesellschaftliche Relevanz besitzen. Der Bewertungsrahmen liegt zwischen einem rein gesetzeskonformen, also nicht nachhaltigen Unternehmen (null Punkte) und einem maximal nachhaltigen Unternehmen (1000 Punkte). Die bisherige Erfahrung mit der Gemeinwohl-Bilanz legt nahe, dass eine volle Punktzahl eher nur theoretisch erreichbar zu sein scheint.

Interessant ist, dass die Kriterien laufend in Arbeitsgruppen hinsichtlich ihrer Praxistauglichkeit weiterentwickelt oder neuen gesellschaftlichen Aufgaben angepasst werden. Die Arbeitsgruppen zu den einzelnen Indikatoren bestehen aus ehrenamtlichen Mitbürgern. Die Änderungen werden in eine indexierte Matrix eingearbeitet, die dann die Grundlage der neuen Bilanzierungen bildet.

MÄRKISCHES LANDBROT führte das Instrument 2011 in das Controlling ein, um eine umfassende Überprüfung der ökologischen, ökonomischen und sozialen Nachhaltigkeit der eigenen Wirtschaftsweise – auch entlang der Wertschöpfungskette – vornehmen und Schwachstellen aufdecken zu können. Ziel ist es, die Bilanzierung in einem zweijährigen Rhythmus zu wiederholen. So kann der *kontinuierliche Verbesserungsprozess* (*KVP*) umfänglich einem Monitoring unterzogen und transparent gemacht werden.

Die erste Gemeinwohl-Bilanz (Bilanzjahr 2011) wurde 2012 extern auditiert und veröffentlicht. Die Brotbäckerei *demeter* erreichte 652 von 1000 Punkten und war der erste Betrieb in Berlin mit einer zertifizierten Gemeinwohl-Bilanz.

Vor allem der Indikator *Innerbetriebliche Demokratie und Transparenz* hat uns in unserem Ziel bestärkt, Mitarbeiter in Entscheidungsprozesse einzubinden. Inzwischen haben wir die mehrmals jährlich stattfindenden Treffen zwischen den Mitarbeitern und den Führungskräften so ausgerichtet, dass der Freiraum, in dem Wünsche und Vorschläge aktiv eingebracht werden können, im Zentrum steht. Auch versuchen wir in unseren verschiedenen Gesprächsrunden zunehmend konsensuale Entscheidungen herbeizuführen.

Im Februar 2015 wurde die zweite Gemeinwohl-Bilanz auditiert. Sie deckt inhaltlich die Jahre 2012–2014 ab, auf Basis der Kennzahlen die Bilanzjahre 2012–2013 und führte zu dem Ergebnis von 689 von 1000 Punkten, also einer weiteren Verbesserung der Nachhaltigkeitsperformance von MÄRKISCHES LANDBROT.

Interessant wird die Auswertung durch den Vergleich der Bilanzen, also durch die Sichtbarmachung von Entwicklungen der Nachhaltigkeit im Unternehmen. Dabei bietet ein Spinnendiagramm die Möglichkeit, die Bilanzdaten aus verschiedenen Blickwinkeln sichtbar zu machen, entweder aus Sicht aller Indikatoren, der Berührungsgruppen oder auch der Werte.

3.1.1 Der Indikatorenstern

Analog der Bilanztabelle (vgl. Tab. 1) werden im Indikatorenstern alle Indikatoren einzeln aufgeführt. Das Verbinden der Indikatoren durch Ziehen einer Linie und Übereinanderlegen der Bilanzjahre macht Änderungen augenscheinlich.

Zwischen der inneren hellgrauen Begrenzungslinie des Bilanzjahres 2011 (vgl. Abb. 9) und der aktuellen Bilanz (äußere dunkelgraue Begrenzungslinie) erkennt man entweder eine dunkelgraue Fläche (Verbesserung) oder eine weiße Fläche (Verschlechterung).

Die Verschlechterung bei den Indikatoren *E2 Beitrag zum Gemeinwesen* und *E5 Gesellschaftliche Transparenz und Mitbestimmung* resultiert aus einer Verschärfung der Indikatoren der Matrix 4.1 (aktuelle Bilanz) gegenüber der Matrix 4.0 (Bilanzjahr 2011).

Seit der Überarbeitung fällt aus dem *E2 Beitrag zum Gemeinwesen* die monetäre Berücksichtigung von gemeinnützigem Arbeitnehmerengagement (Corporate Volunteering), die Auftragsvergabe an soziale Organisationen (Social Commissioning) und das Lobbying für soziale Anliegen (Social Lobbying) heraus. Das führt bei MÄRKISCHES LANDBROT zu einer wesentlichen Reduzierung des rechnerischen Beitrages und damit zu einer Verschlechterung der Bewertung.

Die Bewertung des Indikators *E5 Gesellschaftliche Transparenz und Mitbestimmung* verschlechtert sich aufgrund Änderungen in der Gewichtung *konsensorientierter Entscheidungen* und des *kontinuierlichen Dialogs* zwischen allen Berührungsgruppen.

Die Indikatoren *E3 Reduktion ökologischer Auswirkungen* und *D5 Erhöhung der sozialen und ökologischen Branchenstandards* haben sich aufgrund einer Verschärfung der

Es gibt immer einen Anfang für das Bessere

TESTAT : AUDIT

GEMEINWOHL-BILANZ 2012-14

für: Märkisches Landbrot GmbH
Auditorin: Johanna Paul

GEMEINWOHL-ÖKONOMIE – Ein Wirtschaftsmodell mit Zukunft

WERT / BERÜHRUNGSGRUPPE	Menschenwürde	Solidarität	Ökologische Nachhaltigkeit	Soziale Gerechtigkeit	Demokratische Mitbestimmung & Transparenz
A) Lieferantinnen	A1: Ethisches Beschaffungsmanagement				
B) Geldgeberinnen	B1: Ethisches Finanzmanagement 90 %				
C) MitarbeiterInnen inklusive EigentümerInnen	C1: Arbeitsplatzqualität und Gleichstellung 50 %	C2: Gerechte Verteilung der Erwerbsarbeit 50 %	C3: Förderung ökologischen Verhaltens der MitarbeiterInnen 60 %	C4: Gerechte Verteilung des Einkommens 60 %	C5: Innerbetriebliche Demokratie und Transparenz 70 %
D) KundInnen / Produkte / Dienstleistungen / Mitunternehmen	D1: Ethische Kundenbeziehung 60 %	D2: Solidarität mit Mitunternehmen 70 %	D3: Ökologische Gestaltung der Produkte und Dienstleistungen 80 %	D4: Soziale Gestaltung der Produkte und Dienstleistungen 50 %	D5: Erhöhung der sozialen und ökologischen Branchenstandards 80 %
E) Gesellschaftliches Umfeld: Region, Souverän, zukünftige Generationen, Zivilgesellschaft, Mitmenschen und Natur	E1: Sinn und gesellschaftliche Wirkung der Produkte / DL 90 %	E2: Beitrag zum Gemeinwesen 60 %	E3: Reduktion ökologischer Auswirkungen 90 %	E4: Gemeinwohlorientierte Gewinnverteilung 100 %	E5: Gesellschaftliche Transparenz und Mitbestimmung 60 %
Negativ-Kriterien	Verletzung der ILO-Arbeitsnormen/ Menschenrechte 0; Menschenunwürdige Produkte, z. B. Tretminen, Atomstrom, GMO 0; Beschaffung bei / Kooperation mit Unternehmen, welche die Menschenwürde verletzen 0	Feindliche Übernahme 0; Sperrpatente 0; Dumpingpreise 0	Illegitime Umweltbelastungen 0; Verstöße gegen Umweltauflagen 0; Geplante Obsoleszenz (kurze Lebensdauer der Produkte) 0	Arbeitsrechtliches Fehlverhalten seitens des Unternehmens 0; Arbeitsplatzabbau oder Standortverlagerung bei Gewinn 0; Umgehung der Steuerpflicht 0; Unangemessene Verzinsung für nicht mitarbeitenden Gesellschafter 0	Nichtoffenlegung aller Beteiligungen und Töchter 0; Verhinderung eines Betriebsrats 0; Nichtoffenlegung aller Finanzflüsse an Lobbies / Eintragung in das EU-Lobbyregister 0; Exzessive Einkommensspreizung 0

BILANZSUMME 689 — Testat gültig bis 31.03.2017

Mit diesem Testat wird das Audit des Gemeinwohl-Berichtes bestätigt. Das Testat bezieht sich auf die Gemeinwohl-Matrix 4.1. Nähere Informationen zur Matrix, den Indikatoren und dem Audit-System finden Sie auf www.gemeinwohl-oekonomie.org

Tab. 1 Bilanz Gemeinwohl-Ökonomie bei MÄRKISCHES LANDBROT, Bilanzjahr 2012–2014, Matrix 4.1 (MÄRKISCHES LANDBROT Gemeinwohl-Bericht 2015, S. 6–7)

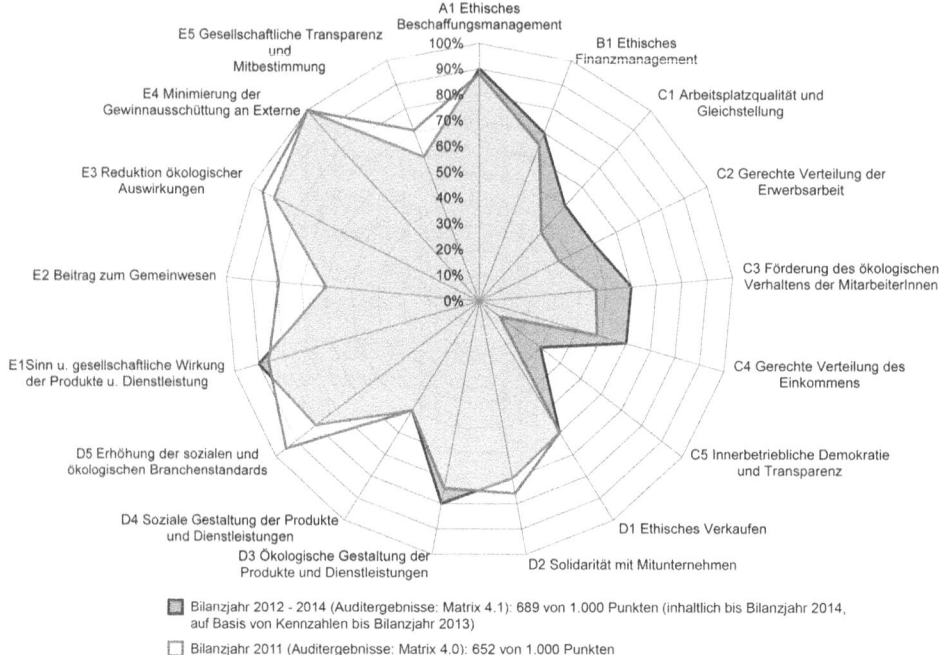

Abb. 9 Indikatorenstern, Vergleich Bilanzjahr 2012–2014 mit dem Bilanzjahr 2011 (MÄRKISCHES LANDBROT Gemeinwohl-Bericht 2015, S. 6–7)

Bewertungsgrundlagen verschlechtert. Im ersten Fall bemängelte die Auditorin, dass im GWÖ-Bericht nicht auf die in der Ökobilanz veröffentlichten Umweltaspekte und -auswirkungen Bezug genommen wurde. Der Beitrag zur Erhöhung der Branchenstandards hat sich aus unserer Sicht in den letzten Jahren nicht verändert, wurde allerdings schlechter bewertet.

Gefreut hat uns die positive Entwicklung des Indikators *C5 Innerbetriebliche Demokratie und Transparenz*. Hier sehen wir aufgrund der Inhalte des Indikators wenig Potenzial zur weiteren Verbesserung, da hier den Eigentumsverhältnissen des Unternehmens eine hohe Relevanz zugeordnet wurde. Auch in den übrigen Indikatoren konnte sich MÄRKISCHES LANDBROT verbessern.

3.1.2 Der Stakeholder-Stern

Werden alle Indikatoren einzelner Berührungsgruppen aufsummiert, entsteht je ein Summenindikator für jede Berührungsgruppe (vgl. Abb. 10).

Die Grafik zeigt, dass *MÄRKISCHES LANDBROT* die Verantwortung für die Berührungsgruppen *Gesellschaftliches Umfeld* und *Lieferanten* erkannt, übernommen und bereits sehr gut in Form verschiedener Managementinstrumente in den Unternehmensalltag integriert hat. Auch die Bereiche *Kunden und Mitbewerber* und *Geldgeber* sind gut angesprochen.

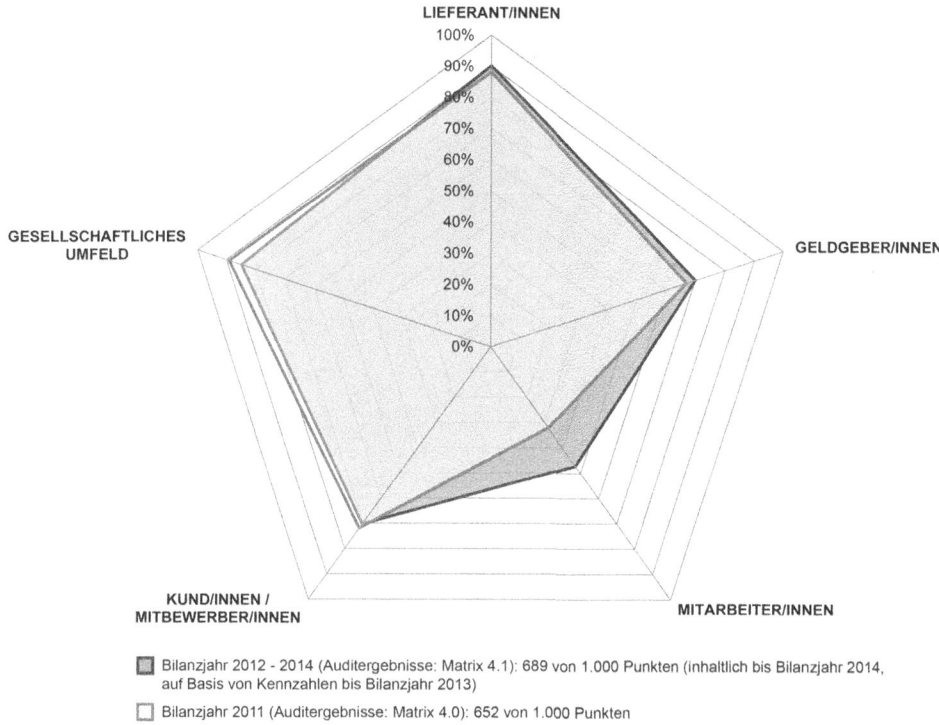

Abb. 10 Stakeholder-Stern, Vergleich Bilanzjahr 2012–2014 mit dem Bilanzjahr 2011 (MÄRKISCHES LANDBROT Gemeinwohl-Bericht 2015, S. 6–7)

Anhand der Grafik lässt sich aber auch erkennen, dass eine traditionell eher nach außen gerichtete Unternehmenskommunikation dazu führen kann, dass die Interessen interner Stakeholder nicht ernst genug genommen werden. Auch bei dem Thema *Mitarbeiter* (vgl. Abb. 9, C1 bis C5) zeigt sich MÄRKISCHES LANDBROT vorbildlich und trotz Verbesserung jedoch mit Potenzial nach oben.

3.1.3 Der Wertestern

Ein anderer Blickwinkel ergibt sich, wenn alle Indikatoren einzelner Werte aufsummiert werden und je ein Summenindikator für jeden Wert entsteht (vgl. Abb. 11).

Als Vertreter der *starken Nachhaltigkeit* (vgl. Abschn. 2) liegt der Fokus der Brotbäckerei *demeter* vor allem auf einer ökologisch nachhaltigen Wirtschaftsweise. Dies dokumentiert der Wertestern von MÄRKISCHES LANDBROT sehr klar. Klar wird auch, dass die *soziale Gerechtigkeit*, die *Menschenwürde* und die *Solidarität* darüber nicht vernachlässigt werden.

Der Summenindikator *Mitbestimmung und Transparenz* zeigt, dass sich die Bäckerei *Demeter* von einem inhabergeführten Unternehmen auf den Weg zu mehr Mitbestimmung durch Mitarbeiter und externe Stakeholder gemacht hat, von einer konsensbasierten Entscheidungskultur aber noch weit entfernt ist.

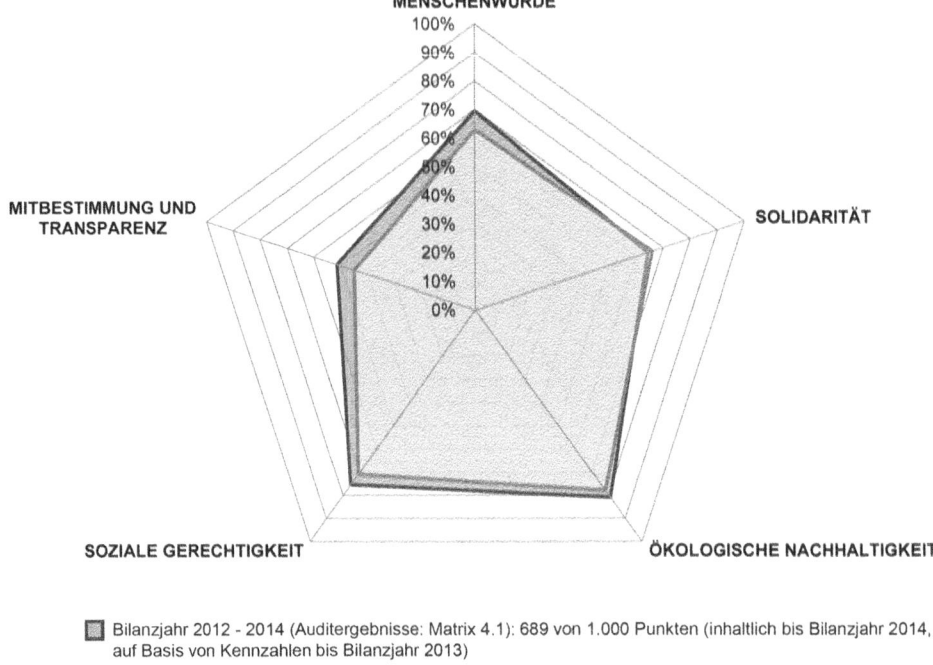

Abb. 11 Wertestern, Vergleich Bilanzjahr 2012–2014 mit dem Bilanzjahr 2011 (MÄRKISCHES LANDBROT Gemeinwohl-Bericht 2015, S. 6–7)

Auch schließt der Summenindikator *Mitbestimmung und Transparenz* den – aus Sicht der Gemeinwohl-Ökonomie negativ bewerteten – Alleinbesitz des Unternehmens durch einen Eigentümer ein. Testamentarisch hat der Alleineigentümer Joachim Weckmann abgesichert, dass MÄRKISCHES LANDBROT nicht vererbt wird. Bis 2018 soll eine Entscheidungsgrundlage geschaffen werden, die Brotbäckerei *demeter* in eine Stiftung umzuwandeln. Auch aus diesem Grund sollen alle Eigentumsanteile in einer Hand bleiben (vgl. MÄRKISCHES LANDBROT Gemeinwohl-Bericht 2015, S. 27). Hier ergibt sich dementsprechend eine mittelfristige Verbesserung des Wertes *Mitbestimmung. und Transparenz.*

3.2 Eine Gemeinwohl-Betrachtung

Aus Sicht von MÄRKISCHES LANDBROT bietet die *GWÖ* mit der *Gemeinwohl-Bilanz* ein Mittel zum Stakeholder-Dialog – auch entlang der Wertschöpfungskette. Die Indikatoren werden von engagierten Menschen aus der Gesellschaft entwickelt und bilden die Erwartungen der Gesellschaft an die Wirtschaft ab. MÄRKISCHES LANDBROT misst sich alle zwei Jahre an diesen Indikatoren und gibt das Ergebnis der Messung in Form der *Gemeinwohl-Bilanz* als Veröffentlichung wieder an die Gesellschaft zurück. Viele Menschen sind so über unsere Entwicklung informiert und können einschätzen, welche gesellschaftliche Erwartung ihre Brotbäckerei *demeter* erfüllt.

Die Möglichkeit zur branchenübergreifenden Betriebsbewertung nachhaltigen Wirtschaftens wie auch die Möglichkeit, einen definierten Stakeholder-Dialog zu führen, eröffnen gerade für kleine und mittlere Unternehmen einen einfachen Weg, gesellschaftliche Erwartungen rechtzeitig zu erkennen, und helfen den Unternehmern nachhaltiges Wirtschaften zu verstehen.

Auch Mitarbeiter haben an den Betrieb Erwartungen. Die Bilanz kann hier helfen, die Bindung der Mitarbeiter an das Unternehmen zu stärken, z. B. durch die Vergleichsmöglichkeit der Nachhaltigkeitsperformance mit anderen Unternehmen.

Mit der Bilanz 2011 haben wir z. B. erstmals die Lohnstruktur von MÄRKISCHES LANDBROT nach innen und außen offen gelegt. Mit einem Mindestlohn von 10 € je Stunde, einer Bezahlung zwischen den Tarifen von *Handwerk-* und *Brot- und Backwarenindustrie* und dem Verhältnis von 1:5 zwischen dem im Betrieb am wenigsten verdienenden Mitarbeitenden zu den am besten bezahlten ist die Lohnstruktur in drei Sätzen beschrieben. Das hat innerbetrieblich zu einer höheren Transparenz und zu einer höheren Akzeptanz geführt.

Es ist gesellschaftlicher Konsens, dass wir langfristig nur wirtschaften können, ohne die Erde über ihre Regenerationsfähigkeit hinaus zu belasten.

Mit der Erfüllung der gesellschaftspolitischen Vision der *GWÖ*, eine hohe Nachhaltigkeitsperformance mit beispielsweise Steuererleichterungen zu belohnen, wandelte sich die *GWÖ* von einem internen Bewertungstool und Stakeholder-Dialog hin zu einem politischen Instrument, mit dem politische Akteure die Nachhaltigkeit wirtschaftlicher Akteure justieren und steuern könnten. Gleichzeitig wäre ein erster Schritt hin zu einer überfälligen Einbeziehung von Umwelt- und Sozialfolgekosten in die Finanzbilanzierung getan. So würden einerseits konventionelle Unternehmen nicht mehr auf Kosten der Steuerzahler Gewinne erzielen können. Gleichzeitig könnte die Wettbewerbsverzerrung zu nachhaltigen Unternehmen aufgehoben werden.

Literatur

Baumast A, Pape J (2013) (Hrsg) Betriebliches Nachhaltigkeitsmanagement. UTB – Verlag Eugen Ulmer, Stuttgart

Bundesforschungsanstalt für Landwirtschaft (FAL), Rahmann G (Hrsg) (2002) Biodiversität und ökologischer Landbau gehören zusammen, Brauchschweig

Deinert C (2011) Landwirtschaftliche Primärproduktion. In: Deinert C, Pape J (Hrsg) Der PCF – die Methodik bei MÄRKISCHES LANDBROT. oekom Verlag, München, S 44–51

Deinert C, Pape J (2011) (Hrsg) Der PCF – die Methodik bei MÄRKISCHES LANDBROT. oekom Verlag, München

Deinert C, Wüst R (1993) Energiekurzanalysen für MÄRKISCHES LANDBROT, Terra Naturkost und die Konditorei Tillmann. In: EnergieSystemTechnik (Hrsg), Berlin

Deinert C, Wüst R (1996) MÄRKISCHES LANDBROT – Gemeinsame Infrastrukturmaßnahmen für eine Bäckerei, eine Konditorei und einen Naturkosthandel. In: EnergieSystemTechnik (Hrsg) Dokumentation Branchenspezifische Umnutzung des Gewerbegrundstücks Bergiusstr. 36 in 12057 Berlin, Berlin

Deinert C, Pampel K, Pape J (2012) Ökologische Aspekte des Nachhaltigkeitsdialogs in der Wertschöpfungskette – dargestellt am Beispiel MÄRKISCHES LANDBROT. In: Grothe A (Hrsg) Nachhaltiges Wirtschaften für KMU. oekom Verlag, München, S 220–247

demeter.de v. (29.09.2011) Demeter – Markenzeichen für biodynamische Qualität. http://www.demeter.de/verbraucher/ueber-uns/demeter-markenzeichen. Zugegriffen: 10. April 2015

demeter.de v. (07.05.2014) Demeter-Getreideprojekt – Gemeinschaftsprojekt des Demeter & Forschungsring e. V. Wertschöpfungskettenübergreifende Etablierung von Getreidesorten aus biologisch-dynamischer Züchtung in der Praxis. http://www.demeter.de/fachwelt/demeter-getreide-projekt-gemeinschaftsprojekt-des-demeter-forschungsring-e-v. Zugegriffen: 26. April 2015

demeter.de: Demeter Verarbeitungsrichtlinien (2014). http://www.demeter.de/fachwelt/verarbeiter/richtlinien/richtlinien-verarbeiter-gesamt, S. 22–26. Zugegriffen: 12. April 2015

demeter.de: Unterschied von Bio zu Demeter http://www.demeter.de/verbraucher/ueber-uns/was-ist-demeter/unterschied-von-bio-zu-demeter. Zugegriffen: 13. Feb. 2015

emas-register.de: EMAS-Register. http://www.emas.de/teilnahme/wer-hat-schon-emas/. Zugegriffen: 22. Feb. 2015

fair-regional.de: Zeichensatzung. http://www.fair-regional.de/pdf_2012/1205_Zeichensatzung.pdf. Zugegriffen: 21. Feb. 2015

Ganthen J (2012) Protokoll Runder Tisch Getreide 2012. In Arbeitsgemeinschaft für biologisch-dynamischen Landbau (Hrsg) http://www.landbrot.de/fileadmin/daten/pdf/Protokoll_Runder-Tisch_%202012.pdf. Zugegriffen: 10. April 2015

Ganthen J (2014) Protokoll Runder Tisch Getreide 2014. In Arbeitsgemeinschaft für biologisch-dynamischen Landbau (Hrsg) http://www.landbrot.de/fileadmin/daten/download/Protokoll%20Runder%20Tisch%202014.pdf. Zugegriffen: 10. April 2015

Ganthen J, Schäfer M, Weckmann J, Wirz A (2008) Gemeinsam für gerechte und nachhaltige Handelsbeziehungen. In Ökologie & Landbau 3/2008: fair & regional Partner auf gleicher Augenhöhe, S. 28–29

Gollnow S (2008) Einfluss der landwirtschaftlichen Erzeugung auf die CO2-Bilanz eines Brotes – dargestellt am Beispiel MÄRKISCHES LANDBROT GMBH, Abschlussarbeit zur Erlangung des akademischen Grades Bachelor of Science (BSc), Hochschule für nachhaltige Entwicklung Eberswalde

IÖW (1993) (Hrsg) Gellrich C, Rentusch J: Ökobilanz 1992 MÄRKISCHES LANDBROT GmbH, Berlin.

IÖW (1995) (Hrsg) Endbericht Öko-Audit-Modellprojekt MÄRKISCHES LANDBROT GmbH. Institut für ökologische Wirtschaftsforschung gGmbH (IÖW), Berlin.

Märkischer Wirtschaftsverbund (2012) fair & regional Charta. In Märkischer Wirtschaftsverbund e. V. (Hrsg): Eine Initiative von Bio-Betrieben aus Berlin-Brandenburg, Juni 2012, S. 2–3

MÄRKISCHES LANDBROT Auszeichnungen. http://www.landbrot.de/backstube/auszeichnungen.html. Zugegriffen: 12. April 2015

MÄRKISCHES LANDBROT Erfolgsprämien. http://www.landbrot.de/oekonomie/marktpraesenz/personalpolitik/erfolgspraemien.html. Zugegriffen: 12. April 2015

MÄRKISCHES LANDBROT Firmenziele (Hrsg) Firmenziele (2007). Nehmen Sie uns beim Wort, S. 2–3

MÄRKISCHES LANDBROT GmbH (Hrsg) Gemeinwohl-Bericht (2015) Gemeinwohl-Bericht über die Bilanzjahre 2012–2014 Berlin. http://www.landbrot.de/fileadmin/daten/download/150330-GW%C3 %96-Bericht%20M%C3 %84RKISCHES%20LANDBROT-final.pdf. Zugegriffen: 12. April 2015

MÄRKISCHES LANDBROT GmbH (Hrsg) Managementreview (2015), Berlin. http://www.landbrot.de/fileadmin/daten/download/Management-Review%202015-140801-Ver%C3 %B6ffentlichung.pdf. Zugegriffen: 26. Mai 2015

MÄRKISCHES LANDBROT GmbH (Hrsg) Märkisches Land Bote (2015): fair & regional setzt neue Akzente. Ausgabe Januar 2015, S. 1

MÄRKISCHES LANDBROT GmbH (Hrsg) Ökobilanz (2014), Berlin. http://www.landbrot.de/fileadmin/daten/download/Oekobilanz%202014-Ver%C3 %B6ffentlichung.pdf. Zugegriffen: 26. Mai 2015

MÄRKISCHES LANDBROT GmbH (Hrsg) Umwelterklärung (2014), Berlin. http://www.landbrot.de/fileadmin/daten/download/Umwelterklaerung_2014_web.pdf. Zugegriffen: 12. April 2015

MÄRKISCHES LANDBROT Löhne und Gehälter. http://www.landbrot.de/oekonomie/marktpraesenz/personalpolitik/loehne-und-gehaelter.html. Zugegriffen: 12. April 2015

MÄRKISCHES LANDBROT Nachhaltiges Wirtschaften. http://www.landbrot.de/oekonomie/wirtschaftliche-leistung.html. abgerufen am 12.04.2015

MÄRKISCHES LANDBROT Nachhaltigkeits-Indikatoren. http://www.landbrot.de/oekonomie/marktpraesenz/nachhaltigkeits-indikatoren.html. Zugegriffen: 12. April 2015

MÄRKISCHES LANDBROT Netzwerke. http://www.landbrot.de/ueber-uns/kooperationen-netzwerke.html. Zugegriffen: 12. April 2015

MÄRKISCHES LANDBROT PCF. http://www.landbrot.de/pcfml/. Zugegriffen: 12. April 2015

MÄRKISCHES LANDBROT Soziales. http://www.landbrot.de/soziales/soziale-projekte.html. Zugegriffen: 12. April 2015

MÄRKISCHES LANDBROT Weitergegebene Werte. http://www.landbrot.de/oekonomie/wirtschaftliche-leistung/weitergegebene-werte.html. Zugegriffen: 12. April 2015

MÄRKISCHES LANDBROT Wertschöpfung. http://www.landbrot.de/oekonomie/wirtschaftliche-leistung/wertschoepfung.html. Zugegriffen: 12. April 2015

MÄRKISCHES LANDBROT Backstube. http://www.landbrot.de/backstube.html. Zugegriffen: 12. April 2015

Nationales CSR-Forum (2009) Nationales CSR-Forum: Gemeinsames Verständnis von Corporate Social Responsibility in Deutschland, 28.04.2009. http://www.csr-in-deutschland.de/fileadmin/user_upload/Downloads/ueber_csr/was_ist_csr/Nationales_CSR-Forum_-_Gemeinsames_Verstaendnis_von_CSR_.pdf. Zugegriffen: 24. März 2015

Ott K, Döring R (2008) Theorie und Praxis starker Nachhaltigkeit, 2. Aufl. Metropolis, Marburg

Pampel K (2010) Bedeutung des Konsumentenverhaltens auf Ausprägung des Product Carbon Footprint (last dirty mile) – dargestellt am Beispiel MÄRKISCHES LANDBROT GMBH, Masterarbeit, Hochschule für nachhaltige Entwicklung Eberswalde

Pape J (2003) Umweltleistungsbewertung in Unternehmen der Ernährungswirtschaft. Verlag Agrimedia, Bergen

Schumacher S (2009) Ermittlung von Product Carbon Footprints für KMU – dargestellt am Beispiel MÄRKISCHES LANDBROT, Bachelorarbeit, Hochschule für Technik und Wirtschaft Berlin

Christoph Deinert ist Geschäftsführer der MÄRKISCHES LANDBROT GmbH. Seine langjährige Erfahrung als zugelassener Energieberater führte ihn 1992 zu MÄRKISCHES LANDBROT. Hier trug er wesentlich zur heutigen Ausrichtung des Nachhaltigkeitsmanagements bei. Seit 1998 ist er Umweltbeauftragter, seit 2008 in der Geschäftsführung des Unternehmens tätig.

Prof. Dr. Jens Pape ist Professor für Nachhaltige Unternehmensführung in der Agrar- und Ernährungswirtschaft an der Hochschule für nachhaltige Entwicklung Eberswalde. Seit 1999 ist er sowohl Mitglied des Normenausschusses Grundlagen des Umweltschutzes, des Arbeitsausschusses Umweltmanagementsysteme/Umweltaudit beim DIN wie auch im Umweltgutachterausschuss beim BMUB (seit 2014 stellv. Vorsitzender). Sein Forschungsschwerpunkt liegt im Bereich CSR, Umweltleistungsbewertung sowie Nachhaltigkeitscontrolling und -berichterstattung.

Nachhaltigkeit bei Bionade – CSR und Verantwortlichkeit in der Rohstoffbeschaffung

Michael Garvs

1 Einleitung

Die Bionade GmbH ist ein mittelständisches Unternehmen in der Bayerischen Rhön. Das Unternehmen ist aus der Privatbrauerei Peter KG, Ostheim vor der Rhön, hervorgegangen und inzwischen ein wichtiger Wirtschaftsfaktor im Landkreis Rhön-Grabfeld sowie größter Arbeitgeber in Ostheim.

Bionade ist das weltweit erste und einzigartige Erfrischungsgetränk, das nach dem Brauprinzip durch Fermentation natürlicher Rohstoffe rein biologisch in ökologischer Qualität hergestellt wird. Als Basis von Bionade wird die beim Fermentationsprozess produzierte Gluconsäure verwendet, die normalerweise nur in Honig vorhanden ist. Gluconsäure ist die schwächste organische Säure, die in der Natur vorkommt. Das patentierte Herstellungsverfahren mit der Gluconsäure als Basis macht den fundamentalen Unterschied von Bionade gegenüber den anderen Limonadengetränken aus, die alle – auch Biolimonaden – als Mischgetränke produziert werden. Durch die Verwendung der milden Gluconsäure kommt Bionade mit deutlich weniger Zucker aus als Limonaden, bei denen herbere Säuren zum Einsatz kommen. Bionade ist eine neue Generation alkoholfreier Erfrischungsgetränke und nach dem Lebensmittelgesetz eine eigene Gattung. Derzeit besteht das Sortiment aus den Geschmacksrichtungen Litschi, Holunder, Kräuter, Ingwer-Orange, Streuobst, Himbeer-Pflaume und Zitrone-Bergamotte. Heute sind sämtliche Rohstoffe und Produkte biozertifiziert nach der EU-Öko-Verordnung, nachdem die Herstellung von Bionade im Jahr 2000 auf Bioproduktion umgestellt wurde. Grundsätzlich ist Bionade für jede Zielgruppe gedacht: Bionade ist Bio für alle.

M. Garvs (✉)
Volkerweg 2, 22559 Hamburg
E-Mail: garvs@posteo.de

2 Die Bionade-Philosophie

2.1 Die Idee

Corporate Social Responsibility (CSR) oder *nachhaltige Entwicklung* spielt eine zentrale Rolle im Unternehmen und ist Bestandteil im Unternehmen, *der Bionade-DNA*. Bionade beruht auf der sozialen bzw. ökologischen Idee des Erfinders Dieter Leipold, ein im Vergleich zu den damaligen Brunnenlimonaden oder Softdrinkangeboten besseres Erfrischungsgetränk für Kinder zu produzieren. Das Getränk sollte ebenso natürlich und rein sein wie Bier, aber keinen Alkohol enthalten und mit deutlich weniger Zucker und schwächeren Säuren als übliche Limonaden auskommen. Obwohl Dieter Leipold nach seiner Ausbildung zum Braumeister in seinem ersten festen Arbeitsverhältnis gern Bier gebraut hätte, musste er die Limonadenabfüllung in einer Brauerei übernehmen. Viele Brauereien hatten in der damaligen Zeit eine eigene Limonadenproduktion. Er war erschrocken darüber, dass die vielen künstlichen Zutaten, die hier Verwendung fanden, im Gegensatz zu dem als Grundwert für die Brauer geltenden Reinheitsgebot standen. Denn Bier ist eines der reinsten Lebensmittel, das in einem biologischen Gärverfahren ausschließlich mit den Zutaten Hopfen, Malz, Hefe und Wasser hergestellt wird.

Herr Leipold stellte sich die Frage, für wen Limonaden hergestellt werden und wer diese trinkt. Da insbesondere die Brauereilimonaden in der damaligen Zeit v. a. von Kindern und Jugendlichen getrunken wurden, entstand bei Dieter Leipold die Idee, mit dem Wissen eines Braumeisters und den Möglichkeiten einer Brauerei eine bessere bzw. *gesündere* Alternative zu den damals angebotenen alkoholfreien Erfrischungsgetränken zu entwickeln.

Erst viele Jahre später, Mitte der 1980er-Jahre, begann Herr Leipold damit, seine Idee zu realisieren. Der Dorfbrauerei seiner Ehefrau Sigrid Peter-Leipold ging es wie vielen kleinen Brauereien in dieser Zeit sehr schlecht. Ein neuer Weg musste gefunden werden, damit das kleine Unternehmen überleben konnte.

Mit viel Leidenschaft arbeitete er in den folgenden Jahren an der Umsetzung seiner Idee. Bei seinen Experimenten und Forschungen stieß er auf die Gluconsäure, eine milde Säure, die Bienen aus Fruchtzucker gewinnen, um ihren Honig haltbar zu machen. Im Gegensatz zu allen Fachleuten, die der Auffassung waren, dass das nicht gelingen kann, war sich Dieter Leipold sicher: Für sein Erfrischungsgetränk musste er genau diese natürliche Verwandlung von Zucker in Gluconsäure imitieren, um eine perfekte natürliche Alternative zu der in vielen Limonaden verwendeten Phosphorsäure oder Zitronensäure zu gewinnen. Zugleich galt es, die beim Brauen übliche Wandlung des Zuckers in Alkohol zu verhindern.

Die Gewinnung von Gluconsäure im Brauprozess war, technisch gesehen, völliges Neuland. 1989 glückte die erste Fermentation, der Prozess, bei dem Mikroorganismen den Zucker in Gluconsäure umwandeln. Bis dies auch in den großen Kesseln der Brauerei funktionierte, vergingen weitere vier Jahre harter Arbeit. 1994 war es endlich geschafft:

Die ersten Liter Bionade konnten produziert werden. Im gleichen Jahr wurde das Herstellungsverfahren patentiert.

Bionade wurde nach der *BSE-Krise* und dem *Gammelfleischskandal* Anfang der 2000er-Jahre zum Symbol für die Entwicklung hin zu einem gesundheits- und umweltbewussteren Lebensstil, der als LOHAS *(Lifestyle of Health and Sustainability)* umschrieben wird.

2.2 Das Nachhaltigkeitsverständnis

Dieter Leipold und seine Familie haben einen langen und ungewissen Weg eingeschlagen, um mit Beharrlichkeit und Idealismus ein utopisch anmutendes Ziel zu erreichen. Er hat immer an seine Idee geglaubt und nie aufgegeben. Somit hat sich aus der Idee und dem besonderen biologischen Herstellungsverfahren ein Selbstverständnis entwickelt, aus dem heraus dann die nächsten logischen Schritte folgten. An erster Stelle stand dabei die Namensfindung. BIONADE ist die Zusammensetzung aus dem einzigartigen BIO-logischen Herstellungsverfahren und der Verbindung zu dem alkoholfreien Erfrischungsgetränk, der Limo-NADE.

Mit der *Agrarwende* (vgl. Abschn. 3) wurde die Produktion auf *Bio* umgestellt und damit begonnen, den Rohstoffbezug aus der Region aufzubauen. Hierfür wurde eigens die Abteilung *Nachhaltige Entwicklung* eingerichtet. Außerdem befindet sich das Unternehmen mitten im bayerischen Teil des 1991 zum Biosphärenreservat ernannten *Biosphärenreservat Rhön*, in dem besondere Bedingungen des Wirtschaftens zu berücksichtigen sind.

Die Produktidee ist somit die Basis für das nachhaltige Handeln bei Bionade und wurde in einem Leitsatz zusammengefasst: „Wir wollen mit Anstand gegenüber Gesellschaft und Natur wirtschaften. Für uns bedeutet Anstand: Verantwortung, Respekt, Ehrlichkeit, Fairness, Transparenz."

Nachhaltige Entwicklung oder *Verantwortlichkeit*, wie es im Unternehmen genannt wird, ist also zentraler Bestandteil der *Bionade-DNA*. Als strategische Weiterentwicklung wird sich seit 2013 auf fünf wesentliche Handlungsfelder konzentriert, die kurz als *Bio-L.O.G.I.Sch.* zusammengefasst sind:

- *Bio*-Lieferkette,
- *O*rganisation,
- *G*esellschaft,
- *I*nnovation,
- *Sch*onung von Ressourcen.

Die Kategorisierung der Handlungsfelder ist das Resultat einer umfassenden Unternehmensanalyse nach ökologischen, sozialen und ökonomischen Gesichtspunkten. Entsprechend der Bionade-Philosophie werden ausschließlich Projekte unterstützt und initiiert, bei denen ein direkter Bezug zum Unternehmen und/oder zum Produkt besteht. Das betrifft die Aktivitäten in den Bereichen Kooperationen und Sponsoring genauso wie eine nachhaltige Rohstoffbeschaffung.

3 Nachhaltigkeit in der Lieferkette – Das Projekt „Bio-Landbau Rhön"

Bionade wurde in den ersten Jahren mit Rohstoffen aus konventioneller Landwirtschaft hergestellt, Biolimonadengetränke gab es zu der Zeit auch noch gar nicht. Mit der Durchsetzung der Agrarreform Anfang der 2000er-Jahre durch die damalige Bundesregierung mussten die Verantwortlichen von Bionade reagieren. Mit der Silbe *Bio* im Produktnamen konnte das Getränk nicht länger *Bionade* heißen, ohne dass die Zutaten aus biologischem Anbau kommen. Somit wurde entschieden, die Produktion und den Einkauf der Rohstoffe auf *Bio* umzustellen.

Mit dieser Entscheidung wurde eine für den Konsumenten entscheidende Weiche gestellt, um Bionade zu einem nachhaltigen Unternehmen mit einem nachhaltigen Produkt umzugestalten. Aus heutiger Sicht war dieser Schritt logisch, ganz im Sinne der eigenen Philosophie. Durch die Umstellung auf *Bio* musste sich das Management umorientieren, entsprechend neue Rohstofflieferanten suchen und Maßnahmen in der Brauerei ergreifen, um die Zulassung als Bioprodukt zu erhalten.

Man setzte sich mit der Idee des Biogedankens intensiv auseinander und lernte, dass ein Bioprodukt mehr sein sollte, als nur Zutaten aus dem ökologischen Landbau zu verwenden. Biowirtschaft hat mit Bewusstseinswandel, Verantwortlichkeit und nachhaltigem Handeln zu tun. Eine Frage stellte sich: Warum werden die Rohstoffe in fernen Ländern gekauft und über Hunderte von Kilometern in die Rhön transportiert, wenn diese auch in Deutschland gedeihen? Es wurde beschlossen, lange Transportwege soweit möglich zu vermeiden und die Wertschöpfung in der Rhön zu lassen. Es gab glücklicherweise bereits einige Biolandwirte vor Ort, mit denen Gespräche aufgenommen werden konnten, um zu klären, ob diese Biobraugerste an die Ostheimer Brauerei verkaufen könnten. Trotz anfänglicher Skepsis gegenüber dem Vorhaben waren die Landwirte offen für eine Geschäftsbeziehung mit Bionade. Ihre Biobraugerste wurde zuvor über Großhändler europaweit verkauft, ohne zu erfahren, wohin genau die Rohstoffe geliefert werden. Zu wissen, dass das Getreide in der Region verarbeitet und verwertet wird, überzeugte die Landwirte und die Zusammenarbeit wurde beschlossen (Abb. 1).

Der Einkauf der Biobraugerste aus der unmittelbaren Umgebung war der erste Schritt, um das Projekt *Bio-Landbau Rhön* ins Leben zu rufen. In einem Gespräch mit einem der Biolandwirte ergab sich die Frage, ob es denn auch möglich wäre, in der Rhön Holunder anzubauen. Der Holunder für die Bionade-Produktion kam damals überwiegend aus biozertifizierter Wildpflückung in Polen. Da noch nie zuvor Holunder in der Rhön kultiviert wurde, entstand die Idee, Anbauversuche zu unternehmen, denn in der Region wächst grundsätzlich auch viel wilder Holunder. Die Landwirte erkannten die Möglichkeit, dass ein Holunderanbau zur wirtschaftlichen Absicherung des landwirtschaftlichen Betriebes beitragen könnte. 2005 wurde der erste Hektar mit 650 Holunderpflanzen bepflanzt. In-

Abb. 1 Holunder von der Erstanpflanzung zur Frucht

zwischen sind auf einer Gesamtfläche von rund 90 ha Bioholunderbäume gepflanzt worden. Zurzeit sind 18 Bioholundererzeuger an dem Projekt *Bio-Landbau Rhön* beteiligt.

3.1 Bio-Landbau Rhön – Hauptbestandteil des CSR-Managements

Das Projekt *Bio-Landbau Rhön* ist nach nunmehr zehn Jahren der bedeutendste Bestandteil des CSR- oder Nachhaltigkeitsmanagements bei Bionade. In diesem Projekt wird ein wesentlicher Teil der Rohstoffbeschaffung und des Supply-Chain-Managements für die Getränkeproduktion koordiniert. In dem Handlungsfeld *Biolieferkette* sind für die Rohstoffbeschaffung die wichtigsten Kriterien zusammengefasst:

- Regionalität, Wertschöpfung für die Region,
- kurze Transportwege,
- Grundwasserschutz,
- Schutz vor Gentechnik,
- Qualitätseinflussnahme,
- Nachvollziehbarkeit der Herkunft der Rohstoffe,
- Transparenz in der Lieferkette,
- größtmögliche Sicherheit in der Lieferkette,
- Authentizität,
- Rohstoffsicherheit,
- Preissicherheit,
- Verminderung von Risiken vor Reputationsschäden,
- Vertrauen beim Konsumenten,
- konsequentes Handeln gemeinsam mit unseren Partnern.

Bio-Landbau Rhön fasst die wichtigsten Aspekte eines Verantwortlichkeitsmanagements zusammen. Aus dem Projekt bezieht Bionade zu fast 100 % die Rohstoffe Bioholunder, Biobraugerste und Biominze. Im Aufbau befindet sich der Anbau von Bioquitte. Die Bioerzeuger erhalten langfristige Lieferverträge und arbeiten nach den Bedingungen der Bioanbauverbände wie Naturland, Bioland, Demeter oder Gäa. Durch den erstmaligen Anbau von Bioholunder als Kulturpflanze in den Regionen Rhön-Grabfeld und Unterfranken wurde für die regionale Landwirtschaft ein neuer Markt erschlossen. Bei den Erzeugern handelt es sich um Biolandwirte, Bionebenerwerbslandwirte, Winzer, soziale Einrichtungen sowie private Erzeuger, die gemeinsam mit ihren Familienmitgliedern Agrarflächen mit Bioholunder kultivieren.

Es ist besonders hervorzuheben, dass durch *Bio-Landbau Rhön* viele der Flächen von konventioneller Landwirtschaft auf biologische Landwirtschaft umgestellt wurden. Drei Landwirte haben das Holunderprojekt zum Anlass genommen, um ihre Betriebe auf biologische Landwirtschaft anzupassen, und sind zusätzlich einem der Bioanbauverbände beigetreten, deren Standards über denen der EU-Bioverordnung liegen. Biologische Landwirtschaft bedeutet auch Umweltschutz. Beispielsweise sind der Einsatz von Pestiziden oder Agrogentechnik untersagt. Mit der Umstellung der Agrarflächen wird u. a. ein Beitrag zum Grundwasserschutz geleistet, da weniger Pestizide in die Böden eingebracht werden, die in das Grundwasser gelangen könnten.

Durch den kontinuierlichen Dialog in Form von Besuchen und gemeinsamen Fachtagungen wurde ein enges Vertrauensverhältnis zwischen den Erzeugern und Bionade aufgebaut. Durch den Abschluss von Anbauverträgen mit den Bioholundererzeugern hat Bionade die Lieferkette transparenter gestaltet und minimiert so Risiken, die im Rahmen einer Rohstoffbeschaffung bestehen.

Die Verträge mit den Erzeugern sind so gestaltet, dass diese neben einem Zehnjahresvertrag Verkaufspreise über dem Marktniveau garantiert bekommen. Außerdem hat sich Bionade dazu verpflichtet, die jährliche Gesamternte abzunehmen. Der Bioholunderanbauer hat den Vorteil, dass er keine eigene Vermarktung organisieren muss. Für die Bionade GmbH bringt die Partnerschaft Waren- und Preissicherheit und vermindert Risiken, die zu einem Reputationsverlust führen könnten. Das Projekt *Bio-Landbau Rhön* bietet somit allen Partnern ausschließlich Vorteile.

3.2 Biodiversitätsmanagement mit Streuobst

Entsprechend der Bionade-Philosophie wurde 2013 die Sorte Bionade Streuobst entwickelt. Dies ist die konsequente Fortsetzung und Weiterentwicklung der Strategie, Rohstoffe regional zu beziehen. Anders als beim Bioholunder und der Bioquitte sind Streuobstwiesen bereits vorhanden und müssen nicht extra angebaut werden. Das Gegenteil ist der Fall: Diese Kulturlandschaften laufen Gefahr, wegen Unrentabilität – durch die aufwendige Pflege und Ernte an den großen Hochstammobstbäumen – immer mehr aus der Landwirtschaft zu verschwinden. Streuobstwiesen haben bspw. mit 4000–5000 Arten eine deutlich höhere Biodiversitätsleistung als Obstplantagen mit 1000–1500 Arten. Außerdem befinden sich in Streuobstwiesen viele fast ausgestorbene regionale Obstsorten, die es zu erhalten gilt. Glücklicherweise wurde die Bedeutung von Streuobstwiesen erkannt. Es wird u. a. von verschiedenen Naturschutzverbänden und engagierten Landwirten viel für den Schutz und Erhalt von Streuobstwiesen unternommen.

Die Früchte der Sorte Bionade Streuobst – Äpfel, Birnen, Quitten und Pflaumen – stammen von Biostreuobstwiesen in Deutschland. Durch die ausschließliche Verwendung heimischer Obstsorten aus diesen Streuobstbeständen versucht Bionade, sich aktiv für Erhalt, Entwicklung und Pflege der gefährdeten Streuobstwiesen einzusetzen, um so einen Beitrag für die Förderung der biologischen Vielfalt zu leisten.

Bionade ist Gründungsmitglied der Initiative *Biodiversity in Good Company e. V.* Mit dem Unterzeichnen der *Leadershiperklärung* der Initiative haben sich die Mitgliedsunternehmen dazu verpflichtet, Biodiversitätsaspekte in deren Nachhaltigkeitsmanagement aufzunehmen. Die Initiative bietet den Mitgliedern eine Plattform, Erfahrungen auszutauschen und Innovationen voranzutreiben. Ziel ist es, den Schutz der Biodiversität in Unternehmen zu verankern und dieses Anliegen weltweit zu verbreiten. Bionade sieht sich als Verwender von Rohstoffen aus der Landwirtschaft dazu verpflichtet, Biodiversitätsaspekte zu berücksichtigen, denn auch die Biolandwirtschaft nimmt Einfluss auf die Biodiversität.

Im Rahmen des eingeführten Biodiversitätsmanagements beteiligt sich Bionade seit 2013 an einem Forschungsprojekt der Leibniz Universität Hannover, Fachbereich Landschaftsplanung und Naturschutz, bei dem es um die Messung und Förderung der Biodiversität in der Landwirtschaft geht (MANUELA – *Management Naturschutz für eine nachhaltige Entwicklung*).

Des Weiteren überprüft Bionade sukzessive die Einflüsse auf die Biodiversität entlang der Lieferkette direkt auf den Bioanbauflächen und bei den Zwischenverarbeitungsunternehmen (vgl. Abb. 2). Die Methode TABS™ *(Toolkit for Assessing Biodiversity in the Supply Chain)* wurde 2010 in England entwickelt zur Beurteilung der Risiken und Chancen, die sich aufgrund des Einflusses eines Produktes auf die Biodiversität in seiner Lieferkette darstellen. Bionade hatte TABS™ bis 2013 in einem Pilotprojekt erstmals getestet. Durch die Kenntnis des Biodiversitätseinflusses der Betriebe entlang der gesamten Lieferkette kann ein Unternehmen durch aktives Biodiversitätsmanagement sein Markenimage, seine Reputation und seine Wettbewerbsfähigkeit steigern und gleichzeitig einen essenziellen Beitrag zur Erhaltung der Biodiversität leisten. Die Methode hilft, die Risiken und Chancen entlang der Lieferkette zu erkennen und zu quantifizieren. Entsprechend der jeweiligen Anforderungen einer Branche bzw. von spezifischen Unternehmen können diese angepasst werden und sich in das Lieferkettenmanagement integrieren lassen. Die Untersuchungsergebnisse ermöglichen es Unternehmen, gemeinsam mit ihren Lieferanten Aktionspläne umzusetzen, die sowohl Biodiversitätsrisiken als auch damit verbundene Geschäftsrisiken reduzieren helfen. Es werden Wege aufgezeigt, wie Unternehmen positiv Einfluss auf die Biodiversität über den eigenen Standort hinaus ausüben können. Seit 2014 führt Bionade unternehmenseigene Biodiversitätsaudits bei seinen Lieferanten durch.

3.3 Internationale Rohstoffbeschaffung

Nicht alle Rohstoffe zur Bionade-Herstellung können aus Deutschland bezogen werden. Ingwer, Litschi oder neuerdings Bergamotten für die jüngste Sorte Bionade Zitrone-Bergamotte benötigen warme klimatische Verhältnisse. Diese Rohstoffe werden aus Mexiko,

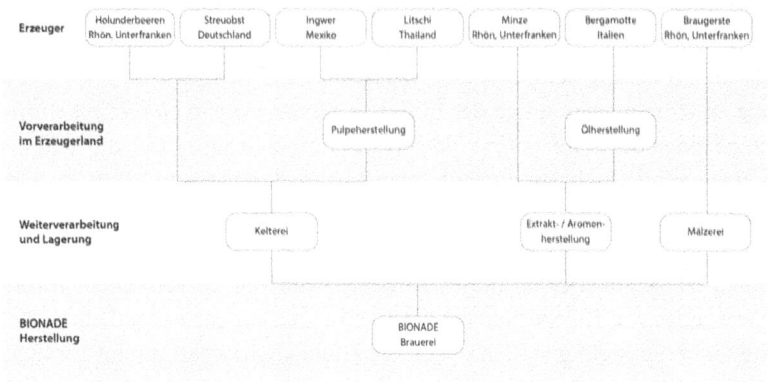

Abb. 2 Rohstoffkette Bionade

Thailand und Kalabrien in Süditalien bezogen und vor Ort zwischenverarbeitet, um die größtmögliche Wertschöpfung – analog zum Projekt Bio-Landbau Rhön – in den Anbauregionen zu lassen und um Transportvolumen zu minimieren.

In Mexiko wurde in Zusammenarbeit mit Bionade ein Ingwerprojekt initiiert, in dem indianische Bauern erstmals Ingwer in sogenannten Baumgärten anbauen. Der Ingwer wird von ortsansässigen Verarbeitungsfirmen gewaschen, geschält und zu Pulpe verarbeitet, die dann tiefgekühlt nach Deutschland transportiert wird. Seit 2007 bezieht Bionade seinen Bioingwerbedarf fast ausschließlich aus diesem Projekt.

Die Biolitschis für die Sorte Bionade Litschi kommen aus Thailand von einer Plantage der Anbauinitiative *King's Royal Project,* in der 38 kleinbäuerliche Familienbetriebe neben Biomango und Bionüssen vornehmlich zwei Biolitschisorten kultivieren. Genau wie beim Ingwer auch wird die tiefgekühlte Litschipulpe nach Deutschland geliefert.

Bergamotten wachsen ausschließlich im Süden von Kalabrien, der ärmsten Region Italiens. Die Biofrüchte stammen von einer Kooperative in der Nähe von Reggio di Calabria. Die gesamte Ernte wird vor Ort in Lohnarbeit zu Biobergamottenöl verarbeitet und dann vermarktet.

Sämtliche Rohstoffe zur Herstellung der Erfrischungsgetränke kommen aus zertifizierter ökologischer Landwirtschaft. Die Bionade GmbH ist bestrebt, Schritt für Schritt für möglichst viele ihrer benötigten Rohstoffe ähnliche nachhaltige und kurze Lieferketten aufzubauen und diese zu kontrollieren, wie bspw. bei Ingwer und Bergamotte. Die Offenlegung von Lieferketten durch die Lieferanten stellt dabei teilweise ein Problem dar, weil die vorgelagerte Lieferkette zu deren Know-how gehört und einen Teil des Geschäftserfolges darstellt. Es wird bei Bionade kontinuierlich daran gearbeitet, das Vertrauen der Lieferanten zu gewinnen und diese davon zu überzeugen, dass Transparenz zukünftig eine immer bedeutendere Rolle einnehmen wird.

4 Schlussbetrachtung

Eine nachhaltige Rohstoffbeschaffung ist ein aufwendiger Prozess. Wie oben beschrieben, gibt die Produktidee von Dieter Leipold diesen Weg bei Bionade vor. Ein CSR- bzw. Verantwortlichkeitsmanagement kann nur fruchten, wenn konsequent gehandelt wird. Bionade ist auf einem guten Weg und ist sich seiner gesellschaftlichen Verantwortung bewusst. Dabei wird versucht, diesen Weg immer weiterzugehen, um sich ständig zu verbessern. Damit ist gemeint, dass ein schonungsvoller und bewusster Umgang mit Ressourcen, der Umwelt sowie eine faire Zusammenarbeit mit Mitarbeitern und Geschäftspartnern erfolgt. Das ist der Schlüssel, um das vorhandene Verbrauchervertrauen dauerhaft zu bestätigen und aufrechtzuerhalten. Die Nachhaltigkeit in der Rohstoffbeschaffung ist dabei das Kernstück für die Verantwortlichkeit bei Bionade.

Literatur

Garvs M, Rieber N (2008) Vom Feld in die Flasche. In: Geiss M, Gourgé K (Hrsg) Werte Wirtschaft: Nachhaltigkeit und gesellschaftliche Verantwortung auf Basis für Kommunikation und Markenführung. Plexus, Amorbach

Michael Garvs war über zehn Jahren bei BIONADE tätig und hat in dieser Zeit das Nachhaltigkeitsmanagement aufgebaut und weiterentwickelt. Ein weiterer wesentlicher Schwerpunkt ist das Projekt „Bio-Landbau Rhön", das kontinuierlich zu einem regionalen und internationalen Projekt mit dem Schwerpunkt eines gezielten Rohstoffmanagements zur Beschaffung und Sicherung von ökologischen Rohstoffen ausgebaut wurde. Ehrenamtlich ist Michael Garvs mehrere Jahre im Rahmen seiner Tätigkeit bei Bionade als Beiratsmitglied des Biosphärenreservats Rhön und als Vorstand in der Initiative „Biodiversity in Good Company" e. V. aktiv gewesen.

Heute ist Michael Garvs bei der Klimapatenschaft GmbH tätig, die Unternehmen bei Nachhaltigkeitsthemen berät.

Die Kultur der gesellschaftlichen Verantwortung bei Jacques' Wein-Depot

Kathy Féron

1 Wurzeln und Struktur des Unternehmens

Jacques' Wein-Depot, Wein-Einzelhandel GmbH – nachfolgend nur noch Jacques' genannt – ist heute Marktführer im stationären Weinfacheinzelhandel in Deutschland. Jacques' wurde im Jahr 1974 von den Herren Jacques Héon und Dr. Olaf Müller Soppart in Düsseldorf gegründet. Nachdem das erste Jacques' Wein-Depot in einem ehemaligen Pferdestall eröffnet wurde, umfassen heute rund 285 weitere Filialen das System. Nach verschiedenen Eigentümerwechseln gehört das Unternehmen heute zur Hawesko Holding mit Sitz in Hamburg.

In der Zentralverwaltung des Unternehmens mit Sitz in einer ehemaligen Spirituosenfabrik im Düsseldorfer Stadtteil Unterbilk arbeiten 70 Mitarbeiter. Die Organisation ist in drei Ebenen flach aufgebaut: Die Geschäftsführung setzt sich aus zwei Geschäftsführern und einem Prokuristen zusammen. Die nächste Hierarchieebene, der sogenannte Lenkungskreis, umfasst neben der GL weitere acht Fachbereichsleiter mit Führungsverantwortung. Die Mitarbeiterstruktur ist mit einem Durchschnittsalter von 42,3 Jahren und einer Parität zwischen Frau und Mann seit Jahren sehr stabil.

Die einzelnen Filialen wiederum werden durch Partner – wie Jacques' sie nennt – geführt, die als Inhaber einer selbstständigen Handelsagentur das jeweilige Depot, manchmal auch mehrere, führen. Sie sind Handelsvertreter, deren Rechte im Handelsgesetzbuch in § 84–92 verankert sind. Den Partnern werden die Filialen betriebsbereit und ohne eigene Anfangsinvestition, d. h. voll möbliert und mit Ware ausgestattet übergeben. Ihre Provision

---

K. Féron (✉)
Jacques' Wein-Depot Wein-Einzelhandel GmbH, Bilker Allee 49, 40219 Düsseldorf,
Nordrhein-Westfalen, Deutschland
E-Mail: kathy.feron@jacques.de

erhalten sie anschließend prozentual aus den Umsatzerlösen. Die 223 Agenturinhaber beschäftigen deutschlandweit rund 800 weitere Mitarbeiter.

2 Unternehmensmarke

Die sich seit über 40 Jahren weiterentwickelnde Unternehmensmarke Jacques' Wein-Depot bietet dem Verbraucher folgende rationale und emotionale Vorteile:
Rational:

- wertige Winzerweine direkt vom Erzeuger,
- Verkosten aller Weine,
- hohe Beratungskompetenz, breites und tiefes Fachwissen,
- faires Preis-Genuss-Verhältnis,
- Weine aus aller Welt in den unterschiedlichen Preislagen,
- hohe Qualitätsstandards und Qualitätskontrolle,
- gut zu erreichen, immer in der Nähe.

Emotional:

- Faszination Wein erleben,
- ungezwungene und persönliche Wohlfühlatmosphäre,
- persönliche Geschmacksentscheidung durch den Kunden,
- Weinwissen anreichern ohne Bevormundung und Dozieren,
- eigener Geschmack als Entscheidungsgrundsatz.

Durch eine Markenplattform wurde die strategische Ausrichtung der Unternehmensmarke Jacques' definiert. Die differenzierenden Markenwerte Nachhaltig, Authentisch und Passioniert bilden den zugrunde liegenden Kern (Abb. 1).

Auf diesen baut die Positionierungsaussage auf: „Jacques' ist die Erlebniswelt Wein, die jedem Weinliebhaber den Zugang zu Winzerweinen auf sympathische, zwanglose und professionelle Art ermöglicht und eine Plattform rund um den Weingenuss bildet."

Diese Positionierungsaussage wird auf die Markenidee und Tonalität zugespitzt. Die Markenidee, „Eintauchen in die Welt des Weingenusses", wird durch die Tonalitäten Charmant, Leger, Wertig und Urlaubig transportiert. Diese Elemente werden zum Leitmotiv für die zielgerichtete Ausgestaltung und Inszenierung über alle Designdisziplinen und Kommunikationskanäle und stellen die Grundlage des gesamten unternehmerischen Handelns dar.

Die Kultur der gesellschaftlichen Verantwortung bei Jacques' Wein-Depot

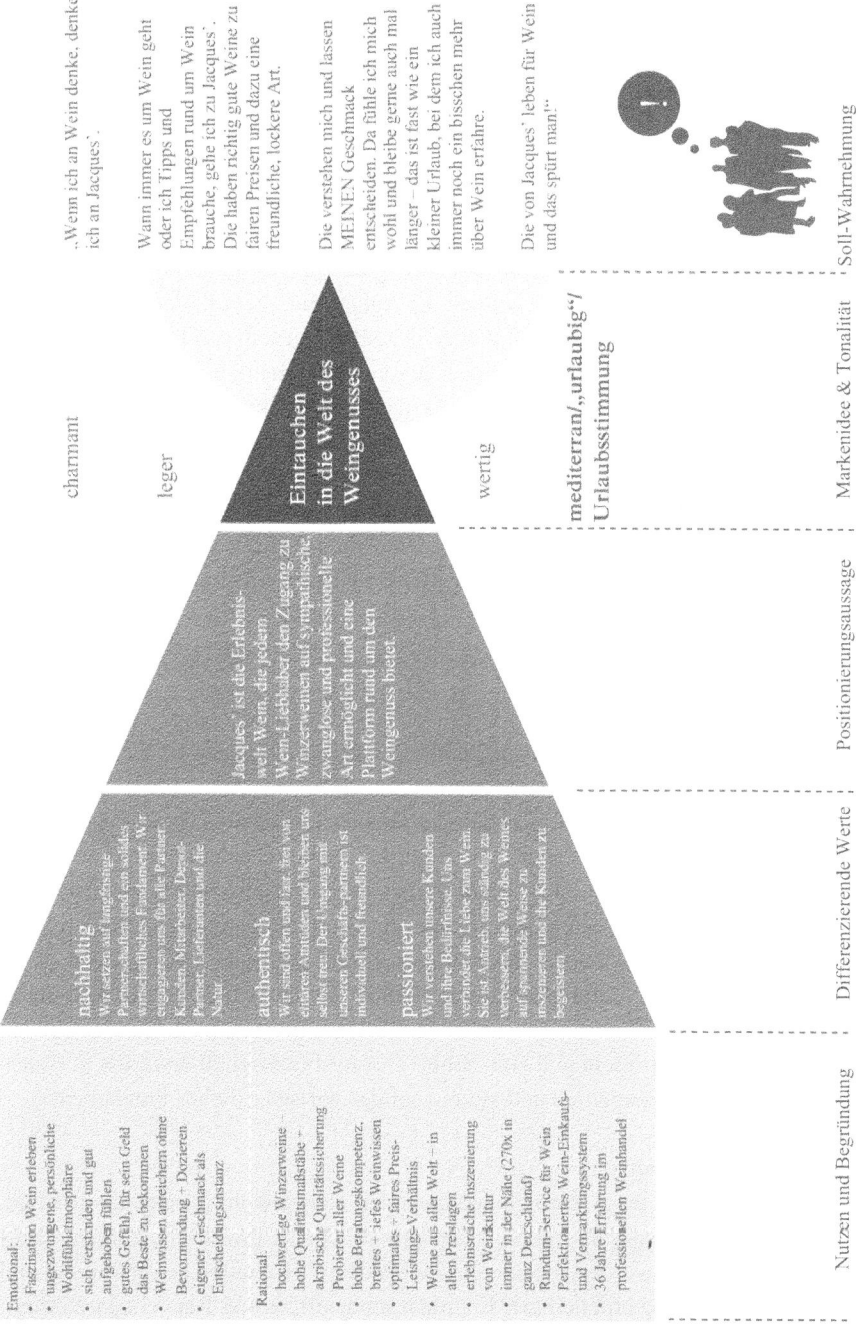

Abb. 1 Markenplattform Jacques'

3 Unternehmenskultur und gesellschaftliche Wertevorstellung

Unabhängig von der Marke, die Jacques' individuell macht und von den Mitbewerbern abhebt, ist die Erwartung der Gesellschaft an Jacques' Wein-Depot als Weineinzelhändler ein zusätzlich wichtiger Einflussfaktor. Die Werte und das Versprechen, für die Jacques' steht, müssen mit der gesellschaftlichen Wertevorstellung sämtlicher Stakeholder, vor allem aber der Kunden, übereinstimmen. Besonders durch das kostenfreie Probieren und den Verkauf von alkoholischen Genussmitteln hat Jacques' gegenüber der Gesellschaft eine besondere Verantwortung. Um dieser gerecht zu werden, wird dem Missbrauch von Alkohol nicht nur durch eine konsequente Einhaltung des Jugendschutzgesetzes, sondern auch durch den verantwortungsvollen Umgang der Agenturinhaber mit der freien Verkostung entgegengewirkt. Regelmäßige Schulungen der Mitarbeiter in den Depots, aber auch in der Düsseldorfer Zentrale durch Spezialisten gehören hier ebenfalls dazu.

Jacques' hat sich bewusst entschieden, ohne aktive Kommunikation zu den Medien und auch den Kunden CSR – und damit auch Nachhaltigkeit – zu implementieren. Vor dem Hintergrund, dass diese Themen beinahe inflationär von den diversen Marktteilnehmern benutzt werden, sollen bei Jacques' CSR und Nachhaltigkeit wie ein Wasserzeichen das Handeln prägen. Derjenige, der bewusst das Wasserzeichen sucht, sieht es auf Anhieb, ansonsten bestimmt es das fortlaufende Handeln aller Beteiligten im Unternehmen.

4 Die CSR-Vision bei Jacques'

Jacques' agiert nachhaltig, authentisch und passioniert in der Erlebniswelt Wein.

Um die natürlichen Ressourcen zu schützen und auch für nachfolgende Generationen zu sichern, will Jacques' Wein-Depot nachhaltiges Denken immer mehr in allen Unternehmensbereichen verankern. Nachhaltigkeit bedeutet für Jacques' neben den umweltschonenden Maßnahmen auch die Berücksichtigung sozialer und gesellschaftlicher Aspekte in allen Bereichen sowie das Bemühen um die eigenen Mitarbeiter und Partner. Durch ein Nachhaltigkeitsmanagement sollen darüber hinaus gesellschaftliche, ökologische, wirtschaftliche sowie straf- und haftungsrechtliche Risiken für das Unternehmen und damit auch den Hawesko-Konzern verringert werden. Im Mittelpunkt stehen die Kunden, die ein qualitativ hochwertiges Sortiment und eine hohe Leistungsbereitschaft erwarten. Jacques' setzt auf langfristige Partnerschaften und auf ein solides wirtschaftliches Fundament.

Ökologische Nachhaltigkeit
Wein ist ein Naturprodukt. Das Unternehmen engagiert sich sowohl für eine langfristige, nachhaltige Nutzung der Natur als auch für den betrieblichen Umweltschutz in der Zentrale und den Depots. Dazu werden ressourcenschonendes Wirtschaften in Verwaltung und Produktion und die Nutzung erneuerbarer Energien sowie effizientes Recycling gefördert. Darüber hinaus werden Lieferanten mit nachhaltigen Zielsetzungen, die dazu beitragen, die hohen Qualitätsvorstellungen zu realisieren, gefördert.

Winzer auf der ganzen Welt wissen um die Gefahr des Einsatzes von zu viel Chemie und industrieller Technik. Die von Jacques' ausgewählten Weine werden unter den unterschiedlichsten klimatischen, natürlichen, technischen, rechtlichen und gesellschaftlichen Bedingungen hergestellt und gerade diese von Jacques' geförderte regionale Vielfalt der Bedingungen ist es, die die Weine unverwechselbar machen. Dadurch ist auch die Vielgestaltigkeit der in einem weltweiten Kontext zu beachtenden ökologischen Rahmenbedingungen ungeheuer groß. Jacques' Wein-Depot versucht mit den Winzern jeden Tag einen kleinen Schritt zum umweltschonenden An- und Ausbau der Weine beizutragen. Ständiger Wissenstransfer mit den Herstellern und eine steigende Sensibilität für diese Thematik führen uns zu immer nachhaltigeren Produkten. Der Einsatz von Ressourcen, Verpackungen und Transporten wird kontinuierlich hinterfragt.

Soziale Nachhaltigkeit
Nachhaltigkeit bedeutet für Jacques' die Berücksichtigung sozialer und gesellschaftlicher Fragen im Erzeugungs- und Beschaffungsprozess. Aufgrund der globalen Handelstätigkeit sind dem Unternehmen die potenziellen Gefahren der Verletzung von Menschenrechten und der Nichtbefolgung lokaler Gesetzgebungen und internationaler Arbeitsstandards bewusst. Die Auswahl der Lieferanten und die dauerhafte Zusammenarbeit stellt Jacques' deshalb vor besonders hohe Anforderungen, denn eine hohe Lieferantenbindung und -treue zeichnet den Wareneinkauf von Jacques' Wein-Depot seit jeher aus. Der langfristige Erfolg, die Qualität und der gegenseitige Respekt sind neben den genannten sozialen und ökologischen Nachhaltigkeitsmerkmalen wichtige Kriterien bei der Auswahl von Lieferanten. Fairer Umgang mit Mitarbeitern, Partnern und Lieferanten gehört dabei zum Selbstverständnis bei Jacques'.

Wirtschaftliche Nachhaltigkeit
Das Streben nach verbesserter Wirtschaftlichkeit, Stärke und Wachstum bildet die wirtschaftliche Grundlage für ein professionelles Nachhaltigkeitsmanagement. Dabei wird angestrebt, durch Innovation und intelligente Lösungen ökonomische Ziele in Einklang mit Ökologie und sozialem Handeln zu bringen. Im Zentrum stehen hier Vermeidung und – wo dies nicht möglich ist – Verminderung von Umweltbelastungen in der gesamten Wertschöpfungskette.

Die ständige Weiterentwicklung des Nachhaltigkeitswissens im Unternehmen durch Motivation, praktische Anregungen, Schulungen und umfangreiche Informationen wird gefördert. In der Kommunikation der Aktivitäten konzentriert sich Jacques' auf Sachaussagen oder die Umsetzung konkreter nachhaltiger Maßnahmen.

5 CSR und Nachhaltigkeit bei Jacques'

Das Thema Nachhaltigkeit ist bei Jacques' Wein-Depot nicht nur Hauptbestandteil der Unternehmensmarke. Das Thema wird fortlaufend weiterentwickelt und immer stärker systematisch integriert. Im Folgenden zeigen dies einige Beispiele aus den verschiedenen Bereichen.

5.1 Verantwortung für die Mitarbeiter und Agenturinhaber

Faire Bezahlung, Mitarbeiterbeteiligung und eine permanente Weiterbildung zeichnen die Personalarbeit bei Jacques' aus. Neben den Fachkompetenzen findet auch sehr viel Weiterbildung sowohl in den Selbst- als auch den Sozialkompetenzen statt. Die Befragung zur psychosozialen Belastung über den COPSOQ-Fragebogen als auch ein regelmäßiges betriebliches Gesundheitsmanagement mit diversen Angeboten zeigen eine extrem hohe Mitarbeiterzufriedenheit auf. Dies spiegelt sich auch in einer sehr geringen Fluktuation und einer langen Betriebszugehörigkeit wider. Als Inverkehrbringer von Alkohol sieht Jacques' seine Verantwortung in der klaren Rolle der Aufklärung und Prävention vor Missbrauch. Regelmäßige interne Veranstaltungen zum Thema Suchtprävention sollen bei Agenturinhabern und Mitarbeitern eine erhöhte Sensibilität fördern.

5.2 Verantwortung für die Umwelt

Im Weinhandel entsteht die größte Umweltbelastung durch den Transport. Beim Transport von Waren von den Produzenten werden grundsätzlich nur Speditionen mit Fahrzeugen der Abgasklasse Euro 5 eingesetzt. Soweit Intermodallösungen möglich sind – also ein Teil der Transportkette vom Lastwagen auf die Bahn oder das Schiff verlagert werden kann –, werden diese bevorzugt und es wird angestrebt, ihren Anteil weiter zu erhöhen. Im Spanien- und Portugalverkehr setzt Jacques' Wein-Depot auf die sogenannte Shortsea-Verbindung. Bei Containern aus Übersee erfolgt der Nachlauf auf Binnenschiffen. Grundsätzlich finden im Transport zum Zentrallager nur Transporte mit voller Ausnutzung des Laderaums statt.

Die Verpackungen sowohl im Versand als auch von Weinschläuchen sind alle FSC-zertifiziert, ebenso alle Druckmedien. Der Versand an Endkunden von Werbematerialien erfolgt ausschließlich klimaneutral per GO GREEN.

In den einzelnen Jacques' Wein-Depots werden besonders energieaufwendige Beleuchtungen identifiziert und ausgetauscht. Grundsätzlich kommt bei Renovierungen und Neueröffnungen von Depots ein energieoptimiertes Beleuchtungskonzept zum Einsatz. Mehr als 110 Jacques'-Standorte sowie die Zentrale in Düsseldorf beziehen regenerativ erzeugten Strom, diese Zahl soll zukünftig noch weiter gesteigert werden. Die aus diesen beiden Optimierungskonzepten resultierende CO_2-Einsparung beläuft sich auf mehr als

260.000 kg gegenüber herkömmlichen Lösungen. Zudem werden seit mehreren Jahren in jedem Jacques' Wein-Depot Weinkorken zum Recycling entgegengenommen. Jährlich werden über 8 Mio. Korken in den Depots eingesammelt und fachgerecht bei Recyclingdienstleistern abgegeben.

Jacques' bietet seinen Kunden momentan noch gratis Plastiktüten beim Einkauf von Einzelflaschen bzw. Feinkostartikeln an. Seit vielen Jahren kommt hier aber nur noch mit dem Blauen Engel zertifiziertes PVC zum Einsatz. Auf Werbedrucke in Farbe wird verzichtet, um einerseits die Tüten für den Kunden mehrfach einsetzbar zu machen, andererseits um weitere Belastungen der Umwelt durch Farbdrucke zu vermeiden.

5.3 Verantwortung für die Winzer, Dienstleister und Lieferanten

Langfristige Lieferantenbeziehungen bilden die Grundlage eines nachhaltigen Angebotes an Weinen aus der ganzen Welt. Seit mehreren Jahren gibt es ein systematisches Erfassen und Bewerten aller nachhaltigen Bestrebungen der Erzeuger, um gemeinsame Maßnahmen abzuleiten und zu entwickeln.

Dazu werden bei den Winzern per Fragebögen grundsätzliche Informationen zum Thema Traubenanbau, Bodenbearbeitung, Pflanzenschutz, Materialeinsatz, aber auch Arbeitsorganisation erfragt und bewertet. Es erfolgt eine Auswertung und eine Lieferantenbewertung, welche dem Weineinkäufer als Entscheidungsgrundlage dient und bei Jahresgesprächen mit in die Lieferantenbeurteilung einfließt.

5.4 Verantwortung für die Gesellschaft

Jacques' Wein-Depot nimmt seine Verantwortung gegenüber allen Stakeholdern sehr ernst. Der Dialog mit allen beteiligten Akteuren erfolgt stets auf Augenhöhe und ist von einem partnerschaftlichen Miteinander geprägt.

Zum Beispiel werden Kunden gegenüber marketingtechnisch keinerlei „leere" oder gar irreführende Versprechungen beim Bewerben der Weine gemacht. Alle Aussagen haben Substanz und sind zu 100 % authentisch. Die Preiskalkulation der Weine ist linear, sogenannte „Mondpreise" oder „Lockartikel" existieren nicht. Die Aussage, „Verkosten wie beim Winzer", kann von jedem Kunden bei den jeweiligen Winzerbetrieben weltweit genauso erlebt werden. Authentizität bestimmt auch hier das Handeln aller im Unternehmen Agierenden.

6 Fazit

In den vergangenen Jahren ist das Bewusstsein der Verbraucher für die Lieferkette, die hinter einem Produkt steht, stetig gestiegen. CSR und Nachhaltigkeit in der Supply Chain eines Handelsunternehmens zu verankern, ist eine Mammutaufgabe. Um Jacques' Wein-Depot in der Marken- und damit in der Kundenwahrnehmung richtig zu positionieren und gleichzeitig das Unternehmen vor Risiken und Vertrauenskrisen zu schützen, müssen Maßnahmen strategisch sorgfältig aufgesetzt werden und auf Dauer angelegt sein. Strategisch langfristiges und damit nachhaltiges Handeln war schon in der DNA des Unternehmens bevor CSR und Nachhaltigkeit als elementare Themen identifiziert wurden. Trotz dieses Urverständnisses muss Jacques' Wein-Depot sich jeden Tag aufs Neue fragen, ob Entscheidungen und Handlungen immer unter Berücksichtigung der genannten Aspekte stattfinden und wo bzw. inwiefern Weiterentwicklungsmöglichkeiten bestehen. Transparenz, klare Kommunikation und ein offener Dialog, auch mit Kritikern soll es dem Unternehmen ermöglichen, Vertrauen aufzubauen. Ein permanentes Weiterentwickeln in allen Bereichen ist vonnöten, denn sowohl bei CRS als auch bei Nachhaltigkeit gilt: Der Weg ist das Ziel.

Kathy Féron geboren 1971, Diplom Ingenieurin Wein und Kellertechnik, studierte in Montpellier und Geisenheim Önologie, um ab 1997 als Weineinkäuferin für diverse Handelsunternehmen tätig zu sein. Seit 2006 arbeitet sie für Jacques' Wein-Depot in Düsseldorf und leitet dort seit 2013 das Unternehmen als Geschäftsführerin.

Gelebte Verantwortung: Das CSR-Engagement von Pernod Ricard

Nicole Lichius und Anke Erdt

1 Einleitung

Der Genuss von Alkohol gehört zu unserem kulturellen Selbstverständnis und ist eine fest verwurzelte, gesellschaftliche Tradition. Dieses Kulturgut bereichert Pernod Ricard mit außergewöhnlichen Marken, die besondere Genussmomente versprechen. Die weltweit rund 18.500 Mitarbeiter der Gruppe begreifen sich als Créateurs de Convivialité und vermitteln mit den hochwertigen Produkten von Pernod Ricard Genuss von Alkohol. Hochwertige Spirituosen und Weine unterstützen schöne Anlässe und einzigartige Momente. Gleichwohl entstehen durch missbräuchlichen Konsum ernsthafte Konsequenzen – für Betroffene selbst, aber auch für ihre Familien, Freunde, Kollegen und letztendlich für die Gesellschaft als Ganzes. Umso wichtiger ist es, ein gesundes, verantwortungsvolles Konsumentenbewusstsein zu fordern und zu fördern. Worauf es ankommt, ist das richtige Maß.

Pernod Ricard handelt im Bewusstsein dieser gesellschaftlichen Verantwortung über die gesetzlichen Vorschriften hinaus, freiwillig und gezielt für den verantwortungsbewussten und maßvollen Genuss von alkoholischen Getränken. Nachhaltiges Engagement und eine ethische Verantwortung gegenüber Mensch und Natur sind seit der Gründung fest in der Unternehmens-DNA verankert (vgl. Abb. 1). Den Grundstein dafür legte der Unternehmer Paul Ricard bereits im Jahr 1966. Er gründete das Institut für Ozeanografie auf der Mittelmeerinsel Les Embiez. Wissenschaftler beschäftigen sich dort mit dem Schutz der

---

N. Lichius (✉) · A. Erdt
Pernod Ricard Deutschland, Habsburgerring 2, 50674 Köln, Nordrhein-Westfalen, Deutschland
E-Mail: nicole.lichius@pernod-ricard.com

A. Erdt
E-Mail: anke.erdt@pernod-ricard.com

© Springer-Verlag Berlin Heidelberg 2016
C. Willers (Hrsg.), *CSR und Lebensmittelwirtschaft*, Management-Reihe Corporate Social Responsibility, DOI 10.1007/978-3-662-47016-9_19

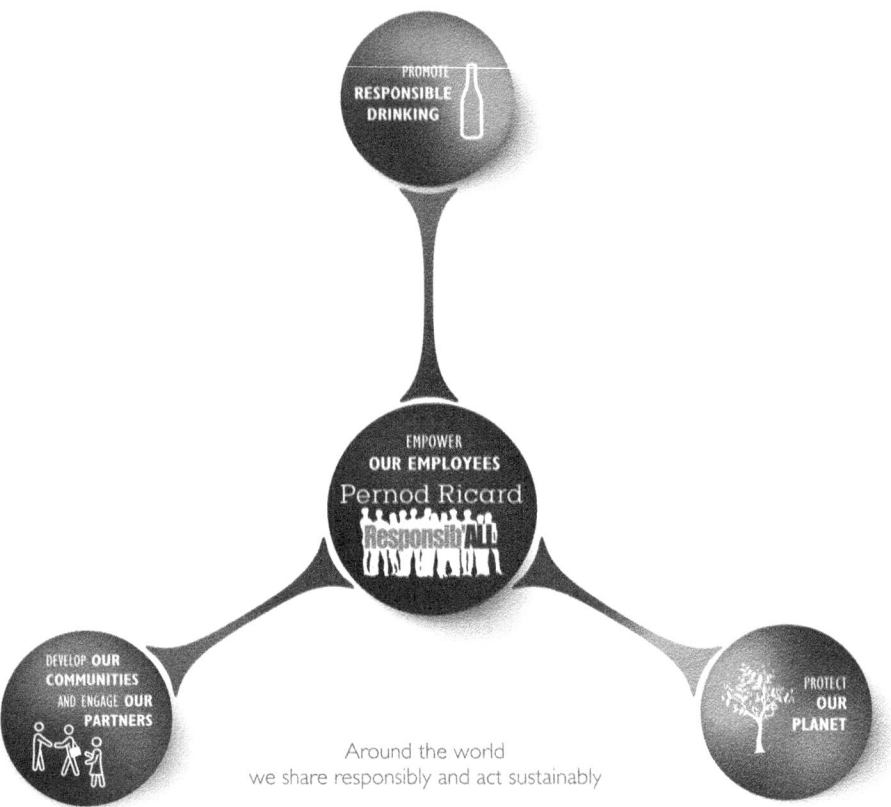

Abb. 1 Nachhaltigkeit und Verantwortung als Teil der Unternehmensstrategie

Meere, um Menschen für die Gefahr durch industrielle Verschmutzung zu sensibilisieren. Als aktiver Umweltschützer war Paul Ricard seiner Zeit voraus und machte auf die Problematik der Umweltverschmutzung schon aufmerksam, als das Thema noch gar nicht in den Köpfen der Menschen angekommen war: „Umweltschutz war damals keine besonders populäre Bewegung, so, wie sie es heute ist. Der Großteil der Öffentlichkeit war sich der Probleme gar nicht bewusst" (Paul Ricard 1972).

Diese ethische Grundhaltung resultiert aus tiefer innerer Überzeugung und wird heute an allen Standorten weltweit praktiziert. Weitreichende Umweltstandards und Qualitätsmanagementsysteme sorgen für einen schonenden Umgang mit den Ressourcen, sichere Arbeitsbedingungen und für hervorragende Produktqualität. Es geht um gelebte Verantwortung statt Greenwashing. Geringer Wasserverbrauch, energieeffiziente Produktionstechnologie, die Verminderung von Treibhausgasemissionen und Abfallvermeidung sind entscheidende Leistungen, die regelmäßig kontrolliert und zertifiziert werden.

1.1 Maßvoller Alkoholkonsum im Fokus

Nachhaltigkeit bedeutet für Pernod Ricard einen Wertbeitrag für die Gesellschaft zu leisten. Dieser Grundsatz wird an den weltweiten Standorten als zentraler Bestandteil der Unternehmenskultur gelebt. Als einer der marktführenden Anbieter von Spirituosen hat es sich Pernod Ricard zur Aufgabe gemacht, seine Konsumenten über den verantwortungsbewussten Umgang mit Alkohol zu informieren und über die Folgen übermäßigen und in manchen Lebenssituationen schädlichen Alkoholkonsums aufzuklären. Dies ist eine Hauptaufgabe der gesamten CSR-Maßnahmen. Die Gruppe ist überzeugt, dass durch ein gesteigertes Bewusstsein für die Risiken übermäßigen Alkoholkonsums langfristig eine Verhaltensänderung der Verbraucher erreicht werden kann. Mit dieser Zielsetzung wurden fünf klare, ethische Grundsätze definiert:

- moderater und verantwortlicher Genuss von Alkohol,
- kein Alkohol am Steuer,
- Schutz von Minderjährigen,
- kein Alkohol in der Schwangerschaft,
- Förderung des Verantwortungsbewusstseins der Mitarbeiter.

Diese Werte lebt die Pernod-Ricard-Gruppe Tag für Tag – im Umgang miteinander sowie mit Kunden und Partnern. Aus der Überzeugung heraus, dass Maßnahmen zur Bekämpfung des Missbrauchs von Alkohol dann am effektivsten sind, wenn sie im Schulterschluss mit Politik und Gesellschaft erfolgen, hat Pernod Ricard verschiedene öffentlichkeitswirksame Kampagnen initiiert. Diese sollen einerseits auf die Folgen des Alkoholmissbrauchs aufmerksam machen, zum anderen ein breites Bewusstsein für den maßvollen Genuss alkoholischer Getränke schaffen.

Die weltweit 18.500 Mitarbeiter sind ein wichtiger Teil der gelebten Corporate Social Responsibility. Als Botschafter und Multiplikatoren transportieren sie die Pernod-Ricard-Werte nach außen und unterstützen damit alle CSR-Maßnahmen in einzigartiger Weise.

Für die gesamte Pernod-Ricard-Gruppe gilt zudem ein spezieller Verhaltenskodex. Dieser geht über die gesetzlichen Bestimmungen hinaus und regelt die verantwortungsvolle Vermarktung des gesamten Produktportfolios. Das zeigt sich bspw. in der kommerziellen Kommunikation: Hier werden nur Models und Schauspieler eingesetzt, die mindestens 25 Jahre alt sind.

1.2 Vorreiter dank ganzheitlichen Ansatzes

Die Gruppe Pernod Ricard weist ein ganzheitliches CSR-Engagement vor, das sich über viele Jahre hinweg kontinuierlich weiterentwickelt hat und systematisch in das Management und die Kommunikation integriert wurde. Dieser Ansatz ist auch der Grund, dass gerade in den letzten Jahrzehnten der Bereich Corporate Social Responsibility in der

Branche stark von dem Engagement der Pernod-Ricard-Gruppe geprägt wurde und das Unternehmen international eine CSR-Vorreiterrolle einnimmt.

Um diesen Anspruch zu untermauern und weiter voranzutreiben, hat sich Pernod Ricard im Jahr 2012 gemeinsam mit 13 weiteren international tätigen Wein-, Bier- und Spirituosenherstellern entschieden, fünf Industrie-Commitments zu etablieren. Diese Commitments sind die bis dato größte industrieweite Initiative für einen verantwortungsvollen Umgang mit Alkohol.

Sie lauten:

- Reduktion des Alkoholkonsums von Minderjährigen,
- Stärkung und Erweiterung des Marketingkodex für kommerzielle Kommunikation,
- Bereitstellung von Konsumenteninformationen und verantwortungsvollen Produktinnovationen,
- Rückgang von Alkoholmissbrauch im Straßenverkehr,
- Zusammenarbeit mit dem Handel zur Reduktion von gesundheitsschädlichem Trinkverhalten.

Diese Grundsätze sind Teil der globalen Strategie zur Reduktion des gesundheitsschädlichen Konsums von Alkohol der Weltgesundheitsorganisation (WHO), die diese 2010 vorgestellt hat. Sie sollen ein Bewusstsein für verantwortungsvollen Umgang mit Alkohol innerhalb der Branche fördern und zugleich ein starkes Zeichen in der Öffentlichkeit setzen – durch konkrete Aufklärungs- und Präventionsmaßnahmen der einzelnen Hersteller, aber auch durch die enge Zusammenarbeit mit Verbänden und NGOs.

2 Pernod Ricard Deutschland

Als deutscher Marktführer im Bereich Premiumspirituosen ist sich Pernod Ricard Deutschland seiner besonderen Verantwortung gegenüber Konsumenten, Kunden, Partnern und dem gesellschaftlichen Umfeld bewusst. Daher werden viele Ressourcen und viel Herzblut in Kampagnen gesteckt, die helfen, Alkoholmissbrauch zu verhindern und langfristig zu reduzieren. Als „Créateurs de Convivialité" ist es Pernod Ricard wichtig, Genuss an Verantwortung zu knüpfen und die breite Öffentlichkeit mit dieser Botschaft zu erreichen. Zumal in Deutschland laut Weltgesundheitsorganisation (WHO 2014) viel mehr getrunken wird als in anderen Ländern: Jeder Deutsche im Alter von über 15 Jahren konsumiert im Schnitt 11,8 l reinen Alkohol im Jahr, das entspricht rund 500 Flaschen Bier. Weltweit liegt der Alkoholkonsum mit 6,2 l an reinem Alkohol deutlich niedriger. Auch im europäischen Durchschnitt wird weniger getrunken: Hier sind es 10,9 l reiner Alkohol pro Jahr.

2.1 Wirtschaftlichkeit und Verantwortung

Als Hersteller von Premiumspirituosen mit einem breiten Produktportfolio agiert Pernod Ricard Deutschland stets unter den Augen der Öffentlichkeit. Mit dem Ziel, Selbstverpflichtung zu leben, ist das gesamte unternehmerische Handeln durch Corporate Social Responsibility geprägt. Mit dieser Form der Selbstverpflichtung geht Pernod Ricard Deutschland nicht nur über die gesetzlichen Regelungen und die Empfehlungen des Deutschen Werberats hinaus. Die Gruppe agiert sehr aktiv in der Branche und zeigt, dass wirtschaftlicher Erfolg und Verantwortung Hand in Hand gehen. Dieses gesunde Verhältnis wird zum einen durch die Mitgliedschaft im Bundesverband der Deutschen Spirituosen-Industrie und -Importeure e. V. gewährleistet. Zum anderen stellen konkrete Präventionsmaßnahmen die Balance sicher.

2.2 Breite Kommunikationsebene

Die vielfältigen CSR-Maßnahmen von Pernod Ricard Deutschland weisen keinen kommerziellen Charakter auf, sondern haben ausschließlich das Ziel, Alkoholmissbrauch entgegenzuwirken. Die Botschaften werden dabei sowohl über klassische als auch digitale Kommunikationskanäle transportiert. Dazu gehören groß angelegte TV- und Printkampagnen, Kinospots, Plakataktionen sowie die Aufklärung über spezielle Kampagnenwebsites. So wird eine zielgruppengerechte Ansprache gewährleistet, die die Konsumenten in ganz unterschiedlichen Kontexten über die Auswirkungen von übermäßigem Alkoholkonsum aufklärt. Denn: Nur wer informiert ist, kann verantwortungsbewusste Entscheidungen treffen.

Bei größeren Events unterstützt Pernod Ricard Deutschland unter dem Motto „Don't drink and drive" den verantwortungsbewussten Umgang mit Alkohol im Straßenverkehr (vgl. Abb. 2). Damit die Eventgäste und -teilnehmer den Abend unbeschwert genießen und entspannt auf die Autoschlüssel verzichten können, stellt Pernod Ricard Deutschland auf ausgewählten Events einen exklusiven Limousinenservice zur Verfügung – auch für

Abb. 2 Gelebte Verantwortung: Der „Don't Drink & Drive Limo-Service" bei ausgesuchten Events

alle Mitarbeiter: Sie erhalten bei ausgesuchten Veranstaltungen Taxigutscheine oder ihnen werden Hotelübernachtungen zur Verfügung gestellt.

Das CSR-Engagement spiegelt sich in besonderem Maße auch in der Markenkommunikation wider, mit der die Botschaften zu dem Thema „Genuss mit Verantwortung" auf breiter Ebene und reichweitenstark kommuniziert werden. So enthält jede Marketing- und Kommunikationsmaßnahme von Pernod Ricard einen Hinweis auf verantwortungsbewussten Alkoholkonsum – egal ob TV, Print oder online.

Mit einer Vielfalt an Informationsangeboten und Präventionsmaßnahmen leistet das Unternehmen deutlich mehr, als vom Gesetzgeber verlangt wird. Verantwortung als Maxime ist in der gesamten Pernod-Ricard-Gruppe fest verankert, wird allerdings in jedem Land im lokalen Kontext umgesetzt.

3 Corporate-Social-Responsibility-Initiativen

3.1 Leadkampagne: Mein Kind will keinen Alkohol

Pernod Ricard Deutschland liegt sehr viel daran, die Öffentlichkeit für die Risiken von Alkoholkonsum in der Schwangerschaft zu sensibilisieren. Denn die Konsequenzen finden in Deutschland sowie im Ausland noch nicht ausreichend Beachtung: Nach Angaben der Bundeszentrale für gesundheitliche Aufklärung (Bundeszentrale für gesundheitliche Aufklärung 2015) kommen in Deutschland jährlich bis zu 10.000 Kinder mit einer fetalen Alkoholspektrumstörung und 2000 Kinder mit fetalem Alkoholsyndrom (FAS; entstandene Schädigung eines Kindes durch in der Schwangerschaft aufgenommenen Alkohol) zur Welt – Zahlen, die zu 100 % vermeidbar sind. Bei aktuellen Umfragen geben fast 15 % aller schwangeren Frauen in Deutschland an, Alkohol in der Schwangerschaft zu trinken.

Um nachhaltige Verhaltensänderungen zu erzielen, engagiert sich das Unternehmen deshalb seit 2010 sehr erfolgreich mit der Aufklärungskampagne „Mein Kind will keinen Alkohol", die als eigenständige CSR-Kampagne initiiert wurde, ohne dass Pernod Ricard Deutschland als Absender auftritt. Medienwirksam klärt die Initiative über mögliche körperliche und geistige Behinderungen des Kindes durch FAS auf. Dieses Thema liegt Pernod Ricard Deutschland besonders am Herzen, weil gerade hier bei vielen werdenden Müttern und Vätern große Unwissenheit herrscht – unabhängig von Bildungsgrad oder sozialem Status. Die Kampagne wird mit Partnern aus Politik und Wissenschaft realisiert, da neben werdenden Eltern auch Politik, Medizin und Medien für das Thema sensibilisiert werden sollen.

Mit gutem Beispiel vorangehen
Herausstechendes Merkmal der Kampagne ist das einprägsame, mit einem roten Verbotszeichen versehene Schwangerschaftspiktogramm (vgl. Abb. 3). Nach einem entsprechenden Gesetzesbeschluss in Frankreich hat die Pernod-Ricard-Gruppe das Piktogramm für alle seine Produkte eingeführt. Damit geht das Unternehmen mit gutem Beispiel proaktiv

Abb. 3 Schwangerschaftspiktogramm zum Start der Kampagne an der Berliner Charité

voran und engagiert sich stärker, als in den meisten europäischen Ländern gesetzlich gefordert. Das Piktogramm ziert mittlerweile alle Pernod-Ricard-Flaschen weltweit und ist in Deutschland längst zum Aushängeschild und Symbol der Kampagne „Mein Kind will keinen Alkohol" geworden.

Um die nötige Breitenwirkung zu erzielen, hat Pernod Ricard Deutschland mit www.mein-kind-will-keinen-alkohol.de eine eigene Website aufgesetzt und zur Verlängerung in die sozialen Medien eine Facebook-Seite gegründet, auf der aktuell rund um das Thema „FAS" informiert wird. Die Initiative wird deutschlandweit durch konkrete Kommunikationsmaßnahmen flankiert. So sorgen ein TV-Spot sowie eine nationale Plakatkampagne für flächendeckende Aufmerksamkeit. Prominent unterstützt wird die Kampagne dabei von Schauspielerinnen, Moderatorinnen, Medizinerinnen, Politikerinnen und anderen Frauen des öffentlichen Lebens, die als Botschafterinnen auf die Folgen von Alkoholkonsum in der Schwangerschaft aufmerksam machen – bspw. als Testimonial auf der Website (vgl. Abb. 4). Gemeinsam mit Schauspielerin Sophie Schütt, selbst zweifache Mutter, wurde ein Aufklärungsspot realisiert, der öffentlichkeitswirksam im Fernsehen zu sehen ist.

Die Kampagne war und ist äußerst erfolgreich: Mit den beiden TV-Spots wurde eine besonders große Zuschauerzahl erreicht. Durch Platzierungen in Print, TV und an Plakatwänden konnten über 60 Mio. Kontakte generiert werden. Zusätzlich konnten viele Multiplikatoren gewonnen und öffentliche Diskussionen angestoßen werden. 2014 wurde Pernod Ricard Deutschland für die Kampagne mit dem „Health Media Award" für erfolgreiche und innovative Kommunikations- und Marketingmaßnahmen im Gesundheitssektor ausgezeichnet. Zudem unterstützen über 4000 Personen „Mein Kind will keinen Alkohol" bei Facebook – ein großartiger Beleg dafür, dass sich das Engagement lohnt.

Abb. 4 Schauspielerin Sophie Schütt im Rahmen der Kampagnen „Mein Kind will keinen Alkohol"

3.2 Responsib'All Day

Der Responsib'All Day ist ein Höhepunkt der Aktionen zur Förderung verantwortungsvollen Alkoholgenusses. Dieses Event basiert auf einer einfachen Idee: Pernod Ricard macht die 18.500 Mitarbeiter in 80 Niederlassungen rund um die Welt zu Botschaftern des Engagements der Pernod-Ricard-Gruppe (vgl. Abb. 5). An diesem Tag können die Mitarbeiter durch eine Vielzahl von lokalen Initiativen und Veranstaltungen direkt mit Kunden, Händlern und Verbrauchern in Kontakt treten und so in ihrem sozialen Umfeld Absender einer gemeinsamen Nachricht werden.

Dabei entwickelt jedes der 80 Länder, in denen Pernod Ricard aktiv ist, individuelle Maßnahmen, um ein gewähltes Motto mit Leben zu füllen – unter Berücksichtigung der jeweiligen kulturellen Gepflogenheiten.

So stand 2013 in Deutschland der Tag unter dem Motto „Don't drink and drive", während 2014 über das sogenannte „Binge-Drinking", das Rauschtrinken, aufgeklärt wurde. Der Responsib'All Day ist für alle Beteiligten ein einzigartiges Ereignis, das gleichzeitig die Mitarbeiter enger zusammenschweißt und als Ausdruck der täglich gelebten Unternehmensphilosophie verstanden wird.

Abb. 5 Am Responsib'All Day werden alle 18.500 Pernod-Ricard-Mitarbeiter zu Botschaftern einer gemeinsamen Nachricht: Genuss mit Verantwortung

3.3 Responsible Party

Pernod Ricard ist sich bewusst, dass übermäßiger Alkoholkonsum gerade unter Jugendlichen und jungen Erwachsenen ein besonders verbreitetes Phänomen ist. Vor allem das Rauschtrinken wird nach wie vor als großes Problem wahrgenommen. Laut der Studie *Der Alkoholkonsum von Jugendlichen und jungen Erwachsenen in Deutschland 2012* der Bundeszentrale für gesundheitliche Aufklärung (BZgA) trinken 40 % der jungen Erwachsenen regelmäßig Alkohol. Studenten konsumieren sogar rund doppelt so viel Alkohol wie der Durchschnitt der Bevölkerung.

Pernod Ricard hat sich dieser Herausforderung gestellt und zum Ziel gesetzt, ein Bewusstsein für maßvollen Alkoholgenuss auf zielgruppenfreundliche Art und Weise zu schaffen. Das Ergebnis ist die unabhängige Veranstaltungsreihe „Responsible Party". Die Kernidee des interaktiven Partyformats heißt „Maßvoll statt maßlos" und ist vollständig losgelöst von den Produkten Pernod Ricards. Mit dem Programm unterstützt Pernod Ricard das Erasmus Student Network (ESN), mit dem seit 2010 eine Partnerschaft besteht. Das ESN organisiert in mehr als 60 Städten in 30 europäischen Ländern Partys an Hochschulen und Universitäten.

Kein moralischer Zeigefinger

In Deutschland unterstützt Pernod Ricard Deutschland ESN bei der Vorbereitung sowie der Umsetzung der Partys und schult Botschafter, die gezielt mit den Studenten über verantwortungsvollen Umgang mit Alkohol sprechen und Gratiswasser ausschenken. Das Unternehmen stellt darüber hinaus Informationsbroschüren und kostenlose Alkoholtester bereit. Durch „Gimmicks" wie Rauschbrillen kann Studenten auf unterhaltsame und ungezwungene Weise ein Gefühl dafür vermittelt werden, wie Alkohol die Wahrnehmung und die Kontrolle des eigenen Körpers beeinflusst.

Um nachhaltige Aufklärungsarbeit bei solch einem sensiblen Thema zu leisten, ist es wichtig, die Ansprache zielgruppengerecht zu gestalten, ohne dass die Studenten das Gefühl bekommen, bevormundet zu werden. Denn wer diese Aufgabe mit erhobenem Zeigefinger angeht, wird schnell auf taube Ohren stoßen. Damit das Format auch weiterhin gut angenommen wird, lässt Pernod Ricard die Präventionskampagnen regelmäßig extern wissenschaftlich evaluieren. Das Ergebnis dieser Aktion kann sich sehen lassen: Durch die Partys wurden seit 2010 allein 175.000 Studenten erreicht. Dieses Engagement ist für Pernod Ricard wichtig und fest in der Kommunikation verankert. Faktisch handelt es sich aber um eine freiwillige Verpflichtung gegenüber dem europäischen Alkohol- und Gesundheitsforum der Europäischen Kommission.

3.4 Konsumenteninformation auf der Website

Vielen ist die Tatsache nicht bewusst, dass die Blutalkoholkonzentration der wichtigste Faktor für die Wirkung von Alkohol auf den menschlichen Körper ist. Entscheidend ist also die Menge an reinem Alkohol pro Glas – und die ist bei einem Glas Bier vergleichbar mit einem Longdrink oder einem Whisky.

Demnach ist die Unterteilung in „harten" und „weichen" Alkohol irreführend. Pernod Ricard Deutschland ist es wichtig, dieses Wissen zu teilen. Auf der Website findet sich deshalb eine eigene „Konsumenteninformationen"-Rubrik, in der Zahlen und Fakten rund um das Thema übersichtlich zusammengestellt sind. Außerdem steht hier auch eine Liste zu Allergenen und Zusatzstoffen des gesamten Portfolios von Pernod Ricard Deutschland zum Download bereit. Damit bietet das Unternehmen Konsumenten ein Informationsangebot, um sich mit dem Thema „maßvoller Alkoholgenuss" auseinanderzusetzen. Denn nur ein informierter Konsument kann verantwortungsvoll mit Alkohol umgehen. Für weitere Informationen veweist Pernod Ricard Deutschland zudem auf die Verbraucherseite des Bundesverbands der Deutschen Spirituosen-Industrie und -Importeure e. V.: www.massvoll-geniessen.de.

3.5 „Wise Drinking"-App

Pernod Ricard sieht Nachhaltigkeit als unternehmerische Chance. Auf der Basis von wirtschaftlichem Erfolg sollen Ressourcen und Kompetenzen genutzt werden, um eigenständige, kreative Lösungen für gesellschaftliche Herausforderungen zu entwickeln. Der Erfolg und Ruf nach mobilen Apps ist ungebrochen. Als federführendes Unternehmen in der digitalen Markenkommunikation nutzt Pernod Ricard den Trend zum „self-tracking" und launchte 2014 die „Wise Drinking"-App – die erste App, die das Bewusstsein für verantwortungsvollen Alkoholgenuss stärkt und dabei neue Zielgruppen erreicht (vgl. Abb. 6). Die App bietet einen einfachen Zugang zum Thema „verantwortungsvoller Alkoholkonsum" und ermöglicht es Nutzern, ihren Alkoholstatus unkompliziert und schnell zu überprüfen.

Es handelt sich bei der App um ein Angebot für eine breite Zielgruppe, denn sowohl jüngere als auch ältere Smartphonenutzer werden damit erreicht. Den Einstieg erleichtert die einfache Steuerung: Jeder Nutzer kann seine konsumierten Alkoholeinheiten in Echtzeit berechnen. Dazu gibt er Geschlecht und Gewicht sowie die Anzahl der konsumierten Getränke ein. Die App informiert nicht nur über den aktuellen Alkoholstatus, sondern bietet dem Nutzer mit der Tagebuchfunktion die Möglichkeit, den eigenen Alkoholkonsum über einen längeren Zeitraum zu beobachten, – das schafft ein ausgeprägtes Konsumbewusstsein. Auch der genaue Standort des Anwenders wird dank GPS-Lokalisierung erfasst. So kann die App auf Wunsch auch gleich die nächstmöglichen öffentlichen Beförderungsmittel anzeigen, um sicher und ohne Risiko nach Hause zu kommen. Die „Wise Drinking"-App ist mittlerweile in 37 Sprachen verfügbar, kostenlos und auf verschiedenen Betriebssystemen lauffähig.

4 Fazit

Pernod Ricard kreiert Produkte, die Freude bereiten und die Besonderheit einzigartiger Momente unterstreichen. Teamgeist, gelebte Werte und das Gefühl der Zugehörigkeit zu einer gemeinsamen Kultur, in der alle Mitarbeiter zugleich Unternehmer und Botschafter sind, sind dabei der Schlüssel zum Erfolg. Um einen nachhaltigen, positiven Beitrag für das Gemeinwesen zu leisten, ist CSR als tragende Säule fest in der Unternehmensphilosophie von Pernod Ricard verankert. Besonders dabei im Fokus steht das Thema verantwortungsvoller Alkoholgenuss. Als eines der führenden Unternehmen der Spirituosenbranche ist Pernod Ricard hier besonders gefordert. Zur Etablierung einer verantwortungsbewussten, genussorientierten Trinkkultur engagiert sich die Gruppe mit zahlreichen Maßnahmen und entwickelt weltweit Aufklärungs- und Präventionskampagnen. Dieser Herausforderung stellt sich die Gruppe proaktiv. Durch unterschiedliche CSR-Formate werden größtmögliche Transparenz und ein Bewusstsein für die Konsequenzen von übermäßigem Alkoholkonsum geschaffen.

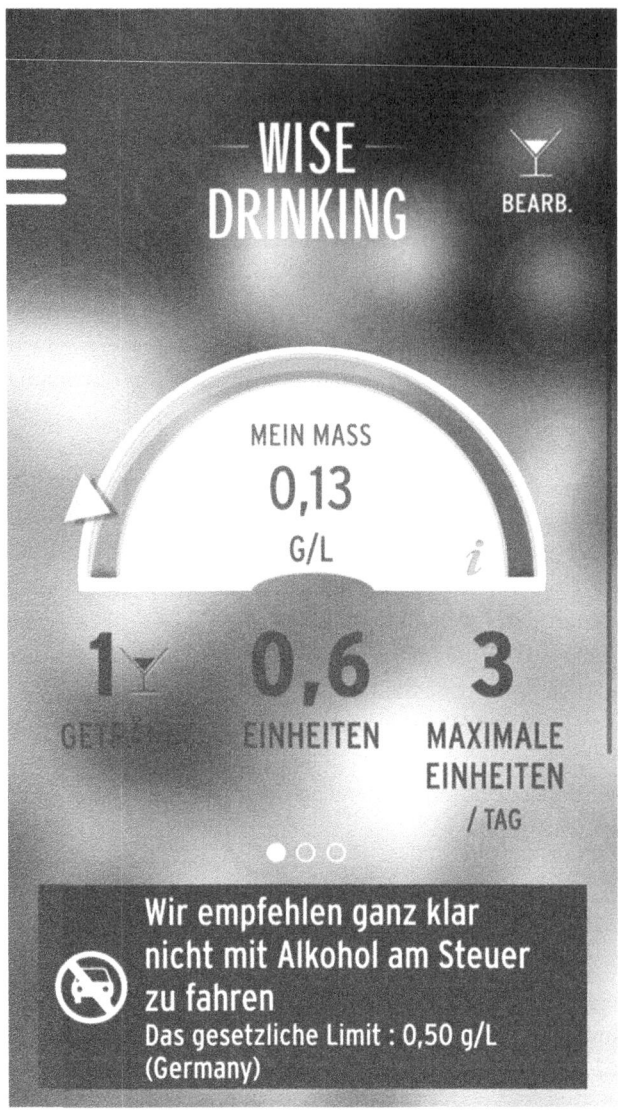

Abb. 6 Mit der „Wise Drinking"-App spricht Pernod Ricard unterschiedliche Zielgruppen über die neuen Medien an

Damit die verschiedenen lokalen und globalen CSR-Maßnahmen langfristig erfolgreich sind, werden nicht nur Kampagnenbudgets, sondern auch jede Menge Herzblut investiert. Diese Rechnung geht auf, weil sich alle Mitarbeiter ihrer gesellschaftlichen Verantwortung bewusst sind, die gemeinsamen Werte nach außen transportieren und Tag für Tag mit Leben füllen.

Mit seiner integrierten CSR-Strategie zählt Pernod Ricard sicherlich zu den Vorreitern und auch in Zukunft wird das Unternehmenscredo „Genuss mit Verantwortung" über allen Maßnahmen stehen und dafür sorgen, Menschen für verantwortungsvollen Genuss zu sensibilisieren. Denn nur authentische Corporate Social Responsibility sorgt für Aufklärung und Akzeptanz beim Konsumenten.

Literatur

Bundeszentrale für gesundheitliche Aufklärung (2015) Risiko durch Alkohol in Schwangerschaft oft unterschätzt. http://www.frauengesundheitsportal.de/risiko-durch-alkohol-in-schwangerschaft-oft-unterschaetzt. Zugegriffen: 20. Jan. 2016

Global status report on alcohol and health 2014 (2014) 1 Aufl. World Health Organization, S 226. http://apps.who.int/iris/bitstream/10665/112736/1/9789240692763_eng.pdf?ua=1. Zugegriffen: 20. Jan. 2016

World Health Organization (2014) Global status report on alcohol and health. S 226. http://apps.who.int/iris/bitstream/10665/112736/1/9789240692763_eng.pdf?ua=1. Zugegriffen: 20. Jan. 2016

Nicole Lichius Jahrgang 1980, ist seit dem 01.10.2012 Head of Communication & CSR bei Pernod Ricard Deutschland. Sie begann ihre Karriere bei Pernod Ricard Deutschland bereits 2004 und durchlief verschiedene Stationen, u. a. Vertrieb und Assistenz der Geschäftsführung. Ihr berufsbegleitendes Studium der Public Relations beendete sie im Jahr 2011.

Anke Erdt Jahrgang 1983, ist seit dem 01.03.2013 Communication Manager bei Pernod Ricard Deutschland und betreut dort auch den Bereich Corporate Social Responsibility. Nachdem sie 2009 ihren Master der Ernährungsökonomie beendete, war sie u. a. in der Kommunikationsabteilung von Yakult tätig.

Teil V
Convenience

Knorr: Nachhaltige Beschaffung von Zutaten als zentraler Bestandteil der Geschäfts- und Markenstrategie

Katja Wagner

> *Wachstum und Nachhaltigkeit schließen einander nicht aus. Tatsächlich zeigt unsere Erfahrung, dass Nachhaltigkeit ein Wachstumstreiber ist.*
> Paul Polman, CEO Unilever

1 Einleitung

Beim Lebensmitteleinkauf sind die Ansprüche der Konsumenten an Qualität und Transparenz deutlich gestiegen. Woher die Produkte kommen und unter welchen ökologischen und sozialen Bedingungen sie produziert wurden, sind Fragen, die viele Verbraucher beschäftigen (imug-Konsumstudie 2014). Zu einem ähnlichen Ergebnis kommt auch eine in elf Ländern durchgeführte Studie der Lebensmittelmarke Knorr. Demnach geben 84 % der Befragten an, dass sie sich über die Herkunft der Zutaten in ihren Lebensmitteln Gedanken machen. Drei Viertel der Verbraucher wären eher geneigt ein Produkt zu kaufen, wenn sie wüssten, dass es nachhaltig angebaute Zutaten enthält.

Paul Polman, Chief Executive Officer von Unilever, betonte anlässlich des 175-jährigen Bestehens von Knorr im Oktober 2013 die Notwendigkeit eines Umdenkens im Hinblick auf einen effizienten Umgang mit Ressourcen wie Rohwaren und Energie: „Lebensmittelsicherheit ist eines der großen Themen des 21. Jahrhunderts. Die Agrarindustrie verbraucht bis zu 70 % unserer Wasserbestände, aber ein Drittel unserer Lebensmittel endet als Abfall – dieser Abfall hat nach Angaben der Ernährungs- und Landwirtschaftsorganisation der Vereinten Nationen einen Wert von \$750 Mrd. Angesichts dieser erschreckenden Zahl und

---

K. Wagner (✉)
Unilever Deutschland Holding GmbH, Am Strandkai 1, 20457 Hamburg,
Hamburg, Deutschland
E-Mail: Katja.Wagner@unilever.com

© Springer-Verlag Berlin Heidelberg 2016
C. Willers (Hrsg.), *CSR und Lebensmittelwirtschaft,* Management-Reihe Corporate Social Responsibility, DOI 10.1007/978-3-662-47016-9_20

des Ungleichgewichts auf unserer Erde müsste es eigentlich einen weltweiten Aufschrei geben." Unilever und bekannte Lebensmittelmarken wie Knorr haben die Größe, den Einfluss, aber auch die Verantwortung, um angesichts dieses Ungleichgewichts entsprechende Schritte zu unternehmen. Aufgrund der Bedeutung von landwirtschaftlichen Rohwaren für die Produkte, steht daher bei Knorr, der weltweit größten Unilever-Marke, die nachhaltige Beschaffung von Zutaten im Zentrum der Geschäfts- und Markenstrategie.

2 Plan für nachhaltiges Wirtschaften

Mit 400 Marken in mehr als 14 Produktkategorien ist Unilever einer der größten Konsumgüterhersteller weltweit. Zwei Mrd. Menschen in über 190 Ländern nutzen täglich ein Unilever-Produkt. Neben Wasch- und Reinigungsmitteln sowie Körperpflegeprodukten sind das v. a. Nahrungsmittel wie Margarine der Marken Becel und Rama, Tee von Lipton, Eiscreme von Langnese und Ben & Jerry's sowie Suppen, Soßen und Fix-Produkte von Knorr. Als werteorientiertes Unternehmen hat es sich Unilever zum Ziel gesetzt, Nachhaltigkeit mit seinen Marken und Produkten alltäglich zu machen.

Kurzfristig erfordert es von Unternehmensseite erhebliche Investitionen und Vorleistungen, um Produkte nachhaltiger zu produzieren und das Verhalten der Verbraucher im Hinblick auf nachhaltigen Konsum zu verstehen und zu verändern. Die Integration von Nachhaltigkeit in das unternehmerische Handeln treibt Unilever jedoch auch mit der Überzeugung voran, einen strategischen Wettbewerbsvorteil aufzubauen. In Zeiten volatiler Märkte und steigender Rohstoffpreise ist die nachhaltige Beschaffung von Rohwaren ein Mittel zur Sicherung von Ressourcen.

„Mit sieben Mrd. Menschen werden die Ressourcen der Erde immer knapper. Wir leben in einer Welt, in der die Temperaturen steigen, Wasser knapp und Energie teuer sind, in der die Nahrungsmittelversorgung ungewiss ist und die Schere zwischen Arm und Reich immer größer wird. Wir können unsere Augen nicht vor den globalen Herausforderungen verschließen. Wir bei Unilever glauben, dass Unternehmen ein Teil der Lösung sein müssen." Unilever-CEO Paul Polman setzt darum seit Jahren auf nachhaltiges und stetiges Wachstum als einzig vertretbares Geschäftsmodell. Die langfristig angelegte, nachhaltige Wachstumsstrategie folgt einer klaren Vision: das Geschäft verdoppeln, den ökologischen Fußabdruck verkleinern und den positiven sozialen Einfluss verstärken. Seit November 2010 ist diese Geschäftsstrategie im Unilever Sustainable Living Plan, dem weltweiten Nachhaltigkeitsplan des Unternehmens, verankert. Der Zehnjahresplan des Konzerns umfasst das gesamte Markenportfolio und alle Länder, in denen Unilever-Produkte verkauft werden, ebenso wie die gesamte Lieferkette – von der Beschaffung der Rohwaren über die Verwendung der Produkte durch die Konsumenten bis hin zur Abfallentsorgung.

Im Nachhaltigkeitsplan hat sich Unilever drei große Ziele gesetzt, die bis 2020 erreicht werden sollen:

- Gesundheit und Wohlbefinden von mehr als einer Milliarde Menschen steigern,
- den ökologischen Fußabdruck, also Treibhausgasemissionen, Wasserverbrauch und Abfall, entlang der gesamten Wertschöpfungskette halbieren,

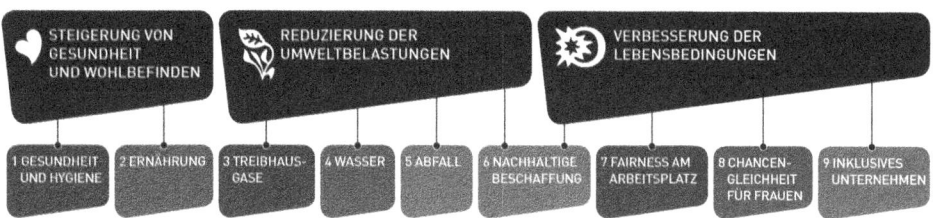

Abb. 1 Die Struktur der Nachhaltigkeitsziele im Unilever Sustainable Living Plan

- die Lebensbedingungen von Millionen von Menschen entlang der Lieferkette verbessern und 100 % der landwirtschaftlichen Rohwaren nachhaltig beschaffen.

Diese drei bis 2020 zu erreichenden Oberziele sind in neun Schwerpunktbereiche untergliedert (vgl. Abb. 1). Darüber hinaus helfen rund 60 zeitbasierte Unterziele, die drei großen Ziele zu realisieren. Sie umfassen die gesamte Wertschöpfungskette von Unilever.

3 Nachhaltige Beschaffung von Rohwaren

Die Hälfte der Rohmaterialien, die Unilever für seine Produkte nutzt, stammt aus der Land- und Forstwirtschaft. Dazu gehören bspw. schwarzer Tee, Palm- und Rapsöl, Soja sowie Gemüse. So verarbeitet Knorr – mit einem Umsatz von rund 4 Mrd. € die größte globale Marke im Unilever-Portfolio – 1,2 Mio. t frisches Gemüse pro Jahr. Allein in Europa sind es 128.000 t, die auf 48.000 Hektar Land angebaut werden – das entspricht einer Fläche von fast 70.000 Fußballfeldern. Entsprechend groß sind die Ambitionen, die die Marke verfolgt, um das im Unilever Sustainable Living Plan festgeschriebene Ziel einer 100 % nachhaltigen Beschaffung aller landwirtschaftlichen Rohwaren zu erreichen. Angesichts der immensen Bedeutung, die Gemüse und auch Kräuter für die Knorr-Produkte besitzen, hat die Marke nachhaltige Landwirtschaft zur strategischen Priorität gemacht.

4 Partnerschaft für Nachhaltigkeit

Ebenfalls im Jahr 2010 hat Knorr die „Partnerschaft für Nachhaltigkeit" ins Leben gerufen. Bei der Zielerreichung setzt das Unternehmen auf eine enge Zusammenarbeit mit Lieferanten und Landwirten. In Deutschland allein bauen 1200 Landwirte für Knorr Gemüse und Kräuter an, in Europa sind es 5000 Landwirte. Weltweit arbeitet Knorr mit 166 Lieferanten und mehr als 15.000 Landwirten zusammen. Sie alle haben sich bereits 2012 zur „Partnerschaft für Nachhaltigkeit" verpflichtet.

Ziel der Partnerschaft ist es, alle Rohwaren von Betrieben zu beziehen, die

- Ernten mit guten Erträgen und einer hohen Qualität verzeichnen,
- den Einsatz erneuerbarer Ressourcen optimieren und den nichterneuerbarer minimieren,
- negative Umweltauswirkungen reduzieren und die Artenvielfalt fördern sowie
- einen Beitrag zur Verbesserung der ländlichen Lebensbedingungen leisten.

Knorr versteht die nachhaltige Beschaffung von Rohwaren als einen – keineswegs immer leichten – Weg der kontinuierlichen Verbesserung. Die enge Zusammenarbeit mit den Partnerbetrieben hilft dabei, die Herausforderungen einer nachhaltigen Landwirtschaft gemeinsam anzugehen und den für Knorr weltweit tätigen Lieferanten konkrete Lösungen an die Hand zu geben. Damit möglichst viele profitieren, dient die Partnerschaft auch dazu, Betriebe zu identifizieren, die anderen in Sachen nachhaltiger Landwirtschaft als Vorbilder dienen können.

Der Unilever Sustainable Agriculture Code
Grundlage der „Partnerschaft für Nachhaltigkeit" und der Maßstab, an dem alle Lieferanten gemessen werden, ist der Unilever Sustainable Agriculture Code (SAC). Der Kriterienkatalog definiert die Unilever-Standards für nachhaltige Landwirtschaft und fokussiert sich auf elf Indikatoren (vgl. Abb. 2). Diese wurden definiert, um eine solide und praktikable nachhaltige Landwirtschaft zu gewährleisten und zu fördern.

Jeder der elf Indikatoren ist mit mehreren sogenannten „Mandatories" hinterlegt – analog den Kriterien verschiedener Zertifizierungssysteme. Mithilfe des SAC können Lieferanten und Landwirte gemeinsam überprüfen, ob die vorgegebenen Kriterien eingehalten werden. Auf diese Weise werden Optimierungspotenziale aufgedeckt, auf deren Basis ein gemeinschaftlicher Aktionsplan für kontinuierliche Verbesserungen erarbeitet werden kann. Die Kriterien des SAC werden vom Unilever Sustainable Agriculture Advisory Board, zu dem neben Wissenschaftlern auch Mitglieder von Nichtregierungsorganisationen (NGOs) gehören, regelmäßig überprüft.

Abb. 2 Die elf Nachhaltigkeitsindikatoren des Unilever Sustainable Agriculture Code (SAC)

Entstanden ist der Kodex, der für sämtliche landwirtschaftlichen Rohwaren einsetzbar ist, in enger Zusammenarbeit mit Organisationen wie etwa WWF, Rainforest Alliance und Oxfam; daneben wurde er mit bestehenden Zertifizierungssystemen abgeglichen. Unilever nutzt den Weg der Zertifizierung für diejenigen Rohwaren, für die international anerkannte Zertifizierungssysteme existieren, z. B. Fairtrade oder FSC. Darüber hinaus setzt das Unternehmen ca. 200 unterschiedliche landwirtschaftliche Rohwaren ein, für die es keine Zertifizierungssysteme gibt. In diesem Fall hat Unilever den Weg der Verifizierung der Anbaumethoden auf Basis des SAC gewählt. Zur Datenerfassung nutzen Landwirte und Lieferanten die eigens zu diesem Zweck entwickelte Software „Quickfire". Mitarbeiter von Unilever überprüfen ebenso wie externe Partner die Richtigkeit der erhobenen Daten. Im Internet steht der SAC unter www.growingforthefuture.com/unileverimpguid/ als Download zur Verfügung.

4.1 Partner finanziell unterstützen

Um eine nachhaltige Landwirtschaft zu fördern, unterstützt Knorr Partnerbetriebe auch finanziell bei der erfolgreichen Umsetzung nachhaltiger Praktiken. Seit 2010 fließt jährlich 1 Mio. € aus dem „Partnerschaftsfonds für Nachhaltigkeit" als Kofinanzierung in komplexe nachhaltige Projekte, die die Betriebe nicht alleine realisieren könnten. Bis 2020 wird Knorr so mit insgesamt 10 Mio. € Initiativen zur nachhaltigen Landwirtschaft fördern.

Ein Förderschwerpunkt liegt auf Projekten zur Einsparung von Wasser, Energie und Pflanzenschutzmitteln, zum Schutz der Artenvielfalt oder zur Ertragssteigerung, die im Idealfall

- einen Wissenstransfer in die Industrie ermöglichen,
- Lieferanten in einer Region zusammenbringen, um ein Projekt gemeinsam umzusetzen,
- in Zusammenarbeit mit renommierten Universitäten oder NGOs durchgeführt werden,
- ein positives Return on Investment für alle Interessengruppen liefern sowie
- auch aus Verbrauchersicht relevant sind, weil sie nachhaltige Landwirtschaft greifbar machen.

Aus dem Fonds unterstützt Knorr Partnerbetriebe in aller Welt: Derzeit werden 58 Projekte auf fünf Kontinenten gefördert, darunter 32 landwirtschaftliche Initiativen in sieben europäischen Ländern – davon zwei Initiativen in Deutschland.

4.2 Maßstab für nachhaltige Landwirtschaft

Landwirtschaftliche Betriebe, die besonders engagiert, erfolgreich und im Einklang mit dem SAC nachhaltige Methoden – bspw. in den Bereichen Wassermanagement, Pflanzenschutz, Bodenfruchtbarkeit, Biodiversität und Energieeinsparung – umsetzen und konform mit dem SAC sind, verleiht Knorr den Status von sogenannten „Landmark Farms". Sie sollen anderen Betrieben als Vorbild und Inspiration dienen. Verbrauchern verdeutlichen die „Landmark Farms", was nachhaltige Landwirtschaft in der Praxis bedeutet. Drei von derzeit insgesamt 24 vorbildlichen Anbaubetrieben weltweit sind die ESG Kräuter GmbH in Deutschland, Agraz in Spanien und das Goed te Schellebrouk in Belgien.

ESG Kräuter GmbH, Deutschland
Die ESG Kräuter GmbH im bayerischen Hamlar war eine der ersten Knorr „Landmark Farms" und gilt als einer der führenden europäischen Produzenten von getrockneten Küchenkräutern. In Zusammenarbeit mit 100 Landwirten aus der Region liefert ESG u. a. Petersilie, Dill, Schnittlauch und andere Kräuter an Knorr. Der Familienbetrieb betreibt bereits seit 2004 eine eigene Biogasanlage, die Kräuterstielreste, ein Abfallprodukt bei der Produktion, in Energie umwandelt. So reduziert ESG den Heizölverbrauch und seine CO_2-Emissionen. Mit dem Ziel einer bienenfreundlichen Landwirtschaft startete im Sommer 2011 ein von ESG und Knorr finanzierter Versuch: Auf Petersilienfeldern kam das umweltfreundliche Pflanzenschutzmittel „Greenline 88" zum Einsatz. Trotz seiner schädlingsbekämpfenden Wirkung hat „Greenline 88" keine negativen Auswirkungen auf Bienen, hinterlässt keine Rückstände und stellt keine Belastung für das Grundwasser dar. Die Versuche wurden von der Universität Hohenheim überwacht. ESG legte darüber hinaus Ackerrandstreifen mit Blumen an, die Bienen gerne anfliegen. So entstand ein Lebensraum nicht nur für diese schützenswerten Insekten, sondern auch für andere Tierarten.

Agraz, Spanien
Größter Tomatenlieferant von Knorr ist Agraz in der spanischen Extremadura. Das Unternehmen verarbeitet Tomaten von 180 Landwirten zu Tomatenmark, Tomatenpulver und stückigen Tomaten. Die Partnerschaft mit Knorr ermöglichte es Agraz, in effiziente Bewässerungssysteme (z. B. Tropfbewässerung) zu investieren. Aufgrund dieser Maßnahme konnten der Wasserverbrauch um 30 % gesenkt und die Erträge um 20 % gesteigert werden. Seit Ende 2012 verwenden alle landwirtschaftlichen Betriebe, die mit Agraz zusammenarbeiten, diese Bewässerungssysteme. Um die Artenvielfalt in der Region zu schützen, schaffen die Landwirte zudem Lebensräume für Vögel wie Störche und Gleitaare. Unterstützt werden sie dabei von der NGO SEO/BirdLife, einem Netzwerk von Natur- und Vogelschutzorganisationen.

Goed te Schellebrouk, Belgien
Für den Betrieb im belgischen Flandern steht Nachhaltigkeit im Mittelpunkt seiner Anbauphilosophie. Auf den Feldern der Familie Vercruysse wachsen Erbsen und Bohnen für die Produkte von Knorr. Zum Gewässerschutz nutzt der Betrieb bereits seit 2008 – und damit als erster in Flandern – ein sogenanntes Phytobac-System. Es fängt das Reinigungswasser der Spritzmaschinen auf und baut Reste von Pflanzenschutzmitteln mikrobiologisch ab. Um Energie zu sparen, setzt der Familienbetrieb u. a. auf solarbetriebene Lüftungssysteme und umweltfreundliche Traktoren mit geringem Kraftstoffverbrauch.

4.3 Erfolge messen

Als Zwischenziel hin zu einer 100 %ig nachhaltigen Beschaffung aller landwirtschaftlichen Rohwaren im Jahr 2020 sollen bis Ende 2015 die 13 wichtigsten Gemüse- und Kräutersorten vollständig aus nachhaltigem Anbau kommen. Zu den wichtigsten Gemüsesorten zählen Tomaten, Zwiebeln, Erbsen und Bohnen, aber auch Lauch, Sellerie, Kartoffeln, Pilze, Karotten und Kürbisse. Bei den Kräutern werden Schnittlauch, Petersilie und Basilikum mengenmäßig am häufigsten verarbeitet. Diese 13 Hauptanbaupflanzen machen insgesamt mehr als 80 % der globalen Menge an Gemüse und Kräutern aus, die Unilever für seine Produkte verarbeitet. 2014 stammten bereits 94 % der 13 wichtigsten Gemüse und Kräuter aus nachhaltigem Anbau. Vorreiter bei den Anbaupflanzen ist die Tomate, eine der wichtigsten Zutaten in Knorr-Produkten. Die Tomaten in zahlreichen Knorr-Produkten kommen schon heute vollständig aus nachhaltiger Landwirtschaft.

Neben den Fortschritten bei der nachhaltigen Beschaffung landwirtschaftlicher Rohwaren überprüft Unilever die Erreichung der weiteren Nachhaltigkeitsziele quartalsweise in allen Ländern anhand der 60 zeitgebundenen Unterziele. Ein Fortschrittsbericht wird jährlich veröffentlicht (www.unilever.de/sustainable-living). Darin ist ausführlich dargestellt, welche Ziele bereits erreicht wurden und welche zeitlich „auf Plan" sind.

5 Verbesserung der Nährwertbilanz

Gesundheit und Wohlbefinden von Menschen rund um den Globus zu steigern, ist eines der drei großen Ziele im Unilever Sustainable Living Plan. Das Unternehmen arbeitet deshalb kontinuierlich daran, die Qualität, den Geschmack und die Nährwerte seiner Produkte zu verbessern. So verzichtet Knorr fast vollständig auf geschmacksverstärkende Zusatzstoffe, Konservierungsstoffe (laut Gesetz) und Farbstoffe.

Unilever hat es sich im Rahmen seines Nachhaltigkeitsplans zudem zum Ziel gesetzt, bis 2020 den Salzgehalt in seinen Knorr-Produkten zu senken. Als obere Grenze für die Zufuhr empfiehlt die Weltgesundheitsorganisation (WHO) für Erwachsene eine tägliche Salzaufnahme von 5 g (World Health Organization 2003). Nach Auffassung der Ernährungsgesellschaften Deutschlands, Österreichs und der Schweiz sollte die tägliche Salzzufuhr 6 g pro Tag nicht überschreiten (Deutsche Gesellschaft für Ernährung et al. 2012). In den Knorr-Produkten konnte in den vergangenen Jahren der Salzeinsatz um durchschnittlich 10 % reduziert und Salz teilweise durch Kräuter und Gewürze ersetzt werden. Gleichzeitig entwickelt Unilever neue Produkte mit einem geringeren Salzgehalt mit dem Ziel, dass die Konsumenten ihre tägliche Salzaufnahme – gemäß WHO-Empfehlung – auf 5 g pro Tag senken.

Neben gesundheitlichen Aspekten, der Qualität und der Produktsicherheit bleibt aber das Genusserlebnis für den Erfolg ausschlaggebend. Um Verbrauchern gleichbleibend guten Geschmack zu bieten, erfolgen die Rezepturanpassungen stufenweise. Denn nur wenn die Veränderungen geschmacklich nicht ins Gewicht fallen, werden Konsumenten die salzreduzierten Gerichte akzeptieren, ihre Gewohnheiten ändern und die Gerichte nicht selbst nachsalzen (Newson et al. 2013).

6 Nachhaltigkeit als Teil der Markenführung

Das Ziel einer vollständig nachhaltigen Beschaffung aller landwirtschaftlichen Rohwaren ist weltweit in der Markenführung von Knorr verankert und richtungsweisend für die Kommunikation: „Partner farmers to source 100 % of agricultural materials sustainably, because at Knorr we believe it makes a big difference to the taste of our products, the future of our planet, and the wellbeing of thousands of farmers."

Kommunikation an Konsumenten
Um dem wachsenden Informationsbedürfnis der Verbraucher hinsichtlich Herkunft und Herstellung von Lebensmitteln gerecht zu werden, hat Knorr 2010 begonnen, sein Engagement für eine nachhaltige Landwirtschaft unter dem Motto „Guter Geschmack ist unsere Natur" zu kommunizieren. Damit will Knorr seine Position als Anbieter qualitativ hochwertiger, schmackhafter Produkte aus natürlichen Zutaten stärken und Glaubwürdigkeit für das Nachhaltigkeitsengagement der Marke schaffen.

Eine kommunikative Herausforderung besteht in der Komplexität und Erklärungsbedürftigkeit des Themas „Nachhaltigkeit". Für die breite Öffentlichkeit bleibt häufig unklar, was sich hinter der Bezeichnung verbirgt und worin der konkrete Verbrauchernutzen besteht. In der Kommunikation zeigen daher bspw. Landwirte der Knorr „Landmark Farms", was nachhaltiger Anbau konkret bedeutet. Die Knorr-Chefköche als Markenbotschafter erläutern, welchen positiven Einfluss nachhaltig angebaute Zutaten auf die Qualität und den Geschmack der Produkte haben können. Mit dem Aufgreifen von Trendthemen wie „Community Gardening" gelingt es zudem, Nachhaltigkeit zu veranschaulichen und für Konsumenten erlebbar zu machen. Dialoginstrumente wie Social Media oder Veranstaltungen mit Verbrauchern sollen Transparenz schaffen und positive Markenerlebnisse ermöglichen. Auf der Markenwebsite vermittelt Knorr zudem weiterführende Informationen zu diesem komplexen Thema. Aufgrund der Erklärungsbedürftigkeit von Nachhaltigkeit liegt ein Schwerpunkt der Kommunikation im Bereich der PR-Arbeit.

Knorr informiert seit 2010 – u. a. in Deutschland – auch auf seinen Produktverpackungen über den Verzicht auf Zusatzstoffe und über das Nachhaltigkeitsengagement der Marke. Aufgrund der großen anhaltenden Fortschritte können Verbraucher bereits heute Knorr-Produkte mit Tomaten vollständig aus nachhaltigem Anbau kaufen. Außerdem nutzt Knorr das Logo der „Partnerschaft für Nachhaltigkeit" auf den Verpackungen (vgl. Abb. 3). So gelingt es Konsumenten leicht, sich für Produkte aus nachhaltig angebauten Zutaten zu entscheiden. In Knorrs größtem Markt Deutschland wirkt sich die Nachhaltigkeitswahrnehmung bei den Verbrauchern positiv auf die Kaufbereitschaft und damit die Wertschöpfung der Marke aus (Biesalski und Bopp 2014).

Abb. 3 Hinweise auf den Knorr-Verpackungen erleichtern Verbrauchern die Entscheidung für nachhaltig angebaute Zutaten

Kommunikation an Mitarbeiter und Handelspartner
Während bei der Verbraucherkommunikation die Marke Knorr im Vordergrund steht, ist der Konzern Absender bei der Ansprache seiner Mitarbeiter und Handelspartner.

Dabei besitzt gerade die Mitarbeiterkommunikation einen hohen Stellenwert für Unilever. Hauptgrund hierfür ist die Tatsache, dass der Unilever Sustainable Living Plan vollständig in die Gesamtorganisation integriert ist. Konkret bedeutet das, dass alle Länderorganisationen und Fachabteilungen und somit mehr als 170.000 Mitarbeiter weltweit als „Nachhaltigkeitsverantwortliche" dafür zuständig sind, dass die Ziele erreicht werden. Um die Mitarbeiter für das Thema zu begeistern, informiert Unilever in Veranstaltungen und Schulungen regelmäßig über das Nachhaltigkeitsengagement. Zudem ermutigt das Unternehmen seine Mitarbeiter, sich in ökologischen oder sozialen Projekten, bspw. der Finanzierung von Schulmahlzeiten durch das Welternährungsprogramms der Vereinten Nationen (WFP), zu engagieren. Ein Höhepunkt in der Kommunikation ist die jährliche Mitarbeiterversammlung anlässlich der Veröffentlichung der Fortschritte des Unilever Sustainable Living Plan.

An dieser Veranstaltung nehmen neben externen Nachhaltigkeitsexperten auch ausgewählte Handelspartner teil. Darüber hinaus nutzt Unilever die Veröffentlichung seines Nachhaltigkeitsberichts auch, um Workshops für Handelsunternehmen zu veranstalten. Unilever arbeitet zudem eng mit dem Handel zusammen, wenn es bspw. darum geht, am Point of Sale Relevanz für das Thema Nachhaltigkeit zu generieren oder Sortimente auf Nachhaltigkeit hin auszurichten. Verkaufsunterlagen für den Außendienst thematisieren Nachhaltigkeit auf Produktebene. Die Überzeugung von Unilever, das Thema eines nachhaltigen Konsums nur gemeinsam entscheidend vorantreiben zu können, ist Antrieb für den engen Austausch mit seinen Handelspartnern.

7 Fazit

Mit seinem Nachhaltigkeitsprogramm hat sich Unilever auf eine zehnjährige Reise begeben und bereits ein großes Stück des Wegs zurückgelegt. Bei den meisten seiner 60 Nachhaltigkeitsziele liegt der Konsumgüterhersteller „auf Plan", obgleich es noch große

Herausforderungen zu meistern gilt. Deutliche Fortschritte erzielte Unilever bisher insbesondere bei den Zielvorgaben, die seiner unmittelbaren Kontrolle unterliegen. Hervorzuheben sind die Erfolge im Bereich der nachhaltigen Landwirtschaft, v. a. bei der Beschaffung von Gemüse. Hier ist die Marke Knorr, die pro Jahr 1,2 Mio. t frisches Gemüse verarbeitet, bei vielen Landwirten Erstabnehmer. Das Beispiel Knorr zeigt, dass Nachhaltigkeit nur gemeinsam erreicht werden kann. Mit der „Partnerschaft für Nachhaltigkeit" ist es Knorr gelungen, eine erfolgreiche und beiderseitig gewinnbringende Zusammenarbeit mit Lieferanten und Landwirten zu etablieren. Die wachsende Zahl von Knorr „Landmark Farms" – Anbaubetriebe, die besonders engagiert und erfolgreich nachhaltige Praktiken umsetzen – in Europa, aber auch in Afrika, Lateinamerika und Asien untermauert den Erfolg des Programms.

Um aus einer Vision Realität werden zu lassen und die gesetzten Ziele zu erreichen, braucht es aber auch weitere starke Partner wie NGOs, Politiker und Handelsunternehmen. Darüber hinaus besteht weiterhin die Herausforderung darin, Verbraucher für eine nachhaltige Lebensweise zu begeistern. Letztlich will Unilever auch andere Unternehmen ermutigen, den Weg eines nachhaltigen Wachstums zu beschreiten. So wird bspw. der für jedermann zugängliche Unilever Sustainable Agriculture Code nicht nur von Lieferanten und Landwirten genutzt. Auch anderen Unternehmen und Organisationen hat der SAC dabei geholfen, Standards zu setzen und einen breiteren Wandel zu bewirken. Denn: Es gelingt nur gemeinsam, Nachhaltigkeit alltäglich zu machen.

Literatur

Biesalski A, Bopp C (2014) Wertschöpfungsreport Nachhaltigkeit 2014. Was ist gutes Gewissen wert? Biesalski & Company, München

Deutsche Gesellschaft für Ernährung, Österreichische Gesellschaft für Ernährung, Schweizerische Gesellschaft für Ernährungsforschung (Hrsg) (2012) Referenzwerte für die Nährstoffzufuhr, 1. Aufl. 4. korrigierter Nachdruck. Umschau-Verlag, Neustadt an der Weinstraße

imug-Konsumstudie im Auftrag der REWE Group (2014) Nachhaltiger Konsum: Schon Mainstream oder noch Nische? Kurzfassung. Imug Beratungsgesellschaft für sozial-ökologische Innovationen mbH, Hannover

Newson RS, Elmadfa I, Biro G, Cheng Y, Prakash V, Rust P, Barna M, Lion R, Meijer GW, Neufinderl N, Szabolcs I, von Zweden R, Yanf Y, Feunekes GIJ (2013) Barriers for progress in salt reduction in the general population. An international study. In: Appetite 71

World Health Organization (2003) Diet, nutrition and the prevention of chronic diseases: report of a joint WHO/FAO Expert Consultation, WHO Technical report series, Genf, S 916

Katja Wagner verantwortet bei Unilever das Business Development der Marke Knorr und damit unter anderem die Dachmarkenführung, die Digitalstrategie sowie die Nachhaltigkeitskommunikation der größten Marke im Unilever-Portfolio. Zuvor war sie als Corporate-Brand- & -Sustainability-Managerin für das Thema Nachhaltigkeit bei Unilever in Deutschland, Österreich und der Schweiz verantwortlich. Von Hamburg aus stellte sie unter anderem sicher, dass der globale Nachhaltigkeitsplan des Konzerns in den unterschiedlichen Bereichen der Länderorganisationen verankert wurde und alle Mitarbeiter für die Vision des nachhaltigen Wirtschaftens motiviert werden konnten. Zudem führte Katja Wagner als Geschäftsführerin der Unilever-Marke Ben & Jerry's Deutschland die ihrer Meinung nach „beste Eiscreme der Welt" in den deutschen Markt ein und war als Brand-Managerin für die Speiseeismarke Langnese tätig.

Nachhaltigkeitsmanagement bei McDonald's Deutschland

Diana Wicht

1 Einleitung

„Im Verpflegungssektor steigt der Anteil der Außer-Haus-Verpflegung stetig an. Hierfür sind vor allem die immer stärkere Entstrukturierung von Tagesabläufen, der demografische Wandel, die erhöhte Quote von berufstätigen Frauen, die hohen Anforderungen an die Flexibilität der Menschen und die damit verbundene Zeitknappheit verantwortlich" (Rohn et al. 2013, S. 9). Nach dem Lebensmitteleinzelhandel ist der Außer-Haus-Markt mit rund 69,4 Mrd. € Umsatz im Jahr 2013 der zweitwichtigste Absatzkanal für die Ernährungsindustrie in Deutschland (BVE 2014, S. 15). Auf Schnellservicerestaurants und -imbisse entfällt dabei rund 31 % des Umsatzes – nach der klassischen Bediengastronomie mit knapp 40 % Umsatzanteil der zweitgrößte Bereich. Gemessen an den Gästezahlen bildet der Schnellservicebereich das größte Marktsegment (BVE 2015).

McDonald's hat hier einen großen Einfluss darauf, wie sich die Menschen tagtäglich ernähren. Gemeinsam mit unseren Franchisenehmern betreiben wir fast 1500 Restaurants in Deutschland und beschäftigen rund 60.000 Mitarbeiter. Täglich begrüßen wir rund 2 Mio. Gäste in unseren Restaurants. Damit ist McDonald's Deutschland Marktführer in der deutschen Systemgastronomie und führt einen der größten Märkte innerhalb der weltweiten McDonald's-Organisation.

Fast Food und Nachhaltigkeit scheinen auf den ersten Blick für viele nicht miteinander vereinbar zu sein. Wenn sich ein Unternehmen wie McDonald's das Thema Nachhaltigkeit auf die Fahnen schreibt, wird das in aller Regel kritisch aufgenommen oder zumindest

---

D. Wicht (✉)
Hauptservicecenter München, McDonald's Deutschland Inc., Drygalski-Allee 51,
81477 München, Bayern, Deutschland
E-Mail: Diana.Wicht@de.mcd.com

hinterfragt. Passen doch Big Mac, Cheeseburger und Pommes Frites eher nicht zu aktuellen Ernährungstrends wie vegetarischem oder veganem Essen, Biolebensmitteln aus der Region oder gesunder Ernährung. Dennoch geht mit unserer Rolle als Marktführer und der weltweiten Bekanntheit der Marke McDonald's eine unternehmerische Verantwortung einher, die weit über den Restaurantbesuch bei uns hinausgeht. Denn viele Interessengruppen und Personen in Deutschland, allen voran unsere Gäste, achten darauf, was wir tun und wie wir es tun.

Doch wie genau funktioniert Nachhaltigkeit für McDonald's? Im Rahmen des mit dem Wuppertal Institut für Klima, Umwelt und Energie gGmbH (im Folgenden: Wuppertal Institut) durchgeführten Forschungsprojektes „Sustainable McDonald's Deutschland" haben wir uns in den vergangenen drei Jahren den zentralen Fragen im Hinblick auf eine nachhaltige Ausrichtung unseres Unternehmens gestellt:

- Über welche Nachhaltigkeitspotenziale verfügt McDonald's in seinen Handlungsbereichen entlang der Wertschöpfungskette?
- Inwieweit kann McDonald's dazu beitragen, Ernährungsgewohnheiten nachhaltiger zu gestalten?
- Welche Zukunftsszenarien und -strategien lassen sich für McDonald's und die Außer-Haus-Verpflegung entwickeln?
- Wie können nachhaltigkeitsorientierte Veränderungsprozesse angestoßen werden und welche Handlungsempfehlungen lassen sich ableiten?

Die Ergebnisse aus dem Projekt bilden eine wichtige Basis für die zukunftsfähige Ausrichtung unseres Kerngeschäfts. Unser Nachhaltigkeitsmanagement orientiert sich dabei an den zentralen Stufen unserer Wertschöpfungskette – von der Landwirtschaft über die Verarbeitung und den Transport der für uns hergestellten Produkte in unsere Restaurants und bis zur Entsorgung der durch uns verursachten Abfälle. Unser Ziel ist es, ökologische und soziale Verantwortung in allen Schritten unserer Wertschöpfungskette konsequent und sichtbar zu verankern.

Grundvoraussetzung, um dieses Ziel zu erreichen, ist ein tiefes Verständnis der eigenen Wertschöpfungskette. Man muss die wesentlichen Stellschrauben in den einzelnen Wertschöpfungsstufen kennen, um zielgerichtet Veränderungen anstoßen zu können. Man braucht belastbare Zahlen und Fakten, auf Basis derer Entscheidungen getroffen und messbare Ziele definiert werden können. Und es gilt Nachhaltigkeitsaspekte in Prozesse und Standards einfließen zu lassen, um ein funktionierendes Managementsystem zu schaffen. Dieser Beitrag geht im Folgenden auf drei Beispiele aus dem Nachhaltigkeitsmanagement von McDonald's Deutschland ein. Sie veranschaulichen, wie wir

- die Analyse unserer Wertschöpfungskette,
- die Messung unserer Nachhaltigkeitsleistungen und
- die Integration von Nachhaltigkeit in Prozesse und Standards

in der Praxis angegangen sind.

Der Beitrag gewährt damit einen Blick hinter die Kulissen und zeigt, wie wir die nachhaltige Entwicklung unseres Unternehmens ganzheitlich betrachten und vorantreiben.

2 Analysieren – Hotspotanalyse wesentlicher Wertschöpfungsketten

Unsere Wertschöpfungskette ist die Basis, anhand derer wir unser Nachhaltigkeitsmanagement ausrichten. Das bedeutet, dass wir uns alle Prozesse, die notwendig sind, bis wir unseren Gästen Speisen und Getränke in unseren Restaurants servieren können, sehr genau ansehen. Und das insbesondere im Hinblick darauf, wie ökologische und soziale Aspekte immer besser integriert werden können. Die Grundlage hierfür bilden die Ergebnisse aus dem Forschungsprojekt „Sustainable McDonald's Deutschland" mit dem Wuppertal Institut.

Das Projekt startete im November 2011 und wurde 2015 abgeschlossen. Es gliedert sich in zwei Forschungsbereiche: nachhaltige Unternehmensführung und nachhaltige Wertschöpfungsketten. Im Bereich der nachhaltigen Wertschöpfungsketten hat das Wuppertal Institut – basierend auf der Methode der Hotspotanalyse – die wesentlichen ökologischen und sozialen Auswirkungen in zwei wichtigen Wertschöpfungsketten für tierische Proteine analysiert: Rindfleisch und Hähnchenfleisch. Im Folgenden wird die Hotspotanalyse Rindfleisch beispielhaft näher erläutert. Im Jahr 2014 wurden für unsere Burger über 40.000 t Rindfleisch verarbeitet. Mengenmäßig ist Rindfleisch damit hinter Kartoffeln mit rund 120.000 t die zweitgrößte Rohwarengruppe in der Lieferkette von McDonald's Deutschland.

2.1 Methode

Bei der Hotspotanalyse handelt es sich um eine qualitativ angelegte Wertschöpfungskettenanalyse. Basis für die Analyse bilden wissenschaftliche Studien, allgemein zugängliche Untersuchungen sowie interne Unternehmensdaten. Um die Wertschöpfungskette Rindfleisch von McDonald's möglichst spezifisch analysieren zu können, wurde zusätzlich ein Fragebogen entworfen und an Lieferanten und Sublieferanten verschickt und ausgewertet. Das Projektteam besuchte darüber hinaus einzelne Betriebe in der Wertschöpfungskette persönlich (Rohn et al. 2014a, S. 9 f.).

Eingebettet in eine Betrachtung der allgemeinen Rahmenbedingungen des Produktes Rindfleisch und seiner Wertschöpfungskette konnte so die spezifische McDonald's-Wertschöpfungskette untersucht werden. Im Mittelpunkt der Hotspotanalyse stand die tabellarische Analyse der einzelnen Lebenszyklusphasen hinsichtlich ihrer ökologischen und sozialen Auswirkungen. In Abb. 1 werden die einzelnen Lebenszyklusphasen aufgezeigt (vgl. Rohn et al. 2014a, S. 3).

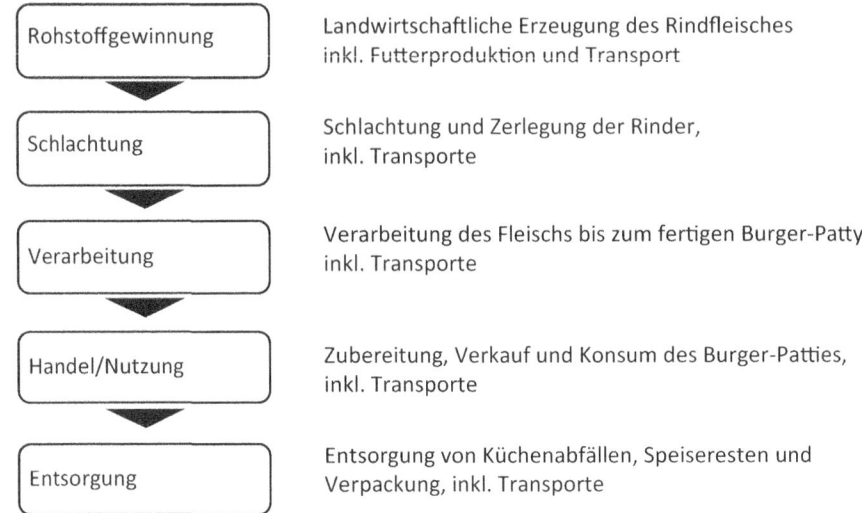

Abb. 1 Überblick über die Phasen der Wertschöpfungskette von McDonald's-Rindfleisch. (Rohn et al. 2014a, S. 10)

In den einzelnen Lebenszyklusphasen wurde die Auswirkung auf Umwelt und Gesellschaft anhand eines festgelegten Kriterienkatalogs untersucht und bewertet. Als ökologische Bewertungskriterien wurden gewählt: abiotische und biotische Materialien, Energieverbrauch, Wasserverbrauch, Landnutzung, Biodiversität sowie Abfall und Emissionen in Luft und Wasser. Als soziale Kriterien wurden gewählt: allgemeine Arbeitsbedingungen, soziale Sicherheit, Training und Bildung, Arbeitsgesundheit und -schutz, Menschenrechte, Einkommen, Konsumentengesundheit sowie Produktqualität. Mithilfe der so erzielten Bewertung der einzelnen Lebenszyklusphasen konnten die sogenannten Hotspots identifiziert werden (vgl. Rohn et al. 2014a, S. 12 ff.; Rohn et al. 2014b).

2.2 Ergebnisse

Die meisten ökologischen Hotspots sind am Beginn unserer Wertschöpfungskette Rindfleisch in der Rohstoffgewinnung zu finden. In dieser Lebenszyklusphase wurden sehr unterschiedliche ökologische Kriterien als Hotspot identifiziert. Unter anderem kann schlussgefolgert werden, dass importierte, nichtregionale Futtermittel mit einem hohen Verbrauch an Ressourcen, Wasser, Energie und Fläche einhergehen. Weiterhin sind natürlich Treibhausgasemissionen durch die intensive Nutztierhaltung sowie die Stickstoffüberdüngung ein Problem. Trotzdem schneidet die Wertschöpfungskette der Milchkuhhaltung – auf die McDonald's größtenteils zurückgreift – aufgrund der Doppelnutzung von Milch und Fleisch unter ökologischen Aspekten besser ab, als bspw. eine reine Bullenmast.

Auch am Ende der Wertschöpfungskette, in der Nutzungs- und Entsorgungsphase, sind ökologische Hotspots zu finden – der Energieverbrauch unserer Restaurants und die mit der Sortierung und Entsorgung unserer Abfälle einhergehenden Herausforderungen.

Die meisten sozialen Hotspots können der Phase Schlachtung zugeordnet werden, insbesondere in Bezug auf die Einkommenssituation von Werkvertragsnehmenden aus anderen EU-Ländern. Hierzu hat das Projektteam 2013 u. a. vor Ort Gespräche mit wichtigen Akteuren der Schlacht- und Zerlegebranche geführt. Weitere Hotspots wurden in der Nutzungsphase in den Bereichen Training und Bildung der McDonald's-Belegschaft sowie der Konsumentengesundheit – u. a. bedingt durch den hohen Energiegehalt der Speisen – identifiziert. Auch auf die Kriterien wie Tiergesundheit und Tierwohl muss ein differenzierter Blick geworfen werden (Rohn et al. 2014a, S. 4 f., 123 ff.; Rohn et al. 2014b).

2.3 Fazit

Die Ergebnisse der Hotspotanalyse fließen in die kontinuierliche Verbesserung interner Anforderungen und Standards ein. So hat McDonald's bspw. die Überprüfung von Werkvertragsnehmern in die Social-Workplace-Accountability-(SWA-)Audits, die wir regelmäßig bei unseren Lieferanten durchführen, aufgenommen. Im Hinblick auf die Rohstoffgewinnung hat uns die Hotspotanalyse geholfen, unser seit 2010 bestehendes BEST-Beef-Programm zur Förderung einer nachhaltigeren Rinderhaltung in Deutschland weiterzuentwickeln. Mit der 2014 erfolgten Umstellung unserer Restaurants auf 100 % Grünstrom konnten wir den Klimafußabdruck in der Nutzungsphase deutlich reduzieren.

Die für Rindfleisch und Hähnchenfleisch durchgeführten Hotspotanalysen haben uns geholfen, ein tiefes Systemverständnis für unsere Wertschöpfung zu gewinnen und die bestehenden, oft sehr komplexen Zusammenhänge sichtbar zu machen. Die dadurch gewonnenen wertvollen Erkenntnisse bilden die Basis für eine Priorisierung unserer Aktivitäten. Sie ermöglichen eine gezielte Erarbeitung von Verbesserungsmaßnahmen in den Wertschöpfungsstufen, wo unser Kerngeschäft die größten Auswirkungen auf Umwelt und Gesellschaft hat.

3 Messen – Nachhaltigkeitscontrolling und Berichterstattung

Wesentliche Basis einer fundierten nachhaltigen Ausrichtung eines Unternehmens ist ein integriertes, umfassendes Controlling zur Messung, Steuerung und Berichterstattung der Nachhaltigkeitsleistungen. Im Fokus stehen nichtfinanzielle Kennzahlen quantitativer und qualitativer Natur, anhand derer die Auswirkungen der eigenen Geschäftstätigkeit auf Umwelt und Gesellschaft messbar gemacht werden können. Sie wiederum bilden die Grundlage für eine transparente, belastbare Nachhaltigkeitsberichterstattung nach außen.

Bei McDonald's Deutschland haben wir 2012 begonnen, ein umfassendes Nachhaltigkeitscontrolling aufzubauen. Es besteht im Kern aus einer webbasierten Datenbank zur effizienten und systematischen Erfassung aller relevanten Kennzahlen. Um unsere Datenerhebungsprozesse zu optimieren und belastbar zu machen, werden diese seit 2014 schrittweise einer externen Prüfung durch einen Wirtschaftsprüfer unterzogen. Damit haben wir die Basis für die Erstellung verlässlicher, faktenbasierter interner Entscheidungsgrundlagen sowie für eine regelmäßige Nachhaltigkeitsberichterstattung nach dem Standard der Global Reporting Initiative (GRI) geschaffen.

3.1 Kennzahlenset

Unser Nachhaltigkeitscontrolling umfasst ein Set an qualitativen und quantitativen Kennzahlen aus allen Handlungsfeldern der globalen Nachhaltigkeitsstrategie von McDonald's sowie die wichtigsten ökonomischen Kennzahlen unseres Geschäfts. Tabelle 1 gibt einen beispielhaften Überblick über das Kennzahlenset.

3.2 Wesentliche Herausforderungen

Eine der größten Herausforderungen im Aufbau eines umfassenden Nachhaltigkeitscontrollings lag in der Vielzahl unterschiedlicher Kennzahlen und damit verbundener Datenquellen und -qualitäten. Es galt Kennzahlen aus fast allen Fachbereichen des Unternehmens zusammenzutragen. Dabei lag der größte Aufwand darin, die meist auf fachbereichsspezifische operative Zwecke ausgerichteten Kennzahlendefinitionen, Erhebungsumfänge und -prozesse an die Anforderungen des Nachhaltigkeitscontrollings anzupassen.

Wir haben uns hierbei an den Richtlinien der Global Reporting Initiative (GRI) orientiert, die sich international als wesentlicher Standard für die Nachhaltigkeitsberichterstattung etabliert haben (KPMG 2013, S. 31 f.) und nach denen wir seit 2010 unseren jährlichen Nachhaltigkeitsbericht für McDonald's Deutschland erstellen. Gemeinsam mit den verantwortlichen Fachbereichen galt es, die Anforderungen der GRI mit den Anforderungen des eigenen Kerngeschäfts sowie den internen Rahmenbedingungen abzugleichen und festzulegen, welche Daten aus welchen Quellen, in welchem Umfang, in welchen Spezifikationen und für welche Standorte für einen bestimmten GRI-Indikator zu berücksichtigen sind bzw. berücksichtigt werden können.

Insbesondere die Frage nach dem Erhebungsumfang stellt bei knapp 1500 Restaurants in ganz Deutschland, von denen rund 80 % durch Franchisenehmer betrieben werden, eine wesentliche Herausforderung dar. Die dadurch bedingte Komplexität erfordert ein tiefes Verständnis der internen Prozesse zur Datenerhebung.

Tab. 1 Kennzahlenbeispiele. (eigene Darstellung)

Handlungsfelder Nachhaltigkeit	Kennzahlenbeispiele
Sourcing (unsere Lieferkette)	Menge und Herkunft eingesetzter Rohwaren
	Verpackungsmenge pro Restaurantbesuch
	Anteil nachwachsender Rohstoffe in Serviceverpackungen
Food (unser Essen)	Eingesparte Salzmenge pro Produkt
	Verkaufsmenge definierter Produkte in den Kategorien Obst/Gemüse/fettarme Molkereiprodukte/Vollkornprodukte
Planet (unsere Umwelt)	Durchschnittlicher Energieverbrauch eines vergleichbaren Restaurants
	Energieverbrauch aus Logistik pro ausgelieferter Tonne
	Abfallmenge nach Materialfraktionen
	CO_2-Emissionen aus Restaurantbetrieb
People (unsere Mitarbeiter)	Anzahl Mitarbeiter nach Beschäftigungsverhältnis/Alter/Geschlecht
	Anzahl Ausbildungsabschlüsse und Übernahmequote nach Ausbildung
	Anzahl geschulter Mitarbeiter im Restaurant Management
Community (unsere Gesellschaft)	Spenden an McDonald's-Kinderhilfestiftung
Allgemeine McDonald's-Bezugsgrößen	Anzahl Gästetransaktionen auf Basis abgeschlossener Kassiervorgänge im Restaurant

3.3 Externe Prüfung

Die eingehende Analyse und Beurteilung unserer internen Datenerhebungsprozesse durch eine erfahrene Wirtschaftsprüfungsgesellschaft haben uns geholfen, bestehende Schwachstellen zu erkennen und zu beheben. Mithilfe der Expertise der Prüfer haben wir unsere Prozesse optimiert und belastbar gemacht.

Die externe Prüfung wesentlicher nichtfinanzieller Kennzahlen war zudem ein wichtiger Schritt, um den stetig steigenden externen Anforderungen an eine transparente und vergleichbare Nachhaltigkeitsberichterstattung von Unternehmen gerecht zu werden. Die Anzahl an Unternehmen, die ihren Nachhaltigkeitsbericht einer unabhängigen Prüfung unterziehen, steigt seit Jahren kontinuierlich (KPMG 2013, S. 33). Die GRI empfiehlt in ihrer im Mai 2013 veröffentlichten neuen Richtlinienversion G4 die Prüfung von Berichtsinhalten durch einen unabhängigen Dritten, wie bspw. einen Wirtschaftsprüfer (Global Reporting Initiative 2013, S. 85). Vor dem Hintergrund dieser Entwicklungen war die erstmalige Prüfung der wesentlichen Kennzahlen für unseren Corporate-Responsibility-Report 2013 eine konsequente Weiterentwicklung unserer externen Berichterstattung.

3.4 Fazit

Dank der zentralen Datenbank sowie des Erkenntnisgewinns aus dem Prüfprozess können wir unsere Leistungen im Nachhaltigkeitsbereich heute entlang verlässlicher, akkurater Kennzahlen messen und steuern. Damit haben wir eine wesentliche Voraussetzung für den Business Case Nachhaltigkeit gelegt.

4 Integrieren – Nachhaltigkeit in unseren internen Prozessen und Standards

Die Systemgastronomie kann im Wesentlichen durch drei Merkmale definiert werden: zentrale Steuerung, Standardisierung und Multiplikation. „Zentrale Steuerung meint dabei, dass alle wesentlichen Prozesse durch eine Stelle koordiniert werden. Es geht dabei hauptsächlich um die Prozessabläufe. Standardisierung bedeutet, dass diese Prozesse (inhaltlich) vereinheitlicht festgelegt sind. Die Multiplikation ist letztlich Folge und auch Ziel der zentralen Steuerung und Standardisierung" (BdS 2012).

McDonald's Deutschland ist mit knapp 1500 Restaurants größter Systemgastronom in Deutschland (BdS 2015). Wie die oben angeführte Definition nahelegt, spielen zentrale Standards und Prozesse in unserem täglichen Geschäft eine wesentliche Rolle. Für die erfolgreiche Verankerung von Nachhaltigkeit im System McDonald's bildet demnach die Integration wesentlicher Nachhaltigkeitsthemen in unsere internen Standards und Prozesse eine wichtige Basis. Wie genau eine solche Integration in der Unternehmenspraxis aussehen kann, zeigen die folgenden zwei Beispiele.

4.1 Restaurant Operations Improvement Process

Für die vielfältigen Arbeitsschritte in unseren Restaurants haben wir Standards in Bezug auf Qualität, Service und Sauberkeit (QSS) festgelegt, die in jedem McDonald's-Restaurant eingehalten werden müssen. Diese QSS-Standards beschreiben umfangreiche Kontrollpunkte im Restaurant. Unsere Field & Operations Consultants überprüfen und bewerten im Rahmen des sogenannten Restaurant Operations Improvement Process – kurz ROIP – die Einhaltung der QSS-Standards.

Der ROIP besteht aus regelmäßigen angekündigten und unangekündigten Restaurantbesuchen unserer Consultants. Die Besuche werden anhand eines festgelegten Fragenkatalogs durchgeführt, auf dessen Basis die Restaurants bewertet und beraten werden. Der ROIP ist ein global gültiger Prozess bei McDonald's. Die einzelnen Märkte ergänzen den globalen Standard um lokale Besonderheiten, wie bspw. Anforderungen, die sich aus nationaler Gesetzgebung ergeben.

Seit 2013 enthält der ROIP für den deutschen Markt einen Nachhaltigkeitsleitfaden, über den die für den täglichen Restaurantbetrieb wesentlichen Nachhaltigkeitsthemen integriert wurden. Die Integration erfolgte im Rahmen der alle zwei Jahre durchgeführten Aktualisierung des ROIP-Fragenkataloges.

Im ersten Schritt wurde der Fragenkatalog anhand zweier Leitfragen analysiert:

- Welche bestehenden Fragen haben einen direkten Bezug zur Nachhaltigkeitsleistung von McDonald's Deutschland?
- Welche im täglichen Restaurantbetrieb wesentlichen Nachhaltigkeitsaspekte müssen über neue Fragen aufgenommen werden, da sie noch nicht ausreichend durch den bestehenden Fragenkatalog abgedeckt sind?

Auf Basis dieser Analyse wurde im zweiten Schritt ein Set an bestehenden und neu hinzugefügten Nachhaltigkeitsfragen erstellt. Im ROIP-Fragenkatalog sind diese Nachhaltigkeitsfragen mit den unterschiedlichen Symbolen der Handlungsfelder unserer Nachhaltigkeitsstrategie gekennzeichnet, je nachdem welchem Handlungsfeld sie zuzuordnen sind. Im dritten Schritt wurde ein Leitfaden erstellt, der begleitend zum Fragenbogen die einzelnen Nachhaltigkeitsfragen näher erläutert. Zudem ordnet der Leitfaden die Fragen in die übergeordnete McDonald's-Nachhaltigkeitsstrategie ein. Wie Abb. 2 zeigt, helfen die im ROIP abgefragten Themen unsere Nachhaltigkeitsleistung in drei Handlungsfeldern unserer globalen Nachhaltigkeitsstrategie zu verbessern: in den Bereichen Food (unser Essen), Planet (unsere Umwelt) und People (unsere Mitarbeiter).

Durch die Kennzeichnung, Erläuterung und Einordnung konkreter Nachhaltigkeitsfragen in den Fragenkatalog des ROIP haben wir das Thema Nachhaltigkeit im täglichen Restaurantbetrieb greifbar, messbar und steuerbar gemacht. Gleichzeitig schaffen die Fragen bei unseren Consultants ein Bewusstsein für den wichtigen Beitrag, den sie mit ihrer täglichen Arbeit zur Nachhaltigkeitsleistung von McDonald's beisteuern.

Handlungsfelder Nachhaltigkeit	Rubriken ROIP-Fragenkatalog
FOOD — Unser Essen	• Qualität • Service • Food Safety
PLANET — Unsere Umwelt	• Service • Sauberkeit • Gebäude und Equipment
PEOPLE — Unsere Mitarbeiter	• Arbeitssicherheit und Security • People

Abb. 2 Zuordnung ROIP-Rubriken zu Handlungsfeldern Nachhaltigkeit. (eigene Darstellung)

4.2 Management Development Program

Voraussetzung für die erfolgreiche Umsetzung interner Standards und Prozesse ist eine entsprechende Schulung der Mitarbeiter. Der kontinuierlichen Aus- und Weiterbildung unserer Restaurantmitarbeiter kommt daher bei McDonald's ein hoher Stellenwert zu. Wenn Nachhaltigkeit im täglichen Restaurantbetrieb verstanden und gelebt werden soll, ist die Eingliederung wichtiger Nachhaltigkeitsaspekte in unser internes Trainingsprogramm unerlässlich.

Ein zentraler Baustein der internen McDonald's-Weiterbildung ist das sogenannte Management Development Program – kurz: MDP. Das MDP setzt sich aus drei Stufen zusammen: der Ausbildung zum Schichtführer (MDP 1), der Ausbildung zum Assistant Manager (MDP 2) und der Ausbildung zum Restaurant Manager (MDP 3). Um mit dem stetigen Wandel in unseren Restaurants Schritt zu halten, wurde das Programm zwischen 2012 und 2014 überarbeitet und neu aufgesetzt. Im Zuge dessen wurden relevante Nachhaltigkeitsthemen in das Programm aufgenommen.

Abhängig von den Zielsetzungen der einzelnen Programmstufen und des Lernfortschritts (Tab. 2) wurden spezifische Nachhaltigkeitsinhalte und Lernformate entwickelt. So startet die erste Stufe des Programms mit einer allgemeinen Einführung in das Thema Nachhaltigkeit bei McDonald's, von der Strategie über spezielle Projekte und Maßnahmen bis hin zu den konkreten Anknüpfungspunkten im Restaurantalltag. Die zweite Stufe MDP 2 fokussiert sich auf das Abfallmanagement. Die korrekte Sortierung, der im Restaurant anfallenden Abfälle ist elementar, um die ökologischen Auswirkungen unserer Restaurants zu optimieren. Neben einem E-Learning-Modul wird als Teil der Präsenzschulungen eine Fallstudie zum Thema bearbeitet. Im MDP 3 steht dann die Praxis im Fokus. Die angehenden Restaurantmanager überprüfen ihr Restaurant auf Energieeinsparpotenziale.

Tab. 2 Nachhaltigkeitsinhalte im Management Development Program

MDP 1 Shift Management Program	MDP 2 Assistant Manager Program	MDP 3 Restaurant Management Program
E-Learning zur allgemeinen Einführung in das Thema Nachhaltigkeit bei McDonald's Deutschland	E-Learning mit spezifischen Informationen zur Abfallentsorgung im Restaurant	Praxisaufgabe: Rundgang im Restaurant zur Identifizierung von Energieeinsparpotenzialen auf Basis einer definierten Checkliste
	Bearbeitung einer Fallstudie zum Thema Abfallentsorgung bei McDonald's und öffentliche Wahrnehmung im Rahmen der Präsenzschulung	

Neben dem MDP ist das Thema Nachhaltigkeit auch Teil weiterer interner Trainings, so z. B. der regelmäßig stattfindenden Schulungen für unsere Field & Operations Consultants oder unsere Franchisenehmer.

4.3 Fazit

Die beiden beschriebenen Beispiele beruhen auf einem gemeinsamen Zielsetzungsprozess zwischen der Nachhaltigkeitsabteilung und den anderen Fachbereichen innerhalb der Verwaltung von McDonald's Deutschland. Durch die gemeinsame Erarbeitung und Umsetzung konkreter Maßnahmen wird das Thema Nachhaltigkeit für die einzelnen Fachbereiche greifbar. Die Nachhaltigkeitsabteilung kommt in diesem Zusammenhang ihrer Funktion als interner Impulsgeber und Sparringspartner nach. Gemeinsam relevante Nachhaltigkeitsaspekte in bestehende Standards und Prozesse zu integrieren, anstatt ein paralleles Managementsystem zu schaffen, hat sich für die dauerhaft nachhaltigere Ausrichtung des Systems McDonald's bisher als der richtige Weg bewährt.

5 Schlussfolgerung

Ein so großes und komplexes System wie McDonald's ganzheitlich nachhaltig auszurichten ist ein langer Weg. Als ebenso bekannte wie auch polarisierende Marke und im Kontext einer kontrovers diskutierten Branche wie Fast Food kann man bei einem solchen Unterfangen auch nicht auf einen Vertrauensvorschuss seiner Stakeholder setzen. Vor diesem

Hintergrund kommt einem fundierten und belastbaren Nachhaltigkeitsmanagement eine tragende Rolle zu.

Die vorgestellten Projekte veranschaulichen beispielhaft, wie Nachhaltigkeitsmanagement in der Unternehmenspraxis von McDonald's Deutschland umgesetzt wird, mit welchen Herausforderungen und Rahmenbedingungen es umzugehen gilt und welche Ansätze und Lösungswege wir gewählt haben. Und sie zeigen, wie eingangs erwähnt, wie wir die nachhaltige Entwicklung unseres Unternehmens ganzheitlich betrachten und vorantreiben.

Literatur

BdS – Bundesverband der Systemgastronomie (2012) Die Systemgastronomie – Definition und Kriterien. http://www.bundesverband-systemgastronomie.de/definition-systemgastronomie.html. Zugegriffen: 30. Jan. 2015

BdS – Bundesverband der Systemgastronomie (2015) BdS-Mitgliedsmarken 2013. http://www.bundesverband-systemgastronomie.de/umsatzrestaurants.html. Zugegriffen: 30. Jan. 2015

BVE – Bundesvereinigung der Deutschen Ernährungsindustrie (2014) Jahresbericht 2013_2014. http://www.bve-online.de/download/jahresbericht-2014. Zugegriffen: 19. Feb. 2015

BVE – Bundesvereinigung der Deutschen Ernährungsindustrie (2015) Außer-Haus-Markt. http://www.bve-online.de/themen/branche-und-markt/ausser-haus-markt. Zugegriffen: 19. Feb. 2015

Global Reporting Initiative (2013) G4 Sustainability Reporting Guidelines – Reporting Principles and Standard Disclosures. https://www.globalreporting.org/resourcelibrary/GRIG4-Part1-Reporting-Principles-and-Standard-Disclosures.pdf. Zugegriffen: 27. Feb. 2015

KPMG International (2013) The KPMG survey of corporate responsibility reporting 2013. http://www.kpmg.com/Global/en/IssuesAndInsights/ArticlesPublications/corporate-responsibility/Documents/kpmg-survey-of-corporate-responsibility-reporting-2013.pdf. Zugegriffen: 27. Feb. 2015

Rohn H, Lukas M, Liedtke C, Ansorge J, Friedrichowitz C (2013) Arbeitspapier AS 1.2: Bedeutung, Positionierung, Handlungsfelder und -optionen von McDonald's im Gesamtsystem Ernährung. Wuppertal Institut für Klima, Umwelt, Energie; Projekt „Sustainable McDonald's Deutschland". Internes Papier

Rohn H, Lukas M, Bienge K, Kennedy K, Liedtke C, Ansorge J (2014a) Arbeitspapier 3.2: Hot Spot Analyse Beef. Wuppertal Institut für Klima, Umwelt, Energie; Projekt „Sustainable McDonald's Deutschland". Internes Papier

Rohn H, Lukas M, Bienge K, Ansorge J, Liedtke C (2014b) The hot spot analysis: utilization as customized management tool towards sustainable value chains of companies in the food sector. In: Agris on-line Papers in Economics and Informatics, Vol. VI, Nummer 4 2014, S 133–143. http://online.agris.cz/files/2014/agris_on-line_2014_4.pdf

Diana Wicht ist Diplom-Kauffrau. Nach Stationen in der Unternehmenskommunikation eines internationalen Konsumgüterherstellers sowie in der Beratung von Unternehmen zu Nachhaltigkeitsstrategie und -berichterstattung kam sie Anfang 2012 zu McDonald's Deutschland. Hier ist sie für den Aufbau des Nachhaltigkeitsmanagements verantwortlich.

Teil VI
Handel

Der Lebensmittelhandel im Spannungsfeld zwischen gesellschaftlicher Verantwortung und „Geiz ist geil"

Bettina Lorentschitsch

1 Einleitung

Der Lebensmittelhandel ist die Handelsbranche, die dem Endkunden am nächsten ist. Jeder Konsument braucht Lebensmittel, um seine Bedürfnisse zu decken. Dies mag der Grund sein, warum gerade der Lebensmittelhandel am stärksten im Fokus der einzelnen Interessengruppen steht. Die Konsumenten fordern hochwertigste Produkte, die möglichst natürlich und oftmals auch regional produziert werden sollten, in großer Auswahl zum besten Preis. Die Konsumentenschützer erhöhen diesen Anspruch noch neben den Ansprüchen der Konsumenten um entsprechende Produkt- und Preisauszeichnung oder auch Barrierefreiheit in den Geschäften. Der Bauer will seine Produkte ebenfalls zum besten Preis in den Handel bringen und die Lebensmittel verarbeitende Industrie verlangt gleichfalls hohe Preise und zudem noch die Übernahme der Verantwortung oder auch die Übernahme von Kosten, wenn gesetzliche Vorschriften bspw. neue Kennzeichnungen nötig machen. Die Arbeitnehmer im Handel wollen sichere und gut bezahlte Arbeitsplätze sowie Anreize und Weiterbildung. Die öffentliche Hand fordert neben der Einhaltung der einschlägigen lebensmittelbezogenen Sicherheits- und Qualitätsvorschriften natürlich auch die Einhaltung darüber hinausgehender Vorschriften, wie z. B. wettbewerbsrechtliche Beschränkungen. Nicht zu vergessen die legitimen Ansprüche der Eigentümer, die natürlich ihr eingesetztes Kapital verzinst haben wollen, aber auch Ansprüche von Anrainern, die zwar kurze Wege in das Lebensmittelgeschäft schätzen, jedoch den dadurch anfallenden Verkehr oder andere Emissionen nicht haben wollen. Und last, but not least

---

B. Lorentschitsch (✉)
Julius Raab Stiftung, Mozartgasse 4, 1041 Wien, Österreich
E-Mail: info@juliusraabstiftung.at

die Gesellschaft an sich, die eine entsprechende Nahversorgung auch im hintersten Tale sowie generell ein gesellschaftlich hochwertig angesehenes Agieren – was auch immer das ist – des Lebensmittelhandels wünscht. Und das alles natürlich zum niedrigsten Preis.

Gleichzeitig zu den vielen Ansprüchen, die an den Handel gerichtet werden, sieht sich der Handel immer öfter zur Verantwortung gezogen – auch für Fehler, die nicht ihm zuzuschreiben sind. Denken wir an die Lebensmittelskandale der letzten Jahre. Es stand immer der Handel im Fokus, auch wenn dieser keinen oder nur wenig Einfluss auf die Produktion, sei es in der Landwirtschaft, sei es in der Industrie, hat.

Oftmals beschleicht einen das Gefühl, dass der Handel als Sündenbock zu dienen hat, denn er lässt sich gut vermarkten, da er jedem Bürger bekannt ist und jeder einen Bezug zum Lebensmittelhandel hat. Gerade wenn der Handel gesellschaftliche Verantwortung jenseits von schön aufbereiteten Projekten übernimmt, aber auch dort ist er trotzdem der Kritik ausgesetzt. Ein Beispiel: Im österreichischen Lebensmittelhandel gibt es sogenannte „Multipack-Aktionen", d. h., man kauft zwei Einheiten eines Produktes und bekommt die dritte Einheit gratis dazu. Eine gute Idee, die den Konsumenten Geld sparen helfen kann und gerade für größere Familien oftmals eine Hilfe für das Haushaltsbudget ist. Eine verantwortungsvolle Aktion? Nicht in den Augen aller. Denn viele Konsumentenschützer und auch Konsumenten selbst betrachten die Aktionen als das Eingangstor in die Verschwendung von Lebensmitteln. Denn nach deren Ansicht motivieren solche Aktionen dazu, mehr zu kaufen, als eigentlich notwendig ist, wodurch das nicht Notwendige unweigerlich im Abfall landet. Eines wird dabei aber gerne übersehen – die Eigenverantwortung des Konsumenten. Gibt es diese Eigenverantwortung überhaupt noch oder beschränkt sie sich auf das Optimieren des Preises der eingekauften Waren? Denn eines wird dem Lebensmittelhandel immer wieder vorgeworfen – er sei zu teuer. Um dem Handel und seiner gesellschaftlichen Verantwortung gerecht zu werden, ist es daher notwendig das Spannungsfeld zwischen Verantwortung und der „Geiz ist geil"-Mentalität aufzuzeigen und Lösungsansätze dafür zu finden.

Aus Platz- und Strukturgründen beschränkt sich dieser Beitrag auf die Aktivitäten des klassischen filialisierten Lebensmittelhandels bzw. den dazugehörigen selbstständigen Kaufleuten. Jedoch soll nicht unerwähnt bleiben, dass gerade auch viele kleinere Lebensmittelhändler ihre gesellschaftliche Verantwortung in ihrer Region und darüber hinaus leben. Doch auch sie befinden sich im Spannungsfeld „Verantwortung versus Geiz ist geil".

2 Handlungsfelder und Spannungsfelder gesellschaftlicher Verantwortung

Woran soll sich der Lebensmittelhandel nun bei der Übernahme gesellschaftlicher Verantwortung orientieren? Mittlerweile gibt es eine Reihe an Leitfäden, Regelwerken, Normen und dergleichen. Doch alle diese Regelwerke haben eines gemeinsam: Sie eignen sich für das Erstellen von CSR-Erklärungen oder Leitbilder und für das Abarbeiten mehr oder weniger vorgegebener Themen. Doch sie eignen sich sicherlich nicht dazu, gesellschaftliche Verantwortung in die DNA des Unternehmens zu implementieren, oder dazu, das Spannungsfeld der Erwartungen im Lebensmittelhandel abzubauen. Sie eigenen sich jedoch durchaus als Basis für ein systematisches Herangehen, die Implementierung von CSR-Aktivitäten in Unternehmensprozesse oder auch als Bewertungsgrundlage für Auszeichnungen. Aber gerade im Lebensmittelhandel ist es weniger von Bedeutung, Checklisten abzuarbeiten, sondern vielmehr nötig einen klaren Stakeholder-Ansatz zu wählen. Dies entspricht auch dem „Stand der Technik". Im Jahr 2011 hat die Europäische Kommission ihre CSR-Definition erneuert und CSR schlicht als „die Verantwortung von Unternehmen für ihre Auswirkungen auf die Gesellschaft" bezeichnet (Europäische Kommission 2011, S. 7). Wobei jedoch nicht davon auszugehen ist, dass die Kommission hier das normativ-kritische Stakeholder-Konzept nach Ulrich und anderen zugrunde gelegt hat. Denn dieses Konzept bezeichnet als Stakeholder alle jene Gruppen, die gegenüber der Unternehmung legitime Ansprüche haben, und das seien neben den Rechten aus vertraglichen Vereinbarungen auch allgemeine moralische Rechte. Kriterium hier ist also alleine die ethisch begründbare Legitimität (Ulrich 2008, S. 478 f.). Dieses Konzept würde im unternehmerischen Alltag zu weit gehen und Unternehmen vor das Problem stellen, dass ihre Anspruchsgruppen nicht gänzlich identifizierbar sind. In diesem Fall, nämlich dass die Anspruchsgruppen nicht identifizierbar sind, lassen sich auch die Handlungsfelder nicht herausfinden. Wenn jedoch Stakeholder und Handlungsfelder nicht zu definieren sind, kann ein Unternehmen auch keine gesellschaftlich verantwortungsvollen Aktivitäten entfalten. Für den konkreten Fall des Lebensmittelhandels ein Beispiel: Ist der Kleinbauer in Afrika, der durch Landgrabbing seine Felder verliert, ein Stakeholder des Lebensmittelhandels? Man könnte diese Frage durchaus bejahen – man weiß aber gleichzeitig um die Unmöglichkeit, die Verantwortung auch dafür zu übernehmen. Denn im Kern geht es bei dieser Frage darum, ob es generell vertretbar ist, dem letzten unternehmerischen Glied in der Lieferkette die Verantwortung für nahezu Alles zuzuschreiben. Diese Frage zeigt aber auch, dass das isolierte Betrachten unternehmerischer Verantwortung bei einem Unternehmen oder bei einer Branche dem eigentlichen Ziel einer verantwortungsvollen Gesellschaft nicht wirklich weiter hilft.

Daher ist eine Auswahl von Stakeholdern und Handlungsfeldern, die direkt vom Unternehmen – hier dem Lebensmittelhandel – beeinflusst werden können, sinnvoll. Noch sinnvoller und möglicherweise ein Ausweg aus dem Spannungsfeld „Verantwortung versus Preis" wäre es allerdings, wenn man in die Betrachtung dieser Handlungsfelder auch die Einflussmöglichkeiten der Stakeholder des Lebensmittelhandels auf diesen mit einbezieht. Denn Wirtschaft und Verantwortung sind keine Einbahnstraßen, sondern Kreisläufe.

Wer sind nun die wesentlichsten Stakeholder des Lebensmittelhandels:

- Mitarbeiter,
- Lieferanten,
- Konsumenten.

Die Anspruchsgruppen „Behörde bzw. Staat", „Konsumentenschützer bzw. NGOs/NPOs" und die „Gesellschaft" finden sich hier nicht explizit, da sie Teil der aufgezählten Anspruchsgruppen sind bzw. das Verhalten des Lebensmittelhandels und die Auswirkungen dieses Verhaltens direkt beeinflussen.

Aus diesen aufgezählten Stakeholdern ergeben sich eine Reihe an Handlungsfeldern, hier die wahrscheinlich wichtigsten:

- Arbeitsplätze,
- Lieferkette,
- Produkte,
- Geschäfte,
- Preisgestaltung.

2.1 Arbeitsplätze

Der Handel ist in den meisten Staaten einer der größten Arbeitgeber. So sind alleine in Österreich knapp 600.000 Menschen im Handel beschäftigt. In Deutschland sind es ca. 6,2 Mio. Beschäftigte im gesamten Handel. Jeweils etwa 10 % aller Beschäftigten sind im Lebensmitteleinzelhandel tätig. Im Vergleich zu anderen Branchen sind sowohl der Frauenanteil als auch der Anteil an Teilzeitbeschäftigten überdurchschnittlich hoch. Der österreichische Arbeitsmarktservice gibt einen Frauenanteil im Einzelhandel von 63 % und einen Anteil an Teilzeitbeschäftigten von 72 % an. In Deutschland ist dieser Anteil ähnlich und auch im Lebensmittelhandel werden diese Zahlen zutreffend sein. Diese Tatsachen, der hohe Frauen- und Teilzeitbeschäftigtenanteil, geben ein großes Thema für den Lebensmitteleinzelhandel vor, nämlich die Vereinbarkeit von Familie und Beruf. Zudem reichen die Arbeitszeiten im Lebensmitteleinzelhandel von sehr bald in der Früh bis in die Abendstunden hinein und auch der Samstag ist ein Arbeitstag und in zunehmender Zahl auch der Sonntag. Daher steht die Frage der Kinderbetreuung für viele Mitarbeiterinnen im Lebensmitteleinzelhandel im Vordergrund. Dass der Handel sehr viele Teilzeitstellen anbietet, ist für Außenstehende oftmals ein Kritikpunkt, für die Mitarbeiterinnen und Bewerberinnen jedoch ein Anreiz, um im Handel tätig zu werden. Denn derzeit ist die Situation so, dass nahezu zehnmal mehr Frauen eine Teilzeitbeschäftigung suchen, als Teilzeitarbeitsplätze angeboten werden. Für Unternehmen ist die Teilzeitarbeit hingegen nur die zweite Wahl. So gaben im Rahmen einer Studie 37 % der befragten Unternehmen an, dass Teilzeitbeschäftigte mehr kosten. 57 % der Unternehmen teilten mit, dass Kunden mit Teilzeitbeschäftigten weniger zufrieden seien, da sie nur eingeschränkt als Ansprechpartner zur Verfügung stünden (vgl. Sora 2007, S. 4). Wenn nun Lebensmittelhändler trotz dieser Nachteile viele Teilzeitarbeitsplätze anbieten, dann ist das als Zeichen gesellschaftlicher Verantwortung zu werten und nicht, wie so manche Frauenorganisation behauptet, eine Ausbeutung von Frauen. Denn dadurch, dass Teilzeitarbeit als Ausbeutung von Frauen bezeichnet wird, stellt man Betriebe, die Teilzeitbeschäftigte haben, als verantwortungslose Unternehmen dar. Trotzdem bieten viele Lebensmittelhändler nicht nur Teilzeitmöglichkeiten an, sondern auch Unterstützung bei der Kinderbetreuung, flexible Arbeitszeiten und anderes.

Ein weiteres Teilhandlungsfeld ist die Beschäftigung älterer Arbeitnehmer. Gerade seit Beginn der Wirtschaftskrise nimmt die Arbeitslosigkeit Älterer stärker zu als bei anderen Bevölkerungsgruppen. Ein Grund dafür ist das herrschende Kollektiv- bzw. Tarifvertragssystem, das Beschäftigte mit steigendem Alter immer teurer für den Arbeitgeber macht. Trotzdem gibt es bei den führenden Lebensmittelketten einerseits Projekte, um ältere Arbeitnehmer gesund in Beschäftigung zu halten, und andererseits auch solche, um gezielt ältere Arbeitnehmer in das Unternehmen zu bringen.

Lehrlingsausbildung – eine hochgejubelte Sache –, doch auch diese bleibt in der Praxis meistens ungewürdigt. Es ist mittlerweile fast jedem Konsumenten bekannt, dass die duale Ausbildung in Deutschland und Österreich der Hauptgrund für die im europäischen Vergleich niedrige Jugendarbeitslosigkeit ist. Ausbildung ist wichtig und richtige Ausbildung ist zeit- und kostenaufwendig. Trotzdem bilden nahezu alle Lebensmittelhändler Lehrlinge aus. Doch was ist der Lohn dafür? Die Gewerkschaften meutern über angeblich schlechte Arbeitsbedingungen im Handel, die Jugendlichen halten eine Lehre im Lebensmittelhandel für unattraktiv – oftmals wird diese Bild von den Eltern vermittelt. – Und der Konsument? Bemerkt der Konsument den Nutzen der Lehrlingsausbildung für die Gesellschaft? Bemerkt die Gesellschaft eigentlich, wie verantwortungsvoll der Lebensmittelhandel mit seinen Mitarbeitern agiert? Welcher Beitrag hier für sie, die Gesellschaft, geleistet wird? Oder bemerkt der Konsument nur, wenn die Presse in einer Schlagzeile verkündet, dass die Milch teurer wird?

Diese Fragen sollen hier unbeantwortet bleiben. Doch zeigt gerade das Handlungsfeld Arbeitsplätze sehr gut die Beiträge des Lebensmittelhandels für die Gesellschaft und wie wenig diese anerkannt werden.

2.2 Lieferkette

Die Lieferketten im Lebensmittelhandel zeigen deutlich die Herausforderungen eines verantwortungsvollen Supply-Chain-Managements, aber auch, dass nur ein vernetztes Vorgehen über die gesamte Supply Chain auf die Dauer zum gewünschten Erfolg führen wird. Die Lieferketten im Lebensmittelhandel könnten unterschiedlicher nicht sein: einerseits kurze regional dominierte, andererseits internationale. Eine Besonderheit für das Supply-Chain-Management bilden auch die Eigenmarken der marktdominierenden Supermarktketten. Hier fungiert der Lebensmittelhandel auch als Distributor seiner eigenen Erzeugnisse. Dazu kommt auch, dass manche Lebensmittelhändler sowohl als Einzelhändler als auch selbst als Großhändler fungieren. Aufgrund einer gewissen nicht abzusprechenden Marktdominanz einzelner Ketten, jedoch auch einiger Unternehmen der Lebensmittelindustrie sind die Machtverhältnisse im Lebensmittelhandel je nach Gegenüber völlig unterschiedlich.

Wo können nun CSR-Aktivitäten in der Lieferkette ansetzen? Das Hauptthema hier ist sicherlich „Compliance". Die Frage: „Wie agiere ich gesetzeskonform innerhalb der Lieferkette?", gewinnt auch aufgrund der Aktivitäten der Kartellbehörden immer mehr an Bedeutung. Wobei jedoch hinterfragt werden muss, ob Compliance-Management, Leitfäden und dergleichen überhaupt unter verantwortungsvolles Unternehmertum zu subsummieren sind. Denn es ist nach wie vor das gemeinsame Verständnis unter allen CSR-Experten, dass CSR-Maßnahmen nur dann als solche zu verstehen sind, wenn sie über gesetzliche Vorschriften hinausgehen. Aber gerade im Wettbewerbsrecht gibt es sowohl in Deutschland als auch in Österreich einen großen Graubereich, der nur durch Einzelfallentscheidungen erhellt werden kann – oder auch nicht. Daher sind Maßnahmen, mit denen sich Lebensmittelhändler verpflichten über das Wettbewerbsrecht hinausgehende Maßnahmen zu ergreifen, durchaus unter CSR zu verstehen.

Eine Herausforderung bringen die diversen Wettbewerbsverfahren jedoch wahrscheinlich mit sich: Die Kommunikation zwischen Lieferanten und Lebensmittelhandel wird erschwert. Das kann zwar durchaus positive Effekte haben, sollte es um Preisabsprachen zulasten der Konsumenten gehen, hat aber auch negative Effekte: einerseits, was die Produktgestaltung sowie Informationen zum Produkt an sich betrifft, aber andererseits auch, da aufgrund der Unsicherheit verbunden mit der Vehemenz des Vorgehens der Wettbewerbsbehörde die Koordination von Aktionen schwieriger wurde und daher nicht unbedingt immer die Preisvorteile dem Konsumenten im früheren Ausmaß zur Verfügung stehen. Das heißt mit anderen Worten, strengste Compliance-Maßnahmen kosten Geld.

Geld und Preis spielen gerade in der Lieferkette eine besondere Rolle. So wird dem Lebensmittelhandel häufig von der Landwirtschaft der Vorwurf gemacht, für landwirtschaftliche Produkte zu wenig zu bezahlen. Ohne jetzt näher darauf eingehen zu wollen, sollte doch die Absurdität der Vorwürfe gegen den Handel seitens der Landwirtschaft aufgezeigt werden. Im klassischen filialisierten Lebensmittelhandel kommen nur wenige bis keine Produkte direkt vom Bauern und daher sind eine Reihe von Verarbeitern und Logistikern involviert, die ebenfalls ihre Kosten decken und Gewinne erzielen, denn der Handel nimmt nicht einmal die Hälfte der landwirtschaftlichen Produkte ab.

Allerdings setzt der Handel eine Reihe von gesellschaftlich verantwortlichen Aktivitäten gemeinsam mit der Landwirtschaft um. So stellt bspw. die REWE Österreich einen namhaften Betrag für Investitionen zur Verbesserung der Hühnerhaltung ihren bäuerlichen Partnern zur Verfügung. Das heißt, der Kunde subventioniert die Investitionen des Lieferanten. Ein anderes Beispiel auch von REWE Österreich ist ein Projekt gemeinsam mit der Universität für Bodenkultur und Schweinezuchtbetrieben, um die konventionelle Schweinehaltung zu verbessern. Aber auch SPAR Österreich arbeitet gemeinsam mit den Herstellern, um bspw. altes Saatgut zu erhalten. Daher hat SPAR eine Kampagne zur Verhinderung der EU-Saatgutverordnung mit diversen NGOs und Landwirten gestartet. Natürlich haben auch alle anderen großen Lebensmittelhändler entsprechende Kooperationsprogramme. Denn immer mehr Kunden legen Wert darauf, dass seitens des Lebensmittelhandels in die Nachhaltigkeit, artgerechte Tierhaltung, Bio, Regionalität und dergleichen investiert wird. Offen bleibt aber auch hier, inwieweit die Aktivitäten nicht in erster Linie monetär, sondern auch durch Wertschätzung seitens der Konsumenten und der allgemeinen Öffentlichkeit honoriert werden. Fakt ist jedoch, dass der Lebensmittelhandel mit seinem vielfältigen, verantwortungsvollen Agieren die Standards in der Lebensmittel-(ur-)produktion und damit auch den Lebensstandard sowohl der Produzenten als auch der Allgemeinheit erhöht.

2.3 Produkte

Ein durchschnittlicher Verbrauchermarkt hat rund 10.000 sogenannte Food-Produkte, also Lebensmittel, im Sortiment. Hier könnte die Frage entstehen, wer denn alle diese Produkte benötigt. Diese Frage wird wohl niemand beantworten können. Fakt ist aber, dass Konsumenten diese Produkte kaufen, denn sonst hätte kein Händler sie im Sortiment. Früher kaufte man einfach Milch, heute werden an Milch andere Anforderungen gestellt, als einfach nur Milch zu sein. Denn betrachtet man die Auswahl an Milchvarianten in einem Verbrauchermarkt so findet man:

- Milch aus der Region,
- Biomilch,
- fettreduzierte Milch,
- länger haltbare Frischmilch,
- Haltbarmilch,
- Schaf- und Ziegenmilch,
- Heumilch,
- Spezialmilch, wie Frühstücksmilch,
- laktosefreie Milch,
- Milch der diversen Eigenmarken – möglichst günstig –,
- und sogar noch Milch.

Ähnliche Aufzählungen gibt es für eine Reihe anderer Frischeprodukte. Zudem werden im Rahmen der Nachhaltigkeits- bzw. CSR-Aktivitäten des Lebensmittelhandels internationale Nachhaltigkeits- und/oder Biostandards eingehalten. Oftmals war und ist der Lebensmittelhandel Vorreiter bei der Umstellung der Produktion. Im Jahr 2007, also fünf Jahre vor dem EU-Verbot der Käfighaltung, haben die großen österreichischen Handelsketten eine freiwillige Vereinbarung, nach der in den Regalen keine Eier aus Käfighaltung mehr angeboten werden, getroffen (www.bmlfuw.gv.at 2015). Dies führte naturgemäß zu einer Verteuerung der billigsten Eier, weil damit die billigste Variante aus Bodenhaltung stammte. Leider haben dies manche Konsumenten mit einem Einkauf im benachbarten Ausland, wo die Eier damals noch aus Käfighaltung stammten, „honoriert". Dieses Beispiel zeigt wiederum das große Spannungsfeld des Lebensmittelhandels zwischen Verantwortung und „Geiz ist geil"-Mentalität mancher Konsumenten.

Ein aktuelles Projekt des österreichischen Lebensmittelhandels ist das Projekt Donau-Soja. Sämtliche Handelsketten sind Mitglied dieses Vereins. Donau-Soja baut den Sojaanbau im Donauraum aus, um einerseits verantwortungsvolle Wertschöpfungsketten zu schaffen und andererseits gewisse Standards wie Gentechnikfreiheit, Nachhaltigkeit und Rückverfolgbarkeit zu gewährleisen (http://www.donausoja.org/ziele-objectives 2015). Seit November 2013 kommen Eier im filialisierten österreichischen Lebensmittelhandel ausschließlich von mit Donau-Soja gefütterten Hennen. In Zukunft sollen auch die Futtermittel in der österreichischen Schweineproduktion für den österreichischen Handel von Donau-Soja stammen. Dieses Beispiel ist sicherlich eines der umfassendsten im Bereich verantwortungsvoller Lebensmittelhandel. Denn es werden damit Arbeitsplätze geschaffen, der CO_2-Ausstoß reduziert, hochwertigere Produkte erzeugt und zudem noch ein Know-how-Transfer in südost- und osteuropäische Länder generiert.

Das beste Beispiel für Verantwortung ist der Einsatz des Lebensmittelhandels für Bioprodukte. Österreich hat nicht nur den höchsten Anteil von Bioprodukten bei Lebensmitteln, sondern auch relativ betrachtet die meisten Biolandwirtschaftsbetriebe. In Deutschland gab es 2013 insgesamt 23.484 Biohöfe. Das sind gut 8 % aller Landwirtschaftsbetriebe (www.foodwatch.org 2015). Wohingegen in dem erheblich kleineren Österreich bereits 17 % aller landwirtschaftlichen Betriebe Biobauern sind. In absoluten Zahlen übrigens mehr als 21.000 (www.bmlfuw.at). Jedoch innerhalb der EU ist Deutschland hinter Österreich an zweiter Stelle als Bionation. Die starke Entwicklung der Bionahrungsmittel ist mit Sicherheit auch darauf zurückzuführen, dass die Handelsketten auf den Biozug aufgesprungen sind. Heute werden rund 70 % aller in der Biolandwirtschaft erzeugten Produkte im „klassischen" Lebensmittelhandel verkauft. Dass damit dem sogenannten Bauernsterben in vielen Regionen Einhalt geboten werden konnte, dass sich das Einkommen vieler Landwirte dadurch erhöht hat und dass die Biolandwirtschaft einen wesentlichen Beitrag zum Erhalt unserer Kulturlandschaft leistet, liegt auf der Hand. Trotzdem werden gerade die Großen des Lebensmittelhandels ob ihres Engagements von landwirtschaftlichen Verbänden, aber auch von so manchen Bioverbänden kritisiert. Einer der Kritikpunkte ist, dass diverse Bioeigenmarken des Handels höhere Standards verlangen als das eigentliche Biolabel der EU, aber auch, dass durch die große Abnahmemenge eine Art Abhängigkeit geschaffen wird. Fazit auch hier: Der Wert des Engagements des Lebensmittelhandels für die Gemeinschaft wird verkannt.

Über Bio hinaus gibt es noch eine Vielzahl an verantwortungsvollen Aktivitäten im Produktbereich des Lebensmittelhandels. Beginnend bei Fischen aus nachhaltigem Fang über das ganze Thema Gentechnikfreiheit. Auch hier engagiert sich der österreichische Lebensmittelhandel seit vielen Jahren nicht nur freiwillig, sondern initiierte auch die Gründung einer Initiative mit – die österreichische „ARGE Gentechnik–frei". Die ARGE und das von ihr entwickelte Kennzeichnungs- und Kontrollsystem gelten als Vorreiter in Europa. Aber auch Fair-Trade-Produkte sind selbstverständlich im Lebensmittelhandel.

Da die Plastiksackerl-Diskussion (auf Deutsch: Diskussion um den Einsatz von Plastiktüten im Handel) nunmehr auf EU-Ebene aufschlägt, sei hier nur erwähnt, dass viele Betriebe im Lebensmittelhandel Tragetaschen nur noch aus Papier oder Recyclingplastik oder Mehrwegtaschen anbieten. Es soll jedoch nicht unerwähnt bleiben, dass hier in erster Linie der Kundenwunsch erfüllt wurde, denn ob – dies gilt für Österreich – der

Wegfall von Plastiksackerl ökologisch sinnvoll ist, ist mehr als umstritten: einerseits, da bei der Produktion von Plastiktüten weniger Ressourcen verbraucht werden als bspw. bei Papier- oder Baumwolltaschen, und andererseits, da eine gewisse Menge von Plastik für die thermische Verwertung von Restmüll notwendig ist. Durch die mittlerweile sehr geringe Menge von Plastiktaschen im Restmüll muss oftmals schon Erdöl für die Verbrennung des Restmülls eingesetzt werden. Interessant wäre zudem die Antwort auf die Frage, warum Konsumenten, die ein Verbot von Plastiktragetaschen im Handel fordern, nicht eigene Einkaufstaschen, wie es im ländlichen Raum noch üblich ist, verwenden. Und warum diejenigen Konsumenten, die für die Abschaffung der sog. Knotenbeutel eintreten, nicht bereit sind, für kompostierbare Beutel ein paar Cent zu investieren oder ganz darauf zu verzichten.

„Lebensmittel sind kostbar" ist eine Initiative des Ministeriums für ein lebenswertes Österreich. Inhalt ist, die Verschwendung von Lebensmitteln zu reduzieren. Denn in Österreich werden jährlich nach Angaben des Ministeriums rund 157.000 t Lebensmittel weggeworfen. In Euro pro Österreicher ausgedrückt sind das 300 € pro Jahr. In Deutschland hat das Bundesministerium für Ernährung, Landwirtschaft und Verbraucherschutz eine Studie der Universität Stuttgart veröffentlicht. Dieser Studie zufolge wandern in Deutschland etwa 11 Mio. t Lebensmittel pro Jahr in den Abfall (Bundesministerium für Ernährung, Landwirtschaft und Verbraucherschutz 2012, S. 2). Und auch hier engagiert sich der Handel, um diese Mengen zu reduzieren. So werden bspw. gemeinnützige Einrichtungen wie die Tafeln versorgt, aber auch Aktivitäten im Bereich Einkauf und Logistik werden gesetzt sowie Konsumentenaufklärung betrieben. Diese Konsumentenaufklärung ist auch wichtig, denn der oben zitierten Studie der Universität Stuttgart zufolge beträgt der Anteil der vom Handel entsorgten Lebensmittel 5 %, der Anteil der von privaten Haushalten in den Abfall wandernden Lebensmittel hingegen 61 %. Also auch hier wird der Lebensmittelhandel seiner gesellschaftlichen Verantwortung gerecht. Interessant ist jedoch, dass als Verursacher von Lebensmitteln im Abfall sehr häufig der Handel gesehen wird: einerseits, weil er angeblich nur „perfekte" Lebensmittel abnimmt, und andererseits, weil er die Konsumenten zum Kauf von nicht nötigen Waren verleitet. Das erste Argument geht ins Leere, da es Initiativen wie „Wunderlinge" gibt – Obst und Gemüse, das nicht den Hochglanzprospektprodukten entspricht und gezielt vermarktet wird. Das zweite Argument wirft wiederum die Frage nach der Eigenverantwortung des Konsumenten auf, wenn dieser trotz Aufklärungskampagnen des Handels Waren kauft, die er nicht benötigt. Hier könnte man das Engagement des Handels auch so beschreiben: Der Handel engagiert sich und gibt Geld dafür aus, dass der Kunde weniger bei ihm kauft, um damit Ressourcenschonung zu betreiben. CSR in Reinkultur?

2.4 Geschäfte

Beim Thema Lebensmittelgeschäfte geht es nicht nur um die Gestaltung der Geschäfte an sich. Hier geht es auch um die Anzahl und um das ganze Thema Nahversorgung. Österreich hat nach Norwegen die höchste Zahl an Lebensmitteleinzelhandelsgeschäften mit einer Fläche von über 400 m², nämlich 439 m² pro eine Mio. Einwohner. Deutschland verfügt hingegen nur über 325 Geschäfte, liegt aber damit noch an vierter Stelle im Nielsen-Vergleichsranking von 2010. Trotz dieser Dichte an Geschäften gibt es in Österreich mittlerweile eine Vielzahl von Gemeinden ohne Nahversorgung, Schätzungen gehen bis zu 25 %. In zahlreichen Enqueten, Studien, Schriften etc. wird die Bedeutung der Nahversorgung betont und die sozialen und ökologischen Aspekte einer guten Nahversorgung werden hervorgehoben. Dass jedoch Nahversorgung auch Geld kostet, wird gerne bei diesen Gelegenheiten und auch sonst vergessen. Das Beispiel Nahversorgung ist eines, das sehr klar das Spannungsfeld „Verantwortung – Geiz ist geil" aufzeigt. Die meisten Konsumenten wollen einen Nahversorger, doch die wenigsten sind bereit, Preise, die nach dem Prinzip der Kostenwahrheit zustande kommen, zu bezahlen. Denn der Nahversorger im Ort braucht Fläche, Personal, Betriebskosten, Ware usw. – kostengünstiger wäre es, ein paar große Geschäfte und weniger kleine zu errichten. Denn große Geschäfte brauchen in Relation weniger Personal, weniger Fläche, weniger Betriebskosten und haben eine höhere Drehung. Das heißt mit anderen Worten, dass Nahversorgung im Lebensmittelhandel nicht reich macht, aber trotzdem gibt es glücklicherweise auch in den entlegensten Regionen einen Nahversorger, mittlerweile oft in Kombination mit einer Tankstelle, was wiederum vielen nicht recht ist. Aber auch wenn jeder seinen Nahversorger möchte, direkt vor dem eigenen Wohnbereich ist er meist nicht gewünscht. Denn ein Geschäft wird beliefert, hat Kundenfrequenz und verursacht weitere Emissionen. Diese werden jedoch durch unzählige Aktivitäten reduziert. Der ökologische Standard der Geschäfte verbessert sich laufend, so gibt es mittlerweile einige, die nach Passivhausstandard errichtet sind. Energiesparende Beleuchtung und Kühlvitrinen gehören mittlerweile zum Standard. Aber auch das Thema E-Mobilität ist im Lebensmittelhandel nicht unbekannt und so verfügen bereits Hunderte Geschäfte über E-Tankstellen für Autos und Fahrräder. Der Strom, nicht nur dafür, wird in vielen Fällen bereits aus Solar- oder Fotovoltaikanlagen gewonnen.

Zum Themenbereich Geschäfte gehört ebenso das Thema Barrierefreiheit. Wobei Barrierefreiheit sich nicht nur auf Menschen mit eingeschränkter Mobilität bezieht, sondern auch auf Menschen mit Seh- oder Hörbehinderungen und andere. Ab 2016 müssen in Österreich alle öffentlich zugänglichen Gebäude barrierefrei sein – außer sie gehören der öffentlichen Hand, hier gelten weiterhin andere Regelungen und lange Übergangsfristen –, der Lebensmittelhandel hat diese Vorgaben bereits seit Längerem freiwillig erfüllt. Darüber hinaus bieten viele Lebensmittelhändler Zustellservices für Kunden an. Dies hilft nicht nur Kunden mit eingeschränkter Mobilität durch körperliche Beeinträchtigungen, sondern auch Menschen, für die der Einkauf bspw. aufgrund eines fehlenden Fahrzeugs nur schwer möglich ist. Diese Services werden weitgehend kostenfrei angeboten. Natürlich ist dies ein Kundenservice, darüber hinaus aber auch ein Engagement für diejenigen Mitbürger, die sonst nicht so einfach zu ihrem Lebensnotwendigen kämen.

Viel Engagement für Mensch und Umwelt, aber zu welchem Preis?

2.5 Preisgestaltung

Die Preisgestaltung im Lebensmittelhandel – egal ob Supermarkt, selbstständiger Kaufmann, Discounter oder Spezialmarkt – ist eines der am meisten diskutierten Themen. Der österreichische Lebensmittelhandel und auch der deutsche sind hier ständig im Fokus der Medien und Konsumentenschützer. Googelt man die Begriffe „Lebensmittel und teuer", so gibt es rund 1.350.000 deutschsprachige Ergebnisse. In den Zeitungen sind regelmäßig Berichte über zu teure Lebensmittel zu lesen, während andere Güter relativ unbehelligt bleiben. Vergessen wird dabei jedoch gerne, dass der Anteil der Ausgaben für Lebensmittel und alkoholfreie Getränke an den gesamten Haushaltsausgaben drastisch zurückgegangen ist. Waren es in den 1950er-Jahren noch mehr als 44 % des Haushaltsbudgets, das für Lebensmittel aufgewendet wurde, sind es heute nur noch rund 12,7 %, wie die Abb. 1 der Statistik Austria zeigt. Für Deutschland gilt in etwa dieselbe Entwicklung.

Aus der Abb. 1 ist deutlich abzulesen, dass die Lebensmittelpreise im Vergleich zu den Haushaltseinkommen deutlich weniger gestiegen bzw. sogar zurückgegangen sind.

Die Preisgestaltung des Lebensmitteleinzelhandels ist in Deutschland und Österreich sehr unterschiedlich. Während in Österreich der Aktionsanteil diversen Studien zufolge mit rund 30 % eher hoch ist, liegt er in Deutschland erheblich darunter bei wahrscheinlich etwa 10–12 %. Wobei die Aktionen von den Konsumenten sehr geschätzt werden, erfreuen diese jedoch andere Stakeholder weniger. Ist die Milch zu billig, beschweren sich die Vertreter der Landwirte darüber, dass ein kostbares Produkt verramscht wird. Gibt es Multipack-Aktionen (z. B. nimm 3, zahl 2), so beklagen Umwelt- und Konsumentenschützer, dass der Konsument zur Verschwendung verführt wird. Und Kundekarten sind für so

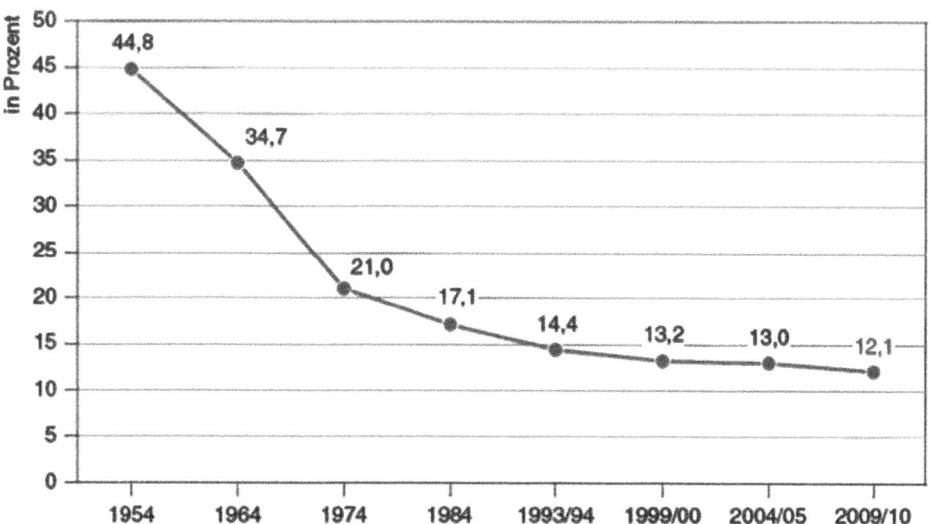

Abb. 1 Anteil von Lebensmitteln und alkoholfreien Getränken an den Verbrauchsausgaben insgesamt. (Quelle: Statistik Austria, Konsumerhebung 2009/2010)

manchen Konsumentenschützer per se ein Übel. Sollte der Handel vom Erlös gewisser Produkte einen Anteil an karitative Organisationen abführen, wird auch das kritisiert.

Eine österreichische Besonderheit sind die Preisvergleiche der Arbeiterkammer. Im Rahmen dieser Preisvergleiche werden mit wissenschaftlich wohl kaum haltbaren Methoden die Preise einiger Lebensmittel (meistens 40) zwischen Berlin und Wien oder Salzburg und Freilassing verglichen, ohne jedoch Aktionen zu berücksichtigen und ohne auch die völlig unterschiedliche Kosten-, aber auch Produktstruktur zwischen Österreich und Deutschland miteinzubeziehen. Publiziert werden dann natürlich nur die Produkte, die in Österreich teurer sind. Die vielen Produkte, die günstiger sind, werden nicht erwähnt. Aber auch in Deutschland titelte bspw. der Spiegel: „EU-Preisvergleich: Nur Alkohol ist in Deutschland richtig billig" (http://www.spiegel.de/wirtschaft/service/lebensmittel-in-deutschland-sind-teurer-als-im-eu-durchschnitt-a-907238.html).

Womit wir wieder am Anfang des Kapitels sind. Es wird ständig propagiert, dass Lebensmittel zu teuer sind. Gleichzeitig wird suggeriert, dass der Lebensmittelhandel enorme Gewinne einfährt. Dazu sei nur bemerkt, dass sich die Umsatzrendite im Lebensmittelhandel in den letzten Jahren zwischen 0,1 und 3 % bewegt hat.

Dem Konsumenten wird dadurch der Eindruck vermittelt, dass er ständig zu teuer kauft, dass es alles irgendwo noch etwas billiger gibt. Gleichzeitig wird das Image des Handels in ein Licht gerückt, dass nicht der Realität entspricht: der überteuerte, ausbeuterische Handel, die Branche, die hohe Preise verlangt, den Mitarbeitern nichts bezahlt, die Lieferanten auspresst. Dieses Image führt wieder dazu, dass der Konsument es als „geil" empfindet, möglichst wenig zu bezahlen, denn damit wischt er dem „bösen" Handel eines aus.

2.6 Resümee

Aus dem Ausgeführten ist relativ gut ersichtlich, dass es gerade im Lebensmittelhandel eine Reihe an CSR-Aktivitäten gibt und verantwortungsvolles Unternehmertum gelebter Alltag ist. Natürlich ist nicht alles im Lebensmittelhandel eitel Wonne. Aber es gibt immer und überall – egal in welcher Branche, welcher Institution und auch bei einem selbst – etwas zu verbessern.

Nur soll ein Verbesserungspotenzial nicht dafür missbraucht werden, um existierendes Gutes schlecht zu reden. Doch genau dies passiert derzeit sehr häufig, wenn Unternehmen CSR-Aktivitäten setzen, nicht nur im Lebensmittelhandel. Warum aber insbesondere beim Lebensmittelhandel die Vielzahl an gesellschaftlich verantwortlichen und notwendigen Aktivitäten häufig keine Erwähnung finden oder, wenn sie erwähnt werden, in der Kritik anderer stehen, mag möglicherweise historische Gründe haben. Der Erste, der Gewinn aus Handel verurteilte, war Aristoteles, wesentlich beeinflusst wurde aber unsere Gesellschaft durch Thomas von Aquin, der sich ebenfalls gegen den ungerechten Preis bzw. Gewinn im Handel aussprach. Da Thomas von Aquins Ideen die katholische Soziallehre wesentlich beeinflusst haben, diese gerade in Österreich und Bayern die Politik und das Denken bis in die heutige Zeit mitbestimmt, ist anzunehmen, dass dies bis heute nach wie vor auf das Bild des Handels einwirkt (Screpanti und Zamagni 2005).

Dies mag auch – neben dem Zeitgeist – einer der Gründe sein, warum gesellschaftlich verantwortungsvolle Aktivitäten von Unternehmen im Allgemeinen häufig nicht wahrgenommen oder gar wertgeschätzt werden. Wohingegen das – oftmals vermeintliche – Fehlen gesellschaftlicher Verantwortung an den Pranger gestellt wird oder CSR-Aktivitäten als notwendig oder Grund für die Gewinnerzielung gesehen werden. Womit auch dem notwendigen Unternehmensgewinn eine moralische Fragwürdigkeit unterstellt wird. Nicht hinterfragt wird jedoch die Rolle des Konsumenten. Der ist zwar der Meinung, dass es selbstverständlich sei, dass Unternehmen gesellschaftlich verantwortungsvoll agieren, jedoch nicht bereit, dies im Rahmen seines Kaufverhaltens mit zu berücksichtigen. Denn würde er dies tun, würde er seine Auswahl wohl weniger nach dem Preis, sondern vielmehr nach der Wertigkeit des Produktes und auch des Unternehmens treffen.

Gerade im Lebensmittelhandel ist es nur schwer verständlich, warum der Konsument hochwertigste Produkte verlangt, aber dann den Preis als teuer reklamiert. Am Beispiel der Eier beschrieben: Der Konsument ist froh über gentechnikfreie Eier aus zumindest Bodenhaltung. Gleichzeitig geht er aber Studien auf den Leim, die zwar Eier mit Eiern vergleichen, jedoch die Produktionsbedingungen von Eiern völlig außer Acht lassen. Vielleicht mag dies aber auch der Grund dafür sein, dass der Konsument die Nahversorgung für sich fordert, sich aber gleichzeitig darüber beschwert, dass dort manchmal Produkte etwas teurer sind als im Großmarkt.

Fakt ist, der Lebensmittelhandel bietet nicht nur hochwertige Lebensmittel an, sondern trägt mit seinem verantwortungsvollen Verhalten auf mehreren Ebenen zu einer lebenswerten Welt bei: sei es durch sichere und hochwertige Arbeitsplätze, durch Lehrlingsausbildung, durch Förderung von Biolandbau oder Gentechnikfreiheit, durch Nahversorgung in Gebäuden, die ökologisch „state of the art" und barrierefrei sind, oder durch Spenden an Hilfsorganisationen und vieles andere mehr. Dies geschieht alles in einem weit über das bereits sehr hohe gesetzliche Maß hinausgehenden Umfang.

Es ist daher dringend an der Zeit, diese CSR-Aktivitäten anzuerkennen und auch zu honorieren, und zwar dadurch, dass nicht mehr der Geiz geil ist, sondern die Eigenverantwortung von uns als Konsumenten. Denn letztendlich entscheiden wir als Konsumenten, in welcher Welt wir leben, ob es Nahversorgung, Bio und Arbeitsplätze in der Region gibt. Das Spannungsfeld zwischen „Geiz ist geil" und gesellschaftlicher Verantwortung kann nur die Gesellschaft und damit jeder Konsument für sich auflösen. Wollen wir nur die billigsten Produkte, dann müssen wir auch auf anderes verzichten. Wollen wir hingegen einen Beitrag für das Wohl der nächsten Generation leisten, dann ist es an der Zeit, Unternehmen, die hier Vorreiter sind, wie der Lebensmittelhandel, wertzuschätzen.

Literatur

Bundesministerium für Ernährung, Landwirtschaft und Verbraucherschutz: Zusammenfassung einer Studie der Universität Stuttgart (März 2012) Ermittlung der Mengen weggeworfener Lebensmittel und Hauptursachen für die Entstehung von Lebensmittelabfällen in Deutschland

http://bis.ams.or.at/qualibarometer/gender.php?id=73. Zugegriffen: 18. März 2015
http://www.bmel.de/SharedDocs/Downloads/Ernaehrung/WvL/Studie_Lebensmittelabfaelle_Faktenblatt.pdf?__blob=publicationFile. Zugegriffen: 18. März 2015
http://www.bmlfuw.gv.at/land/produktion-maerkte/tierische-produktion/tierschutz-tiergesundheit/kaefighaltungsverbot.html. Zugegriffen: 18. März 2015
http://www.donausoja.org/donau-soja. Zugegriffen: 18. März 2015
http://www.jetztfuermorgen.at/. Zugegriffen: 18. März 2015
http://www.lidl.at/de/verantwortung.htm. Zugegriffen: 18. März 2015
http://www.sora.at/fileadmin/downloads/projekte/2007_teilzeitbeschaeftigung-ooe_bericht-zusammenfassung.pdf. Zugegriffen: 18. März 2015
http://www.spar.at/de_AT/index/nachhaltigkeit/nachhaltigkeits-bericht.html. Zugegriffen: 18. März 2015
http://www.statistik.at/web_de/statistiken/soziales/verbrauchsausgaben/konsumerhebung_2009_2010/. Zugegriffen: 18. März 2015
http://www.wu.ac.at/retail/downloads/lehrveranstaltungen/konsumententrends_2010. Zugegriffen: 18. März 2015
https://unternehmen.hofer.at/de/presse/presseaussendungen/projekt-2020/donausoja/. Zugegriffen: 18. März 2015
https://www.foodwatch.org/de/informieren/bio-lebensmittel/mehr-zum-thema/zahlen-daten-fakten/. Zugegriffen: 18. März 2015
https://www.projekt2020.at/. Zugegriffen: 18. März 2015
https://www.rewe-group.at/download/PDF/Nachhaltigkeit/Lagebericht_zur_Nachhaltigkeit_2012.pdf. Zugegriffen: 18. März 2015
Nachhaltigkeits- und CSR-Berichte
Screpanti E, Zamagni S (2005) An outline of the history of economic thought, 2 Aufl. Oxford

Bettina Lorentschitsch MSc, MBA geb. 1968, verheiratet und Mutter einer Tochter, studierte zunächst an der Universität Salzburg Rechtswissenschaften. 2007 absolvierte sie an der Donau Universität Krems das MSc-Studium und am Institut für Management in Salzburg graduierte sie 2009 schließlich zum MBA. Hauptberuflich ist sie in der Firmengruppe ihrer Familie als Geschäftsführerin mehrerer Unternehmen tätig. Ihre politische Karriere startete sie als Spartenobmannstellvertreterin der Sparte Handel in Salzburg. Von Ende 2011 bis 23.06.2015 war sie Obfrau der Bundessparte Handel in der WKO. Im März 2012 wurde sie zur Vizepräsidentin des Österreichischen Wirtschaftsbundes gewählt. Seit Oktober 2015 ist sie Präsidentin der Julius Raab Stiftung. Bettina Lorentschitsch hat bereits etliche Beiträge zu den Bereichen CSR, Ethik und Nachhaltigkeit verfasst und ist außerdem Vorsitzende des Zentrums für humane Marktwirtschaft.

Sozialmärkte als innovatives Beispiel für gelebte CSR im Lebensmittelhandel

Eva Lienbacher, Alexandra Metzler und Christina Holweg

1 Einleitung

Das Corporate-Social-Responsibility-(CSR-)Konzept ist von hoher Relevanz für den Lebensmittelhandel. Der Sektor hat starken Einfluss auf die Wirtschaft, die Umwelt und die Gesellschaft als Ganzes, da er dem Grundbedürfnis des Menschen nach Nahrung nachkommt und stark von natürlichen, humanen und physischen Ressourcen abhängig ist (Brashear et al. 2008; Hartmann 2011). Kenntnisse über einen nachhaltigen Umgang mit Lebensmitteln und gesunder Ernährung sind prinzipiell in wohlhabenden Ländern gesellschaftlich verankert; Unterschiede in der Esskultur bestehen allerdings aufgrund der engen Wechselwirkung von sozioökonomischen Rahmenbedingungen (Hirschfelder 2007, S. 157 ff.). Die Entscheidung darüber, was wir essen, hängt weitgehend von dem verfügbaren Einkommen, der Verfügbarkeit von Waren, dem Bildungsstand, den Kochkünsten, der Zeit sowie der eigenen Kultur und der Einstellung ab (EUFIC 2005). Im Jahr 2012 wurden 14,6 % der Haushaltsausgaben von Privatpersonen in der Europäischen Union, das entspricht 1000 Mrd. €, für Lebensmittel und Getränke ausgegeben. Diese Produkte stellen somit die zweitgrößte Ausgabenposition nach Aufwendungen für Wohn-, Wasser- und Energiebedarf dar (FoodDrink Europe 2014, S. 11). Die aktuelle Relevanz

E. Lienbacher (✉) · A. Metzler · C. Holweg
Institut für Handel und Marketing (H&M), WU (Wirtschaftsuniversität Wien),
Welthandelsplatz 1, 1020 Wien, Österreich
E-Mail: Eva.Lienbacher@wu.ac.at

A. Metzler
E-Mail: alexandra.metzler@wu.ac.at

C. Holweg
E-Mail: Christina.Holweg@wu.ac.at

© Springer-Verlag Berlin Heidelberg 2016
C. Willers (Hrsg.), *CSR und Lebensmittelwirtschaft,* Management-Reihe Corporate Social Responsibility, DOI 10.1007/978-3-662-47016-9_23

von CSR im Lebensmittelhandel zeigt sich in der Praxis auch anhand vermehrter Medienberichte und verstärkter CSR-Kommunikation von Akteuren der Food Value Chain, in der Forschung an einer stetig steigenden Anzahl an Publikationen zum Themenbereich (Jones et al. 2008; Lee et al. 2009; Lienbacher 2013). Der vorliegende Beitrag beschäftigt sich in diesem Zusammenhang mit Sozialmärkten, einer verhältnismäßig jungen Erscheinungsform des Lebensmitteleinzelhandels. Sozialmärkte bieten finanziell schwachen Personen ein begrenztes Sortiment zu stark reduzierten Preisen. Dieses erhalten sie überwiegend kostenfrei von Handels- und Industrieunternehmen. Die Weitergabe von noch verzehrbaren Lebensmitteln anstelle ihrer Entsorgung ist eine innovative Möglichkeit zur Abfallreduktion. In anderen Worten agieren Sozialmärkte nach dem CSR-Gedanken ökonomisch sowie ökologisch verantwortlich. Da sich das Angebot von Sozialmärkten exklusiv an finanziell schwache Personen richtet, ist auch die CSR-Komponente Verantwortung gegenüber der Gesellschaft erfüllt (Lienbacher 2013; Schneider 2013, S. 759 ff.). Unsere bisherigen Studien zeigen, dass Sozialmärkte, neben u. a. Essensausgabestellen wie Tafeln, in vielen europäischen Ländern Teil von Wertschöpfungsketten der Lebensmittelwirtschaft sind. Sie treten mit unterschiedlichen Namensbezeichnungen auf, im zugrunde liegenden Unternehmenskonzept bestehen aber nur geringe Unterschiede (Holweg und Lienbacher 2016). Zielsetzung des vorliegenden Beitrages ist es, die Entstehung und Erscheinungsform sowie den CSR-Beitrag von Sozialmärkten in Europa auf Basis bisheriger Forschungstätigkeit aus Perspektive der Handelswissenschaft herauszuarbeiten. Hierzu werden im nächsten Kapitel kompakt wirtschaftliche und gesellschaftliche Entwicklungen, die zur Entstehung von Sozialmärkten geführt haben, skizziert, die konstituierenden Merkmale von Sozialmärkten aus Perspektive der Handelswissenschaft beschrieben und Kooperationen sowie Interessengruppen entlang der Food Value Chain dargelegt. Im Anschluss daran wird der CSR-Beitrag von Sozialmärkten im Detail beschrieben. Abschließend erfolgen eine zusammenfassende Darstellung sowie eine kritische Reflexion.

2 Dynamik im Handel und Entstehung von Sozialmärkten

2.1 Impulse für die Entstehung von Sozialmärkten

Die Entstehung von Sozialmärkten in Europa kann an unterschiedlichen Entwicklungen der letzten Jahrzehnte festgemacht werden (Lienbacher 2013, S. 90 ff.). Zunächst ist hervorzuheben, dass sich ein grundlegender Wandel in unserer Esskultur sowie im Konsum von Nahrungsmitteln vollzogen hat. Die nachfolgenden Ereignisse veränderten Art, Beschaffenheit sowie den Vertrieb von Lebensmitteln bereits im 19. Jahrhundert: i) Wachstum der Städte und Märkte, ii) Intensivierung und Rationalisierung der Landwirtschaft, iii) Entdeckung der Konservierungs- und Kühlungstechnik, iv) Erkenntnisse der Biologie und Chemie, v) Industrialisierung der Nahrungsmittelproduktion sowie vi) höhere Realeinkommen und billigere Preise (Chaloupek et al. 2012; Liebmann et al. 2008; Philipps 2008, S. 36). Im 20. Jahrhundert, als die ersten Sozialmärkte in Europa entstanden sind, spricht man von einer Wende vom *Versorgungskonsum* zum *Erlebniskonsum* (Haupt 2003; Popp et al. 2010). Der Konsum stagnierte zwar zum Teil, bspw. während der beiden Weltkriege, insgesamt zeichnete sich aber ein Zeitalter des Massenkonsums ab (Haupt 2003). In wohlhabenden Ländern besteht im 21. Jahrhundert ein Überfluss beziehungsweise fast schon Überangebot an Nahrung (Hirschfelder 2005; Keller 1998; Montanari 1993). Die industrielle Bearbeitung von Nahrungsmitteln ist zwar historisch gesehen eine Erfolgsgeschichte – die heutige Ernährungsweise ist deutlich gesünder als noch vor der Jahrhundertwende –, damit einher gehen aber auch ein Verknappungsproblem der natürlichen Ressourcen unseres Planeten sowie die Entwicklung von Lebensmittelskandalen (Bovensiepen und Zentes 2010; Philipps 2008; Spiekermann 1994; Zentes et al. 2010). Im Zusammenhang mit Sozialmärkten ist an dieser Stelle v. a. das Wegwerfen von zum Zeitpunkt der Entsorgung noch zum Verzehr geeigneten Lebensmitteln zu nennen (Europäische Kommission 2010; Holweg und Lienbacher 2011; Lienbacher 2013; Schneider 2013; Keller 1998; Lebersorger und Schneider 2014a). In der Europäischen Union fällt auf Jahresbasis über 100 Mio. t Lebensmittelabfall an (Europäische Kommission 2015). Dabei wird Lebensmittelabfall beziehungsweise *Food Waste* in der Europäischen Union wie folgt definiert: „*Food waste is composed of raw or cooked food materials and includes food loss before, during or after meal preparation in the household, as well as food discarded in the process of manufacturing, distribution, retail and food service activities*" (Europäische Kommission 2010, S. 9). So wandern bspw. allein in Österreich jedes Jahr rund 157.000 t Lebensmittel aus privaten Haushalten in den Müll, was einem Wert von rund 1 Mrd. € beziehungsweise 6,2 % der jährlichen Verbrauchsausgaben für Ernährung und alkoholfreie Getränke entspricht (Lebersorger und Schneider 2014b, S. 1). Schweizer Haushalte werfen 117 kg Lebensmittel mit einem Wert zwischen 500–1000 Franken pro Jahr und Kopf weg (WWF 2012, S. 4). Medienbeiträge, wie bspw. der sozialkritische Kinofilm *Taste the Waste* sowie das Buch *Die Essensvernichter* (Kreutzberger und Thurn 2011), erhöhen den Druck auf Unternehmen entlang der Food Value Chain, verantwortlich zu handeln. Auch die Tatsache, dass die Schere zwischen Arm und Reich in der Europäischen Union immer weiter auseinandergeht, unterstützt die Entstehung von Sozialmärkten. Diese Ungleichheit zeigt sich darin, dass die reichsten 20 % der Bevölkerung innerhalb der Europäischen Union rund fünf mal mehr Einkommen zur Verfügung haben, als die ärmsten 20 % (Europäische Kommission 2014). Im Jahr 2014 waren 10,2 % der Bürgerinnen und Bürger der Europäischen Union von Arbeitslosigkeit betroffen (Eurostat 2015a). Im selben Jahr wurden 24,5 % als armuts- und ausgrenzungsgefährdet angeführt. Dabei sind Frauen, junge Erwachsene, Arbeitslose und Personen mit niedrigerem Bildungsstandard häufiger betroffen (Eurostat 2015b, S. 138 ff.). Finanziell schwache Personen geben einen größeren Teil ihres Einkommens für Lebensmittel aus als einkommensstärkere Menschen. Folglich trifft ein Wirtschaftssystem mit hohen Lebensmittelpreisen einkommensschwächere Personen stärker (Sloman und Wride 2009, S. 89). Betrachtet man bspw. den österreichischen Markt mit dem fünfthöchsten Preisniveau für Nahrungsmittel in Europa nach Norwegen, der Schweiz, Dänemark und Schweden (Eurostat n. d.), zeigt sich, dass eine ausgewogene Ernährung für 8 % der Österreicherinnen und Österreicher aus finanziellen Gründen nicht leistbar ist. Das bedeutet, dass es für diese Personen nicht möglich ist, jeden zweiten Tag Fleisch, Fisch oder eine gleichwertige vegetarische Speise zu essen (Volkshilfe 2012,

S. 2). Nachdem nun kompakt Impulse, die zur Entstehung von Sozialmärkten maßgeblich beigetragen haben, beleuchtet wurden, widmet sich der nächste Abschnitt den konstituierenden Merkmalen von Sozialmärkten.

2.2 Konstituierende Merkmale von Sozialmärkten

Grundsätzlich entstehen seit den 1950er-Jahren Betriebstypen oder, in anderen Worten, Erscheinungsformen des Handels mit einer karitativen Zielsetzung im Kerngeschäft. Dazu zählen bspw. Weltläden als Fachgeschäfte des fairen Handels, Charity Shops oder seit Ende der 1980er-Jahre Sozialmärkte (Holweg und Lienbacher 2016; Horne 2000; Weltläden 2015). All diese Betriebstypen des Einzelhandels können auch dem alternativen Handel zugeordnet werden (Hughes 2005, S. 497). Die Definition von Betriebstypen des Handels über die Beschreibung von konstituierenden Merkmalen hat in der Handelsforschung lange Tradition (Toporowski und Zielke 2007, S. 29). Jene Handelsbetriebe, welche sich anhand von Merkmalen, wie bspw. dem Standort, dem Sortiment oder dem Bediensystem, stark ähneln, werden zu einer Gruppe zusammengefasst und als Betriebstyp bezeichnet (Müller-Hagedorn 1995, S. 238). An dieser Stelle werden nochmals auf Basis bisheriger Forschungstätigkeit in Anlehnung an Müller-Hagedorn (1995) die konstituierenden Merkmale von Sozialmärkten beschrieben (Lienbacher und Holweg 2011; Lienbacher 2013):

- Sortimentspolitik und -herkunft: Der Sortimentsinhalt von Sozialmärkten besteht schwerpunktmäßig aus sogenannten Food-Warengruppen, zum Teil werden auch Non-Food-Artikel angeboten. Insgesamt ist das Sortiment durch eine geringe Sortimentsbreite und -tiefe gekennzeichnet, da es sich auf das überwiegend kostenfrei von Handels- und Industrieunternehmen zur Verfügung gestellte Angebot beschränkt. Gründe dafür sind u. a., dass die Ware aufgrund kleinerer Mängel oder Überschussproduktion nicht mehr im regulären Handel verkäuflich, aber dennoch zum Verzehr geeignet ist. Zusätzlich erhalten manche Sozialmärkte Warenspenden von u. a. Privatpersonen, Landwirtschaften oder Non-Profit-Organisationen. Einige Sozialmärkte gehen auch dazu über, Obst und Gemüse selbst anzubauen.
- Preispolitik: Preise in Sozialmärkten sind im Vergleich zu anderen Einkaufsstätten um 50 % bis 80 % reduziert. Zum Teil werden Waren kostenfrei an Kundinnen und Kunden weitergegeben.
- Art des Kundinnen- und Kundenkreises: Sozialmärkte bedienen ausschließlich finanziell schwache Personen. Der Zugang zum Markt wird meist mit Berechtigungskarten kontrolliert. Die Kriterien, ab wann eine Person beziehungsweise ein Haushalt als finanziell schwach gilt, variieren nach Sozialmarkt und Land, wobei häufig eine Anlehnung an die Armutsgefährdungsschwelle der Europäischen Union vorgenommen wird.

Sozialmärkte sind unserer Recherche zufolge, wie bereits erwähnt, verhältnismäßig junge Betriebstypen des Lebensmittelhandels und sehr häufig in Form eines gemeinnützigen

Vereins organisiert. Sie verfolgen die Zielsetzung der Gewinnorientierung (Lienbacher und Holweg 2011). Diese steht nicht im Widerspruch zum Prinzip der gemeinnützigen Orientierung im Sinne einer Non-Profit-Organisation. Nach Hansmann (1980) können Non-Profit-Organisationen Einkünfte aus wirtschaftlichen Aktivitäten generieren, sofern sie diese reinvestieren (Powell und Steinberg 2006). Da die überwiegende wirtschaftliche Tätigkeit von Sozialmärkten dem Handel im funktionellen Sinn zuzuordnen ist (Katalog E 2006, S. 19), können sie aus handelswissenschaftlicher Perspektive als Handelsbetriebe beziehungsweise Betriebstypen des Handels bezeichnet werden. Neben stationären Sozialmärkten existieren in einigen europäischen Ländern auch mobile. Diese werden v. a. in ländlichen Regionen, in denen ein stationärer Sozialmarkt unwirtschaftlich wäre, als Ergänzung eingesetzt. In Österreich findet bspw. der Verkauf durch mobile Sozialmärkte an vorab definierten Standorten und Wochentagen statt. Dabei werden die Waren direkt aus einem Kleinlastwagen mit entsprechenden Kühlmöglichkeiten angeboten. Der Vorteil liegt in der hohen Kosteneffizienz. So kann zum Teil auf Mitarbeiterinnen und Mitarbeiter der stationären Sozialmärkte zurückgegriffen werden. Die Erhaltung eines mobilen Fahrzeuges stellt eine geringere Ressourcenbelastung dar, als das Betreiben eines Geschäftslokals. So führt das oberösterreichische Rote Kreuz einen stationären Sozialmarkt in Leonding und betreibt zusätzlich einen mobilen Sozialmarkt (Mobisom) für den Raum Linz-Land, um Menschen mit geringem Einkommen und weniger Mobilität einen Zugang zu vergünstigten Waren zu ermöglichen (Rotes Kreuz 2015). Die bisherigen Ausführungen illustrieren, dass Sozialmärkte zur Umsetzung ihrer Geschäftsidee wesentlich auf die Kooperation mit anderen Akteuren angewiesen sind. Im nächsten Kapitel werden daher Kooperationen und Partner von Sozialmärkten beleuchtet. Dazu zählen Akteure in der Food Supply Chain sowie Interessengruppen, wie bspw. andere Non-Profit-Organisationen.

2.3 Kooperationspartner und Interessengruppen von Sozialmärkten entlang der Food Value Chain

Als primäre Kooperationspartner von Sozialmärkten gelten Unternehmen entlang der Food Value Chain, ohne deren monetäre und nichtmonetäre Zuwendungen das Sozialmarktkonzept nicht realisiert werden könnte (siehe Tab. 1). Sozialmärkte beziehen demnach ihr Sortiment grundsätzlich auf allen Ebenen der Food Value Chain. Dazu zählen Akteure der *landwirtschaftlichen Produktion, Industrieunternehmen, Groß- und Einzelhandelsunternehmen* sowie *Gastronomieunternehmen*. Die Gründe für eine Kooperation aus Perspektive der Akteure der Food Value Chain reichen von reduzierten Transport- und/oder Entsorgungskosten bis hin zu einer sozialen Motivation. Auch private Haushalte unterstützen Sozialmärkte mit Food- und Non-Food-Artikeln, allerdings handelt es sich in diesem Fall meist um Spenden von Nahrungsmitteln, die auch noch im regulären Handel verkäuflich wären. Tabelle 1 zeigt potenzielle Kooperationspartner entlang der Food Value Chain, wobei aktuell Unternehmen des Lebensmittelgroß- und Einzelhandels und

Tab. 1 Gründe für eine Kooperation zwischen Sozialmärkten und Akteuren der Food Value Chain

Primäre Kooperationspartner von Sozialmärkten der Food Value Chain	Gründe für eine Kooperation aus Perspektive von …	
	… Sozialmarktkooperationspartnern	… Sozialmärkten
Landwirtschaft	Keine bzw. reduzierte Transport-, Personal- und Entsorgungskosten; CSR Aktivität	Monetäre und/oder nichtmonetäre Unterstützung (Waren, Dienstleistungen etc.)
Industrie		
Lebensmittelgroß- und Einzelhandel		
Gastronomie		
Private Haushalte	Prosoziale Motivation	Monetäre und/oder nichtmonetäre Unterstützung (Waren, Dienstleistungen etc.)

Industrieunternehmen über die Weitergabe von noch verzehrbaren Lebensmitteln am intensivsten mit Sozialmärkten kooperieren.

Zu weiteren Kooperationspartnern von Sozialmärkten zählen Organisationen und Interessengruppen aus unterschiedlichsten Sektoren und Geschäftsbereichen (siehe Tab. 2). Diese Interessengruppen stellen mögliche Partner dar, die Sozialmärkten in verschiedener Form als Ressource dienen können. Dazu gehören *Dachverbände*, die in zahlreichen europäischen Ländern aus dem Zusammenschluss von Sozialmärkten entstanden sind. Exemplarisch kann der französische Dachverband A.N.D.E.S., gegründet im Jahr 2000, genannt werden, dem rund 260 Sozialmärkte angehören. Zu den Hauptaufgaben von A.N.D.E.S. zählen nach eigenen Angaben (A.N.D.E.S. 2015): i) Unterstützung bei der Eröffnung von Sozialmärkten, ii) Professionalisierung des Sozialmarktnetzwerkes (bspw. IT-Unterstützung in Form von standardisierten Softwarelösungen, Weiterbildungsmaßnahmen für das Personal bzw. ehrenamtliche Mitarbeiterinnen und Mitarbeiter) und iii) Entwicklung von Supply-Chain-Lösungen (bspw. Anmietung von Zwischenlägern, Weiterverteilung von Waren). Die Zugehörigkeit zu einer national oder international agierenden *Trägerorganisation* gilt als weitere Kooperationsoption, unabhängig von der Mitgliedschaft eines Sozialmarktes bei einem Dachverband. So entstehen viele Sozialmärkte als Spin-off von Non-Profit-Organisationen, wie bspw. dem Roten Kreuz oder der Caritas. Exemplarisch seien der Sozialmarkt CarLa in Österreich oder der *Épicerie sociale* in Belgien genannt (Caritas 2015; Redcross 2015). Sozialmärkte können auch als Abspaltung von anderen Akteuren der Food Value Chain entstehen, wie der Sozialmarkt *Community Shop* in England. Dieser eröffnete als Spin-off des Unternehmens *Company Shop,* das sich auf die professionelle Verwertung von Restposten und Fabrikverkäufen spezialisiert hat (Community Shop 2015a, b). Vorteile aus der Kooperation mit Trägerorganisationen sind u. a. die gemeinsame Nutzung von Ressourcen (bspw. ehrenamtliche Mitarbeiterinnen und Mitarbeiter, Kommunikation) oder Wissenstransfer zum Umgang mit der Zielgruppe finanziell benachteiligter Personen. Unabhängig von der Option der Mitgliedschaft bei einem Dachverband oder einem Trägerverein agieren viele Sozialmärkte völlig autonom (Tab. 2).

Tab. 2 Gründe für eine Kooperation zwischen Sozialmärkten und deren Interessengruppen

Interessengruppen von Sozialmärkten	Gründe für eine Kooperation aus Perspektive von …	
	Sozialmarktinteressengruppen	… Sozialmärkten
Dachverbände	Bestandteil der Unternehmensmission	Überwiegend nichtmonetäre Unterstützung (Wissenstransfer, Waren etc.)
Trägerorganisationen	Bestandteil der Unternehmensmission	Monetäre und/oder nichtmonetäre Unterstützung (Zurverfügungstellen von ehrenamtlichen Mitarbeiterinnen und Mitarbeitern, Wissenstransfer, Waren etc.)
Mitarbeiterinnen und Mitarbeiter von Sozialmärkten (Ehrenamtliche, Personen in Reintegrationsprogrammen etc.)	Prosoziale Motivation; soziale Integration; häufig bessere Konditionen zum Einkauf im Sozialmarkt; Reintegration in die Arbeitswelt	Überwiegend nichtmonetäre Unterstützung (eigene Arbeitskraft etc.)
Non-Profit-Organisationen und sozialstaatliche Einrichtungen	Bestandteil der Unternehmensmission; CSR-Aktivität	Monetäre und/oder nichtmonetäre Unterstützung (Wissenstransfer, Waren etc.)
Interessenverbände	Vernetzungspotenzial; CSR-Aktivität	Monetäre und/oder nichtmonetäre Unterstützung (Wissenstransfer etc.)
Kundinnen und Kunden von Sozialmärkten	Günstige Waren; Weiterbildungsangebote (Koch- und Sprachkurse etc.); soziale Integration	Bestandteil der Unternehmensmission

Eine weitere wichtige Ressource für Sozialmärkte stellen ehrenamtliche *Mitarbeiterinnen und Mitarbeiter* dar, die sich aus Privatpersonen, Praktikantinnen und Praktikanten oder Zivildienern zusammensetzen. Deren unentgeltliche Arbeitsleistung trägt wesentlich zum kostendeckenden Wirtschaften für Sozialmärkte bei, denn die wenigen angestellten Mitarbeiterinnen und Mitarbeiter stehen überwiegend kostenbedingt nur in einem Teilzeitbeschäftigungsverhältnis (Holweg und Lienbacher 2016). Die Gründe für ein ehrenamtliches Engagement in einem Sozialmarkt sind vielfältig. Neben der prosozialen Motivation ist auch die soziale Integration in ein Team anzuführen, sowie die häufig noch besseren Konditionen beim Einkauf, die für Kundinnen und Kunden des Sozialmarktes gelten, die auch ehrenamtlich im Markt tätig sind. An dieser Stelle ist auch die Reintegration von Langzeitarbeitslosen in die Arbeitswelt zu nennen, die häufig von Sozialmärkten aktiv gefördert wird. Ebenfalls wichtige Kooperationspartner von Sozialmärkten stellen *Non-Profit-Organisationen und sozialstaatliche Einrichtungen* dar. Dazu zählen bspw. Sozialämter, in denen auf die Möglichkeit des vergünstigten Zugangs zu Lebensmitteln hingewiesen wird. In Luxemburg werden die Berechtigungsausweise direkt von Sozialämtern ausgestellt, dies nimmt Sozialmärkten administrative Arbeit ab. Zusätzlich erhalten Sozialmärkte auch auf monetärer Ebene, vorrangig von sozialstaatlichen Einrichtungen, Unterstützung (Mietnachlass, Steuerbegünstigungen, Weiterbildungskurse etc.). *Interessenverbände* können Sozialmärkten als eine weitere Ressource dienen. Erwähnenswert ist in diesem Zusammenhang Efficient Consumer Response (ECR), eine weltweit tätige Plattform von Unternehmen aus Industrie, Handel und Dienstleistungsunternehmen der Konsumgüterindustrie. In einer Arbeitsgruppe zum Thema soziale Nachhaltigkeit wurde in Österreich unter Mitwirkung von Vertreterinnen und Vertretern aus Industrie, Handel, Non-Profit-Organisationen, Forschung und staatlichen Einrichtungen u. a. der erste Leitfaden für die Weitergabe von Lebensmitteln an soziale Einrichtungen erarbeitet (ECR Austria 2015; Schneider 2015). Abschließend ist die Interessengruppe der *Kundinnen und Kunden* von Sozialmärkten anzuführen, die sich aus finanziell schwachen Personen zusammensetzt. Je nach Warenangebot und Ressourcenzugang bieten Sozialmärkte ihrer Zielgruppe neben dem herkömmlichen Warenangebot auch Dienstleistungen wie Kochkurse oder Sprachkurse an, die die soziale Integration fördern.

Diese Vielzahl an Kooperationspartnern und Interessengruppen illustriert das große Potenzial für Sozialmärkte. Der Aufbau und die Pflege von funktionierenden Kooperationen und Partnerschaften stellen einen wichtigen Teil der Geschäftstätigkeit der Sozialmärkte dar. Dennoch werden sie von den Betreibern von Sozialmärkten aufgrund der beschränkten Personalkapazität oftmals als Herausforderung erachtet. Auch eine weitere Vernetzung von Sozialmärkten untereinander wird vor dem Hintergrund von Synergieeffekten, Waren- und Informationsaustausch, Stärkung des Gemeinschaftsgefühls, Kostenreduzierung, Professionalisierung, gemeinsame Ressourcennutzung und einer möglichen Unterstützung auf EU-Ebene als sinnvoll bewertet (Holweg und Lienbacher 2016; Metzler 2015, S. 65). Im nachfolgenden Abschnitt wird auf die Struktur von Sozialmärkten sowie ihren Beitrag im CSR-Kontext eingegangen.

3 Der CSR-Beitrag von Sozialmärkten

Den konkreten CSR-Beitrag von Sozialmärkten in Europa zu quantifizieren ist schwierig. So verfügen u. a. die wenigsten Sozialmärkte über ein elektronisches Warenwirtschaftssystem, d. h., eine detaillierte Mengenerfassung nach Art und Umfang der zur Verfügung gestellten Waren ist kaum möglich (Schneider 2013, S. 759; Lienbacher 2013). In Österreich bspw. arbeiteten im Jahr 2013 lediglich 11,1 % der Sozialmärkte mit einer Software zur Erfassung der Warenbestände. Die Dokumentation über Warenspenden erfolgt überwiegend in handschriftlicher Form mithilfe eines Wareneingangsbuchs (Metzler 2015, S. 58). Zudem führen nicht alle Sozialmärkte Aufzeichnungen zur Kundinnen- und Kundenfrequenz. Dennoch lässt sich der ökologische, ökonomische und soziale Beitrag wie folgt zuordnen:

- Ökologischer Beitrag von Sozialmärkten

Die sinnvolle Weiterverwendung noch genusstauglicher Lebensmittel wird vonseiten der Abfallwirtschaft als wesentlicher ökologischer Beitrag von Sozialmärkten erachtet. So belegt eine umfassende empirische Erhebung von Lebersorger und Schneider (2014b), dass jährlich rund 74.000 t an Lebensmitteln vom Einzelhandel in Österreich entsorgt werden. Rund 7 % davon werden für karitative Zwecke weitergegeben, wobei Sozialmärkte als Hauptabnehmer gelten. Die Mengen von verwertbaren Lebensmitteln variieren stark je nach Warengruppe. Dies illustriert eine Fallstudie eines Wiener Sozialmarktes (Schneider 2013, S. 759; Meissner et al. 2010, S. 12): Insgesamt wurden von einem Sozialmarkt 571 t an Lebensmitteln innerhalb eines Jahres bewegt. Die Warengruppen mit den größten Mengen waren dabei Gemüse (108 t), gefolgt von Brot (101 t), Früchten (70 t), Softdrinks (57 t) und Molkereiprodukten (53 t). Die Reduzierung des in dieser Studie geschätzten CO_2-Ausstoßes beläuft sich auf 202 t.

- Ökonomischer Beitrag von Sozialmärkten

Für Handels- und Industrieunternehmen liegt der ökonomische Vorteil einer Kooperation mit Sozialmärkten vorrangig in der Verringerung von Entsorgungskosten. Die Höhe der Kosteneinsparung hängt dabei von den Konditionen mit Entsorgungsunternehmen ab und ist bis dato nicht quantifiziert. Von Unternehmensseite werden darüber hinaus auch Einsparungen bei Personalkosten genannt, da bei Lebensmitteln, die weitergegeben werden, Arbeitsschritte zur Müllentsorgung wie die Trennung in Restmüll, Biomüll und Verpackung entfallen (Gruber et al. 2014; Holweg et al. 2016). Für Kundinnen und Kunden führt der Einkauf in einem Sozialmarkt zur Entlastung des Haushaltsbudgets, was bis zu einer Kaufkraftverdopplung führen kann (Marin 2011) und den Kauf von weiteren Produkten zur Ergänzung des Lebensmitteleinkaufs ermöglicht (Schneider 2013, S. 760).

- Sozialer Beitrag von Sozialmärkten

Sozialmärkte können durch den Erhalt von kostenfreien Waren und den Verkauf dieser zu einem symbolischen Preis einen Gewinn erzielen. Dieser wird in der Regel in zusätzliche soziale Projekte reinvestiert. Ein weiterer sozialer Beitrag entsteht durch den kostengünstigeren Einkauf, der – wie erläutert – das Haushaltsbudget von finanziell schwachen Konsumentinnen und Konsumenten entlastet und die Möglichkeit schafft, mit diesen Mitteln Ausgaben in bspw. Bildung oder kulturelle Aktivitäten zu tätigen. Neben der Weitergabe von Waren des täglichen Bedarfes bieten manche Sozialmärkte auch Weiterbildungsmaßnahmen für Kundinnen und Kunden an (Kochkurs, Sprachkurs, Budgetmanagement etc.). Vor allem in französischen Sozialmärkten ist dieses erweiterte soziale Angebot sehr verbreitet. Programme zur Reintegration von Langzeitarbeitslosen, die von Sozialmärkten in den meisten Ländern angeboten werden, sind weitere soziale Beiträge (Holweg und Lienbacher 2016; Schneider 2013, S. 760). Weiter anzuführen ist die moralische Entlastung von Mitarbeiterinnen und Mitarbeitern in herkömmlichen Handelsunternehmen, die mit der Weitergabe von Lebensmitteln einhergeht (Gruber et al. 2016).

Die Relevanz der CSR-Aktivitäten von Sozialmärkten wird besonders deutlich, wenn man sich die Entwicklung der Sozialmärkte in Europa vor Augen führt. Sozialmärkte existieren bereits in zahlreichen europäischen Ländern und werden gesamt auf über 1000 Sozialmärkte im Jahr 2013 geschätzt. Voran Frankreich mit der höchsten Dichte von rund 800 Märkten, gefolgt von Österreich mit über 80 Sozialmärkten. Laut unserer Recherche eröffnete der erste Sozialmarkt beziehungsweise *Épicerie sociale* in Frankreich im Jahr 1988 und bestätigt damit das Bestehen von Sozialmärkten seit über 25 Jahren. In Belgien erfolgte die erste Eröffnung eines Sozialmarktes 1989, 1992 in der Schweiz und im Jahr 1999 in Österreich. In Rumänien, Luxemburg, Kroatien und England sind Sozialmärkte seit der Jahrtausendwende aktiv (Holweg und Lienbacher 2015). Es kann jedoch nicht ausgeschlossen werden, dass ähnliche Konzepte auch in anderen europäischen oder außereuropäischen Ländern existieren, da die Recherche aufgrund von Sprachbarrieren und unterschiedlichen Bezeichnungen von Sozialmärkten erschwert wird (Lienbacher 2013, S. 77). So operieren in Kanada vier Sozialmärkte der Organisation *Quest Food Exchange* unter der Bezeichnung *Not-for-profit Grocery Markets* (Quest 2015). Eine weitere Entwicklung zeigt sich in einer Vertikalisierung von Sozialmärkten innerhalb der Food Value Chain. Demnach hat der französische Dachverband A.N.D.E.S. im Jahr 2010 nach dem Motto *Von der Heugabel bis zur Essgabel* ein Bauerngut mit 42 Hektar Ackerfläche in der Normandie erworben, um aktiv zur Versorgungssicherheit der wichtigen Warengruppen Obst und Gemüse beizutragen. Darüber hinaus ist angedacht, selbst angebaute oder von Kooperationspartnern zur Verfügung gestellte Lebensmittel weiterzuverarbeiten (Suppen, Marmelade etc.) (A.N.D.E.S. 2015).

4 Zusammenfassung und kritische Reflexion

Der vorliegende Buchbeitrag beschreibt die wesentlichen Merkmale und die Entwicklung des relativ jungen Betriebstyps Sozialmarkt in Europa. Die mehr als 1000 Märkte in Europa, allen voran Frankreich, Österreich und Belgien, sowie das Bestehen der ersten Sozialmärkte seit über 25 Jahren belegen deren Bedeutung aus wirtschaftlicher und gesellschaftlicher Perspektive. Vor allem vor dem Hintergrund von CSR-Aktivitäten von Handel- und Industrieunternehmen können Sozialmärkte als lebendiges und innovatives Beispiel für Verantwortung und Nachhaltigkeit erachtet werden. Das Modell der Sozialmärkte mit seinem Ansatz, überschüssige Lebensmittel zu stark vergünstigten Preisen an Personen mit finanziellen Einschränkungen weiterzugeben, stellt in seiner simplen organisatorischen Form einen Beitrag zu Linderung wesentlicher sozialer, ökologischer und ökonomischer Herausforderungen in entwickelten Ländern dar. Der Erfolg des Modells sollte jedoch nicht über die Probleme hinwegtäuschen, denen die Betreiber von Sozialmärkten täglich gegenüberstehen: Dazu zählen vorrangig die Akquisition von Ware und die logistischen Herausforderungen, welche mit der kurzen Haltbarkeit der meisten Produkte einhergehen. Verbunden damit ist die Notwendigkeit der Optimierung und Standardisierung von Prozessen zwischen Unternehmen und Sozialmärkten (Holweg und Lienbacher 2010). Geringe finanzielle Mittel erschweren die Anstellung von qualifiziertem Personal und der hohe Anteil von ehrenamtlichen Mitarbeiterinnen und Mitarbeitern erhöht die Komplexität für die Betreiber. Auch müssen soziale Aufgaben mit berücksichtigt werden, denen sich das Personal von Sozialmärkten zusätzlich annimmt. Herausforderungen dieser Art tragen dazu bei, dass der Sektor der Sozialmärkte auch von Geschäftsschließungen betroffen ist.

Die gesellschaftliche Relevanz von Sozialmärkten ist darüber hinaus auch an der großen Anzahl von Interessengruppen zu erkennen, mit denen Sozialmärkte interagieren und deren Beiträge wesentlich zur erfolgreichen Umsetzung des Unternehmenskonzeptes von Sozialmärkten beitragen. Dazu zählen die Akteure entlang der Food Value Chain sowie Interessengruppen wie Dachverbände und Trägerorganisationen von Sozialmärkten ebenso wie Non-Profit-Organisationen und sozialstaatliche Einrichtungen. Für Sozialmärkte essenziell ist auch die Kernzielgruppe von finanziell stark eingeschränkten Kundinnen und Kunden. Für sie hat der Einkauf die bereits erwähnten Vorteile kostengünstiger Lebensmittel sowie anderer Serviceleistungen. Kritisch zu sehen ist, dass ein Einkauf im Sozialmarkt auch die Gefahr einer Stigmatisierung für Sozialmarktkundinnen und -kunden beinhalten kann. Dieser Aspekt wird auch in der Diskussion zu Lebensmittelmarken angeführt, die finanziell benachteiligten Personen in den Vereinigten Staaten Zugang zu vergünstigten Lebensmitteln ermöglichen (Hill und Macan 1996). Die Weitergabe von Lebensmitteln kurz vor dem Mindesthaltbarkeitsdatum kann darüber hinaus auch den Gedanken an eine Zweiklassengesellschaft aufkommen lassen (Schneider 2013).

Wenngleich das Unternehmenskonzept der Sozialmärkte und seine aktuelle Form der Umsetzung auch Nachteile aufweisen und einer gewissen Professionalisierung bedürfen, so steht im Vordergrund, dass das Konzept in seiner Einfachheit zahlreiche gesellschaftliche Probleme adressiert, die auf sehr unterschiedlichen Ebenen wie jener der Abfallwirtschaft, Armut oder der ethischen Seite liegen. Die Zukunft der Sozialmärkte und deren Erfolg werden wesentlich von der weiteren Bereitschaft zur Kooperation unter allen Beteiligten abhängen ebenso wie von der Einstellung, kreative Lösungen jenseits etablierter Strukturen zum Wohl der Gemeinschaft zu finden.

Literatur

A.N.D.E.S. (2015) Netzwerk der Sozialmärkte A.N.D.E.S. http://www.epiceries-solidaires.org/deutsch.shtml. Zugegriffen: 21. März 2015

Bovensiepen G, Zentes J (2010) Genug für alle da? Wie gehen Händler und Konsumgüter-hersteller mit Versorgungsrisiken um? Pricewaterhouse Coopers und Institut für Handel und Internationales Marketing Saarbrücken, Hechingen

Brashear TG, Asare AK, Labrecque L, Motta PC (2008) A framework for Social Responsible Retailing (SRR) business practices. FACES Rev Adm Belo Horizonte 7(2):11–28

Caritas (2015) CarLa Sozialmarkt http://www.caritas-salzburg.at/hilfe-einrichtungen/secondhand-laeden-sozialmaerkte/caritas-sozialmarkt-woergl/. Zugegriffen: 21. März 2015

Chaloupek G, Jetschgo J, Lehner D, Pammer M, Resch A, Sandgruber R, Schnedlitz P (2012) Österreichische Handelsgeschichte. Von den Anfängen bis zur Gegenwart. Styria Verlag, Linz

Community Shop (2015a) About community shop. http://community-shop.co.uk/about-community-shop.aspx. Zugegriffen: 21. März 2015

Community Shop (2015b) About company shop. http://community-shop.co.uk/about-community-shop.aspx. Zugegriffen: 21. März 2015

ECR Austria (2015) Soziale Nachhaltigkeit. http://www.ecr-austria.at/abgeschlossene-arbeitsgruppen/soziale-nachhaltigkeit. Zugegriffen: 21. März 2015

EUFIC (2005) Determinanten der Nahrungsmittelauswahl. http://www.eufic.org/article/de/expid/review-food-choice/. Zugegriffen: 1. April 2005

Europäische Kommission (2010) Preparatory study on food waste across EU 27. European Commission in association with AEA Energy & Environment and UmweltBundesamt. BIO Intelligence Service, Paris

Europäische Kommission (2014) Income distribution statistics. http://ec.europa.eu/eurostat/statistics-explained/index.php/Income_distribution_statistics#At-risk-of-poverty_rate_and_threshold. Zugegriffen: 1. März 2014

Europäische Kommission (2015) Food waste. http://ec.europa.eu/food/safety/food_waste/index_en.htm. Zugegriffen: 9. März 2015

Eurostat (n. d.) Preisniveauindex für Nahrungsmittel in Europa nach Ländern im Jahr 2013 (EU-28=100). Statista – Das Statistik-Portal. http://de.statista.com/statistik/daten/studie/218429/umfrage/preisniveau-fuer-nahrungsmittel-nach-laendern-in-der-eu-27/. Zugegriffen: 11. Juni 2015

Eurostat (2015a) Unemployment rate by sex and age groups – annual average, %. http://appsso.eurostat.ec.europa.eu/nui/show.do?dataset=une_rt_a&lang=En-US. Zugegriffen: 31. März 2015

Eurostat (2015b) Smarter, greener, more inclusive? Indicators to support the Europe 2020 strategy – 2015 edition. http://ec.europa.eu/eurostat/de/web/products-statistical-books/-/KS-EZ-14-001. Zugegriffen: 2. März 2015

FoodDrink Europe (2014) Data & trends of the European food and drink industry 2013–2014. http://www.fooddrinkeurope.eu/uploads/publications_-documents/Data__Trends_of_the_European_Food_and_Drink_Industry_2013-20141.pdf. Zugegriffen: 1. Mai 2014

Gruber V, Holweg C, Teller C (2014) Foodwaste in grocery stores. An untapped CSR potential in the retail and wholesale sector. In: University of Bremen (Hrsg) Tagungsband der Konferenz CERR (Colloquium on European Research in Retailing). University of Bremen Press, Bremen, S 87–90

Gruber V, Holweg C, Teller C (2016) What a waste! Exploring the human reality of food waste from a store manager's perspective. J Pub Pol Mark, in print

Hansmann H (1980) The role of nonprofit enterprise. Yale Law J 89:835–901

Hartmann M (2011) Corporate social responsibility in the food sector. Eur Rev Agric Econ 38(3):297–324

Haupt H-G (2003) Konsum und Handel. Europa im 19. und 20. Jahrhundert. Vandenhoeck & Ruprecht, Göttingen

Hill RP, Macan S (1996) Consumer survival on welfare with an emphasis on medicaid and the food stamp program. J Publ Policy Mark 15(1):118–127

Hirschfelder G (2005) Europäische Esskultur. Eine Geschichte der Ernährung von der Steinzeit bis heute. Campus, Frankfurt a. M.

Hirschfelder G (2007) Die kulturale Dimension gegenwärtigen Essverhaltens. Ernährung – Wiss Prax 1(4):156–161

Holweg C, Lienbacher E (2010) Social supermarkets – a new challenge in supply chain management and sustainability. Supply Chain Forum Int J 11(4):50–58

Holweg C, Lienbacher E (2011) Social marketing innovation: new thinking in retailing. J Nonprofit Publ Sect Mark 23(4):307–326

Holweg C, Lienbacher E (2016) Social supermarkets in Europe. Wien

Holweg C, Teller C, Kotzab H (2016) Unsaleable grocery products, their residual value and instore logistics. Int J Phy Distr Log Man, in print

Horne S (2000) The charity shop: purpose and change. Int J Nonprofit Volunt Sect Mark 5(2):113–124

Hughes A (2005) Geographies of exchange and circulation: alternative trading spaces. Prog Hum Geogr 29(4):421–437

Jones P, Comfort D, Hillier D (2008) Moving towards sustainable food retailing? Int J Retail Distrib Manage 36(12):995–1001

Katalog E (2006) Definitionen zu Handel und Distribution. Elektronische Fassung. 5. Ausgabe. Institut für Handelsforschung an der Universität zu Köln (IfH), Köln, Ausschuss für Definitionen zu Handel und Distribution

Keller R (1998) Müll - Die gesellschaftliche Konstruktion des Wertvollen. Die öffentliche Diskussion über Abfall in Deutschland und Frankreich. Westdeutscher Verlag GmbH, Wiesbaden

Kreutzberger S, Thurn V (2011) Die Essensvernichter. Warum die Hälfte aller Lebensmittel im Müll landet und wer dafür verantwortlich ist. Kiepenheuer & Witsch, Köln

Lebersorger S, Schneider F (2014a) Food loss rates at the food retail, influencing factors and reasons as a basis for waste prevention measures. Waste Manage 34(11):1911–1919

Lebersorger S, Schneider F (2014b) Aufkommen an Lebensmittelverderb im österreichischen Lebensmittelhandel. Endbericht im Auftrag der ECR-Arbeitsgruppe Abfallwirtschaft 2014

Lee M-Y, Fairhurst A, Wesley S (2009) Corporate social responsibility: a review of the top 100 US retailers. Corp Reput Rev 12(2):140–158

Liebmann H-P, Zentes J, Swoboda B (2008) Handelsmanagement, 2. Aufl. Vahlen, München

Lienbacher E (2013) Corporate social responsibility im Handel. Diskussion und empirische Evidenz des alternativen Betriebstyps Sozialmarkt. Gabler Verlag, Wiesbaden

Lienbacher E, Holweg C (2011) Strukturanalyse Sozialmärkte in Österreich. In: Schnedlitz P (Hrsg) Schriftenreihe Handel und Marketing, Bd 74. Eigenverlag Institut für Handel und Marketing der WU Wien, Wien

Marin B (2011) Präsentation in der ECR Arbeitsgruppe Soziale Nachhaltigkeit am 30. März 2011, Wien

Meissner M, Pladerer C, Bernhofer G (2010) Nachhaltige Produkte und Dienstleistungen. Abfallwirtschaftlicher Impakt SOMA Wiener Hilfswerk. Österreichisches Ökologie Institut, Wien

Metzler A (2015) Strukturanalyse des alternativen Betriebstyps Sozialmarkt in Österreich. Bachelorarbeit. WU, Wien

Montanari M (1993) Der Hunger und der Überfluß. Kulturgeschichte der Ernährung in Europa. C. H. Beck, München

Müller-Hagedorn L (1995) Betriebstypen im Einzelhandel. In: Tietz B et al (Hrsg) Handwörterbuch des Marketing, 2. Aufl. Schäffer-Poeschel, Stuttgart, S 238–255

Philipps A (2008) BSE, Vogelgrippe & Co. Lebensmittelskandale und Konsumentenverhalten. Eine empirische Studie. transcript Verlag, Bielefeld

Popp R, Hofbauer R, Pausch M (2010) Lebensqualität – Made in Austria. Gesellschaftliche, ökonomische und politische Rahmenbedingungen des Glücks. LIT Verlag, Wien

Powell W, Steinberg R (2006) Non-profit sector. A research handbook, 2. Aufl. Yale University Press, New Haven

Quest (2015) Not-for-profit grocery markets. http://www.questoutreach.org/food-programs/low-cost-grocery-markets/. Zugegriffen: 21. März 2015

Redcross (2015) Épicerie Sociale. http://www.redcross-forest-vorst.be/wp/nos-services/epicerie-sociale/. Zugegriffen: 21. März 2015

Rotes Kreuz (2015) Sozialmarkt – stationär und mobil für Menschen mit Mindestsicherung. http://www.roteskreuz.at/ooe/dienststellen/linz-stadtland/was-wir-tun/gesundheits-und-soziale-dienste/sozialmarkt/. Zugegriffen: 22. März 2015

Schneider F (2013) The evolution of food donation with respect to waste prevention. Waste Manage 33(3):755–763

Schneider F (2015) Leitfaden für die Weitergabe von Lebensmitteln an soziale Einrichtungen, 2. Aufl. Bundesministerium für Land- und Forstwirtschaft, Umwelt und Wasserwirtschaft, Wien

Sloman J, Wride A (2009) Economics, 7. Aufl. Financial Times Prentice Hall, Essex

Spiekermann U (1994) Abschied von der Selbstversorgung. Eine Skizze zur Geschichte der Nahrungsmittelproduktion. Polit Ökologie (Geniale Zeiten) 35:26–30

Toporowski W, Zielke S (2007) Entwicklungslinien und Zukunft der Distributions- und Handelswissenschaft. In: Schuckel M et al (Hrsg) Theoretische Fundierung und praktische Relevanz der Handelsforschung. Gabler Edition Wissenschaft, Wiesbaden, S 25–47

Volkshilfe (2012) Leere Kühlschränke – kalte Wohnungen. Hunger und Energiearmut in Österreich. https://www.volkshilfe.at/images/content/-files/armut/Factsheet-Hunger%2BEnergiearmut.pdf. Zugegriffen: 20. Nov. 2012

Weltläden (2015) Was ist das besondere an den Weltläden? http://www.weltlaeden.at/de/weltlden-und-arge-weltlden.html#x535ba6016d7fa2.9032-5516. Zugegriffen: 21. März 2015

WWF (2012) Lebensmittelverluste in der Schweiz – Ausmass und Handlungsoptionen. http://assets.wwf.ch/downloads/12_10_04_wwf_foodwaste_ch_final.pdf. Zugegriffen: 31. Okt. 2012

Zentes J, Bastian J, Lehnert F (2010) Handelsmonitor 2010. Strategien der Nachhaltigkeit: People – Planet – Profit. Deutscher Fachverlag GmbH, Frankfurt a. M.

Dr. Eva Lienbacher ist als Universitätsassistentin am Institut für Handel und Marketing (H&M) an der Wirtschaftsuniversität Wien tätig. In Forschung und Lehre beschäftigt sie sich unter anderem mit Nachhaltigkeit und CSR im Handel. Ihre Dissertation mit dem Titel „Corporate Social Responsibility im Handel. Diskussion und empirische Evidenz des alternativen Betriebstyps Sozialmarkt" wurde mit dem Wiener Preis für Handelsforschung, dem Dr. Maria Schaumayer Preis sowie dem Stephan Koren Preis ausgezeichnet. Seit dem Jahr 2008 ist sie ehrenamtlich in einem Wiener Sozialmarkt tätig.

Alexandra Metzler, BSc. ist wissenschaftliche Mitarbeiterin am Institut für Handel und Marketing (H&M) an der Wirtschaftsuniversität Wien. In ihrer Bachelorarbeit beschäftigte sie sich mit der Erscheinungsform von Sozialmärkten in Österreich im Zeitverlauf. Zusätzliche Erfahrungen zum Themenbereich konnte sie als Projektmitarbeiterin einer europaweiten Studie zu Sozialmärkten sammeln.

Dr. Christina Holweg ist Assistant Professor am Institut für Handel und Marketing (H&M) an der Wirtschaftsuniversität Wien. Sie beschäftigt sich seit dem Jahr 2010 mit dem Thema Sozialmärkte und initiierte interdisziplinäre Kooperationen mit u. a. ECR-Austria, ECR-Europe sowie zahlreichen Sozialmärkten in Europa. Ihr aktueller Forschungsschwerpunkt liegt in der Evaluierung von Ansätzen zur Vermeidung und Reduktion von Food Waste im Lebensmittelhandel. Sie ist ehrenamtlich in einem Sozialmarkt in Wien tätig.

Fairer Handel und CSR

Dieter Overath

1 Faire Verantwortung: Keine Modeerscheinung

> 20 Jahre TransFair – das bedeutet 20 Jahre unermüdliches Engagement für gerechtere Handelsbedingungen, faire Marktzugangschancen und nachhaltige Produktion. Die Fair-Trade-Bewegung zeigt, dass ein anderes Wirtschaften möglich ist.
> Klaus Töpfer, ehemaliger Direktor des Umweltprogramms der Vereinten Nationen (UNEP) und Schirmherr des Fair-Trade-Jubiläumsjahres 2012 (Extrablatt, Fairtrade Deutschland 2011).

Als die Fair-Handels-Bewegung in Deutschland in den 1970er- und 1980er-Jahren in Gang kam und 1992 schließlich auch TransFair, der „Verein zur Förderung des Fairen Handels mit der Dritten Welt" gegründet wurde, war der Begriff noch nicht in Mode gekommen. Von „CSR", sozialer Unternehmensverantwortung, sprach damals kaum jemand. Und doch tat der faire Handel von Anfang an genau das: Er ermöglichte den kleinbäuerlichen Produzenten am Ende der Lieferkette bessere und angemessene Arbeits- und Lebensbedingungen. Gleichzeitig bot der faire Handel von jeher angeschlossenen Unternehmen und Händlern hierzulande eine verlässliche Möglichkeit, sozial verantwortlich zu wirtschaften (Abb. 1).

Zunächst auf das Produkt Kaffee beschränkt, weitete sich das System des fairen Handels in den folgenden Jahren auf viele andere Lebensmittel aus, etwa Kakao, Honig, Bananen, Orangensaft und Süßwaren. Auch Produkte aus dem Non-Food-Bereich, zum Beispiel Blumen und Baumwollprodukte, gehören inzwischen zum Sortiment. Heute ist Fairtrade

---

D. Overath (✉)
TransFair e. V. (Fairtrade Deutschland), Remigiusstraße 21, 50937 Köln,
Nordrhein-Westfalen, Deutschland
E-Mail: info@fairtrade-deutschland.de

© Springer-Verlag Berlin Heidelberg 2016
C. Willers (Hrsg.), *CSR und Lebensmittelwirtschaft,* Management-Reihe Corporate Social Responsibility, DOI 10.1007/978-3-662-47016-9_24

Abb. 1 Am 7. Oktober 1992 unterschreiben Dieter Overath, Geschäftsführer von TransFair Deutschland (*rechts*) und Ingor Herbst, gepa, den ersten Lizenzvertrag. (Foto: Lutz Schmidt/Joker Verlag)

ein weltumspannendes Netzwerk mit einem unabhängig kontrollierten Produktsiegel, das auf international gültigen und konsistenten Standards beruht. Dabei wird sowohl auf die Förderung von Kleinbauern und Arbeitern in Afrika, Asien und Lateinamerika gesetzt als auch auf ressourcenschonende, nachhaltige Anbaumethoden. Der faire Handel ruht damit auf drei Säulen: den sozial verantwortlichen Arbeitsstandards einerseits, mehr Stabilität und Planungssicherheit durch Mindestpreise, die Sozialprämie für Gemeinschaftsprojekte, Vorfinanzierungsoption und Förderung langfristiger Handelsbeziehungen sowie nachhaltigen, ökologisch verantwortlichen Umweltstandards andererseits – ganz so, wie es auch das CSR-Konzept vorsieht.

1.1 Sozial verantwortliche Arbeitsstandards

> Früher kostete mich die Tagesmutter für den Kleinen fast die Hälfte meines Lohnes, bezahlbare Krippenplätze sind rar. Heute zahle ich ein Zehntel. Dabei arbeitet unsere Tagesstätte, die wir mit Premiumgeldern bauen konnten, kostenneutral. Wir planen, die Krippe auch anderen Kindern aus dem Viertel zu öffnen. Gleichzeitig schaffen wir dabei neue Jobs, die sich selbst finanzieren. Schon jetzt arbeiten hier drei Erzieherinnen.
> Pauline Gichuh Arbeiterin auf der Panda Flowers Rosenfarm, Naivasha, Kenia

Das wichtigste Prinzip des fairen Handels war von Beginn an, den Kleinbauern im Süden einen angemessenen Mindestpreis zu zahlen, der ihre Produktionskosten deckt und ihnen menschenwürdige Lebens- und Arbeitsbedingungen ermöglicht. Das wird vor allem am Beispiel Kaffee deutlich – ein Rohstoff, der viele Jahre lang auf dem Weltmarkt zu Preisen gehandelt wurde, die weit unter den Produktionskosten der Bauern lagen und viele von ihnen in den Ruin trieb. Der Fairtrade-Mindestpreis lag in dieser Zeit deutlich über dem Weltmarktpreis. Zusätzlich zahlt der faire Handel den Kooperativen eine Prämie, mit deren Hilfe soziale Projekte finanziert werden. Der faire Handel fördert möglichst direkte und langfristige Handelsbeziehungen.

Fair Trade – Fakten im Überblick

TransFair/Fairtrade Deutschland ist ein gemeinnütziger Verein, der 1992 gegründet wurde und von 32 Institutionen aus den Bereichen Entwicklungspolitik, Kirche, Verbraucherschutz, Frauen, Bildung, Umwelt und Soziales getragen wird. Darüber hinaus unterstützen die Bundesregierung, Parteien und viele engagierte Einzelpersonen den fairen Handel. Als unabhängige Initiative handelt TransFair nicht selbst mit Waren, sondern vergibt das Fairtrade-Siegel für fair gehandelte Produkte. Siegelinitiativen gibt es auch in anderen europäischen Ländern, in den USA, in Kanada, Japan und in einigen Erzeugerländern, wie etwa Kenia, Indien oder Mexiko. Sie alle sind im internationalen Dachverband Fairtrade International zusammengeschlossen. Seit 2003 gibt es ein einheitliches, internationales Fairtrade-Siegel. Hinter dem Siegel stehen die international gültigen Kriterien, die in den Fairtrade-Standards festgeschrieben sind und die vo Fairtrade International entwickelt werden. Die Zertifizierung und Kontrolle liegt bei der unabhängigen Zertifizierungsorganisation FLOCERT. Derzeit bieten in Deutschland über 300 Lizenznehmer rund 4000 Fairtrade-Produkte wie Kaffee, Tee, Schokolade, Kekse, Kakao, Honig, Bananen, Fruchtsäfte, Eistees, Wein, Sportbälle, Reis, Gewürze, Rosen und Textilien aus Fairtrade-Baumwolle an. Produkte mit dem Fairtrade-Siegel gibt es derzeit in 42.000 Geschäften. Über 20.000 gastronomische Betriebe, darunter Kantinen, Tagungshäuser, Hotels und Uni-Mensen, schenken Fair-Trade-Kaffee und -Kakao aus (Abb. 2).

Neben den Kleinbauern und Kooperativen sind die Plantagenarbeiter in den Ländern des Südens eine weitere Zielgruppe des fairen Handels. 80 % der Mitglieder von Fairtrade sind Kleinbauernkooperativen, 20 % Plantagen mit lohnabhängig Beschäftigten. Zum Beispiel Blumen (vgl. Abb. 3), Bananen, Orangen und Tee: Auf den herkömmlichen

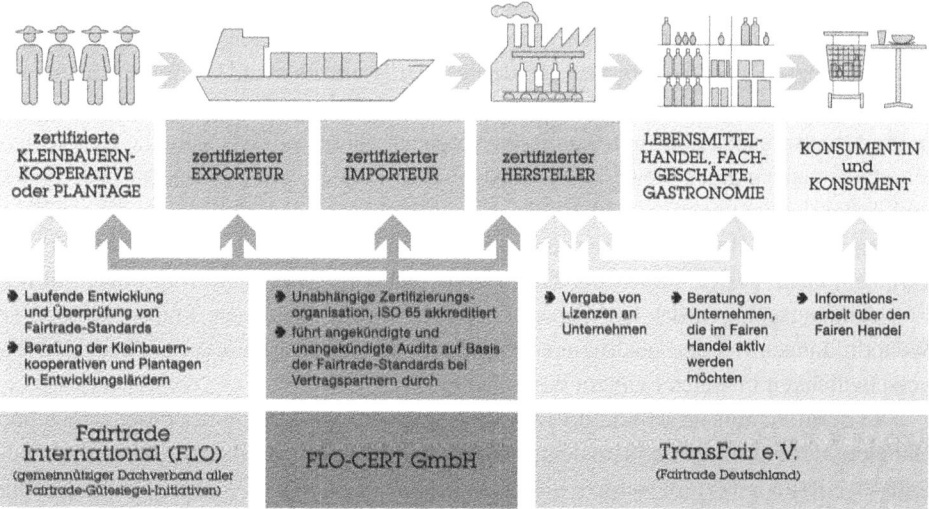

Abb. 2 „Vom Süden in den Norden: Das internationale Fairtrade-Netzwerk auf einen Blick". (TransFair 2013, S. 4)

Abb. 3 Fair Trade ermöglicht auch den Pflückerinnen und Pflückern auf der Plantage sozial verträgliche Arbeitsstandards. (Bildnachweis: TransFair. e. V.)

Plantagen in Asien, Afrika und Lateinamerika arbeiten die Beschäftigten oft unter menschenunwürdigen Bedingungen.

Der faire Handel hilft diesen Arbeiterinnen und Arbeitern, ihre Interessen durchzusetzen. Die Betriebe und Plantagen, die dem fairen Handel angeschlossen sind, verpflichten sich, soziale und ökologische Mindeststandards einzuhalten. Bei diesen Standards orientiert sich der faire Handel an internationalen Vorgaben, wie denen der internationalen Arbeitsorganisation ILO. Zu diesen Vorgaben gehört es, dass sich alle Beschäftigten einer unabhängigen Gewerkschaft anschließen können, um gemeinsam über Löhne und Arbeitsbedingungen zu verhandeln. Es gibt geregelte Arbeitszeiten und Sozialleistungen, wie zum Beispiel Mutterschutz. Ausbeuterische Zwangs- und Kinderarbeit sind verboten. Ganz gezielt fördert der faire Handel auch die Mitsprache von Frauen in den Entscheidungsgremien der Kleinbauernkooperativen und Plantagen. Frauen nehmen an Weiterbildungen teil und qualifizieren sich damit für Führungsaufgaben – keine Selbstverständlichkeit in vielen Ländern des Südens.

Die Zertifizierungsgesellschaft FLOCERT überprüft vor Ort, ob bei Produzenten und Händlern die Fairtrade-Standards eingehalten und die sozialen, ökonomischen und ökologischen Kriterien erfüllt werden. Sie kontrolliert auch, dass die Produzentenorganisationen den festgelegten Mindestpreis und die Fairtrade-Prämie ausgezahlt bekommen.

FLOCERT ist das unabhängige Zertifizierungsunternehme, das die Einhaltung der Standards überprüft. Das Unternehmen zertifiziert Produzenten, Händler und Hersteller in rund 115 Ländern nach den Fairtrade-Standards. Über 100 hochqualifizierte Inspektorinnen und Inspektoren überprüfen dabei in regelmäßigen Abständen vor Ort, ob die Fairtrade-Standards eingehalten werden.

1.2 Produktbezogene Umweltstandards

Der konventionelle Anbau von Lebensmitteln, wie etwa Bananen, ist oft mit erheblichem Wasserverbrauch und mit Einsatz von chemischem Dünger, Herbiziden und Pestiziden verbunden. Bei Fairtrade-spielen Umweltaspekte eine wichtige Rolle. Rund ein Drittel der Fairtrade-Kriterien decken ökologische Kriterien ab. So gehören der minimale Einsatz von schädlichem Dünger und Insektenbekämpfungsmittel, Abfall- und Wassermanagement, Maßnahmen gegen Bodenerosion sowie Verzicht auf Brandrodung und der weitgehende Ersatz fossiler Brennstoffe durch umweltfreundliche Energien zu den Fairtrade-Prinzipien. Der faire Handel fördert darüber hinaus die Bauern in ihrem Bemühen, auf biologischen Anbau umzustellen. Es wird umfassend beraten, für Bioprodukte wird außerdem ein höherer Preis bezahlt. Eine Biozertifizierung ist für Fairtrade-Produzentenorganisationen die wichtigste Zweitzertifizierung. Gut die Hälfte der Organisationen ist neben Fairtrade- auch biozertifiziert. In Deutschland tragen durchschnittlich zwei Drittel der verkauften Fairtrade-Lebensmittelmengen auch ein Biosiegel.

2 Nachhaltige Wirkung für ganze Regionen

Im Laufe der Zeit wurde deutlich, dass sich der faire Handel nicht nur für die einzelnen Bauern, Arbeiter und ihre Organisationen lohnt, sondern einen Entwicklungsschub für eine ganze Region auslösen kann. Das geht deutlich aus einer wissenschaftlichen Wirkungsstudie hervor, die Fairtrade Deutschland gemeinsam mit der Schweizer Max Havelaar Stiftung angesichts ihres 20-jährigen Bestehens in Auftrag gegeben hatte. Um den Beitrag des fairen Handels zur ländlichen Entwicklung und zur Reduzierung der Armut in Afrika, Asien und Lateinamerika zu untersuchen, wurden Produzentengruppen mit unterschiedlichen Produkten und Strukturen in sechs Ländern geprüft (TransFair Germany und Max Havelaar Foundation Switzerland 2012)

Das wichtigste Ergebnis: Von den sozialen Projekten, die mithilfe der Fairtrade-Prämie zum Beispiel in den Bereichen Gesundheitsvorsorge und Bildung finanziert werden, profitieren auch die umliegenden Gemeinden. Wichtige Voraussetzung dafür, dass Fairtrade diese positive Wirkung entfalten kann, ist, dass die Produzentenorganisation relevante Absätze über den fairen Handel tätigen kann. Auch eine starke Organisationsstruktur und funktionierendes Informationsmanagement sind wichtig, damit Fairtrade sowohl in der Organisation als auch darüber hinaus positive Effekte erzielen kann.

Prämieninvestitionen in Infrastruktur, wie Straßen, Schulen, ärztliche Versorgung – die verschiedenen Projekte kommen nicht nur den Bauern und Arbeitern in den Kooperativen und Plantagen, sondern auch den Menschen ringsum zugute. Das entspricht dem entwicklungspolitischen Ziel von Fairtrade, über den unmittelbaren Handel mit den Produzenten hinaus die Armut im globalen Süden abzubauen. Und es liegt zugleich auf einer Linie mit dem Konzept von CSR. Schließlich geht es auch dort darum, durch sozial verantwortliches Unternehmenshandeln nicht nur in einzelnen Betrieben sowie bei Partnern und Zulieferern nachhaltig zu wirken, sondern langfristig die Lebensbedingungen weltweit sozial gerechter und ökologisch verträglicher zu gestalten.

Die von Fairtrade entwickelten Sozial- und Umweltstandards gelten übrigens als „Best Practice" nach den Richtlinien der International Social and Environmental Accreditation and Labelling Alliance (ISEAL). ISEAL ist eine unabhängige, international führende Organisation in der Entwicklung von sozialen und ökologischen Nachhaltigkeitsstandards (ISEAL 2015).

Schulen, Straßen und besserer Zugang zu Krankenhäusern
Beispiele für die übergreifende Wirkung des fairen Handels auf lokaler und regionaler Ebene gibt es viele. Die Kaffeekooperative La Florida in der Region Chanchamayo ist seit 2005 Fairtrade-zertifiziert. Das sicherte nicht nur den Bauern das Überleben in schweren Zeiten, es brachte auch der Gegend erhebliche Fortschritte. Mithilfe der Fairtrade-Prämiengelder wurden in der Region Straßen und Schulen gebaut und ein landwirtschaftliches Fortbildungszentrum für Kaffeebauern eingerichtet. Die Kooperative finanziert zudem Lehrer und Schulstipendien. In den Versammlungen werden weitere Gemeinschaftsprojekte geplant und durchgesetzt. Einen ähnlichen Weg ging die Kooperative Sidama Coffee Farmers Cooperative Union (SCFCU) in Äthiopien. Sie baute mithilfe der Fairtrade-Prämie zwei neue Schulgebäude. Auch die Zuckerkooperative Kasinthula in Malawi investiert in die Kommune: Von den Fairtrade-Geldern wurden unter anderem Brunnen gebaut und elektrische Leitungen installiert. Und noch ein Beispiel aus Peru: Die Bananenkooperative APPBOSA in Peru investiert rund zehn Prozent in Straßen und Brücken. Schulen und Krankenhäuser sind so für alle Einwohner besser zu erreichen (Abb. 4).

3 CSR ja, aber wie? Fairtrade als Partner und Berater

> Wir stellen ein gelabeltes, anerkanntes Produkt zur Verfügung, das glaubwürdig und nachprüfbar ist.
> Heinz Fuchs, Aufsichtsratsmitglied von TransFair

Mit Blick auf all diese Erfahrungen und Erfolge sowie auf seine international anerkannten Sozial- und Umweltstandards wird Fairtrade zum attraktiven Partner für Unternehmen, die CSR-Konzepte wirkungsvoll und glaubwürdig umsetzen wollen. Zwar ist fairer Handel nicht gleich CSR. Denn CSR-Konzepte sind freiwillig und zielen auf die Unternehmenskultur ab. Fairtrade hingegen bietet ein Produktsiegel mit klaren Standards – allen voran der stabile Mindestpreis für die Produzenten und die Prämie für Gemein-

Abb. 4 Die Kaffeekooperative La Florida in der Region Chanchamay in Peru ist Fairtrade-zertifiziert. Mit Hilfe der Fairtrade-Prämiengelder wurde in der abgeschiedenen Region Straßen und Schulen gebaut und ein landwirtschaftliches Fortbildungszentrum für Kaffeebauern eingerichtet. (Bildnachweis: Fairtrade International)

schaftsprojekte. Dennoch kann Fairtrade ein wichtiges Instrument innerhalb einer umfassenderen CSR-Strategie sein.

Zahlreiche Unternehmen haben deshalb den fairen Handel als Teil ihrer Unternehmenskultur und CSR-Konzepte etabliert. Dazu zählen Firmenkantinen, Hotels und Restaurants genauso wie Tagungsstätten und Uni-Mensen. Sie alle schenken fair gehandelten Kaffee aus oder bieten faire Produkte wie Tee und Süßigkeiten an – und reagieren damit auf den Anspruch ihrer Kunden, Genuss und Sozialverträglichkeit zu verbinden. Fairer Handel spielt auch im öffentlichen Beschaffungswesen eine große Rolle. Immer mehr Kommunen machen den Einkauf fair gehandelter Produkte zur Richtlinie. Natürlich sind faire Angebote auch in Supermarkt- und Handelsketten und mittlerweile auch beim Discounter zu finden – häufig ebenfalls als Teil des umfassenderen Anspruchs, sich der sozialen Unternehmensverantwortung zu stellen.

Darüber hinaus entdecken immer mehr kleine und mittelständische Unternehmen Fairtrade als Partner. Denn die aktuellen Debatten über CSR, neue politische Vorgaben und die wachsenden Ansprüche umwelt- und sozialbewusster Verbraucher stellen gerade diese Betriebe vor neue Herausforderungen. Wie kontrolliere ich komplexe und unübersichtliche Lieferketten? Wer garantiert, dass die von mir geforderten Arbeits- und Sozialstandards auch bei meinen Zulieferern in entlegenen Weltgegenden eingehalten werden? Die Antworten auf derlei Fragen sind nicht leicht zu finden. Im Gegensatz zu größeren Unternehmen verfügen kleinere und mittelständische Unternehmen nicht über eigene CSR-Abteilungen oder speziell ausgebildetes Personal. Um dennoch die Einhaltung von Sozial- und Umweltstandards entlang der gesamten Wertschöpfungskette nachzuprüfen, können diese Unternehmen mit unabhängigen Zertifizierungs- und Siegelsystemen kooperieren.

TransFair unterstützt Unternehmen dabei, ihre soziale Verantwortung durch die Zusammenarbeit mit Fair Trade konkret umzusetzen:

- bei der Beschaffung Fairtrade-zertifizierter Rohstoffe aus den Anbauländern,
- in der Entwicklung, Einführung und Bewerbung von Fairtrade-Produkten,
- in der Kontaktherstellung zu Produzenten, Händlern und Außer-Haus-Kunden,
- mit Sortimentsberatung und Platzierungsempfehlungen,
- durch Information der Verbraucherinnen und Verbraucher, z. B. durch die Fairtrade-Produktdatenbank oder im Rahmen von Kampagnen wie dem Fairtrade-Frühstück im April und Mai, der Fairen Woche im Herbst oder den Kampagnen Fairtrade-Towns und Fairtrade-Schools.

3.1 Der Klimawandel ist eine der größten Bedrohungen für Fairtrade-Produzenten und ihre Familien

Dürreperioden gefolgt von übermäßig starken Regenfällen, Stürme und Hagel – von den Auswirkungen klimatischer Veränderungen sind insbesondere die Menschen in benachteiligten Regionen des globalen Südens betroffen, die am wenigsten zum menschengemachten Klimawandel beitragen. Sinkende Ernteerträge bedrohen Einkommen und Nahrungsmittelsicherheit. Daher sind Anpassungsmaßnahmen an den Klimawandel notwendig, um ihre Existenz zu schützen.

Die Verantwortung, CO_2 zu reduzieren und Klimaschutz und Anpassungsprojekte in betroffenen Regionen zu unterstützen, liegt bei allen – Politik, Unternehmen und Konsumenten sind gleichermaßen gefragt. Viele Produzenten und Gemeinden sind schon aktiv, um sich dem Klimawandel anzupassen und sich besser gegen die negativen Auswirkungen zu schützen – leider fehlt es oft an finanzieller und technischer Unterstützung, um die Maßnahmen umzusetzen.

3.2 Fairtrade zeigt Verantwortung

> Ich habe mein Leben lang am Mount Elgon gelebt und nie war das Wetter so unvorhersehbar. Der Regen fällt stärker, aber nur für eine kurze Zeit und die Trockenzeit ist viel länger. Die Kaffeepflanzen sind stark betroffen – die Blütenbildung nimmt ab. Allein letztes Jahr haben wir etwa 40 % unserer Produktion verloren.
> Willington Wamayeye, Geschäftsführer
> Gumutindo Kaffee – Kooperative im Osten Ugandas

Fairtrade International erarbeitete in den letzten Jahren mit Unterstützung von Expertengruppen, Nichtregierungsorganisationen und Produzentenvertretern, einen „Fairtrade Climate Standard", der im Oktober 2015 veröffentlicht wurde. Die Einführung des „Fairtrade Climate Standards" zielt darauf ab, regionale Anpassungsprojekte zu entwickeln sowie benachteiligten Menschen im Süden einen Zugang und die Teilnahme am Markt für freiwilligen Emissionshandel zu ermöglichen und dadurch zusätzliches Einkommen zu generieren. Fairtrade arbeitet dabei mit dem Goldstandard zusammen, dem derzeit strengsten und angesehensten Standard für Klimaschutzprojekte im freiwilligen Emissionshandel. Unternehmen können das Projekt aktiv unterstützen, indem sie:

- ihren CO_2-Fußabdruck ermitteln,
- ihre Emissionen reduzieren,
- ihre Produkte klimaneutral werden lassen oder ihre restlichen Unternehmensemissionen mit den Fairtrade Carbon Credits kompensieren.

Fakten zu Fairtrade Carbon Credits

- Fairtrade Climate Standard entwickelt mit Expertengruppen, Nichtregierungsorganisationen und Produzentenvertretern
- Fairtrade Carbon Credits sind einmalig (durch Mindestpreis und Prämie)
- Positive Wirkung der Projekte über Einsparung von CO_2 hinaus (sozial, ökologisch und ökonomisch)
- Mehr Transparenz und Rückverfolgbarkeit im freiwilligen Emissionsmarkt
- Partizipation und Stärkung der Gemeinden vor Ort
- Projekte im Bereich: erneuerbare Energien, Energieeffizienz und Wiederaufforstung

Der Fairtrade Climate Standard ermöglicht Unternehmen dem Klimawandel entgegenzutreten und soziale Verantwortung zu zeigen. Voraussichtlich im Herbst 2015 wird der neue Standard veröffentlicht.

3.3 Kontrolle und Glaubwürdigkeit

Unternehmen, die Fairtrade in ihre CSR-Strategie integrieren, profitieren auch von den erprobten Monitoringmechanismen im Fairhandelssystem. Denn alle beteiligten Akteure werden regelmäßig von der FLOCERT GmbH kontrolliert. Die Gesellschaft mit Sitz in Bonn arbeitet mit einem transparenten und weltweit konsistenten Zertifizierungssystem nach den Anforderungen der Akkreditierungsnorm ISO 65 (DIN EN 45011). Unabhängige Inspektoren kontrollieren weltweit über 1000 Händler und fast ebenso viele Produzentengruppen und überprüfen die Einhaltung der Fairtrade-Standards. Das macht die Zusammenarbeit mit Fairtrade für Unternehmen zu einem glaubwürdigen CSR-Instrument.

Laut einer Globe Scan Studie (2013) vertrauen 98 % der Fairtrade-Käufer dem Fairtrade-Siegel. Die Zusammenarbeit mit Fairtrade Deutschland sowie die externe Zertifizierung durch FLOCERT verschaffen den Unternehmen somit zusätzliche Glaubwürdigkeit bei der Kommunikation ihres Nachhaltigkeitsengagements gegenüber ihren Kunden.

Als weiterer Vorteil kommt die breite gesellschaftliche Basis hinzu, die Fairtrade hat. Nicht nur Politiker und Prominente, sondern auch zahlreiche Bürger und Initiativen engagieren sich für die Idee des fairen Handels – bis hin zu ganzen Kommunen, die mit dem Titel „Fairtrade Town" ausgezeichnet sind. So schrieb etwa die Bürgermeisterin von Saarbrücken alle lokalen Unternehmen an und fragte: Wo kauft Ihr ein? Wie sieht es mit Fair Trade aus? Saarbrücken gehört ebenfalls zu den Fairtrade-Towns. Der oft so abstrakt erscheinende Begriff „CSR", soziale Unternehmensverantwortung – mithilfe von Fairtrade wird er konkret und lokal erfahrbar. Deutlich wird beim fairen Handel zudem, dass es bei sozial verträglichem Unternehmertum nicht nur um einzelne Wirtschaftsbereiche geht, sondern um gesamtgesellschaftliche und politische Ansätze.

4 Neues Fairtrade-Programm: Mehr Wirkung und mehr CSR

> Unsere Produzenten können viel mehr Kakao liefern, als aktuell angefragt wird. Daher wünschen wir uns noch mehr Partner, um die Lebensbedingungen unserer Kleinbäuerinnen und -bauern zu verbessern.
> Aminata Bamba, Nachhaltigkeitsmanagerin von Ecookim

Jüngste Entwicklungen öffnen eine weitere Option der Zusammenarbeit zwischen Unternehmen und dem fairen Handel im Rahmen einer übergeordneten CSR-Strategie. So geraten die Unternehmen ihrerseits nicht nur zunehmend unter politischen und gesellschaftlichen Druck, CSR glaubhaft umzusetzen. Viele von ihnen, gerade im Lebensmittelbereich, stoßen auch zunehmend bei der Beschaffung von qualitativ hochwertigen und nachhaltigen Rohstoffen und Produkten auf Probleme. Hersteller von Schokolade zum Beispiel gehen ein großes Reputationsrisiko ein, sofern sie nicht sicherstellen können, dass etwa beim verwendeten Kakao keine ausbeuterische Kinderarbeit im Spiel war.

Der faire Handel dagegen bietet direkten Zugang zu Produzenten, die sozial und ökologisch verträgliche Ware liefern können. Umgekehrt stieß aber auch der faire Handel in den vergangenen Jahren an seine Grenzen. So wurden mehr und mehr Produzenten und Kooperativen zertifiziert, doch der Absatz hielt nicht Schritt. Um dem abzuhelfen, gibt es nun – in partnerschaftlicher Abstimmung mit den Produzenten im Süden – ein neues Programm: das Fairtrade Sourcing Programme, kurz FSP genannt. Anders als beim Fairtrade-Siegel, mit dem das ganze Produkt zertifiziert wird, bezieht sich FSP auf einzelne Rohstoffe, wie etwa Kakao oder Zucker. Ein Unternehmen verpflichtet sich dabei, eine klar festgelegte Menge dieser Rohstoffe etwa für die Herstellung seiner Schokolade aus fairem Handel zu beziehen. Damit ist eine weitere Option für den Absatz von Fairtrade-Rohstoffen geschaffen; die Standards, unter denen sie produziert wurden, bleiben indes die gleichen. FSP schafft damit eine ganz neue Dynamik. Das kommt einerseits den Produzenten im Süden zugute, weil zum Beispiel deutlich mehr Fairtrade-Kakao in die Süßwarenwertschöpfungskette gelangt. Andererseits bietet FSP Unternehmen hierzulande eine weitere Möglichkeit zur Zusammenarbeit mit Fairtrade und ein neues, attraktives CSR-Instrument zusätzlich zur Produktzertifizierung.

Abb. 5 Fairtrade Cocoa Program. (Bildnachweis: TransFair. e. V.)

Aus Handel und Industrie gibt es bereits positive Signale: Lidl, Kaufland und REWE haben mit der Umstellung kakaohaltiger Eigenmarken auf Fairtrade-Kakao begonnen, und die Confiserie Riegelein startete mit einem breiten Sortiment in die Weihnachts- und Ostersaison 2014/2015. Mars wird die Kakaomenge für Twix umstellen. Süßwarenhersteller Ferrero ist wichtigster Fairtrade-Abnehmer bei Ecookim, einem Zusammenschluss von 23 Kakaokooperativen in der Elfenbeinküste. Dieses neue Engagement und die Verkäufe über die klassischen Produktsiegel steigerten den Einsatz von fair gehandeltem Kakao 2014 gegenüber dem Vorjahr um fast das Sechsfache auf rund 6000 t (Abb. 5).

Der Trend fairer Süßwaren 2014

Über 300 Produkte wurden im ersten Jahr unter dem neuen Fairtrade-Kakaoprogramm eingeführt. Neben dem Kakao entwickelt sich auch der Absatz von Fairtrade-zertifizierten Süßwaren positiv.

Verkaufzahlen 2014 (Stand: Mai 2015, TransFair 2015b, S. 41):

Schokolade	1160 t (+14 %)
Trinkschokolade/Kakao	429 t (+14 %)
Süßigkeiten und Gebäck	1390 t (+1 %)
Eiscreme	4660 t (+15 %)
Zucker	3520 t (+34 %)
Honig	900 t (+227 %)

Textilien – Neuer Standard auf den Weg gebracht

Fairtrade ist eine Bewegung in Bewegung. Im letzten Jahr wurde ein neues Projekt angestoßen: Die Entwicklung eines Fairtrade-Textilstandards. Seit der Einführung von Fairtrade-Baumwolle im Jahr 2005 beschäftigt Fairtrade sich mit der Frage, wie man den Fairtrade-Ansatz auf die gesamte Wertschöpfungskette von Textilien ausweiten könnte.

Abb. 6 Anne Marie Yao, Fair-Trade-Beraterin in der Elfenbeinküste, bei einer Schulung zu Frauen-Empowerment. (Quelle: TransFair 2015a; Bildnachweis: Nabil Zorkot)

Im Rahmen verschiedener Pilotprojekte und unter der Beteiligung von externen Experten, Industrie und anderen Nichtregierungsorganisationen wurden unterschiedliche Ansätze untersucht. Die Ergebnisse aus diesen Projekten und auch der überarbeitete Standard für Arbeiterinnen und Arbeiter bilden nun die Basis für die Erstellung eines Fairtrade-Textilstandards.

Fairtrade über die ganze Produktionskette
Bisher fokussiert sich der Fairtrade-Ansatz auf die Baumwollbauern. Die Betriebe, die die Baumwolle weiterverarbeiten, müssen einen Nachweis erbringen, dass vor Ort die ILO-Kernarbeitsnormen eingehalten werden – dabei werden externe Nachweise anerkannt. Der Textilstandard wird einen Schritt weitergehen: Er soll dazu führen, dass die Arbeiterinnen und Arbeiter in den Produktionsbetrieben ebenso wie die Bauernfamilien von Fairtrade profitieren. In Anlehnung an die neue Strategie für lohnabhängig Beschäftigte sollen – neben den Basisanforderungen wie Arbeits- und Gesundheitsschutz – die Arbeiterinnen und Arbeiter innerhalb der Produktionskette gestärkt und ein Zeitplan zum Erreichen existenzsichernder Löhne erstellt werden (Abb. 6).

5 Ausblick: Was noch zu tun ist

Bei allem allerdings darf und will der faire Handel kein Feigenblatt sein oder nur zu einer geschickten PR-Strategie einzelner Unternehmen beitragen. Fairer Handel als ein wichtiges CSR-Instrument ist nur dann dauerhaft wirksam, wenn er in eine glaubwürdige und nachprüfbare CSR-Strategie eingebettet ist. Dazu zählen natürlich auch soziale und menschenwürdige Arbeitsbedingungen für die Beschäftigten hierzulande – am Standort der Unternehmen. Der faire Handel kann dazu nicht die Arbeiten der Gewerkschaften in Deutschland übernehmen, und er ist auch kein Unternehmens-TÜV. Doch Fairtrade setzt darauf, dass die ethischen und nachhaltigen Standards die nötigen Bewusstseinsänderungen auslösen und auf alle Bereiche eines Unternehmens durchschlagen.

Fairtrade ist ein langer Prozess, der bei oft desolaten Produktionsbedingungen beginnt, die es im Laufe der Jahre zu verbessern gilt. Mit welcher Dynamik sich die Wirksamkeit des fairen Handels vor Ort entwickelt, hängt nicht zuletzt vom Anteil der Fairtrade-Absätze ab, den Organisationen verkaufen. Letztendlich sind alle Seiten gefragt, wenn es um verantwortliches Handeln geht – auch die Konsumenten. Denn fairer Handel kann nur wirksam sein, wenn die Produkte hierzulande auch gekauft werden. Leider hat die Billigmentalität der vergangenen Jahre viele Händler und Verbraucher dazu verleitet, zwar Qualität und Nachhaltigkeit zu fordern, beim konkreten Einkauf dann aber doch zum Billigprodukt zu greifen. Und so muss leider festgestellt werden: Auch wenn der faire Handel in Deutschland beträchtliche Umsatzsteigerungen verzeichnen kann (vgl. Abschn. 4), so ist ein Marktanteil von beispielsweise einem Prozent bei Kakao oder rund drei Prozent bei Kaffee weiterhin deutlich zu wenig. Dabei beweisen die Rosen mit gut 25 % Marktanteil, welches Potenzial im fairen Handel steckt.

Die Schwierigkeiten, die eine aggressive Preispolitik mit sich bringt, zeigen sich deutlich bei den Bananen. Hierzulande gibt es noch keine einzige, konventionelle und zugleich fair gehandelte Banane. Bioanbau ist jedoch nicht für alle Produzentenorganisationen möglich, weil es beispielsweise an Pufferzonen fehlt oder die Bodenqualität die Umstellung nicht hergibt. Der Handel argumentiert, dass höhere Preise bei den Bananen vom Verbraucher nicht akzeptiert würden. Dann bliebe die – leicht verderbliche – Ware liegen und der Verkauf lohne sich nicht. Ähnlich wurde vor einigen Jahren gegen die Einführung von fair gehandelten Blumen im Supermarkt argumentiert. Die Praxis indes zeigte, dass die Befürchtungen unbegründet waren: Fairtrade-Blumen verzeichnen steigende Verkaufszahlen. Das Preisargument kann daher nicht gelten. Vielmehr gilt es, gegenüber Handel und Verbrauchern gleichermaßen klar zu stellen: Fairer Handel, Nachhaltigkeit und sozial verantwortliches Wirtschaften – das alles ist nun mal nicht zum Nulltarif zu haben.

Literatur

Fairtrade Deutschland (2011) https://www.fairtrade-deutschland.de/fileadmin/user_upload/materialien/download/download_extrablatt_2011_11.pdf

Globe Scan Studie (2013) https://www.fairtrade-deutschland.de/fuer-unternehmen/aktiv-werden/ihr-mehrwert/

ISEAL (2015) www.isealalliance.org. Zugegriffen: 04. Mai 2015

TransFair (2013) Fairtrade wirkt. Gemeinsam für eine bessere Zukunft. Köln: TransFair e. V.

TransFair (2015a) http://www.fairtrade-deutschland.de/fileadmin/user_upload/presse/Presse_2015/2015_ism_anne_marie_yao.JPG. Zugegriffen: 04. Mai 2015

TransFair (2015b) Gemeinsam mehr erreichen. Jahres- und Wirkungsbericht 2014/15. Köln: TransFair e. V.

TransFair Germany; Max Havelaar Foundation Switzerland (2012) Final report fairtrade impact study. Assessing the impact of fairtrade on poverty. Reduction through rural development. Saarbrücken: Center for Evaluation (CEval) Saarland University

Dieter Overath studierte nach einer kaufmännischen Ausbildung über den zweiten Bildungsweg Betriebswirtschaftslehre mit Schwerpunkt Marketing. Dieses Studium schloss er als Diplom-Betriebswirt ab. Er war unter anderem Ausbilder und Dozent für kaufmännische Berufe, 20 Jahre aktiv bei Amnesty International, u. a. im Vorstand, und organisierte diverse Projekte im Kulturbereich mit Schwerpunkt Lateinamerika. Seit Gründung im Jahr 1992 ist Dieter Overath Geschäftsführer des gemeinnützigen Vereins TransFair e. V. Das Fairtrade-Siegel, das TransFair in Deutschland für fair gehandelte Produkte vergibt, gehört mittlerweile mit dem Bio-Siegel und dem Blauen Engel zu den bekanntesten Siegeln in Deutschland. Produkte mit dem Fairtrade-Siegel gibt es in rund 42.000 Verkaufsstellen, über 20.000 gastronomische Betriebe bieten fair gehandelten Kaffee oder andere Produkte an. Dieter Overath lebt in Köln, ist verheiratet und hat zwei Kinder.

Von Herzen. Natürlich. Konsequent

Michael Radau

1 Vom „Öko" zum Trendsetter

Der Stellenwert, den CSR in der SuperBioMarkt AG einnimmt, lässt sich sehr gut an der Historie des Unternehmens illustrieren. Die Wurzeln der Organisation reichen bis 1973 zurück, als das Makrohaus in Münster, einer der ersten deutschen Bioläden, gegründet wurde.

Ein paar Jahre später stieg ich selber in die Biobranche ein. Zu dieser Zeit wurde man als Bioladner von der Gesellschaft oftmals als „Öko" betitelt und auch belächelt. Ein finanzieller Anreiz war in dieser Branche nahezu nicht vorhanden und CSR als Business Case war noch nicht rentabel. Was mich trieb, war die 100%ige Überzeugung, das Richtige zu tun, und eine optimistische Einstellung gegenüber der zukünftigen Entwicklung in dieser Branche, die eigentlich noch gar keine Branche war. Ich hatte den festen Glauben, dass es möglich sein muss, Lebensmittel aus ökologischem Anbau stärker in der Gesellschaft zu verankern, und es war mein fester Wille, Ökologie und Ökonomie miteinander zu verbinden. Voraussetzung hierfür war, dass man „Bio" einer größeren Kundengruppe zugänglich macht und die Konsumenten von der Sinnhaftigkeit überzeugt.

Dies war der auslösende Gedanke für die Entwicklung des Konzepts „SuperBioMarkt". Kunden gehen gerne dort einkaufen, wo sie sich wohl fühlen. Menschen fühlen sich dort wohl, wo sie sich auskennen. Somit war es naheliegend, meine Produkte in einem dem Kunden bekannten Umfeld anzubieten. Die Idee „SuperBioMarkt" – ein Supermarkt mit Bio drin – war entstanden.

M. Radau (✉)
SuperBioMarkt AG, Hansestraße 81, 48165 Münster, Nordrhein-Westfalen, Deutschland
E-Mail: information@superbiomarkt.com

Vision/Ideologie gepaart mit betriebswirtschaftlichem Denken führte dazu, dass sich die SuperBioMarkt AG zu einem moderner Biofachhändler mit 23 Märkten in NRW und Niedersachsen (Stand Anfang 2016) entwickelte. Wir sind Marktführer im Biohandel in NRW und beschäftigen über 600 Mitarbeiter.

2 Nachhaltigkeit beim SuperBioMarkt

2.1 Unsere Verständnis von Nachhaltigkeit

Es existieren zahlreiche Definitionen und umso mehr Arten und Weisen, wie Nachhaltigkeit in Unternehmen ausgelegt wird. Unser Verständnis lautet wie folgt:

- Wir sind ein verlässlicher und verantwortungsvoller Partner, der ressourcenschonend handelt.
- Wir fördern den ökologischen Landbau.
- Nachhaltigkeit umfasst für uns
  - ökologische,
  - ökonomische,
  - soziale
  - und gesundheitliche Aspekte.

Ich möchte hier deutlich machen, dass es sich bei unserem Verständnis von „ökonomisch" um die Schonung der Ressourcen handelt. Von der verstärkt gängigen Interpretation, „CSR muss sich rechnen", möchten wir uns klar differenzieren.

Die ersten drei weitläufig bekannten CSR-Dimensionen werden in unserem Hause durch einen vierten Aspekt ergänzt: die Gesundheit. Die Hauptmotivation für eine ökologische Ernährung liegt für die meisten Menschen in der persönlichen Gesundheit, welche sehr stark mit einer gesunden Ernährungsweise in Verbindung gebracht wird. Schon heute ist absehbar, dass unser Gesundheitssystem in der Zukunft nicht mehr bezahlbar ist, sofern keine Änderung erfolgt. Menschen werden älter und der Lebensabschnitt, in dem sie ihren Beitrag in die Krankenkassen leisten, nimmt prozentual stetig ab. 40 % aller krankheitsbedingten Kosten entstehen in den letzten fünf bis sechs Lebensjahren. Die Krankenkassen werden in Zukunft mit einer drastischen Kostenerhöhung konfrontiert sein. Ein Paradigmenwechsel, hin zu einer präventiv agierenden Gesellschaft, ist erforderlich, um sich den Herausforderungen des demografischen Wandels stellen zu können.

Für uns ist Nachhaltigkeit ein Zusammenspiel, das aus den oben genannten vier Komponenten besteht. Authentisch gelebte Nachhaltigkeit kann nur im Gleichklang aller Komponenten und nicht mit Fokus auf nur ein oder zwei Einzelkomponenten funktionieren.

Natürlich kann es die unterschiedlichsten Gründe geben, warum sich ein Unternehmen für einen Nachhaltigkeitsaspekt besonders einsetzt und andere vernachlässigt. Dies ist völlig legitim, sofern das Unternehmen aus Überzeugung handelt und dies in der Kommunikation nach außen entsprechend widerspiegelt.

Unternehmen allerdings, die z. B. regelmäßig soziale Projekte unterstützen, während sie Rohmaterialen unter fragwürdigen Bedingungen beziehen, agieren nicht nachhaltig und sollten sich dieses Attribut auch nicht anmaßen. Betrachtet man das Handeln der Unternehmen ganzheitlich, so zeichnet sich schnell ab, ob sie CSR betreiben, nur um einen Imagegewinn zu erzielen, oder ob sie aus innerer Überzeugung handeln.

Es könnte argumentiert werden, dass belanglos ist, welche Motivation, ob finanzieller oder intrinsischer Natur, die Handlung antreibt. Hauptsache, die „gute Tat" wird vollbracht. Der Meinung bin ich nicht. Der finanzielle Anreiz ist weniger beständig und somit weniger robust. Es besteht stets ein Risiko, dass der monetäre Beweggrund wegfällt, sobald sich Komponenten, wie Rohstoffpreise oder Konsumtrends, ändern. Intrinsische Motivation hingegen hat einen längeren Atem. Wären die „Biopioniere" nicht von der Überzeugung, das Richtige zu tun, getrieben gewesen, so hätten sie sicherlich aufgegeben, noch bevor Bio zum Trend wurde.

Uns als Unternehmen ist es wichtig, dass CSR aus Überzeugung praktiziert wird. Deswegen achten wir auch bei der Auswahl neuer Hersteller nicht nur auf eine nachhaltige Produktion, sondern auch darauf, was die Produzenten antreibt, nachhaltig zu agieren.

Unser Unternehmensclaim lautet: „Von Herzen. Natürlich. Konsequent."

„*Von Herzen.*" steht für Gefühl, Wärme, Respekt und Toleranz gegenüber Kunden und Mitarbeitern.

„*Natürlich.*" steht für gesunde und natürliche Produkte mit hohem Anspruch an Bioqualität sowie die Förderung natürlicher Kreisläufe und des ökologischen Landbaus.

„*Konsequent.*" steht für einen nachdrücklichen, nachhaltigen, gezielten und unbeirrten Einsatz für ganzheitliches ökologisches Handeln aus tief verwurzelter Überzeugung.

2.2 Nachhaltigkeit – verankert in allen Unternehmensbereichen

Die SuperBioMarkt AG hat den Anspruch, die verschiedenen Komponenten der Nachhaltigkeit ganzheitlich zu betrachten und umzusetzen. Natürlich gibt es viele Barrieren und Hindernisse, die uns davon abhalten, überall und jederzeit in dem Ausmaß zu agieren, wie wir es uns wünschen. Allerdings ist das stete Bestreben und Abwägen da, Maßnahmen im Rahmen der Möglichkeiten zu treffen. Die folgenden Beispiele aus verschiedenen Unternehmensbereichen veranschaulichen, wie nachhaltiges Handeln, als fester Bestandteil der Unternehmenskultur, gelebt wird.

2.2.1 Unser Kerngeschäft

Unser Kerngeschäft ist von Natur aus nachhaltig geprägt.

Ökologisch – Als Fachhandler handeln wir ausschließlich mit Bioprodukten aus ökologischer Erzeugung. Der ökologische Landbau steht für möglichst naturschonende Produktionsmethoden.

Ökonomisch – Die naturschonende ökologische Landwirtschaft steht für ein ökonomisches, also ressourcenschonendes Herstellungsverfahren. Wenn möglich, vermeiden wir lange Transportwege, getreu dem Motto: „Regional ist 1. Wahl. Nur Qualität schlägt Regionalität."

Sozial – Bioprodukte werden oft mit fairen Arbeits- und Herstellungsbedingungen in Verbindung gebracht. Nicht umsonst tragen 2/3 aller fair-trade-zertifizierten Produkte in Deutschland auch ein Bio-Siegel (TransFair e. V. 2015, S. 5).

Gesundheit – Die ökologische Landwirtschaft verzichtet auf den Einsatz von bestimmten Pflanzenschutzmitteln, Mineraldünger und Gentechnik. Unsere Produkte sind so gut wie gar nicht pestizidbelastet und sie sind frei von Geschmacksverstärkern, künstlichen Aromen und Farb- und Konservierungsstoffen. Außerdem bieten wir ein Sortiment an vollwertigen und damit gesundheitsförderlichen Produkten an.

2.2.2 Lieferantenbeziehungen

2013 feierte die SuperBioMarkt AG 40 Jahre Biokultur, da sich die Unternehmensgeschichte über diesen Zeitraum zurückverfolgen lässt. Hiermit sind wir nicht die Einzigen in der Branche. Heutzutage liest man regelmäßig in Fachzeitschriften von 20-, 30- oder 40-jährigen Firmenjubiläen. Der kleine Kreis an Biopionieren von damals hat sich entwickelt und wurde, besonders in den letzten Jahren, durch neue Unternehmen ergänzt. Die Größe der Branche ist dennoch überschaubar und gerade die langjährigen Akteure sind sehr stark untereinander vernetzt.

Der regelmäßige Kontakt miteinander ist uns wichtig. Wenn möglich besuche ich Hersteller auch vor Ort. Einmal im Jahr setzen sich unsere Fachbereichsleitungen mit den Lieferanten gemeinsam an den Tisch. Diese Gespräche verlaufen meist auf Basis gleicher Interessenslagen. Es wird natürlich auch verhandelt und manchmal stoßen unterschiedliche Ansichten aufeinander, denn schließlich sind wir alle Unternehmer. Die gemeinsame Arbeit erstreckt sich mitunter auch auf Produktinnovationen. Die Lieferanten stellen uns neu entwickelte Produkte vor und da wir als Einzelhändler näher am Kunden sind, geben wir ihnen hilfreiches Feedback. Manch eine Produktinnovation wurde auch aktiv durch uns angeregt. Derzeit arbeiten wir an einem internen Herstellerranking. Hier werden verschiedene Aspekte ausgeleuchtet, wie Lieferverlässlichkeit, Regionalität oder Verbandszertifizierung. Auch die Unternehmensphilosophie in Bezug auf Nachhaltigkeit bildet einen Bestandteil der Bewertung.

Es ist bei uns nicht ungewöhnlich, dass die Fachbereichsleiter unsere Hersteller bei den Jahresgesprächen mit einer herzlichen Umarmung begrüßen. Dies hat nichts mit „typisch Ökos" und einer idealistischen Weltanschauung zu tun. Obwohl wir sicherlich noch einiges vom konventionellen Handel lernen können, ist die Branche heute im Großen und Ganzen realitätsnah und professionell aufgestellt. Stattdessen verbergen sich hinter der herzlichen Begrüßung ein hohes Maß an gegenseitigem Vertrauen und Respekt und natürlich auch gemeinsame Wertvorstellungen. Basis hierfür ist die langjährige Zusammenarbeit und Vertrautheit. Bevor wir Produkte von neuen Lieferanten beziehen, wollen wir ihre Unternehmensphilosophie kennenlernen und erfahren, was sie dazu antreibt, in die Biobranche einzusteigen.

2.2.3 Mitarbeiter

Die SuperBioMarkt AG hat die Mitarbeiter klar als eine der Erfolgssäulen des Unternehmens definiert. Die kompetente und freundliche Beratung durch unsere Mitarbeiter ist eines unserer USPs.

Unsere Kunden interessieren sich in der Regel sehr für das Thema Ernährung und sind über unsere Produkte informiert. Infolgedessen ist es unabdingbar, dass wir unsere Mitarbeiter kontinuierlich weiterbilden. Hierzu werden vielfältige Schulungen angeboten, die von Produktschulungen, über Biobasiswissenseminare bis hin zu Workshops zum Thema Mitarbeiterführung reichen.

Wir gehen aber auch noch einen Schritt weiter, indem wir unsere Mitarbeiter regelmäßig zu Ausflügen zu unseren Herstellern einladen. Ein Beispiel: Circa 20 unserer Beschäftigten besuchten einen Apfellieferanten im Alten Land. Hierzu wurde ein Bus gechartert, der die Teilnehmer aus den verschiedenen Orten abholte und direkt auf den Bauernhof brachte. Dort verbrachten sie den ganzen Tag mit dem Plantagenbesitzer. Ihnen wurden Anbaufläche, Lagerhalle und Weiterverarbeitungshalle gezeigt und es wurden viele verschiedene Aspekte des Anbaus erläutert.

Die begeisterte Rückmeldung seitens der Teilnehmer bestätigt den Erfolg. Indem die Mitarbeiter die Hersteller persönlich kennenlernen und erfahren, mit welchem Enthusiasmus und mit welcher Überzeugung die Produkte hergestellt werden, wird eine enge Bindung zum Produkt hergestellt. Diese Erfahrung wirkt sich natürlich auch auf das Kundengespräch aus und es ermöglicht den Mitarbeitern den Kunden ein umfängliches Bild der Herstellung des Produktes zu vermitteln und Vertrauen aufzubauen.

Unsere Führungskultur lässt sich sehr gut an folgendem Beispiel veranschaulichen: Aufgrund unseres Wachstums haben wir vor ca. einem Jahr eine neue Ebene im Unternehmen eingeführt. Ursprünglich berichteten die Marktleiter direkt an den Vorstand. Ab einer gewissen Größe ist diese Hierarchie nicht mehr durchführbar, sodass eine Zwischenposition geschaffen wurde. Diese Position wurde bewusst „Gebietsverantwortliche/-r" genannt, um ein klares Signal zu setzen, dass wir uns von der typischen Rolle der/des „Bezirksleiters/-in" abgrenzen möchten.

Es handelt sich hier um eine sehr herausfordernde Position, da aufgrund der zunehmenden Strukturierung und des Wachstums des Unternehmens eine gewisse Distanz zwischen den Märkten und der Zentrale entstand. Diese Distanz gilt es zu minimieren. Wir versuchen dies, indem die Gebietsverantwortlichen lediglich fünf bis sieben Märkte betreuen. Dies gibt ihnen die Möglichkeit, ein offenes Ohr für die Belange der Marktleitungen und Mitarbeiter zu haben. Mithilfe dieser relativ neuen Hierarchieebene werden wir den angestrebten Führungsstil kaskadenartig im gesamten Unternehmen fördern und festigen.

2.2.4 Lebensmittelverschwendung

Seit dem Film *Taste the Waste* von Valentin Thurn aus dem Jahr 2011 ist das Thema Lebensmittelverschwendung regelmäßig in den Medien anzutreffen. Pro Person werfen die Deutschen jährlich mehr als 80 kg Lebensmittel weg (Institut für Siedlungswasserbau, Wassergüte- und Abfallwirtschaft 2012, S. 16). Als Einzelhändler ist dies natürlich ein

Bereich, in dem man einiges bewirken kann, auch wenn der Einzelhandel lediglich 5 % der Verschwendung verursacht, während private Haushalte für 61 % verantwortlich sind (Institut für Siedlungswasserbau, Wassergüte- und Abfallwirtschaft 2012, S. 10).

Wir sind bereits seit vielen Jahren in diesem Bereich aktiv, schon bevor diese Thematik in den gesellschaftlichen Fokus rückte, und treffen verschiedenste Maßnahmen. Zum einen sind wir stets bemüht, unsere Bestellungen entsprechend anzupassen, sodass der Überfluss im Vorfeld vermieden wird. Trotz reichem Erfahrungsschatz unserer Marktleitungen und unterstützenden PC-Programmen kommt und wird es nie dazu kommen, dass Überbestellungen komplett vermieden werden. Die Nachfrage ist hierfür zu unbeständig.

Viele Bäckereien, die an Lebensmittelhändler angeschlossen sind, sind vertraglich dazu verpflichtet, bis Ladenschluss eine vollständige Produktpalette vorzuweisen. Dies führt dazu, dass am Ende des Tages ein hoher Anteil frischer Backwaren unverkauft bleibt, Retour geht und entsorgt werden muss. In unseren Bäckereien dürfen durchaus zu Ende des Geschäftstages Lücken in den Regalen entstehen, vorausgesetzt den Kunden kann ein anderes Produkt angeboten werden, welches eine echte Alternative darstellt. Liegt ein Roggensauerteigbrot abends noch im Regal, welches innerhalb eines Tages nicht an Frische einbüßt, so bieten wir es unseren Kunden am nächsten Tag weiter an – natürlich mit dem freundlichen Hinweis, dass es vom Vortag ist.

Aber was geschieht mit Lebensmitteln, die nicht mehr verkäuflich sind? Vorausgesetzt die Ware ist weiterhin qualitativ hochwertig, so verwenden wir sie, wenn möglich, in unseren Bistros weiter. Eine Gurke, die an einem Ende leicht beschädigt ist, hat am anderen Ende nicht an Qualität eingebüßt und schmeckt auf einem Käsebrötchen genauso gut. Besteht keine Möglichkeit, die Ware im Bistro weiter zu verwenden, wird sie unseren Mitarbeitern kostenfrei angeboten. In diesen Genuss kommen übrigens leider nur wenige Angestellte von Lebensmittelhändlern. Als nächster Schritt wird Ware an die Tafeln gegeben, sofern eine Zusammenarbeit besteht.

Seit Anfang 2014 arbeiten wir überdies mit sogenannten „Lebensmittelrettern" zusammen. Hier handelt es sich um eine Gruppe, die der Organisation „Foodsharing e. V." angeschlossen ist. Engagierte Freiwillige haben sich zum Ziel gesetzt, der Lebensmittelverschwendung entgegenzuwirken. Sie kommen, nach Bedarf, regel- oder unregelmäßig in unsere Märkte, um unverkäufliche Lebensmittel abzuholen, die daraufhin an andere Privatpersonen weiterverteilt werden. Dies kann im kleinen privaten Kreis, über das Webportal oder über sogenannte „Fairteilerstationen" erfolgen. Die Zusammenarbeit wird positiv von unseren Mitarbeitern aufgenommen, da Produkte, die sie tagtäglich verkaufen und die eine Wertigkeit darstellen, nicht einfach so in den „Müll" geworfen werden. Mit Interesse verfolge ich die Entwicklung von Vereinen und Initiativen, wie z. B. Foodsharing, und es freut mich zu sehen, dass immer mehr Menschen sich zusammenfinden, um sich gemeinsam für eine nachhaltige Lebensweise zu engagieren.

2.2.5 Soziales Engagement

In Deutschland gibt es schätzungsweise 12 Mio. Menschen, die sich ehrenamtlich engagieren (Statista 2015). Auch wenn viele Städte den Freiwilligen in der ein oder anderen

Form ihre Anerkennung entgegenbringen, so wird ihr Engagement oft als selbstverständlich hingenommen. Aus diesem Grund haben wir „Ehrenamtsabende" als Zeichen der Wertschätzung eingeführt.

Die zwischen 40-70 Teilnehmer werden zunächst mit einem Sektempfang begrüßt, gefolgt von einer Rede von mir, als Vorstand, und ggf. eines Vertreters der Stadt. Daraufhin folgt unser „Showkochen" mit einem namhaften Koch, der ein 3-Gänge-Menü zubereitet. Hierbei werden die einzelnen Schritte erklärt, Tipps gegeben und die Gäste können Fragen stellen. Nach jedem Gang werden die Teilnehmer mit einer Portion des vorgestellten Gerichtes versorgt, um sich selber von dem Geschmack zu überzeugen.

Neben solchen Initiativen sponsert die SuperBioMarkt AG viele verschiedene Aktionen. Hier nur ein paar Beispiele: Essensstände auf Nachbarschaftsfesten, ökologische Frühstücke in Kitas oder Schultombolas. Darüber hinaus unterstützen wir mittels Spenden die Christoph-Metzelder- und die Sarah-Wiener-Stiftung und verschiedene Initiativen im Einzugsgebiet unserer Märkte.

Unsere Aktivitäten in diesem Bereich orientieren sich an unserer Vision, in der verankert ist, dass wir einen wichtigen Beitrag zur Aufklärung über „Bio" leisten. Somit unterstützen wir nur Aktionen, die in einem direkten Zusammenhang mit den Themen gesunde Ernährung, Bio und Familie stehen oder die einen herausragenden sozialen Aspekt laut unserem Werteverständnis beinhalten. Auch fördern wir Projekte, die eine Verkostung einschließen, damit sich die Menschen persönlich von der Qualität unserer Produkte überzeugen können.

Ein Teil der Spendengelder wird übrigens durch eine Maßnahme generiert, die gleichzeitig die Lösung für eine langjährige Problematik darstellt. Seit jeher haben wir lokalen Organisationen die Möglichkeit gegeben, Flyer in unseren Märkten auszulegen, welches letztendlich in einem unansehnlichen Chaos resultierte. Heute stellen wir gegen einen geringen Unkostenbeitrag Boxen zur Einlage von Flyern zur Verfügung. Obwohl die Administration mit einem erheblichen Arbeitsaufwand verbunden ist, werden sämtliche Einnahmen hieraus gespendet. Im letzten Jahr belief sich die Summe aus den Flyerboxen auf ca. 15.000 €.

3 CSR – eine echte Herausforderung

3.1 Bio kann und darf nicht billig sein

3.1.1 Welchen Preis sind wir bereit zu zahlen?

Es gibt einige Produkte, bei dessen Kauf sich Verbraucher mehr um die Herstellungsbedingungen Gedanken machen als bei anderen Produkten. Zum Beispiel legen viele Verbraucher Wert darauf, dass Kaffee und Bananen von Fair-Trade-Plantagen stammen und dass Textilien nicht in ausbeuterischen Betrieben in Asien hergestellt werden. Angefeuert wird dies immer wieder durch aktuelle Zwischenfälle, wie z. B. der Brand in einer Textilfabrik 2012 in Bangladesch. Regelmäßig erscheinen Medienberichte, die unwürdige Herstellungsbedingungen aufzeigen. Die Eierproduktion fällt auch in diese Kategorie.

Sicherlich ist dies ein wesentlicher Grund dafür, dass laut einer Umfrage im Frühjahr 2014 38 % der Deutschen bevorzugt zu Eiern aus Freilandhaltung greifen (umpr 2015). Der laut Umfrage meistgenannte Grund hierfür ist die artgerechte Tierhaltung, gefolgt von einem besseren Gewissen und einem besseren Geschmack.

Derweil bewegen sich die Eierpreise bei den Discountern auf dem seit Langem niedrigsten Niveau. Anfang 2014 reduzierte Aldi die Preise für zehn Eier aus Bodenhaltung von 1,29 € auf 0,99 €. Lidl zog umgehend nach. Als Reaktion darauf trat der Vorsitzende des Verbandes für kontrollierte Haltungsformen zurück.

Es handelt sich hier um eine Preisreduktion von mehr als 20 %. Es ist schwer vorstellbar, dass die reduzierte Gewinnspanne (sofern man noch von Gewinn reden kann) von den Discountern getragen wird, anstatt sie an die Bauern abzuwälzen. Der immense Preisdruck, der auf den Bauern lastet, muss zwangsweise an die Tiere weitergereicht werden. Der Widerspruch ist offensichtlich: Wie ist es möglich, dass in einer Gesellschaft, in der über 1/3 der Menschen Freilandhaltung fordern, Eier zu einem Preis verkauft werden, zu dem es schwer vorstellbar ist, dass die Produktionskosten auch nur annähernd gedeckt werden?

Man bedenke auch: Hier handelt es sich nicht um ein XY-Produkt. Es ist ein Produkt, das in Bezug auf die Herstellungsbedingungen regelmäßig in den Medien thematisiert wird und das diesbezüglich einen viel höheren Stellenwert bei Verbrauchern hat. Wie verhält es sich mit den mehr als 10.000 anderen Artikeln, die ein Supermarkt in der Regel führt?

Auch wenn es gegen die Gesetze unserer freien Marktwirtschaft verstößt: Der Preis für Güter sollte sich von unten bilden. Die anfallenden Gesamtherstellungskosten sollten jeweils den Grundstein darstellen, auch wenn diese voneinander abweichen, z. B. aufgrund unterschiedlicher regionaler oder klimatischer Bedingungen oder einer kostenintensiveren ökologischen Produktion.

Wird der Preis von Angebot und Nachfrage von oben diktiert, so führt zwar der Kostendruck auf die Hersteller zu Effizienzsteigerung und Innovation, aber auch dies ist nur zu einem bestimmten Grad realisierbar. Alles, was darüber hinausgeht, führt zu Beeinträchtigungen in der Herstellung. Genau diese Entwicklung ist in unserer heutigen Gesellschaft zu beobachten, in der hohe Qualität zu billigen Preisen erwartet wird. Jeder mit ein wenig betriebswirtschaftlichem Verständnis kann nachvollziehen, dass wir hier keinen nachhaltigen Weg beschreiten.

Die SuperBioMarkt AG arbeitet übrigens an den verschiedenen Standorten mit lokalen Eierlieferanten zusammen. Einige von ihnen verfügen über mobile Hühnerställe. Die kann man sich wie ein Wohnmobil vorstellen, in dem die Hühner nachts schlafen. Tagsüber können sie raus auf die Wiese. Ist diese „abgegrast", so zieht der Stall zur nächsten frischen Wiese weiter.

3.1.2 EU-Biosiegel – ein Mindeststandard

Das EU-Biosiegel, welches die Einhaltung eines absoluten Mindeststandards bei der Herstellung ökologischer Produkte garantiert, verbirgt meiner Meinung nach eine gewisse Gefahr, wie sich am Beispiel verschiedener Fluglinien verdeutlichen lässt: Seit einigen Jahren ist es möglich, den CO_2-Ausstoß zu kompensieren, indem man bei Flugbuchung einen Beitrag für verschiedene klimafördernde Projekte spendet. Ein sehr kluger Schachzug der Fluglinien. Früher wägten umweltbewusste Verbraucher ab, ob sie fliegen oder nach einer anderen Transportmöglichkeit suchen. Heute können sie guten Gewissens buchen, ohne auch nur einen Gedanken daran zu verschwenden, denn man fliegt ja klimaneutral. Dieses gute Gewissen kann ich mir für einen Hin- und Rückflug von Münster nach Berlin für nur 3 € erkaufen. Aber ist diese Vorgehensweise wirklich nachhaltig? Auch wenn die geförderten Projekte halten, was sie versprechen, und den CO_2-Ausstoß kompensieren, so wäre es nach wie vor sinnvoller, den Ausstoß von Anfang an zu vermeiden. Das jedenfalls ist mein Verständnis von ressourcenschonendem und verantwortlichem Handeln. Die Gefahr dieses Systems liegt darin, dass die Menschen nicht mehr zum Nachdenken angehalten werden.

Eine ähnliche Problematik beobachte ich derzeit im Lebensmitteleinzelhandel. Der Anteil von Bioprodukten am Markt steigt stetig. Neben dem Anstieg bei Fachhändlern, Hofläden und Marktständen steigt auch der Umsatz bei den großen konventionellen Lebensmittelhändlern. Bei Letzteren finden wir oft Bioprodukte, die mit dem EU-Biosiegel zertifiziert sind. Dieses Siegel steht für die Einhaltung des Mindeststandards, wie er von der EU-Bioverordnung definiert wurde. Produkte dürfen nur „bio" oder „ökologisch" benannt werden, wenn diese Kriterien erfüllt werden. Als Biopionier arbeitet die SuperBio-Markt AG eng mit etablierten ökologischen Anbauverbänden, wie Demeter, Bioland oder Naturland, zusammen. Sie haben sich deutlich strengere Vorschriften auferlegt, als in der EU-Bioverordnung vorgegeben. Daher setzten wir v. a. auf diese Siegel.

Genau wie bei den Fluggesellschaften kann ich es mir als Kunde leicht machen: Ich greife zum EU-biozertifizierten Produkt. Ich brauche mich nicht weiter zu informieren und muss nicht weiter darüber nachdenken, ob meine Wahl ethisch korrekt ist, denn ich habe ja mein Soll erfüllt – ich habe bio gekauft. Praktischerweise ist der Preis, den ich für das Produkt und das gute Gewissen gezahlt habe, nur geringfügig höher als der Preis für ein konventionelles Produkt.

Der konventionelle Lebensmitteleinzelhandel erzielt mit Ökolebensmitteln derzeit ca. doppelt so viel Umsatz wie der Fachhandel. Es ist im Fachhandel allerdings eine höhere Umsatzsteigerung (2014: 9,0 %) zu verzeichnen als bei den konventionellen Händlern (2014: 3,6 %) (BÖWL 2015, S. 14). Glücklicherweise wächst also die Zahl der Menschen, die auch ein wenig weiter denken und bereit sind, etwas mehr Geld für das Richtige zu zahlen.

3.2 Nachhaltigkeit – ein inflationär verwendeter Begriff

Als die ersten Unternehmen Nachhaltigkeitsreports erstellt haben, habe ich diese Entwicklung begrüßt. Die Tatsache an sich, dass Organisationen sich ihrer gesellschaftlichen Verantwortung stellen und diese in einem Dokument darlegen, ist durchaus als positiv zu bewerten. Allerdings verbirgt sich hier eine große Gefahr, wie sich in den vergangen Jahren zeigte. Während zu Anfang die Erstellung eines CSR-Berichts eine hohe Motivation für Engagement in diesem Bereich widerspiegelte, so sehen sich heute Unternehmen aus marketingrelevanten Beweggründen in der Verpflichtung, solche Berichte zu erstellen bzw. über ihre Nachhaltigkeitsaktivitäten zu berichten.

Hierzu möchte ich kurz anmerken, dass ich es richtig finde, Unternehmen bezüglich ihrer Handlungen und deren Auswirkungen in die Pflicht zu nehmen. Den Weg dorthin halte ich allerdings für falsch. Das Risiko liegt auf der Hand. Hier nur ein Beispiel:

Ich tippe „Nachhaltigkeitsbericht" in meine Suchmaschine ein. Wahrscheinlich aufgrund meiner gespeicherten Suchhistorie erscheint sofort der Bericht eines der größten Saatgut- und Herbizidherstellers der Welt. Auf einer der ersten Seiten lese ich, dass der CEO stolz darauf ist, den Bauern die Werkzeuge und den Service bieten zu können, die eine sichere, gesunde und erschwingliche Lebensmittelversorgung fördern. Auf den weiteren Seiten (insgesamt 153 an der Zahl) folgt, was ich als eine umfangreiche Imagekampagne bezeichnen würde.

Was in dem Bericht nicht erwähnt wird, ist, dass das Unternehmen für weitreichende Rodungen von Waldgebieten, Gewalt, Umsiedlung und den Einsatz von toxischen, gesundheitsgefährdenden Herbiziden verantwortlich ist, nur um einige Felder zu nennen. Die internationale Menschenrechtsorganisation Global Exchange hat das Unternehmen 2012 und 2014 in die Liste der „Top 10 Most Wanted Corporate Criminals" aufgenommen. Zum ersten Mal in der Geschichte der Menschenrechtsorganisation wurde ein Unternehmen zwei Mal aufgeführt.

Leider ist dies kein Einzelfall, sondern es gibt viele Unternehmen, die so agieren. Es ist also nicht verwunderlich, dass das Vertrauen der Verbraucher in Hochglanznachhaltigkeitsberichte stark gesunken ist. Dies hat auch eine nachteilige Wirkung auf die kleineren Unternehmen, die zwar gemäß einer tief verwurzelten nachhaltigen Philosophie agieren, die sich aber keine CSR-Beauftragten leisten können, die darüber marketingrelevant berichten.

Auch wir als Unternehmen haben uns intensiv mit dieser Thematik beschäftigt und standen kurz davor, eine Gemeinwohlbilanz zu erstellen. Hierzu fehlten uns allerdings die nötigen Ressourcen. Heute fehlt nicht nur die Kapazität, sondern auch die Motivation, ein solches Projekt zu stemmen (ein für Mittelständler durchaus treffender Ausdruck für den Aufwand, der hiermit verbunden ist). Nachhaltigkeitsberichte haben für mich eindeutig in der Gesellschaft an Wertigkeit verloren. Gleiches gilt für Begrifflichkeiten wie „nachhaltiges Handeln".

Verbraucher haben leider in den meisten Fällen kaum Möglichkeiten, mit relativ geringem Aufwand zwischen den Überzeugungstätern und imagegetriebenen Firmen zu unterscheiden. Wir versuchen aktiv auf die Kunden zuzugehen und im Hinblick auf unsere internen Ressourcen die bestmögliche Transparenz zu schaffen. Momentan profitieren wir noch von dem ursprünglichen Image des kleinen Ökoladens und der ideologischen Biobranche. Es stellt sich allerdings die Frage, wie lange uns dieser „Vertrauensvorschuss" noch gewährt wird. Wichtig ist jedenfalls, dass wir dieses Vertrauen nicht gefährden und es weiter ausbauen, um ein starkes Fundament für den Zeitpunkt zu schaffen, wenn auch wir Biounternehmen uns das Vertrauen „verdienen" müssen.

3.3 Den Kunden den Unterschied vermitteln

An den Fassaden vieler unserer Märkte steht geschrieben: „Entdecken Sie den Unterschied." Diesen Unterschied gilt es, den bestehenden und auch den neuen Kunden zu vermitteln. Dies ist absolut essenziell, da wir uns in einer gehobenen Preiskategorie bewegen, insbesondere gegenüber dem konventionellen Handel. Die SuperBioMarkt AG verfolgt das Ziel der Qualitätsführerschaft. Bei der Sortimentswahl bevorzugen wir Bioverbandsware vor EU-Bioware, wir verwenden ein hochwertiges Ladendesign und unsere Personaleinsatzquote liegt weit über dem Durchschnitt des Lebensmitteleinzelhandels, um die entsprechende Beratungsqualität sicherzustellen.

Der Biowissensstand unserer Kundschaft reicht von Stammkunden mit sehr umfangreichen Kenntnissen bis hin zu Kunden, die den Verband „Demeter" mit einer Herstellermarke verwechseln. Generell ist die Markenbekanntheit von Bioprodukten gering, welches eine Qualitätsvermittlung herausfordernd gestaltet.

Die Zahl der Biosiegel von Verband und EU ist überschaubar, dennoch sind die Kunden durch eine Flut von Siegeln verwirrt. Viele Hersteller oder Händler haben heutzutage ein eigenes Biologo, welches oftmals den Eindruck eines zertifizierten Siegels erweckt. Die Kunden fühlen sich überfordert, da sie nicht wissen, was hinter den jeweiligen Siegeln und Logos steckt. Hinzu kommen vereinzelte Skandale, die die Kunden nicht richtig einzuordnen vermögen. Auch der Begriff „regional" führt zur Verwirrung, da dessen Nutzung durchaus flexibel angewandt wird. Im Gegensatz zu „bio" ist „regional" ein nichtgeschützter Begriff. Oder würden Sie einen in Hamburg gekauften Apfel, der am Bodensee geerntet wurde, weiterhin als regional bezeichnen, nur weil er aus Deutschland kommt?

Wir nutzen verschiedene Kommunikationsinstrumente, um unsere Kunden zu erreichen. Diese reichen im Markt von Plakaten, Bannern und Broschüren bis hin zu Digital Signage. Darüber hinaus erscheint monatlich unser Kundenmagazin. Online erreichen wir unsere Kunden über unsere Webseite, unser Facebook-Profil und unseren SuperBioBlog. Wir informieren über verschiedene Biothemen wie „Tierwohl", „7 Bioland-Prinzipien" oder „Siegelkunde" und stellen unsere Lieferanten vor. Anstatt den plakativen Begriff „regional" zu verwenden, kennzeichnen wir unser Obst und Gemüse so, dass die Kunden direkt nachvollziehen können, aus welcher Region es stammt.

Papier (und auch Bildschirme) sind bekanntlich geduldig und es ist eine richtige Herausforderung die Gradwanderung zwischen angestrebter Transparenz und Informationsüberfluss zu meistern. Aber es geht uns nicht nur darum, an den Verstand der Kunden zu appellieren. Wir möchten sie emotional von unseren Produkten überzeugen. Dies tun wir, indem wir sie probieren lassen, z. B. im Rahmen von Verkostungsaktionen oder Veranstaltungen wie Weinproben oder Kosmetikabenden.

Eine unserer wohl erfolgreichsten Maßnahmen, um die Konsumenten von unseren Produkten zu überzeugen, ist unsere VIP-Fahrt. Unsere Kunden können sich als VIP – Very Important Prüfer – bewerben und einen Tagesausflug zu einem unserer Hersteller gewinnen. Dort können sie sich ein genaues Bild von der Erzeugung und Herstellung ihrer Lebensmittel machen. Es ist schade, dass wir nicht alle Verbraucher auf einen Biohof einladen können, denn es ist eine beeindruckende Erfahrung, die schon manches Konsumverhalten beeinflusst hat.

Im Großen und Ganzen versuchen wir Transparenz und Verbindlichkeit zu schaffen. In der Kommunikation ist es uns wichtig, nicht zu belehren, sondern zu informieren.

4 Fazit

Infolge des Dioxinskandals im Jahr 2010 führte der Weg vieler konventioneller Käufer in den SuperBioMarkt. Ich wurde Zeuge einer Szene, die für mich die Gesellschaft sehr gut widerspiegelt: Eine Kundin nahm sich die letzte Packung Eier und wurde prompt beschimpft: „Jetzt, wo Sie Angst vor Dioxin haben, schnappen Sie uns Stammkunden die letzten Eier vor der Nase weg. Wo waren Sie denn sonst immer?"

Der Anreiz, „Bio" zu kaufen, steigt, sobald ein Lebensmittelskandal Präsenz in den Medien zeigt. Ist der Skandal abgeklungen, wenden sich die meisten der „konvertierten" Kunden leider wieder zurück an ihren konventionellen Händler.

Eine wirklich beständige Entwicklung zu einer nachhaltig agierenden Gesellschaft kann nur stattfinden, wenn diese Bewegung nicht nur durch persönliche Vorteile, sondern auch durch innere Überzeugung gesteuert wird. Andernfalls läuft sie Gefahr, in dem Moment rückfällig zu werden, in dem sich Rahmenbedingungen ändern und der Vorteil nicht mehr so präsent ist.

Im Gegensatz hierzu besteht bei intrinsisch motivierten Überzeugungstätern das Risiko, sich zu viel zuzumuten. Die Möglichkeiten, sich für einen nachhaltigen Lebensstil oder nachhaltige Unternehmensführung einzusetzen, erscheinen unerschöpflich. Diesbezüglich Vollkommenheit anzustreben ist nicht realistisch und wird niemals zu Zufriedenheit führen. Der Mensch stößt unausweichlich irgendwann an eine Grenze, ab der er nicht mehr bereit ist, negative Auswirkungen, wie Verzicht oder höhere Kosten, zu akzeptieren.

Der „nachhaltige" Weg zur Nachhaltigkeit liegt darin, umsetzbare Ziele zu setzen, die erreicht werden können. Diese sollen niemals als Endpunkt dienen, sondern ausgedehnt werden, sofern sich die Rahmenbedingungen ändern, die es ermöglichen.

Insofern gilt auch hier: „Der Weg ist das Ziel!"

Literatur

BÖWL Bund Ökologische Lebensmittelwirtschaft e. V. (2014) Zahlen Daten Fakten. Die Bio-Branche 2015. http://www.boelw.de/fileadmin/Dokumentation/Rechtstexte/BOELW_ZDF_2015_web.pdf. Zugegriffen: 21. Jan. 2016

Institut für Siedlungswasserbau, Wassergüte- und Abfallwirtschaft (2012) Ermittlung der weggeworfenen Lebensmittelmengen und Vorschläge zur Verminderung der Wegwerfrate bei Lebensmitteln in Deutschland. http://www.bmel.de/SharedDocs/Downloads/Ernaehrung/WvL/Studie_Lebensmittelabfaelle_Kurzfassung.pdf?__blob=publicationFile

Statista (2015) Umfrageergebnisse zu Ehrenamt und ehrenamtlicher Arbeit. http://de.statista.com/themen/71/ehrenamt/. Zugegriffen: 06. Feb. 2015

TransFair e. V. (2015) Fairtrade und Bio. http://www.fairtrade-deutschland.de/fileadmin/user_upload/materialien/download/download_statement_fairtradeundbio.PDF. Zugegriffen: 04. Feb. 2015

umpr (2015) Aktuelles: Über unsere Kunden. http://umpr.de/ueber-unsere-kunden/verbraucher-bevorzugen-freiland-eier-auf-dem-fruhstuckstisch-und-im-nudelregal/. Zugegriffen: 06. Feb. 2015

Michael Radau Vorstand der SuperBioMarkt AG, ist seit über 30 Jahren im Naturkosteinzelhandel aktiv. Er erkannte frühzeitig die Bedürfnisse der Kunden abseits des klassischen Bioladenklischees und entwickelte 1993 das Konzept des SuperBioMarkt als Vollsortimenter, welches er seitdem konsequent weiterentwickelte. Zusätzlich betätigt sich Michael Radau ehrenamtlich als Vizepräsident des Handelsverbands Deutschland, Präsident des Handelsverbands NRW, Vorsitzender des Einzelhandelsverbands Westfalen-Münsterland und als Vorsitzender des Handelsausschusses der IHK Nord Westfalen.

The manufacturer's authorised representative in the EU is Springer Nature Customer Service Centre GmbH, Europaplatz 3, 69115 Heidelberg, Germany. If you have any concerns regarding our products, please contact ProductSafety@springernature.com

Printed and bound by CPI Group (UK) Ltd, Croydon, CR0 4YY

25/03/2026

02077951-0014